产教研一体化 融合创新发展 理论与实践

刘敏　王丹丹——编

中国纺织出版社有限公司

内 容 提 要

产教研一体化融合创新发展是应用型大学发展的重要方式。烟台南山学院依托企业办学、产业支撑的先天优势，形成了独有的校企一体化办学特色，确定了学科专业布局与行业产业需求一体化、师资队伍建设与技术骨干培养一体化、专业教学过程与产业生产过程一体化等产教研融合"六个一体化"。规划设计并持续实践产教研深度融合"十个一工程"，从人才培养、专业建设、师资队伍、平台建设、成果培育五大方面在全校各专业（群）推进改革实践。教师从高等教育的学术视角出发，围绕产教研融合"六个一体化"特色和"十个一工程"实践，总结并撰写产教研一体化融合相关的理论与实践案例，形成《产教研一体化融合创新发展理论与实践》论文集。

图书在版编目（CIP）数据

产教研一体化融合创新发展理论与实践 / 刘敏，王丹丹编. -- 北京：中国纺织出版社有限公司，2024.5
ISBN 978-7-5229-1745-0

Ⅰ．①产⋯ Ⅱ．①刘⋯ ②王⋯ Ⅲ．①高等学校—产学合作—研究—中国 Ⅳ．①G649.21

中国国家版本馆CIP数据核字（2024）第085131号

责任编辑：林 启　　责任校对：高 涵　　责任印制：储志伟

中国纺织出版社有限公司出版发行
地址：北京市朝阳区百子湾东里A407号楼　邮政编码：100124
销售电话：010—67004422　传真：010—87155801
http://www.c-textilep.com
中国纺织出版社天猫旗舰店
官方微博 http://weibo.com/2119887771
三河市延风印装有限公司印刷　各地新华书店经销
2024年5月第1版第1次印刷
开本：787×1092　1/16　印张：39.5
字数：776千字　定价：200.00元

凡购本书，如有缺页、倒页、脱页，由本社图书营销中心调换

前　言

在当今快速变革的时代背景下，教育、产业和研究的深度融合已成为推动社会进步和经济发展的关键因素。烟台南山学院作为一所应用型大学，始终致力于探索和实践产教研一体化融合创新发展的道路，通过深化校企合作，促进教育链、科技链、创新链和人才链的有机融合，为社会培养更多高素质、高技能的应用型人才。

《产教研一体化融合创新发展理论与实践》论文集，正是对烟台南山学院校企一体化育人模式实践的深入总结与理论提升。本论文集汇集了众多专家、学者和一线教育工作者的研究成果与心得体会，旨在分享和交流产教研融合过程中的成功经验与问题挑战，为推动高等教育与产业界的深度融合提供有益的参考和借鉴。

本论文集聚焦于产教研融合的"六个一体化"特色，即学科专业布局与行业产业需求一体化、师资队伍建设与技术骨干培养一体化、专业教学过程与产业生产过程一体化、专业教学内容与岗位职业标准一体化、应用科学研究与产业技术研发一体化、实验实训平台与产业生产设备一体化。这些内容构成了烟台南山学院探索教育创新的基础框架，体现了学院对教育质量与人才培养实效性的不懈追求。

通过紧密的校企合作，烟台南山学院不断优化学科专业结构，调整和升级人才培养方案，以期更好地适应社会经济发展的需求。师资队伍的建设也紧跟时代步伐，既注重学术素养的提升，又强调实践经验的积累。在教学过程中，学院强化了与产业实际生产的对接，让学生在真实的工作环境中学习和成长。教学内容与职业标准的紧密结合，确保了学生毕业后能够迅速适应职场，满足行业对专业人才的高标准要求。科研方面，学院鼓励师生参与应用科学研究，与企业共同开展技术研发项目，将理论研究成果转化为实际生产力。同时，实验实训平台的建设与产业发展同步，为学生提供了接触前沿技术、掌握实用技能的机会。

本论文集旨在为同行提供关于产教研一体化融合创新的参考案例，分享烟台南山学院在校企一体化育人模式上的成功经验与面临的挑战，以及在实践中积累的宝贵经验和教训。期待这些内容能够激发更广泛的讨论和思考，引起广大教育工作者和产业界人士的广泛关注与深入讨论，共同推动我国高等教育与产业界的深度融合与创新发展。

在此，对参与本论文集编写的所有作者表示衷心的感谢，你们的辛勤工作和宝贵经验是本论文集得以完成的重要保障。同时，也感谢所有支持和关注本论文集出版的同仁们，期待本论文集能够为产教研一体化融合创新发展的理论研究与实践探索提供启示和指导。

编者

2024年3月

山东龙口

序　言

奥尔特加·加塞特在《大学的使命》中提出大学的主要职能为文化传授、专业教学以及科学研究和新科学家培养，其中文化传授是大学最基本、最首要的职能，即大学以教学育人为本。他认为大学应该遵循教育的经济原理，"必须以学生的需要为中心，做到使每一个人或诸多个人成功地成为一个整体全面发展的完人"，大学需要以开放的姿态融入外部环境，让学生走出象牙塔，坚持用自己特有的"精神力量"指引公共生活。

世界正处于百年未有之大变局，在复杂多样的国内外环境之中，中国的大学理应凭借其与科学研究的天然联系，在社会主义现代化强国建设中发挥特殊价值，作出独特贡献。我国党和政府历来重视高等教育的发展，习近平总书记多次通过重要讲话、贺信、考察、座谈和回信等形式对大学建设与发展作出指示。《中国教育现代化2035》中明确提出"加强创新人才特别是拔尖创新人才的培养，加大应用型、复合型、技术技能型人才培养比重""探索构建产学研用深度融合的全链条、网络化、开放式协同创新联盟"，为高等教育现代化发展指明了道路。民办高校作为教育事业的重要力量，承担着培养人才、服务社会的重要使命。在新的历史起点上，民办高校要尽快转变发展方式，在内涵建设、质量提升上多下功夫，走出具有中国特色的民办高校建设之路。

烟台南山学院的创办者、南山教育集团董事长宋作文先生常说："百年的企业罕见，百年的大学常有，南山控股要办好百年企业，千年教育。烟台南山学院则要有千年的追求。"他将教育作为实现人生理想的最佳阵地，更是他乐于承担社会责任、回馈桑梓的见证。在他的带领下，烟台南山学院秉承"党建引领，立德树人，校企一体，协同育人"的育人理念，以培养"道德品质优良，专业知识扎实，实践能力较强，责任意识牢固"的高素质应用型人才为目标，围绕山东省"十大"产业发展，深入实施校企一体化应用型大学建设路径与模式。学校依托企业办学、校企一体、产业支撑的优势，形成了学科专业布局与行业产业需求一体化、师资队伍建设与技术骨干培养一体化、专业教学过程与产业生产过程一体化、专业教学内容与岗位职业标准一体化、应用科学研究与产业技术研发一体化、实验实训平台与产业生产设备一体化的产教研融合"六个一体化"办学特色，构建产教研一体化融合创新发展的人才培养模式。学校先后被授予"山东省高校教学管理先进集体""全国职业教育先进单位""全国首批就业型大学""全国民办学校先进单位""国家示范性民办高校建设研究基地""山东省校企合作先进单位""中国校企合作先进院校""山东高校科教兴鲁先锋基层党组织""中国民办教育百强""山东省绿色学校""山东省产教融合示范单位（基地）"等荣誉称号。

为全面总结学校产教研一体化融合创新发展经验，恰值烟台南山学院建校三十五周年之际，烟台南山学院教师从高等教育的学术视角出发，围绕产教研深度融合六个一体化核心内容，进行产教研一体化融合创新发展的理论与实践研究，形成《产教研一体化融合创新发展理论与实践》论文集，为其他应用型大学建设提供参考。

目　录

模块一　学科专业布局与行业产业需求一体化 ………………………………… 001

面向未来的应用型大学建设之路 …………………………………………………… 002
产业链、教育链、创新链深度融合的电气类专业产教研协同育人模式研究 …… 009
地方高校产教研一体化融合
　　——归因、模式与案例研究 …………………………………………………… 016
优化育人路径，开创校企共赢新局面
　　——产教融合背景下地方应用型大学校企合作存在的问题与路径优化 …… 022
产教融合构建产学研创一体化实施策略的探索
　　——以烟台南山学院为例 ……………………………………………………… 031
国外产教融合模式对我国地方应用型高校的启示研究 …………………………… 039
高等教育数字化转型与实施路径研究 ……………………………………………… 048
应用型大学"四链互通"产教研融合的实践路径研究 …………………………… 056
应用型大学人才培养评价体系研究
　　——以烟台南山学院为例 ……………………………………………………… 065
"校企双主体"协同育人机制下人才培养模式的创新与研究 …………………… 075
地方应用型大学产教融合
　　——目标、困境与路径 ………………………………………………………… 084
产教融合视角下校企协同育人机制的构建与实施 ………………………………… 090
新工科背景下产学研协同育人模式的构建 ………………………………………… 098
产教融合背景下人才培养模式实践研究
　　——以烟台南山学院工艺美术专业为例 ……………………………………… 107

模块二　师资队伍建设与技术骨干培养一体化 ………………………………… 117

应用型大学教师数字素养提升研究 ………………………………………………… 118
教育数字化转型背景下高校教师数字素养提升研究 ……………………………… 125

校企一体化培养高校"双师型"教师的现状及对策分析 132

产教融合视角下民办院校"双师型"教师队伍建设研究
——以烟台南山学院为例 139

产教融合背景下"双师型"教师队伍建设路径研究 147

基于钻石模型的高校"双师型"教师数智化培养路径研究 153

地方应用型大学"双师型"教师校企联合培养机制创新研究 162

数字化校园建设现状及发展策略研究 169

数字化校园建设研究
——产教研学用下的师生共创新模式与策略研究 175

用企业家精神提升应用型大学教师职业素养的路径分析 186

地方应用型大学教师企业挂职锻炼的机制研究 193

新医科建设背景下应用型大学教师教学能力提升路径研究
——以护理学专业教师为例 200

模块三 专业教学过程与产业生产过程一体化 207

基于产教研融合的工程管理专业"三元制"特色班人才培养模式研究 208

校企共建"机械设计基础"课程应用型教学案例及在教学中的应用研究 215

校企共建应用型教学案例在材料类专业课程中的应用探究
——实践的桥梁与知识的协同 223

基于产教研融合的"三元制"人才培养模式构建的研究
——以烟台南山学院旅游管理专业为例 231

教学信息化背景下 O2O 模式在高校教学中的应用 237

应用型大学情境适应性教学评价体系研究 243

"三全育人"视域下地方应用型大学思政课建设研究 254

课程思政增强大学生学习内驱力的路径研究 262

"四个维度"探索大学生课程思政教育内驱力的提升路径 269

课程思政增强大学生学习内驱力的路径研究
——以"高等数学"课程为例 275

教育数字化转型背景下高校中国画课程教学改革研究 281

教育数字化转型背景下"动画设计与 IP 创作"课程教学改革研究 288

数字化背景下设计类专业多模态教学创新路径探究 295

教育数字化转型背景下大学英语课程建设评价改革研究 ………………………… 302
旅游管理专业产教融合协同育人的现实困境与推进策略研究 …………………… 312
新文科背景下环境设计专业产教研协同育人机制研究 ……………………………… 320
产教融合模式下面向工程认证的课程教学改革探索
　　——以"热处理原理与工艺"课程为例 ……………………………………………… 326

模块四　专业教学内容与岗位职业标准一体化 …………………………… 335

地方应用型大学产教融合模式研究
　　——以机械设计专业为例 ……………………………………………………………… 336
新文科背景下数字化赋能金融工程专业高质量发展研究 ………………………… 343
产业学院背景下服装设计与工程专业校企虚拟教研室建设研究 ………………… 351
基于产教融合的"金属材料成形基础"课程思政教学改革研究 …………………… 358
从嵌入到融合
　　——产教融合、科教融汇背景下应用型高校创新创业教育高质量发展研究 ……… 364
应用型人才培育目标下的创新创业教育探索 ……………………………………… 372
基于产教融合的工程造价专业人才培养方案设计 ………………………………… 379
基于校企协同的创新创业课程群虚拟教研室建设研究 …………………………… 386
产教融合背景下应用型高校商科人才培养研究 …………………………………… 392
基于"六个一体化"的应用型物流人才培养模式与路径研究 …………………… 399
产教研融合背景下校企协同育人路径初探
　　——以婴幼儿托育服务与管理专业为例 ……………………………………………… 407
基于产教融合的创新创业教育"四融四立"课程思政体系建设 ………………… 414
数智时代基于产教融合的全素质链协同育人模式研究
　　——以工业设计专业为例 ……………………………………………………………… 423
人工智能背景下艺术设计类专业教学改革研究 …………………………………… 430
智能制造背景下应用型本科高校校企共建课程体系研究
　　——以机械设计专业为例 ……………………………………………………………… 437
新工科应用型卓越人才校企"双培"虚拟教研室建设与实践 …………………… 448
产教融合视角下应用型本科院校酒店管理专业本科生职业认同感提升研究 …… 456
产教研一体化融合促进学科建设研究
　　——以烟台南山学院飞行技术专业为例 ……………………………………………… 466

模块五　应用科学研究与产业技术研发一体化……473

校企产学研用合作团队的建设与实践……474

应用型本科高校人文社会科学研究成果转化对策与建议……481

地方应用型大学科研成果转化现状、问题及对策研究……490

地方应用型高校横向科研项目助力企业转型升级

——以环境系列设计方案开发为例……496

产教融合背景下横向科研项目运行研究……502

校企共同体模式下构建现代产业学院人才培养模式的探索与实践

——以烟台南山学院智尚纺织服装产业学院为例……510

模块六　实验实训平台与产业生产设备一体化……521

基于实习生选择偏好的产教融合机制设计……522

产教融合背景下大学生实习实训教育满意度测量模型研究

——以民办本科高校为例……533

基于产教融合的纺织多功能实训基地建设探索……543

基于产教融合的纺织工程专业实践教学体系建设……549

产教融合、校企一体材料类专业实践教学创新发展的探索与实践……556

新文科视域下产教协同数智实践教学体系构建研究

——以烟台南山学院旅游管理专业为例……565

产教融合模式在实践型教学中的应用研究……575

产教融合背景下项目式金工实习教学模式研究与实践……582

产教融合共建金属切削加工实训基地的实践与研究……589

校企协同下虚拟仿真实验教学育人研究……598

基于校企一体化的应用型实践课程群建设与实践

——以烟台南山学院艺术设计专业群为例……605

基于BIM的工程管理专业实践教学研究……612

模块一

学科专业布局与行业产业需求一体化

面向未来的应用型大学建设之路

杨万利　刘敏　王丹丹

摘要：应用型大学是中国经济现代化建设的重要支撑平台。以教研产深度融合为路径，大力开展教育教学内涵式发展模式改革，实现应用型大学转型发展已形成共识。本文从未来社会发展对应用型人才需求出发，探究未来人才应具备的特质与能力，阐述分析未来社会应用型大学面对的新机遇，进而从应用型大学建设的战略规划、队伍建设、教育教学模式改革、应用型科研、教育数字化转型等角度提出具体发展路径。

关键词：应用型大学；高等教育；人才培养

基金：山东省教育发展促进会教育科研规划课题"基于教研产深度融合的应用型大学教育教学模式改革理论与实践"（JCHKT2023348）；中国民办教育协会2023年度规划课题"基于校企一体化的应用型人才培养范式研究——以烟台南山学院为例"（CANFZG23328）

一、引言

大学职能的应用性作用的提升和应用型大学的内涵式发展建设已成为高等教育体系应对外部需求和期望的新发展趋势和方向。应用型大学内涵式发展路径与策略既是我国高等教育实践领域需要探索发展的重大实践问题，更是高教研究领域需要思考和系统研究的重大理论问题。目前，绝大部分的应用型大学缺乏关于高等教育能力教育发展的整体革新，因此，需要从理论和实践两个层面进行深入的学习，应用型大学建设的实践探索才能更具成效。

二、未来社会发展的人才需求

网络化、数据化、智能化的未来社会已经来临，在快速迭代变化的浪潮中，社会需要什么样的人才，人才应具有什么样的核心特质，既是值得高等教育深思的时代问题，更是一个应用型大学建设的根本性问题。

（一）复合型人才

学科知识体系的交叉融合已是未来社会发展的必然趋势，只有知识体系的交叉融合才能转化为技术复合，起到推进社会快速发展的作用。一方面，多元化和复杂化的业务环境促使具备多种专业技能和知识的复合型人才成为社会需求焦点。另一方面，企业的业务边界不断扩大，需要人才拥有更加全面的技能和知识，以应对不断变化的业务需求。

（二）应用型人才

伴随着知识社会的来临，知识经济蓬勃发展，从人才培养到专业设置，从院校定位到系统重构的逻辑，一种全新的应用型高等教育体系正在形成，高等教育的应用性需求日益凸显。在教育教学理念、学科专业布局及建设、教学体系及教学内容、育人模式及教学过程等诸多方面，都要给予应用型需求足够关注。

（三）创新型人才

创新是未来社会人才应具备的基本能力。创新型人才需要具备强烈的探索欲望和求知欲，善于在实践中发现和解决新问题，能够将多种学科和技术融会贯通，并通过持续创新推动社会进步。当前，创新能力成了决定国家处于竞争优势地位的综合能力，高校在对未来人才创新能力培养方面，要具有创新能力培养的前瞻性意识，重视学生创新能力的培养。

（四）数字型人才

人工智能是经济发展新引擎、社会发展加速器，开展人工智能教育是一项使命迫切、目标明确的工作。高校应重视应用型人才的跨学科复合数字素养的培养，引导学生有意识地把专业知识和技能与人工智能技术相结合，使得本专业领域的工作更好地进行实现和转化，提升学生的复合型跨学科专业能力，更好地在数字时代发挥个人价值。

（五）协同型人才

国际交流的合作深入，产业的跨界融合，行业的去中心化，企业运行的扁平化，都从多个维度提出了人才竞争的协同需求，有协同意识的人才才有协同能力。协同型人才是指具备协同意识和协同能力，能够与他人或团队密切合作，善于运用团队智慧，共同完成复杂任务或目标的人才。高校培养协同型人才需要树立协同育人的理念，注重教育教学、实践能力和团队协作精神的有机结合，不断探索和实践培养工作的新方法。

三、应用型大学面对的新机遇

应用型大学面对的新机遇主要来自政策导向、产业转型与升级、创新驱动发展和区域发展机遇等多个方面。这些机遇都为应用型大学的建设定位及内涵式可持续发展提出了新的要求。

（一）教育政策改革推动

国家高度重视高等教育的发展与改革。2015年11月，多部委联合印发了《关于引导部分地方普通本科高校向应用型转型的指导意见》，鼓励和引导高等学校、应用型高等学校为地方经济和社会发展提供更好的服务。这在政策上对应用型大学的发展给予了支持和引导。这些支持政策可以推进不同地区和学校根据实际情况进行具体设计和实施，积极适应和参与教育改革，创新办学思路和模式。

（二）新兴产业技术拉动

传统产业升级与转型，新兴产业和技术快速发展，拉动产业、行业和岗位群的不断调整和迭代。新兴信息产业、新能源产业和数字经济产业等，都提供了应用型大学发展的新机会。对于培养更符合社会需要，自身价值与产业、市场和岗位的需求更为紧密结合，适应新兴产业和技术发展需要的高素质应用型人才至关重要。

（三）创新创业环境驱动

中国未来经济发展的重要战略是创新驱动发展。我国正大力推动创新创业，鼓励大学生自主创业。应用型大学作为创新创业的重要平台，需要积极营造创新创业环境，提供实践机会和资源支持，培养学生的创新意识和企业家精神。创新创业环境能够为应用型大学建设提供多方面的机遇，包括提升创新能力、促进学科交叉融合、增强实践教学、推动产学研合作以及培养创新型人才等。

（四）区域发展战略带动

在国家加快优质发展的同时，区域发展战略迎来重大机遇。应用型大学的建设和发展，恰恰满足了地方对教育的特殊需求，能够获得当地政府的关注与支持。同时在区域发展战略推动下，地方政府对于教育的投入也在不断增加，这为建设应用型大学提供了政策上的支持和经费上的保障。此外，在区域发展战略的推动下，产学研一体化的趋势将更加明显，这种趋势有利于促进知识的转化和应用，提供更多的实践机会，为应用型大学提供更大的发展空间。

四、应用型大学发展路径

（一）面对未来需求，优化战略规划

1.围绕区域战略需求，明确战略规划

坚持党建引领，潜心立德树人是高等教育高质量发展的重要保障，也是基本原则。要时刻围绕国家战略需求、经济发展需求、人民生活向往需求，来确立大学的发展定位。应用型大学要在符合国家及区域战略需求的基础上，立足中国大地，面向世界，密切关注国家政策导向和区域发展规划，并在此基础上对自身的使命和定位进行明确。

2.锚定产业发展需求，优化学科专业布局

行业企业需求是大学人才培养的方向标。产业需求引领学科专业建设，促进学科专业布局整合优化，动态调整，以满足企业发展对应用型人才的需要。学科专业布局要密切关注国家和地区的经济发展和产业升级，对与经济社会发展不相匹配的学科专业，及时进行调整和淘汰。以为经济社会优质发展服务为先导，及时调整人才培养供需错位、知识结构陈旧过时、社会服务转化缓慢等类型学科专业，建设与国家战略、区域发展相匹配的"专、精、特"学科专业。

3.对标人才需求类型，完善人才培养模式

要积极对标未来社会人才需求的五大类型，坚持"德、智、体、美、劳"五育同步进行。以培养、强化学生的"实践能力、创新能力、学习能力"三大能力，提升学生的"道德素养、文化素养、商业素养、科技素养、数字素养"五大综合素养，完善"335"应用型人才培养模式。

（二）强化应用型师资队伍人力支撑

1.构建完善的应用型师资队伍建设体系

应用型大学建设应以应用型师资队伍建设为保障。首先，实现教师队伍的应用型改造。根据学校应用型建设目标定位，编制应用型教师队伍建设方案，明确建设措施。其次，建立内培外引的应用型师资的招聘和选拔机制，并辅助以应用型师资的培训体系、激励机制和评价机制，以促进教师不断提高自身的素质和能力。最后，应加强与应用型师资队伍建设相关的企业、行业和社会组织的合作与交流，洞悉行业发展动态和科技前沿，拓宽师资队伍的视野和思路。

2.加强高层次应用型人才队伍建设

高层次人才向来是"一才难求"，更是难育难留，因此如何解决引育高层次人才，成了高校提升办学质量首要解决问题之一。紧密结合应用型科研"顶天立地"的要求，

打破以专业为单位配置教师、以学科需求为基础加强教研队伍建设、帮助教师教学能力协调发展的传统管理模式，鼓励、支持教师个性化发展。补齐建设高水平应用型大学青年教师发展短板，扶持青年人才挑大梁、当主角，激励青年人才脱颖而出。

3.产教融合建设高水平的"双师"队伍

紧密结合应用型人才培养要求，坚持产教融合、校企合作，加强教师教学能力培养培训，推动企业专家与专业老师的联系，打造高水平"双师"队伍，培育发展活力。建立"走出去，引进来"交互机制，在企业建立教师培训基地，组织教师到行业企业生产一线实践锻炼，提高教师的工程实践能力，打造一支兼具教师和工程师资格，在工程实践中具有教学能力的师资队伍。以提高教师应用型教学和科研能力。

（三）探索应用型教学模式改革，培养卓越人才

1.强化"三全育人"，打造优良校风

落实和加强"三全育人"要求，不断强化育人的要点和优化教学环境。提升教师队伍的整体素质，加强对教师职业道德的培养，持续推进领导干部、班级导师深入班级了解和掌握学生的学习情况；指导学生科学制订学业规划和职业生涯规划，推进创新创业全员参与，提升双创成效等。重视实践教育活动普及，明确实践活动也是重要的教育方式，加强学员的自我管理，培养学员自我管理的本领。让学生、学生社团和其他组织进行自我服务。

2.对接企业需求，深化产教融合

要深入了解区域企业的需求和发展趋势，与企业建立紧密的合作关系，采取实地走访、调查研究、座谈等方式。企业对人才的需求和要求，要及时掌握。围绕教研产融合路径推动学校应用型大学建设目标，在校、院、系三个层面进一步明确教研产融合工作的机构设置，构建新型教研产教一体化人才培养模式。强化应用型人才培养产业需求，引导学科专业布局，将生产过程、行业标准提炼成教学案例，提升产教融合的科学性和广泛性。

3.制订卓越计划，着力创新培养

按照高阶性、交叉性、复合型原则，制定个性化培养方案，推进卓越应用型人才培养，全面深化学生学业的形成性评价模式改革。卓越计划的制订应该基于多元化的培养目标，包括学术成就、职业发展、社会服务等方面，这有助于学生在各个领域都能取得卓越成就；卓越计划应该结合行业和社会需求，提倡实践教学，帮助学生更好地理解和掌握专业知识；卓越计划应该引进海外先进的教学模式和教学资源，积极开展国际交流与合作，提升学生的国际视野和跨文化交流能力。

（四）聚焦应用型科研导向和成果转化

1.重视工程技术问题研发与转化

支撑应用型大学建设的核心维度有两点：一是应用型人才的培养，二是应用型的科研。应用型大学的办学定位决定了教师职业发展的规定性，要推进高水平应用型大学的建设，就必须引导教师围绕应用型人才培养，开展应用型培养课程，提供应用型社会服务，从学校的办学定位、国家或区域经济社会发展的迫切需求出发，完善应用型科研引导激励政策和保障体系，努力推动应用型科研创新团队更有活力，提高教师从事应用型科研、关键技术研发、技术成果转移转化的积极性。

2.加强应用型科研团队与平台建设

深入实施引才强校、高层次人才培养战略，形成学科科研团队。围绕重点学科专业建设，加强富有应用型特色的优秀学科梯队的培养工作，形成一支以大师为主导，结构合理、团结协作、梯次发展的应用型科研队伍。建立新型的人才管理与评价机制，着力打造一支创新型、应用型科学研究人才队伍；充分利用学校各级各类科研平台，进行跨学科科学研究，聚集和培养优秀科研人才，鼓励学科之间增强协同攻关能力，有效促进"项目、成果、团队、平台"科研四要素螺旋式向上发展。

3.深化产业创新研究院建设

产业创新研究院是为培养适应和引领现代产业发展，紧密联系产业，由高校、地方政府、行业企业等多主体共建、共管、共享的高素质"专业型、复合型、创新型"应用型人才培养载体。应积极联合多元化主体，瞄准区域重点产业需求，结合自身优势学科专业，积极培育、孵化建设，逐步形成"体系化、任务型、市场化、开放式"综合性科技创新平台，吸引科研人才、管理人才和商业人才等，增强学校的科研实力，增强学校的产业创新能力，推动产业和学校自身发展。

（五）加快应用型大学数字化转型

1.制定数字化转型战略

新一轮科技革命正推动经济社会发生深刻变革，数字化浪潮催生了大量对数字化应用和技术技能型人才的需求。不断完善并以数字化技术打造高质量发展的应用型大学新典范，将成为应用型大学实现学生中心、强化办学特色、提升办学质量、赋能创新发展的战略之选。因此，应用型大学必须适应这一趋势，实施数字化转型，以提高教育质量、优化教育资源、促进教育公平和提升学校核心竞争力，从全局角度出发，对数字化改造的目标、原则和路径进行明确界定。

2.推进数字化教学模式改革

首先，积极推广数字化教学模式改革。数字化教学模式可以改进学习体验、提高学习效果，高校应积极推广在线学习、混合式学习等数字化教学模式，鼓励学生自主学习使用数字化工具。其次，高校需要积极建设数字化教学资源库，开发在线课程、数字化教材、虚拟实验室等，将传统教材进行数字化处理，提高学生的学习兴趣和效果。最后，探索建设数字化实验室，利用虚拟仿真技术，让学生在实验室内进行模拟实验，加速建立数字化教学资源管理平台，实现数字化教学资源的集中管理和共享使用。

3.构建数字化校园文化

数字化校园文化是数字化转型的重要软实力。高校应通过推广数字化文化活动、加强数字化宣传等方式，打造数字化校园特色文化，营造数字化良好氛围。高校应建立数字化社交平台，建设健康向上的文化氛围，举办数字化活动，对学生进行数字化素养的培养；加强数字化科研管理，促进科研推动科技创新。加强科研项目的数字化管理，推进科研数据的共享和利用，提高科研成果的质量和效益。

五、结论

应用型大学的建设更多是内涵和质量的建设。"应用型"不是大学的"头衔"或"身份"，也不是分类的结果，而是院校建设和提升应用性的结果，应摒除身份建设而选择内涵与特色建设的路径。知识经济时代，知识的商业化转移"出售"是应用型大学发展路径的根本，这也是大学促进经济社会发展最直接、最有效的一种方式。通过这种方式，大学的应用性才真正体现，大学促进经济社会发展的作用才真正发挥。因此，应用型大学的创建不应只停留在国家、院校的发展战略层面，而要切实落实到具体的行动中，直接把知识变成现实的社会生产力。

参考文献

[1] 王调江.中国式现代化进程中应用型大学建设的路径探析[J].理论导报，2023（6）：54-56.

[2] 王蓄馨，刘蕾，刘正涛.应用型人才核心能力发展新视野[J].江苏高教，2023（3）：74-79.

[3] 牛媛媛.基于知识转移的应用型大学发展路径探析[J].黑龙江高教研究，2022，40（7）：33-37.

[4] 王建华.高等教育的应用性[J].教育研究，2013，34（4）：51-57.

[5] 张睿，杜煜，何江川.智能时代推动地方应用型大学教育方式变革思考——北京联合大学机器人学院创新创业教育的探索与实践[C]//廊坊市应用经济学会.对接京津——园区建设　应用教育论文集.廊坊：[出版者不详]，2021：61-68.

作者简介：杨万利（1963— ），男，河北沧州人，烟台南山学院校长，教授，博士；刘敏（1981— ），男，陕西汉中人，烟台南山学院发展规划与学科建设处处长，教授，硕士；王丹丹（1982— ），女，山东威海人，烟台南山学院高等教育研究所所长，教授，硕士。

产业链、教育链、创新链深度融合的电气类专业产教研协同育人模式研究

王萍　孙巧妍　刘成铭

摘要：近年来，全球产业链正在发生结构性变化，应用型人才需求日益迫切，针对应用型人才培养难以适应产业发展需要等普遍性、突出性问题，本文厘清"三链"内涵、融合模式及优势，以烟台南山学院电气类专业为对象，横向融合学科专业群，纵向融合产业链，以项目为依托，构建以学生为中心的，产业链、教育链、创新链深度融合的产教研协同的创新型人才培养模式，强化学生职业胜任力和持续发展能力，提高学生实践动手能力和创新能力。

关键词：教育链；产业链；创新链；教研产协同；人才培养模式

基金：山东省本科教学改革研究项目"新工科背景下电气信息类专业创新型人才培养模式研究与实践"（Z2022252）；山东省教育科学规划创新素养专项课题"多主体协同构建'三链融合'的创新人才培养模式研究"（2022CYB223）；中国电子劳动学会2022年度"产教融合、校企合作"教育改革发展课题"新工科背景下，应用型本科院校现代产业学院迭代发展模式的探索与实践"（Ciel2022092）

一、引言

进入工业4.0时代，全球产业链、价值链正在发生结构性变化，2019年国家发改委等六部门联合印发《国家产教融合建设试点实施方案》，教育链、创新链、产业链的协同耦合成为应用型高等教育发展的趋势。创新人才培养模式，进一步推动新工科建设，提高人才培养质量，是高等教育人才培养与"智造中国""质造中国"实现有效互动，适应教育国际化、现代化的紧迫需求。同时，工科人才的知识创新与实践应用能力、技术创新能力等综合素质的提升也是人才培养面临的迫切问题。

电气类专业是随着社会工业发展的需要而发展的。为提高人才培养质量，调整专业的人才培养模式，特别是调整实践教学和双创教育模式，培养一批能适应社会发展，满

足行业企业需要的高水平人才,是电气类专业应用型高等教育的一大挑战。高校急需以产业需求为导向,深化教研产融合,多主体协同推进,依据产业链打造创新链,根据创新链构造教育链,以三链深度融合的视角探索育人新模式。

二、教育链、创新链、产业链融合机制

一直以来,高校根据自身实际情况决定专业、课程、教学内容、教学过程等,教学过程无法对接社会需要,学生封闭在象牙塔中,人才培养严重脱离社会需求。应让教育迈向社会,让企业深入学校,把教育和应用有机衔接,实现政、行、企、校高度融合,内促学科交叉,外促三链深度融合。

三链交叉融合如图1-1所示,会产生四块交叠区域,即创产融合(Ⅰ)、产教融合(Ⅱ)、科教融合(Ⅲ)及三链融合(Ⅳ)。各链条既保持自身的独立性,又能将其职责与功能交叉渗透。通过健全的组织结构,可促进资源共享与整合,实现各领域有效结合、同生共长。

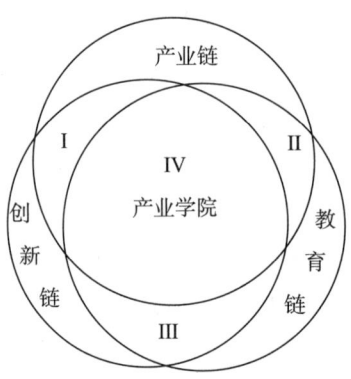

图1-1 三链交叉融合的形态

三链融合是三个链路彼此交叉渗透形成的组织形态,依据融合程度分为弱融合、基本融合和深度融合,产业学院便是三链深度融合的典型组织形态,打破了链条壁垒,实现了三链深度的交叉、渗透与融合,通过多主体协同,形成开放性、包容性体系,达成"1+1+1>3"链路功能增强模式,以市场为导向,以产教研融合发展为路径,整合资源,完善体系,开放合作,促进人才培养、技术创新、成果转化和产业发展等功能有机整合。聚焦产业关键技术攻关、产品升级改造、前沿技术创新及成果转移转化,产业学院成为一个多主体协同背景下,三链深度融合的产学研深度合作新载体。

2020年10月起,烟台南山学院分别与南山控股各企业板块成立现代产业学院,本研究以铝板带箔智能制造产业学院为对象,深入研究多主体协同,教育链、创新链、产业链深度融合的育人模式,深入行业企业实施调研,邀请企业骨干参与学院建设,深入推进"六

个一体化"建设，制定更准确的专业人才标准，培养更适合新业态、新产业发展的人才。

三、三链深度融合的育人模式构建与实践

（一）改革的技术路线

为了适应新科技革命背景下的产业竞争模式和学习模式的转型，针对传统人才培养与产业需求脱节，工程实践能力和创新能力不足，社会责任感不强，专业技能与企业期望差距较大，应用型人才培养难以适应产业发展需要等普遍性、突出性问题，以电气类专业创新型技术人才需求为导向，以校企融合为背景，以三链的深度融合为抓手，以提高学生实践能力和创新能力为重点，强化课程与科研同向耦合，强化教学与学生创新创业相融合，强化企业深度参与，重构课程体系，深化产教融合，创新培养模式，完善评价体系，着力培养应用型、创新型、复合型专业人才。

在专业知识维度，建设专业群，与多学科领域进行横向融合；纵向延伸到产业链、创新链，培养学生创新能力及产业价值创造能力。在教与学的维度，树立广义课程观，依托工程实践项目，着力培养学生应用能力；在创新能力维度，扩展教学时空，将课堂内的理论和实践教学向第二课堂延伸，引领学生走进科技社团，深入企业一线，校、企、生共组团队共同开展技术革新、产品研发。在情感态度与价值观维度，拓宽专业视野，提升专业素养，塑造学生积极向上的生活态度、严谨求实的科学品格，培养正确的社会责任感。

人才培养模式的改革遵循"产业需求→人才培养需求→创新教育范式→创新教学内容（纵向延伸、横向融合、协同设计）→创新教学模式（以学为中心）→创新实践模式→创新'双师型'教师培育模式→实践、总结及推广应用"的逻辑思路开展研究。

（二）构建以融合创新为特征、产业价值创造为输出的教育模式

面向产业需求，构建学科交叉融合、以校企融合创新为特征的多主体协同培育模式（图1-2）。

以山东半岛产业带、南山集团产业实际需求及专业发展为引导，人才培养标准对接岗位标准，专业教学过程对接产业生产过程，融入企业的生产和研发环节，融入产业技术进步链条，设置符合企业和社会用工需求的课程，促进企业需求融入人才培养环节。

借鉴以往的改革经验，企业的参与程度影响着教学体制改革的实效。本研究依托铝板带箔智能制造产业学院，发挥集团办学、校企一体优势，全方位"引企入教"，充分激发学校内涵建设的需要和企业对技术型人才和研发型人才的需要，以区域产业发展的迫切需求为导向，面向区域经济社会的需求，以增强学生的专业能力和可持续发展能力为目标，以提高学生工程实践能力和创新创业能力为重点，推进行业企业深度参与专业

建设规划及教育教学改革，共同设计课程体系，共同编写教材，共同遴选教学案例，共建校企合作课程，优化课程结构，让教育适应产业发展，缩短知识学习与企业产出之间的距离，实现"学以致用"。

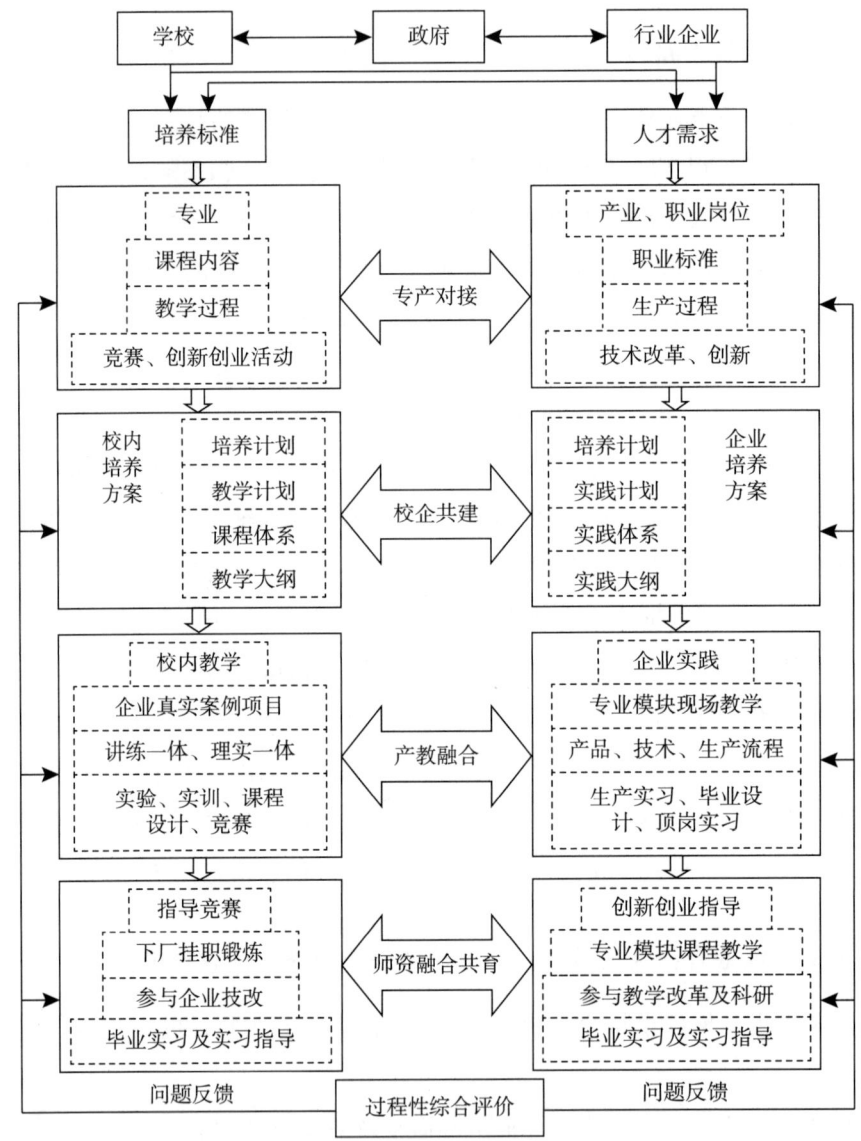

图1-2 三链深度融合育人模式

（三）创新教学内容，构建课程体系

1.纵向延伸产业链，根据产业链创建创新链、知识链

围绕产业链系统考虑教育体系、研发体系、生产体系、销售与服务体系，探索建立符合学校办学定位的专业人才培养目标、建设标准和课程体系。构建"创新意识→学科

竞赛→双创活动→技术革新→产品创新→服务创新"的创新链。明确创新链的阶段性任务，并据此构建学科交叉融合的知识链；企业深度参与课程体系设计，融合企业案例，对知识体系进行重组，对课程结构进行优化，对课程资源进行整合优化，促进课程内容科学对接产业需求，遴选企业的工程项目、科技攻关项目、技术改进项目等作为毕业设计和集中实践环节的选题。校企联合建设高质量课程，联合建设高水平校企合作教材及工程项目案例库，形成专业主干课，融入大学四年的教与学过程。

2.横向融合学科专业群，构建跨专业基础课程群

按照传统专业与新兴专业、新兴专业与新兴技术、专业群与岗位群、岗位群与产业链等交叉、迭代与融合等逻辑关系，构建学科专业群，将各专业知识链中的基础知识进行整合重构，分析不同学科专业、不同类别学生学习能力、学习基础和达成目标不一致的问题，根据培养要求，分层施教，分类设置教学目标，构建紧密耦合型（Ⅰ型）、关联耦合型（Ⅱ型）和通识耦合型（Ⅲ型）分层分类的共性专业基础课程体系，构建满足综合性创新人才培养所需要的跨专业基础课程群，并从价值塑造、知识和应用能力层面培养面向全产业链的综合性创新能力。

3.构建特色实践教学体系，提高学生工程实践能力

以实验中心、创新工作室、实习基地为平台，构建一个中心（应用型创新型人才培养）、两个强化（实践能力、创新能力）、三种平台（实验室、创新工作室、实践基地）、五层递进强化（工程基础→工程训练→工程应用→综合实践→创新实践）的特色实践教学体系，培养专业素质和政治素质都过硬的专业技术人才。

4.产教企协同，开发基于岗位群的课程模块

南山铝业具有国家级企业技术中心等一流的研发平台，高标应整合双方资源，与行业企业共同设计基于岗位群的课程模块及实习实训模块，共建共享实习实训基地，结合创新创业教育，将企业实际课题和双创教育相结合，专创一体。同时，其将已完成的科研或技改项目开发为课程项目或课程实验，将综合型、设计型实验与生产实际和科研实际相挂钩。专业密切关联产业链，将课程教学、人文素质培养、技术能力培养、创新创业理念培养有机结合，学生可以根据自己的爱好、特长、个人学习规划、职业发展规划自由选择学习内容，在智能铝板带箔产业学院架构下，在南山铝业股份有限公司等实习基地的真实生产线环境下，开启浸润式实景、实操、实地教与学，切实提高学生对产业的认知程度、知识应用能力及对复杂问题的解决能力。

（四）以企业技术革新项目为依托，创新教学模式，组织教学活动

树立广义的课程观，依托企业技改项目，拓展教学时空，一体推进课内外协同，课堂与生产线连接，工程教育和人文精神共育，推动"课程内容—社团活动—科技项目—

科技竞赛—成果转化—生产应用"六位一体，培养学生的学习能力、职业胜任力和持续发展能力。

1.课程开展一体化项目式教学

在教学过程中，以企业技改课题、企业技术研发攻关课题、学校学科前沿科研课题为依托，依照项目任务设计学习内容，学做一体，理实一体，培养学生的多学科知识整合能力、工程运用能力、创新能力及团队合作能力。教学过程遵循以下原则：①教师聚焦于设计任务的规划、设计进程的促进、组织讨论、提供案例示范；②设计任务来源于已完成的科研或技改项目；③教学实施过程性管理，以任务完成为目标采取形成性评价，强调创新链各步骤的完成度；④鼓励团队成员合理分工，合作完成设计任务；⑤关注学习活动本身，实施形成性（学习活动）评价和总结性（学习结果）评价、个体评价和团队评价相结合的评价机制。

2.组织引导学生参与科研项目、创新创业项目和企业技改项目

吸引综合能力较强的学生参与教师科研项目及企业技改项目，指导学生申报以产业需求为导向的双创项目。

3.组织学生参加学科竞赛

组建创新创业工作室（"零点社团""启航社团"）和科技创新指导教师团队，促进学生学术交流，激发学习动力，通过各类科技竞赛引导良性竞争，培养学生的设计思维、设计能力和企业对接协商、项目路演、答辩等综合能力。指导学生参加各级各类创新创业项目的申报，自主开展项目设计、产品设计，培养学生的创新思维和创业能力。

4.专业密切关联产业链，课堂建在生产线上

组织学生直接在企业进行理论学习与技能实践，推行边做边学的"分段递进式"校企联合培养企业学习方式。

（五）围绕创新链，建设开放共享的实践教学平台和师资队伍

1.搭建教学、科研和学科竞赛交流的校内实践教学平台

围绕创新链，从"课堂教学、实践教学、学科竞赛、双创教育、创新理念培养、学习氛围营造"六个方面的需求出发，系统推进专业教学团队、实验实训中心、校内工厂、大学生创新创业工作室（"零点社团""启航社团"）建设，作为项目对接交流、任务开展实施和成果交流的共享平台

2.搭建基于产业链的产学研创新育人平台

在铝板带箔智能制造产业学院架构下，利用校企一体优势，面向企业实际需求，修订和完善专业培养目标，设置能支撑产业链快速发展的课程体系；遴选实际工程案例组建案例库，融入课程教学，让课程内容符合工程实际；基于实际工程环节指导实践教

学，企业专家深度参与指导实践教学，加强学生工程实践能力培养；基于实际工程问题指导毕业设计。进一步整合双方资源，搭建基于产业链的产学研创新育人平台，集生产、教学、研发、创新创业功能于一体，联合建设实验室，共同开展应用型科研，如技术革新、产品创新等，推进科研成果产业化等工作。

3.打造"双师型"教师团队

多措并举努力打造一支知识水平高、实践能力强的"双师双能型"师资队伍。①建立评聘企业合格的技术人员进校授课和委派校内教师下厂挂职锻炼的双重渠道，加快实践教师的培养和成长；②校企双方共建应用型研究团队，研讨企业技改课题、企业技术研发攻关课题、学校学科前沿科研课题，加强科研型实验室的充分利用。校企双方配套建设相关激励政策和制度，培养教师专业研究、教学和设计实战能力。

四、结论

随着知识经济和创新驱动发展时代的到来，创新教育模式，实现产业链—创新链—教育链的深度融合是应用型高等教育发展的趋势。烟台南山学院与山东南山铝业共建的板带箔智能制造学院基于山东半岛产业带和行业企业发展需求，校企行政协同耦合，推进三链深度融合的育人模式的构建，深化专业内涵建设，优化育人机制，着力把铝板带箔智能制造产业学院打造成集人才培养、技术创新、创新创业等功能于一体的示范性人才培养实体，构建产教研融合新模式。

参考文献

［1］李滋阳，李洪波，范一蓉.基于"教育链—创新链—产业链"深度融合的创新型人才培养模式构建［J］.高等教育管理，2019，13（6）：95-102.

［2］胡文龙.论产业学院组织制度创新的逻辑：三链融合的视角［J］.高等工程教育研究，2018（3）：13-17.

［3］刘莹莹，徐菡博，牟丽娟.黑龙江省应用型高校对俄数字贸易产业学院运行机制研究［J］.经济研究导刊，2021（29）：69-72.

［4］吴志军，阮子才玉，杨元，等.产业转型背景下制造业中的工业设计价值与服务［C］//邹其昌.中国设计理论与社会变迁学术研讨会——第三届中国设计理论暨第三届全国"中国工匠"培育高峰论坛论文集.济南：［出版者不详］，2019：171-181.

［5］林燕.基于"双标准"的产业学院人才评价体系建构研究——以浙江省N高校G学院A人才培养项目为例［J］.改革与开放，2021（17）：56-61.

作者简介：王萍（1977— ），女，山东青岛人，烟台南山学院智能科学与工程学院院长，教授，硕士；孙巧妍（1978— ），女，山东烟台人，烟台南山学院智能科学与工程学院副院长，教授，硕士；刘成铭（1982— ），男，吉林省吉林市人，南山铝业股份有限公司电力总公司总经理助理，高级工程师，学士。

地方高校产教研一体化融合
——归因、模式与案例研究

刘敏　杨万利　王丹丹

摘要：产教研一体化融合是校企合作发展的高级阶段。从解析相关内涵入手，对地方高校产教研一体化融合归因，并对国内外产教研一体化融合现有模式进行了对比分析，进而提出了校企共建产教研联盟、引企入校多元主体办学、产业园区与高校共建科技园区、政校企行共建研究中心等模式。最后以烟台南山学院为例，对其企业办学产教研一体化应用型大学建设和人才培养进行了总结分析，为地方高校产教研融合推进应用型人才培养提供分析依据。

关键词：校企一体化；产教研融合；应用型人才培养

基金：山东省教育发展促进会教育科研规划课题"基于教研产深度融合的应用型大学教育教学模式改革理论与实践"（JCHKT2023348）；中国民办教育协会2023年度规划课题"基于校企一体化的应用型人才培养范式研究——以烟台南山学院为例"（CANFZG23328）

一、引言

产教融合是我国推进应用型大学建设的核心路径，其从无到有并走向深入，有着清晰的轨迹。从1991年开始，国家先后出台《国务院关于大力发展职业技术教育的决定》《中国教育改革和发展纲要》《国务院关于加快发展现代职业教育的决定》《关于引导部分地方普通本科高校向应用型转变的指导意见》《国务院办公厅关于深化产教融合的若干意见》《国家职业教育改革实施方案》等政策文件。2022年，新修订的职业教育法对深度参与产教融合、校企合作，在提升技术技能人才培养质量、促进就业中发挥重要主体作用的企业，按照规定给予奖励。在政策和社会需求导向下，地方高校产教研融合正在不断走向高阶模式，并嵌入社会环境多个维度，成为推动地方教育质量提升和推动经济社会发展的共生系统。

二、地方高校产教研一体化融合的归因

（一）核心概念解析

我国产教融合自提出以来，在多年的实践中逐步形成了"校企合作""产教融合""产教研融合""校企一体化"不同提法，其在内涵上具有方向上的一致性，更有内容与模式上的延伸性。校企合作是指学校和企业之间建立的一种合作关系，能够为企业进行针对性的人才培养，这种合作模式注重实际效用。具体来说，学校会根据企业的需求和标准来制订和调整教学计划，企业则可以为学校学生提供实践经验和实践场所，提供实习和就业机会。产教融合是指产业（行业、企业）与教育（主要是学校教育）的融合，它涉及产业发展与教育发展的协调性问题，产业与教育在产教融合中相互依存、相互促进。产教研一体化强调在产教融合的基础上，将教学和研究相结合，是产业与教育深度合作的重要体现。这种合作模式对人才培养质量的提高是有好处的，是推动科技创新和经济发展的一种合作模式，具有重要意义。校企融合指的是学校和企业的通力合作，达到资源共享、互惠互利的目的，强调学校和企业深度合作，以培养高素质、适应市场需要的人才为目标。

（二）归因分析

校企融合是校企合作的高级阶段，在资源共享、风险共担、利益共赢中实现学校与企业的合作。从组织性质上来说，高校和企业是两个独立的法律个体，但为了各自发展和竞争力提升需要，彼此建立了密切合作关系，把人才培养与科研有机结合起来。两者在责、权、利、义务上实行共建共享，由2个个体融合成1个共同体，实现1+1>2的一体化建设与发展。

1.原有校企融合模式问题

一方面，校企导向不同。企业以市场为导向，追求高收益、低成本、竞争力，而高校则以成果为导向，一定程度上存在"唯论文、唯职称、唯学历、唯奖项"的现象，这两种不同的考核评价导向和核心诉求导致了融合动力的不足，人才培养供需错位。另一方面，技术成果应用转化不畅。长期以来，高校和企业只是进行简单合作，这种模式不能有效地匹配企业的研发需求，导致创新链、产业链、资金链、政策链的协同贯通不够，科技成果转化不充分，容易出现"两张皮"现象。

2.产业升级和转型的需要

从本质动力来看，产教研一体化融合是经济社会发展的客观需要。随着经济发展和产业升级，传统产业需要进行转型升级，在这个过程中，企业需要提高技术水平和创新

能力，而学校则需要培养更多适应新产业需求的人才，因此以学校形态出现的应用型教育逐渐崭露头角。进入知识经济时代以后，为适应社会对创新型、复合型人才的需要，校企合作逐渐成为关键的形式。通过校企一体化，学校和企业可以联合起来进行人才培养，使人才培养的质量和针对性得到提高，更好地实现优势互补。

3.人才培养和使用机制的优化

数字经济席卷和产业升级迭代加快对高校人才培养和企业人才使用带来直接压力。一方面，对跨界型人才、开放型人才的需求在学校和企业、学习和工作、教育和职业等领域愈发明显。从内在动力上看，高校急需转变人才培养机制，以适应社会的新需求。另一方面，从外部动力上看，人才培养过程性参与角色的缺失，导致企业人才供给和培养成本的快速增加，应用型岗位"一才难求"屡见不鲜。为了克服这些问题，需要探索新的合作模式，更深层次的产教研一体化融合成为选择。

4.政策支持和推动

从发展合力视角来看，相关利益群体的参与驱动着地方高校产教研校企一体化模式的形成。推动校企合作的主要相关利益群体是政府、行业、企业、高校。政府通过一系列政策和制定和出台，鼓励和动员学校、企业联合办学。推动产教融合向更高、更深入形式发展。行业企业在积极参与地方高校办学的同时也完善了自身组织的建设和竞争力提升。高校在政府政策导向下及时调整方向方法，主动迎接企业参与，人才培养和社会服务能力能有较大提高，进而提高办学质量。

总之，地方高校在实践校企融合过程中逐步走向校企一体化高级融合模式是产业发展、人才培养、政策支持和资源共享等多种因素共同作用的结果。通过这种模式，学校和企业可以更好地实现合作共赢，推动产业和教育领域的深度融合和发展。

三、地方高校产教研一体化融合的模式

（一）国外校企一体化模式与特征

国外产教融合在实践校企一体化模式方面的典型代表有德国的"双元制"、美国的"合作教育"、英国的"工读交替"、日本的"产学合作"、澳大利亚的TAFE等模式。这些模式在实施中表现的共同特征主要为：第一，企业作为主体之一参与程度较高。例如德国"双元制"模式下，企业融入高校专业委员会，对高校教学计划的制订、实施、检查和调整发挥重要的指导作用；在澳大利亚TAFE模式下，业界全面参与学校的专业设置、教学计划、课程设置、教学条件建设、负责学院教学质量评估等工作；在日本的"产学合作"模式下，企业作为学校的投资方，将项目委托给学校，在人员上与学校重

叠。第二，政府发挥重要的主导角色。首先，政府通过立法加强保障，促进产教融合的良性发展，如日本的《产业振兴法》。其次，政府给予财政支持，如德国在推进"双元制"过程中给予财政补贴和税收优惠政策，鼓励企业接收在校学生到企业实习锻炼。最后，政府设立专门的管理机构监督，如英国的培训与企业公会。专门管理机构的设置有效约束了学校和企业一体化关系的维护和运行。

（二）国内地方高校产教研一体化融合实践模式

产教研一体化融合是指将生产、教学和研究三个环节紧密结合，以实现人才培养、产业发展和社会服务相互促进的一种模式。目前，国内地方高校产教研一体化融合实践模式主要有：第一，"订单制"模式。校企合作开设人才培养订单班。其特征是企业的针对性强，培养人才适用于特定的岗位，但需要学生的数量少，因此尽管企业参与程度较高，但难以大范围推广。第二，"项目制"模式。企业人员以项目实施方式参与高校专业建设和人才培养，其在项目实践内参与程度较高，但缺乏稳固的可持续机制，随着项目的结束合作往往搁置。第三，"引企入校"模式。这种模式在地方高校实践中往往通过校企合作专业设置与招生来落地，从招生环节到就业环节具有明确的指向性，但在实际运行中企业参与不深，两者利益不一致，合作常常流于形式。其余还存在顶岗实习等形式，企业往往以用工为目的，高校以推荐就业为需求，其合作程度较低，基本难以看作校企一体化融合模式。

（三）对地方高校产教研一体化融合模式的建议

产教研一体化融合模式是推动教育创新、产业升级和区域发展的关键。地方高校实施产教研一体化融合应摒弃老观念、旧思路，创新组织管理模式，实现深度产教研一体化融合。

1.校企共建产教研联盟

通过联合投资、共建共管等多种方式，企业与高校共建产教研联盟，实现生产与教学的深度融合。大学能为企业提供人才、技术等方面的支持，企业为高校人才培养提供实践基地和工程技术研发选题及转化场景，形成互利共赢的局面。通过这种联盟，学校与企业共同努力，才能培养出与市场需求更加匹配的高素质人才。人才培养质量和就业竞争力的提高，还能推动技术创新。

2.引企入校多元主体办学

产教研一体化最直接的方式就是企业办学或引企入校开展混合所有制办学。在法律允许的范围内，民办高校可以直接引入企业投资，公办高校可以通过混合所有制形式，以非营利性质实现引企入校实践教研产一体化办学。目前，职业教育法鼓励支持实体企业，尤其是国企、产教一体化企业等，以资金、生产服务设施、场地、技术体系等参与合作办学。既可联合举办学校，也可以整体推行现有学校的混合所有制改革。多种办学主体可以合作举办职业院校、二级学院、生产性实训基地、技能培训基地等，也可以合作举办专业等办学项目。此种模式可以促进企业产业和高校学科专业的紧密融合、相互支撑，真正实现产教研一体化。

3.产业园区与高校共建科技园区

产业园区是指以促进某一产业发展为目标，承担着集聚创新资源、培育新兴产业、推进城镇化建设等一系列重要使命而创建的特殊区位环境，是区域经济发展、产业调整升级的重要空间聚集形态。产业园区与高校共建科技园区，通过资源共享、优势互补、协同发展等方式，实现产业与科技的紧密结合。大学能为企业提供人才、技术等方面的支持，企业为高校提供实践机会和实训基地，形成产学研相结合的创新制度。此种模式可以将地方产业园区和地方高校有效"链接"，实现多元化融合。例如，济南新材料产业园通过搭建"政府+高校"创新服务平台，依托智力、人才等济南大学优质的资源禀赋优势，以人才带动产业，以产业集聚引智育才，实现人才全链条服务，项目全链条服务。

4.政校企行共建研究中心

在当前高质量推动经济发展的背景下，政府、高校、企业、行业协会等共建地方战略需求的应用型研究中心，通过共同研究、共同开发、共同推广等方式，实现行业与学术的深度互动，形成产学研一体化的创新体系，具有一举多得的效用。通过政校企行共建研究中心，有助于促进产学研深度融合。实现区域内大学人才培养质量的提高。加速地方高校应用技术的研发与转化，直接推动科技创新和区域相关领域产业转型升级。

四、实证案例分析

烟台南山学院是一所省属民办普通本科高校，由中国知名大型企业集团南山控股投资兴办。自办学以来，学校借助企业办学、位置毗邻、产业支撑的先天优势，经过多年的实践，逐步形成了"校企一体，协同育人"的办学模式。

（一）建构了校企六个一体化融合的"335"应用型人才培养体系

以应用型人才培养为目标，明确人才培养的"335"规格模型，主要是指建构"三型"知识体系，培养应用人才：复合型、专业型、创新型；着力"三种"能力提升，培养应用能力：综合实践能力、创新创业能力、持续学习能力；注重"五类"素质养成，培养立身素养：人文素养、道德素养、科学素养、数字素养、绿色素养。在此基础上，构建"能力导向—校企协同—六位一体"培养架构和路径,并开展改革实践,达到应用型人才培养的基本目标。实践框架如图1-3所示。

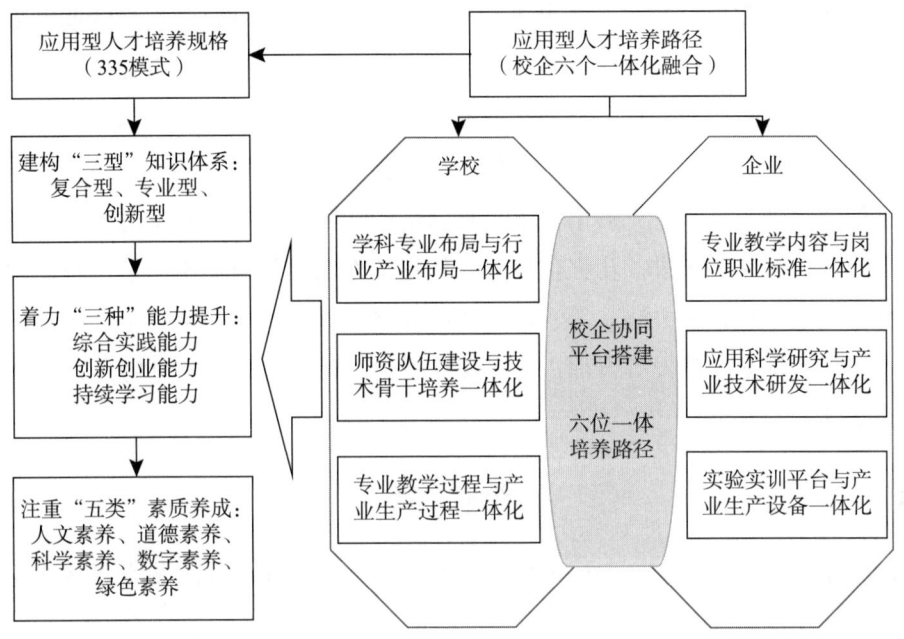

图1-3 "能力导向—校企协同—六位一体"应用型人才培养框架

(二)实践了产教研一体化融合的"十个一工程"

为深入实施产教研校企"六个一体化"应用型人才培养实践与改革,学校规划设计了产教研深度融合"十个一工程",从人才培养、专业建设、师资队伍、平台建设、成果培育五大方面在全校各专业(群)推进改革实践。在人才培养方面,各专业与"头部"企业联合制定一个(套)应用型人才培养方案;各专业组与企业共建"三元制"(卓越人才班培养班),不断革新与提升"三元制"班人才培养特色成效。在专业建设方面,每个专业融合企业案例,每年校企协同共编专业课程教材(含实验、实训类教材);各专业围绕学生应用能力培养目标,每门专业课程每年校企共建应用型教学案例一组(3个以上)。在师资队伍方面,每个专业群校企共建一个教师培训基地,共建一支"双师型"教师队伍。在平台建设方面,各专业群与"龙头"企业共建现代产业创新研究院;校企共建实习实训基地,共同开发毕业论文(设计)选题库。在成果培育方面,每位高级职称的专任教师在任期内,以主要成员的身份参与一项横向重点或重点技术的研究开发或成果转移转化工作;各二级学院4年内校企合作共同培育1项省级以上教学或科研成果。

（三）建立了产教研一体化深度融合的保障体系

为推进产教研一体化实践，烟台南山学院逐步建构了完善的产学研保障体制机制。一是管理机构逐步完善。2016年学校成立产教融合办公室，通过专门设置职能部门加大产教融合力度；2017年成立校企一体化工作领导小组，负责协调和督促全校校企一体化工作；2018年成立校企合作处，坚持企业办学校企一体化工作思路，深入推进产教研融合发展；2021年成立烟台南山学院产教研专家委员会，负责重大项目的审核、指导等工作。二是加强管理与考核。先后出台了《烟台南山学院关于进一步推进校企一体化的意见》《烟台南山学院关于进一步强化校企一体化工作的实施意见》《烟台南山学院校企一体化工作业绩考核评价办法》等，与企业在学科专业建设、师资力量、科学研发、人才培养、实验实训平台建设等方面进行了深度融合。体现办学优势和特色，提高应用型人才培养质量。

参考文献

[1] 李桂云.产教融合与校企一体化办学模式中外比较研究[J].湖北开放职业学院学报，2020，33（14）：35-37.

[2] 王继平，李依瞳.德国职业教育国际推广：战略引领下的体系合力[J].比较教育研究，2023，45（6）：96-103.

作者简介：刘敏（1981— ），男，陕西汉中人，烟台南山学院发展规划与学科建设处处长，教授，硕士；杨万利（1963— ），男，河北沧州人，烟台南山学院校长，教授，博士；王丹丹（1982— ），女，山东威海人，烟台南山学院高等教育研究所所长，教授，硕士。

优化育人路径，开创校企共赢新局面
——产教融合背景下地方应用型大学校企合作存在的问题与路径优化

于其华　姚成彩

摘要：进入新时代，教育强国成为全国高校及全体教育工作者的共同奋斗目标。在产教融合背景下建立行之有效的校企合作模式，充分发挥高校特别是地方应用型大学的优势，是培养具备人力资源开发基础、培养实用型企业人才的必由之路。本文采用理论与实践相结合的辩证方法，从人才供求关系入手，以人才需求为出发点，剖析产业、企业对人才的精准需求，进而确立高校人才培养的方向、定位、实施路径，探索建立行之有效的校企合作模式。

关键词：产教融合；校企合作；"双师型"；"双课堂"；"双动力"

一、引言

2017年10月，习近平总书记在党的十九大报告中做出重大判断："经过长期努力，中国特色社会主义进入了新时代，这是我国发展新的历史方位。"这是一个在中国特色社会主义道路上全面建成小康社会，进而全面建成社会主义现代化强国、实现中华民族伟大复兴的新时代。在此背景下，地方应用型大学如何有效地开展校企合作，为新时代高质量发展培养产业、企业需要的人才，为大学生开辟丰富多彩的就业之路、人生之路，为地方应用型大学奠定培养实用型人才的基石，为教育强国作出新的贡献，成为高校，尤其是地方应用型大学教育工作者面临的重大课题。

本文旨在以本人10余年高校从教、近30年企业营管经验及体会，就产教融合背景下地方应用型大学校企合作存在的问题及路径优化做一些探讨。

二、新时代产业发展趋势及企业人才需求定位

（一）新时代经济发展的战略定位

党的十八大以来，以习近平同志为核心的党中央着眼于我国发展阶段、发展环境、发展条件变化，不断深化对经济形势和任务的认识。中国特色社会主义新时代经济发展战略定位可以概括为：

社会主要矛盾的转化：由人民日益增长的物质文化需要同落后的社会生产之间的矛盾转变为人民日益增长的美好生活需要和不平衡不充分的发展之间的矛盾。

经济发展的战略定位：由以经济建设为中心转变为政治、经济、文化、社会、生态"五位一体"统筹协调发展，重点在于经济建设与政治、文化、社会、生态的协同，以解决社会发展不平衡、不充分之矛盾。

新时期发展理念：以"创新、协调、绿色、开放、共享"新的发展理念指导经济发展，创新成为第一动力，协调成为内生特点，绿色成为普遍形态，开放成为必由之路，共享成为根本目的。

中国经济步入新常态：由高速增长转变为中高速增长，增长方式由规模速度型转变为质量效率型，经济结构由增量扩能转变为调整存量做优增量并举，发展动力由依靠资

源和低成本劳动力为主转变为创新驱动。

我国的经济已由高速增长阶段转向高质量发展阶段。

（二）新时代产业发展趋势

根据新时代面临的社会主要矛盾及经济发展战略定位，产业发展亦呈现出新的发展趋势：传统产业结构与布局更加趋向顶层、高端设计与引领，产业由自然发展为主转为科学发展为主；相对独立的各产业趋向跨产业融合发展；资源型、规模型、高速增长型产业发展趋向于以创新为动力、引领统筹协同并举发展；信息化、大数据、智慧产业与传统产业融合，催生了产业融合、精准布局，也衍生出新的产业集群。

（三）企业发展趋势及企业发展转型升级

企业作为经济最基本单位、经济发展的细胞，必须遵循"顺势而为"的基本原则，所谓的"大势"就是指中国特色社会主义进入新时代，步入高质量发展新时期。"中势"就是产业发展的新趋势、新走向。由此确定企业的战略定位及战略布局、战略规划。所以，进入新时代后企业面临着转型升级的战略任务。

在改革开放时期曾出现过在企业界流传的名言：不转型等死，转型找死。这反映出在改革大潮中企业的迷茫与困惑，问题在于对"大势"的判断与把握。转型并不是转行，不是外在形式上的转变，转型的精髓在于内在的基于"大势"的判断与把握基础上的创新驱动。

新时代，在高质量发展的大背景下，企业发展正在或将呈现如下趋势：

1.加强顶层设计，企业战略规划先行

改革开放时期，企业家自创业伊始，循着创业—做大—话语权—做强的路径，凭借其聪明才智不断推动企业的发展，成为企业的掌舵人。所以中国企业家的知名度远高于企业、品牌的知名度，改革开放后期这一形势才逐渐发生变化。而大多数企业最终都会走向综合性集团，特别是几乎所有企业均介入房地产业，恰恰是以可获得资源、利润为动力引领企业走向，而非循其明确定位、战略规划发展。所以，中国企业平均寿命过短，难以实现可持续发展，其原因正在于缺乏明确的企业战略定位、清晰的战略规划，商业发展行为短视趋利。

新时代我国经济步入新常态，由以经济建设为中心转变为"五位一体"统筹协调发展，企业必须基于形势、环境的分析研究，确立企业的战略定位、战略规划，设立企业的战略目标，明确实现战略目标的路径、步骤、资源、节点等。

2.企业商业模式由竞争关系转向合作关系

改革开放时期，企业商业模式是以抢先占有资源、快速做大，来争得话语权。在资源有限的情况下，这种分蛋糕的格局会导致此消彼长、你死我活的竞争关系，乃至陷入恶性竞争之局。

新时代创新、协调、绿色、开放、共享的新发展理念大背景下，企业发展壮大的唯一之途就是创新，在保护生态的前提下实现绿色发展、共同富裕，才能不断创造财富，将蛋糕做大。因此企业要由竞争关系、竞合关系转向合作关系，实现合作共赢，行稳致远。

3. 由单一企业运作转向产业链、供应链运作

面对新时期社会发展的不平衡、不充分，单一企业、单一产品已经难以满足人民日益增长的美好生活需要，这就要求企业通力合作，通过产业链、供应链集群合作、运营，做到高质量供给、精准生产、盘活库存与优化增长并举，合力发展，合作共赢，抵御各种风险，实现可持续发展。

4. 由资源型、规模型转向效益型、质量型

在改革开放时期，以经济建设为中心，基本上是以资源换技术，以土地红利、廉价劳动力获得利润，以牺牲环保完成积累，企业通过增加资源要素投入得以发展。新时代资源供给愈益稀缺，低循环发展已经没有市场，所以企业必须转变为内涵式发展，实现高质量发展。

5. 由企业家支撑转向团队协同型

在过去的发展过程中，正因为是资源规模发展模式，以抢占资源为动力，所以资本成为企业成长的关键因素，企业家、资本决定企业的命运。但在新时代，企业可持续发展的关键在于企业拥有优秀的企业团队、人才资源，有了人才才能够建设优秀的企业团队。企业成败的关键因素不再是资本，而是由企业家、职业经理人、核心团队、骨干团队、员工共同构成的优秀团队。

（四）新时代企业人才需求定位

我国正进入高质量发展阶段，面临质量变革、效率变革、动力变革的繁重任务，迫切需要教育、科技、人才提供新的动能。企业是否能够实现可持续发展，行稳致远，关键在于是否拥有高素质、高效率的优秀团队。

企业是用人的主体，依靠人才与团队才能行稳致远。目前就业形势严峻，但企业仍面临用人荒，其实并不是缺人，而是缺乏人才。企业在过去依靠资源的不断累加来扩大盈利，但随着经济发展，企业资源配置也呈现出新的变化，原来在企业中最为重要的资本、资金逐渐演变为人力资源。这从企业组织架构演变也可以看出来，由早期的劳资科转为人事处，再到人力资源部，最终成为人力资本。在新时代党中央再次强调按劳分配为主体，多种分配形式并存，资本要设置红绿灯，正是回归马克思主义政治经济学阐述的生产资源要素。土地、厂房、设备、资本只是原材料,通过设备的等量转化,劳动者、劳动力在组织各种资源转化、形成产品中不仅创造价值,还创造了附加价值、剩余价值。

招收大学生的标准由原来注重毕业院校、专业、学习成绩转为学习成绩只作为参考,相关专业亦可入选。决定聘用的是面试,而面试由注重专业问题的回答情况逐渐转为注重面试对象的言谈举止、思维方式、发展潜质,毕业院校、专业、学习成绩均仅作为参考。学历代表一定的水平、能力,但并不等于人才,所以在以追求绩效为目标的企业,创造绩效的能力才是真正的标准。

一般来说,企业团队包括:管理团队、商务团队、科研技术团队、营销团队、生产团队等,在新时期,企业对团队、人才的需求有着全新的定位与要求。

用人单位需要:①实用型并且学习力强的人才,指的是能够直接服务于企业,而不需要企业再次投入人力、物力、财力、时间、精力进行培养、培训、学习的优秀人员;②基于品德前提下的优秀人才,要求有理想、勇于担当、协同力强,是开放、包容、创新型、学习型人才;③拥有较强的执行力与业务能力。

以上三点是各类团队的共同要求,而不同团队还有不同的人才要求。管理团队、商务团队、营销团队更为注重的是创新性思维方式、沟通力、协调力、资源整合力,学习的知识仅作为参考;科研技术团队更加关注的是兴趣爱好、毅力与执着精神、技术管理潜质与能力;生产团队更为关注执行力、专业知识结构、技术知识水平,以及能工巧匠的潜质。

三、地方应用型大学面临的困局及选择

进入新时代,教育强国、科技强国、人才强国被提高到前所未有之高度。而教育强国是全面建成社会主义现代化强国的战略先导,是实现高水平科技自立自强的重要支撑。在这伟大的基础工程中,教育事业位于优先发展的战略位置。

高校承担着国民青年时代的教育任务,而青年时代正是其世界观、人生观、踏入社会本领形成的重要时期。对于大学生来说,高校是学习本领、踏入社会就业的敲门砖;对于企业来说,高校是提供所需人才之地。

(一)困局之一,源自社会对学历的追求

改革开放之后,人才短缺成为社会发展的瓶颈,恢复高考后,考上大学就意味着有了稳定的工作,有了成就事业的平台。大学生成为社会的宠儿,大学生就是人才、精英。因此社会形成了学历教育、应试教育的观念定式,认为有了学历文凭就可以拥有好

的工作，陷入唯学历论的误区。家长的目标就是培养孩子上大学，而且要上一流大学，鼓励孩子不断进取，规划了专科、本科、硕士、博士、博士后的教育路径。

（二）困局之二，源自教育改革与社会现实的差距

从国家发展角度，不断扩大高校招生，鼓励各类高等教育发展，旨在不断提高国民素质，建构人力资源开发的深度基础，进而拓展成才的广度与深度。

在这一教育改革不断深化的背景下，高校就面临着社会对学历的追求与国家教育目标调整的困局，因此高校也就无奈地选择了不断升级，中专升本科，本科升综合性大学，大学进入双一流。在此背景下，地方应用型大学的特色、优势也逐渐被淹没、淡化，高校同质化日益加剧。

四、产教融合、校企合作现状

（一）产业、企业人才供求主要矛盾

伴随着改革开放不断深入，经济发展，社会进步，企业人才的供求主要矛盾已经发生转变。一方面企业招聘人才难，另一方面大学生就业困难。人才供求矛盾已经由大学生供不应求转变为大学生供给过剩，人才供给结构性失衡，这成为新时代教育界突出的矛盾。这向校企提出了精准培养、精准教育的重大课题。

（二）产教融合、校企合作现状

面对产教融合、校企合作的新课题，高等院校、企业、政府为此进行了广泛的讨论，进行了多方面的有益探索。高等院校实行了双师教育、校企共建、开辟实习基地、校园招聘会等多种措施。企业开展了合作办学、合作办专业、育苗工程、订单式培养、设立奖学金、定向培养等活动。

政府也为企业解决人才招聘难、大学生就业难，搭建供需见面会、大学生招聘会等平台。上杭县提出的"预就业"模式就是政府促就业的一项有力证明。不仅如此，近年来各地政府先后采取了积极的人才引进模式，拓宽人才就业渠道，通过各种补贴形式（包括租房补贴、购房补贴、生活补贴等）给予在大城市不能落脚的大学生经济上的信心，帮助他们在心仪的城市落脚。

由此可见，人才供求结构性失衡这一主要矛盾已形成社会共识，各级政府、学校、企业在为之做出种种努力但效果仍不理想。

五、地方应用型大学校企合作路径优化

产教融合、校企合作作为深化教育改革的重大举措,作为一项系统工程,应该进行系统研究,完善顶层设计,制定、论证科学的中长期规划,学校管理层、教师、学生、企业达成基本共识,然后组织实施。

(一)围绕校企合作深入调研,为产教融合中长期规划的制定奠定基础

首先,深入学习领会新时代教育发展、教育改革指导思想,把握高等院校,尤其是地方应用型大学相关政策、具体要求,这是制定产教融合中长期规划的方向。其次,深入调研企业对人才的具体需求,包括企业各类团队、各层级员工的需求及其标准,特别是目前人才需求缺口的状况及需求标准。更要了解企业中长期战略规划,重点是人力资源规划。例如企业技术团队的建设。技工的需求及标准、技工的晋升通道是否是技师、工匠?技师的需求及标准、技师的晋升通道是否是工程师、总工程师?研发人员的需求及标准、研发人员的晋升通道是否是科学家、首席科学家?最后,深入调研当代学生的现状及未来设想、理想、已毕业大学生的体会与感想、对母校的建议。

(二)明确产教融合、校企合作的战略定位

伴随着高等院校同质化的发展趋势,地方应用型大学的定位必须清晰、明确,特别是校企合作的战略定位:为企业培养实用型人才。仍以企业技术团队为例,培养技工学生、培养技师学生、培养研发学生。只有定位清晰、明确,才能够围绕定位配置各层级不同的教学资源、培养资源,使学生也清楚自己就业踏入社会第一个人生平台的定位,并在在校期间去为之努力。

(三)编制、论证中长期规划

由院校为主,企业参与共同制定,规划要横向涵盖各类专业,纵向垂直到各层级,包括中专、专科、本科、硕士生、博士生。规划内容包括:各专业、各层级战略定位、培养方向;专业培养方案;知识结构、课程设置方案;双师资力量配置方案,学校配备理论教师,企业配备实务教师;校企培养人才评价体系,以企业为主,学校参与共同制定;学生毕业就业标准、单位及就业方向;毕业大学生跟踪信息系统。

上述三大部分由学校、二级学院、企业共同完成。

(四)"双师型"教师队伍建设

在规划确定后,最主要的就是师资力量的建设,目前建设中的"双师型"教师队伍

是很好的选择。对"双师"有不同的理解与做法。第一种理解为"双职称型",其表现为教师除获得教师系列职称外还兼有另一职称;第二种理解为"双素质型",其表现为教师在具备理论教学的素质上,还具备了实践教学的素质;第三种理解为"双证书",其表现为教师取得教师资格证书,还取得了其他证书。无论何种理解,其关键在于企业用人单位的需求,企业需要的是操作型的人才!

我们研究一下世界著名的哈佛商学院。首先,其著名是因为她培养了诸多企业家、社会活动家、政治家等优秀学生,也就是说培养的学生就是其产品、其品牌。其次,哈佛商学院的成功有两大因素,一是案例教学,二是由理论教授与企业董事长、CEO、工程师、CFO、CIO等来自企业和社会的教授构成的互补型师资队伍。因此,要满足企业的人才需求,需要学校理论型教师与来自企业、社会的教师建设成为互补型师资队伍。

构建"双师型"教师队伍,根据我国实际情况,充分发挥校企合作中企业的作用,从企业中选拔实务课程教师,特别我们学校有着得天独厚的条件,可以依托南山集团众多企业、众多产业、诸多案例,快速构建"双师型"师资队伍,同时根据效果建立实务课程教师库,逐渐强化、固化"双师型"教师队伍。

"双师型"教师队伍可以伴随"请进来、走出去""双课堂"制度,适合在学校进行的教学课堂设置在学校,偏重于操作的教学课堂设置在企业,包括企业例会、运营等管理会议、项目管理、现场建设、流水线、车间等讲授培养,既引发学生学习兴趣,又可以增强学生感性认识、动手能力。学生带着问题学习效果会更好。

六、关于南山学院校企合作方面的思考与建议

(一)强化我校原有的地方应用型大学优势,并固化成著名品牌

我校作为起步较早、较为著名的地方应用型大学,依托著名企业集团——南山集团,这是在产教融合背景下开展校企合作的最大优势。

南山集团作为拥有悠久历史的多产业跨国型综合集团,拥有各类不同层级的经营管理、技术研发、国际型商务、营销等实战型人才,为"双师型"师资队伍建设提供了强有力的支撑。

南山集团在诸多产业丰富的创业史、发展史及目前的成就,为案例教学提供了宝贵素材。

同一旗下的相关集团,不仅可以为我校大学生提供实习基地,还可以更为便利地建立"双课堂"体系,培养学生操作、动手能力,使之成为我校毕业生优于其他院校的特色。

同一旗下的相关集团，优先聘用我校毕业生，学校与企业共同制定清晰明确的各类人才聘用标准，乃至可以做出"保就业"的承诺，使学生学习动力由单一的拿到毕业证、学位证，转化为学历证书+就业岗位"双动力"。

（二）改进教学目标与教学方法

大学生学习的目的是什么？学什么？高校承担的是青年学生培养任务，大学是学生即将踏入社会的培养阶段，学习知识仅仅是基本目标，更主要的是培养才干、能力。能力包括两个方面，一是技术、技能，二是未来成就事业的能力，也就是融入社会的能力，是世界观、人生观。大学时期是世界观、人生观逐渐成形的时期，学生开始思考人生，思考社会。大学应教导学生如何思考，而非选择什么，这实际上是对思维能力、思维模式的培养。"授人以鱼不如授人以渔"，教育优先发展，旨在加深人力资源的开发深度，所以对于教师来说，"教书"不仅是传授知识，更重要的是"育人"，就是以知识传授为媒介，培养学生的思维模式、思考方式、学习能力等。

建立"双师型""双课堂""双动力"校企合作教学培养模式，逐渐解决目前企业人才困难、大学生就业困难、学校同质化严重三大困局，实现地方应用型大学、企业、大学生三者共赢。

参考文献

［1］中共中央文献研究室.习近平关于社会主义社会建设论述摘编[M].北京：中央文献出版社，2017.

［2］中共中央文献研究室.习近平关于科技创新论述摘编[M].北京：中央文献出版社，2016.

［3］习近平.习近平著作选读：第一卷[M].北京：人民出版社，2023.

［4］中共中央关于党的百年奋斗重大成就和历史经验的决议[M].北京：人民出版社，2021.

作者简介：于其华（1964— ），男，山东威海人，烟台南山学院马克思主义学院教授，硕士；姚成彩（1994— ），女，山东潍坊人，烟台南山学院马克思主义学院中国近现代史纲要教研室主任，助教，硕士。

产教融合构建产学研创一体化实施策略的探索
——以烟台南山学院为例

苏凤

摘要：以校企双主导实现专业共建、人才共育，探索"产教融合"模式，符合国家经济转型对人才转型的要求，对高级技能型人才培养，解决供需脱节，构建产学研创一体化实施，企校生及区域发展均有益处。认清产教融合的意义及存在的问题，才能更好地寻找突破点。文中结合烟台南山学院部分专业在产教融合方面的实施措施及成果，对产学研创一体化实施策略进行了探索，措施的实施给后续构建和完善产业学院提供了参考。

关键词：产教融合；校企合作；产学研创

基金：山东省教育科学规划创新素养专项课题"多主体协同构建'三链融合'的创新人才培养模式研究"（2022CYB223）；中国电子劳动学会"产教融合、校企合作"教育改革发展课题"新工科背景下，应用型本科院校现代产业学院迭代发展模式的探索与实践"（Ciel2022092）；山东省本科教学改革研究重点项目"新工科背景下电气信息类专业创新型人才培养模式研究与实践"（Z2022252）；烟台南山学院教育教学改革研究面上项目"产教融合构建产学研创一体化实施策略研究"（NSJM202308）

一、引言

随着教育的不断更新完善，让学生做到知识的学懂、会用，做高级技能型人才，体现了高等教育要与实用技术相结合。现今国家大力发展职业教育，对高校也提出了新的考验，国家和高校的众多专家学者均在不断探索研究，寻求产教融合新路径，针对产教融合的深化，提出了多条意见。2017年末出台的《国务院办公厅关于深化产教融合的若干意见》（国办发〔2017〕95号），指出10年左右，通过企业与高校的不断对接、磨合，以产业、行业需求为导向，实现教产统筹融合，行业技术进课堂，理论知识进企业，让教育真正服务于企业、行业，在一定意义上真正起到解决教育供给与产业需求矛盾的问题。2018年初，国家六部门发布《职业学校校企合作促进办法》（教职成〔2018〕1号），提出职业教育的基本办学模式应该体现企业、产业、行业的作用，办好职业教育关键在于将产教融合办在实处。2020年7月30日，教育部办公厅、工业和信息化部办公厅印发《现代产业学院建设指南（试行）》，以此发挥产业优势，推进高校分类、特色发展。近年来烟台南山学院也在不断探索产教融合模式，视其为实现高教可持续发展的良好途径，加深校企合作，推进产业学院建设，力争共同培育契合行业动态，符合产业需求、企业发展的应用型人才。

二、产教融合在发展（高等）职业教育中的重要作用

产教融合中的"产"指产业、生产，"教"指教育、教学，顾名思义是在学生教育过程中，位于产业、行业中的企业要参与，将产业与教育密切融合，这是一种企校共育的办学模式[1]。有了企业参与，学生可接触到产业中新技术的应用，便于形成特色专业群，让教育和产业相互结合，开办和发展"专业对口"的产业，使培养的学生更快、更好地服务于产业。教育服务的主体对象是学生，处于行业、产业大军中的企业参与学生培养，可以更好地将理论层次的学术课程和实践层次的职业课程有机融合，既拓宽了学生的视野，加快职业适应，又能通过学生的能力升级带动整个社会的发展，让学校成为产业人才培养和科学研究的教育基地，切实增强学生的大国工匠意识，促进专业教育与双创教育发展，使其成长为懂知识、会技能、有创新的高质量人才。产教融合的根本是实现资源互补，企校共赢，促进教育链、人才链与产业链、创新链之间的有机融合，可体现在产、学、研、创等方面[2]。

（一）产教融合、校企共育人才可培养出与产业、企业契合度高的"准员工"

校企共定人才培养方案，校企人才共育、成果共享。借鉴德国双元制，统筹各类实践教学资源，企校双导师合力引导学生积极进行职业规划，实现学生与学徒双重身份合理转换[3]。比如烟台南山学院与南山集团各企业充分实现资源利用，学校师生可以受益于企业的博士后流动站、高端的仪器设备平台、充足的智力库，企业将学生看作未来的员工，教育过程中融入企业文化、技术传帮带，实现校企一体化，学生教育理实一体，由来自企校的教师共同指导。双教育主体的育人模式是把学生看成企业的"准员工"，知识传授中融入企业文化及工程观，岗位规程潜藏在课程学习中，让学生逐渐适应岗位操作，实现毕业即可上岗的岗位无缝对接，也利于区域产业或行业经济的发展。

（二）产教一体、校企共育的教学实施，有助于提升学生的双创力

学生学习的场所不仅局限于学校，企业的科技平台为学生理论知识的延伸提供了更多可能，而具体的岗位操作可深化理实应用，进而为企业寻求新的商机。企校人员借助企业技术问题形成课题项目进行研究，指导学生参与学科竞赛、创新创业赛事等，提升由科技创新到创业孵化的可能性和成功率。比如烟台南山学院工学院电气系师生在近几年的产教一体实施过程中，结合企业纺织自动化设备中布料瑕疵问题，提出了解决方

案，设计出了一款可以进行多种瑕疵检测的检测装置，一方面提升了企业纱线瑕疵检测效率并节约了成本；另一方面，设计制作的作品也参与大学生竞赛，取得了不错的成绩。

（三）通过企校课题项目实践，提高教师教科研能力，有助于师资的双向培养

教师不仅要重视教书育人，在教书过程中进行一定科学研究也是必要的。教师以企业生产中遇到的问题为突破点，可以联合师生或者企业的工程技术人员共同进行项目开发，企校人员共同指导学生参与学科竞赛，在与学生的接触过程中，也实现了自我提升。比如烟台南山学院师生以企业节水、节能、自动化改造为着力点，联合开发"循环水池在线清理""电厂巡检机器人"项目，获得山东省机电产品创新设计二等奖2项。学校为企业员工进行理论知识培训及部分职业资格证的培训工作，企业为员工提供实践锻炼场所，均有利于双方人员能力的提升，对企业和学校的发展可以实现双赢。目前烟台南山学院到企业挂职锻炼人员200余人，学校为企业及学生提供高等职业资格证培训2000余人次。

（四）有助于构建新的教学体系

学校一个专业的设立及招生数量要与区域经济和社会发展相呼应。随着科技的发展，新产业出现，新专业就应运而生，新老专业要进一步发展，必须与时俱进。教学体系必须随时跟上，不能一成不变，否则易造成结构性失业。例如谢建华（2013年）提出某专业课程体系混乱，课程内容更新慢、不灵活，学生视野和创新受限。因此教学体系的构建和完善须立足企业需求，服务区域经济，制定者要深入行业、产业、企业进行岗位需求和岗位操作规程调研，从而充分认识专业在社会中的需求力度，动态融入新技术，形成贴合专业发展的人才培养方案，确定好哪些课程改为必修，哪些课程改为选修。每门课程有一定的课程标准，执行过程中授课者结合企业与学校择优选择，实时融入思政元素，让学生可以德智身心全方面进步。

三、目前产教融合存在的问题

如今各级政府、高校及诸多企业在企校人才共育方面，同向施力，产教融合成效已现，但仍或多或少存在一些问题。

（一）产教融合理论研究不足

职业教育在"产教融合"上的理论研究不系统，相对职业教育其他方面而言较为薄

弱，且理论研究要滞后于实践，难以解决实践中遇到的问题。职业教育实施过程中针对"产教融合"的模式还可以进一步完善和创新。校企仅进行供用的简单合作，资源未实现共享，学生在校内所学与企业所用有脱节，导致毕业后要融入工作岗位需要较长时间的实践。由此可见，"产教融合"的实施推广不管在深度还是广度上都有很大的进步空间。另外产教融合的整体机制也不完善，对出现的产教"两张皮"的问题未有很好的应对举措。

（二）对产教融合形式存在认知误区

校企合作意愿有差异，学校意愿明显高于企业[4]。站在企业角度，实行人才共育，费时费力，需要出专门的人指导学生，多少会影响企业的正常秩序。此外，企业担心付出了之后，学生毕业后并不到企业就职，因此企业参与积极性不高，感觉不如直接在社会招聘人员，一培训，集中上岗，省时省力。站在学校角度，学校只希望学生毕业时能顺利就业，就算完成任务，未对企校的后续发展做深远谋划。另外在实践中，双方合作较浅，表现为学校与企业简单对接，充其量是校企合作，缺乏资源细分—资源重组—融合创新的"化学反应"。

（三）产教融合实施缺乏保障，存在实践性困境

比如制度规范不完善，人力物力在实施时不到位；调研时产业需求体现不充分；缺乏多学科交叉融合，大工程观融入；重视程度不够，导致经费不足，产学研多维协同契合度有待提升，产教融合实施内容和效果与预计达成目标不匹配，导致出现"三不"现象：培养的毕业生与经济布局发展"不对接"，符合企业需求的人才仍然长期短缺，企业还是缺人，而毕业生还是会找不到工作；企业中遇到的科技难题，设计的应用层次往往高于学校所学理论知识，学校教师对企业内容难以切实融入，而学校的教科研企业更多的还是体现在建模、仿真及制作实现，因此行业难点与院校研究不一致，对企业的益处不大从而企业"不愿接"；企业合办职业教育的投入产出比不确定，参与产教融合的积极性不高，显现出"不敢接"现象。

四、产教融合发展策略的几点建议

近年来随着专家学者对产教融合理论及实践的研究，国家也接连颁布实施多项文件，促进产教融合工作的顺利开展。文件的颁布实施可大力推进产教融合下应用型人才培养，为区域经济发展提供有力支撑。烟台南山学院在产教融合的不断探索实施过程中，累积了一定的经验，也取得了一定的成果。

（一）树立企校互利共赢理念

高校与时俱进，顺应时代转变旧发展理念，积极实行人才自培与外引，引进人才，包括国内外其他高校和企事业人员，充实学校的科研力量和双师型师资，让专业教育与创新教育相结合，通过讲座、课程传授、项目指导等多种合作方式深入与企业合作，建立牢固长期稳定的合作关系。同时深入企业，融入企业，让企业感受到学校的合作诚意，为下一步开展深入的产学研创合作打基础。烟台南山学院积极拓展专业合作单位，加强合作模式，以烟台南山学院纺织与服装学院为例，在澳大利亚羊毛组织的协助下，学院与悉尼科技大学进行国际人才交流及项目合作，悉尼科技大学基本每年组织学生与我校学生开展为期10天的专业创新活动，并提供5万/年的奖助学金用于我们优秀学生的赞助。近年来学院与澳大利亚羊毛发展公司开展合作，双方在人才培养、教科研、师资等方面加强合作，自2014年以来陆续开展了多届"羊毛教育"模块课程教育。课程是由双方共同开展实施的双语课程，目前已完成Wool Fiber Science（羊毛纤维科学）、Wool Spinning（羊毛纺织）等7门双语课程。课程由Allan De Boos博士进行全英文授课、纺织学院教师辅助翻译，课程考核通过之后，学生既可以获得学校的学分，又能获得羊毛教育证书。讲授的课程内容较为新颖，与国际纺织行业接轨，课程学习让同学们既完善了学生的专业知识体系，也锻炼提高了英语听说读写能力。

（二）立足经济发展，制定切实可行的应用型人才培养目标

由校企多位经验丰富的成员组成相应专业人才培养指导委员会，成立人才培养方案制定小组，密切关注人才岗位需求，根据企校人才供应数据展开分析，从而制定应用型人才培养目标中的具体内容，比如专业定位、能力要求、课程设置、思政体现等；人才培养目标要体现学科交叉融合，知识层次布局，创新创业能力提升，具备指导性、操作性和可行性。烟台南山学院各专业基本均为校企共建专业，每个专业均有企校人员组成专业人才指导委员会。每个专业有多个校企合作单位，同时每家企业也可与多个相近专业进行人才共育。比如位列中国互联网、云计算百强企业之一的山东开创集团股份有限公司，是互联网技术服务商、山东省大数据重点骨干企业，目前该企业已与省内包括山东理工大学、济南大学、齐鲁师范学院等多家高校开展产教融合合作。该企业与我校市场营销、数据科学与大数据技术、物联网技术等相关专业持续展开合作，企校人员成立专业建设委员会，在人才培养、课程建设、实践教学、师资培训、实验室建设、科技成果转化、学生实习实训等方面深入合作，探讨专业定位，共同建设专业，企校切实参与到应用型人才培养的全过程。

（三）建立产教融合专业课程体系

1.科学规划专业设置，形成特色专业（群）

专业的定位要立足区域经济和产业结构，深入分析科技发展带来的产业结构调整趋势、目前各高校企业的毕业生供需等信息，合理规划专业设置、招生计划与资源配置等，让接受课程体系实施后的学生能顺利适应专业与区域经济结构升级、新兴产业崛起与传统产业改造带来的冲击，找准自己的职业定位实现顺利就业；根据专业特点及资源优势，集中打造一批引领性强的特色专业及学院，形成现代产业学院。例如作为山东省地炼整合项目的承接地之一的裕龙岛项目得到了烟台市政府、省委省政府的支持，为山东高端石化产业基地作出贡献。为支持地方区域经济发展，服务地方现代产业体系，烟台南山学院依托裕隆石化成立的化工学院，下设化学工程与工艺、高分子合成技术、装备与控制工程等本科专业，以及高分子材料合成技术和石油化工技术两个专科专业。学科内容涉及基础化学、化学工程、有机高分子材料、石油化工、过程装备与控制等知识。《中国制造2025》中，提出重视制造业发展，这也包含铝合金行业发展，而南山铝业拥有全球同一地区最完整、最短流程铝产业链，涵盖整个铝产业上下游所有环节。为适应集团和区域社会经济发展需要，深度发展高端加工，学校的工科院系，比如材料系、电气系、机械系以铝材料行业企业需求为目标，依托航空板材、铝加工产业成立的南山铝业产业学院"航空板材三元制特色班"，涵盖金属材料工程、复合材料与工程、自动化、电气工程及其自动化、材料成型及控制工程、机械设计及其自动化等多学科专业，特色班与南山铝业股份有限公司共建、共管。

2.逐渐完善课程设置

课程体系设置后，需继续合理完善课程设计，企校联合进行课程建设、课程开发，探索合作机制，建立可企校共用的优质课，利用多媒体信息技术建立精品资源共享课，使得课程内容丰富多样，学习时间自由化。开展"大学生创新创业培训"培训课程，注重创新到创业所需的知、情、意、行各方面因素累积，同步开设创业管理、融资、法务培训课程，以及讲座、案例分享等小学分、短学时多学科交叉课程。同时学校鼓励学生参与双创赛事，给予学分互换，让学生可以将所学付诸实践，为创新走向创业做好铺垫。烟台南山学院注重与企业联合开发课程嵌入式课程，比如电气系电气工程及其自动化专业根据企业行业的设备、工艺要求，将"电厂水处理""轧制控制系统"等企业员工培训内容全部融入教学体系，以课程形式呈现，企校双方共同组织教学。另外将企业、行业标准"发电厂电气检修规程""发电厂电气运行规程"等企业培训内容融入课程教学之中，实施理论实践一体化教学，完成就业"零"距离对接，提高职业竞争力。

3.全面优化课程开展内容

思政教育融入课程中，注重理实的工程应用，提升学生德育的同时充分利用物联网技术、现代信息技术手段，善用MOOC、微课开放式网络课程平台，使用蓝墨云、智慧树等多课程辅助平台，尝试开展视频网络课程建设，建立ERP仿真企业平台，充分发挥手机及互联网仿真平台作用，使学生的学习可以脱离全课堂学习，不受时间和地域的限制获得自身所需的知识储备，提高教学活动的效率。烟台南山学院课程开展注重理实一体化，提升了学生学习的柔性，知识面的弹性，专业发展的灵活性，比如"自动检测技术""电气控制与PLC"等课程突出工程应用，以传感器、PLC的实际项目制作为依托，录制精品课视频，实行多人接力式授课，课前、课中、课后分配不同的任务。课前利用网络共享内容，供学生自学、自测，根据学生学情，归纳总结；课中引入科技前沿，进行重难点讲解，通过知识应用及项目实现，体现立德树人，培养工科专业的大工程观、学生的创新及团队合作能力；布置课后作业，完成项目报告及知识深入查阅、学习任务。

4.逐渐形成、健全、完善高等职业教育的产学研合作运行保障机制

（1）健全法律法规，使产教融合有法可依。随着我国职业教育的研究，产学研创方面的法律法规逐渐完善，产教融合在政府、企业、学校、社会多方位的参与下，各方的权利和义务有了具有可操作化的规定。政府继续促进各方合作，制定和完善相关法规、支持方式、实现途径，为校企深度合作提供保障。随着国家产教融合政策的出台，烟台南山学院近年来陆续发布《关于成立××专业建设指导委员会的通知》《关于中青年教师企业实践锻炼的意见》《关于聘任企业双师型专业技术职务的通知》《课程思政建设工作方案》《关于推进三个现代产业学院建设工作通知》《现代产业学院管理办法》《关于推动现代产业学院建设深入校企一体化发展的意见》《关于博士、青年基金立项通知》《教师访学交流实施细则》等，保障了产教融合的顺利进行。

（2）发挥政府引导、协调作用，完善科技转化、育人机制。政府参与实现教产统筹融合。从区域经济出发，企校政联合设计"学术型"及"学徒制"企校教育体系，分析产业技术与专业融合程度，从区域经济层面使相关专业与产业融为一体，相互依托，集众人之力，优化资源，让产业技术进入学生培养全过程，在实践中发现创新点，以产业、行业需求为导向促进科技研发与知识转化，建立良好的协同育人机制。比如从龙口地区的铝产业出发，形成材料、电气、自动化等多学科专业的特色专业群，结合南山集团纺织业的发展，形成纺织工程、服装设计与工程、电气工程、自动化等多专业特色发展。优化教师素质结构，让教师做到教学与科研兼顾、教书与育人兼顾、信道与传道兼顾、立己德与树人德兼顾。结合区域产业规划、行业发展构建产业集群，形成具有行业特色的学科集群，两者融合构建区域科技创新体系。促进多专业的联合、特色发展，可以进而形成专业群，现已成立南山铝业、文旅、国际飞行等多个产业学院。

（3）运行机制层面，政府主导，校企双主体。在企校融合具体运行机制层面，政府

作为中间调剂者，把政府、行业、企业、科研及金融机构、高校等机构有机结合，以校企双主体，建立"校政企协"多方协同育人的高校平台，建立"教育+培训+就业+创业"的人才培养服务链，实现教育与产业、人才与市场、学业与就业无缝对接，形成人力、物力、财力等多要素集成创新的产业体系，实现学生科技创新向科技创业顺畅转化[5]。探索符合区域发展的企校融合策略，辅助产业转型升级，形成符合专业特色发展要求的工学交替模式。龙口市政府在企校融合方面，做了大量工作，比如近年来在龙口政府主导下，为促进电工岗位人才培养服务链，做到人员持证上岗及获取资格证，烟台南山学院继续教育学院组织与企业合作，举办高级维修电工、维修电工技师、高级技师培训，为400多名企业员工和相关专业教师进行实操培训。学生通过网站自主、自由学习理论知识，实操及论文答辩部分安排专人负责指导。通过培训，学院资格证取得率较高，超过90%。

（4）多领域引资，实施经费保障机制。探索理实之间实现良性对接的方式和途径，可激发学生的双创潜能，也可提升高校师资的双师率，后续产出更多成果，并将项目、专利等成果合理转化到工业应用。构建融资机制，吸纳社会资金进入产教领域，保障经费到位。利用科技的力量，实现引资，构建教研投产创一体的良性长效融资机制。烟台南山学院重视企校融合，联合进行横向课题开发，比如电子信息工程、移动互联技术、计算机科学与技术、物联网技术等专业与北京千锋移动互联科技有限公司深入合作，完成教育部10余个产学研课题，企业捐建IOS等多个实验室，企校拨款200余万元，合作10余个横向课题。南山电力总公司联合投资173万元建立电力系统仿真实验室，用于学生、员工职业培训和实践操作。学校每年拨专款用于学生科技创新创业规划资金，聘任经验丰富的人员担任创业导师，实现创业孵化百余项。

（5）完善产教融合激励、评价、人才引进机制。政府、企业、学校联合设置激励政策，对产教融合、人才培养过程中，表现突出的个人及专业团队予以奖励；对教师教科研项目的成功申报和引进予以支持。增设激励性人才引进政策，推动产业研究院、创业孵化中心的建立。比如南山集团成立校企科学技术研究所、轻合金研究所，实现了以企业为主体，学校参与，实现基础研究向产业发展靠近。文件政策的制定，完善了人才评价与配套支撑体系。根据《烟台南山学院教科研业绩评价奖励标准》，学院每年根据教师学生教科研业绩情况，向符合条件的教研、科研、学科竞赛项目参与人员给予奖励，奖励金额达几百万元，由此提升了员工的教科研和产教融合热情。

五、结语

四新四化的提出对毕业生的工程实践应用能力要求更高。在新工科建设背景下，实施企校协同育人、产教融合是解决高等工程教育供给侧与产业需求侧不匹配矛盾的重要手段。高校，尤其是高职院校发展的重要途径可体现在产教融合与校企合作。校企是人才供需端，产教融合是学校应对四新发展，培养高素质技能型人才行之有效的方法。通过产教资源互用，理实结合，实现1+1>2的效果；科技在于应用，密切校企双主体，才能真正培养出符合我国科技发展的适用、可用人才，从而服务于区域经济，是变革高职人才培养模式的基础和必由之路。企业真正改变观念，切实参与其中，而高校也要把握行业、产业创新发展需求，将生产过程中的创新需求有机融入教科研中，这样才能将产教融合落实到位，做到开花结果。高校成果反哺于产业、企业，服务区域经济，做到政企校生多赢。

参考文献

［1］张玲玲.产教融合视域下高职院校学生工匠精神培育研究［J］.中国多媒体与网络教学学报，2021（1）：154-157.

［2］阎卫东，吕文浩.产教融合背景下地方高校教育改革路径研究［J］.沈阳建筑大学学报（社会科学版），2020，22（4）：423-427.

［3］李锐，汪小芳.高职院校产教融合创新模式研究与实践［J］.湖北开放职业学院学报，2022，35（22）：4-5，9.

［4］陈珊.深化产教融合校企合作高职院校办学模式探索［J］.农产品加工，2018（10）：100-101，104.

［5］黄辉孝，孙振忠.现代产业学院多方协同育人模式探索与实践——以东莞理工学院先进制造学院（长安）为例［J］.东莞理工学院学报，2020，27（5）：122-125，130.

作者简介：苏凤（1981— ），女，山东青岛人，烟台南山学院智能科学与工程学院副教授，硕士。

国外产教融合模式对我国地方应用型高校的启示研究

张艳洁　冯明好

摘要：产教融合是地方应用型高校教育教学改革发展的方向，但当前地方高校在产教融合发展方面还存在着许多问题。参考国外成功的产教融合案例，地方高校的产教融合可以采取成果转让、企业委托高校技术研发、校企联合培养人才、校企共建企业实体、校企战略联盟等模式。但无论采取哪种产教融合模式，都受到政府行为、企业战略、高校科研能力等诸多因素的影响，只有三方共同努力，才能实现合作共赢，为经济社会文化发展作出贡献。

关键词： 产教融合；地方应用型大学；模式

一、引言

习近平总书记在党的二十大报告中提出实施科教兴国战略，"统筹职业教育、高等教育、继续教育协同创新，推进职普融通、产教融合、科教融汇，优化职业教育类型定位"。所谓产教融合，是指高校根据所设置的专业积极参与与专业相关的产业，把产业的发展与教学密切结合，以达到教学、科研成果转化和提高学生实践操作能力之目的，把学校融入集教育教学、科学研究、人才培养为一体的产业型经营实体中，形成高校与企业相辅相成的教学模式。

国外对产教融合的研究起步较早，且很多产教融合的范例很成功，例如美国洛杉矶的尔湾依托加利福尼亚大学尔湾分校，建立起一系列智力密集型的高科技产业；硅谷依托斯坦福大学成为世界高科技中心。国内对产教融合研究起步较晚，但自党的十八大以来无论是在理论还是在实践上都取得了很大进步。例如沈绮云等基于德尔菲法、层次分析法开展相关研究，构建产教融合目标达成度评价指标体系；杨善江阐释了产教融合的内涵，认为当前职业院校推进产教融合、校企合作，必须把握广度、深度和力度。这些研究成果为高校实施产教融合战略提供了理论依据和实践指导，但由于各高校的实际情况和发展目标不一，因此采取的产教融合模式也不尽相同，本文将针对地方应用型大学的产教融合模式及影响因素进行分析。

二、当前国内地方应用型高校产教融合方面存在的问题

地方应用型大学很多是在以前的职业学院的基础上发展起来的，面临着提升本科教学质量、本科评估等一系列任务，因此这些学校工作的重心通常放在教学方面，而忽视了产教融合的发展。虽然高校积极响应"十三五"期间教育部的号召，进行教育教学改革，把学校的发展与当地经济与文化发展相结合，实施产教融合战略，但在产教融合发展的过程中，暴露出很多问题，主要表现在如下几个方面：

（一）产教融合发展的意识不够强

很多地方大学对产教融合缺乏足够的认识，简单地认为从企业聘请几位讲师到学校授课就是产教融合。没有出台具体的措施对本校的产教融合成果进行考核、评估等，更没有将产教融合作为衡量高校办学实力和办学水平的一项重要测量指标，也没有意识到产教

融合发展是高校服务和回馈社会的重要方式以及提升学生实践能力和就业率的重要途径。

（二）专业设置与地方经济社会发展需求不一致

随着我国高等教育管理权的下放，几乎每个地区级城市都设置了几所大学，这些地方大学成为当地企业的人才来源地。但是，一些地方高校在设置专业时，忽视本地区的实际需求，盲目跟风，设置一些"高大上"的专业，致使毕业生在当地难以找到对口工作。很多城市出现了"用工荒"与大批的毕业生"就业难"的矛盾现象，这不得不引起地方高校的重视。

（三）专业教学和研发能力尚处于初级阶段

多数地方大学办学时间短，师资力量薄弱，尚未形成自己的优势、特色专业，师生的研发能力也不强，专利的数量以及可以转化的成果不多，专业领域有突出成就的人物更少，这极大地限制了地方大学产教融合发展的速度和范围。

（四）师资队伍整体水平不是很高

很多地方大学的前身是专科学校，师资基础比较薄弱，教师队伍的学历偏低，高职称的教师也少，而且由于缺乏地理位置优势和薪资优势，高学历和高水平的教师的引进也比较困难。有些地方大学由于办学资源、办学经费较为紧张，人才流失严重、师资不稳定。

（五）科研成果转化率不高

地方大学本身科研基础就比较薄弱，大部分教师难有高质量的科研成果，很多教师搞科研是为了评职称或完成科研任务，科研成果缺乏实用性，也没有商业价值。再加上学校和地方政府对科研成果的转化不够重视，教师仅有的科研成果也难以找到合作方，成果只能被束之高阁。

上述问题是地方大学在产教融合方面普遍遇到的问题，这直接影响了地方大学产教融合的发展速度和水平，如何解决这一系列问题应是地方大学教育教学改革的重中之重。

三、国外高校产教融合案例分析

国外高校产教融合发展较早，高科技产业发达的德国、美国在产教融合方面都有成功的案例。

（一）以德国为例

德国产教融合发展的方式是创办"学习工厂"，依据具体的工作实践要求设计教学内容，通过模拟真实的工作环境，提高学生的实践能力。"学习工厂"的主要特点是把很多教学内容从课堂搬到企业，依托企业开展教学活动，把课堂书本知识的教授变成了企业工作的实践培训，让学生在工作岗位上学习。在实践过程中，高校邀请企业高管、技术大师、行业专家、教学名师协作教学，围绕着国家教育目标和企业岗位需求设置教学大纲，推动了产教融合的升级。德国"学习工厂"的突出成就是吸引了众多的知名企业、行业协会的加入，这使得高校的人才培养与科学研究、产业服务相结合，影响力从德国扩展到整个欧洲。例如德国飞凌科技公司的电子制造4.0"学习工厂"获得了来自政府、其他电子元件企业等6200万欧元的支持。在"学习工厂"模式下，学生可以直接参与到工业4.0相关知识与技能的学习和实践中，既为工业4.0解决了人才问题，又为推动工业4.0的发展提供了智力支持。

（二）以美国为例

美国的尔湾工业园区、硅谷都是产教融合的成功示范。硅谷依托斯坦福大学，是美国微电子业发展的基地以及科技创新基地，7000多家高科技企业汇集于此。硅谷的企业与斯坦福大学合作，将斯坦福大学的新理论、新技术、人才、风险投资以及商业模式导入产业领域，把高校科研成果转换到现实的产业中。硅谷内60%以上的企业是由斯坦福大学的教师和学生创办的，还有多家企业孵化机构，每年都会有各种类型的教育与培训在硅谷中展开。尔湾工业园区依托加州大学尔湾分校，是美国加州橙县最重要的高科技产业中心。当地政府和企业通过建立公司关系办公室、建立科技联盟办公室等一系列措施推动学校科研成果向市场转化，并对区内的高科技企业进行税收补贴，鼓励高科技企业到园区落户和发展。

四、对我国地方应用型高校产教融合模式的启示

与国外名校不同，我国地方应用型高校无论是学校影响力还是科研成果都远不及国内外名校，因此在产教融合的模式上无法照搬国外名校，与国内名校也略有不同，应该结合本校的特点以及优势学科选择合适的模式。

（一）高校成果转让模式

成果转让模式的优点是让高校的科研成果能够转化成现实生产力，并实现其价值，

可以激发高校师生科研的积极性，提高高校教与学的效率。但对地方大学来说，这种成果转化型的模式收效甚微，因为地方高校科研能力弱，具有行业领先性的成果也少，地方企业投入的研发或者购买专利的资金也少，因此，这种产教融合的方式如果没有政府的牵线搭桥，难以实现。地方高校欲利用这一模式，必须成立专门成果推广部门，实施走出去战略，与区域外更高层次的企业合作，扩大成果转化的范围。例如，美国尔湾工业园区许多高科技公司就是借助于加利福尼亚大学的技术专利发展起来的，高校也从专利的转化中丰富了办学资金。

（二）企业委托高校技术研发模式

产教融合中委托技术开发模式主要是指高校接受企业委托，由企业提供设备、资金，为企业解决技术上的难题或者研发技术，帮助企业实现技术创新。技术开发模式对于高校来说可以实现真实驱动教学方法，让师生带着任务教与学，让学生接触新技术，有利于提高学生的创新能力和动手能力。对地方高校来说，技术研发模式可以有效解决高校办学资金不足、教学设备短缺的问题，开阔学生的眼界，不啻为一种适合地方高校的产教融合模式。当然，这种模式的实现，也有赖于地方高校的公关能力和市场开拓能力。这种模式在美国硅谷应用广泛，硅谷的多家科技公司与斯坦福大学合作开发新技术，保持行业创新和领先。

（三）校企联合培养人才模式

这种产教融合模式是当前地方应用型大学常用的一种模式，高校接受企业的委托为企业培养亟需的人才，高校通过设立订单班、校企合作班等，招收对相关专业感兴趣的学生，同时聘请企业人员到学校讲课，学生也可以在毕业前到企业学习，有利于提高学生的实践能力和就业率。这种模式的局限性是相对于数量庞大的在校生，订单班和校企合作班的学生数量所占的比重较小。但随着教育改革的推进，地方应用型高校推出的校企合作招生越来越多，这从各省考试院历年的高考报志愿指南中可以看到。这种校企合作培养人才的方式，可以优化地方高校的专业设置范围，提升高校服务地方经济文化发展的社会功能。德国的"学习工厂"即是采用这种校企合作培养人才的模式，为德国企业培养了大批技术型人才。

（四）校企共建企业实体模式

在该模式下，高校可以以技术入股企业，以实现高校在企业中的话语权，利于高校在教学中安排学生到企业实习、实践锻炼，利于丰富教学资源，提高学生的实践能力。

这种模式在美国硅谷的很多高科技企业中普遍存在，甚至一些高校的学生直接利用自己的专利入股企业。地方大学由于技术专利数量有限且难以通过出售的方式转让，可以尝试通过这种模式与企业合作，以达到既能实现成果转化又能拓展学生的实习基地范围的目的。

（五）校企战略联盟模式

校企战略联盟是指把高校的发展规划与企业发展战略相结合，高校在设置专业、制订教育教学方向上与企业的发展方向相结合，为企业发展提供人才和技术，同时企业也为高校教学提供便利。这种模式综合了校企合作培养人才和企业委托高校开发技术的两种模式，可以更有效地实现校企共赢。在很多依托于企业成立的地方民办高校中，这种模式较为普遍。例如烟台南山学院依托于南山集团，围绕南山集团的战略规划，不断增加新的专业模块，先后设立了材料学院、纺织学院、航空学院、化工学院等，集团与高校在技术研发、人才培养等方面充分合作，既解决了南山集团人才需求问题，又提升了南山学院发展内涵和毕业生的就业率。

（六）校企科技资源共享模式

这种模式的优点首先是有利于高校接触到前沿的技术，提高教学和科研的时效性，其次对企业来说，企业也可以利用高校在研的成果实现产品升级换代或者拓展企业的生产经营范围，保持企业的市场领先性。对地方高校来说，这种模式有利于高校拓展教学资源和拓宽师生的视野，把教学和企业发展相结合，深化产教融合。在德国的"学习工厂"模式中，这种资源共享随处可见，企业助力高校培养人才，高校反馈企业科研成果，二者相辅相成。

在各种产教融合的模式中，地方高校可以根据本校的特点和优势，选择一种或几种混合的合作模式。当然，能否实现合作，还有赖于高校的努力，并受其他多种因素的影响。

五、我国地方应用型高校产教融合发展的策略建议

地方应用型高校产教融合的发展，除了自身的努力，还受当地政府的重视程度、企业参与的积极性等多种因素的影响，只有三方相互支持与配合，才能实现地方高校的产教融合发展。

（一）政府层面

1.制定相关政策

当地政府应该制定一系列鼓励企业与本地大学合作的政策，并提供法律和政策支

持，例如减免企业所得税、对校企合作成果进行知识产权保护、简化行政审批手续等。同时，政府还应加强对高校与企业之间合作的监督，确保各方的权益。

2.加大资金支持力度

当地政府应该增加对高校与企业合作项目的资金支持力度，鼓励企业创新发展。可以通过提供贷款担保、设立专项资金、设立风险投资基金等方式，为有前景的合作项目提供资金支持。此外，政府还应该鼓励企业加大对高校的资金投入，并向企业提供相应的财政补贴。

3.加强人才培养

当地政府应该加大对地方高校与企业合作培养人才的支持力度。可以通过设立科研项目并提供奖学金的方式，吸引高校师生与企业高工参与。同时，政府还应鼓励高校和企事业单位之间建立长期稳定的合作关系，促进人才流动和交流。

4.建设创新平台

当地政府应积极推动建设产教融合的线上线下平台，邀请地方高校与企业加入平台，通过线上平台发布高校的科研成果和企业的技术难题以及人才供需状况，促进高校与企业交流与合作。线下组织企业与高校负责人座谈会、科技成果以及人才交流会等，让企业和高校有面对面交流的机会。同时，政府还应鼓励大型企业和高校建立联合实验室，共享资源和技术，促进校企合作。

（二）企业层面

企业在产教融合方面扮演着重要的角色，应该积极参与和推动产教融合、产学研融合，以促进科技创新和实现持续发展。

1.制订长远的战略规划

企业应该制订明确的与地方高校合作的战略规划，并将其纳入公司整体发展战略中。这包括确定合作方向、目标和时间表等。企业应该与相关高校深化产教融合力度，确定长期稳定的合作模式，以共同应对技术创新、产品研发和人才培养等事关企业发展前途问题。

2.重视人才培养

人才是企业发展的根本因素。企业应该加大对人才培养的投入，培养具有教学、研发能力的人才队伍，鼓励企业专家走进高校教学、员工走进高校学习、高校教师走进企业顶岗。可以通过设立专门的研发部门、提供科研项目、资助员工继续教育等方式，吸引和培养优秀的科研人员。此外，企业还可以与高校合作，共建实验室或开展联合培养项目，以促进人才交流和共享。

3.与高校资源共享

当前高校面临的最大困境就是很多教学内容无法在课堂教学中讲授，企业应积极实现产教融合中的资源共享。企业可以与高校建立联合实验室，共享设备、仪器和技术资源，让高校把部分教学搬到企业；可以与高校合作，开展科技成果转化，将科研成果转化为商业产品和服务。

4.创新企业文化

企业应倡导创新文化，鼓励员工不断探索和尝试新的科技和业务模式；可以设立创新奖项、设立创新项目和激励制度，激发员工的创新潜力。同时，企业还应提供良好的工作环境和创新氛围，鼓励员工参与产教融合项目，并支持他们在相关领域进行自主研发和创新，设立创新奖，奖励在产教融合中取得成果的员工。

5.加强行业协作

企业应加强行业内的协作，推动整个行业的校企合作的发展。可以通过行业协会、商会等组织，建立行业内的合作平台，促进高校与企业之间的技术交流和合作。高校与企业可以共同研究解决行业面临的共性问题，共享技术成果和经验，提高整个行业的科技水平和竞争力。

（三）高校层面

高校在产教融合发展方面应提高主观能动性，可以通过知识创新、人才培养和科技成果转化等方式，为区域经济的增长和社会进步作出积极贡献。

1.更新观念，重视产教融合发展

自"十三五"以来，产教融合在很多地方高校火热开展起来，很多地方高校增设了校企合作专业。校企合作专业的初衷是高校与企业合作培养人才，高校要聘请企业高工到高校授课，企业要给高校的学生提供实习和就业的岗位，但很多高校并没有与企业实现真正合作，所谓的校企合作专业只是流于形式，企业并未实际参与到高校的教学中，校企合作专业的设置只是给高校增加了招生计划和多收了学费而已。因此，深刻理解和重视产教融合对地方高校产教融合的发展非常重要。地方高校与企业之间的产教融合是实现共赢的有效途径。高校应积极与当地企业建立合作关系，共同开展科研项目和技术创新。通过合作，高校可以利用专业知识将自身的教育资源与企业需求紧密结合起来，培养符合市场需求的人才，并促进科技成果的转化。

2.加强自身的科研能力和创新能力

地方高校欲深化产教融合发展，须首先提升自己的科研能力和创新能力。高校的科研成果是产教融合的媒介，无论采取哪种融合方式，必须有科研成果。因此，地方高校应成立科研团队，鼓励师生积极参与，掌握市场行情，加大对新产品、新技术的研发力度，为科研成果申请专利。专利数量的多寡也往往是衡量高校科研水平的标准。地方高校应鼓励教师和学生积极参与科技创新活动，并通过国内外学术交流，引进优秀的科研团队和专家，教授世界前沿的知识。

3.扩大办学资金来源

地方高校的办学资金对产教融合的发展影响很大。没有充足的办学资金，地方高校就无力购买用于科研的设备，也不能高薪引进科研人才，影响了高校的科研水平。因此，地方高校应该扩大办学资金来源，除了政府的财政补贴，很多地方高校还增收学费以弥补办学资金的不足。有充足资金的高校应加大对科研项目的支持力度，提供充足的经费和资源，激励教师和学生进行前沿科学研究。

4.重视对创新型人才的培养

地方高校应注重培养具有创新精神和实践能力的人才。除了传授专业知识，高校还应注重培养学生的创新思维和实践能力，通过开设创新创业课程和实践项目，引导学生主动参与创新活动，并为其提供必要的支持和指导。高校可以与企业合作，提供实习机会和创业支持，帮助学生将理论知识应用于实践，并锻炼其解决问题和创新的能力。培养创新型人才是地方高校为经济社会发展作出的重要贡献，他们可以为企业创新、产业升级和社会进步提供源源不断的动力，为产教融合的发展打下坚实的基础。

六、结语

产教融合在国外成功的案例带给我们的启示是，产教融合的模式虽然各不相同，但都离不开政府和企业支持，同时高校师生也应该具有开拓创新精神，勇于实践，实现科研成果的转化。地方应用型大学教育教学的主要目的是为社会培养应用型人才，让学生毕业后能够很快参与到社会工作实践中，因此产教融合对地方应用型大学培养人才尤为重要。通过产教融合发展，既可以丰富地方大学的教学资源和教学手段，又有助于实现地方大学服务社会和为社会创造价值的功能。对于参与产教融合的企业来说，既可以通过与高校合作培养自己急需的人才，又可以通过与高校合作解决企业技术难题，提升企业的研发能力和创新能力。产教融合是未来地方应用型大学教育教学发展的方向，需要政府、企业、高校更新观念，充分认识产教融合的重要性和必要性，共同努力推动产教融合的发展速度和水平，为社会发展贡献力量。

参考文献

[1]陈年友，周常青，吴祝平.产教融合的内涵与实现途径[J].中国高校科技，2014（8）：40-42.

[2] 沈绮云,欧阳河,欧阳育良.产教融合目标达成度评价指标体系构建——基于德尔菲法和层次分析法的研究[J].高教探索,2021(12):104-109.

[3] 王丹中,赵佩华.产教融合视阈下高职院校协同育人机制探索[J].中国高等教育,2014(21):47-49.

[4] 刘立新.德国职业教育产教融合的经验及对我国的启示[J].现代职业教育,2015(21):18-23.

[5] 孙云志.多元共治视域下我国高职院校产教融合发展研究[D].南京:南京师范大学,2014.

作者简介:张艳洁(1984—),女,山东龙口人,烟台南山学院国学与外语学院副教授,硕士;冯明好(1976—),男,山东诸城人,烟台南山学院经济与管理学院讲师,硕士。

高等教育数字化转型与实施路径研究

郑铮铮　王延坤　李海胜

摘要: 高等教育已被工业革命4.0带来的技术进步所渗透,迫使高等教育亟须面对所有方面的数字化转型。在此背景下,加快高等教育数字化转型步伐,以数字化创新引领高等教育高质量发展,已成为我国高等教育改革在当前和未来的时代要求。本文以高等教育数字化转型的内涵作为出发点,提出高等教育数字化转型的目标。此为基础,本文提出推进高等教育数字化转型的实施路径,以期重塑高等教育新形态。

关键词: 高等教育;数字化转型;实施路径

一、引言

数字技术加快向经济社会全领域、全方面融入、融合,深刻改变了人类的生产、生活和学习方式。高等教育是为明天培养人,与社会经济发展存在伴生关系,数字经济的出现必然推动高等教育的改革。《国务院关于印发"十四五"数字经济发展规划的通知》指出:"数字化转型已经成为大势所趋。"数字化背景下,高等教育传统教育理念和模式受到冲击,多样化、个性化、现代化成为客观而普遍的需求[1]。随着数字经济的推进,教育数字化转型作为一个历史的进程,也成为教育改革的必经之路。教育数字化战略行动是教育部的工作重点,同时也是当今教育改革与发展的关键内容,具有深刻意义。一是顺应数字化发展趋势，助力于知识与能力并重的创新型人才培养，以适应经济新形态与社会新发展需求；二是攻克教育改革发展难关，以教育公平推动教育质量提升，以高质量教育体系实现教育内涵式发展；三是在数字中国和教育强国战略指引下，促进教育行业全面数字变革与智能升级。因此，如何理解高等教育数字化的内涵、明晰高等教育数字化的发展阶段并有效推进高等教育数字化转型等问题亟待更深入讨论并达成共识。

近年来，高等教育数字化转型问题受到世界各国和学者们的强烈关注，已然成为疫情时期高等教育改革与发展的突出问题。在国家层面，世界各国都开始重视信息技术和数字技术对高等教育的影响。例如，美国强调信息技术对高等教育实现数字化具有显著支持与促进作用；法国致力于实施"数字化校园"和"数字大学"战略；德国则重在实施高等教育和职业教育的数字化转型；俄罗斯为提高高等教育质量及其国际竞争力，并顺应数字化时代发展趋势，提出一系列数字化转型发展战略；而欧洲各国强调数据对教育转型的赋能作用，并从系统视角出发，积极构建数字教育体系以促成数字教育生态。在国外学者层面，有学者总结高等教育机构数字化转型实施过程的独特特征，但对数字化转型的思考缺乏整体视角，还需进一步深入探究；有学者以拉丁美洲为例，从整体视角探究了高等教育数字化转型的阻碍因素；有学者通过开发一个定性模型来主张数字化转型对大学建立竞争优势的推动作用。在国内学者层面，兰国帅等运用内容分析和文本分析法研究《2020年十大IT议题》的报告内容，并以此为基础提出中国高等教育数字化转型的建议；徐晓飞等探究了我国高等教育数字化改革的要素与途径，认为高等教育数字化改革是一项复杂的系统工程。

由此可见，数字化转型工作已经成为高等教育在数字时代进行改革的优先项，因此，须明晰高等教育数字化转型的内涵、识别转型困境、明确转型目标并提出应对之策。

二、高等教育数字化转型的内涵

高等教育数字化转型就是通过彻底和全面的数字化转型，形成数据驱动、人技结合、跨界开放的教育生态，构建更加敏捷、适切、公平、可持续的高等教育体系，为学习者提供全面和丰富的学习体验[2]。高等教育数字化的内涵可以从宏观、中观和微观三个层面把握。宏观层面，需要重塑高等教育生态，服务于世界经济社会数字化发展大势；中观层面，需要创新高等教育模式，建立高等教育新范式；微观层面，需要依托数据要素，构建高等教育发展新路径，实现教育全流程的数字化改造。

高等教育数字化转型将从以下几个方面进行展开，包括促进个体全面发展、推动社会全面进步、构建人类命运共同体。促进个体全面发展涵盖价值塑造、能力培养与知识发展；推动社会全面进步包括建设学习型社会、创新型社会，实现经济、政治、文化全方位均衡发展；构建人类命运共同体倡导各国互学互鉴、凝聚共识、深化合作，以共同应对高等教育发展所面临的重大机遇与挑战[3]。高等教育需要营造融合创新、开放包容的教育环境，激发多元时空中教师和学生的协同创造，从而提升高等教育、职业教育、继续教育的协调共生发展，重塑全纳社会各阶层、多群体，更加公平开放的教育生态系统。数字化时代的高等教育，应积极呼应历史潮流，遵循教育发展规律，加强跨学科、跨领域、跨国界的科研合作，建立共通、共建、共享的全球性多边机制[4]。

三、高等教育数字化转型的目标

（一）数字化育人

高等教育数字化的核心在于数字技术在教育教学过程中的实践和应用。在这一过程中，数字化育人是数字化教育教学的核心部分，也是目前国内外理论探讨和实践探索最为丰富的部分。高等教育数字化必然带来育人目标、形态、模式、方法的变革，而数字化育人环境、育人资源以及师生数字素养是实现这一变革的重要支撑。基于此，一级指标"高等教育数字化育人"下设相互独立又互相联系的三个维度，分别是"接入条件""育人资源"和"教师素养"。

其中，"接入条件"涵盖五个具体测量指标，分别是"国家公共数字化学习平台数量""建有或使用校级数字化学习平台的学校比例""校均数字化学习空间数量""人均移动终端数"以及"数字化带宽"。这五个指标集中体现了云端一体化的整体架构，为实现智慧学习环境提供了条件，既是实现"人人皆学、处处能学、时时可学"的学习环境必不可少的条件，也是数字化教育发展到较高阶段的产物。"育人资源"包括"慕课数量""校均电子数据库拥有量"和"数字化学科工具软件数量"三个具体测量指标：慕课是推动高等教育数字化变革的重要引擎，以其便捷、开放、共享的特点，打破了传统的教育形态，提高了教学的效率与质量，促进了全纳教育和教育公平；图书馆电子数据库拥有量也是重要的数字化育人资源，为师生的教学科研工作提供丰富的数字资源保障；数字化学科工具软件是师生实现教学数字化、科研数字化的重要工具[5]。同时，数字化育人意味着对教师的数字素养提出了挑战，要求教师能把握住数字技术带来的机遇，理解数字化时代对人才的需求，将专业化素养和数字化素养进行有机结合，为学生提供更加优质的教育。

（二）数字化办学

数字化融入高等教育必然引发传统办学模式的重大变革。数字化打破了传统校园和班级的局限，使办学流程、教学内容、教学时空等向数字化转型，高校的办学模式也逐渐向数据系统化、共享化发展。鉴于高等教育数字化教学育人的相关内容已在上述"高等教育数字化育人"指标中得到阐述和探讨，"高等教育数字化办学"主要聚焦在数字化"教学模式"和"学位认证"两个方面。

第一，在高等教育数字化的背景下，传统的师生面对面单向传输的教学模式已经不能满足以学生为中心的个性化学习和深度学习的需求。人工智能、大数据、云计算等数字技术加快向教育领域渗透融合，深刻改变了高等教育的教学方式。其中，以混合式教学、在线教育、微课堂为代表的新兴教学方式体现了教学模式的深刻变革，真正做到虚拟空间和实体空间相结合，因材施教与有教无类相兼顾。基于此，我们专门设立了两个具体测量点，即"生均线上学习时间"和"开展规模化应用在线课程、混合式教学及翻转课堂的学校比例"，力求从"学"与"教"两方面反映数字化教学模式的发展水平。

第二，数字革命为社会公众接受高等教育提供了更具灵活性和多样性的渠道，也使办学模式得以拓展，因此设置"实现在线授予学位的专业数量"这一指标，用以评估在高等教育数字化办学模式上的创新水平。

（三）数字化管理

数字革命对高等教育数字化管理提出了新的要求。该指标分别考察高校和政府两个行为主体在内部治理和外部治理中的数字化管理水平。在内部治理方面，下设"数字化管理制度"和"数字化管理平台"两个测量指标。首先，数字化管理制度是高校办学全要素、全过程管理数字化制度，包括校务全流程线上办理、教职工管理数字化的制度等。其次，数字化管理平台则是高等教育数字化管理的实现基础和重要载体，主要包括但不限于网络资源平台、师生管理平台、教务平台全过程管理平台、课程资源平台等。在外部治理方面，政府在推进高等教育数字化发展中发挥了重要作用，同时也对数字化发展实施监管，以保障高等教育数字化健康发展。为此，设计"信息安全法规"作为具体测量指标，考察国家层面针对网络信息安全管理的情况。

（四）数字化保障

数字化保障是高等教育数字化建设的基础，也是高等教育数字化可持续发展的前提，主要反映在政策保障、财力保障和人力保障等方面。考察高等教育数字化保障不仅可以准确反映各国高等教育数字化现有水平，也可以合理研判和预测各国高等教育数字化的发展潜力。首先，高等教育数字化需要政府在政策上予以支持与监管，需要政府提供引领性的战略和倡议，设置"战略规划"指标，聚焦于政府对于新兴技术、人工智能和以5G、6G为代表的新兴技术的政策、战略和倡议。其次，资金支持是高等教育数字化发展的必要条件，设置"经费投入"指标以测量高等教育数字化发展的专项经费占总支出的比重。最后，专业人员的支持有助于高等教育数字化的可持续发展和专业性提升，设置"人员配比"指标，考察各国高等教育机构中是否有信息技术教学支持人员、信息技术辅助教学人员负责数字化发展相关事宜。

高等教育数字化转型的目标设计是根据高等教育数字化转型的概念内涵，借鉴国内外相关经验探索及实践，从数字化育人、数字化办学、数字化管理和数字化保障四个核心要素入手，构建高等教育数字化转型的目标，详见表1-1。

表1-1 高等教育数字化转型的目标

一级指标	二级指标	具体测量指标	数据说明	数据计量	数据主要来源
数字化育人	接入条件	国家公共数字化学习平台数量	访问次数百万以上的慕课平台数量	统计绝对数值	全国慕课平台及联合国教科文组织（UNESCO）
		建有或使用校级数字化学习平台的学校比例	高校建有或使用数字化教学平台（包括在线课程平台、虚拟仿真教学平台等）的比例	抽样中建有或使用数字化教学平台的高校数量占总抽样高校数量的比例	统计高水平高校
		校均数字化学习空间数量	高校拥有数字化教室、数字化实验室、仿真软件等各类数字化教学环境的数量	抽样中高校拥有数字化学习空间（数字化教室、数字化实验室、仿真软件等各类数字化教学环境）的平均数	统计高水平高校
		人均移动终端数	每百人移动蜂窝订阅数	每百人移动蜂窝订阅的数量	国际电信联盟（ITU）
		数字化宽带	4G移动网络技术的人口覆盖率（%）	比例	国际电信联盟（ITU）
	育人资源	慕课数量	高校提供选学人数超过500人的慕课数量	统计绝对数值	Class Central网、联合国教科文组织（UNESCO）
		校均电子数据库拥有量	高校图书馆电子文献资源数据库的数量	抽样中的高校电子数据库拥有量的平均数	统计高水平高校图书馆
		数字化学科工具软件数量	高校拥有数字化学科工具软件的数量	分四类等级统计：0，1，2~4，≥5	统计高水平高校
	教师素养	教室数字化素养	高校接受数字化素养培训的教师人次比	抽样中各高校接受数字化素养培训的教师人次比的加权平均数	统计高水平高校

续表

一级指标	二级指标	具体测量指标	数据说明	数据计量	数据主要来源
数字化办学	教学模式	生均线上学习时间	大学生平均线上学习时间	Class Central网中各高校大学生线上学习时间的平均数	Class Central网、联合国教科文组织（UNESCO）
		开展规模化应用在线课程、混合式教学及翻转课堂的学校比例	高校应用在线课程、混合式教学及翻转课堂开展教学实践的比例	抽样中应用在线课堂、混合式教学及翻转课堂开展教学实践的课程占总课程比超过5%的高校数量占总抽样高校的比例	统计高水平高校
	学位认证	实现在线授予学位的专业数量	高校通过在线课程学习授予学位的专业总数，包括学士、硕士、博士学位（不同高校同一专业可重复累计）	统计绝对数值	Study Portal网
数字化管理	内部治理	数字化管理制度	出台了数字化管理制度的高校占比（包括校务全流程线上办理、教师全方位职业能力测评等）	抽样中出台了数字化管理制度的高校数量占总抽样高校的数量	统计高水平高校
		数字化管理平台	建设了数字化管理平台的占比（包括网络资源平台、师生管理平台、教务平台、学生全过程管理平台、课程资源平台等）	抽样中拥有数字化管理平台的高校数量占总抽样高校的数量	统计高水平高校
	外部治理	信息安全法规	国家层面是否有针对网络信息安全保障的法律法规	统计分值（是=1，否=0）	国际电信联盟（ITU）

续表

一级指标	二级指标	具体测量指标	数据说明	数据计量	数据主要来源
数字化保障	政策保障	战略规划	是否有高等教育数字化发展规划（包括聚焦新兴技术、5G、物联网、人工智能等的国家战略、政策或倡议）	统计分值（是=1，否=0）	国际电信联盟（ITU）
	财力保障	经费投入	高等教育数字化经费投入平均占比	抽样中各高校数字化建设经费占经费总支出的比例	统计高水平高校
	人力保障	人员配比	每千名师生拥有的信息技术教学支持人员、信息技术辅助教学人员的比例	抽样中各高校信息教学支持人员、信息技术辅助教学人员数量占全校师生数量（千）的均值	统计高水平高校

数据来源：本研究整理

四、高等教育数字化转型的实施路径

（一）转变理念，更新教材，推动教育数字化转型

转变教育教学理念，重视教育数字化转型价值。教育数字化转型是教育信息化的特殊阶段，要实现从起步、应用和融合数字技术，到树立数字化意识和思维、培养数字化能力和方法，再到激发资源和数据要素、构建智慧教育发展生态、形成数字治理体系和机制，最终适应、支撑和引领教育现代化。教育数字化转型涉及四个基本方面：战略层面的根本任务，是组织和机构的价值观优化、创新和重构；教育系统性变革的实质，是教育全要素、全流程、全业务、全领域的数字化转型；核心路径是数字能力建设，提升学生、教师、管理者及家长等的数字素养与技能；关键驱动要素是数据，易用、可用、好用的智慧教育平台，丰富管用的工具是以数据支撑决策、服务、创新的基本保证。

（二）加强数字教材建设，撬动教学过程数字化转型

教育改革的主阵地在课堂，课堂教学是数字化转型的核心，教学内容是数字化应用和服务的根本。当前，多模态数据分析应用类技术和产品还不成熟，基于传统要素的教学数字化还存在瓶颈和障碍。借助传统纸质课本和练习本、数字化教材、智能化教学工

具和装备，探索新型教学模式，提高课堂教学效率，减轻师生负担，培养学生新型能力，是一条有望解决当下难题的可行性路径。数字化教材，即以数字形态存在、可装载于数字终端阅读、可动态更新内容、可及时记录交互轨迹的新型学习材料。数字化教材的建设有赖于从编辑加工、内容审核、出版发行到教学使用、平台支持等环节的全流程数字化。数字化教材建设是撬动课堂教学数字化转型、实现优质教育资源共享的基础，重点在于探索新型教材建设标准和知识体系编写规范，研发新型教材互动设计与编辑工具，建设知识图谱、支撑平台和示例教材等，探索基于各种应用场景的数字化教学新模式。

（三）构建智联教学环境，夯实学校数字化转型基础

智能化的学习环境是实现学与教方式变革、支撑智慧教育发展的基础。当前，无论传统教室还是多媒体教室，都仍然是单一地点和场景的教学环境，不同场域的教学过程割裂，教学交互不足，学习状态难以追踪。智能时代，学习时空高速演变，学习环境正从封闭走向开放，传统学习环境需要进行数字化、网络化、智能化升级改造，实现数据共享、设备协同、知识互联、群智融合，使学习环境能自适应、自优化地运行，让学习更轻松、更投入、更有效。对学校环境数字化转型来说，重点是推动5G、物联网、大数据、云计算、人工智能等新一代信息技术的应用，优化和升级基础设施、硬件设备、网络条件、智能工具、学习平台等，持续建设智慧校园、智慧教室和智慧生活场所，打造时空和教学深度融合、线下和线上虚实融合的智能学习空间，推进场景式、体验式、沉浸式教学；打通学校、家庭和社会之间的数据信息壁垒，促进教育数据的全方位挖掘和整合，利用学习分析、教育数据挖掘等手段，提高教学服务供给与学习需求的匹配度，实现精准推送，优化教学服务质量和效率。

（四）优化公共服务体系，推动区域教育数字化转型

支持服务能力不足是农村和边远地区教育信息化的主要瓶颈，只有统筹提升国家和区域教育公共服务能力，才能有效推进教育数字化转型。从国家层面来说，重点是加强国家智慧教育公共服务平台建设，制定教育大数据确权、开放、对接和保护制度，促进各级各类教育公共服务平台和资源平台间的数据融通。从区域层面来说，重点是整合优化教育数字化组织机构，建立信息、知识、资源交换机制，促进区域内机构间业务的高效协同；充分利用国家智慧教育公共服务平台，不断扩大覆盖范围和应用对象，提升基层教育机构的教育信息化服务能力和效率；创新数字教育资源开发和共享机制，优化校内外数字教育资源供给渠道，满足多元化的教育需求；充分利用智能技术感知、预测和预警校园安全运行情况，及时把握师生认知及身心变化，主动、及时、精准地作出决策，加强数字化培训服务和数字化学习产品治理，形成教育数字化治理新策略和新能力。

五、结语

数字化转型是当前社会经济发展所面临的重大必考题,对于高等教育领域也概莫能外,尤其在疫情时期更是不可逆转的必然趋势。高等教育数字化转型是我国顺利完成"数字中国"和"数字经济"发展战略的必答题,也是破除高等教育发展困境,提升教育培养与实践需求匹配度的必由之路。加快高等教育数字化转型步伐,大力推进高等教育信息化、教育资源数字化、教育技术赋能化、教育方式创新化,以数字化创新引领高等教育高质量发展,已成为我国高等教育改革在当前和未来的时代要求,值得引起高度重视和广泛关注。

参考文献

[1] 吴砥,李环,尉小荣.教育数字化转型:国际背景、发展需求与推进路径[J].中国远程教育,2022(7):21-27,58,79.

[2] 杨宗凯.建设国家智慧教育平台推动高等教育高质量发展[J].中国教育信息化,2022,28(4):3.

[3] 吴岩.扎实推进高等教育数字化战略行动[N].中国教育报,2022-06-06(4).

[4] 杨宗凯.教育数字化战略重塑新时代高等教育[N].中国教育报,2022-09-01(7).

[5] 徐晓飞,张策.我国高等教育数字化改革的要素与途径[J].中国高教研究,2022(7):31-35.

作者简介:郑铮铮(1990—),女,山东淄博人,烟台南山学院经济与管理助教,博士在读;王延坤(1995—),男,山东烟台人,烟台南山学院高等教育研究所助教,硕士;李海胜(1970—),男,山东烟台人,烟台南山学院经济与管理学院副教授,硕士。

应用型大学"四链互通"产教研融合的实践路径研究

赵婷婷　曲荣荣　贾志辉

摘要:"四链互通"下的产教研融合是新经济、新业态下高等教育办学的基本模式,"四链"与高校创新创业教育发展具有内在一致性。目前,"四链"各行为主体存在困境包括:发展理念不同步、治理体系不协调、教育发展联动对接不紧密等问题。因此，从深化产教研融合的研究角度出发，确立"四链互通"的产教研融合框架体系，强化协同育人理念、高校创新创业教育运行机制，深化"四链互通"协同育人模式，提升应用型大学教育应用的改革成效。

关键词：产教研融合；教育链；人才链；产业链；创新链

一、引言

产教研融合是应用型大学教育办学的基本模式，通过产教研融合，学校可以更好地了解相关市场现状，调整教育培养方向，培养更迎合市场需求缺口的人才。同时，产教研融合也可以促进科研成果向产业转化，加强学校与企业之间的合作，推动产业发展和科技创新。应用型大学作为我国培养创新人才的重要中坚力量，用好自身优势引领创新驱动发展战略，在推动创新链、产业链、教育链、人才链深度互通（简称"四链互通"）方面发挥引领和示范作用，是契合时代主题、走出具有自身特色应用型大学创新之路的大势所趋。

然而，目前应用型大学在产教研融合育人方面还发挥不足，依然存在高端人才供给缺位。首先，与企业的合作交流不够，学校与企业之间的互动有所欠缺。其次，教学环境与生产环境的对接不够紧密，学生在校期间接触到的实际生产环境和技术设备有限。最后，专业结构与产业结构的对接也需要进一步改进，确保培养出的人才能够满足产业的需求。

面对当前技能人才缺口巨大的情况，提升产教研融合育人水平成为应用型大学改革发展的重点任务。目前，教育部、人力资源社会保障部等部门已经发布了多个相关政策文件，提出推进应用型高校坚持产教研融合，要求完善产教研融合办学体制。应用型大学要发挥"四链互通"的作用，推动产教研融合，建立稳定的校企合作机制，提高学生的实践能力和就业竞争力。

二、应用型大学推动"四链互通"的逻辑理论

在创新发展理念和创新发展战略的带领下，应用型大学在"四链互通"框架下助推产教研融合新发展的职责与职能愈益彰显。

（一）聚焦产业体系，生成"四链互通"融合价值共同体

应用型大学在积极推进"四链互通"、融通现代化产业体系时应契合当代发展产业思想，为国家战略体系结构转型赋能。应用型大学通过以下方式实现与现代化产业体系

的深度融合。

人才建设：应用型大学应该积极对标当代新兴产业体系需求，结合前沿行业、一流集群发展等新型人才需求，此举措可以体现人才培养体系与企业产业体系融合价值。应用学科体系建设：应用型大学的学科体系建设应该积极对标相关产业体系面临的重要现实问题，重建相关学科体系架构，对标现代化产业实践的基本纽带。科技创新：应用型大学应助力相关产业体系科技前沿技术对标国际顶尖水准，科技创新立项、成果转化等方面应与相关产业实践之间建立起精确实时全方位的对接机制，科技创新应成为联结产业体系内部生产环节、产业体系之间交叉融合的核心纽带。自身优势：应用型大学应积极借助本校的多交叉学科、多方位人才培养类型、技术创新自成逻辑等内部优势，对标相关创新前沿、高新技术方面人才缺位，使其通过核心体系链成为发展集群中当之无愧的核心枢纽。

（二）汇聚一流人才，筑牢"四链互通"融合基石

应用型大学强调在培养一流人才方面的重要性，以夯实"四链深度融合"的地基，为国家建设人才强国战略保驾护航。基于此，应用型大学培养一流人才并促进与产业发展的深度融合。

一流师资与一流人才培养互通融合：一流师资队伍应能对标生产建设实践顶端，对标世界顶尖人才水平，从而更好地教育优秀人才具备与产业发展融合互通的操作能力和理论储备。一流科研队伍与科技创新实践融合互通：应用型大学应组建一流科研人才引培队伍、创设科研团队，有利于推动学科交叉融合和产教研协同科技创新，从而更好地为产教研融合发展提供技术支持和创新成果。顶尖人才团队与服务产业发展需求融合互通：顶尖人才团队应和相关服务行业发展定位互相契合，与人才培养面向、应用学科适用相关产业领域相融通，从而更好地满足产业发展对人才的需求。

（三）做强科技创新，铸就"四链互通"融合核心

科技创新在应用型高校推动四链深度融合中拥有核心地位，应用型大学通过推动科技创新，实现一流人才的价值并支撑产业发展。

应用型大学应主动融入国家科技创新体系，与国家重大战略结合，紧密配合国家科技创新方向，为国家重大科技创新项目提供支持和服务。突出实践性、尖端性：应积极展示应用型大学教学办学的优势，吸纳顶尖应用型人才的同时，又能源源不断地为社会提供高端前沿人才，同时注重实践性和尖端性，使科技创新成果具有更广泛的应用和影响力。充分利用跨学科和充足人才储备优势：科技创新应突出跨学科和充足人才储备优势，能够破解目前面临的复杂性、实践性、全范围性技术难题，为产业发展提供更全面

的支持。提高资金吸纳能力和价值升值能力，使科技创新成果能够更好地转化为经济和社会价值。

（四）强调"四位一体"产教研融合体系架构

产教研融合的核心是在应用型大学的育人基础上，增加政府、行业、企业等多元主体成为职业教育的重要参与者，同时也要求应用型大学在专业技能型人才培养过程中打开封闭的内环，真正发挥政府、企业、院校、社会的链接与融合作用，形成"四位一体"产教融合体系架构，如图1-4所示。

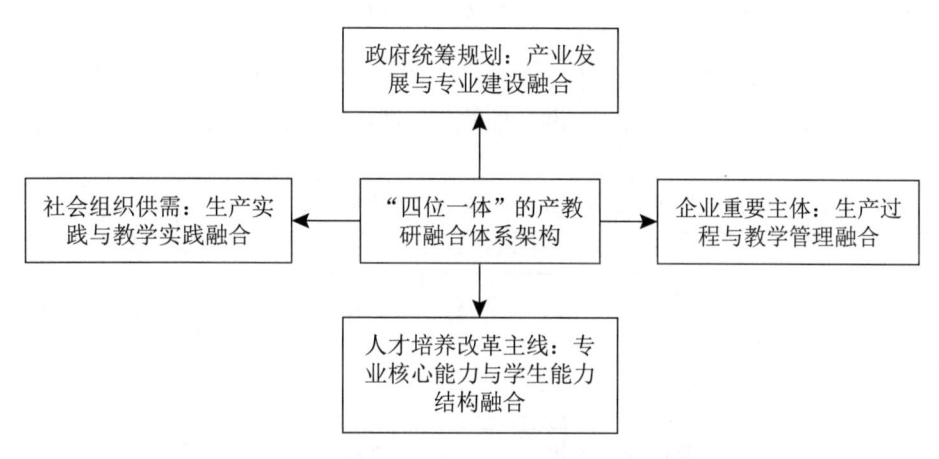

图1-4　"四位一体"的产教融合体系架构

1.坚持政府统筹规划

应用型大学教育的根本与特色就是要积极服务地方社会经济发展，要为区域经济结构与产业布局提供技术与人才支持。应用型大学要实现高质量转变，提升应用型大学教育的有效性与针对性，必须坚持紧密对接经济转型与市场需求，坚持政府统筹与管理，坚持产业发展与专业建设相融合。

2.紧贴社会组织需求

应用型大学教育根植于社会经济健康快速发展，着力于培养高素质技术技能人才，服务于学生多意愿的成长选择和路径。因此，应用型大学应改变传统课堂教学与社会生产活动相脱离的常态，推进学校教学实践与企业生产岗位相融合，促进教学实践环节与生产真实流程相对接。

3.强化企业主体定位

应用型大学教育要积极摆脱单一育人主体的困境，构建"多元育人"的应用型大学教育新格局，特别要强化确认企业在应用型大学教育中的主体地位。在人才培养方案研制、课程标准开发、信息化课程建设、教材编写等方面，学校都要积极联合企业，让企业在应用型大学教育体系中发挥更重要的作用，努力形成应用型大学教育中的校企命运共同体。

4.明确人才培养主线

应用型大学要明确高素质技术技能人才培养的目标,坚持专业核心能力与学生能力结构的匹配和融合。相较于普通教育,应用型大学教育更需要体现"因材施教、以生为本"的特色。应用型大学岗位是技术技能的综合承载体,应用型大学需要围绕岗位需求开展专业教育教学设计与实施。因此,应用型大学的培养方案是否与学生的能力结构相符合是应用型大学能否取得实效的关键。

(五)深化产教研融合下的"三联四链"育人模式

在产教研融合的改革内涵及制度设计下将应用型大学产教研融合从职业教育延伸到应用型大学教育,从而构建深化产教融合下的"三联四链"育人模式,如图1-5所示。

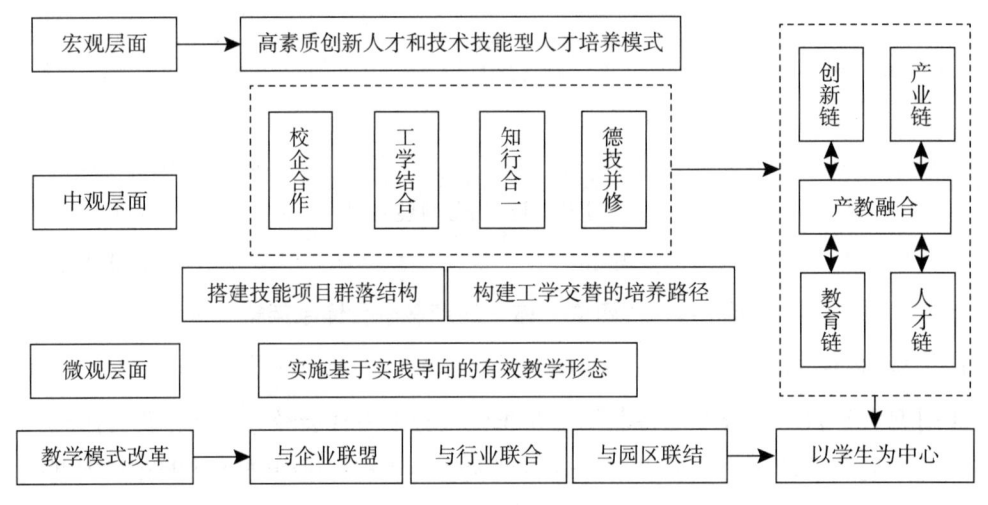

图1-5 产教研融合下的"三联四链"育人模式

1.宏观层面

应用型大学职业教育在政策的顶层设计方面要坚持以培养人才为最终目标,积极构建富有特色的高素质创新人才和技术技能型人才培养模式。应用型教育改革要坚持以双主体育人为根本,以技术技能培养为核心,以"政社行企"多方需求为基础,形成具有应用型大学教育特征的综合评价体系和标准,增强应用型大学教学的适应性与可持续发展。

2.中观层面

以校企合作、工学结合为制度保障,以知行合一、德技并修为培养目标,以构建技能项目群落结构、工学交替培养路径为核心手段,实现以学生为中心的教育与人才、产业与创新的"四链"融合。

3.微观层面

坚定实施基于实践（教学与生产）导向的有效教学形态，通过与企业联盟、行业联合、园区联结，最终实现"以生为本"的应用型大学职业教育教学改革。

三、应用型大学产教研融合"四链互通"育人体系建设的现实困境

（一）宏观层面：应用型大学"四链互通"产教研融合机制连接缺失

应用型大学产教研融合体制机制改革是当前中国高等教育领域的重要议题，也是推动产教融合发展的关键。产教研融合"四链互通"育人体系可以帮助引导应用型大学向教育链、人才链发展，同时也有助于迎合企业的产业链和创新链发展缺口，从而更好地满足社会对人才的需求。

然而，现有问题确实存在，例如相关责任主体不明晰、专业划分类别与企业发展衔接不够紧密等。虽然教育部于2021年对应用型大学教育专业目录进行了调整，采用"三级"分类，但此次专业调整尚处于探索期，这些问题可能会影响产教研融合体制机制的实施效果，也会影响应用型大学产教研融合"四链协同"育人体系的构建。为了解决这些问题，可能需要加强政策的具体性和可操作性，明确相关部门的实施职能以及权责划分，同时也需要进一步调整和完善教育专业目录，使其更好地与企业发展需求相衔接。在解决这些问题的过程中，可能需要政府、高校和企业等多方合作，共同努力推动应用型大学产教研融合体制机制的改革，以促进产教融合的深入发展，更好地服务社会和经济发展的需要。

（二）中观层面："四链互通"内部运行结构衔接不紧密

应用型大学"四链互通"内部运行结构的衔接关系弱化可能会导致产教研融合的效果不佳。"四链互通"内部运行结构衔接关系弱化可能存在以下问题：

目标不一致：应用型大学和企业在发展目标上存在差异，应用型大学可能更注重技能型人才培养能力和育人质量，而企业则更注重短期获益。这种差异会导致双方在"四链互通"育人目标上难以达成一致，从而影响内部运行结构的衔接性。

专业设置不合理：应用型大学的专业设置与产业发展需求不够契合，专业设置趋同化现象严重，这可能导致院校间的恶性竞争，使得应用型大学只能与一般性企业合作，而无法与相关产业深度融合，这也会影响内部运行结构的衔接关系。

缺乏有效的合作机制：缺乏有效的合作机制和长期稳定的合作关系使得应用型大学和企业之间的合作关系处于松散状态，难以形成深度的产教研融合，从而影响"四链互

通"的内部运行结构衔接关系。

解决这些问题需要应用型大学和企业共同努力，建立共同的发展目标，优化专业设置，加强合作机制建设，以促进"四链互通"的内部运行结构衔接关系，推动产教研融合体系的顺畅运行和协调发展。

（三）微观层面："四链互通"育人资源分布离散

在当前实践目标下，应用型大学产教研融合"四链互通"育人体系构建的体系基础在于内部育人资源充分联合与有效应用。校企双方在产教研融合"四链互通"教育资源整合方面存在困难，导致参与主体育人资源分布离散。该问题可能存在以下原因：

缺乏有效的合作机制：企业利益诉求单纯地通过人力资本获取，校企双方缺乏有效的合作机制和长期稳定的合作关系，难以及时满足企业多元化用人需求，导致产教融合"四链协同"育人资源整合难以顺利进行。

服务沟通资源不畅：校企双方在育人资源整合过程中，信息沟通不畅，理念不统一，导致难以达成共识和协同行动，进而影响应用型大学育人资源的整合与应用。

利益驱动不一致：校企双方在产教融合中可能存在利益驱动不一致的情况，这可能导致合作意愿不强，影响资源整合的效果，难以实现有效资源累积。

综上所述，目前应用型大学产教研融合"四链互通"框架下的育人资源尚未实现真正积聚，未形成逻辑结构，阻碍了应用型大学产教研融合"四链互通"育人体系的构建。解决这些问题需要校企双方加强沟通与协调，建立长期稳定的合作机制，明确合作共识与目标，形成利益共享机制，以促进产教融合"四链协同"育人资源的高效整合与应用。同时，政府部门也可以在政策层面提供支持，鼓励校企合作，推动产教融合的深入发展。

四、应用型大学推动"四链互通"融合的实践路径

"四链互通"框架下的应用型大学产教研融合担负着为我国经济社会发展供给高素质技术技能人才和促进职业教育提质培优的重要使命。应以"四链"为着眼点，探寻应用型大学产教研融合的实践路径。

1.构建开放型价值共生发展格局

努力构建应用型大学"人才校企共育、资源校企共建、发展校企共享"的校企合作新局面。首先，要深化校企合作协同育人模式改革。鼓励企业参与校企合作，推动产教研融合实训基地建设，企业可以借助高新技术、设施、资本和管理等要素参与校企双边合作，展现企业参与应用型大学办学的纽带作用，推动建设先进领头作用的高水平专业

化产教研融合实训基地。实训基地不仅可以为学生提供更贴近实际工作需求的实践机会，也可以让企业更好地了解人才培养的需求，促进校企双方的深度合作。其次，健全校企合作激励约束机制：建立健全以企业为主导、应用型大学为框架、产业重要技术发展为中心任务的产教研融合创新机制。此外，推动各地完善产教研融合型相关企业认证制度，积极打好"金融、财政、信用"为一体的激励组合拳，可以进一步激励企业参与校企合作，推动产教融合的深度发展。在学生层面，确保完善"相关学历证书、职业技能等级证书"机制：此举可促进产教研融合，鼓励学生在校期间参与实践和校企合作项目，获得实际技能和经验，提高学生就业竞争力，使学校培养的人才更符合市场需求。最后，推进证书试点建设，实现"课证共生共长"，学校落实课程教学，企业落实认证培训，二者密切联系、良性合作，共同推动应用型大学、企业和学生三方共赢。

2.建设创新型校企共享人才高地

应用型大学与产教研深度融合，共同筑起创新型校企合作共享人才团队。首先，组织发展一流创新型人才的新型教师指导团队：通过高校一流创新人才和行业、尖端技术人才之间互相信息交流，可以提高应用型大学和产业尖端创新人才将先进思想互相融通并创新，为应用型大学提供育人资源的能力。这种双师队伍的建设有利于将产业的最新技术和实践经验直接融入学生的教育培养中，使学生更具有市场竞争力。其次，组建科技创新团队：打破框架，突破学科界限，组建融合各领域顶尖前沿创新人才的项目团队，有助于促进应用型大学不同学科领域之间的交叉融合，培养具有创新意识和团队协作能力的人才，为产业发展提供更多的技术支持。促进产学研深度合作，将科研成果更好地转化为生产力，推动产业转型升级。最后，引培高水平的创业团队：汇集前沿技术、现代化管理等领域研究与实践的拔尖创新人才，建设高端科技创新队伍，有助于推动科技成果向市场转化，促进创新成果的商业化应用，推动产业的创新发展。

3.构建战略性产教研融合创新体系

对标国家重点领域方针需求，聚焦应用型大学发展重点，创新产教研协同的供给逻辑。对接创新链，不仅需要应用型大学供给知识、技术与技能，需要应用型大学供给有技术、有创新能力的高素质人才，还需要应用型大学供给所需资源。以此为基础，加快推进产教研协同创新的效率，对产业形成科技成果及其转化等方面的有效供给，提升应用型大学教育服务区域产业经济的能力。

创新推进应用型大学科研及其成果转化。首先，建立创新组织：通过建立覆盖产业链生产环节的综合性科技研发机构，可以促进不同领域的交叉融合，加速科技成果的转化和应用。同时，建立高新技术研发与服务中心和国际科技研发中心，有助于引领和支撑相关产业未来发展方向，提升产业竞争力。其次，搭建创新平台：建立重点工程实验室、产业技术联盟、科教融合平台等，有利于提升应用型大学科研能力和技术创新水平，推动科技成果向产业转化。共享型、开放型、前沿型科技创新支撑平台的建立，有助于促进不同单位之间的资源共享和合作，加速科技创新的步伐。再次，集聚创新资源：争取国家基金、整合学校、科研院所等的科技研发场地、设施和设备，积淀优势科技创新资源，有助于为科技创新提供更多的资金和资源支持，提升科研条件和创新环境。最后，设立创新项目：选择具有产业化前景的重大创新项目进行孵化培育，有助于培育更多的具有市场竞争力的创新成果。同时，联合高端产业企业承揽解决行业核心技术难题的科技创新项目，有助于加速产业的技术升级和转型发展。这些举措有助于提升高校科技创新能力，推动科技成果向产业转化，促进产业的创新发展，为经济社会发展注入新的动力。

4.建立立体型科技成果转化机制

应用型大学聚焦市场需求，建立起自成体系的立体式科技创新成果转化组织，可以有效地推动科技成果向产业化转化。首先，学校内部设立专门的科技创新成果转化部门，专注培养相关顶尖人才，制定相关工作流程体系与实施规范标准，推动转化工作标准化、体系化，有助于提高科技成果转化的效率和质量，也为应用型大学和科研人员提供更好的支持和服务。其次，组建科技创新成果质量评估机制和风险评价机制。有助于科技成果的有效甄别和优先级确定，而科技创新成果转化市场配置机制和支持机制则为科技成果的推广和交易提供了有力的支持。建立产业化实现机制则为科技创新成果提供了更加全面的一体化服务，助力科技成果向产业化迈进，有助于形成一个完整的科技创新成果转化体制，加速科技创新成果的产业化进程，推动科技创新更好地为市场和社会服务。建立科技创新成果转化市场配置机制，可以为科技成果的推广和交易赋能，促进科技成果与市场需求的对接，加速科技成果向产业化转化。成立成果转化咨询服务引导机构，为科技创新成果转化提供成果咨询、引导融资、全方面宣传等立体式项目，为科技成果转化提供立体式支持和指导，获取投资和融资支持，推动科技成果向市场转化。

五、结语

应用型大学肩负教育改革的重大使命，必须从深化产教研融合的研究角度出发，确定"四位一体"的产教研融合体系架构，通过学校与社会多元主体的衔接，推进以学生为中心的专业与政府、行业、企业的"三联"（联盟、联合、联结），并实现促进"四链"有机衔接，构建深化产教研融合下的"四链互通"协同育人模式，提升应用型大学教育办学应用的改革成效。

参考文献

［1］王久梅，崔晨秋.技能强国建设背景下职业院校产教融合"四链协同"育人体系构建研究[J].职业技术教育，2023，44（11）：11-15.

［2］董小平.应用型高校推动四链深度融合的辐射结构与政策路径[J].中国高等教育，2023（7）：14-18.

［3］冯星，招瑜，蔡伟通，等.高校产教融合协同育人模式的探索与实践[J].实验室研究与探索，2022，41（6）：241-243，275.

［4］贺颖.产教融合背景下高校多元育人机制研究[J].教育理论与实践，2022（30）：32-35.

［5］郭湘宇，周海燕，廖海.产教融合视角下"双主体、深融合"产业学院建设[J].教育与职业，2021（8）：62-65.

作者简介：赵婷婷（1996—　　），女，山东青岛人，烟台南山学院经济与管理学院助教，硕士；曲荣荣（1997—　　），女，山东威海人，烟台南山学院经济与管理学院助教，硕士；贾志辉（1980—　　），男，山东龙口人，山东新南山建设工程有限公司高级工程师，学士。

应用型大学人才培养评价体系研究
——以烟台南山学院为例

宋璐璐

摘要：本文基于产教研一体化融合理论，通过分析国内外相关研究成果，采用德尔菲法建立了一套基于应用型大学的人才培养评价指标体系，并以烟台南山学院为例进行案例分析，利用yaahp软件层次分析法确定指标权重，运用模糊综合评价法对烟台南山学院的人才培养水平进行了综合评价。研究结论不仅有助于提升烟台南山学院的人才培养水平，还对推动应用型大学的人才培养发展水平具有重要启示作用。

关键字：应用型大学；人才培养评价；案例分析

一、绪论

（一）研究背景

当前，我国劳动力市场人才供求严重脱节，应用型高校人才培养水平不均衡，因此提升当前应用型大学人才培养水平成为工作的重点，这就对应用型大学人才培养评价体系提出了新要求。我国应用型大学必须深化人才培养改革，深入研究劳动力市场的发展趋势和人才需求，与校外公司要建立深度合作，确保人才培养满足劳动力市场需求。应用型大学学生在教育领域应用知识的能力仍然不足，因此有必要加强对地方应用型大学人才教育的影响因素的研究，建立教育水平的理性评价标准。近年来社会各界高度重视人才培养问题，对地方应用型高校提出一系列新要求，其中提升应用型高校人才培养水平是主要的内容之一，这项工作的前提是要建立一套行之有效的应用型高校人才培养评价标准体系。基于以上内容，本研究旨在将理论与实践融合，为健全地方应用型高校人才培养指标评价体系探寻新的途径和关键转折，从而推动地方应用型高校实现高水平应用型人才培养目标。同时，烟台南山学院作为一所典型的地方应用型大学，近年来坚持践行习近平人才发展观念，在培养人才方面遵循产教研相融合的理念，坚持"校企一体化"办学特色，在应用型人才培养方面做出诸多努力，因此本研究以烟台南山学院为例，研究应用型大学人才培养问题，不仅对于强化以往相关研究的理论体系有重要作用，也为评估应用型大学人才培养水平提供了对策支撑。

（二）研究目的与意义

本研究旨在将理论与实践融合，为地方应用型高校人才培养指标评价体系的研究探寻新的途径和关键转折，从而推动地方应用型高校实现高水平应用型人才培养目标。具体来说，本研究主要有三个方面的研究目的：首先以当地应用大学为基础，深入分析当地应用大学的人才发展理论，探索人才发展指标的评估因素；其次综合分析现有的人才培养指标评估体系，通过德尔菲法分三次征集专家意见，创建基于应用型大学的人才培养评估体系，并用层次分析的方法来确定评估指标的权重；最后采用建立的应用型高校人才发展评估体系，结合模糊综合评价法评估烟台南山学院的人才培养水平。本研究不仅丰富了先前相关研究的理论体系，还为评价地方应用型高校的人才培养水平提供了理论支持。同时，本研究还提出提升烟台南山学院人才培养水平的方案，为未来评价地方应用型高校的人才培养水平提供了一定参考和借鉴。

二、构建应用型大学人才培养评价指标体系

（一）初步拟定应用型大学人才培养评价指标体系

通过知网、万方、维普检索"应用型大学人才培养评价"等关键词汇，搜寻相关文献，对相关文献进行阅读与整理，选定其中出现频率排名靠前的指标，初步拟定评价指标体系，具体评价指标如表1-2所示。

表1-2 初步拟定评价指标体系

分类及编码	指标及编码	因素及编码
应用型大学人才培养（A）	基础知识（A_1）	校内课程成绩（A_{11}）
		校外实习成绩（A_{12}）
		奖励情况（A_{13}）
		技能证书（A_{14}）
	身心素质（A_2）	道德品质（A_{21}）
		身体素质（A_{22}）
		心理素质（A_{23}）
	就业状况（A_3）	岗位胜任度（A_{31}）
		工作稳定性（A_{32}）
		单位类型（A_{33}）
	工作业绩（A_4）	工作能力（A_{41}）
		工作效率（A_{42}）
		工作质量（A_{43}）
		工作满意度（A_{44}）

数据来源：本研究整理

（二）基于德尔菲法确定评价指标体系

1.专家咨询调研

邀请拥有丰富理论知识并具有充分工作经验的相关专家以及来自其他专业研究机构的专家共15人参与专家咨询，这些专家皆来自教育或管理一线，然后分三次通过邮件或微信联系的方式进行专家意见征询。各位咨询专家的基本情况具体如表1-3所示。

表1-3 咨询专家基本情况

基本信息		人数	构成比（%）
性别	男	10	66.7
	女	5	33.3
年龄	40岁以下	2	13.3
	40~50岁	9	60
	50岁以上	4	26.7
文化程度	本科	1	6.7
	硕士	3	20
	博士	11	73.3
技术职称	中级及以下	1	6.7
	副高	2	13.3
	正高	12	80
工作年限	10年以下	1	6.7
	10~20年	4	26.7
	20年以上	10	66.7

数据来源：本研究整理

2.指标修正

评价指标重要性专家意见采用李克特5级评分，采用界值法，结合专家意见确定指标，第一轮专家咨询结束后，整理发现有6位专家提出以下意见：奖励情况这一指标与校内课程成绩、校外实习成绩、技能证书关联性较大，学校奖励情况取决于学生校内课程成绩、校外实习成绩、技能证书，因此建议删除奖励情况这一指标；工作质量这一指标取决于工作能力和工作效率，因此工作质量这一指标建议删除。第二轮专家咨询时对于第一轮专家意见进行征询，90%以上专家认为应该删除奖励情况和工作质量这两个指标。第三轮咨询时调整指标评价体系。第三轮咨询完成后，统计专家打分与意见，全部指标保留，最终确定应用型大学人才培养评价指标体系的构成。

3.基于层次分析法确定指标权重

（1）群决策。层次分析法的专家评分采用1—9标度，进而统计专家评分并计算各因素的评分均值，1、3、5、7、9分别表示方案层因素相对于准则层无影响、稍微重要、明显重要、强烈重要、极其重要，2、4、6、8表示两者重要性在中间值上，倒数则表示若i

元素与j元素的重要性之比为a_{ij}，比较j元素与i元素时重要性之比则为$1/a_{ij}$。

（2）计算权重。σ_i衡量第i个专家对第j个因素的评分偏离平均水平的程度，其倒数是影响权重的主要因素，专家权重W_i公式为：

$$W_i = \frac{1/\sigma_i}{\sum_{i=1}^{m}(1/\sigma_i)} (i=1,2,\cdots,m)$$

（3）构建判断矩阵。以a_{st}^i代表两两因素相对重要性分值，由此得出判断矩阵$\boldsymbol{A}_i$，对第i个专家的第j个因素的权重进行计算。

（4）一致性检验。

$$CR = \frac{CI}{RI} = \frac{\lambda_{\max} - n}{(n-1)RI}$$

其中，当CR<0.1时，判断矩阵通过了一致性检验，RI的赋值标准如表1-4所示。

表1-4 平均随机一致指标表

阶数	1	2	3	4	5	6	7	8	9	10
RI	0	0	0.58	0.9	1.12	1.26	1.32	1.41	1.46	1.49

数据来源：本研究整理

本研究采用群决策功能，以平均权重作为专家相对权重，判断矩阵均通过一致性检验，准则层判断矩阵及相关检验结果如表1-5所示。

表1-5 准则层判断矩阵及检验

人才培养	基础知识（A_1）	身心素质（A_2）	就业状况（A_3）	工作业绩（A_4）	权重
基础知识（A_1）	1	3	2	2	0.420
身心素质（A_2）	1/3	1	1/2	1/2	0.121
就业状况（A_3）	1/2	2	1	1/2	0.190
工作业绩（A_4）	1/2	2	2	1	0.269
$\lambda_{\max}$=4.071，CI=0.024，CR=0.027<0.1，通过一致性检验					

数据来源：本研究整理

以二级指标A_1判断矩阵及检验为例，二级指标A_1判断矩阵及检验结果如表1-6所示，同理可得基于二级指标A_2、A_3、A_4判断矩阵及相关检验结果。

表1-6 基于二级指标A_1判断矩阵构建及检验

基础知识（A_1）	校内课程成绩（A_{11}）	技能证书（A_{12}）	校外实习成绩（A_{13}）	权重
校内课程成绩（A_{11}）	1	5	3	0.637
技能证书（A_{12}）	1/5	1	1/3	0.105
校外实习成绩（A_{13}）	1/3	3	1	0.258
λ_{max}=3.039，CI=0.019，CR=0.033<0.1，通过一致性检验				

数据来源：本研究整理

本研究采用群决策功能，平均权重作为专家相对权重，同理可得经过整理，得出所有指标权重结果，将结果汇总后得到最终的指标权重，如表1-7所示。

表1-7 层次总排序

分类及编码	指标及编码	权重	因素及编码	权重
地方应用型大学人才培养（A）	基础知识（A_1）	0.420	校内课程成绩（A_{11}）	0.637
			校外实习成绩（A_{12}）	0.105
			技能证书（A_{13}）	0.258
	身心素质（A_2）	0.121	道德品质（A_{21}）	0.493
			身体素质（A_{22}）	0.311
			心理素质（A_{23}）	0.196
	就业状况（A_3）	0.190	岗位胜任度（A_{31}）	0.493
			工作稳定性（A_{32}）	0.196
			单位类型（A_{33}）	0.311
	工作业绩（A_4）	0.269	工作能力（A_{41}）	0.540
			工作效率（A_{42}）	0.163
			工作满意度（A_{43}）	0.297

数据来源：本研究整理

从表1-7中可以看出，利用层次分析法得出应用型大学人才培养影响因素重要度从高到低排序为：基础知识（0.420）>工作业绩（0.269）>就业状况（0.190）>身心素质（0.121）。实证发现，基础知识对于应用型大学人才培养的影响排在首位，权重高达42%。应用型高校的首要任务就是传播知识，基础知识是人才培养水平的关键，因此应用型高校要重视对学生基础知识的培养。实证结果进一步验证了应用型高校传播知识的重要性。排在第二位的是工作业绩，权重为26.9%，说明应用型大学要加强对学生工作方面的培养，也就是说加强学生工作水平和能力的培养是应用型大学的重点工作内容之一。排在第三和第四的分别是就业状况和身心素质，其权重分别是19%和12.1%，说明应用型高校在人才培养时不能忽视对就业状况与身心素质的关注。

三、烟台南山学院人才培养综合评价

（一）学校简介

学校地处新兴海滨城市烟台龙口市，目前有东海、南山两个校区，占地面积3028亩，校舍建筑面积82.38万平方米。学校景色优美，空气清新，学风积极。烟台南山学院是由中国500强企业南山控股投资兴办，教育部批准设立的全日制普通本科院校。学校是以工学为主体，以经济与管理、人文与艺术为两翼，工学、理学、管理学、经济学、艺术学、文学、医学七大学科门类协同发展的高水平应用型本科高校。学校现代化教学文化设施一应俱全，实验仪器设备总价值1.35亿元，图书馆馆舍面积3.8万平方米，纸质藏书210余万册，电子图书190万余种。建有新材料、高端能源化工等交叉融合实验实训中心17个，包含225个实验（实训）室，为应用型人才培养奠定良好的基础。

（二）烟台南山学院综合评价指标层次模型的建立

1.模型简介

首先，建立评价指标集U，本研究评价体系中因素层单因素集：$U_i=\{U_{i1},U_{i2},\cdots,U_{in}\}$。其次，确定评语等级论域，本研究将人才培养水平划分为五个等级，$V=\{v_1, v_2, v_3, v_4, v_5\}=\{好，较好，一般，较差，差\}$。评价值为：$\{5，4，3，2，1\}$。进而，确定评价指标权重集，根据在评估中的相关性与重要性，给予每个指标和维度适当权重。最后，形成模糊综合评价，建立第i个维度所包含的j个评价指标的评价矩阵，根据评语等级论域V加权平均可求各指标的得分P_{ij}及所属等级，根据评语等级论域V，可求得维度得分及隶属等级，并得到模糊综合评价的最终得分SQ和评价等级，公式如下：

$$SQ = B \cdot V^T$$

2.计算得分

经过查阅大量文献资料初步筛选评价指标，用德尔菲法确定最终评价指标，构建评价层次结构模型。向烟台南山学院、南山集团与南山科学技术研究院等邀请100名人员发放问卷，并对原始数据进行统计汇总，具体如表1-8所示。

表1-8 调查评价统计汇总表

因素及编码	好	较好	一般	较差	差
校内课程成绩（A_{11}）	0.60	0.25	0.09	0.06	0
技能证书（A_{12}）	0.51	0.25	0.11	0.13	0
校外实习成绩（A_{13}）	0.51	0.26	0.12	0.04	0.07
道德品质（A_{21}）	0.57	0.22	0.17	0.03	0.01
身体素质（A_{22}）	0.47	0.30	0.21	0.02	0
心理素质（A_{23}）	0.49	0.28	0.12	0.07	0.04
岗位胜任度（A_{31}）	0.56	0.28	0.11	0.05	0
工作稳定性（A_{32}）	0.43	0.26	0.17	0.13	0.01
单位类型（A_{33}）	0.25	0.33	0.35	0.05	0.02
工作能力（A_{41}）	0.45	0.33	0.21	0.01	0
工作效率（A_{42}）	0.50	0.23	0.22	0.04	0.01
工作满意度（A_{43}）	0.40	0.35	0.20	0.05	0

数据来源：本研究整理

根据公式得维度层模糊综合评价结果向量，以基础知识（A_1）为例：

$$\boldsymbol{B}_{A_1} = \begin{bmatrix} 0.637 & 0.105 & 0.258 \end{bmatrix} \cdot \begin{bmatrix} 0.60 & 0.25 & 0.09 & 0.06 & 0.00 \\ 0.51 & 0.25 & 0.11 & 0.13 & 0.00 \\ 0.51 & 0.26 & 0.12 & 0.04 & 0.00 \end{bmatrix}$$

$$= \begin{bmatrix} 0.5673 & 0.2526 & 0.1000 & 0.0622 & 0.0181 \end{bmatrix}$$

同理，根据公式可以分别计算出$\boldsymbol{B}_{A_2}$、$\boldsymbol{B}_{A_3}$、$\boldsymbol{B}_{A_4}$的结果，整理后可得到各维度层的模糊评价集与隶属等级，具体如表1-9所示。

表1-9 维度模糊评价集隶属等级

维度	模糊评价结果					得分
	好	较好	一般	较差	差	
基础知识（A_1）	0.567	0.253	0.100	0.062	0.018	4.289
身心素质（A_2）	0.523	0.257	0.173	0.035	0.013	4.243
就业状况（A_3）	0.438	0.292	0.196	0.066	0.008	4.086
工作业绩（A_4）	0.443	0.320	0.209	0.027	0.002	4.176

数据来源：本研究整理

同理可得：$\boldsymbol{B}_{A_4} = [0.5041 \quad 0.2785 \quad 0.1563 \quad 0.0500 \quad 0.0111]$

进而通过加权平均可求得综合得分：

$$SQ = \boldsymbol{V} \cdot \boldsymbol{B}^T = [5 \quad 4 \quad 3 \quad 2 \quad 1][0.5041 \quad 0.2785 \quad 0.1563 \quad 0.0500 \quad 0.0111]^T$$
$$= 4.214$$

通过上述实证研究可以观察到，基础知识指标得分最高，为4.289分，表明烟台南山学院在教育教学工作中非常注重向学生传授基础知识，大部分学生基础知识掌握水平较高。身心素质指标的得分排名第二，为4.243分，这表明该校也注重培养学生的身心素质，这一方面得益于学校鼓励学生早操，另一方面也得益于学校对学生思想工作的重视。学校定期组织师生交流会、走访宿舍等思想交流活动。在工作业绩方面，得分为4.176分，说明烟台南山学院在培养学生的工作能力表现出色，这可能得益于学校依托南山集团，始终保持与企业共同制定人才培养方案的策略，另外也重视学生的校外实践活动，安排相关老师，将学生校外实践水平纳入学生考核。尽管就业状况得分最低，为4.086分，但相对于满分5分来说，该得分仍然相当不错，考虑到当前就业市场的竞争激烈，这个得分表明烟台南山学院的学生就业状况仍然相对较好，大部分学生均能实现就业。通过模糊综合评价法对烟台南山学院人才培养水平进行综合评估，综合评价得分为4.214分，表明该校的人才培养处于较高水平，说明烟台南山学院人才培养工作做得较好。

四、结论与建议

（一）结论

本研究首先利用德尔菲法，向相关专家进行三次函证，最终建立起一套包含4个一级指标和12个二级指标的应用型高校人才培养评价指标体系。进而，利用专家打分结果，运用层次分析法得出应用型大学人才培养影响因素重要度，各指标权重从高到低排序为：基础知识（0.420）>工作业绩（0.269）>就业状况（0.190）>身心素质（0.121）。最终，利用模糊综合评价法得出烟台南山学院人才培养各一级指标得分排名从高到低依次为：基础知识（4.289）>身心素质（4.243）>工作业绩（4.176）>就业状况（4.086），通过综合测算烟台南山学院人才培养的等级，得出综合评价结果得分为4.214分，说明烟台南山学院人才培养水平处于较高水平。

（二）建议

1.加强校企人才培养深度合作

为提升应用型人才培养水平，学校应向企业了解对人才的需求，突出学校重点办学特色，与企业共同制定相关专业人才培养方案。学校应强调实践课程与理论课程的有机结合，确保学生的综合素质有效提升。此外，学校要加强实训基地建设，并且要发挥好其带头作用。充分利用学校内外的实训基地，要制定一个科学的标准，明确实践教学在整个人才培养过程中的比重。学校的实训基地要依靠地方特色产业，以学校和企业共同为基础，提高学生的知识应用水平，鼓励学生积极参与实践活动，学会运用所学知识解决问题。

2.构建双师双能型教师队伍

为了提高学生的教育水平，应用型大学应加强双教学团队的建设，实施人才引进政策，加强与用人单位的合作，加强专业教学团队的实力，引进商务专家，将最新的研究成果和商务实践技术带到学校。以校内、校外两种不同类型的实践为基础，获取专业经验，提高实践技能，丰富校企合作的内涵和结构，同时也适合推进"走出去"。

3.政府充当校企合作的促进者和协调者

学校和企业的合作离不开政府的积极支持，政府应充当学校和企业合作的促进者和协调员，提供多渠道机构支持，要建立政府、企业和学校共同合作的人才培养机制。在学校和企业合作方面，政府应积极制定法律法规，明确学校和企业的权利和义务，规范合作做法，保护双方的合法权益。同时，政府应协调多个部门，建立有效的协作管理体系，充分发挥校企合作的优势，培养出满足社会发展需求的新时代应用型人才。

参考文献

[1] 金丹丹，查凡.习近平人才观对高校人才培养的启示[J].人才资源开发，2022，472（13）：10-12.

[2] 马立新，宋广元，刘云利.地方院校如何构建创新性应用型人才培养课程体系[J].中国高等教育，2017（24）：34-35.

[3] 黄蓓蓓，钱小龙.探寻世界一流大学人工智能人才培养的奥秘——斯坦福大学人工智能人才培养模式的整体性分析[J].清华大学教育研究，2022，43（3）：33-41.

[4] 汪明义，康胜.新时代地方高校构建高质量人才培养体系的维度与实践[J].现代教育管理，2022，386（5）：17-24.

[5] 罗建国，张敏，黄胜利.应用型本科教育产教研融合动力对策研究[J].教育教学论坛，2019，425（31）：175-177.

作者简介：宋璐璐（1994— ），女，山东日照人，烟台南山学院经济与管理学院助教，硕士。

"校企双主体"协同育人机制下人才培养模式的创新与研究

刘云　张福勇　张明

摘要：校企双主体育人既是落实国家职业教育政策的重要举措，也是培养高素质技术技能人才的主要途径。实现双主体办学，关键是要促进产业需求侧与人才培养供给侧的全方位对接。本文在考察国内高校专业人才培养模式改革路径的基础上，结合烟台南山学院产教研一体化育人实践的实际，运用理论研究及实证研究等研究方法对校企合作双主体育人模式的主要问题进行分析讨论，对基于校企双主体协同育人机制下应用型人才培养模式的创新进行研究。

关键词：校企双主体；协同育人机制；培养模式

一、引言

"双高建设"背景下，实现双主体办学，提高学生岗位适应能力和职业素养，关键是要立足地方经济、行业及企业发展，充分调动企业积极性，发挥主体性，以产教融合、校企合作为主线，以培养产业和行业所需的高素质技术技能人才、精准服务区域经济高质量发展为目标，促进产业需求侧与人才培养供给侧全方位立体式对接，形成双主体育人模式，为地区经济、文化和科技的可持续发展作出应有贡献。

二、基于产教融合、校企一体化人才培养模式的研究理论基础

（一）构建主义学习理论

构建主义学习理论是本研究的一个重要理论基础，它强调学生在学习过程中的主动参与和个体建构知识的能力。根据这一理论，学生的学习过程是通过积极地思考、探索和交流来建构和重建自身的知识结构。

在校企双主体协同育人机制下，学生将有机会参与到真实的工作当中，通过与实践相结合的学习方式，在实际工作中掌握专业知识和技能，并通过反思和总结不断提升自己的能力，促进自主性和创造性思维能力的发展。此外，构建主义学习理论还可以促进学生的思想政治教育。在校企双主体协同育人机制下，企业作为社会主体的代表，可以向学生传递正确的思想和价值观念。通过与企业员工的交流和互动，学生可以了解到企业的经营理念和核心价值观，并将这些价值观念融入自己的思想中。同时，在实践过程

中，学生还将接触到各种复杂的社会问题，通过思考和探索，能够对社会现象有更为深刻的理解，从而树立正确的人生观和价值观。

总之，构建主义学习理论为校企双主体协同育人机制下人才培养模式的创新提供了重要的理论依据。通过这个理论，学生可以在实践中建构和重建自身的知识结构，促进个体的认知发展和创造性思维能力的提升，提升思想政治水平，培养正确的人生观和价值观。

（二）思想政治教育与人才培养模式理论

思想政治教育与人才培养模式理论是人才培养领域的重要理论基础之一。在校企双主体协同育人机制下，思想政治教育与人才培养模式理论对于培养应用型人才具有重要的指导意义。

首先，思想政治教育的目标是培养学生正确的世界观、人生观和价值观，让学生具备正确的价值取向和行为准则，以及强烈的社会责任感和使命感❶，这对于培养应用型人才来说十分重要。其次，思想政治教育与人才培养模式理论强调培养学生的创新能力和实践能力，并通过一系列的教学活动和实践环节来实现这一目标，这与校企双主体协同育人机制下人才培养模式的核心理念密切相关。基于思想政治教育与人才培养模式理论，可以借助校企合作平台，开展实践性活动，使学生能够获得实践锻炼和创新培养的机会。最后，思想政治教育与人才培养模式理论还强调培养学生的社会责任感和职业道德素养，使学生能够在工作岗位上具备良好的职业道德和社会责任意识。

校企双主体协同育人机制下，通过思想政治教育与人才培养模式的引导，可以加强学生的职业道德教育，培养他们的社会责任感，提高应用型人才的综合素质。

三、校企融合机制下高校人才培养模式存在的问题

（一）应用型人才培养目标不明确

首先，由于应用型人才培养目标不明确，高校在培养过程中缺乏明确而具体的指导，从而导致了课程设置和教学方法的模糊性，无法真正培养出具备特定应用技能的人才。其次，高校与企业之间信息传递的不畅通也进一步加剧了这一问题。学校无法准确了解企业的需求，无法根据实际需求调整课程设置和教学内容，企业也无法及时了解到学生的培养成果，导致人才供需不匹配的现象频发。最后，应用型本科课程体系不完善

---

❶ 刘兵勇. 高校辅导员与专业课教师协同育人的机制构建[J]. 山西高等学校社会科学学报, 2013, 27（2）: 83.

也是问题之一。目前的应用型本科课程设置过于单一，缺乏针对不同行业和专业的差异化设置，导致学生在实际工作过程中缺乏必要的专业技能和综合能力。

因此，当前我国的人才培养模式需要在应用型人才培养目标明确方面进行突破，加强与企业的信息对接，完善应用型本科课程体系，同时加强实践环节教学改革，以提高人才培养模式的针对性和实效性，为实现高校与企业的有机融合提供切实可行的路径。

（二）高校与企业信息对接不畅通

一方面，高校与企业之间的沟通渠道不畅，导致信息流动的障碍。高校和企业之间在人才需求、课程设置和实践教学等方面缺乏有效的信息交流和对接机制，这使得双方无法及时获取对方的需求和资源，从而影响培养模式的精准性和针对性。另一方面，高校教育理念与企业需求之间存在差异，导致信息匹配不准确。高校往往强调理论知识的传授和学科专业的培养，而实际工作需要更加注重实践能力和综合素质的培养。由于对外界需求的了解不够全面或不准确，高校在人才培养模式中容易忽视与企业的联系和需求。最后，高校与企业之间缺乏合作机制和平台，限制信息对接的顺畅。在当前的人才培养模式中，高校和企业之间缺少有效的合作机制和平台，无法进行深入的交流与合作。企业对高校的实践环节和学科专业设置的需求往往无法直接反馈给高校，导致高校无法及时调整教育内容和方法。

（三）应用型本科课程体系不完善

应用型本科课程体系不完善的表现主要有以下几个方面：第一，课程设置与实际需求不匹配。当前社会对应用型人才有着越来越高的需求，而传统的本科课程体系与实际需求存在较大差距，一些新兴产业和职业中所需的专业知识和技能往往得不到充分的关注和培养，导致毕业生在实际工作中面临一定的适应困难。第二，评价体系不恰当。当前的本科课程评价主要以考试成绩为主，对于学生的实践能力和综合素质的评价较少，难以真正反映学生的应用能力。应用型本科课程体系需要建立完善的评价体系，通过综合评价的方式对学生的实践能力、创新能力和团队合作能力进行全面的评价和激励。第三，教师队伍建设不完善。应用型本科课程体系需要具备一支高水平的教师队伍来支撑，但目前一些学校的教师队伍建设存在一定的问题。一方面，部分教师的应用型实践经验和专业知识较为薄弱，无法满足应用型本科课程的要求；另一方面，教师的师资培训和激励机制也有待完善，无法真正激发教师的积极性和创新性。

（四）实践环节教学改革有待加强

实践环节是人才培养中至关重要的环节之一，对于学生的能力培养和实际应用能力的提升起着关键作用。然而，在我国目前的人才培养模式中，实践环节的教学改革仍然存在一些需要加强的问题。首先，实践环节的设计需要更加贴近实际工作需求。当前，一些高校的实践环节设计过于理论化，与实际工作场景和需求相脱节，无法让学生真实地感受到工作中可能面临的困难和挑战，缺乏锻炼解决问题的能力和创新思维。其次，实践环节的评价机制还需要进一步完善。目前，一些高校对实践环节的评价主要注重学生的实际操作能力，在项目过程中的创新能力、团队协作能力和问题解决能力涉及较少。最后，实践环节的师资队伍建设也亟须加强。当前，一些高校在教授实践环节课程的教师中，缺乏来自企业、具有实际工作背景的专业人才，因此无法真正了解企业工作的需求和要求。

四、基于产学研合作的人才培养模式的完善建议

（一）树立产学研合作的人才培养模式的原则

1.目标性原则

目标性原则是校企双主体协同育人机制下人才培养模式的一个重要原则。它强调人才培养的目标与社会、市场和企业的实际需求相吻合，旨在培养符合社会发展需求和企业发展需要的高素质人才。针对应用型人才培养模式在目标设定上不明确及高校与企业之间的信息对接不畅通的问题，校企双主体协同育人机制下人才培养模式应将学生的综合素质培养放在首位，注重实践教学和创新能力的培养，以满足社会对高素质人才的需求。同时，应加强高校与企业之间的沟通与合作，提高应用型人才培养的质量和效果，将培养目标与社会需求相契合，实现人才培养模式的创新和改进。

2.科学性原则

科学性原则要求人才培养模式建立在科学理论和实践经验的基础上，确保培养的人才具备科学性和实践性。具体来说，首先，人才培养模式的设计应该基于科学的教育理论和实践经验，利用构建主义学习理论和思想政治教育与人才培养模式理论等相关理论基础，深入理解人才培养模式的内涵和形式。其次，人才培养模式的实施需要依据科学的评价和评估体系，及时了解人才培养模式的效果，为改进和优化提供科学依据。最后，科学性原则要求人才培养模式与时俱进，不断更新和调整。随着时代和社会的变化，人才需求也在不断演变。校企双主体协同育人机制应该密切关注行业和社会的发展需求，及时调整人才培养模式，确保其与时俱进，与科技发展和经济社会需求相匹配。通过有效的科学方法，可以提高研究的可靠性和可行性，为人才培养模式的创新和改进提供科学支撑。

3.一致性原则

一致性原则强调了校企合作中各主体之间的协调和一致性。在实践中，校企合作中存在着不同主体之间的利益差异和目标差异，因此需要以一致性原则为导向，确保各方在人才培养过程中的一致性和协同性。

首先，校企合作中的一致性原则要求企业、高校和学生在人才培养目标和培养模式上保持一致。在确定人才培养目标时，企业应该充分了解自身的发展需求和人才需求，与高校达成一致并明确培养的专业方向和技能要求。同时，高校也应该根据企业需求，调整教学内容和课程设置，确保培养的学生具备企业所需的专业知识和技能。

其次，一致性原则要求校企合作中的各方在人才培养过程中保持协同性，并且在人才评价和认证上保持一致。企业作为校企合作的重要主体，应积极参与到人才培养过程中，与高校建立良好的合作关系，共同制订、实施培养计划，对学生进行综合评价。双方应加强合作与沟通，密切关注学生的学习情况和实践表现，及时进行反馈和调整，确保培养过程中的协同性和有效性。

（二）完善产学研合作的人才培养模式的体系

1.调整专业课教学内容

调整专业课教学内容是完善基于产学研合作的人才培养模式的重要环节之一。

首先，需要明确应用型人才培养的目标和要求，将实践能力和创新能力作为培养目标的重要考核指标。通过调整专业课教学内容，将理论知识与实际应用相结合，促使学生主动参与实践活动，培养学生的实际操作和解决问题的能力。

其次，需要建立与企业紧密对接的课程体系，加强理论学习与实践教学的有机衔接。通过与企业合作开设实践课程，将企业的实际需求融入专业课教学中，提高学生的实际操作能力。同时，将课程内容与企业实践结合，使学生能够立即将所学知识应用于实践中，培养学生的创新思维和实际解决问题的能力。在教学过程中，可以引入"订单式"培养方式，通过与企业签订培养协议，按照企业需求和学生个人特长，量身定制培养计划和课程安排。

最后，要加强对学生职业道德素质的建设，通过专业课教学内容的调整，将职业道德教育融入课程中，培养学生的职业道德意识和责任感，提高学生的综合素质。

2.增加专业性实践环节

专业性实践环节是指通过与企业合作，让学生在实际工作环境中进行专业实践，以提高他们的实际操作能力和解决问题的能力。在当前的人才培养模式中，虽然很多高校已经加强了实践环节的教学，但仍存在一些不足之处。

首先，增加专业性实践环节有助于提高学生的实际操作能力。通过参与实际项目或实验，学生可以亲自动手解决问题，积累实践经验，提升自己的实践能力。这种实践性的学习方式可以增强学生的专业素养，培养他们解决实际问题的能力，使所学的理论知识得到更好的应用。

其次，增加专业性实践环节有助于提高学生的问题解决能力。在实践环节中，学生将面对各种实际问题和挑战，需要运用所学的知识和技能解决问题。通过实践，学生可以培养自己的问题分析和解决能力，加深对所学知识的理解和掌握，并在实践中不断提升自己的问题解决能力。

最后，增加专业性实践环节有助于增强学生的团队合作能力。在实践环节中，学生往往需要与他人合作完成任务或项目，需要与同学分工合作，一起协商解决问题。通过这种合作方式，学生可以培养自己的团队协作意识和沟通能力，提高自己在团队中的贡献和表现。

3.发挥产学研各方作用

在基于产学研合作的人才培养模式中，发挥产学研各方作用是非常重要的。产学研各方应该密切合作，共同参与人才培养过程，以提高人才培养的效果和质量。

首先，企业作为产业界的重要组成部分，应该积极参与人才培养。企业可以提供实践机会和项目合作，为学生提供实际工作经验和实践能力的培养。此外，企业还可以提供专业导师和实践导师，指导学生在实践中学习和成长。通过与企业的合作，学生可以更好地了解实际工作环境，提高自己的专业能力和问题解决能力。

其次，高校作为学生的主要培养机构，也应充分发挥作用。高校可以提供系统的课程教学，为学生提供专业知识和理论基础的学习，通过将理论与实践相结合，可以培养学生的创新思维、实践能力及综合素质等方面的能力。此外，高校还可以组织学生参加各类实践活动和竞赛，培养学生的实践能力和团队合作精神。同时，科研机构也应参与到人才培养的过程中。机构可以提供前沿的科研课题和实验平台，为学生提供科研实践的机会。通过与科研机构的合作，学生可以接触到最新的科研成果和技术，提高自己的科研能力和创新能力。此外，科研机构还可以为学生提供导师和专业指导，指导学生进行科研项目的实施和成果的展示。

在产学研合作的人才培养模式中，产学研各方应相互配合和协同，形成良好的互动机制。企业可以提供实践机会和项目合作，高校可以提供系统的课程教学，科研机构可以提供科研实践和导师指导。通过各方的共同努力，可以培养出既具有实践能力又具有专业知识和科研能力的应用型人才。

4.培养学生职业道德素质建设

价值澄清理论是建立在杜威的经验论道德哲学、认知发展理论及人本主义心理学和存在主义道德哲学基础上的一种对多种具有可能性的价值观选择进行选择，最终使个人获得清晰价值观的理论[1]。本理论可以运用于学校德育的建设中。

首先，要加强学生的职业道德意识建设。通过开展思想政治教育和创业教育，引导学生树立正确的职业价值观和道德观。具体而言，在课堂教学中，可以引入案例分析和讨论，让学生深入了解职业道德的重要性和实践意义。同时，通过组织实践活动、社会实践和企业实习等方式，让学生亲身感受到职业道德对个人发展和社会进步的积极影响。

其次，在课程设置中要加强职业道德教育内容的渗透。学校应调整专业课程内容，将职业道德教育贯穿于每门课程中。例如，在专业实践课程中，可以引入职业道德知识和伦理考量，以培养学生正确的职业行为和价值取向。同时，加强与企业合作的实践环节，让学生在实践中培养职业道德意识和实践能力。

最后，要加强学校与企业的合作，共同培养学生的职业道德素质。学校和企业应建立起长期稳定的合作关系，通过企业的参与和指导，提供实践平台和实践项目，培养学生的职业道德素质。同时，学校还应加强师资队伍建设，培养具备职业道德、专业知识和实践经验的教师，提高教学质量和水平。

（三）强化产学研合作的人才培养模式的保障

1. 政策保障

政策保障是完善基于产学研合作的人才培养模式的重要方面。为了确保人才培养模式能够有效实施并取得良好的效果，政策保障应该得到充分重视和有效落实。

首先，政府可以通过制定相关法律法规，明确校企合作的任务和责任，为校企合作提供政策上的支持和保障。同时，也可以通过提供财政资金补贴等方式，鼓励和支持企业参与人才培养模式的实施，促进校企合作的深入开展。

其次，政府还应加强对校企合作的指导和监督。在人才培养模式的实施过程中，政府可以通过相关部门对校企合作进行指导和监督，确保校企合作的合法性和规范性。同时，加强对人才培养模式的评估和监测，及时发现和解决存在的问题，为人才培养模式的优化和改进提供有力支持。

最后，政府还应加大对人才培养模式的宣传和推广力度。政府可以通过举办相关的宣传活动，宣传校企合作的理念和模式，加强与企业和高校的对接，提高校企合作的知名度和影响力。同时，通过搭建平台和提供资源，促进校企合作的开展，为人才培养模式的推广提供有力支持。

2.基地保障

基地保障是完善基于产学研合作的人才培养模式的重要保障措施。

---

[1] 马千惠.论价值澄清理论对我国学校德育的启示[J].科教导刊，2019，11（34）：72.

首先，建立适合产学研合作的创新创业基地，为学生提供实践创新的场所和平台。基地可以与企业合作，提供实际项目和案例，为学生提供实践锻炼和创新能力培养的机会。同时，基地也可以为学生提供创业孵化和初创企业发展的支持，帮助他们将所学知识转化为实际价值。

其次，基地保障还包括提供必要的设备和资源。根据不同专业和创新项目的需求，基地应提供各类实验设备、工具、软件等，以满足学生的实践需求。这样可以有效提高学生的实践能力和创新能力，并将所学知识与实际应用相结合。

最后，基地保障还需要关注基地的管理和运营。建立健全基地管理体系，明确各方责任和权利，确保基地能够顺利运营。同时，建立基地的运营机制，包括与企业的合作机制、项目管理机制等，以确保基地能够为学生提供高质量的实践教学和创新创业支持。在基地选择方面，需要根据学校所在地的产业特点和专业特长，选择与之相匹配的基地。基地的选择应考虑企业资源、产业环境、创新条件等因素，确保基地能够为学生提供良好的实践环境和创新创业条件。

3.师资保障

在以校企双主体协同育人机制为基础的人才培养模式中，拥有高质量的师资队伍是保障培养质量和效果的关键。

首先，师资选拔方面，需要采取严格的选拔机制，确保师资的水平和能力。一方面，可以制定明确的选拔标准，包括学术背景、教学经验、科研能力等方面的要求，确保师资队伍的专业素养和教学水平。另一方面，可以通过引入外部评审或专家评审的方式，对师资进行审核和评估，确保选拔的师资符合人才培养的需要。

其次，在师资培养上，一方面，可以开展专门的教师培训课程，提高教师的教学能力和教育理念，使其能够适应校企合作的人才培养要求。另一方面，可以通过组织教学研讨会、教学观摩等形式，促进教师之间的交流与合作，提升整体师资队伍水平。

再次，在师资激励上，一方面，可以建立健全师资激励机制，包括薪酬激励、职称晋升、学术成果奖励等方面的激励措施，使师资能够得到应有的回报和认可。另一方面，可以提供广阔的发展平台，让师资有更多的机会参与校企合作项目，拓宽专业领域和教学研究的视野。

最后，在师资评价上，一方面，可以建立完善的师资评价指标体系，包括教学评价、科研评价、专业素养评价等方面的指标，通过客观和量化的方式评价师资的综合能力。另一方面，可以邀请外部专家或校企合作方参与评价，确保评价的客观性和公正性。

五、结论

本研究通过对校企双主体协同育人机制下人才培养模式的创新和研究，旨在提高应用型人才培养的质量和效果。

在理论研究方面，将建立构建主义学习理论、思想政治教育与人才培养模式理论的相关模型，从理论层面对人才培养模式的内涵和形式进行深入剖析。在实证研究方面，将调查国内产学研合作人才培养模式的现状，特别关注企业在这一过程中扮演的角色以及创新能力的提升情况。这样可以全面了解我国人才培养模式的现状，并分析其中存在的问题。

本研究的技术路线包括以下几个步骤：①构建主义学习理论、思想政治教育与人才培养模式理论的相关模型为实证研究提供理论基础。②进行国内产学研合作人才培养模式现状的考察和调研，收集数据。③对收集的数据进行数据分析，评价企业对人才综合素质的需求和供给情况。④提出基于产学研合作的人才培养模式的完善建议，包括调整课程内容、增加实践环节和发挥产学研各方作用等。⑤研究政策、基地、师资和平台保障等方面，以提高应用型人才培养的质量和效果。

本研究的主要成果有两个方面：一方面，通过构建相关模型，对人才培养模式进行了深入剖析，为人才培养模式的改革提供参考和指导。另一方面，本研究提出了基于产学研合作的人才培养模式的完善建议，并对政策、基地、师资和平台保障进行了探讨，以提高应用型人才培养的质量和效果。这些成果将对我国的人才培养模式改革和创新产生积极的影响。

参考文献

[1] 丁康健，刘立栋. 基于"校企双主体"协同育人机制应用型人才培养模式创新研究[J]. 黑龙江科学，2020，11（9）：40-41.

[2] 米秀杰. 校企"双主体"育人模式下的人才培养模式研究[J]. 南方农机，2020，51（8）：92-93.

[3] 王国玲. 校企"双主体"协同育人人才培养模式改革与实践[J]. 南方农机，2019，50（22）：82-83.

[4] 于永军，王国明，李光远，等. 校企"双主体"合作育人机制的探讨与实践[J]. 卫生职业教育，2020，38（5）：3-5.

[5] 郑豪. 基于校企协同育人的创新人才培养模式研究[J]. 大学教育，2019（4）：168-170，183.

作者简介：刘云（1980—　），女，山东青岛人，烟台南山学院国学与外语学院副院长，副教授，硕士；张福勇（1961— ），男，山东威海人，烟台南山学院国学与外语学院院长，教授，博士；张明（1984— ），男，山东龙口人，山东南山智尚科技股份有限公司总监，学士。

地方应用型大学产教融合
——目标、困境与路径

王延坤　郑铮铮

摘要： 产教融合作为地方应用型大学校企合作发展的关键路径之一，已经成为政府及产业领域考虑的重要举措，但仍存在产教融合模式僵化、学生校企培养全流程方案机制不完善等问题，导致学生能力与社会需求不契合。在此背景下，本文有针对性地提出基于产教融合的地方应用型大学校企合作学生培养路径：构建产教融合动态人才培养模式，完善学生校企培养全流程方案，多维度深化校企合作协同育人。

关键词： 产教融合；应用型大学；校企合作；培养路径

基金： 山东省教育发展促进会教育科研规划课题"基于教研产深度融合的应用型大学教育教学模式改革理论与实践"（JCHKT2023348）；中国民办教育协会2023年度规划课题（学校发展类）"基于校企一体化的应用型人才培养范式研究——以烟台南山学院为例"（CANFZG23328）

一、引言

应用型大学是中国经济建设现代化和高等教育大众化推动下产生的一种新的高等教育类型。目前普遍认为，应用型大学是指以培养本科学生为主，以培养应用型技术技能型人才为目标，其专业设置面向行业，科研以应用型的研究和开发为主，主要服务地方经济发展，为地方培养理论与实践能力兼备的应用型高级专门人才的一类高校。近几年出台的《中共中央　国务院关于深化体制机制改革加快实施创新驱动发展战略的若干意见》《国家新型城镇化规划（2014—2020年）》《中国制造2025》等一系列文件，都明确要求引导、推动部分地方普通本科高校向应用型高校转型发展。由此可见，从应用型大学概念的提出，到如今地方普通本科院校和新建本科院校向应用型大学转变发展已形成共识，应用型大学的建设日益受到重视。高水平应用型大学的服务应当面向国民经济命脉行业和新兴产业，在服务国家战略中找到目标方向，实现价值提升。

在政府宏观调控下，以产教融合为驱动力，推动应用型大学深化校企合作，提高人才培养与社会需求的契合度，是未来校政企三方的主要发展方向。目前来看，尽管相关研究取得了一系列成果，但在应用型大学如何运用产教融合方式进行校企合作方面却鲜有研究，未形成成熟可行的校企合作实践模型。本文围绕应用型大学校企合作，确定合作目标，梳理存在的问题，最终阐述产教融合下应用型大学校企合作路径，旨在为大学校企合作提供可行的借鉴模型。

二、产教融合下地方应用型大学校企合作目标

目前，我国有应用技术大学（学院）联盟、中德应用技术大学联盟、四川省应用型本科高校联盟等11个应用型大学联盟，试点高校覆盖北京、天津、河北等27个省市自治区，并已形成了较为系统成熟的评价体系。2023年6月，国家发改委社会司司长刘明表示，未来我国将新增200所左右高职院校和应用型本科院校，推动形成紧密对接产业链、创新链的专业体系。

应用型大学校企合作应以培养高技能型应用人才为目标，在完全中等教育的基础上重视实践教学，培养学生实践能力和创新能力，提高学生社会职业素养和就业竞争力，培养出一批具有大学知识，而又有一定专业技术和技能的人才，其知识的讲授是以能用为度，实用为本，满足社会对各专业领域人才的需求。各应用型大学在校企合作过程中，目前产教融合深度不够，过多停留在学生实践层面，在高水平人才培养方面不够重视，各方尚未达成共识。这导致产教融合下的校企合作发展逐渐与社会发展脱节，成为制约应用型高等教育高质量内涵式发展的主要因素之一。

三、产教融合下地方应用型大学校企合作困境

（一）产教融合模式僵化

随着经济发展进入新常态，产业转型与升级不断加速，基于产教融合的地方应用型大学校企合作相关研究取得了一部分进展，但大部分研究是基于政策文件的理论探索，缺乏对产教融合模式实践意义的讨论。

传统的观点认为，产教融合是指职业学校根据所设专业积极开办专业产业，把产业与教学密切结合，相互支持，相互促进，把学校办成集人才培养、科学研究、科技服务为一体的产业性经营实体，形成学校与企业浑然一体的办学模式。校企双方在合作过程中，通过企业实训、就业指导、项目参与等方式进行学生能力培养[1-2]，部分高校与企业

签订协议，共同投资建立实验基地，开展项目合作[3]。传统的产教融合发展模式存在以下不足：

第一，学校缺乏产教融合配套培养的手段。虽然开展校企合作，并对人才与实验平台提供了教育资源支持，但在专业设置、课程建设、学生能力评价等方面跟进不足，产教融合广度、深度不足，一方面难以提高实验平台水平，另一方面致使学生能力供给侧与企业、社会需求侧脱节，难以适应社会对高技术技能人才的需求[4]。对企业而言，为实验平台投入资金，且提供学生实习场所，若未能收获相应的经济利益，将难以持续开展合作。此外，产教融合不等同于人才定向培养。高校、企业应将产教融合作为人才培养的手段与方式，通过创新产教融合模式，制定合理培养目标，校企生三方通过合作协议、培养协议确定学生发展方向，拓宽培养渠道与学生发展路径，增加学生职业发展的可选方案。

第二，校企双方对产教融合的开展缺乏合理有序的管理。大部分的高校侧重于校企双方的培养协议，但未制定完善的产教融合规章制度与计划方案[5]。企业着眼于借助高校的人才优势创造自身利益，对培养协议的落实缺乏必要的规章制度支撑。校企双方未能有效沟通，结合彼此实际情况制定契合学生能力培养的制度，未能实现双方的资源互补。校企双方存在管理混乱等问题，造成了教育资源的内耗，也一定程度上影响了学生能力培养效果。

（二）学生校企培养全流程方案机制不完善

清晰的学生校企培养全流程方案机制是实现应用型大学校企合作改革与创新的保障。学生技能的培养目标应从培养"技术人""职业人"走向培养"完整人"。然而，目前应用型大学、企业均未形成系统完备的学生培养考核与评价机制。

第一，学生能力不适应社会需求。大学与企业对内未能综合掌握学生能力情况，对外未能及时跟进社会发展动态。在社会功能要求下，校企合作下，学生能力培养要适应高新技术产业蓬勃发展、经济结构调整和产业转型升级的需求，通过与人才链、产业链的紧密对接，培养大量具有覆盖产业链中多个岗位要求且具有工艺开发、技术创新能力的高层次、高素质职业人才，动态满足产业结构转型升级对人才多样化的需求。

第二，未建立社会、学校、企业多维度精准锚定学生能力培养的目标体系。从学校来看，部分应用型大学对学生能力培养目标不清晰，尚未明晰让学生"学什么，怎么学"的系统体系；从企业角度来看，企业应该通过产教融合的模式，为学生提供从学校步入社会的缓冲区，为企业人才需求架起校企合作的桥梁，让学生在步入社会前了解自身不足，有针对性地提高自身能力。但很多企业，尤其是民营企业对产教融合理解深度不够，尚未重视企业的人才链建设工程；从社会来看，未建立需求侧反馈机制，学生入口端和出口端的沟通衔接存在问题，没有处理好培养目标的方向和力度，学校不能更为清晰地了解社会需求，对社会需求的动态观察与敏锐度不足，导致供需双方资源错位与内耗。

（三）校企协同育人配合度低，教育优质资源浪费严重

一方面，校企责任分工不清晰，行政管理混乱，多头领导、朝令夕改问题严重，最终损害学生利益。高校在享有企业提供的实践资源的同时，应以学生能力培养为根本责任，企业则应在借助高校人才推动自身发展的同时严格落实培养协议，双方在此基础上明确权责划分。进一步，在具体措施实施过程中，校企双方存在一定程度的"好大喜功"现象，项目措施"重宣传，轻考核""重形式，轻内涵""重数量，轻质量"，教育资源投入回报比较低。此外，权责不清导致校企合作目标存在偏差。对企业而言，创造经济价值是企业的基本诉求，因此企业通常关注学生的专业技能掌握程度及熟练程度。对学校而言，培养学生成人、成才是根本目标，即人格健全，并掌握一定的学习能力和基本的技术能力，尤为重视学生能力提高的培养过程与方式。二者合作目标的偏差，容易削弱合作协议的效力，阻碍校企双方的深入合作，进而削弱产教融合效果。

另一方面，多方主体功能错位严重。政府层面，一是宏观系统设计不足，大部分教育资源倾斜于学术与科研建设，不重视校企合作，或对校企合作建设要求较低，进而不满足社会发展需求；二是产教融合背景下政府支持应用型大学协同育人发展的政策尚未形成完善体系，奖惩机制不足，部分地区政策较为零散且没有形成有效衔接，现有政策多停留在指导层面，缺乏约束性。高校层面，在协同育人中的核心地位没有得到巩固强化，部分高校、教师对职业教育协同育人理念的认识片面，在专业设置、课程规划方面存在缺陷，尚不能够支撑协同育人措施落地。企业层面，协同育人中的内在动力没有得到充分调动。如前文所述，校企双方合作理念与利益诉求未达成一致，因而合作协议缺乏效力，导致协同育人机制落实度大打折扣。

四、产教融合下地方应用型大学校企合作路径

（一）创新产教融合的动态人才培养体系

面向新的人才需求和新生代人才的特点，产教融合模式再创新，探索形成动态人才培养体系势在必行。基于"OBE"教育理念与"PBL"教学原则，以及三元主体协同育人的人才培养理念，本研究基于产教融合，提出应用型大学校企合作动态人才培养新模式。

与传统产教融合模式相比，产教融合动态人才培养模式具有以下特点：一是动态培养，企业与学生签订双向选择协议，在培养、考核学生过程中，根据学生兴趣即时调整

培养模式，充分发挥学生主观性。学校则在课程设置、专业建设、学生培养方面通过反馈不断进行优化。二是动态监管，政府对校企双方的合作进行监督、监管，学校、企业对学生技能进行考核、监督。三是动态保障，政府根据学生培养结果，给予校企双方资金支持，保证产教融合模式创新的可持续发展。具体措施包括：

首先，应用型大学根据实际情况，针对与企业产业契合度较高的专业，以及高校特色专业，有方向地实施产教融合举措。在与企业合作时，确定专业与产业契合点，校企双方通过考察、沟通等方式统一合作理念，明确双方利益诉求。合作企业数量控制在合理范围内，发挥各企业优势资源，可建立产教融合型企业认证制度，联合政府协同，对进入目录的产教融合型企业给予"金融+财政+土地+信用"的组合式激励，保证合作质量。

其次，校企双方在以实验平台作为项目依托时，可同时通过企业高层进校讲座、教职工去企业挂职锻炼等方式，多角度深化产教融合程度。进一步，通过合作平台，不断深化专业建设与课程建设，提高教师教学能力，扩大"双师型"教师队伍规模，打破"产""教"界限，激励教师队伍进入企业工作学习，吸引企业人才到职业学校任教，完善产教融合配套举措，形成良性循环。此外，赋予校企双方更为灵活的管理权力。对学校而言，围绕学生能力培养效果，制定完善的规章制度。对企业而言，明晰与学生之间的培养协议细则，对学生进行考核、监督，对于未达到培养要求的学生，企业有权采取必要措施。对学生而言，建立并完善与企业间的"双向选择"制度，保护学生培训、就业方面的合法权益。

最后，政府部门需建立完善的合作保障体制，使各利益相关者能够在校企合作过程中有所保障，推进相关工作的协调运行。一方面完善区域产教融合实践中心的激励制度，对企业、高校实行分类激励政策。为企业建立利益补偿机制，通过购买服务、落实结构性减税政策、强化金融支持等方式，对参与校企合作的优秀企业予以经济支持，满足企业的利益需求，为高校提供必要的经费支持。另一方面通过监督、监管，引导推进实践教学、社会培训、真实生产和技术服务功能为一体的各类实践中心平台建设。

（二）完善学生校企培养全流程方案

基于产教融合的应用型大学校企合作需要多主体配合，从多角度分层次推进，建立长效保障体系。本研究从社会、学校、企业三主体出发，构建学生校企培养全流程。

首先，社会、企业、学校三方需要进行充分沟通，明确供需双方诉求，合理分配教育资源。以各地区区域经济发展重点产业为指引，通过行业协会、企业访谈等渠道明确人才需求与未来发展态势。高校从未来发展、政策倾斜等多角度研判培养全流程，制定标准，明确责任，从学生入学到毕业就业，进行建档跟踪，不断完善与优化。

其次，应合理把控学生能力培养流程各环节时间分配。与普通教育低中等各学段具有明确、合理且成熟的时间划分相比，高等学段中校企合作模式更为灵活，培养手段更为多样，各高校具有更多的自主权。这要求高校在全流程追踪与评价过程中，充分发挥学生的主观能动性，结合学生意见，在符合政策要求的基础上，合理划分各学段时间安排，对学生因材施教，并通过对往届学生的追踪，形成反馈机制。

此外，根据培养目标，建立学生发展指数。2019年开始，中国高等教育协会每年会公布全国普通高校教师教学发展指数，旨在通过对全国各高校教师各个指标的分析对比，找出自身差距与不足，明确标杆高校，进而实现发展目标。由此，校企可仿照建立学生发展指数，推进培养目标的实现。

（三）多维度深化校企合作协同育人

校企双方应从时间、空间两个维度着手，以资源整合为主要推动力，提高资源利用率，为充分发挥学生特长提供基础性保障。

时间维度上，主要表现为对学生开展持续性教育。校企合作应重点体现出学生能力的技能性与可实操性，因此培养过程需要时间的积累。数字产业高新技术方面等对国家发展具有重大意义的创新能力，应从低龄段开始，对学生循序渐进进行长期培养，为我国建立高质量人才储备池。在此过程中，应充分发挥学生特长，突出领域优势，尊重学生兴趣爱好与性格特点，实施差异化培养。

空间维度上，校企双方应积极建立创新协作平台，成立产业学院，建立"校内课堂+协作平台+产业学院"的实践培养依托体系，实现学生从校内课堂到校外工作岗位的无缝衔接。在这一过程中，校企双方资源投入较高，耗费时间较长，因此需重点注意资源整合。资源整合的效率既决定了协同发展的速度，也决定了向社会输送高质量人才的驱动力。校企双方可遵循"合作意识—合作理念—合作价值—合作秩序"的逻辑思维，协同建构"教育链、产业链、创新链、人才链"融合的协同育人命运共同体，在依托体系中制定契约，共同遵守合作秩序。

综上所述，基于产教融合的应用型大学校企合作应以创新产教融合的动态人才培养体系为基础，充分发挥产教融合的催化剂作用，有效发挥政校企三方的功能。在此基础上，通过完善学生校企培养全流程方案，重视社会需求与反馈，建立人才储备池，提高人才供给与社会需求的适配度，最大限度发挥教育资源投入的杠杆作用，培养满足社会需要的高质量人才。

五、结语

通过产教融合，地方性应用型大学实施校企合作是培养多样化人才、传承技术技能、促进就业创业的重要途径。目前应用型大学建设处在经济社会发展和教育改革创新更加突出的位置,从理念内涵的不断丰富,到校企合作模式的不断创新,应用型大学应充分发挥高等教育职能,瞄准技术变革和产业优化升级的方向,推进校企合作,为促进经济社会发展和提高国家竞争力提供优质人才资源支撑。

围绕目前应用型大学校企合作在产教融合模式、学生校企培养全流程方案等方面存在的问题,有针对性地提出具体建议,厘清产教融合下的校企合作路径。政校企应将产教融合模式、学生校企培养全流程方案作为发展基础,多角度深化校企协同育人,将其作为核心,形成"一体两翼"的发展格局。明确各发展举措的定位,充分发挥各举措功能,以产教融合为有效手段,围绕学生能力培养,推动高质量内涵发展的广度与深度,形成应用型大学校企合作中国模式。

参考文献

[1] 王蔷馨,刘蕾,刘正涛.应用型人才核心能力发展新视野[J].江苏高教,2023(3):74-79.

[2] 张恩祥,陈雄鹰,霍罡,等."三全育人"理念下应用型大学本科生导师制"四位一体"育人模式[J].北京联合大学学报(人文社会科学版),2022,20(4):8-16.

[3] 史秋衡,张纯坤.应用型大学高质量发展的博弈困境及战略调适[J].江苏高教,2022(8):24-29.

[4] 徐正兴,江作军.应用型大学师资队伍建设的应然属性与实践理路[J].高等工程教育研究,2022(2):117-121.

[5] 易卓.组织社会学视角下"引教入企"的产教融合模式探索[J].高等工程教育研究,2021(5):134-140.

作者简介:王延坤(1995—),男,山东烟台人,烟台南山学院高等教育研究所助教,硕士;郑铮铮(1990—),女,山东淄博人,烟台南山学院经济与管理学院助教,博士在读。

产教融合视角下校企协同育人机制的构建与实施

孙立新 张栩之

摘要:产教融合作为创新的教育模式和理念成为推动教育改革的重要方向之一。本文对校企协同育人机制进行了深入研究和探讨,发现在校企协同育人机制的构建与实施中，存在着教育与产业差异、信息不对称、利益分配等问题，并提出加强产业调研、建立信息平台、制定合理的合作协议、增加师资培训机会和建立质量保障与监督机制等相应的对策。通过这些对策的实施，可促进高等教育与产业需求的有机融合，提升人才培养效果，促进经济社会发展。

关键词：产教融合；校企协同；协同育人；机制构建

基金：2021年山东省本科教改面上项目"基于OBE理念的新工科产教研深度融合人才培养模式创新研究"（M2021163）；山东省高等教育研究项目"双创背景下产学研融合协同育人机制研究"（2HER113）

一、引言

随着社会经济的快速发展和科技的不断进步，高等教育面临着许多新的挑战和机遇。传统的教育模式已经无法满足人才培养的需求，而产教融合作为一种创新的教育模式和理念，逐渐成为推动教育改革的重要方向之一。在产教融合的背景下，校企协同育人机制的构建与实践变得至关重要。

产教融合视角下的校企协同育人机制旨在实现高等教育与产业需求的有效对接和有机融合，并通过合作共建、资源共享、实践参与等方式，促进学生的综合素质和职业能力的全面发展。在这种机制中，学校与企业共同参与学生的培养过程，学生在校期间能够接触到真实的工作环境和实践机会，培养行业、企业所需的专业技能和职业素养。

校企协同育人机制的构建既是高等教育改革的需要，也是产业发展的需求。校企协同育人，既可以帮助高校更好地了解行业的需求和趋势，调整课程设置和教学内容，提高培养质量和学生就业竞争力，又可以为企业提供大量的人才储备，因为企业参与人才培养过程，能培养更符合企业需要的专业技能人才。

综上所述，产教融合视角下校企协同育人机制的构建与实践是当前教育改革的重要课题。通过加强学校与企业之间的合作，促进人才培养与产业需求的有效对接，将有助于培养更具创新能力和实践能力的高素质人才，推动社会经济的可持续发展。本研究将以实践经验和案例分析为基础，为校企协同育人机制的构建和实施提供重要参考。

二、校企协同育人的概念和原则

（一）校企协同育人的概念和特点

校企协同育人是指学校与企业通过紧密合作，共同参与学生的培养过程，实现高等教育与产业需求的有机结合和有效对接。它突破了传统的教育模式，将学校与企业紧密连接起来，实现了教学内容与实际工作的紧密对接。校企协同育人具有以下特点：

实践导向：校企协同育人强调培养学生的实际操作能力和实践技能，使学生能够通过实际操作和实践项目获得真实的工作经验，提高解决实际问题的能力。

跨学科合作：校企合作涉及多个学科和领域的融合，通过不同学科的专业知识和技能的结合，为学生提供更全面的学习和发展机会。

灵活性和适应性：校企协同育人强调根据产业需求实时调整教育内容和培养模式，使教育与产业需求密切对接，能够适应不断变化的市场需求。

双向互动：校企合作是一个双向互动的过程，由学校提供专业知识和理论支持，由企业提供实践经验和行业洞察力，共同培养具备实践能力的高素质人才。

（二）产教融合视角下的校企协同育人原则

在产教融合的理念指导下，校企合作应遵循以下原则和理念：

合作共赢：校企合作应建立在平等互利的基础上，学校和企业共同分享资源、经验和成果，实现双方的共同发展。合作共赢的原则可以促使双方密切合作，共同提升人才培养的质量和效果。

需求导向：校企合作应根据产业需求和就业市场的变化，规划人才培养目标，使教育与产业需求密切对接。通过了解产业的需求和趋势，学校应及时调整课程设置和教学内容，以满足人才市场的需求。

资源共享：校企合作应充分利用学校和企业双方的资源优势，包括教学资源、科研资源、实践资源等，实现资源共享和互补。学校提供专业知识、实验设施和师资力量，而企业提供实践机会、行业洞察和职业发展支持。

评价反馈：校企合作应建立有效的评价和反馈机制，对合作项目进行监测和评估，及时调整和改进合作方案，确保合作效果的持续提升。通过评价和反馈，双方可以及时了解合作的成果和存在的问题，并进行优化改进。

教育与产业融合：校企合作应打破传统的学科壁垒，促进教育与产业的紧密融合，实现知识与实践、理论与应用的有机结合。通过教育和产业相互渗透，提供更贴合实际需求的教育内容和培养模式。

创新创业导向：校企合作应鼓励学生的创新思维和创业意识，培养他们的创新创业能力，为社会经济发展提供积极贡献。通过创新和创业的培养，学生能够具备解决实际问题的能力，并为产业的创新和发展注入新的活力。

在实际的校企合作中，遵循以上原则，学校和企业能更好开展合作，实现校企协同育人的最佳效果。校企协同育人作为一种以产教融合为理念的教育模式，通过学校和企业的紧密合作，促进了学生的综合素质和职业能力的全面发展。校企合作应遵循合作共赢、需求导向、资源共享等原则，以实现教育与产业之间的有机融合。这为学生的职业发展提供更好的机会，同时也为社会经济发展注入新动力。遵循原则对于推动高等教育与产业的紧密结合具有重要的指导意义。

三、构建校企协同育人机制的关键要素

在构建校企协同育人机制时，首先，应根据产业需求和就业市场的变化，确立适应性强、实践能力突出的人才培养目标；其次，推动资源共享和整合，包括教育资源、科研资源和实践资源的共享，在教学、研究和实践上进行深入合作；再次，创新课程设计要突破传统的学科界限，注重跨学科的融合和实践能力的培养设计和实施模式，将理论学习与实践操作有效结合起来，提供更具针对性和实用性的教育内容；最后，加强师资培训和支持，提高教师的产教融合能力，使他们能够更好地适应新的教育模式和教学要求。

（一）人才培养目标和需求

人才是国家发展的核心资源，校企协同育人机制的关键在于明确人才培养目标和对未来社会经济发展的需求。人才培养目标应与社会需求紧密对接，既要注重学生的专业知识与技能培养，又要培养学生的创新能力、实践能力和团队合作精神。不同专业领域的具体人才培养目标不同，因此学校和企业需要共同确定培养目标，并根据实际需求及时调整和完善培养目标。

（二）校企合作方案的设定

校企合作方案是校企协同育人机制的指导性文件。该方案应明确合作的目标、内容、方式和时间安排，须经过多次沟通协调完成。合作目标包括培养人才的专业素养、创新能力、实践能力等方面；合作内容可以涵盖联合办学、实习实训、科研项目合作等多个方面；合作方式可以根据实际情况选择，可以是校内的课程教学改革、实践基地的建设，也可以是企业提供专业培训和实习机会。校企双方协调学校教学进度和企业生产经营的需要合理安排时间，确保合作顺利进行。

（三）资源共享和整合

资源共享是校企协同育人的重要环节，主要包括知识、设施、技术等资源的共享和整合。知识资源方面，学校可以向企业提供最新的教学理论和研究成果，帮助企业改进生产工艺和管理方式，企业可以向学校提供实际工作中的经验和案例，帮助学生更好地理解职业发展和市场需求；设施资源方面，学校可以利用企业的实验室、生产线等设施

进行实践教学，让学生更好地接触和应用先进设备和领先技术；技术资源方面，学校和企业可以共同开展技术创新项目，促进双方技术水平的提高。

（四）课程设计和实施

课程设计和实施是校企协同育人的核心环节，要根据实际需求进行调整和创新。学校教师和企业导师应紧密合作，共同制定适应市场需求的教学计划和实践项目。课程设计既要突破传统的学科界限，注重跨学科的融合和实践能力的培养，又要注重理论与实践相结合，培养学生解决实际问题的能力和创新思维。课程实施过程中，应充分利用校企合作平台，让学生参与到真实的项目中，提升其实践能力和工程实践经验。

（五）师资培训和支持

教师是校企协同育人机制的重要参与者和推动者，其产教融合能力直接影响到教学质量和培养效果。为了提高教师的产教融合能力，学校应加强对教师的培训和支持。培训内容可以包括行业知识更新、企业管理经验分享等；培训形式可以采取集中培训、实践交流等方式，以提高教师的教学能力和产业认知水平。同时，学校还应建立起教师和企业导师的长期合作机制，促进双方共同成长和学习。

总结起来，构建校企协同育人机制的关键要素包括明确人才培养目标和需求、设定校企合作方案、资源共享和整合、课程设计和实施、师资培训和支持。通过明确这些要素，学校和企业可以更好地协同育人，培养出符合社会需求的高素质人才，推动产教融合的深入发展。同时，还需要建立有效的质量保障和监督机制，确保校企合作的顺利进行和培养效果的实现。只有通过不断优化和创新，校企协同育人机制才能持续发展并为社会经济进步作出更大的贡献，为培养出适应社会需求的高素质人才作出贡献。

四、质量保障与监督机制的建立

校企协同育人机制的建立需要有一套完善的质量保障与监督机制，来确保合作项目的顺利进行和高质量完成，以确保校企合作的顺利进行和培养效果的实现。这一机制包括监测和评估指标、质量保证措施以及监督和反馈机制。

（一）监测和评估指标

在校企协同育人机制中，监测和评估指标是衡量合作项目成果的关键。通过设定明确的指标，可以及时了解合作项目的进展情况以及实施效果，为项目的进一步改进提供依据。以下是一些常用的监测和评估指标：

学生就业率：该指标可反映合作项目对学生就业的影响，可以通过跟踪毕业生的就业情况来进行评估。

就业质量：除了就业率，还需要考虑到毕业生的就业质量，如薪酬水平、职位匹配度等，这些指标可以反映出合作项目对学生职业发展的实际帮助。

学生满意度：通过对参与合作项目的学生进行问卷调查或面谈，了解他们对项目的满意度，从而评估项目的效果。

企业满意度：同样通过对参与合作的企业进行调查，了解他们对学生表现的评价和对合作项目的满意度。

教师专业培训情况：评估教师在校企合作项目中的专业素养和能力水平，可通过教师培训情况和教学效果来进行监测和评估。

以上指标只是一部分，具体的监测和评估指标应根据合作项目的性质和目标来确定，可以通过制订合作项目的评估计划和设立评估团队来进行监测和评估工作。

（二）质量保证措施

为了保证校企合作项目的顺利进行和高质量完成，需要制定相应的质量保证措施。以下是一些可能采取的质量保证措施：

项目管理和领导：建立专门的项目管理团队，明确项目负责人和相关人员的职责，确保项目的有效管理和协调。

项目计划和目标：明确合作项目的计划和目标，包括项目的时间安排、阶段目标和达成标准等，以便进行有效的监督和控制。

资源保障：为合作项目提供足够的资源支持，包括人力资源、财务支持和技术支持等，确保项目能够按时进行并达到预期效果。

质量标准和流程：制定明确的质量标准和工作流程，确保项目实施过程中的每个环节都符合规范和要求。

风险管理：识别并评估项目可能面临的风险，制定相应的应对措施，以最大程度地减少风险对项目的影响。

通过以上质量保证措施的落实，可以有效保障校企合作项目的顺利进行和高质量完成。

（三）监督和反馈机制

监督和反馈机制是质量保障体系中至关重要的一部分。通过监督校企合作可以及时发现问题、纠正偏差，并对合作项目进行评估和改进。以下是一些常用的监督和反馈机制：

定期评估：定期对合作项目进行评估，包括对合作方案的评估、人员培训的评估以及实施效果的评估等，及时发现问题并提出改进措施。

反馈机制：建立学生、教师和企业等参与方之间的反馈机制，鼓励他们提出意见和建议，帮助改进合作项目的设计和实施。

监督机构：设立专门的监督机构或委员会，负责对校企合作项目进行监督和评估，确保项目的合法性和高质量完成。

经验分享会：定期组织校企合作项目的经验分享会，通过分享成功案例和经验教训，促进各方共同学习和进步。

通过以上的监督和反馈机制，可以不断改进校企合作项目的设计和实施，提高项目的质量和效果。

总结起来，质量保障与监督机制在校企协同育人机制中至关重要。监测和评估指标能够衡量校企合作的成果，质量保证措施能够确保项目的顺利进行和高质量完成，监督和反馈机制则可以对合作项目进行监督、评估和改进。通过建立完善的质量保障与监督机制，可以提高校企合作的效果和质量，推动学校与企业间的良好合作关系的发展。

五、挑战与对策

在产教融合视角下，校企协同育人机制的构建是为了更好地满足产业发展和人才需求，然而，在实践过程中，仍然面临着包括教育与产业的差异、信息不对称、利益分配、师资队伍建设等方面的挑战，为了克服这些挑战，需要采取相应的对策。

（一）教育与产业差异的挑战

教育与产业之间存在着差异，包括教学理念、课程设置、工作方式等方面。这种差异可能导致教育与产业脱节，影响校企协同育人机制的有效性。因此，需要采取以下对策：

加强产业需求调研：通过定期与企业沟通交流，了解产业的最新需求和趋势，及时调整课程设置和教学内容，确保培养出符合产业发展需求的人才。

深化教育和产业的对接：建立联合培养机制、实习实训基地等，让学生能够深入企业实习，了解企业运作模式和需求，增强与产业的衔接。

（二）信息不对称的挑战

在校企协同育人机制中，信息不对称是一个难题。学校和企业之间可能存在信息交流不畅、需求理解不准确等问题。为了应对这个挑战，可以采取以下对策：

建立信息平台：搭建校企双方交流的平台，促进信息的及时传递和共享，将学校和企业紧密联系起来。

加强沟通与合作：通过定期会议、座谈会等形式，加强学校与企业间的沟通与交流，及时解决问题并改进合作模式。

（三）利益分配的挑战

在校企协同育人机制中，涉及利益分配的问题可能成为一个挑战。学校和企业在合作中各自承担不同的责任和投入，如何合理分配利益是一个需要解决的问题。为了应对这个挑战，可以采取以下对策：

制订合理的合作协议：明确学校和企业在合作中的权益和责任，通过协议约定双方的合作方式、资源共享以及利益分配等。

建立长期合作机制：通过建立稳定、长期的合作关系，建立互信机制，共同分享成果与利益。

（四）师资队伍建设的挑战

校企协同育人机制的成功实施需要有高素质的师资队伍。然而，师资队伍建设会面临招聘困难、培训成本高、教师人才流失等问题。为了克服这些挑战，可以采取以下对策：

增加师资培训机会：为教师提供不断学习和提升的机会，加强他们在产业新技术和新知识方面的学习和培训。

加强师资队伍结构调整：引进具有丰富产业经验的专业人士，加强学校和企业间的人才交流和合作，提高师资队伍的实践能力。

以上是校企协同育人机制构建过程中面临的一些挑战以及相应的对策。通过加强产业调研、加强沟通与合作、建立信息平台、制订合理的合作协议、加强师资队伍建设等举措，可以更好地应对这些挑战，推动校企协同育人机制的顺利发展。同时，需要各方共同努力，形成持续稳定的校企合作生态，共同推动产教融合，培养适应产业发展需求的高素质人才。

六、结论

校企协同育人机制是现代教育发展的重要方向。校企协同育人机制的有效管理对于培养适应社会需求的高素质人才起到关键作用。通过建立监测与评估机制、质量保障措施和沟通与交流机制，可以提高合作项目的质量和效果，为培养适应社会需求的高素质人才作出积极贡献。但同时需要持续加强研究和探索，以不断完善校企协同育人机制的发展，推动教育创新和产业升级。

参考文献

［1］张钧煜，丁晨.产教融合背景下校企协同育人模式的优化策略探讨［J］.产业与科

技论坛，2021，20（20）：265-266.

［2］黄海燕.高职旅游管理专业学生职业素质培养现状与提升策略研究［D］.郑州：河南大学，2017.

［3］卢海涛.建立新型校企合作机制 促进产学融合升级发展［J］.时代教育，2016（4）：11-12.

［4］陈晨，孙巍.高职院校环艺专业校企专兼团队构建策略研究［J］.科教导刊（中旬刊），2015（29）：32-33.

作者简介：孙立新（1982—   ），女，黑龙江省绥化市人，烟台南山学院科学与数据学院副教授，硕士；张栩之（1982—   ），男，黑龙江省绥化市人，烟台南山学院教师教学发展中心主任，副教授，硕士。

新工科背景下产学研协同育人模式的构建

王红艳　肖川　郑美珠

摘要：在新经济快速发展的关键转型时期，新兴产业和新业态不断涌现，这对工程领域的人才提出了全新的要求。产学研协作已成为推动新工科的关键方法，为教育教学工作注入全新思维。我们以培养"新工科"专业人才为主要目标，着重于深度协同产学研，将两者有机结合，提出了一个核心概念"一点两线三体四面五优"（1+2+3+4+5）作为我们的育人框架。同时，构建一种多元融合的产学研协同育人模式，并建立了协同育人云平台，实现了横向协同和纵向共享。

关键词：新工科；产学研；协同育人

基金：山东省教育科学"十四五"规划2021年一般课题"'新工科'背景下产学研协同育人模式研究"（2021ZC028）；2023年度山东省教育科学研究项目"新工科背景下产学研协同耦合育人体系创新研究"（23SC149）

新工科背景下，构建产学研协同育人模式，培养目标是复合型工程人才；基本原则是合作共赢、资源共享；实施过程是一起制定人才培养方案和共同参与人才培养。新工科背景下的产学研协同育人分别从企业、学校、科研机构等不同层面制定共同的目标，成立相应的领导机构，制定相关政策，完善协同育人的体系，做好相关服务保障工作。

协同育人模式的关键是三部门如何完成全方位共同培养人才，在实施过程中要发挥各自优势，最终完成新工科背景下的协同育人模式构建。

一、产学研协同育人模式的指导思想

在构建产学研协同育人模式时,首要任务是确立清晰的指导思想,以此为指导原则。明确研究方向,制订协同培养学生的思维框架、计划和方法等。只有在正确且完善的指导思想的引领下,产学研协同育人模式的实施才能够顺利进行,包括目标设定、任务分解、有效管理、政策支持等各个方面,以确保协同育人工作能够顺利推进。

在新工科背景下,以工程教育理念为基础,建立产学研协同育人的模式,旨在培养具备广泛知识储备和高强工作能力的复合型工程专业人才;基本原则为各方合作共赢、实现资源共享,由过去的以教师为中心,转变为以学生为中心,利用现代化的信息技术,培养学生的创新精神、动手能力,做好职业规划,使学生可持续发展,最终构建新工科背景下的产学研协同育人模式,如图1-6所示。

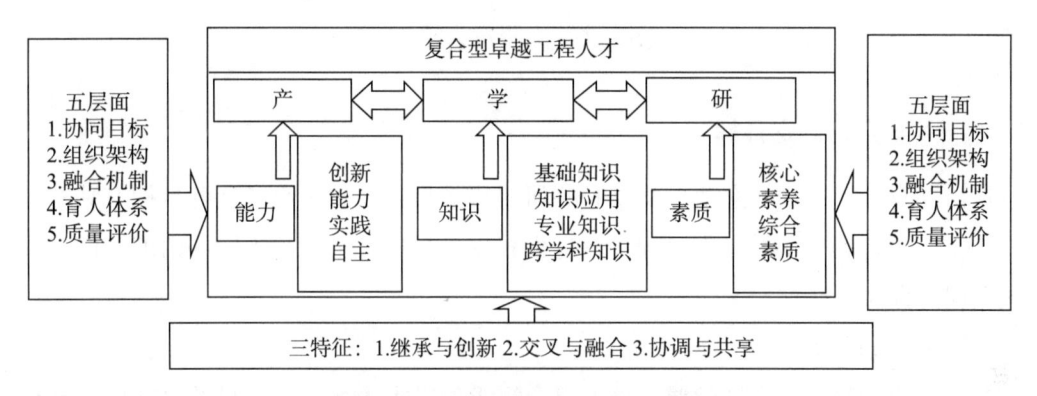

图1-6 协同育人模式设计思路

在构建"多元融合"的产学研协同育人模式时,必须秉持两个原则:一是明确协同育人的目标,要做什么,怎么去做;二是企业、学校、科研机构的多元融合,共同完成三个关键问题,实现共赢局面。

二、构建新工科背景下产学研协同育人模式

在新工科的背景下,产学研协同育人模式的核心框架可以概括为"1+2+3+4+5",包括以下要素:一个核心目标,即培养具备多方面技能和综合素质的工程专业人才;两个主导原则,即强调合作共赢与资源共享的重要性;三位一体,即知识、技能、综合素质的有机融合,构建全面培养机制;四大要素,包括课程体系、教育团队、实践教学、评估标准等方面的增强,以构建完备的教育体系;五项支持力量,政府、研究机构、高校、企业和信息平台,为确保共同培养体系的完善和新工程教育背景下的协作培养模式建设提供支持,如图1-7所示。

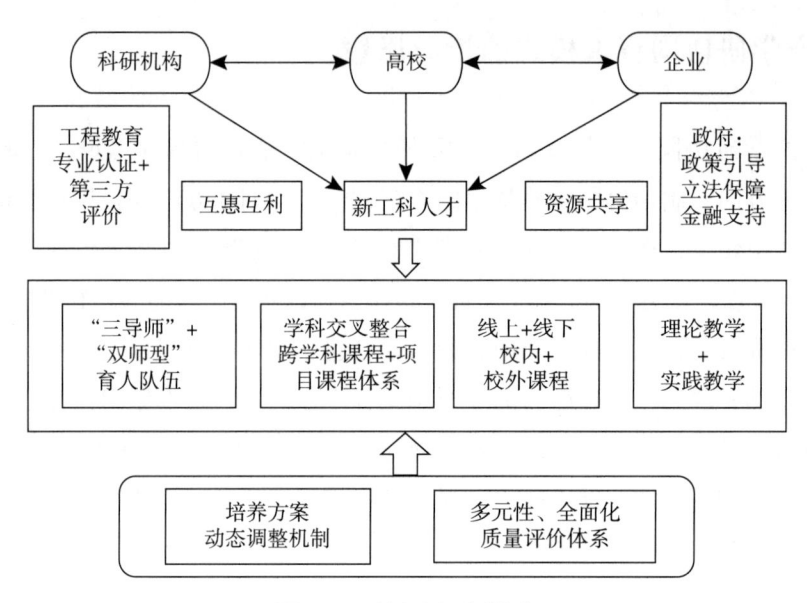

图1-7 协同育人模式

（一）一点，确定目标

在协同育人模式中，企业、学校和科研机构都是独立的参与者，各自拥有独特的目标和追求。因此，在协同育人过程中，它们根据各自的优势，从不同的角度协同合作以达成共同的育人目标。

1.学校育人目标

各高校要紧跟社会发展脉搏，培养符合需求的各类人才。新工科的兴起要求高校必须对当前的人才培养计划和课程结构进行调整，以更好地适应信息技术产业的发展需求。高校主要是"教"与"学"，从不同方面优化人才培养，满足企业相关人才需求，培养出适应经济发展的综合能力强的、素质高的人才，解决高校毕业生工作难、企业选人难的问题。

2.企业育人目标

企业着眼于经济效益，因而需要进行产业升级以满足经济发展的需求。为实现更大的经济效益，企业要求高校培养的学生不仅要具备扎实的专业知识，还必须具备创新潜能，能将自己所学的知识转化为生产力，提高企业经济效益。

3.科研机构育人目标

科研机构的主要任务是推进研发工作，为高校和企业创造良好的研发环境和学术氛围，以填补它们在技术设施和知识储备方面的不足之处。其教育目标在于辅助高校学生和企业技术人员提高新工科领域的研发水平、实际技能和创新潜力，同时构建一支高水平的科研队伍，从而推动高校和企业的研发能力提升。

4.产学研共同育人目标

在协同育人的过程中，企业、高校和科研机构必须建立共同的目标。并且为了实现这一目标，他们积极合作，旨在建立牢固而持久的协作伙伴关系，他们的共同愿景是培养出卓越的多才多艺的工程专业人才。

这三方机构共同以新工科人才为核心目标，建立协作伙伴关系，依照合作共赢的原则，在多个方面展开全面协同，包括资源分享、人才培养、技术整合等，共同提升人才培养的质量，一同致力于培养出复合型卓越工程人才。

（二）两个原则，建立领导机构

产学研多方要建立相应的组织架构，统一协调相关资源，开展相关活动，统一管理等，形成以管理层为主导、以执行层为重点、以监督层为辅助的领导机构。各主体和要素之间有序配合，确保人才培养质量。

1.坚持合作共赢原则

合作共赢原则体现了产学研各方共同获益的理念，要实现这一目标，必须建立深度协同和长期稳定的伙伴关系，激发各方积极、主动、自觉地为实现新工科人才的培养发挥各自的优势，取长补短，最终实现协同育人的目标。

2.坚持资源共享原则

资源共享涵盖了信息、人才、软硬件等多方面资源的有效配置和合理利用，为了实现共享，企业、高校、科研机构需要共同承担责任、分享利益，最终实现共同的协同育人目标。

（三）依托三位一体，建立融合共享机制

新工科人才的培养是一个综合性过程，包括知识、能力、素质三个方面，即所谓的"KAQ"结构。当前，多样化的人才需求和产业界的交叉融合特点对卓越工程人才的"KAQ"结构提出更高要求，这也带来了更大的挑战。

为了培养卓越工程人才，企业、高校、科研机构需要积极参与并提升三个方面，这些方面应根据复合型工程人才所需的特质进行分析。在整个培养过程中，各方需要建立有效的沟通、融合和共享机制，以充分发挥各方的优势，包括资源、人才、成果等，共同建立高校复合型工程人才的课程体系和培养方案，为新工科背景下协调育人提供理论依据。

1.产学研共同调整知识结构，促进人才的融合共享

在新兴工程科学领域的背景下，产业、学术界和研究机构需要密切协作以满足培养工程专业人才的要求。这些工程人才不仅需要拥有坚实的知识基础，还需要紧跟时代的

步伐，掌握最新的发展趋势和需求。他们必须具备跨学科融合的能力，强调整合各领域的知识和前沿科技。协调育人的关键在于人才，人才培养需要三方根据政策引导、目标导向、效益驱动等方面的综合需求来实现，将学校的专业理论、企业的实践知识、科研机构的创新知识三方深度融合，发挥各自优势实现资源的合理利用。

2.产学研协同强化能力结构，促进成果的融合共享

在新工科的背景下，对人才的需求更加强调实践能力、创新创业能力和沟通能力等方面的要求。因此，有必要改革传统的人才培养方式，以满足新工科人才培养的需求，建立产学研协同育人的模式。当前，科研机构和高校的技术成果转化率较低，企业的研发能力有限，通过实施产学研协同育人，可以促进技术成果的转化，提高企业的生产力。

3.产学研协同拓展素质结构，促进信息资源的融合共享

新工科建设强调培养工程人才的全面素质和核心素养，这包括全球视野、批判性思维、工程领导力、沟通与协调、环境与可持续发展等十项核心素质要求。

人才的能力水平对企业的生产效益有直接影响，从而对当地经济建设产生重要影响。培养的人才最终要融入社会，从许多案例中可以看出，一些重大犯罪活动涉及的人群中有接受高等教育的人，这凸显出新工科人才培养的重要性，不仅需要注重知识和技能的培养，还需要重视培养人才的人文素质，因为高素质是新工科人才必备的品质。

在新工科的背景下，产学研协同育人需要着重培养学生的综合素质，包括知识结构的自主扩展、批判性思维、领导能力以及奉献精神等，以更好地满足社会需求并推动地方经济发展。新型工程人才不仅要满足个人生活需求，还应对当地经济发展作出积极贡献。

（四）立足四个方面，优化育人体系

产学研协同育人有了一致的目标、相应的组织领导架构和资源共享机制后，下一步就需将人才培养具体化。育人体系的优化可采用逆向设计思维：首先通过企业调研获得新工科人才的主要就业方向，了解岗位对人才知识结构、职业能力和素质等方面的要求。高校应当根据企业的发展需求与共同制定的培养方案，策划综合的课程架构，确立一个跨学科交叉融合的育人框架，对于体系的优化需要特别关注以下四个方面：课程设计、教职员队伍建设、实践教育机会，以及质量评估。

1.以学科交叉为引领，产学研协同优化课程体系

培养人才的方法是根据培养目标来设计学习，将通识教育、专业教育和实践设计等方面融合在一起。培养人才的计划包括通识课程、专业课程和实践设计三个组成部分。通过通识课程和专业课程理论方面的学习，做好实践设计使之融会贯通，而不是简单地相加，如图1-8所示。

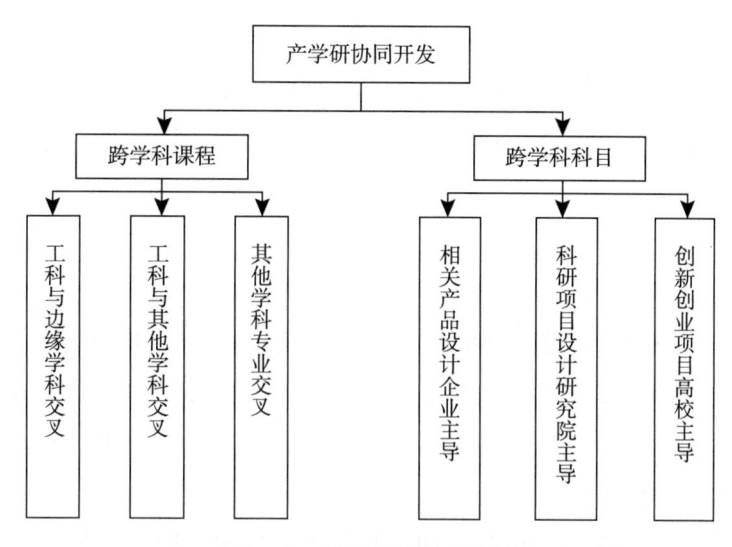

图1-8 跨学科课程设计

2.产学研共同参与课程结构调整

随着经济的发展，产业不断转型升级，新兴行业大数据、物联网等，在新工科的背景下，人才培养方案必须持续优化，调整课程体系，发挥各方的特长，共同合作培养适应需求的人才。

3.产学研共同参与育人全过程

为了不断完善人才培养方案，需要实现企业、高校和科研机构的协同合作，以满足新工科人才需求的独特性，并根据需要及时调整培养方案，尤其需要在课程体系方面进行创新和改革，如图1-9所示。

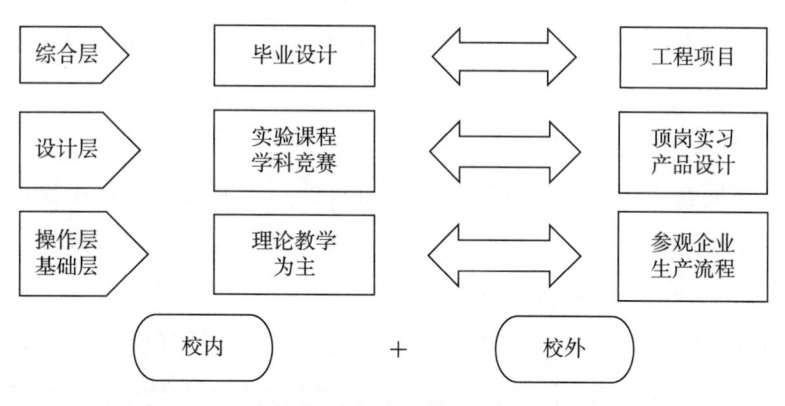

图1-9 实践设计

4.以标准化建设为重点，产学研协同优化质量评价体系

自2016年以来，我国的工程教育专业认证迈入了新的发展阶段。工程教育认证在构建人才培养体系中扮演着至关重要的角色，确保成功运作的人才培养模式必须建立相应的管理机制和质量评估框架。

在新工科的情境下，协同育人模式的效果和其是否符合需求需要通过评估体系来验证，以确保协同育人模式的可行性。通过评估，可以总结经验教训，找出潜在不足，进一步完善人才培养体系。

（五）发挥五大优势，完善育人机制

1.发挥高校的主导优势

高校在产学研协同育人模式中担负着主导职责，其职能主要包括人才培养、教学科研，以及创新创业教育等方面。高校在这一模式中的核心任务是为社会输送高素质人才，而企业之间的竞争实际上也就是对人才的争夺。人才的素质和质量将直接决定企业和行业的绩效和前进方向。

高校充分发挥自身资源的优势，如教师队伍和校园环境等，与企业和科研机构合作，整合了资金和技术等多方面资源，以优化人才培养模式和完善课程体系，从而为协同育人奠定了理论基础。

2.发挥企业的应用主体优势

企业是最终受益于人才培养的一方，高校培养的人才对企业的发展和创新具有至关重要的作用。在协同育人模式中，企业不仅是资助者，也是受益者，可以提供多方面的支持和资源，包括技术、资金等，为协同育人的顺利进行提供了实际支持和物质基础。

3.发挥研究机构的科研创新优势

科研机构的主要任务是致力于科学研究，以提升我国的科研水平。在产业、学术界和研究机构协同培养人才的模式中，科研机构拥有卓越的科研资源和条件，可以填补高校和企业在硬件和软件设备等方面的不足，以确保科研成果在合作中能够创造附加价值。

4.发挥政府的政策引导优势

在产学研协同育人中，政府扮演着至关重要的角色，其作用在于提供根本性的支持，包括统一调控和整体规划等方面。主要体现在政策引导和立法保障层面。

5.发挥信息化平台的桥梁优势

在新工科的背景下，"新"不仅意味着新的课程体系，还包括新的学习方式。人才的要求更加综合，与网络的发展紧密结合。新技术如大数据和物联网已经成为不可或缺的组成部分。网络平台和科研平台为产学研协同育人提供了连接，更好地实现了产学研的深度融合。

三、新工科背景下构建产学研协同育人云平台

在新工科的背景下,加强产学研信息化网络平台的建设具有重要的战略意义。这类平台使复合型卓越工程人才获得迅速获取多样信息的机会,提高了人才质量的评估、反馈和改进效率。更关键的是,该平台能够有效发挥多方合作主体在培养人才过程中的积极作用,为不断提升人才培养质量提供了强大的技术支持工具。

(一)云平台设计的原则

在构建产学研协同育人云平台时,我们以"优势互补"为核心原则,旨在整合高校、企业和研究院所的各类资源优势,精准地满足学术发展和产业需求。该平台将把社会资源、智力资源和信息资源等有机地连接在一起,围绕培养新工科人才这一共同目标展开合作。

平台的要点在于满足不同合作主体的具体情况和个性需求。我们将提供全面的专业服务,包括咨询、规划、设计、开发、实施、培训和维护等,以确保顺利推进产学研三方的协同合作。

我们的愿景是建立一体化的综合性云端信息平台,涵盖教学、管理和服务等多个方面,以更好地服务于产学研育人的需求。通过优势互补,我们将整合各方的资源和能力,促进知识与技术的交流与共享,推动高校、企业和研究院所之间的密切合作,以培养适应社会发展需要的高素质人才为己任。

该云平台将成为一个协同育人的重要平台,为学术与产业的结合提供坚实的基础。我们相信,通过共建共享,我们能够为新工科人才的培养和产学研三方的合作带来更多机遇与成果。

(二)云平台设计的思路

在建设产学研协同培养云平台时,高校、企业和科研机构共同协作,在云端建立信息平台的组织和管理结构。这一平台的参与者包括工程技术专家、科学研究人员、高校教师以及广大学生等各类人员。该平台的目标是创建知识库和综合数据库,汇集高校的教育资源、科研机构的科研资源、人才资源,以及企业的实践基地和高新技术资源。通过这种方式,可以有针对性地解决培养过程中的生产、教育和研究等方面的问题。

整个平台的设计理念是实现"横向协同、纵向共享",这意味着从合作关系、知识产权、技术转移、成果应用,甚至学生实习等各方面,都能够通过云平台的网络效应来促进产学研之间的学术合作、成果展示、项目匹配、技术整合和资源协同。这种方式有助于更好地推动高校的学术成就获取与研究院的科研成果转化。

这个云平台将促进高校、企业和科研机构之间的紧密协作，从而使工程技术专家、科学研究人员、高校教师和学生等各方都能够获益，通过共享资源和信息，推动学术成果和科研成果的转化，并促进技术的商业发展。同时，学生们也能在其中获得实习机会，在实践中更好地学习与成长。整体而言，这个产学研协同育人云平台将为各方提供一个便捷的合作交流平台，推动产学研的发展与创新。

（三）云平台的功能

首先，在产学研协同育人过程中，受到时空和地域的限制，双方不会及时交流和共享信息，学生难以及时获取科研院所和企业的最新成果和技术动向。为了解决这个问题，可以创建一个云端信息平台，以实现专家们的实时互动，从而减轻他们的工作负担。通过视频会议和在线直播等手段，合作伙伴间可以随时随地进行沟通和互动。与此同时，企业和研究机构的最新进展也可以随时上传至该平台，以使学生了解最新的科研方向和产业趋势。

其次，通过运用互联网技术，可以实现云端信息平台的动态更新，就像全球疫情数据不断实时更新一样。云端共享平台可以依靠大数据和云计算等信息技术，定期更新其数据库，向高校师生、企业技术人员和科研人员传递最新、最准确的信息，从而推动产学研三方的共同发展。

最终，资源共享在新工科教育中扮演着至关重要的角色，尤其是在产学研协同培养方面。建立云端信息平台有助于实现实时资源共享的目标。这一平台将整合国内外高质量的教育资源，创建一个网络精品课程资源库，包含独特课程、跨学科课程、工程伦理课程等多种内容。高校、企业以及科研机构可以同时在线上和线下进行教学，共享高水平资源，满足新工科人才培养的多样需求。

总之，通过建立云端信息平台，实现人员实时互动、信息实时更新和资源实时共享等功能，可以有效促进产学研三方的紧密合作，推动新工科建设下的产学研协同育人取得更大的进展，为培养适应未来需求的优秀人才作出贡献。

参考文献

[1] 徐平，孙雨婕.产学研协同培养复合创新型人才模式与路径研究[J].学理论，2019（11）：138-140.

[2] 宋东佳.国外高校工程教育模式分类及其比较研究[D].长春：吉林大学，2019.

[3] 郭伟.凝心聚力，改革创新，为中外合作办学提质增效保驾护航——访中国高等教育学会中外合作办学研究分会理事长林金辉[J].世界教育信息，2017，30（7）：45-50.

[4] 钟登华. 新工科建设的内涵与行动[J]. 高等工程教育研究, 2017（3）: 1-6.
[5] BORYS B, JEMISON D B. Hybrid Arrangements as Strategic Alliances: Theoretical Issues in Organizational Combinations[J]. Academy of Management Review, 2010, 14(2): 234-249.

作者简介：王红艳（1980— ），女，烟台南山学院科技与数据学院计算机工程系主任，教授/高级工程师，博士在读；肖川（1984— ），男，烟台南山学院科技与数据学院副院长，教授，硕士在读；郑美珠（1984— ），女，烟台南山学院科技与数据学院数据科学与软件工程系副主任，讲师，硕士。

产教融合背景下人才培养模式实践研究
——以烟台南山学院工艺美术专业为例

刘宝

摘要：本文以分析工艺美术专业人才现状为切入点，从行业背景、知识能力结构和人才供给三个方面，厘清培养应用型人才的必要性和紧迫性。基于产教融合视域，从人才能力结构、人才培养工作室模式、构建课程体系和改革教学方法四个方面，论述当下工艺美术专业人才培养现状和亮点；结合工艺美术专业人才培养存在的问题，对工艺美术专业人才培养的未来方向做出思考，期盼工艺美术专业人才模式的转型，提高工艺美术专业人才质量。

关键词：人才培养模式；产教融合；工艺美术专业

一、工艺美术专业人才现状分析

（一）工艺美术专业行业背景分析

受我国经济体制改革影响，工艺美术行业从20世纪八九十年代开始，在我国发生巨大变化，主要体现在工艺美术品由统筹计划生产形式转变为民间自发生产，大批国有集体经济团体转变为民营经济体，伴随着生产形式和组织形式转变，工艺美术民间企业面临诸多生存挑战，如产品生产成本提高、工艺美术人才短缺和工艺美术产品缺乏创新等，导致工艺美术产品生产难以维持，工艺技术下降和工艺美术产品质量低下，消费市场低迷的困境。

工艺美术作品常常被视为艺术品，有着一定的市场需求。从个人艺术家到工艺美术工作室和画廊，都是购买和收藏工艺美术品的主体。艺术品市场的状况和趋势对工艺美术行业产生重要影响。在当下工业化语境中，受生产成本影响，产品雷同化现象严重，出现"同质化竞争"现象，而工艺美术作品强调手工制作和独特性，这种独特性赋予了工艺美术品更高的价值，吸引了那些寻求独特和个性化作品的消费者。

环境保护和可持续发展已经成为当今社会的主题。许多工艺美术从业者和制造商开始关注材料的环保性质，采用可再生材料，以减少资源浪费和环境影响。在数字化时代，虽然工艺美术强调手工艺技能，但数字化技术也在领域中发挥着越来越重要的作用。计算机辅助设计（CAD）、数控机床和3D打印等技术为工艺美术师提供了新的创作工具和生产方式。

文化和旅游产业方面，工艺美术与文化和旅游产业密切相关。工艺品常被作为旅游纪念品，也用于装饰博物馆、酒店和其他旅游场所。因此，旅游业的兴起和文化推广活动对工艺美术行业的需求产生影响。

总体而言，工艺美术行业在保持传统价值观的同时，也在不断适应现代社会和市场的需求。它是一个多元化的领域，提供了许多就业和创业机会，同时也鼓励创造力、独创性和艺术性。随着可持续性、数字技术和全球化的发展，工艺美术行业将继续演化，并为那些热爱艺术和手工艺的人提供丰富的职业机会。

（二）工艺美术人才需求的知识能力结构分析

根据教育部高等学校教学指导委员会2018年3月出版的《普通高等学校本科专业类教学质量国家标准》，工艺美术属于设计学类。工艺美术是一门涵盖多种艺术形式和手工艺技能的领域，它要求从业者具备广泛的知识和技能。根据《普通高等学校本科专业类教学质量国家标准》和教学实践，笔者认为工艺美术专业人才应具备以下几方面的知识和技能：

具备一定的历史文化背景和艺术设计理论：工艺美术人才需要了解不同文化和历史时期的艺术和工艺传统。这有助于他们在设计和制作过程中融入传统元素，同时也能够创造具有独特文化特征的作品。工艺美术从业者需要深刻理解艺术和设计的原则，包括色彩理论、构图、比例、平衡等形式美的法则。他们需要具备创造性思维，能够将这些理论应用到实际的工艺品制作中，以创造独特的艺术品。

掌握材料科学和工艺技能并具有可持续性和环保意识：工艺美术人才需要了解各种材料，包括陶瓷、玻璃、金属、纺织品等，以及这些材料的特性和处理方法。他们必须精通各种工艺技能，如陶瓷成型、玻璃吹制、金属铸造、纺织品编织等，以制作高质量的工艺品。环保和可持续性已经成为当今社会的关键问题。工艺美术从业者需要了解材料的环保性质,以及如何减少资源浪费和环境影响,从而制作更加可持续的工艺品。

精通数字设计工具:随着科学技术的进步,数字设计工具在工艺美术领域变得越来越重要。从业者需要掌握计算机辅助设计(CAD)和计算机辅助制造(CAM)等工具,以便更好地规划和制作工艺品。他们需要了解市场需求、定价策略、品牌推广和销售渠道等方面的知识,以便成功经营工艺美术事业。

(三)工艺美术人才供给侧分析

从行业背景和工艺美术人才需求两方面可见,目前市场紧缺工艺美术专业人才;但是截止到2023年9月,全国共有88所普通本科高校开设工艺美术专业,其中民办普通本科高校27所,山东省仅有5所高校开设工艺美术专业,分别是山东艺术学院、山东工艺美术学院、山东农业工程学院、山东外国语职业技术大学和烟台南山学院。全国工艺美术专业毕业生每年9560人。笔者统计2022年和2023年工艺美术专业招生计划,山东省工艺美术专业每年毕业生大约450~600人,山东省内工艺美术专业毕业生大约330~440人。通过统计发现,山东省开设工艺美术专业的本科高校占全国开设工艺美术专业的本科高校的5.68%,山东省高校工艺美术专业毕业生占全国总数的4.79%~6.22%,山东省内工艺美术专业毕业生大约占全国总数的3.54%~4.57%。山东省工艺美术专业招生人数统计如表1-10所示。

表1-10 山东省工艺美术专业招生人数统计

序号	普通本科高校名称	2023年招生计划人数		2022年招生计划人数	
		省内	省外	省内	省外
1	山东工艺美术学院	45	80	45	80
2	山东艺术学院	40	40	55	40
3	山东农业工程学院	90	0	70	0
4	山东外国语职业技术大学	220	0	120	0
5	烟台南山学院	42	38	48	0
	合计	437	158	338	120

数据来源:各学校招生办公室

对全国而言,五千年华夏文明源远流长,在漫长的历史沉淀中积累了大量的富有特色的民间技艺,是工艺美术专业传承发扬的文化宝藏,而每年工艺美术专业毕业生数量对于门类繁多工艺美术技艺的传承发扬,可谓杯水车薪。山东省作为文化大省,同样需要大量应用型工艺美术人才,来支撑山东省工艺美术产业发展。

考虑到工艺美术人才的市场需求，为弥补工艺美术人才缺口，部分本科院校和职业学院的艺术设计类或美术学专业，阶段性地开设工艺美术专业课程。这种转变只是在艺术设计或美术学名下开设工艺美术课程而已，授课内容不系统，缺乏专业方向定位；专业核心课程缺乏针对性，师资队伍不足以支撑整个工艺美术专业。部分院校存在实验设备匮乏的问题，导致学生动手实践能力弱，不能对接产业，工艺品产出低幼化。以上种种因素成为束缚工艺美术应用型人才培养的瓶颈。

二、工艺美术专业人才培养模式分析

（一）行业导向、人才培养能力结构与行业岗位需求无缝对接

行业导向的人才培养需要与行业岗位需求实现无缝对接，以确保毕业生具备行业所需的知识、技能和能力。以下是实现这种对接的关键要素：

行业研究和调查：工艺美术定期组织专业教师进行行业研究和需求调查，了解工艺美术领域的最新趋势、技术和市场需求。这可以通过与行业内的龙头企业、从业者和协会建立合作关系来实现。这些研究可以帮助教育机构更好地理解行业的实际需求，从而调整课程和培养目标。

课程设计和更新：基于行业调查结果，授课教师及时调整课程内容，确保其与当前的行业需求保持一致。这包括更新课程大纲、引入新技术和材料、强化实践技能培养，以及增加可持续性和环保方面的教育内容。

实践经验和实习机会：为了让学生获得实际工作经验，我校与工艺美术行业的龙头企业建立合作伙伴关系，提供实习和实践机会。这有助于学生将所学知识和技能应用到实际工作中，同时也帮助他们建立职业网络。

（二）人才培养创新模式：工学交替、角色转变的工作室制

工艺美术专业实施工学交替和角色交叉的工作室制度是一种创新模式，旨在为学生提供更全面的教育和实践经验，使他们更好地准备面对现实工作挑战。这种模式强调学生在工作室中扮演不同角色，交替学习和实践，以培养综合性的技能和能力。以下是这种模式的主要特点和实施方式：

工学交替：学生将理论学习与实际工作相结合，他们在学校中学习理论知识，然后在工作室或实习中应用这些知识。这种交替模式有助于学生将所学知识转化为实际技能，同时也让他们更好地了解今后工作场所的要求。

角色交叉：学生在工作室中扮演不同的角色，包括设计师、制造者、项目经理、销售员等，这有助于他们全面了解工艺美术产业的各个方面，培养多样性的技能和角色定

位。学生可以更好地发现自己的兴趣和潜力领域。

项目驱动的学习：工作室制度通常以项目为核心，学生参与各种实际项目，如工艺品制作、设计展览、客户定制等。这种项目导向的学习有助于学生将理论知识应用到实际工作中，同时也培养了项目管理和团队合作技能。

（三）因材施教，构建以学生为中心的课程体系

将学生置于课程的中心，以满足不同学生的个性化需求和潜力，是工艺美术专业课程体系的一种创新方法。以下是构建以学生为主体的工艺美术专业课程体系的关键要素：

个性化学习路径：为了满足不同学生的学习需求，课程体系应该提供个性化学习路径的选项。学生可以根据自己的兴趣、目标和先前的知识水平选择适合他们的课程和项目。这可以包括不同的专业方向，如陶瓷、玻璃、金属工艺等。

共同制订学习目标：在课程开始前，学生和教师可以共同制订学习目标和计划。这有助于学生明确自己的学术和职业目标，并与教师一起规划适合他们的课程。学生可以参与课程的设计和改进过程，提供反馈和建议。这种学生参与可以确保课程体系更好地满足他们的需求和期望。

项目导向学习：课程体系可以强调项目导向的学习，让学生参与实际工作项目。这有助于学生将所学知识应用到实际情境中，并培养实际问题解决能力。为了提供更多实践经验，课程可以包括实习、工作室项目和与行业合作的机会。学生可以在真实的工作环境中应用所学，积累宝贵的工作经验。

构建以学生为主体的工艺美术专业课程体系可以更好地满足学生的需求，培养具备创造力、实际技能和适应性的工艺美术从业者。这种个性化和学生中心的方法可以提高教育质量，并更好地满足行业和市场的需求。

（四）积极改革教学方法与手段

与时俱进并积极改革工艺美术专业的教学方法和手段是非常重要的，以适应不断变化的教育环境和行业需求。以下是一些可行的方法和手段：

项目式学习：采用项目式学习方法，将工艺美术的教学内容组织成一系列的项目，每个项目都包括独立的设计和制作任务。学生在项目中不仅可以学习相关的理论知识，还可以通过实际操作来应用所学。这种方法能够激发学生的兴趣和创造力，培养他们的问题解决能力，并让他们在实践中积累经验。教师可以提供指导和反馈，帮助学生不断提高他们的技能和设计水平。

跨学科合作：工艺美术与其他领域的交叉学科合作可以丰富教学内容，拓宽学生的

视野。例如，将工艺美术与数字设计、材料科学、心理学等领域结合起来，可以为学生提供更广泛的知识背景，让他们在创作中融入不同的元素和思维方式。这种跨学科合作可以促进创新，培养学生的综合素质，并使他们更好地适应多样化的工作环境。

创客空间和数字技术：利用现代科技，引入数字技术和创客空间，可以为工艺美术专业的学生提供更多的资源和工具。创客空间也可以成为学生交流和合作的场所，促进彼此之间的创意碰撞。这些数字技术和空间资源可以提高教学的效率和吸引力，使学生更好地适应当今工艺美术领域的发展趋势。

这些方法可以帮助工艺美术专业的教学更加积极地满足学生的需求，培养他们的创造力和实践能力，使他们更好地准备面对未来的职业挑战。

三、工艺美术专业人才培养模式实践

烟台南山学院艺术与设计学院2021年开设工艺美术本科专业，目前在校生169人，尚无毕业生；现有教师12人，教授2人，占比16.67%；副教授2人，占比16.67%；讲师1人，占比8.33%；助教7人，占比58.33%；生师比14∶1，硕士研究生及以上教师占比75%。作为新建专业，工艺美术专业充分发挥后发优势，以学校"六个一体化"和"十个一工程"为纲领，积极探索教产研视角下人才培养模式。

（一）坚持校企融合发展，培养复合型应用人才

在培养工艺美术专业的复合型应用人才时，需要采取一系列策略和方法，以确保他们具备多样化的技能和综合素质，能够在不同领域中成功应用他们的专业知识和技能。以下是三个关键方面：

综合性课程和跨学科培养：培养复合型应用人才的首要任务是设计综合性的课程。这些课程应该涵盖工艺美术的核心技能，如绘画、雕塑、陶瓷、皮具、金工等，同时也应该引入与其他领域相关的课程，如数字化辅助设计、商业运营模式、社会科学等。这种跨学科的培养可以帮助学生更好地理解工艺美术与其他领域的交叉点，并培养他们的综合思维能力。

实践经验和行业合作：专业布局上，工艺美术专业紧密对接山东"十强"产业发展中的文旅产业，依托集团办学优势，立足应用型发展定位和产业优势，注重未来技术发展及交叉融合。学生需要参与实际项目和行业合作，以将他们的学术知识转化为实际技能，这种实际经验对于培养应用能力至关重要。

教学过程和生产过程相结合：培养复合型应用人才还需要注重教学过程和生产过程相结合。学生应该学习如何将他们的工艺美术技能转化为创新的产品或服务，并了解市

场营销、商业计划编制和知识产权保护等方面的知识。将产业生产线，以课程模块的形式纳入人才培养方案，形成突出实践能力培养的应用型实践课程群，切实还原生产过程。

综合而言，培养工艺美术专业的复合型应用人才需要提供综合性课程、实践经验和创新培训，以帮助学生在多样化的领域中成功应用他们的专业知识和技能。这种培养方式有助于他们成为具备广泛能力和适应性的专业人才，为不断变化的职业环境做好准备。

（二）加大建设投入，满足教学科研场地需求

加大工艺美术专业建设投入，满足教学科研场地需求，对于培养优秀的工艺美术人才和推动艺术领域的发展至关重要。以下提出三条建议。

增加专业建设经费：要提高工艺美术专业的教育质量，关键在于增加专业建设的经费投入。这包括用于购买专业实验耗材、实验设备和教学用具的经费，以及维护和升级教室、工作室和实验室的经费。此外，还需要招聘更多有实践经验的教师和实验人员，以满足日益增长的学生人数和教学科研需求。只有通过增加专业建设的经费，提供更多、更好的教育资源，才能培养出更多优秀的工艺美术人才。

扩建工艺美术实验室和工作室：工艺美术专业需要充足的实践场地，以便学生能够充分发挥创造力和技艺。因此，我们尝试扩建工艺美术实验室和工作室，给实验室和工作室配备先进的设备和工具，以支持各种工艺美术领域的研究和实践，包括陶瓷、玻璃、金属、纤维等。此外，实验室和工作室的设计应该充分考虑安全和环保因素，确保学生能够在安全的环境中学习和创作。

提供艺术展览和展示场地：工艺美术专业的学生需要机会展示他们的作品，与社会大众互动，获得反馈和认可。因此，我们尝试提供给学生艺术展览和展示场地，以促进学生的创作活动和交流。这些场地可以是校内艺术展厅、社会上的艺术中心或者与当地社区合作的文化展示场所。

总之，加大工艺美术专业建设投入，满足教学科研场地需求，是提高工艺美术教育质量和推动艺术领域发展的关键举措。通过增加专业建设经费、扩建实验室和工作室、提供艺术展览场地，我们可以为工艺美术专业的学生提供更好的学习和创作条件，培养出更多优秀的工艺美术人才，推动工艺美术领域的繁荣发展。这不仅有益于学生个人的成长，也有益于社会文化的丰富和发展。因此，我们应该积极倡导并支持加大工艺美术专业建设投入的举措。

（三）革新师资建设，促进教学科研工作转变

革新工艺美术专业师资建设，促进教学科研工作的转变，是提高工艺美术教育质量

和培养出更具创造力的艺术人才的重要举措。我们在师资建设方面进行了三方面的尝试，以促进工艺美术专业的教学科研工作的转变。

招聘具有丰富实践经验的教师：为了提高工艺美术专业的教学质量，积极探索招聘具有丰富实践经验的教师。这些教师可以是艺术家、非物质文化传承人、工匠或者从业多年的工艺美术大师。他们可以传授实际工艺技能，帮助学生培养创作能力，并引导他们在艺术实践中取得突破。此外，这些教师还可以为学生提供宝贵的行业从业经验，帮助他们更好地了解并融入工艺美术领域。

鼓励跨学科合作和实践：为了促进教学科研工作的转变，我们应该鼓励师资队伍进行跨学科合作和实践。工艺美术不仅是一门艺术，它还涉及材料科学、设计理论、文化研究等多个领域。因此，我们应该邀请其他学科的教师和研究人员来与工艺美术专业的教师合作，开展跨学科的教学和研究项目。在提高工艺美术专业教师教学水平的同时，丰富工艺美术课程设置，提供多元化的学习体验，培养学生的综合素质。

支持教师的终身学习和专业发展：要实现教学科研工作的转变，我们还需要为教师提供终身学习和专业发展的机会和支持。这包括提供培训课程、参加研讨会、访问学者计划等，以帮助教师不断提升自己的教学和研究能力。

总之，革新工艺美术专业师资建设，促进教学科研工作的转变，是提高工艺美术教育质量和培养更具创造力的艺术人才的重要举措。通过招聘有实践经验的教师、鼓励跨学科合作和实践、支持教师的终身学习和专业发展，我们可以为工艺美术专业提供更好的教育资源和环境，培养出更多优秀的工艺美术人才，推动工艺美术领域的繁荣发展。这将有助于丰富文化生活，推动艺术创新，为社会的进步和发展作出贡献。因此，我们应该积极倡导并支持这些举措。

（四）构建特色课程，改革教学内容和方法

构建工艺美术专业特色课程，改革教学内容和方法，是提高工艺美术教育质量、培养具有独特创造力的艺术人才的关键举措。在如何构建特色课程中，提出三方面的内容，以改革工艺美术专业的教学内容和方法。

制定多样化的课程体系：要构建工艺美术专业的特色课程，首先需要制定多样化的课程体系，以满足学生的不同需求和兴趣。这包括专业基础课程、核心课程和方向性选修课程，涵盖工艺美术领域的各个方面，如陶瓷、玻璃、金属、纺织等。此外，还可以引入跨学科的课程，将工艺美术与其他学科，如设计、材料科学、文化研究等相结合，促进跨领域创新，提升学生的综合素质。

引入实践导向的教学方法：为了改革工艺美术专业的教学内容和方法，培养应用型人才，应该引入实践导向的教学方法。工艺美术是一门实践性极强的学科，学生需要通

过实际操作来掌握技能和知识。因此，教学应该强调艺术实践，工作坊、实验室实践，实地考察等教学方式，让学生亲身体验工艺美术创作的过程。此外，还可以鼓励学生参与社会项目、合作创作等实际项目，培养他们的实践能力和团队合作精神。

注重传统与创新的结合：工艺美术是一个融合传统与创新的领域，因此，教学内容应该注重传统工艺技能的传承与创新。传统工艺技能是工艺美术的基础，但不应该止步于此，还需要鼓励学生在传统的基础上进行创新和实验，探索新的材料、工艺和表现方式。教师可以通过案例研究、担任创作导师等方式，激发学生的创新潜力，培养他们成为具有独特创造力的工艺美术家。

总之，构建工艺美术专业特色课程，改革教学内容和方法，是提高工艺美术教育质量和培养具有独特创造力的艺术人才的重要举措。通过制定多样化的课程体系、引入实践导向的教学方法、注重传统与创新的结合，我们可以为工艺美术专业的学生提供更丰富、更创新的教育资源和学习体验，培养他们成为具有全面素养和跨领域能力的工艺美术家。这将有助于推动工艺美术领域的繁荣发展，为社会的文化生活和经济发展作出贡献。因此，我们应该积极倡导并支持这些举措。

四、结语

综上所述，培养应用型工艺美术专业人才，对经济发展和社会进步非常必要。基于产教融合视域，人才能力结构与行业岗位需求无缝对接、工艺美术专业人才培养工作室模式、构建以学生为中心的课程体系和改革工艺美术专业教学方法与手段，是当下工艺美术专业人才培养现状和亮点；结合当下工艺美术专业人才培养现状和存在问题，对工艺美术专业人才培养的未来方向做出尝试，从复合型应用人才培养、教学科研场地投入、师资队伍建设和教学内容与方法改革四个方面可以有效促进教产研融合发展，实现工艺美术专业人才模式的转型，以提高工艺美术专业人才质量。

参考文献

［1］教育部高等学校教学指导委员会.普通高等学校本科专业类教学质量国家标准［M］.北京：高等教育出版社，2018.

［2］董占军，殷波，王月月.2022年度中国工艺美术教育发展研究［J］.艺术教育，2023，396（8）：23-30.

［3］黄雄，胡玥琦.高校传统工艺美术与插画设计融合的教学研究［J］.美术教育研究，2022，200（10）：138-139.

［4］王月月.传统手工艺类非遗与高校工艺美术教育融合发展策略研究［J］.非遗传承

研究，2023，10（2）：16-20.

作者简介：刘宝（1984— ），男，山东潍坊人，烟台南山学院艺术与设计学院工艺美术系主任，副教授，硕士。

模块二

师资队伍建设与技术骨干培养一体化

应用型大学教师数字素养提升研究

王丹丹　杨万利　王晓静

摘要：在人工智能时代，教育的数字化转型已经成为必然，教师作为学生与数字信息技术之间的桥梁，其综合数字素养至关重要。本文分析了数字化转型背景下应用型大学教师数字素养现状，进一步指出现存困境，结合应用型大学发展需求和产教融合优势，针对性提出了强化数字化意识、开展数字技术培训、产教融合提高数字化应用能力和建立科学的评价系统的改进建议，为全面提高应用型大学教师数字素养提供参考。

关键词：应用型大学；教师；数字素养

基金：2022年山东省本科教改面上项目"基于虚拟教研室的多模态混合式协同课堂教学模式探索与实践"（M2022191）；山东省教育发展促进会教育科研规划课题"基于教研产深度融合的应用型大学教育教学模式改革理论与实践"（JCHKT2023348）；山东省高等教育学会2022年度高等教育研究专项课题"基于混合式教学的校企协同课程虚拟教研室建设研究与实践"

一、引言

在人工智能时代，各领域的知识快速发展和融合，应用型大学需要主动把握新时代发展要求，紧紧围绕新兴产业和社会建设发展步伐，发挥对接区域需求的科学研究和技术研究能力优势，实现数字化转型发展。教师是应用型大学发展的基石，在学校转型过程中，教师需要做的不只是将原有工作简单数字化，而是要将新兴技术作为主要的教育教学手段，以数据信息为中心，将自身掌握的数字技术和数字思维整合，以便在不同领域之间建立数字驱动的联系，发现并解决跨领域问题，这对应用型大学教师的批判性思考能力、创新能力、协作沟通能力、"人技"互动能力以及解决复杂问题的能力都提出了更高的要求。因此，提高应用型大学教师数字素养，有助于教师在知识生产过程中形成更为系统和全面的认识，提高数字技术赋能教学的质量，确保高素质应用型人才培养目标的实现。

二、数字化转型背景下应用型大学教师数字素养现状分析

数字素养是在教育数字化转型的大背景下，应用型大学教师进行数字化教育教学实践活动需要具备的基本教学素养。相关调查显示：在教育数字化转型的浪潮中，大多数应用型大学教师已经具备了初步的数字化意识，能够在课堂中使用简单的数字技术工具进行基础的数字化教学活动，在课后根据收集的数据对学生的学习效果进行相对可视化、数据化的分析和总结，但是对于基于深度学习的数据建模、数字孪生等现代数据技术的应用还相对欠缺。

（一）数字化意识总体较高

根据《教师数字素养》（JY/T 0646—2002），数字化意识是客观存在的、相关数字化的活动在教师头脑中的能动反应。数字化时代的重要特征之一就是数字化信息数据来源的多样性和信息圈层的可突破性。随着信息社会发展，传统的教学模式难以应对师生多元化、前沿化的需求，这对世界各国构建更加多元化教育教学场景的能力提出了更高的要求，而应用型大学教师在数字教学模式创新改革和数字资源的共建共享方面也产生强烈的需求和革新意识。2022年以来，我国教育部启动国家教育数字化战略行动，将社会化高质量在线课程纳入了公共教学体系，推动场景式、体验式学习和智能化评价，拓展学生和教师的数字信息资源。面对丰富优质的数字教育资源和数据服务，大多数应用型大学教师能够积极主动地去认识、理解数字化教育技术在现代教育数字化转型背景下的重要作用和伟大的现实意义，自觉学习并尝试将数字技术应用到教学实践活动中去，勇敢地打破传统的教育教学思维和固定的教学模式，主动开拓、探索更广泛、更新颖的数据资源获取渠道，丰富自身的视野，也对数字技术在课堂教学的应用进行了大胆探索，充分激活数字课堂数据的潜能，多模态的数据收集和全过程的数据融通为课堂数字化提供了根本保障。

（二）数字技术知识与技能图谱正在逐步形成

应用型大学办学过程的实践性特点决定了教师在教学中需要不断引入产业最新技术成果，形成紧跟时代发展和产业发展需求的数字技术知识与技能。随着信息技术的发展，大多数应用型大学教师都能够在教学过程中融入新的数字媒体工具，比如，智慧树、云课堂、短视频等，对于ChartCool（在线图形编辑）、Quicker（公式识别器）等常用的图片、信息、公式、文本等处理工具也能灵活应用，各种教学APP、AI、机器人等技术也正在课堂教学中发挥重要作用。综合来看，在教学中使用到的浅层次数字技术知识和技能图谱已经初步形成。但是，数字技术与传统教学的深度融合依然是部分应用型大

学教师的短板，如对虚拟环境搭建、数字建模、数字孪生、元宇宙技术等的应用不够灵活，或者仍存在不善于使用新型数字媒介进行学术和教学方面的交流分享等互动的情况。

（三）数字化应用能力基础较好

根据《教师数字素养》，数字化应用能力主要指教师在数字化教学设计、数字化教学实施、数字化学业评价和数字化协同育人方面的能力。我国高度重视高校教师数字化应用能力的培养。目前中国的国际慕课平台上线覆盖8个领域，有近700门英文在线课程，服务于数以亿计的全球大学生和社会学习者，这在为世界贡献中国方案的同时，也为应用型大学教师构建了国际学习网络，教师可以在平台上进行自主学习。同时各级各部门开展了不同类型的教师教学创新比赛，鼓励教师在教学设计、教学实施、学业评价中进行数字化探索和改革；搭建产教融合共同体等形式，发挥数字化在校企政协同育人中的重要作用。在政策扶持和资源保证下，应用型大学教师也进行了不断探索，以赛促改，并充分开展校企协同虚拟教研室建设，共建智慧平台等数字化协同育人活动。整体来看，应用型大学教师数字化应用能力基础较好。

（四）初步建立数字社会责任意识

根据《教师数字素养》，数字社会责任是教师在教学活动中的道德修养和行为规范方面的责任。在高度数字化的时代中，井喷式的数据信息与各种各样智能化的数字设备之间的联系是密不可分的，线上网络课程的学习、师生线上的学习交流、学习教育资源的分享、学生学习情况的实时反馈等都需要智能化数字设备的支撑，但是在这些各式各样的数字媒介的使用过程中，潜在的数字安全和伦理道德问题的产生会严重影响高校教师数字化教学活动的高质量推进。随着网络数字化的高速推进，大量的数字安全问题和数字伦理问题扰乱着网络环境的安全，成为师生教学和学习中无法忽略的障碍，这些都给数字化教学的发展带来了巨大的威胁和挑战。应用型大学教师在努力提升自身数字社会责任意识的同时，也不断加强自身行为规范的约束，严格要求自己并教育、引导学生时刻遵守基本的道德修养规范，防范数字安全风险的发生。

（五）数字化专业发展支持体系逐渐完善

根据《教师数字素养》，数字化专业发展是指教师利用数字技术资源促进自身及共同体专业发展的能力，包括数字化学习与研修，以及数字化教学研究与创新。在数字化学习与研修中，国家智慧教育平台持续推出虚拟实验、数字素养等综合与专题教育课程，帮助教师数字化专业发展；在学校层面，很多应用型大学开展针对性培训，如烟台南山学院针对新入职教师开展教师素质素养提升专题训练，为教师提供定制化服务。在数字化教学研究与创新中，各级各类教研项目指南中都会设立与教育数字化转型相关的选题，引导教师开展相关研究。部分应用型大学也在校级教研项目中结合产教融合特点展开相关研究，并从资源供给上给予一定倾斜。整体来看，目前应用型大学教师数字化专业发展支持体系正在逐渐完善中。

三、应用型大学教师数字素养存在的主要问题

（一）数字化意志相对薄弱

应用型大学教师能够主动利用期刊论文、智慧教育线上数字平台、数字培训等数字资源进一步提升自身的专业发展水平，高效完成相应的教育教学工作任务，但是在利用数字化工具进行深度交流和教育教学实践等方面，并不能做到长期地坚持学习和探索。在长期的教学实践中，部分应用型大学教师作为知识的传授者，已经拥有了相对比较系统成熟的传统教学理念，形成了固有的教学模式和行为习惯，习惯性地采取单一的教学方法进行课堂教学。他们的数字化意志相对薄弱，在一定程度上对数字技术应用存在"接入性鸿沟"和"使用性鸿沟"，并没有深刻认识到教育的数字化变革需要他们强化自身的数字化意志，长期坚持做到主动更新数字化认知，让自己善用数字技术。同时教师还要坚守数字化时代的教育规律和教育伦理，规范数据的开放、共享、应用与管理，保护个人隐私和知识产权，积极应对和解决由于大数据、人工智能等新技术在高等教育应用中引发的伦理问题，明察技术局限，坚守育人初心，增强自身的数字化意志。

（二）数字技术技能掌握不充分

大部分应用型大学教师都能够做到学习教育数字化的相关理论知识，但是都还相对处于表面化、碎片化的程度。很多老师只是使用简单的线上教学工具进行授课以及课后学生学习结果的数据记录和反馈，在如何将已有的或者正在开发的数字技术正确、恰当地应用于实践，充分掌握相关的数字技术并灵活运用于教育教学工作中的各个重要环节方面，还存在很大问题。中国计量大学于2022年5月正式发布校园大脑（数字孪生平台）"量大微脑"1.0，实现了校园全要素数字化和虚拟化、校园状态的实时化和可视化、校园管理决策的协同化和智能化。但是应用型大学对该方面的研究还相对薄弱，教师对更高水平的数字技术技能的学习和运用还不够深入，对深层次数字技术技能掌握不充分。

（三）高质量数字化应用亟待提高

与研究型大学相比，从各级各类教师教学比赛结果来看，应用型大学教师比赛成绩

并不突出，国家级奖项获得比例偏低。例如在第四届全国高校混合式教学设计创新大赛中，获得特等奖和一等奖的25所高校中，仅有1所应用型大学，从侧面反映出应用型大学教师高质量数字化教学设计的能力还较为欠缺。在数字化实施中，部分应用型大学智慧教室建设相对落后，数字化设施设备不足；在学业评价中，很多应用型大学还停留在传统的评价方式中，对学生数字素养缺乏行之有效的评价体系；校企数字化协同育人模式还在探索中，育人平台等的建设还相对滞后。

（四）评价系统不够完善

应用型大学教师数字素养评价系统的作用是了解教师数字素养现状，促进教师逐步提高数字素养。所以，应当不断完善高校的数字素养评价系统。但是，当前大部分应用型大学的评价系统更关注基础知识和应用技能，甚至有一些高校缺乏教师数字素养评价系统。数字素养评价系统大多缺少对数字化学习和创新等高阶能力的综合评价，评价方法比较落后。比如，采取传统测验法，不仅耗时耗力，而且极易产生偏差。

四、应用型大学教师数字素养提升建议

（一）强化数字化意志

教育的数字化转型要求个人具备更加丰富的想象力。想象力是一种创造的能力，它使人类能够构建抽象的观念、形象，思考出有效的问题解决方案。因此，想象力的培养在高校教师提升自我数字化意志的过程中起到关键作用。高校教师应该强化数字化思想的引领，坚持丰富自己的想象力，不断提高数字化意志。

1.转变传统教学观念

在教育数字化转型背景下，应用型大学教师要注重培养自身的数字化意志，增强数字技术及工具的使用意愿和能力。教师应当主动转变传统的教育教学观念，创新教学方法，主动地、创造性地应对教育数字化变革，推动现代的数字化信息技术与传统教学的优势相结合，实现二者的双向输出，逐渐提高课堂的教学质量。

2.强化数字化思维

为适应新时代教育发展需求，我国搭建了国家高等教育智慧平台，成为全球课程规模最大、门类最全、用户最多的公共服务平台，为应用型大学教师学习数字技术与应用、提升数字素养的长远发展赋予了动力十足的能量。教育的数字化已经成为必然，应用型大学教师需要适应时代发展需求，不断强化数字化思维，主动去跨越数字技术的"接入性鸿沟"和"使用性鸿沟"，提高对数字的敏感性，善于合理收集、使用以及创

新数据，利用数字化手段，打造高效课堂，科学决策，精准教学。

（二）开展数字技术培训

世界数字教育大会发布了《中国智慧教育蓝皮书（2022）》，中华人民共和国教育部发布了《教师数字素养》等相关制度规范，系统地对数字技能培训、数字化校园规范等一些重要的任务作出了相应的要求，但是没有提出具体的实施细则和措施，这就需要高校根据自身的实际情况去制定数字技术的培训模式以及相应的制度体系。数字技术培训是应用型大学教师数字化转型的重要内容，在培训对象上应该涵盖新老教师全体，在新教师入职培训中做好数字思维和数字技能培训，在老教师中定期开展数字知识和技能培训，对于教学中常用的数字技术进行培训，提高数字技术赋能水平，帮助教师创新教学方法和手段，提高教学效能。为确保培训效果，应用型大学要鼓励各学院开展针对性培训，提高培训内容与专业教学的契合度，同时选择数字化程度高、有良好基础的企业作为校企合作的对象，共建"双师型"高校教师的数字素养培训基地，提高培训的质量和针对性。

（三）产教融合，提高数字化应用能力

产教融合是应用型大学人才培养的重要手段。数字技术的发展为产教融合协同育人提供新的方法，也为培养提高应用型大学教师数字化应用能力提供新的途径。

1.产教融合开展数字化教学设计

以学生应用型能力培养为目标，校企联合开展应用型人才培养研究，优化课程设置，将产业、职业需求以课程模块的形式纳入人才培养方案，共同开发数字化教学资源，将学校的教学资源和企业的工作场景、案例等资源进行数字化处理，切实还原生产过程，使得这些资源可以在平台上被广泛地访问和使用。持续完善教师实践制度，建立校企联合培养模式，鼓励教师定期到企业开展实践调研和学习，将数字经济的新发展、新实践等前沿内容及企业数字化需求及时纳入教学体系中，优化教学内容，确保教学内容的前瞻性，缩短学校与企业的"距离"，提高教学的适用性。

2.建立数字化产教融合平台

智能化教学管理平台是依托数字技术开展智能化教学的重要手段。Knewton、学霸君等国内外智能化教学平台的成功运行为应用型大学校企协同的智能化教学管理平台提供了参考。基于精准数字分析的智能化教学管理平台，改变了在传统高等教育课本学习和统一课堂灌输的被动学习模式，满足了学生个性化和精细化的学习需求。应用型大学可以发挥其校企深度融合的优势，校企共建数字化产教融合平台，基于云计算、大数据等技术，以产业链和创新链为导向，整合学校、企业、学生等各方资源，为参与者提供精

准、个性化的服务，开展由企业参与的常态化专业与课程建设评估，不仅为教师提供大量教学案例，也为数字化教学实施和数字化教学评价提供支撑，增强教师的数字化意识与技能，全面提高师生的数字素养。

（四）建立科学的评价系统

《教师数字素养》为高校教师数字素养评价提供了重要依据。5G、人工智能、大数据、元宇宙等新兴数字技术能够促进高等教育教学全要素、全流程甚至全方位的数字化转型，在一定程度上有利于形成多元技术、人技融合的智能互联全球高等教育的新形态。因此，将多元数字技术与应用型大学教师数字素养评价与培训相融合，在现实课堂教学和评价之间建立一种"强关系"，虚实结合，实时关注教学动态，可能将会创造出更好的效果。

1.将评价过程与数字技术相结合

可以适当地使用边缘计算，以增强数据的安全性，提高应用型大学教师的教学效率。不断总结在数字化教学过程中出现的问题，利用数字技术资源去支持数字化教学研究，不断创新教学模式，改进教学活动，将数字素养完整地体现在教学过程中。采用过程性评价方法，将数字素养评价融入教与学的过程进行考核；充分应用数字化技术，使得评价方式更加数据化、智能化，评价结果更加表现出对高校教师数字素养的针对性和全面性。

2.建立数字素养评价标准化体系

通过大数据建立动态的评价跟踪体系，建立面向终身学习的应用型大学教师数字素养发展档案，形成一套客观、成熟、公平的数字素养评价实施流程，实现高校教师数字素养长周期跟踪评价和反馈。

五、总结

数字技术的浪潮的确给我国的教育带来了巨大的冲击，高等教育的发展需要借助现代数字技术的力量，尽快缩小自身与教育发达国家之间的差距。教育的数字化转型是巨大的挑战，更是宝贵的机遇。我们应关注应用型大学教师数字素养全方位、综合性的培养与提升，为赋能教育的数字化转型筑牢基础。高校教师只有通过将学科的理论知识、教学方法、现代数字思维和数字科技工具的应用相结合，才能具备应有的数字素养和专业素养，才有能力培养出适应现代数字化转型的卓越人才，为学生培养关键的数字技能和正确的价值观赋能。通过贯彻理解应用型大学教师数字素养的相关概念，明确在教育数字化转型背景下高校教师的责任、使命，针对数字数据获取途径狭窄、数字技术应用不够深入、数字创建能力不强以及数字安全意识待提升的现状，有针对性地解决数字转型的问题和挑战，为提高应用型大学教师的数字素养提出新的方案与建议，助力开启教育数字化转型的新舞台。

参考文献

[1] 杨琴，刘玉.高校教师数字化素养及其立体化提升机制研究[J].泰州职业技术学院学报，2023，23（3）：27-30.

[2] 刘洁，郑丽.数字经济时代应用型大学产教融合的新商科人才培养模式研究[J].北京联合大学学报，2022，36（2）：7-12.

[3] 李玉婷，王海福.数字时代高校教师数字素养提升策略研究[J].数字教育，2022，8（1）：48-53.

[4] 孙荣.回到教育未来：学校教育数字化转型的逻辑向度[J].教育理论与实践，2023，43（22）：58-64.

[5] 戴岭，祝智庭.教育数字化转型的逻辑起点、目标指向和行动路径[J].中国教育学刊，2023（7）：14-20.

作者简介：王丹丹（1982— ），女，山东威海人，烟台南山学院高等教育研究所，教授，硕士；杨万利（1963— ），男，河北沧州人，烟台南山学院校长，教授，博士；王晓静（2002— ），女，山东烟台人，烟台南山学院工商管理专业学生。

教育数字化转型背景下高校教师数字素养提升研究

宫玉昕　　庄光宾

摘要：数字化转型是促进高等教育实现高质量发展的必要途径，而高校教师数字素养水平是数字化转型能否成功的决定性因素。论文首先阐述教育数字化转型的内涵及特征；然后以教育部《教师数字素养》标准为基础，结合高校承担职能，提出高校教师数字素养能力框架；其后通过对烟台地区部分高校开展实地调查访谈，探究高校教师数字素养现状及存在问题，并分析原因；最后提出有针对性的高校教师数字素养提升策略。

关键词：教育数字化转型；数字素养；数字技术

一、引言

随着信息化浪潮席卷全球，社会生产与生活方式正经历着一场深刻而颠覆性的变革，互联网、大数据、云计算、虚拟现实、区块链、人工智能、5G通信等新兴技术的层出不穷，既迅速提升了生产质效和生活便利程度，也推动各行各业加快数字化转型。教育行业作为知识创造、传播、扩散的主要渠道，更应主动拥抱这场伟大变革，打破传统教育思维定式，提高教师数字素养，将新技术充分运用于教学实践，以推动智慧教育生态的形成和发展，构建信息时代全新教育体系。

二、教育数字化转型的内涵及特征

教育数字化转型，是指充分运用信息技术和数字化工具，采集、统计、分析数据，并将其应用于教育全过程，打造开放联通的"互联网+教育"平台，实现时空灵活、跨越班级与学校的教学交互，以充分调动参与者积极性，解决教育困境或教育难题的系列实践活动。

具体而言，教育数字化转型具有以下几个特征：

第一，教育与学习过程具有独立性。与传统课堂教学模式不同，在数字化教学环境下，教育者和学习者可以不在同一空间，也可以不在同一时间参加教育学习活动。

第二，教育教学方式具有强烈的数字化实践应用特征。教学过程中，教师依然会采用基于经验观察和课堂交流的方式获取教学效果反馈，但主体方式是基于数据采集、分析、运算作为反馈实证，以不断调整教育实践行为。

第三，教学内容聚焦于解决真实问题。基于学情信息搜集与分析，教师所讲授的内容能够做到及时更新，更加贴近真实情境中所遇到的真实问题，具有较强的实践性与应用性。

在科技革命浪潮推动下，教育数字化转型已成为国际共识，许多国家将其视为未来教育发展的必然方向，并制定政策保障其顺利实施。美国自2016年以来持续出台相关政策，强调提升全民数字素养；芬兰以"FINNABLE2020"项目为代表的基础教育创新项目致力于搭建数字化平台，形成健全的网络学习社区，打破传统的时空限制，实现随时、随地学习；法国"数字化校园"教育战略规划提出要全面启动教师信息素养培训项目；俄罗斯的"人才与教育"行动计划明确提出每年有不少于5000名教师接受数字化培训等[1]。

除此之外，各国还通过开展各种形式的培训和实践来提升高校教师的数字化素养。例如，英国建立的国家橡树学院将近3500小时的优秀视频课程内容免费提供给所有教师、家长和儿童使用；德国创建了国家教育数字化平台项目，为教师提供数字化相关知

---

[1] 全球"数字化"教育在行动[EB/OL].（2019-11-15）[2023-01-05]. https://www.workercn.cn/255/201911/15/191115111518636.shtml.

识，并提升其数字化技能；韩国创建了基础教育阶段在线教学公共平台，为全学段的学习提供支持[1]。

我国高度重视教育信息化工作，十八大以来，习近平总书记高度重视教育工作，作出一系列重要指示批示，推进我国教育信息化实现跨越式发展。2021年8月，教育部批复同意将上海列为教育数字化转型试点区，开展教育数字化转型试点；2022年10月召开的党的二十大，更将"推进教育数字化"写入报告。由此可见，教育数字化转型已在我国教育改革发展的战略主题中占据重要地位。

三、教育数字化转型背景下高校教师数字素养能力框架

教育数字化转型离不开高校教师数字素养水平的提高。高校教师作为教育的主体和核心，其数字素养的高低直接影响着教育质量和效果。在数字化教育环境中，教师需要具备较高的数字素养，才能更好地适应新的教育模式，提高教学效果。

教育数字化转型背景下，各国及相关国际组织都非常重视教师数字素养的培养和提升，也纷纷对教师运用数字技术开展有效教学及科研活动应具备的能力作出了描述，而所规定的教师数字素养能力框架各有不同。联合国教科文组织从六个维度、三个阶段详细列明了教师运用ICT（信息与通信技术）进行有效教学应具备的能力模块；英国联合信息系统委员将媒体素养、数字交流与协作、信息通信技术能力列为数字素养的有效成分；美国新媒体联盟将数字素养分为通用素养、创意素养和贯穿于各学科的素养三种；欧盟委员会将教师数字素养划分为专业参与域、数字化资源域、教学和学习域、评价域、赋能学习者域和促进学习者数字素养六个部分。

在2023年2月召开的首届世界数字教育大会上，我国教育部发布《教师数字素养》行业标准。该标准将教师数字素养划分为数字化意识、数字技术知识与技能、数字化应用、数字社会责任和专业发展五个一级维度，每个一级维度下，又包含若干二级维度、三级维度和具体描述。

综上，对于教师数字素养能力框架，各组织考察角度不同，划分标准也不统一。考虑到高校需承担的人才培养、科学研究、服务社会三大使命，结合我国教育部发布的《教师数字素养》行业标准，本文将高校教师数字素养框架精简划分为数字基础、数字教学与育人、数字科研与安全三个一级维度，每个一级维度下细分为若干二级维度。具体要点如下：

---

[1] 王芮，王卉卉，宋佳. 面对新技术变革，英美韩等国如何推进教育数字化转型？[EB/OL].（2023-01-31）[2023-02-05]. https://learning.sohu.com/a/635931470_121118938.

（一）数字基础

指教师所具备的能够用于与他人有效沟通、常见办公文档及办公软件处理、数据资料格式转换、本校管理信息系统操作的各项数字技能，还包括对数字技术在社会经济及教育发展中的价值及变化趋势的认识。因此，可以将其分为数字意识、数字社交和数字办公三个二级维度。

（二）数字教学与育人

指教师运用数字资源及技术开展教学活动，以突破时空限制，创设混合式学习环境，转变传统教学模式以提升学生参与度和交流主动性，进行学业数据分析以进行针对性辅导，以及利用数字资源技术开展对学生的德育教育和心理健康教育的能力。具体可将其分为数字教学设计、数字教学实施与管理、数字学业分析与评价、数字育人四个二级维度。

（三）数字科研与安全

包括数字科研与数字安全两个二级维度。数字科研指教师利用数字技术和工具进行数据搜集与统计分析、文献搜索、课题网上申报与结题、论文及研究报告撰写等。数字安全指高校教师在开展数字教学、科学研究时，处理安全问题所应具备的知识与技能，如钓鱼网站和钓鱼邮件的识别、数字信息的真伪鉴别、个人及工作隐私的保护等。

四、高校教师数字素养现状与问题分析

当前环境下，我国高校已普遍认识到提升教师数字素养的重要性和必要性，并开展了各级各类教师数字素养培训。2020~2022年疫情期间，全国高校均开展了线上授课，这对于高校教师的数字教学能力既是一场实战演练，也提供了迅速提升的机会。目前，高校一线授课教师已基本掌握线上授课、资源库建设、作业布置、测试与考试等基本技能。然而，就上述分析的高校教师数字素养能力框架而言，我国高校教师数字素养无论从广度还是深度，与上述提出的教师数字素养能力框架相比还存在较大差距，不能满足教育部的教育数字化战略要求。

（一）数字意识较强但主动学习时间较少

经过对烟台地区各高校的实地调查和对部分教师的访谈，以及对线上已有调查资料的搜集，可以发现，高校教师的数字意识普遍较强，认同数字资源和技术在推进教学改革中具有重要价值，混合式教学是未来教学改革的必然方向，并愿意尽量将数字技术应用于教育教学与科研实践。但是，相当大部分教师表示主动学习和探索数字技术的时间较少，只在必要情况下才去学习，水平还停留在制作简单的PPT、播放网络已有视频、利用网络平台发布习题和进行简单的文件与图片处理上。究其原因较为复杂：一是教师日常教学、科研工作较为繁重，投入数字技术学习的时间有限；二是学校硬件、软件资源不完善，缺乏对现代数字技术所具备功能的全面认知；三是缺乏相应激励措施，探索数字化教学模式、提升数字素养需要投入大量的精力，但很多高校缺乏有效激励措施，教师还不能以提升数字素养促进个人发展。

（二）数字信息采集与分析能力欠缺

信息化时代，互联网为我们提供了浩如烟海的视频、图表、图片、文字、动画等数据资料，这些信息资源在为教师的教学、科研提供便利的同时，也需要教师具有对纷繁复杂的数据信息进行检索、鉴别、筛选、获取与分析的能力。在对烟台地区部分高校教师调查与访谈的过程中，可以发现一些普遍性的困扰。

1.无法获取到真正需要的信息

绝大多数教师都会运用百度、谷歌等搜索引擎输入关键字搜索信息，但往往会搜到若干篇相似而无用的文章，只能继续翻页寻找，耗时耗力，不知道应该从何种途径快速获得所需资料。

2.搜索到的数据资料矛盾错误

在检索名词、习题和数字资料时，不同的网页给出的观点、答案相互矛盾，不知如何辨别。

3.不会对得到的数据进行处理

搜集到了数据，但不会以合适的方式进行处理，如图片、视频格式的转换与剪辑，图表的制作展示，统计数据的相关性、信度与效度分析等。数据资料不能得到充分合理的运用。

以上现象都说明高校教师信息获取和处理能力还比较欠缺，未掌握足够的信息检索技巧，不知道该从何种渠道采集所需信息，对于视频图片处理、Excel和SPSS等常用图表制作及统计分析软件也不熟悉，尚需经过学习加以改进。

（三）普遍推行混合式教学模式但线上线下教学融合度不足

混合式教学模式作为未来高等教育教学改革的主要方向，后疫情时代在高校教学实践中得到了迅速推广。很多教师在经历过疫情期间的线上教学后，会自然而然地将线上教学的某些工具应用于课堂授课，如手势签到、投票、作业提交等，但仅仅是将其当作一种辅助手段，并没有改变传统的教师主导式授课模式，学生参与度有限，抬头率和专注性没有得到明显提高，未能创建充分发挥线上线下优势的混合式学习环境。

线上、线下两种教学模式在表现形式和授课特点上截然不同，无法天然融合，实施难度较大，需要教师事先精心设计、事中根据反馈及时调整、事后分析改进，更需要充分挖掘数字资源和技术优势，将其与课堂教学有效结合。这对教师而言是一项严峻的挑战，当前高校教师数字素养无法完全满足上述要求。一则难以打破旧有的教学思维，也缺乏足够多的参考范例；二来网上虽有教学资源，但无法满足专业授课内容和教师的个性化需求，而教师制作教学资源在硬件和技术方面都存在困难；三是教师对学情和教学效果的信息搜集不足，无法有效调整教学设计方案。

（四）数字安全保护意识不强

高校教师缺乏足够数字安全保护意识，疫情期间部分教师在线上授课时遭遇网络暴力攻击，因不知如何处置甚至导致恶性结果。一些教师对网络安全问题缺乏足够的认识和重视，如随意点击来源不明的链接、不设置强密码等，容易被恶意攻击者利用。还有较多教师在收集、存储、使用学生和个人数据时不注意数据安全维护，导致隐私泄露。受访教师中还有相当一部分对于网络欺凌、数字知识产权保护、互联网法律法规、软件的安全下载、硬件设备的安全操作认识不足。以上这些无疑会增加高校教师实施数字教学和育人以及数字科研中的风险。

五、教育数字化转型背景下高校教师数字素养提升策略

高校教师是教育数字化转型的首要推动者和实践者，高校教师的数字素养关乎数字中国战略全局。提升高校教师素养是一项复杂的系统工程，需要政府、学校和教师协同配合，共同推进。通过对教师数字素养现状及问题的分析，提出如下具体提升策略。

（一）加强高校教师数字素养培训，培育持续学习能力

高校应成立专门的教师数字素养推进小组，由高层领导负责，致力于解决教师在实施数字教学、科研、办公中所遇到的各种问题，完善学校数字硬件、软件基础设施建设，同其他行政部门协调教师工作量，留有足够时间用于数字素养学习，创设良好的数字化转型条件。该小组应根据《教师数字素养》标准，结合本校各专业人才培养目标，制定教师数字素养测评指标体系，根据指标体系制订各级各类数字信息与技术培训计划并组织实施。包括新教师入职前培训、定期例行培训和新技术提升培训，并在培训后对培训效果进行测评，为每名教师建立数字素养档案，针对接受困难教师加大辅导力度。

高校教师自身应加强认识。新一代大学生已是数字时代的"原住民"，在高等教育大众化的今天，旧有的教师讲授、学生听课教学模式已渐趋落伍，而混合式教育教学则

是大势所趋，不培育持续学习能力，不提升自身数字素养，就无法承担起教书育人的重任，不能成为一名合格的高校教师。高校教师应保持积极的心态与学习的热情，除了坚持参加政府和学校组织的各种数字技术培训，还应主动探索现代数字信息技术在教学与科研中的应用，参与课程的数字化教学改革，了解混合式教育模式最新发展动态，形成终身学习习惯，不断提升数字素养。

（二）完善教师数字素养提升激励措施

为促进数字化转型和提升教师数字素养，政府和学校应完善相关激励措施，提高教师学习和应用数字技术的积极性。政府可将教师数字素养能力纳入教师资格证认证体系，只有达标者才可以获得高校教师资格证。高校可将教师数字素养培训测评结果、混合式教学课程建设、数字资源建设和数字化教学研究与创新成果等纳入教师职称评定和岗位晋升条件，并给予一定的物质和精神激励。成果评定标准和过程应量化、公正、透明，对于教师所取得的优秀成果可在校内外展示、推广，以起到良好的示范带动作用。

（三）完善高校教师数字化学习平台，组织数字教学与科研交流活动

目前国家已经建设有国家数字化学习资源中心，既提供数字技术与授课技巧的培训课程，也提供文本、图片、音频、视频、动画等素材，并展示优秀的线上课程视频，但就切实提升高校教师素质素养而言，资源还有待丰富。各地方政府和高校也可建设本地的数字化学习平台，讲授和交流教学和科研所需的各项技术与心得，采用动画、测试、游戏通关等灵活多样的形式，提高教师参与积极性。政府和学校应鼓励教师在平台上分享教学资源和成功经验，以完善平台建设。

政府和学校应组织数字教学比赛及院校间混合式教学交流研讨活动，在比赛和活动中，可邀请专家和名师点评、演示，教师们观摩，观摩后可分组探讨本节中课程是如何设计的，线上资源如何穿插于课堂教学，课堂中使用了何种数字技术、采用了什么方式吸引学生注意力等具体细节，并将得到的启发应用于自己的课堂教学。组内教师可轮流进行教学展示，相互点评，辅助收集学情反馈信息和学生意见，共同改进。

（四）加强数字安全保护宣传和教育

基于较多高校教师对数字安全重视度不够的问题，政府和学校不仅需要在数字素养培训课程中讲授U盘的安全读写、电子仪器的安全使用、软件的安全下载与杀毒、不良虚假信息的鉴别、个人隐私的保护等数字安全知识，更要加强数字安全保护意识和法律法规的宣传，使教师认识到诸如信息泄露、网络欺诈与欺凌、钓鱼网站和邮件的严重危害。可在公告牌和校园宣传区、教学楼、办公楼等区域张贴有关数字安全的标语，也可

以通过微信、抖音等社会平台推送典型案例，切实提高教师数字安全意识。

六、结语

教育的数字化转型对传统教学模式而言是一场颠覆性的变革，其承担的主体就是高校教师。高校教师的数字化素养能力框架包含较多技能与要求，由于高校教师数字素养水平参差不齐，而教育数字化技术更新速度极快，因此，要切实提高高校教师数字素养任重而道远，绝非一蹴而就，需要常抓不懈，更需要教师、学校与政府三方协同配合，共同推进。对于推进中存在的问题，应结合国内外成功实践，采取针对性措施，并确保措施落到实处。

参考文献

［1］杨玉玲. 数字时代民办高校教师数字素养提升策略探析［J］.数字教育，2022，8（1）：48-53.

［2］陈丽，张文梅，郑勤华.教育数字化转型的历史方位与推进策略［J］.中国电化教育，2023（9）：1-8，17.

［3］王佑镁，杨晓兰，胡玮，等.从数字素养到数字能力：概念流变、构成要素与整合模型［J］.远教育杂志，2013，31（3）：24-29.

［4］郭炯，郝建江.智能时代的教师角色定位及素养框架［J］.中国电化教育，2021（6）：121-127.

作者简介：宫玉昕（1979— ），女，吉林省梅河口人，烟台南山学院经济与管理学院副教授，硕士；庄光宾（1981— ），男，山东省临沂市罗庄区人，烟台南山学院经济与管理学院讲师，学士。

校企一体化培养高校"双师型"教师的现状及对策分析

于泳

摘要：对高校"双师型"教师培养的现状进行分析，结合"双师型"教师培养的主要措施及存在问题，探讨校企一体化培养高校"双师型"教师的影响因素，包括校企合作环境、实践条件、激励机制、专业发展意识和知识结构。提出校企一体化培养高校"双师型"教师的四大对策，包括创建校企一体化培养"双师型"教师环境、构建高校"双师型"教师激励机制、制定"双师型"教师职业生涯规划和完善高校"双师型"教师评价体系，为高校培养高素质"双师型"教师提供参考。

关键词：校企一体化；"双师型"教师；现状分析；对策

基金：山东省教育教学研究课题"校企一体化背景下高校'双师型'教师培养机制及评价研究"（2018JXY3068）

一、研究背景与问题

应用型本科高校转型背景下，"双师型"教师是促进高校高质量发展的关键因素，影响着高校人才培养的质量。因此，加强校企一体化培养高校"双师型"教师，优化"双师型"师资队伍对高校的可持续发展至关重要。应用型本科院校在"双师型"教师建设方面普遍存在"双师型"教师比例偏低、师资结构不合理、质量提升缓慢、评价标准不明确等问题。培养"双师型"教师需要企业的真实生产环境，校企一体化就是依托重点企业，将校企真正融为一体，教师除了作为学校的教师，也是企业的员工。"双师型"教师可以在企业和高校之间调动，企业人员可以调到高校工作，高校教师可以在企业工作，考核合格后可以选择回高校，也可以选择留在企业继续工作。教师将专业理论知识和实践技能教给学生。学生在这样的模式下切实掌握专业技能，成为高质量应用型人才。通过校企一体化，学校和企业的相关资源进行整合，真正实现校企资源共享、优势互补、发展共赢。

本文在校企一体化背景下进行调查分析，对校企一体化培养"双师型"教师过程中存在的问题和影响因素进行分析，找到有效提升"双师型"教师培养的对策，为高校"双师型"教师培养提供参考。

二、高校"双师型"教师培养现状分析

（一）高校"双师型"教师培养主要措施

1.开展"双师型"教师资格认定

"双师型"教师资格认定是对"双师型"教师职业能力的肯定，是"双师型"教师职业专业性的重要表现。可以从知识、技能、教学素质等有关方面对"双师型"教师进行规范，并通过颁发证书的形式进行资格认定，保证"双师型"教师的技能性、教学性、规范性。现在大多是各个学校自己制定规章"双师型"教师对其进行界定，也有部分省市出台了"双师型"教师的认定标准，各个高校统一认定标准。

2.对教师进行培训

"双师型"教师培训一般通过教岗前培训、在岗培训、专项培训和校外培训几种方

式进行，高校对教师参加培训的期限、内容等应以规章制度的形式做出明确规定，教师可以根据自身的要求选择适合的培训方式和周期等进行培训。培训内容包括教学技能、实验操作能力和专业理论知识等。

3.鼓励企业实践活动

企业实践活动是"双师型"教师培养的最常见形式。具体来说，企业为高校教师提供场地、岗位让教师到企业进行挂职锻炼，参与企业生产运营工作。高校规定教师每年到企业进行生产服务实践的时间，做好实践记录，以此作为晋级、加薪的依据，从而不断提升教师的实践技能，促使其成为"双师型"教师。

4.引进企业人员，优化"双师"队伍结构

高校从企事业单位引进既有扎实基础理论知识，又有较强实践能力的技术人员充实"双师型"师资队伍。企业技术人员走进课堂，带给学生最前沿的实践技能，更能使学生理论联系实际，提高实践能力。健全兼职教师的培养和日常管理，高校对兼职教师的聘用条件、聘用程序和教学考核等工作进行规范化管理。

5.组织教师参加各级的技能大赛

技能大赛是学生提高专业技能的一个很好途径。学生参赛需要教师的指导，"双师型"教师作为指导老师和学生一起参加大赛。教师参与面比较小，但指导教师需要具有很高的专业技能，通过以赛促训的方式，给教师压力，教师专业能力会较快提高。

（二）高校"双师型"教师培养的问题分析

1.实践机会不足

要保证教师的专业技能水平，教师需要参加实践，但对于教师来说，由于高校教师教学任务繁重，没有多余的时间和精力参与企业的实践；对于企业来说，企业往往不愿意接收"双师型"教师进行生产实践，认为企业内部的管理秩序会受到影响，且"双师型"教师的生产实践也不会给企业带来利益。所以教师到企业实习锻炼的时间是有限的，教师参与校企合作的机会也比较少。教师参加企业实践不足，教师本身掌握的技能不熟练或者不全面，更无法将专业技能较好地传授给学生。

2.培训思想陈旧

目前高校普遍轻视教师实践能力的培养，多组织新教师培训，而较少组织"双师型"教师专项培训。"双师型"教师除掌握专业理论知识外，还要掌握专业实践能力。现有相关培训多为理论讲授，没有生产实际的具体操作，所讲的内容没有结合企业的具体问题。当前"双师型"教师职后培养所采取的也是一种偏重课堂教学的理论讲授模式，忽略了实践操作能力才是"双师型"教师的特色。

3.教师专业成长意识薄弱

专业成长意识是任何一个"双师型"教师成长必不可少的内在因素，对于"双师型"教师来说，专业成长意识薄弱，无法明确自己的发展方向并持之以恒，也就无法在教学选择和专业能力培养上增强自觉性，设计和实施好自己的职业规划。

4.社会环境功利化，顶岗挂职锻炼流于形式

现在社会过于强调大学的社会服务功能，许多高校不重视挂职锻炼，没有挂职锻炼相应的规章制度，有些教师参加企业挂职锻炼，但在考核上没有体现，所以顶岗挂职锻炼成为一种形式。另外高校教师教学任务繁重，如果没有政策的引导，教师没有到企业挂职锻炼的积极性。

5.评价体系缺乏科学性

学校评价体系往往重科研、轻技能，重视论文发表的数量和质量以及课题的申报，"双师型"教师的大部分时间和精力用于科研，无法专心提高自己的实践能力。目前高校缺少"双师型"教师评价体系，即使有针对"双师型"教师的评价，也存在评价指标不科学、不全面的情况，评价方法也比较单调。"双师型"教师的主动性很难发挥，这使高校"双师型"教师的培养无法真正落地，这对于投入的资金、师资力量，花费的时间实际上是一种更大的浪费。

（三）高校"双师型"教师培养的影响因素分析

1.校企合作环境

构建校企一体化平台，采用考核选拔和聘任等制度促进"双师型"教师培养，采取有效的校企一体合作形式，创造促进校企一体化下"双师型"教师培养的有利条件，创新培养模式、设计课程体系、编写教材、开发教学资源、创新评价办法，激励教师在专业化发展中发挥自身能动性。"双师型"教师专业能力的成长不仅取决于资金等资源投入，还取决于政策环境、合作环境、文化环境等校企合作环境，良好的外部环境和内部环境有利于"双师型"教师的培养。

2.实践条件

所谓实践条件，主要是指高校为"双师型"教师提供的教学实践平台。有调查研究表明，实践条件已成为影响高校"双师型"教师专业技术能力发展的一个重要外部因素。良好的实践条件是高校"双师型"教师快速成长的必要前提。

3.激励机制

健全的激励机制，有助于提高"双师型"教师从事专业实践活动的积极性，促使优秀的"双师型"教师脱颖而出。根据双因素理论，物质激励在满足"双师型"教师基本需求方面是最有效的，但当"双师型"教师需求不断增加时，物质激励的效用也会逐步降低，这

时更多需要职称、评优、晋升、培训等精神激励。对教师进行短期激励的同时，还需要结合教师职业规划进行长期的激励。激励政策也要有层次、有针对性，做到差异化管理。

4.专业发展意识

专业发展意识能够支持"双师型"教师持之以恒地从事自己的专业方向，能够促使教师具有良好冒险精神和自信心，也有利于组织专业技能文化氛围的形成，所以专业发展意识是"双师型"教师发挥专业能力的重要条件和保证。对"双师型"教师来讲，建立合理的知识结构是提高自身专业能力的重要内容，"双师型"教师的专业发展需要应用理论研究，重视实践能力的提高。在现实环境中，由于"双师型"教师很难对自己进行准确定位，教师失去自我发展的意识，失去了成长的主动性。在教学方面，"双师型"教师更需要明确自己的专业发展目标，以便解决教学中产生新问题、新情境。如果"双师型"教师专业能力提高的积极性不高，跟不上环境、学生、技术等变化，也就无法成长为一位优秀的"双师型"教师。部分高校对"双师型"教师重视不足，因此"双师型"教师专业发展意识淡薄，积极性不高。

三、校企一体化培养高校"双师型"教师的对策

（一）创建校企一体化培养"双师型"教师环境

要做好"双师型"教师培养，必须打破企业和高校之间的隔阂，创造一个校企一体化的环境。在政府政策的引导下，地方政府利用行政力量完成校企一体化合作，避免学校和企业各自为政、各自行动，彼此很难形成合作。政府是校企一体化培养"双师型"教师的引导者，也起到宏观管理的作用。政府可以通过资金投入、制定校企一体化相关法律政策等方式，协调校企矛盾，促进校企一体化合作。政府加大对"双师型"教师培养的资金支持，设立校企一体化培养"双师型"教师专项经费，实施专款专用；加大"双师型"教师培养的政策法规支持，制定"双师型"教师培养制度，明确"双师型"教师的标准和培养途径等。

企业需要转变观念，树立正确的价值观导向，充分认识到校企一体化的必要性，积极参与到校企一体化中。企业应将教师到企业实践常态化、规范化，在员工培训、技术攻关、产品研发、企业文化建设等方面加强与高校的深入交流与合作，提高企业自身的竞争力。企业须建立内部有关教师到企业实践的管理制度，教师在企业实践期间的身份等同于正式员工，企业要做到一视同仁。企业建立教师实践安全管理制度，建立企业技术人才与教师交流互动平台。

从院校层面来看，高校应建立科学的组织机构，以协调各项合作工作的开展与运作。高校应不断优化师资队伍结构，将校企一体化作为"双师型"教师培养的重要途

径,将教师参加校企一体化实践作为"双师型"教师职称评审、职务晋升等的重要参考条件。高校需要出台相应的制度,制定《校企一体化工作管理办法》,从工作原则、工作要求、工作职责、合作模式等方面进行详细规定,做好过程管理。应明确考核指标,加大对校企一体化工作的考核力度,提高教师参与校企合作工作的积极性;应明确认证标准、工作职责、考核及激励标准。校企双方互相挂牌,共建实践教学基地、人才培养培训基地、研发中心等,共享实验室、科研平台等资源。另外也要有考核机制,使教师参与校企一体化落到实处。通过奖励政策引导学生积极参加挂职锻炼,切实提高自身实践能力。

(二)构建高校"双师型"教师激励机制

构建新型职称管理模式,打破传统的只重视科研和论资排辈的职称评定模式。在职称评定上重视"双师型"系列职称评审,鼓励教师解决企业实践及实验中存在的实际问题。对实践能力强、实践业绩突出的教师,允许申报"双师型"系列职称。打破职称评定终身制,实施"能上能下"的弹性聘任制,可以以三年为一个聘期,完成聘期目标,可以续聘,如果没有完成聘期目标,则要进行降聘。

完善高校教师考核体系,实施目标管理,实施教师工作模块化考核,"双师型"教师可以专攻一个模块,做到人尽其用,发挥考核的政策导向作用,考核指标的设置考虑到"双师型"教师的特点。建立完善的工资分配体系,提高"双师型"教师的工资待遇,工作收入与目标完成情况挂钩,重视"双师型"教师的工作业绩,充分重视教师的贡献程度,工资收入取决于对学校的贡献大小。制定工资待遇定期调整机制,还要加强薪酬民主管理体制,这样有利于调动教师努力工作的积极性,形成良好的激励机制。

(三)制订"双师型"教师职业生涯规划

高校要重视"双师型"的职业生涯规划,做到外部引进和内部培养并重。高校应把"双师型"教师培养纳入学校发展总体规划,制订"双师型"教师培训规划,有计划、有步骤地对"双师型"教师进行培训。安排"双师型"教师深入企业进行专业实践锻炼,提高专业教师的专业技能,这是校企一体化培养"双师型"教师的重要方式。制订不同的培训计划和个性化的教师职业生涯发展规划,对于实验实训教师,要加强理论培训,努力提高他们的学历层次和理论水平,对于专业教师,要让他们到生产、建设、管理、服务第一线专业实践,提高他们的实践能力,使他们都能逐步成为合格的"双师型"教师。注重实训基地的新模式的开发,定期组织"双师型"教师到培训基地培训,鼓励"双师型"教师参与企业的项目开发、技术开发、转化、改造。学校聘用制度和薪酬制度要符合"双师型"教师职业发展,为"双师型"教师培养营造出和谐稳定又具有竞争性的环境。

（四）完善高校"双师型"教师评价标准

在评价体系方面，高校教师评价应分类评价，根据学校发展的需要和对教师的要求制订评价体系。"双师型"教师的评价不能照搬学术科研评价标准，要突出实践操作能力方面的评价，建立适合"双师型"教师职业发展的评价体系，依据系统性、科学性、分类评价和区别考核、可操作性、简洁性的原则，"双师型"教师评价体系包括：①专业素质能力，包括专业素质基础、实践思维能力、专业发展意识等。②专业教学能力，包括教学工作量、教学过程质量、教学效果、教材教法的贡献、教学成果获奖等。③专业实践能力，包括挂职锻炼、带学生顶岗实习的数量等。④技术服务及研发能力，包括科研成果产出（学术论文、著作及教材、科研项目）和科研成果转化（学术获奖情况、专利、专利转化数量）。

四、结论

"双师型"教师是应用型本科高校发展的关键，高校应高度重视"双师型"教师的培养，而培养高素质"双师型"教师，高等院校必须结合自身特点，制定出切实可行的培养对策。校企一体化培养"双师型"教师是一条重要参考路径，创建校企一体化培养"双师型"教师环境、构建高校"双师型"教师激励机制、制订"双师型"教师职业生涯规划和完善高校"双师型"教师评价体系，培育出综合型的"双师型"人才，这是学校发展的需要，更是国家持续发展的需要。

参考文献

[1] 于泳，王慧.校企一体化培养高校"双师型"教师机制研究[J].卷宗，2020，10（12）：306.

[2] 董彦宗.基于"六棱核心能力"钻石模型的"双师型"教师团队建设探索[J].教育与职业，2022（19）：78-83.

[3] 张碧竹."双师型"教师培养制度研究[D].武汉：湖北工业大学，2012.

[4] 蔡芬.普通本科院校转型背景下"双师型"教师队伍建设研究[D].兰州：兰州大学，2018.

[5] 王永辉.高职院校转型背景下如何培养"双师型"队伍[J].文教资料，2020（20）：101-102，44.

作者简介：于泳（1979— ），男，山东烟台人，烟台南山学院管理科学与工程系主任，副教授，硕士研究生导师。

产教融合视角下民办院校"双师型"教师队伍建设研究
——以烟台南山学院为例

张倩　邢仪雯　武君浩

摘要：产教融合是国家长期坚持的教育发展战略，在民办院校发展中的作用越来越突出。"双师型"教师是民办院校高质量发展不可或缺的重要内涵，"双师型"教师队伍建设也是民办院校研究的重点内容。本文以烟台南山学院"双师型"教师队伍建设为例，深入系统地研究了"双师型"教师的个体定位、"双师型"教师队伍建设的重要性，针对性地提出了"双师型"教师和"双师型"教师队伍建设的建议，为民办院校提升育人质量提供了建设性建议。

关键词：产教融合视角；民办院校；"双师型"教师；队伍；高质量

一、引言

21世纪以来，市场经济由快速发展转变为高质量发展，经济社会产业发展逐步形成以产业链、供应链发展带动区域经济一体化发展的价值链产业体系。"人才是第一资源"，技术人才决定了行业企业的长期资源供给。但是，民办院校在人才培养方面，仍难以满足企业的发展需求，形成供需不匹配的尴尬局面。产教一体化是解决问题的良策。"以产促教"和"以教兴产"的产教融合，是将二者有效地结合起来。民办院校与产业共同发展，协同育人，培养社会发展和产业企业需要的技术人才。教师是民办院校的重要育人者，产教融合发展对民办院校的要求也转化为对教师的要求，需要教师适应并满足产教融合带来的新变化和新要求。"双师型"教师成为发展的刚需，需要打破原有的人才教学模式，以适应产业需求。所以"双师型"教师队伍建设在产教融合的发展背景下提上日程，成为研究的重点之一。

烟台南山学院是中华人民共和国教育部批准，南山控股投资兴办的全日制普通民办本科高等学校，因此学校的产教研工作开展具有有利的先天条件。本论文以烟台南山学院"双师型"教师队伍建设为基础，在结合文献资料分析民办院校教师队伍建设瓶颈的基础上，以"双师型"教师队伍建设为切入点，提出了建设性的意见和建议。

二、"双师型"师资队伍建设是民办院校发展的必然选择

产教融合是将产与教有效融合，是经济社会转型升级的选择，也是推动行业公司国际化发展的有效途径。"以教兴产、以产促教"的产教融合是国家推动民办院校发展的一项重要政策。《国务院办公厅关于深化产教融合的若干意见》要求以产教融合促进民办人才培养，打造产教融合师资队伍，形成教育与产业融合的上升式发展局面，并明确将"双师型"教师队伍建设写入政策文本。明确"双师型"教师队伍建设，是构建产教融合发展的重要一环。此外，在企业产业引进学校、学校引进企业，建立工业园区等措施的推动下，促进了产教融合发展，促使民办院校改变发展，摆脱了原来的教学模式，这就更加强调教师作为学校主体的改变发展。教师发展偏向"双师型"教师队伍建设，对教师的要求不断提高，以适应产教一体化的需要。因此，两个方面都可以论证"双师型"教师队伍建设对产教融合的根本保障作用，为促进民办学校教育的发展而启动。

民办院校是为产业培养人才的关键途径之一，民办院校的育人实力来自"双师型"教师。"双师型"教师是民办院校前进的基础，也是民办院校人才输出质量提高的关键。众所周知，民办院校的主体是学生和教师。培养出符合社会需要，符合产业企业需求的学生，是教师发展的要求。所以符合民办院校发展的教师主体是"双师型"。"双师型"教师队伍是适应经济社会不断转型发展的重要力量，是与工业企业相结合的民办院校。以"双师型"教师为发展支撑力量的民办院校才能持续、长效发展，民办院校的必然选择是建设"双师型"师资力量。

三、产教研背景下民办院校"双师型"教师队伍建设

（一）"双师型"教师队伍建设的内涵

教师队伍是由一群具有知识、文化、经验和技能，并相互影响，能够共同遵守教学行为中的共同目标和规范的教师构成的。从管理学的视角来看，教师队伍是由既具有专业技能，又拥有专业理论的教师，共同协作、共同发展形成的群体。

本文认为，教师队伍是由教师组合而成的队伍，是为了培养学生、服务学校等共同目标，而将具有较强协作能力的人员集中在一起，形成1+1>2的合力。这与教师群体是不同的，教师队伍属于教师群体。"双师型"教师队伍在产教融合的大背景下形成的师资形式，突出教师队伍的作用，彰显"双师型"教师在民办院校中的作用，充分发挥其价值。"双师型"教师队伍建设是国家高等教育师资队伍建设的重要组成部分。为实现课程与教学、创新科研、服务社会和培养高素质人才的目标，遵循教育规律，集合具有专业理论与专业实践能力教师的教师队伍，成员之间相互协作、融合、发展。"双师型"

教师队伍各具特色，如表2-1所示。

表2-1 "双师型"教师队伍特征

特征	表述
共同的愿景目标	课程教学、实践活动、科研创新、社会服务四位一体融合
团员优势互补	专兼结构、理论与实践教师、学科专业教师之间互为补充
共同的队伍文化	形成公平、公正、信任、包容、合作发展的队伍文化气氛
骨干队伍领头人	领导能力、组织能力、协调能力以及个人魅力影响队伍成员

独立个体的"双师型"教师、理论教师、实践教师和企业兼职人员组成的教师队伍，在教学、科技创新、社会服务、实践活动、学识共享方面优势互补。"双师型"教师队伍是把个人的"双师型"教师融合到队伍中去。它不是简单的专兼教师或理论与实践教师相结合，而是指四者有机结合的形式，进而提高"双师型"教师队伍水平。"双师型"教师个体从微观上讲，要掌握相关的理论知识和实践知识，能够指导学生进行理论学习，指导学生进行实践，因此，"双师型"教师应该既包括企业层面的教师，也包括民办学校的专职教师。从宏观上讲，"双师型"教师包含了理论、实践、全职及兼职教师，是具有"双师型"能力教师的集合体，进而形成"三环融合、四项协作、五位一体"产教融合协同育人创新实习实践模式，如图2-1所示。

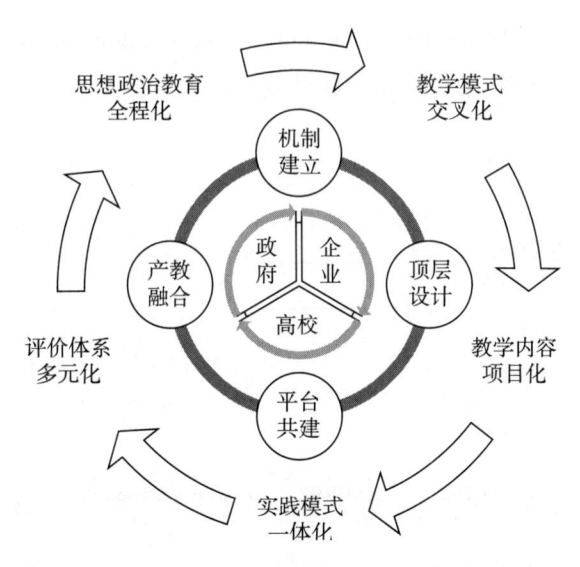

图2-1 "三环融合、四项协作、五位一体"产教融合协同育人创新实习实践模式

（二）民办院校"双师型"教师队伍建设目标的转变

产教融合背景下的民办院校"双师型"教师队伍建设目标，已经从"双师型"教师

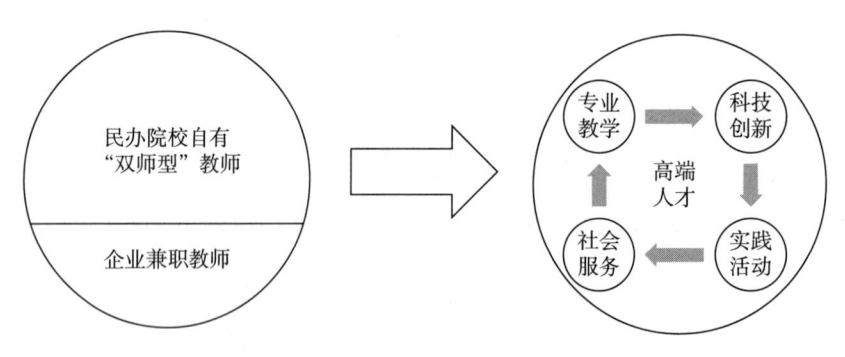

个体发展转变为"双师型"教师队伍建设。2017年以后的政策对"双师型"教师队伍的职能要求越来越清晰,"双师型"教师队伍的建设也立刻被要求开始转型。总体来看,"双师型"教师队伍有两种,一种是由单独个人的"双师型"教师组成的队伍,另一种是由单独个人的"双师型"教师和兼职教师组成的教师队伍。"个人"强调的是"双师型"教师个人在民办院校的"双师型"能力;专兼结合强调"双师型"教师专任与"兼职型"教师相结合,强调教师专兼的二元结构。如今,技术创新人才供需矛盾突出且急迫,加之民办院校教育功能滞后,对教师队伍建设要求加剧。所以,民办院校教师队伍在产教融合的大背景下,不仅局限于单线的课程教学,教学仅仅是教师的重要职能之一。教师队伍能力也要展示参与实践活动的能力,科技研发的能力,社会服务能力,服务于社会、产业企业的人才培养的能力。现在个别"双师型"教师已具备一定的理论和实践能力,特殊结构的教师队伍重点为课程教学任务服务,对教师队伍的产教融合要求还没有达到。现有的"双师型"个人,实力和精力有限,要想在各方面都有所发展,困难重重;专兼教师结构是有限的,协作方式是有限的。因此,"双师型"教师建设由个体转向"双师型"教师队伍建设,以期形成一支"双师型"教师队伍,以团队的力量充实教师职能。建设"双师型"教师队伍不是简单地机械式组合专兼教师,而是展现团队力量,合力破解难题,组建一支全方位的"双师型"教师队伍,充分发挥各自领域优势,在课程教学、科技研发、社会服务、实践活动等方面,团队成员优势互补、相互促进,建立起一支知识、信息、利益互惠的专业团队,充分展现"双师型"教师队伍在教学实践中的作用(图2-2)。所以以创建高质量的民办院校为根,以产教融合为依托,从"双师型"教师个体向"双师型"教师队伍建设转变,应是当前教师队伍建设面临的新挑战。

图2-2 "双师型"教师队伍建设图

(三)民办院校"双师型"教师队伍的结构转变

普通高校是围绕学科建立以教学科研为核心的基层学术组织,围绕专业与课程建立了院系、专业和教研室。随着民办院校产教融合的推进,原本以专业为核心的基层学术组织,要向以专业群为核心的学术机构转变。院系强调建立一支集教学、科研和社会化服务为一体的高质量师资队伍；专业建设以输出技术能力强、在就业中具有较强竞争力的优秀人才为目标；教研室是为了培养与企业的合作发展，增强教师的应用能力而建立的。因此，以基层民办院校学术组织为核心，改变了"双师型"教师队伍建设在民办院校的结构性格局。突出以基层学术组织专业建设为重点，建立包含教学、课题、服务的结构模式"双师型"教师队伍，每个课题呈现矩阵式结构模式，并行发展，相互协作，具有一定的独立管理权。

因此，民办院校"双师型"师资队伍建设，既要注重育人功能，又要注重科技研发和服务功能，这是产业发展所需要的。毋庸置疑，根据需求为社会培养具有专业知识和技能的技术人员，是民办院校的基本职能，因而教学是教育人的重中之重，教学是教师的基本职能，是教师队伍建设的重点。产教融合，产与教不可分离，"产"是终极目标，"教"是服务于终极目标，科技研发是产业发展的依托，教学也是促进产教融合的核心。企业以成本为优势积累财富的方式，社会经济的进步与发展持续发展，必然要求企业转向发展技术含量高、效率高的产品。所以，科技研发就成了企业必须要发展的。近年来，民办高校教师开始注重科技研发，集聚协同创新中心、孵化中心等高层次人才和技术创新平台，科技专利拥有量不断增加。这也说明教师队伍的科研能力得到重视和提高，能够促进与企业的研发合作，促进产教融合发展，让教师与企业双向互惠。民办院校的社会服务主要是为经济社会和地区的发展提供支持，一是技术相关的产品开发等服务的支持，二是为社会人员开展技术技能培训、农民培训服务。教师是民办院校社会服务的实施者，是民办院校服务功能的贯彻者。基于此，在产教融合下，以专业建设为核心要求的民办高校基层学术组织，其"双师型"教师队伍的架构模式，已经转变为集课程教学、科技研发、社会化服务于一体的矩阵式架构模式，开展民办高校课程教学建设，发展科技研发，提升社会服务水平等工作，促进"产学研用训"民办院校一体化发展。

四、烟台南山学院"双师型"队伍建设模式

烟台南山学院始终坚持以"立德树人"为根本任务，以共建本科专业为基础，以南山控股核心产业为依托，形成学科专业布局与行业产业需求一体化、师资队伍建设与技术骨干培养一体化、专业实践教学与产业生产过程一体化、专业教学内容与岗位职业标准一体化、应用科学研究与产业技术研发一体化、实验实训平台与产业生产一体化六大校企融合的办学特色。近年来，学校出台各种政策支持"双师型"教师队伍建设（表2-2），现已形成一支教师数量充足、优质的"双师型"教师队伍。

表2-2 学院"双师型"教师培养政策内容

发文机构	主要内容整理
烟台南山学院	鼓励并选拔教师到企业挂职锻炼，教师每年与本专业或教学相关的企业工作研修不少于6个月。 挂职锻炼期间待遇不变，并将其与职称评聘挂钩

资料来源：学院"双师型"教师的制度文件整理

烟台南山学院根据本校师资来源、历史因素及实际情况，认为教师在专业教学理论方面的能力相对较强，从而更加注重教师本专业实际操作能力的培养，注重科技能力的培养，从而使教师在专业实践中的经验得到提高。依托"双师型"教师培养基地、挂职锻炼项目、国内访学项目等，开展与企业联合培养"双师型"师资的方式。

对现有专任教师进行结构优化，建立一支素质过硬的专任教师队伍。通过开展专业课建设，提升教师专业发展能力，学校教师发展中心策划并开展了多个相关培训项目。学院组织开展不同的活动，针对不同的教师对象，如新晋教师、"双师型"教师等，构建了教师从就职到职后发展的制度体系。

建立了"双师型"教师培训基地，借助企业优势。开发专业建设类、精神类、能力类、研发类等培训项目。教师参加本专业基地实习的比例达到60%以上。最后，鼓励教师参与实践项目，鼓励教师深入企业、科研院所，参与研发、工作或实习等实践活动，增强教师参与实践活动的意愿和能力，从而实现教师教学、科技创新、实践操作能力的提升，并最终在日常教学和课程中得到回馈。

加大"双师型"教师引进力度。学院对现有政策进行完善，采取多方引才的办法，壮大"双师型"师资队伍。引进有影响力和权威性的科研创新带头人，技术技能领军人才，引进专业带头人等高层次师资力量。扩大博士引进方案，补充师资力量。引进企业技术能手，在帮助优化"双师型"教师结构的同时，拓展专业教师队伍。

五、促进民办院校"双师型"教师队伍建设的建议

（一）形成专业建设与"双师型"教师队伍建设的联动体制

目前，民办院校的课程教学队伍建设大多是以专业为基础建设的，教师主要集中在眼前的教学任务上，积极性不能得到保证。同时，民办院校的专业过于细化、狭窄，规模不够，且所学知识与行业企业脱节显著。在专业设置的基础上，教师的配备也出现了专业教师人数较少，专业教师之间联系弱化的情况，基本上只由教师承担日常的本专业理论教学或与本专业相关的一些工作。但民办教育不应是教学、科研、实训的

割裂教学，专业过于细化容易导致人才培养脱离企业需求，陷入学生就业导向与企业用人导向两难的尴尬困境。"产学研"是借助产教融合背景下的多项合一，为调整专业布局主动适应产业升级，其布局要服务于区域经济建设与发展。借助产业链与教育链的联动发展，按照学科知识划分专业，专业建设与产业链相结合，民办院校可以根据产业链需求建设多专业人才培养计划，形成与产业链相对应的专业群建设。专业群是由一个或几个核心专业且对象相同、技术相近、基础相近的专业组合而成的。因此，由于专业群建设，专业教师之间的互动加深，在专业群建设的基础上，形成了一支师资队伍。专业群来源于产业链，以专业群为纽带构建的教师队伍，进行闭合环状的人才培养，以产业为依托，推动民办院校教师队伍建设，产出高质量的技术人才，真正促进教育链、产业链、人才链的相互衔接，解决两边的人才需求和供给问题。

（二）构建校企合作建设"双师型"教师队伍的双向耦合机制

民办院校发展的重要途径是校企合作共同发展，而校企合作共同发展又是"双师型"师资队伍建设的关键。由此，民办院校必然需要建立学校与行业、企业双向融合的合作关系，借助校企合作、选聘和吸引企业人才到学校，同时推动学校教师到企业任职、校企互聘需求人才，打通校企人才双向流动通道。首先，促进多种合作方式，如产业学院、产业创新学院、产教联盟等。产业学院是学校和企业"双元育人"的主要模式，企业在人才培养模式中起主导作用，对管理的介入程度较高。融合工作主要围绕专业培养目标、教学、师资队伍建设、基地建设、就业等方面开展。一方面，一些企业（产业）学院的教师可以打破教职工的身份壁垒，可以拥有双重身份，教师即工人，工人即教师。学院"双师型"教师队伍能够清晰地知晓企业的生产流程和目前存在的问题。教师之间加深了凝聚力，教学育人工作按照企业的实际需求来开展。另一方面，企业的生产实训基地建设较好。生产基地是在真实的生产过程中建立起来的，理论较强的教师可以在基地参与生产建设，增强理论与实践的整合能力。此外，深化校企共建的相关合资公司，有助于打破教师下企业的入职壁垒，为具有较强专业针对性的教师开辟就职渠道。其次，继续深化校企共建"双师型"教师培训实训基地，充实基地建设，打造精品基地。打破"双师型"教师队伍的培训壁垒，满足教师的实践需要。然后，利用产教融合平台，加强校企合作的课程建设和横向课题、纵向课题的申报。此外，企业参与课程建设，推动教学课程的调整，将理论与实践教学相结合，有助于专业教学与教材、教学视频与课件的产出，同时，该过程中转化的课题成果，可服务于企业人员和学校教师科研水平的提高。

（三）完善"双师型"教师队伍资源共享和职能分工的管理体制

团队的作用大于简单组合的团体，其中一个原因就在于成员之间的凝聚力。成员之间的学习、分享对团队凝聚有着重要的作用。民办机构应推动团队成员之间建立平等合作、互惠互利的合作关系。形成教师成员之间的知识和资源共享，让成员之间实现利益共享，建立团队成员资源共享机制，团队教师成员之间借助产教融合平台开展项目研讨合作，让信息能够在教师队伍中流通，使得教师在知识、技能、理论、科研等方面的能力得到充分发挥。学校积极推进资源共享制度，组织研讨会议，增进教师交流，提供交流机遇。以政府为支撑，借助产教融合平台，促进企业、学校、教师三方资源共享，增加团队成员间的交流与合作，促进人才在校企间的流动。成员借助实训基地、产业园等一体化平台，促进成员合作共享，以此提高团队成员的共享意识，进而使得成员间建立紧密关系。同时，"双师型"教师团队要有学习特征，知识不断更替。成员间资源共享促进成员学习知识，掌握企业、学校的发展动态。不断强化知识学习，反过来促进队伍的良好发展，形成良性循环。同时，由于"双师型"教师队伍中的成员之间有各自的专业优势，相互补充发展，教师之间又存在差异性，教师发挥的作用各不相同，团队成员职能分工呈现出不同。管理民办院校"双师型"教师队伍根据团队中教师成员的具体分工不同、贡献大小，采取不同的考核、监督制度。其中，明确教师成员的职能分工并不是工作重要性不同。只是任务不同，采用不同的评价体系，相同的等级评价结果在教师评职称、评奖等方面，具有同等重要程度和同等重要的作用。"双师型"教师队伍是一支集教学、实践、科技、服务四个职能于一体的师资队伍。成员间资源共享、职能分工不同的管理，也需要弱化"科层制"管理，方能促进信息的纵横向交流。教师班子成员根据资源信息，有针对性地开展不同的工作任务。重点推进班子横向管理，简政放权，减少程序化管理，扩大队伍自主管理权，促进成员及时更新资源、知识、任务等方面的信息。

参考文献

[1] 陈小娟，樊明成，黄崴.高职教育产教融合：诉求、困境、成因及路径[J].黑龙江高教研究，2020，38（4）：123-127.

[2] 崔巍，潘奇.产教融合型企业嵌入高职院校质量保证体系：时代选择、目标特征与嵌入路径[J].中国职业技术教育，2020（36）：92-96.

[3] 王志伟.论高职院校专业设置与专业建设[J].教育与职业，2020（4）：34-40.

[4] 唐宁，郭常斐.基于供给侧改革的高职"双师型"教师团队建设[J].厦门城市职业学院学报，2017，19（3）：1-7.

[5] 楼世洲，岑建.产教融合视角下高职院校"双师型"教师队伍建设的创新机

制[J]. 职业技术教育，2020，41（3）：7-11.

作者简介：张倩（1987— ），女，山东禹城人，烟台南山学院化学工程与技术学院副院长，副教授，硕士；邢仪雯（1994— ），女，山东龙口人，烟台南山学院化学工程与技术学院教师，助教，学士；武君浩（2004— ），男，江苏盐城人，烟台南山学院化学工程与技术专业，学生。

产教融合背景下"双师型"教师队伍建设路径研究

潘涛　王怡

摘要：产教融合时代下，"双师型"教师对于发扬大国工匠精神，培养技艺精湛的专业技术人员具有极其重要的作用。然而在推进"双师型"教师队伍建设过程中发现诸多问题。为切实解决"双师型"教师队伍建设的问题，提高教师教育教学能力、专业实践能力以及社会服务能力，政府、社会、学校以及教师自身须做出适当改变，各部门协同一致，形成教育合力共同致力于"双师型"教师队伍建设。

关键词：职业教育；产教融合；"双师型"教师；队伍建设

一、高等教育产教融合的时代背景

教育部职业教育发展中心彭主任指出："统筹职业教育、高等教育、继续教育协同创新，推进职普融通、产教融合、科教融汇，优化职业教育类型定位，再次明确了职业教育的发展方向。"应用型大学应根据所设专业，将专业教学与产业实践紧密结合、相互支持，构建理论学习与实践操作为一体的教学模式，发展成为集人才培养、科学研究和科技服务为一体的产业性经营实体。

在产教融合的时代背景下，"双师型"教师队伍建设随着职业教育的发展也在不断完善。产教融合下的"双师型"教师要求教师具有扎实理论知识的同时，也应具备相应的实践教学能力，在此基础上，开展并办好劳动教育，是学校、企业、社会和政府的共同责任。

二、"双师型"教师的内涵本质

职业教育是以培养学生未来职业能力为目标的教育，相对于传统偏向理论知识学习的教学，它更重视将理论知识转化为实践能力，进一步解决现实生活中的实际问题。1988年国家教育委员会首次提出"双师型"教师，从一定程度上改变我国职业教育轻实践、重理论的观念，开始强调重视实践环节，实现理论学习与实践探索的紧密联系。产教融合视域下的"双师型"教师不仅需要具备教师应具有的教学知识、理论基础和职业素质，还应掌握相关产业的实践技能、操作要领和行为准则，既可以在学校课堂教学中教授理论知识，又能在实践环节为学生进行操作指导。"双师型"教师的典型特征是职业教育及其教育性质决定的，集中体现在学生接受的教育与职业发展的紧密联系。也就是说，职业教育的教育内容从职业中来，教学成果到职业中去，在应用型大学教学活动的开展中，有着独特的作用和功能。

三、"双师型"教师的能力素质结构

应用型大学发展职业教育，能够更好地培养适应未来职业岗位要求的学生，即除了必备的知识理论和实践能力，还应具备一定的职业态度和职业精神。因此，在应用型大学"双师型"教师的认定过程中，会充分考虑教师的能力结构，不仅强调教师的教育教学能力和专业实践能力，也会充分考虑教师的社会服务能力。

教师的本职工作就是教书育人，这就要求教师具备一定的教育教学能力。"双师型"教师应具备扎实的专业理论知识，能够根据学生的特点因材施教，选择恰当的教学方法，进行系统性的教学设计。在育人方面，须引导学生树立正确的世界观、人生观、价值观，将课程思政融入专业课堂，培养学生追求精益求精的大国工匠精神。在教研方面，准确把握职业教育学科规律，了解行业前沿热点，积极开展创新性的研究。

"双师型"教师与传统教师相比，更加侧重教师专业实践能力的发展。"双师型"教师应结合当地企业发展的情况，充分了解行业发展水平，熟练使用最新技术与设备，积极参加行业竞赛，深化校企合作与产教融合，提升自身的专业能力和技术水平，能以专业的技能处理行业发展中遇到的各种问题，展现出专业的表现和行为。

社会服务能力是"双师型"教师服务社会和企业的重要能力表现。"双师型"教师了解行业发展情况、前沿技术与项目合作情况，便于从社会服务角度，运用自身的专业和技能，协助企业培养紧缺人才，面向社会范围提供专业咨询和远程指导，承接行业和企业项目，促进企业产品更新和社会经济发展。

四、产教融合背景下"双师型"教师队伍建设现存问题

（一）配套政策不完善，激励评价缺动力

提升"双师型"教师各项能力，是国家职业教育长远发展的必然要求。"双师型"教师队伍的建设已成为职业学校教师队伍建设的主要目标，从"双师型"教师培养的

整体方向而言，国家需要制定的相关配套政策，保证"双师型"教师的有序发展。但自"双师型"教师提出的20多年来，国家相关政策尚未完善，关于"双师型"教师的培养、认定及其激励、评价方面也尚未形成完整的方案。由于缺少与"双师型"教师发展相配套的政策制度，缺乏相关的激励评价工具与制度，进一步削弱了部分教师的积极性、主动性和创新性，进而制约了教师主动适应职业教育发展的需要。因此，需要进一步明确政策目标、健全政策内容、落实政策监管、完善配套制度，这也是"双师型"教师建设的重要制度保证。应对教师进行合适的内在激励和外部驱动，适时予以评价便于教师进行有效反思。

（二）内涵认知不清晰，双师结构不协调

目前，关于"双师型"教师的界定较为模糊，部分应用型大学把"双证书""双聘书"或"双能力"简单地定义为"双师型"教师，从而忽略了教师应具有学校和产业的双重实践经验，以及身为教师应具备的教学知识储备和科学研究能力。教育部于2022年首次确定了我国"双师型"教师的认定标准与范围，但由于各种因素的影响，在正式的认定过程中存在诸多尚未明确的问题。鉴于"双师型"教师的认定标准存在细节上的偏差，加之部分院校会想让自己的"双师型"教师占比高而降低准入标准，从而造成"双师型"教师在年龄结构、学历结构、数量结构、职称结构和学缘结构等方面不协调，高层次教师占比较低、双师总数占比不高、缺乏合理科学的职称结构和教师来源单一等，存在亟须优化的双师结构。

（三）培养体系不健全，双师素质待提升

随着职业教育的发展不断深入，"双师型"教师的培养体系也在不断地发展，但仍存在一些问题需要进一步完善。一方面，职业教育领域产教融合艰难进行，学校和企业尚未形成教育合力。应用型大学教师需要根据行业前沿热点，不断提升自身的专业化技能，了解企业的人才需求和专业发展之间的供需关系。但目前的"双师型"教师培养浮于表面，很难涉足相关产业的核心技术和专业领域，在企业和实训基地的开展深度不够，教师的产业实践经验有待提升。

另一方面，现今职校教师的培养体系与产业企业发展并没有相互关联，这就出现部分应用型大学的教师多数为从学校毕业直接到校任教，引进的一线产业和企业人才并不多，外包培训机构难以开展针对专业需求的个性化、针对性的课程活动。总体来看，应用型大学教师的技能素质与企业工人的专业化发展无法匹配，社会服务能力较弱，双师素质亟待提升。优秀的"双师型"教师在掌握专业教学知识的基础上，也应具备丰富的产业学习经验，通过理论加实践的学习不断更新知识和实践经验，积极提升自身的双师素质，规范教师的心理素质和服务精神，提高学校整体"双师型"教师队伍水平。

五、"双师型"教师队伍建设路径研究

在厘清"双师型"教师队伍建设现存问题的基础上，为全面提升"双师型"教师队伍建设的质量，提高"双师型"教师的教育教学能力、专业实践能力以及社会服务能力，在政府、社会、学校共同助力下，教师自身须及时转变思想观念，切实落实"双师型"教师队伍建设，促进我国职业教育的发展。

（一）政府：完善双师政策制度，健全双师培养体系

政府作为宏观调控的主要抓手，应从顶层设计出发，在政策、制度、资金及配套设备方面，以文件形式出具详细的"双师型"教师的考核方法、配套激励评价政策、认定及培养体系，大力推进产教融合背景下的"双师型"教师发展路径，使同一专业在不同企业的实践培养方式一致，加快"双师型"教师培养体系的构建。

首先，双师政策制度的完善，需要具备完善的双师政策系统，以系统性的发展战略与其相对应的制度安排和制度环境同步创新发展，进而为"双师型"教师政策制度创设一种良好的运行环境。完善"双师型"教师的相关法律法规，明确教师参与企业、产业实践的必要性，以及企业、产业参与应用型大学教师实践及培养的重要性，建立"双师型"教师与企业的双边保障制度；积极推动各个部门、行业和教育机构为职业教育政策的制定建言献策，使"双师型"教师政策制度的条款符合科学的认知，系统规划制度环境。

其次，政府应制定"双师型"教师资格认定的专业标准，这是应用型大学开展"双师型"队伍建设的前提基础，更是推动国家"双师型"教师专业化发展的重要保障。"双师型"教师资格认定可从两个维度进行解析。在横向上，政府统筹建立由教育部门、行业专家、企业人才和应用型大学组成的双师资格认定小组，进行多方主体的系统认定。在纵向上，建立三级"双师型"教师认定标准，分别是国家级、省级和校级标准，其中，国家级标准将侧重于整体的最低标准制定，以科学系统的指标体系解决普适性和可操作性的问题；省级标准应将区域性特征纳入考虑范畴，着眼于区域生产优势、产业发展结构、经济发展水平和技术支撑水平，为此推动应用型大学借区域发展之力促进专业发展，反之又能更好地促进当地经济发展；院校标准是在国家标准和省级标准的基础上，依据学校发展特点和专业划分，通过人事管理、职称评定、评优评先等活动调动教师积极性，因地制宜形成本校的"双师型"教师认定标准。从整体而言，"双师型"教师的认定标准应与现行的普通职称评定体系相一致，实行初级、中级和高级的三层级别，推动"双师型"教师能力阶梯式发展，进而建立适用于我国的"双师型"教师发展结构体系。

最后，政府须完善"双师型"教师的教育督导制度，切实落实"双师型"教师的问责机制、责任主体，及时跟踪"双师型"教师政策的执行过程，对政策的落实程度和价

值进行有效判断；加强对"双师型"教师政策制度的评估在激励评价制度方面，可以针对教师不同的发展阶段，制定不同的、分层考核评价体系，为不同层级的教师提供具体的目标激励与评价制度；为持续鼓励教师不断学习，树立新知识、新技能的观点，建立"双师型"教师资格审核制度，以三年或五年为一个周期，对"双师型"教师的教育教学工作、专业实践能力以及科研成果等成绩突出的教师进行升级，并在评优评先和职称认定中具有优先权。

（二）社会：营造良好社会氛围，提高"双师型"教师学习积极性

教师作为人类灵魂工程师，对人类社会的文化延续和经济发展有着重要作用；而社会作为人类生活的整体大环境，也是构成教师整体适应性发展的重要场所。"双师型"教师队伍建设，在这种非正式制度的柔性力量的帮助宣传下，更能激起建设"双师型"教师队伍的文化认同感。

首先，从社会整体大环境而言，需要强化相关企业的社会责任感，联合应用型大学形成教育合力。企业是支撑"双师型"教师培养与发展的重要社会部门，在国家相关政策的指导下，根植于爱国情怀的企业在自身责任感的支持下，构建政策执行的社会合力，能够使处于双师政策制度下的各个实施主体不必考虑其他利益因素。

其次，营造良好的社会舆论氛围，正确把握宣传的主要阵地，需要对企业、应用型大学、教师等政策制度的责任主体进行全方位的宣传与讲解，促进"双师型"教师在政策制度实施方面的认同感，使"双师型"教师能够切身感受到较高的职业认同感与成就感，提升"双师型"教师不断成长的自我效能感和职业荣誉感。

最后，借助互联网平台和网络流媒体，展示"双师型"教师的个人动态和优秀教学成果，分享学习心得和先进教学理念，让越来越多的人关注"双师型"教师，了解"双师型"教师与职业教育的适切性，进而提升社会大众对"双师型"教师队伍建设的认知合理性。

（三）学校：优化各项结构，激励"双师型"教师全面发展

学校是教育教学活动的主要场所，具有一支优秀的"双师型"教师队伍是应用型大学长期发展的必备条件，也是学生学习质量的重要保证。为进一步增强应用型大学职业教育的育人特色，须培养、建设一批理论与实践兼备的教师队伍，继而提高学校的办学质量，实现应用型人才培养的目标。

首先，应组建由相关领域的企业专家、专业学者、一线产业工人等组成的"双师型"教师评价小组，针对应用型大学的教育特点，以及不同性质、不同属性的学科分类，制定合乎本校专业发展的"双师型"教师培养及认定准则；以国家大政方针为指引，开办与本校"双师型"教师发展路径一致的校本培养课程，形成以国培指方向、省培侧重点、校培再细化的三级联动体系，促进"双师型"教师的持续发展；积极开发、参与学校与企业间的合作创新项目,在项目中学习、实践,以项目成果的形式创新培训课程,进一步提升"双师型"教师的能力素质,提高服务地方发展的水平。

其次,建立健全教师企业实践制度,通过在企业创建"双师型"教师培训基地,支持教师到企业一线基地挂职锻炼、实地操作,将学习到的新技术、新知识、新方法应用于教育教学活动中,将产业需求融入专业建设,及时更新知识库,并形成教、学、评为一体的培训监测体系;依托国家教师发展云平台,进一步加强知识的学习和内化,提高"双师型"教师的培训质量。

最后,为凸显"双师型"教师价值导向,鼓励教师发扬大国工匠精神和劳动精神,以促进教师的全面发展为目标,"双师型"教师的评价也应多面化。将教师的实践能力、师德师风、教学育人和课程思政等作为评价维度,突出"双师型"教师的育人实绩,落实职称评定、科研项目申报、教育教学评优等方面应向"双师型"教师倾斜,践行应用型大学教书育人和立德树人的培养任务。

(四)教师:整合自身意识行动,提高能力素质

国外学者迈克·富兰认为,只有教师愿意转变观念、改变思想,教育变革才会有效。教师是"双师型"教师队伍建设的关键人才,只有教师内心认可"双师型"教师的存在,主动思考如何成为"双师型"教师,切实解决"双师型"教师发展中遇到的问题,才会更好地适应、接受"双师型"教师发展所带来的问题与挑战,提升自身的能力素质,使教育教学能力、专业实践能力和社会服务能力都得到稳步提升。

首先,部分应用型大学"双师型"教师的来源多样,加之教师在个人特点、教育教学能力、行业了解水平和实践能力方面存在差异,对知识学习的深浅与范围有不同的见解,因此,需要针对政策要求、院校意见进行适当优化,发扬学习的主动性,寻求育人理念和教学模式的转变,调节自己的教学结构,提升教育教学能力。

其次,产教融合背景下的"双师型"教师应具有扎实的理论基础和实践技能。这就要求教师要充分发挥自身的主观能动性,积极参与企业实践,了解产业发展现状,熟悉行业新兴技术与设备,提高自身的专业实践能力,并可通过外出访学、继续深造的方式不断提高自身的学术涵养和技能水平,发展成为有思想、有技术、有能力的高水平"双师型"教师。

最后,教师一方面可以借助国家公共教师发展平台进行线上学习,将学习内容内化为自身的知识体系,指导与之相对应的实践过程;另一方面,可以跟随学校聘请的技艺精湛、手法熟练的大国工匠进行实地学习,以师傅实地操作的方式对"双师型"教师展开培训,提高教师的技术素养和能力水平,进而更好地发展行业、服务社会。

参考文献

［1］徐颖.高职院校"双师型"教师队伍建设：内涵变迁与实践意义[J].中国职业技术教育，2017（24）：81-86.

［2］杨斯诗，黄文革，钟石根.产教融合背景下民办高职院校"双师型"教师培养困境与路径探寻——以厦门市为例[J].太原城市职业技术学院学报，2023（2）：101-104.

［3］佛朝晖.职业院校双师型教师认定标准实施现状、问题与建议[J].中国职业技术教育，2022（25）：24-28.

作者简介：潘涛（1980— ），男，山东烟台人，烟台南山学院继续教育学院院长，讲师，学士；王怡（1997— ），女，山东威海人，烟台南山学院继续教育学院助教，硕士。

基于钻石模型的高校"双师型"教师数智化培养路径研究

赵慧　秦浩洋　唐立波

摘要：论文从宏观、中观、微观三个层面构建数智赋能高目标导向的钻石模型。四个核心要素是立德树人、创新价值、能力、贡献，两个辅助要素为高校和企业。通过问卷调查法、实证研究法对试点高校展开研究，对调研结果进行信效度分析，找到问题。探索出一要构建"产业链+创新链+教育链"三链融合的数字教育新生态，二要完善以教师为本的管理制度体系，三要推进以学生发展为中心的成果导向育人目标的数智化培养路径，实现高质量培养。

关键词：钻石模型；数智化培养；数字教育新生态；高质量

基金：2021年山东省本科教学改革研究重点项目"基于数智赋能的高校'双师型'教师培养机制研究"（Z2021115）；2023年山东省教育评价改革项目库项目"应用型本科高校'双师型'教师评价标准研究"

一、引言

党的二十大报告提出教育、科技、人才是全面建设社会主义现代化国家的基础性、战略性支撑。应用型本科高校建设是贯彻落实党的教育方针，也是执行党中央和国务院作出的决策部署，不断创新开辟新赛道，塑造新动能，发展新优势。"双师型"教师作为应用型高校师资中的一支重要力量,是高质量培养适应新时代社会经济发展需求人才的主力军。

2010年起,美国、欧盟、联合国教科文组织、德国、英国、法国等国家和国际组织相继发布教育数字化战略与政策,我国在教育数字化十年发展历程中也发布实施国家教育数字化战略行动,并于2022年11月发布《教师数字素养》。数字化生存方式和教育技术已改变教师在课堂上以书本讲授为主,重复性劳动和强度过大、授课效率不高的传统模式,培养新一代优秀教师团队,实现教育中人力、物力资源的多层次开发与合理配置,保证应用型高校的人才培养质量。教育部吴岩副部长提出"金课"和"金师",他认为教育中真正决定教学质量的是任课教师,提出把产教融合作为培养高校"双师型"教师的有效路径。

"数字时代职业发展与高质量就业"专家研讨会于2022年在北京召开,国务院、人力资源部等国家部门,腾讯等数字企业,首都经济贸易大学等高校的专家学者们一致认为,数字平台是新时代一种新的社会形态,将改变人类行为,转变固有的思维方式,孕育出新的行业和职业,推动社会的个性化就业更高质量❶。数字时代的应用型本科高校探索出新路径,将"双师型"教师培养成"金师",打造核心竞争力,高质量培养出社会急需人才。

二、钻石模型的构建

(一)钻石模型的理论基础

钻石模型的理论是最早由美国哈佛大学教授迈克尔·波特于1990年在其代表作《国家竞争优势》中提出的一种全面系统的产业竞争力分析框架。钻石模型由四个基本要素和两个辅助要素组成。四个基本要素为生产要素、需求条件、相关与支持性产业、企业战略结构与竞争对手要素,两个辅助要素为机会和政府,这六个要素在共同作用下影响竞争力水平。"钻石模型"建立了全面系统的产业竞争力分析框架。在波特提出这一框架之前,关于探讨国际竞争力的问题都是从宏观的国家国际竞争力和微观的企业国际竞争力两个方面进行探讨。

(二)钻石模型的构建

1.宏观层面构建符合新时代使命要求的目标

《习近平新时代中国特色社会主义思想学习纲要(2023年版)》的"全方位培养用好人才"部分,提到建立创新价值、能力和贡献导向的评价体系,破除"四唯",为"帽子热"降温❷。《教育信息化2.0行动计划》是顺应数智时代教育的必然选择,需将激

---

❶ "数字时代职业发展与高质量就业"专家研讨会在京召开[J].中国人事科学,2022(9):93.

❷ 中共中央宣传部.习近平新时代中国特色社会主义思想学习纲要:2023年版[M].北京:民族出版社,2023:132.

发信息技术的革命性影响作为使命和任务。随着大数据、5G、物联网、人工智能、元宇宙等技术的飞速发展，数智化教育已不可逆转。中共中央、国务院印发的《深化新时代教育评价改革总体方案》指出："改进高校教师科研评价。突出质量导向，重点评价学术贡献、社会贡献以及支撑人才培养情况。"依托国家政策、产教深度融合和教师成长规律设计钻石模型中数智赋能高校"双师型"教师目标导向的四个要素，分别是立德树人、创新价值、能力、贡献，两个辅助要素为高校和企业，形成应用型高校的强竞争优势，实现应用型人才的高质量培养（图2-3）。

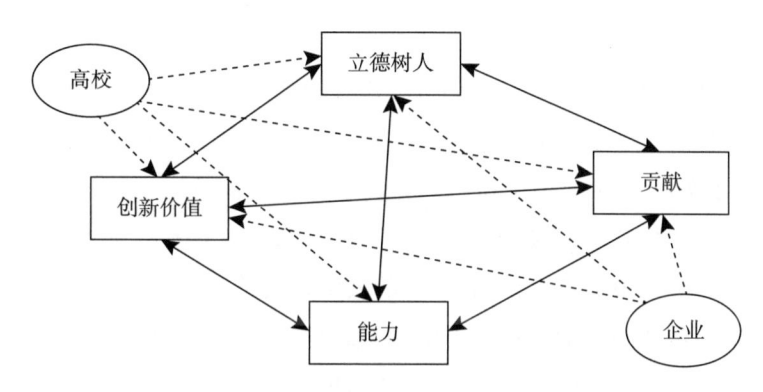

图2-3　高校"双师型"教师钻石模型

2.中观层面发挥各要素之间的合力效应

数智环境下高校和企业两个要素在发展过程中的深度融合，形成虚拟和现实之间的良性循环。立德树人、创新价值、能力、贡献这四个基本要素作为数智环境下高校"双师型"教师的研究视角，体现出校企融合的合力，实现高校与企业的相互融嵌，课堂理论与实践、课堂教学与生产实操、科学研究与成果转化之间的补充；推进高校"双师型"教师的综合素养及培养质量的提高，始终引导应用型本科高校的人才培养直接对接省、市、县区等区域社会经济发展的目标；形成应用型高校"双师型"教师的发展潜力及竞争力的决定性要素。

3.微观层面探索教师核心能力的培养路径

高校教师要积极主动适应新技术，有效开展各项教育教学工作，推动教师及时更新教育教学观念、重塑教师角色、提升自身综合素养和核心能力。"双师型"教师的核心能力层有六个方面：一是思想意识，二是教育教学的能力，三是实践指导的能力，四是创新创业的能力，五是团队协作的能力，六是社会服务的能力。思想意识是指"双师型"教师要坚持立德树人的做人根本，时刻培养自身高尚的职业道德；教育教学的能力覆盖课堂教学全过程，包括课程建设、教学过程的设计、教学过程和学生学习的评价实施、新教材的开发等多项技能；实践指导的能力要求"双师型"教师具备深谙一线扎实的实践技能，能结合产业企业的最新技术及工艺生产流程真实性指导学生的实践操作，提升大学生的职业就业能力；创新创业的能力是指"双师型"教师的创新教育观念，可不断更新教育理念和教学方式方法，关注行业和企业的最新技术和生产发展趋势，指导学生进行理解并参与技术研发和成果转化；团队协作的能力是高校和企业双方进行的教育教学信息交流、协同合作，高效实现校企深度融合的增值；社会服务的能力是"双师型"教师和大学生能参与到企业和社会的文化传承、科普宣传，提供社会培训和服务能力。

三、实证研究过程

（一）研究对象

本研究的研究对象选取自烟台市和青岛市的应用型本科高校，在问卷星APP平台发布《关于双师型教师培养的调查问卷》，以A学院为试点研究高校。本次参与调研的教师共408人。其中男教师143人（35.05%），女教师265人（64.95%）；年龄段以中青年教师为主；25~35岁的教师162人（39.71%），35~45岁的教师152人（37.25%）；高校教龄在5年以内的教师167人（40.93%），10~15年的教师72人（17.65%），15~20年的教师60人（14.71%）。参与调研教师的学科、专业涉及较广。在问卷开始之前，参与调研的教师被明确告知收集的数据仅用于课题研究，并表示同意。

（二）信效度分析

1.信度分析

信度（reliability）是对数据样本的可靠性和数据结果的一致性程度进行检验，可以反映实验结果或测量结果的稳定程度以及被测特征的真实程度。Cronbach's α 系数是目前用来评价问卷内部一致性最常见的评价指标。标准化Cronbach's α 系数的取值在0~1之间，系数值越趋近于1，说明问卷的内部一致性越高，结果越可靠。一般认为，标准化Cronbach's α 系数值大于0.6的问卷是可以接受的，大于0.8说明问卷具有很好的使用价值。

对问卷中各维度进行信度分析，结果如表2-3所示。由此可知，本次问卷数据信度属于理想状态，内部一致性甚佳，适合可以进行下一步的分析。

表2-3 信度分析结果

维度	Cronbach's α	项数
在"双师型"教师培养过程中，您在以下几方面的意愿	0.942	6
在"双师型"教师培养过程中，贵校的基本情况	0.982	8
对"双师型"教师的激励，贵校的情况	0.923	5
贵校对"双师型"教师的考核，基本情况	0.960	7
量表整体	0.971	26

数据来源：调查问卷

2.效度分析

由表2-4可以看出KOM值为0.95，大于0.6，Bartlett球形度检验对应的p值小于0.05，说明此次分析KMO值达标并且已经通过Bartlett球形度检验。

表2-4　KMO和Bartlett的检验

KMO值		0.95
Bartlett球形度检验	近似卡方	14868.504
	df	325
	p	0

数据来源：调查问卷

由表2-5可得各题仅在单个维度的载荷大于0.5，是有效问卷题项，通过效度性检验，说明各个维度能够提取有效的信息，所以此次分析结果可以接受，问卷题项设置合理。

表2-5　效度分析结果

题目	成份			
	因子1	因子2	因子3	因子4
在双师型教师培养过程中，贵校的基本情况：双师型教师培训制度的完善程度	0.851			
在双师型教师培养过程中，贵校的基本情况：提升双师型教师实践能力平台的完善程度	0.850			
在双师型教师培养过程中，贵校的基本情况：双师型教师培养模式的完善程度	0.849			
在双师型教师培养过程中，贵校的基本情况：双师型教师管理制度的完善程度	0.838			
在双师型教师培养过程中，贵校的基本情况：双师型教师评价制度的完善程度	0.837			
在双师型教师培养过程中，贵校的基本情况：双师型教师激励制度的完善程度	0.824			
在双师型教师培养过程中，贵校的基本情况：产教研融合深入程度	0.775			
在双师型教师培养过程中，贵校的基本情况：双师型教师培养的重视程度	0.740			
贵校对双师型教师的考核，基本情况：教师与企业共同开发课程		0.826		

续表

题目	成份			
	因子1	因子2	因子3	因子4
贵校对双师型教师的考核，基本情况：校企合作教科研项目的级别		0.816		
贵校对双师型教师的考核，基本情况：校企横向课题的资金额度		0.783		
贵校对双师型教师的考核，基本情况：教师指导企业一线生产		0.737		
贵校对双师型教师的考核，基本情况：教师考取职业证书		0.735		
贵校对双师型教师的考核，基本情况：其他		0.687		
贵校对双师型教师的考核，基本情况：教师去企业培训		0.679		
在双师型教师培养过程中，您在以下几方面的意愿：参加职业培训			0.893	
在双师型教师培养过程中，您在以下几方面的意愿：实践能力的提升			0.887	
在双师型教师培养过程中，您在以下几方面的意愿：成为双师型教师			0.867	
在双师型教师培养过程中，您在以下几方面的意愿：持续学习能力			0.836	
在双师型教师培养过程中，您在以下几方面的意愿：考取职业证书			0.820	
在双师型教师培养过程中，您在以下几方面的意愿：企业挂职锻炼			0.759	
对双师型教师的激励，贵校的情况：增加课时费				0.808
对双师型教师的激励，贵校的情况：评职称单列				0.763
对双师型教师的激励，贵校的情况：其他				0.730
对双师型教师的激励，贵校的情况：评职称加分				0.645
对双师型教师的激励，贵校的情况：优先评优评先				0.612

数据来源：调查问卷

基于以上全部分析，调研问卷的四个维度均达到高信度和高效度，证明本次调研结果可靠性高，效度高。

（三）实证研究结果

根据这408份调研数据，得出的结论是该调研信效度极高。主动参与本次调研的中青年教师人数占76.96%，他们积极配合调研，再次验证试点研究高校多年来重点培养"双师型"教师的战略决定是正确的。该校教师对于"双师型"教师的培养有着很强意愿，占68.38%；想要得到实践能力提升的教师比例高达75%；具有持续学习能力的教师比例高达76.23%。在数智环境下对应用型高校"双师型"教师的培养过程中，由于每位教师的学科背景、知识水平、性格特征、学术能力存在差异性，在培养过程中需清晰挖掘"双师型"教师的发展状况，一是做到合理筛选培训内容，培养教师的创新和能力；二是制定培训、评价和激励机制，激发教师的价值创造和贡献。

四、高校"双师型"教师数智化培养的路径

《国务院办公厅关于深化产教融合的若干意见》为应用型高校发展指明了方向。钻石模型构建了立德树人、创新价值、能力、贡献四个关键维度，高校和企业是两个决定性要素，关乎应用型高校的核心竞争力和人才培养质量。

（一）构建"产业链+创新链+教育链"三链融合的数字教育新生态

以A学院为例，学校秉持党建引领，立德树人，对接区域经济社会发展需求，顶层设计是坚持"地方性、应用型、有特色"的发展定位和"校企一体、协同育人"的发展思路，走教研产深度融合的建设之路，构建了六个一体化的布局，包括学科与产业一体、师资队伍与技术骨干一体、科研与关键技术一体、教学与生产一体、教学与职业标准的一体、平台与设备的一体。各二级学院、系与行业领先企业积极探索产业学院的建设，如市场营销系与行业领先数智企业合作成立"南山智慧营销产业学院"，实现产业链、创新链、教育链的三链融合。合作的主要工作内容包括提出人才的培养目标和模式、专业的发展规划；教学计划、教学大纲、课程结构的调整和完善；企业实训基地的创建，推荐企业专家走进高校课堂，开展智慧营销前沿讲座等；帮助大学生进行职业规划，并为毕业生提供就业指导；研究本专业的人才培养相关问题，探讨解决方案。数字教育新生态真正实践着深层次校企合作的办学思路，也培养出一大批受社会欢迎的应用型创新复合人才。

（二）完善以教师为本的管理制度体系

教育部2022年发布《教师数字素养》行业标准，指出教师具备数字素养是基本条件，数字化是提升教育质量的内在需求。校企合作共同建构数字党建文化，通过智慧思

政，提升高校思政教育管理工作效率，起到示范引领的效应。"双师型"教师必须坚持立德树人，遵守各项法律法规、道德伦理，维护网络环境。教师主动适应数字化转型，突破数字技术屏障，开创并应用项目驱动式、问题导向式等多种灵活多样的混合式教学模式，以适应"全时空"数字化学习环境；选择适配性的数字化工具，虚实融合的交互协同教学场景，实现静态到动态、单向到交互的多模态转化，将数智技术融入教育全过程。

如图2-4所示，数智时代的"双师型"教师应具备哲学的眼界与战略谋划水平、工程化的思维与系统创新能力，具有创新精神。高校将数智企业的技术研发人员和管理团队加入虚拟教研室，可弥补教师在教学设计和个性化、团队化学习指导中的经验和困惑，充分考虑岗位所需知识和实践技能，共同开发课程，构建数字新形态教材。教师在教材知识点设计，文字设计，图片、音频、视频选用时，根据教学大纲，充分借助数智技术展示优势，设计碎片化的知识点内容；学生应可通过手机等移动终端扫描教材的知识点二维码，自动链接运行数字教学资源。研究数字化课堂和实训实践教学方法，学生可以触摸操作，旋转、缩放结构模型，观看工作原理及操作过程，满足学生的个性化学习需求，在不受规模限制的前提下准确刻画每位学生的个性化特征。这种深层次的校企合作，将需求转化为功能，完成对数字化教学平台和优质教学资源的筛选、动态更新和共建共享功能，进而实现高质量的教学供给侧结构性改革，打造"没有围墙的大学"。

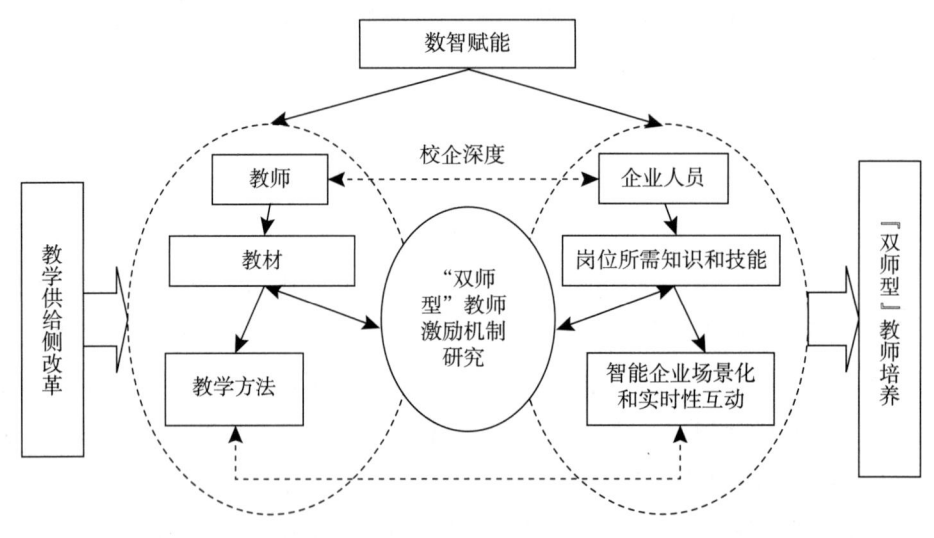

图2-4 基于数智赋能的高校"双师型"教师培养思路

钻石模型中的创新价值、能力和贡献维度与图2-4直接相关，高校"双师型"教师的发展有迹可循。高校"双师型"教师智能核心能力的养成具有即时性、前沿性的特点，既把握学术前沿，又与时俱进，推动社会进步。数智时代，抓创新就是抓发展；教师团队注重协调，增强内生动力；掌握创新方法，实现新旧知识的重组，提高应用能力，校企合作为高校"双师型"教师创新能力发展创造条件。知识并非单指教材，还有工厂、车间、实践一线的经验与方法。"双师型"教师的创新价值应是全面的，包括实践创新价值、团队创新价值、方法创新价值等。提升高校教师创新价值要加快完善教师的多维度、多视角的培训、激励、评价体系，以增强学习主观能动性和动机，优化管理制度设计以激发"双师型"教师的创新潜力，强化教师团队建设制度以凝聚创新合力，设计公平正义制度环境以提升创新活力，通过有效的制度，实现创新价值和能力的提升，有效激励教师成长。贡献表现在高校"双师型"教师秉持探索与创新的精神，创造新知识，创新教学研究成果等。

（三）推进以学生发展为中心的成果导向育人目标

数智时代要求高校坚持成果导向的育人目标，强化应用引领，拓展合作领域，创新合作模式，聚力合作共赢，就得在人才培养上始终坚持国家社会及教育发展需要、行业产业发展及职场需求、学校定位及发展目标、学生发展及家长校友期望。

传统的学习评价手段多以教师经验或者是以作业、考试等几项数据为主，造成学习评价结果的主观性、片面性与孤立化。数智环境下"双师型"教师要注意培养学生敏感性、批判性思维；学生在数字化学习中的数据，如个性化学习习惯、学习资源的选择、人机交互、学习过程、学习成绩评估等全过程的多模态数据，教师可轻松进行动态跟踪、实时监测、分析整理、动态调整和存储，并结合学生的学习习惯，精准推测并反馈学生的真实学习意愿和效果。深度交互场景赋能学习领域，旨在使主体、学习、场景产生深度关联，以重塑教师和学生的行为（图2-5）。

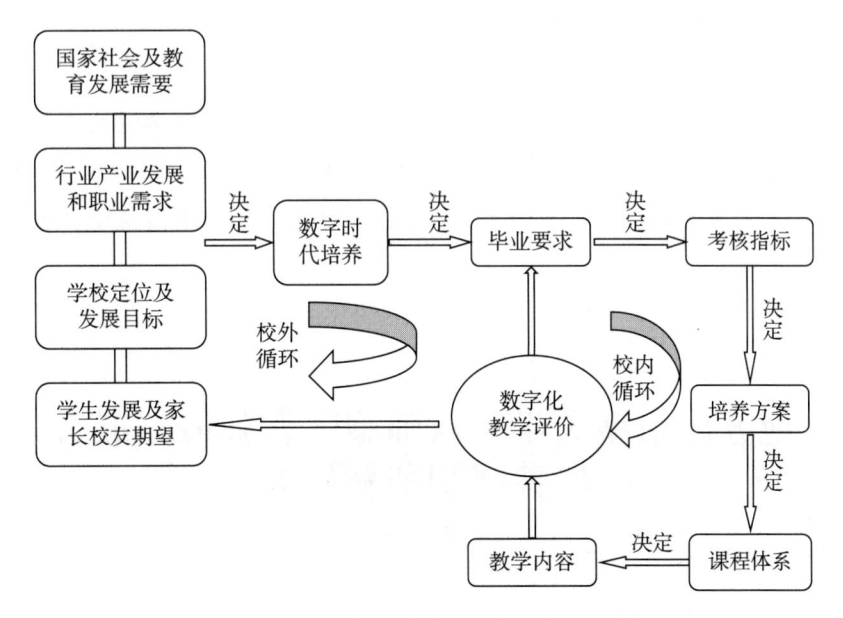

图2-5 数字时代成果导向育人目标

数字时代成果导向的育人目标下，人人都是学习的评价主体。借由智能设备，一切学习行为都能够以数字化形式被采集，能够实现多维度精准画像，从而精准教学、准确分析；多方数据支撑的"全过程"的精准学习评价，让每一个学生的成长有据可依。学生根据学习过程的考核评估，可即时调整学习进度和学习方法，教师可随时调整教学的内容和方法，真正实现"以学生发展为中心"的教育教学目标，使教学和学习更高效，为学生毕业后成功就业，获得理想的职位奠定基础。

基于数智赋能的"双师型"教师的培养，实现教师教学出成效、教研出成果、管理出效率、高校出特色，符合新时代对高质量复合人才的需求。

参考文献

［1］桑新民，贾义敏，焦建利，等.高校虚拟教研室建设的理论与实践探索［J］.中国高教研究，2021（11）：91-97.

［2］桑新民，秦炜炜.未来教育视野下的教育技术理论创新与实践探索——桑新民教授专访［J］.苏州大学学报（教育科学版），2021，9（1）：88-97.

［3］曹瑞明，杨镰鸣.高校教师创新能力发展的制约因素、价值转变与制度保障路径［J］.现代教育管理，2023（2）：54-61.

［4］王兴，杨岱齐，陈思宇.基于教育元宇宙下学习生态变革与路径探析［J］.继续教育研究，2023（8）：40-45.

［5］张凤，李格格，梁嘉嵘，等.元宇宙赋能教学的实证研究［J］.西部素质教育，2023，9（13）：148-153.

作者简介：赵慧（1977—   ），女，山西运城人，烟台南山学院经济与管理学院副教授，硕士；秦浩洋（1990—   ），男，辽宁阜新人，烟台南山学院经济与管理学院副教授，博士；唐立波（1980—   ），男，内蒙古赤峰人，烟台南山学院教务处处长，教授，硕士。

地方应用型大学"双师型"教师校企联合培养机制创新研究

韩兆君　徐玉国

摘要：教师素质是影响高校教育质量的重要因素，特别是在创新驱动发展国家战略的持续推进背景下，社会对应用型人才的需求日益提升。"双师型"教师素质对提高高校人才培养质量有着重要的影响，本文对"双师型"教师的基本内涵和培养边界进行了探讨，分析了"双师型"教师通过校企联合培养的可行性，探究了应用型高校教师提升"双师型"素质要素和"双师型"教师校企联合培养的机制构建。

关键字：双师型；校企一体；应用型

基金：2020年山东省本科教改面上项目"基于校企一体化'双师型'教师交互培养的协同育人机制研究"（M2020169）

随着我国产业结构的升级和优化调整，国家对应用型人才的需求日益迫切。应用型人才的培养离不开高水平的"双师型"教师，没有高水平的"双师型"教师，高水平应用型人才培养就无从谈起。从2017年开始，政府先后出台了一系列文件，从国家层面对加强"双师型"教师队伍建设提出了更高的要求，建设高水平的"双师型"教师队伍已经成为普遍共识。

一、"双师型"教师的内涵界定

《教育部办公厅关于做好职业教育"双师型"教师认定工作的通知》（教师厅〔2022〕2号）指出："双师型"教师是指具备相应的理论教学和实践教学能力，紧跟产业发展趋势和行业人才需求，具有企业相关工作经历，或积极深入企业和生产服务一线进行岗位实践的教师，是指理解所教专业（群）与产业的关系，了解产业发展、行业需求和职业岗位变化，及时将新技术、新工艺、新规范融入教学的教师。

二、校企协同"双师型"教师培养边界

校企协同"双师型"教师培养是指学校与企业进行合作的一种模式，通过多种方式对教师进行联合培养，使得"双师型"教师既具备专业知识，又具备实际工作经验。在校企协同"双师型"教师培养中，学校和企业之间需要密切合作，共同制订培养计划和教学内容。学校负责提供学科专业知识的教育培训，包括教育理论、教育实践等方面的课程；而企业则负责提供实际工作经验和职业素养培养的机会，例如参与企业实际教学、参观企业、参与企业项目等。校企协调双师型教师培养的边界主要涉及以下几个方面：

角色界定：学校和企业需要明确各自的角色和责任，学校主要承担教育培训的任务，培养学生的学科专业知识和教学能力；而企业主要提供实践机会，培养教师的实际工作能力和职业素养。

教学内容：学校和企业共同制订合适的教学内容，确保学生既能够掌握学科专业知

识，又能够将其应用于实际工作中。学校可以根据企业需求进行教学内容的调整和更新，以提高学生实际工作能力。

师资配备：学校和企业根据自身的优势共同提供师资支持，学校拥有具备学科专业知识和教学经验的教师，同时企业也需要派遣具有丰富实际工作经验的专业人士参与教学。

学分认定：在校企协调双师型教师培养过程中，学校和企业需要协商确定学分认定的标准和方式。学校可以根据学生在企业实践中的表现，结合考核评价来认定学分。

三、"双师型"教师校企联合培养可行性

教师进企业锻炼与技能人员进高校课堂，联合培养"双师型"教师是一种教育交流与合作的模式，旨在提高高校教师的实践经验和行业素养，同时也为企业技能人员提供培训和教学机会。这种模式可以促进教师队伍的专业发展，提升教学质量，以及加强产学合作，双向交互可以从以下方面推进相互发展。

对教师而言，第一，积累实践教学经验：为了能够了解行业最新动态以及生产的最新技术，学校可以选派专业教师到对口企业进行锻炼，通过在企业的锻炼能够积累实践经验，从而应用到教学过程中，提高整体教学效果。第二，提升自身的职业素养：教师在企业锻炼期间，能够深入了解行业文化和职业规范，培养良好的职业素养，将其传递给学生，提高学生的职业准备能力。第三，产学研结合：教师进入企业锻炼，有助于加强高校与企业之间的合作关系，推动产学研结合，促进实际问题的解决和技术创新。

对企业技能人员而言，第一，实际应用教学：技能人员能够分享自己在实际工作中积累的经验和技能，为学生提供实际应用的教学内容，培养学生的实践能力和解决问题的能力。第二，职业导向培养：技能人员能够向学生介绍行业发展趋势、职业规划和就业前景，帮助学生更好地了解行业需求，提前做出职业选择，从而培养具备行业素养的专业人才。第三，跨界交流与合作：技能人员进入高校课堂，可以促进不同领域的交流与合作，打破学科壁垒，促进知识的跨界融合。

通过教师进企业锻炼与技能人员进高校课堂的交互培养，可以形成双师型教师队伍，使高校教师具备丰富的实践经验和行业背景，更好地服务于学生的教育和就业需求。这种模式能够提高教学质量和学生的职业竞争力，同时也促进产学合作与创新发展。然而，在实施这种模式时，需要注意确保教师和技能人员的专业素养、教学质量和合作机制的建立，以保障教育目标的实现。

四、教师参与"双师型"素质提升要素

(一)高校"双师型"教师队伍建设的影响因素

首先,教育政策是影响"双师型"教师队伍建设的重要因素,它对教师职业能力提出明确要求,所以政策制定与实施对教师的专业发展和教育教学活动都有重要影响。

其次,影响"双师型"教师队伍建设的关键因素是教师的专业素质和教育教学能力。它直接决定了教师能否胜任"双师型"的角色,所以教师需要不断学习,才能适应教育教学工作的需求。

再次,教育资源的配置也是影响"双师型"教师队伍建设的重要因素。教育资源的充足和优质可以为"双师型"教师队伍的建设提供有力的支持。教育资源的配置包括硬件设施的配置和教师培训的资源配置等。

最后,职业发展和职业满意度也是影响"双师型"教师队伍建设的一个重要因素,它直接影响教师在工作过程中的积极性和教学效果。

总的来说,"双师型"教师队伍建设的影响因素是多方面的,需要从政策、教师素质、教育资源配置和教师职业发展等多个角度进行考虑和分析。只有充分考虑和解决这些影响因素,才能有效地推动双师型教师队伍的建设。

(二)高校教师"双师型"队伍建设动力要素

在现代教育体系中,"双师型"素质教师队伍建设是高校教师专业发展的关键。驱动高校教师参与"双师型"素质提升的动力要素主要有以下方面:

首先,自我提升的需求。高校教师对自我提升的需求是提升"双师型"素质的首要动力。随着社会的发展和教育改革的推进,教育理念、教学方法和评价体系都在不断变化。高校教师需要不断完善知识内容,更新知识体系,提高教学能力,才能适应教育改革的要求。

其次,职业发展的需要。高校教师的职业发展与"双师型"素质密切相关。"双师型"素质的提升有助于提高教师的职业竞争力,为教师的晋升和职业发展创造更多机会。因此,高校教师会积极参与"双师型"素质提升,以期在职业生涯中取得更好的发展。

再次,教育改革的推动。教育改革的推进为高校教师提升"双师型"素质提供了动力。教育改革强调实践教学的重要性,要求教师具备较强的实践教学能力。高校教师为了适应教育改革的要求,会主动参与"双师型"素质提升,以提高自身的实践教学能力。

最后,社会期望的压力。目前社会对高校教师的期望值越来越高,高校教师在社会

期望的压力之下，会产生提升"双师型"素质的动力，以满足社会对教师的期望。

总的来说，高校教师参与双师型素质提升的动力要素涉及自我提升需求、职业发展需要、教育改革推动、社会期望压力等多个方面。在这些动力要素的驱动下，高校教师将不断提升自身的双师型素质，为教育事业的发展作出更大的贡献。

（三）企业员工参与"双师型"身份角色协同育人的驱动要素

1. 企业员工参与"双师型"角色转型的影响因素

在全球化的大背景下，企业对员工的技能需求正日益多元化。"双师型"角色，即企业员工在担任传统岗位的同时，也承担了教师的角色，正在成为一种趋势。这种角色转型的影响因素多种多样，以下是其中的几个关键因素：

企业文化：企业文化对员工能产生深远的影响，它能够决定员工的行为方式，端正工作态度。一个鼓励创新和学习的企业文化，更容易鼓励员工参与"双师型"角色转型。

培训和发展机会：提供充足的培训和发展机会，能够帮助员工提高其专业知识和技能，使他们更有信心参与"双师型"角色转型。

激励机制：有效的激励机制能够激发员工的积极性，使他们更愿意参与"双师型"角色转型。这可能包括薪酬激励、晋升机会等。

技术支持：现代化的教育技术，如在线学习平台、虚拟现实等，为员工提供了参与"双师型"角色转型的技术支持。

政策支持：政府和企业的政策支持也是影响员工参与"双师型"角色转型的重要因素。政策的支持可以为员工提供更多的机会，使他们更有动力参与"双师型"角色转型。

个人因素：员工的个人因素，如年龄、教育背景、职业兴趣等，也会影响他们参与"双师型"角色转型的意愿。

总的来说，企业员工参与"双师型"角色转型的影响因素是多方面的，需要企业综合考虑这些因素，制定出合适的策略，以推动员工的角色转型。

2. 企业员工参与"双师型"角色转型的驱动要素

企业员工在面对"双师型"角色转型时，其驱动要素主要来自以下几个方面：

个人发展需求：随着时代的发展和技术的进步，员工的职业生涯也在不断变化。"双师型"角色转型能够提供更广阔的职业发展空间，满足员工的个人发展需求。

企业文化：优秀的企业文化能够激发员工的工作热情，使他们愿意积极参与"双师型"角色转型。企业应当鼓励员工挑战自我，提升自身的专业技能和综合素质。

培训和教育：企业应为员工提供必要的培训和教育，帮助他们提升自身的专业技能，适应"双师型"角色转型的需要。

激励机制：企业应设立合理的激励机制，对于成功进行"双师型"角色转型的员工给予适当的奖励，激发他们的积极性和主动性。

合作与交流：企业应鼓励员工之间的合作与交流，共享知识和经验，提高团队的整体素质和效率。

创新精神：在"双师型"角色转型中，创新精神是不可或缺的。企业应鼓励员工敢于尝试新事物，勇于创新，推动企业的持续发展。

在以上驱动要素的推动下，企业员工参与"双师型"角色转型的积极性得到了提升，企业的整体竞争力也得到了增强。

五、"双师型"教师校企联合培养的机制构建

（一）建立政校企多元参与的保障机制

建立双师型教师的资格认证制度。教育部文件已经对"双师型"教师的标准进行了明确，也对部分指标体系进行了量化，如"双师型"教师应持有何种资格证书等，关于如何更好地推进工作，政府应牵头组织高校、社会组织、其他专业力量，成立专门的指导委员会，确立"双师型"教师评审标准和办法。

高校根据实际情况制定具体标准。高校根据自身的办学定位、办学方向、办学特点等，在教育主管部门统一的标准下，制定各自相应的可操作性强的制度和规定，这是对教育部标准的具体化，同时也可请企业或专业的社会机构参与制定，把企业的实际需求融入制度当中，高校可以通过成立校校联盟、专家委员会等方式凝聚各方专业力量来制定相关标准，从而使标准规范、严谨、可操作性强。

（二）加强"双师型"教师培养配套制度建设

高校对"双师型"教师而言，既是培养者，也是使用者，对教师的培养起着非常关键的作用。高校应结合自身的中长期教师发展规划，给教师建立起一套合理的保障制度。

合理安排教师的教学和学习时间，确保教师在完成高校基础工作的前提下，能够有足够的时间和精力投入实践锻炼和学习中去。一方面，高校可采取分批、分专业的方式，定期开展常规的能力培训，保证"双师型"教师的基本培训，稳固基础能力；另一方面，也可安排教师到企业进行顶岗学习、挂职锻炼等，让教师带着任务到企业进行锻炼，参与企业的技术改革，把企业的技术引入教学中，老师根据自身的发展目标和职业发展定位来选择不同的培训方式。

提供合理的培养经费。经费保障是"双师型"教师培养工作能够顺利开展的一个重要因素，没有经费的保障，教师的积极性必然不高，通过经费的支持，可以提高教师参与"双师型"教师培养的积极性。此外，在"双师型"教师聘用方面体现待遇的差别，让教师体会到"双师型"教师的优势，从而能够提高教师参加"双师型"教师培训的内生动力，在教师经常进行基于生产、管理项目等方面的专题研究时，提供足够的经费，提高科技成果转化率，提高教师的应用科研能力，把科研融入教学中，从而提高教师的教育教学效果。

（三）建立"双师型"教师培养的多方面协同机制

完善政策扶持机制。目前，全球经济都面临着下行的风险，企业转型升级迫在眉睫，应用型人才的需求越来越多，为了适应这个需求，政府和学校应该加大对教师培养的监管，提高教师的水平和能力，进而提高培养质量。另外需要有相关的优惠政策，鼓励企业积极参与到高校的建设中来，在人才培养、科学研究、服务社会等方面为高校助力，同时，政府还应发挥有效的服务和协调功能。

完善管理体制改革和内培机制。高校具有人才聚集的优势，可利用自身的优势聘请企业骨干、行业专家参与教育教学工作，搭建起学校、企业、行业在"双师型"培养方面的合作平台，使各方都能够在发展中实现互利共赢、共同发展。当前，高校管理者在"双师型"教师培养的意识方面还存在不足，还有重教师教学、轻教师能力培养的传统想法，导致教师主动发展专业技能的意识没有被调动起来，教师还处于一种被动发展的状态。为打破这种困境，就要不断鼓励教师向"双师型"方向发展，用激励措施刺激教师专业化自我意识的提升。

六、结语

"双师型"教师是高水平应用型大学建设的关键，是培养高素质应用型人才的关键，是为企业发展提供应用型人才支撑的关键。校企一体、联合培养、协同育师，走产学结合的路子是促进"双师型"教师队伍建设的有效途径。政府、高校、企业必须认识到"双师型"教师能力的紧迫性和必要性，通过多方协同，共同铸造优秀的"双师型"教师队伍，服务地方经济发展，为我国经济社会发展贡献力量。

参考文献

［1］张忆雷.协同理论视域下职业院校"双师结构"教学团队的内涵及建设路径[J].教育与职业，2021（15）：87-92.

[2] 杨公安，刘云，米靖."双师型"教师"七位一体、多元立交"培养体系研究[J]. 职教论坛，2020（4）：78-82.

[3] 徐金益，许小军. 产教融合背景下应用型本科高校教师的转型路径探析[J]. 江苏高教，2019（12）：94-97.

[4] 李明慧，曾绍玮. 德国职业教育"双师型"教师队伍的培养渠道、经验与启示[J]. 教育与职业，2018（22）：45-51.

作者简介：韩兆君（1977— ），女，山东龙口人，烟台南山学院科技与数据学院副教授，硕士；徐玉国（1978— ），男，山东兰陵人，烟台南山学院副校长，教授，硕士。

数字化校园建设现状及发展策略研究

陈琦　谢冬梅

摘要：随着互联网技术的迭代发展，数字化校园在教育行业中前景广阔。其建设进程对高校的持续发展具有关键性影响。高效、完善的数字化校园建设可以帮助高校形成核心竞争优势，推动高校科技创新和产学研一体化发展。本文通过深入研究和分析数字化校园的现状，结合我国高校目前在数字化校园管理和建设进程中存在的不足，提出针对性的优化建议。旨在推动我国高等教育行业的信息化、智能化水平，同时也为高校数字化校园建设提供理论支持和实践参考。

关键词：数字化；数字资源；顶层设计

基金：山东省教育科学研究项目"数字经济时代新商科人才'产学研创'协同育人机制研究"（23SC134）；山东省教育科学研究项目"后脱贫时代高等职业教育助推乡村振兴实施路径研究"（23HER022）

一、引言

教育作为社会发展的基石，对于提升国民素质具有重要意义。近年来，我国教育事业，尤其是高等教育领域，在不断的改革和创新中取得了显著成果，国民受教育程度得以持续提高。与此同时，随着信息技术的发展，互联网、大数据、人工智能等技术的广泛应用，数字化校园建设已经成为教育领域的重要发展趋势。数字化校园利用信息化技术，提高教育质量、提升教学效果、推动教育创新和优化教育资源配置，为教育现代化提供支持。在此背景下，数字化校园建设得到了国家政策的高度关注和支持，数字化建设进程也在逐步推进。然而，高等教育领域中的数字化校园建设也面临着诸多挑战，如缺乏整体建设规划、数据安全存在隐患、缺乏专业人才和建设规范等问题。因此，如何充分发挥高校自身的优势，整合本校各类资源推动数字化校园建设，成为每一个高校都必须面对并亟待解决的问题。鉴于高等教育行业投入大、多元化、周期长的特点，若要大力发展数字化校园，就必须针对高等教育领域行业特性，制定科学的数字化校园建设发展策略，以推动高校数字化校园建设的稳步进行。论文主要针对高校数字化校园建设现状进行深入探讨，提出相应的建设策略，并对数字化校园管理进行综合评估。从硬件设施、软件资源、教学模式三个层面分析数字化校园建设现状，在此基础上，结合我国的国情和高等院校的客观实际，提出加强数字化顶层设计、优化数字化资源配置、深化数字化教学改革、完善数字化管理制度等策略。论文旨在为数字化校园管理体系的构建提供建议，以持续性推动数字化校园建设进程，同时也为制定数字化校园管理战略的管理者提供参考，从而优化数字化校园的管理能力。

二、数字化校园概述

数字化校园是在明确的整体目标指引下，以信息科技和数字化技术为基础，对教学、科研、管理、财务等方面进行系统性革新，同时涵盖学生和教师两个层面。数字化校园建设是高校整体规划建设的重要构成部分，借助信息科技和数字化工具，以遵循教学规律为基本原则，制定出一套行之有效的校园数字化发展策略。即数字化校园建设就是以信息科技和数字化方式为手段，优化和整合各类资源，提升高校教学、科研、财务等方面的管理效率，以达到服务于学生和教师的目的。数字化校园具有精准性、方向性、动态性等多重特征。首先，数字化校园通过数字、信息等科技手段进行精准管理，极大地提高了管理的精确性和效能。其次，数字化校园有明确的发展方向和目标，可以通过数字化方式对校园建设的各个方面进行前瞻性和导向性的规划和管理。最后，数字化校园具有动态性，可以实时跟踪、反馈和分析校园运营的各类数据，并根据实际情况进行灵活调整和优化。

数字化校园起源于欧美发达国家，最初是通过信息技术和数字工具为校园管理提供效率提升方案。随后，世界其他国家也逐步推广和应用数字化校园管理模式，以实现大学校园的高效运营和管理。我国的数字化校园建设虽然起步稍有落后，但其发展步伐迅速，进展显著。目前，我国高校大多初步实现了数字化校园的建设和管理，具体表现为在线课程、智慧图书馆、网络讲座等数字化学习资源；在线课堂、虚拟实验室等数字化教学工具；教务管理、财务管理、人力资源管理等数字化管理手段；校园一卡通、校园网等数字化生活设施。另外,随着QQ、微信、微博等平台的推广和普及,我国高校也开始通过这些平台进行信息共享和沟通,极大地提高了管理和沟通的效率。数字化校园建设可以实现精准性、全面性的学生管理,同时也对学校的教学和科研产生深远影响。在数字化校园建设过程中,需要注重数字化技术的应用和推广,建立完善的管理系统,并加强信息安全管理。同时,还需要注重数字化校园建设的整体规划和协调,确保数字化校园建设的整体效益。通过不断地改进和完善数字化校园建设,可以进一步提升高校的管理水平和办学质量,推动高校的持续高质量发展。

在科技不断发展和互联网全面普及的背景下,系统完善的数字化管理已经成为高校生存和发展的关键。为了进一步提升我国高校的数字化校园建设水平,需要对数字化校园进行深入分析和研究。不仅要深刻理解数字化校园的内在机制和发展规律,还需要总结我国高校数字化校园建设的经验,提出具有可操作性的优化建议和可行性方案。如此才能更好地推动我国数字化校园的建设和发展,实现高校管理的现代化和智能化。

三、数字化校园建设的现状

(一)硬件设施的完善

数字化校园是运用信息技术和数字化工具,对教学、科研、行政等方面进行系统性管理的一种新型高校管理模式。随着科技发展和互联网的全面普及,数字化建设已成为高校的重点发展方向。其中,硬件设施的完善是数字化校园建设的重要体现。目前,许多高校已经建立了完善的硬件设施,包括计算机教室、多媒体教室、网络设备等,为数字化校园的建设提供了坚实的硬件基础。计算机教室和多媒体教室的建立,使教师和学生可以在教室内进行信息化的教学和学习,利用多媒体设备进行可视化的教学和互动,提升了教学效果和学生的学习效率。此外,高校还搭建了完善的网络体系,包括校园网、数据中心等,实现了校园内部的网络全覆盖,使教师和学生可以在学校任何角落都连接到校园网,方便了数字化校园的普及和应用。这些网络设备的建立,不仅使数字化校园得以顺利运行,也推动了高校教学和管理的有效进行。

除了以上硬件设施,数字化校园建设还需要其他硬件设备的支持,例如传感器、摄像头等监控设备,以及智能化的门禁系统、能源管理系统等。这些设备的加入使数字化校园更加完善,也使高校的管理更加智能化和高效化。总之,随着高校硬件设施的不断完善,数字化校园建设得到了进一步的发展。数字化校园的建设不仅能够提高高校的管理水平和办学质量,也能够为学生和教师提供更好的学习和工作条件。未来,数字化校园建设将会更加完善，更加智能化和现代化。

（二）软件资源的丰富

数字化校园的建设不仅体现在硬件设施的完善上，更体现在软件资源的丰富及管理信息系统的应用上。这些软件资源的广泛应用，为数字化校园注入了更加丰富的内涵和特色。目前，各种教学资源、学习资源和管理信息系统已经广泛应用在数字化校园中。在软件资源层面，数字化校园建设主要涵盖以下几个方面：首先是数字化教学平台。数字化教学平台是教师进行数字化教学的主要工具。在数字化教学平台上，教师可以创建课程、发布教学任务、与学生进行在线交流等。数字化教学平台具备交互性、协作性、个性化等特点，可以帮助学生更好地接受数字化教育。其次是网络教学资源库。网络教学资源库是数字化校园建设的重点内容。其存储了教学过程中所需的各种教学资源，如课件、教案、书籍、论文等资料。网络教学资源库可以为教师和学生提供丰富的资源，满足教学和科研的需求。最后是校园管理系统。数字化校园管理系统是数字化校园建设的基础。数字化校园管理系统中，包括学生信息管理、教师信息管理、课程管理、教学管理、科研管理、财务管理等多个方面。通过各种教学资源和学习资源的广泛应用以及管理系统的普及，数字化校园将更好地服务于高校师生，为高校发展注入新的动力。

（三）教学模式的创新

数字化校园的建设不仅改变了高校的管理方式和资源利用方式，更改变了高校的教学模式。在数字化校园的推动下，教学模式的创新得以实现，诸如翻转课堂、混合式学习等新型教学模式不断涌现，有效地提高了高校教学效果和学生的学习体验。在教学模式层面，数字化校园建设主要涵盖以下几个方面：首先是翻转课堂。翻转课堂是一种新型的教学模式，其核心思想是将传统的教师讲授转变为学生自学和教师指导相结合的方式。在翻转课堂中，学生需要提前完成预习任务，然后在课堂上进行练习、交流和总结，从而提高学习效率和质量。这也可以激发学生的兴趣和主动性。其次是混合式学习。混合式学习是一种结合线上和线下教学的教学模式。在混合式学习中，学生需要在线上平台上完成学习任务，并在课堂上与教师进行互动和交流。混合式学习的优势在于它可以提高学生的学习效果和上课体验，同时降低学习成本、提高学习效率。最后是定制化学习。定制化学习是一种基于个体差异的教学模式。在定制化学习中，教师可以根据学生的个性化需要，制订不同的教学计划和资源，满足学生的个性化需求。定制化学习的优势在于可以提高学生的学习效果和满意度，同时也可以促进学生的发展和成长。

四、数字化校园的发展策略

（一）加强数字化顶层设计

数字化校园是高校教育信息化的重要组成部分，是提升高校管理水平和办学质量的关键措施。在数字化校园建设过程中，加强顶层设计至关重要。顶层设计是指从高校整体角度出发，制订全面的数字化校园发展规划，明确数字化校园建设的目标、任务、步骤和时间表等，从而更好地指导数字化校园的建设和实施。当前，许多高校已经意识到了数字化校园建设的重要性，并将其提上议程。然而，一些高校在数字化校园建设过程中仍存在一些问题，如缺乏全面的发展规划、目标不明确、任务不清晰、步骤不合理等，导致数字化校园建设效果不尽如人意。因此，加强顶层设计显得尤为重要。首先制定数字化校园发展规划。数字化校园发展规划应包括数字化教学、数字化管理、数字化服务等方面，以实现学校教学、管理、服务的全面数字化。其次是建立数字化教育研究中心，开展数字化教育研究，探索数字化教育新模式和新方法，为学生提供更加优质、高效的数字化教育。数字化教育研究中心应集聚一流的专家学者，进行数字化教育的理论和实践探索。再者数字化校园建设需要一支具备数字化教育技能的教师队伍。因而需要加强教师在数字化方面的相关培训，该培训应包括数字化教育理论、数字化教学技能、信息化教育理念等方面，以提高教师数字化教育的应用水平。

（二）优化数字化资源配置

数字化校园的建设涉及硬件设施和软件资源的配置和优化。在许多高校中，这些资源的配置方式对于数字化校园的建设起着至关重要的作用。第一，合理配置硬件设施。计算机教室、多媒体教室、网络设备等硬件设施是数字化校园建设的基础。在配置硬件设施时，应充分考虑学校的实际情况和教育教学需求，及时更新换代老旧设备，确保硬件设施能够满足教学活动需要，从而实现教育教学活动的高效稳定运行。第二，高效利用软件资源。网络教学资源库、数字化教学平台等软件资源是数字化校园建设的重要组成部分。在配置软件资源时，应充分考虑学校的教育教学需要和学生的个性化需求，确保软件资源能够提高学生的学习效果和质量。第三，建立数字化资源管理平台。数字化资源管理平台是数字化校园建设的基础设施之一。在建立数字化资源管理平台时，应充分考虑学校的资源管理需求和师生的资源使用需求，确保数字化资源管理平台能够提供高效、稳定的服务。数字化校园建设需要合理配置硬件设施和软件资源，以满足教育教学的需求。在建设过程中，应当充分考虑资源的有效利用和共享，避免重复建设和资源浪费。同时，高校应当积极探索和实践新的资源配置方式和方法，以促进数字化校园的持续发展和优化。

(三) 深化数字化教学改革

数字化校园的建设不仅改变了高校的管理方式和资源利用方式，更深化了高校的教学改革。数字化校园的优势在于可以提供丰富的教学资源、先进的教学方式、灵活的教学时间和空间等，这些优势可以有效地推动教学内容和教学方法的改革。首先是推动教学内容改革。数字化校园建设为教学内容改革提供了可能。在教学内容改革中，应充分考虑数字化校园的特点和需求，加强实践性教学、个性化教学，以提高学生的学习体验和效果。其次是加强教学方法改革。数字化校园建设为教学方法改革提供了支持。在教学方法改革中，应充分考虑数字化校园的特点和需求，加强交互式教学、探究式教学等，以提高学生的学习效果和质量。最后是拓展数字化教育应用。数字化校园建设为拓展数字化教育应用奠定了基石。在拓展数字化教育应用中，应充分考虑数字化校园的特点和需求，加强在线教育、远程教育、定制化教育等，以提高学生的学习效果和满意度。通过利用数字化校园的优势，教师可以更好地设计教学内容、采用新的教学方法和手段、实现多元化教学模式等，提高教学效果和学生的学习体验。未来，数字化校园建设应将继续推进教学内容和教学方法改革，为高校教育和管理工作提供更加全面和精准的支持。

(四) 完善数字化管理制度

建立健全数字化校园的管理制度，保证其正常实行，这是数字化校园建设的重要任务。数字化校园建设管理制度主要包括：第一，建立数字化校园管理体系。数字化校园建设需要建立健全的管理体系。构建该体系时应充分考虑学校的实际情况，包括数字化校园建设目标、实施计划、资源管理等方面。第二，加强数字化校园安全管理。在加强数字化校园安全管理时，应充分结合学校管理现状，重点优化网络安全、数据安全、设备安全等方面，以保证数字化校园的平稳运行。第三，强化数字化校园质量管理。数字化校园建设需要强化质量管理。在强化数字化校园质量管理时，应着重建设数字化教学、管理、服务等方面，以确保数字化校园的质量和效果。第四，设立数字化校园管理专职部门，负责数字化校园的统筹、建设、管理和监管工作。该机构应当具备专业化的技术和管理团队，能够高效地进行数字化校园的管理工作。同时建立评价与反馈机制。建立数字化校园的评价指标体系，定期对数字化校园的运行状况进行评价，发现问题并及时整改。同时，建立用户反馈渠道，及时收集和处理用户反馈意见，不断优化数字化校园的管理和服务。

五、结语

数字化校园建设正深刻影响高校教育教学发展，本文梳理了当前数字化校园建设现状，在全面考虑我国高校的实际情况后，提出了加强数字化顶层设计、优化数字化资源配置、深化数字化教学改革、完善数字化管理制度等发展策略。研究成果对于促进我国高校数字化校园的发展、优化学校数字化校园的管理能力以及为高校数字化校园管理者制定科学的数字化战略具有重要参考价值。

参考文献

［1］刘蕊.计算机多媒体技术在数字化校园建设中的运用［J］.信息记录材料，2021，22（9）：181-182.

［2］梅文涵.适应高职院校线上线下混合式教学需求的数字化校园建设探讨［J］.南通航运职业技术学院学报，2021，20（2）：101-104.

［3］林家全.浅谈省级示范数字化校园建设与应用［J］.科学咨询（教育科研），2020（12）：32-33.

［4］蒋昕芸.数字化校园建设背景下高校大学生创新创业能力培育研究［J］.中国管理信息化，2020，23（8）：219-220.

［5］黄富国，陈保锁.数字化赋能职教发展 混合式革新课堂教学［N］.克拉玛依日报，2023-05-08（A04）.

作者简介：陈琦（1994—　），男，山东邹城人，烟台南山学院经济与管理学院教师讲师，硕士；谢冬梅（1996—　），女，山东菏泽人，烟台南山学院经济与管理学院教师讲师，硕士。

数字化校园建设研究

——产教研学用下的师生共创新模式与策略研究

吕海洋

摘要：本文将从高校产教研学用的视角出发，探索新一代数字化校园建设的师生共创新模式。它将以数字化校园为应用场景促进教学科研工作更好开展，同时在师生参与下更好支撑数字化校园的自主创新与成果孵化。以校园智慧场景为孵化摇篮，推动数字化产教研学用共同发展，并实现真正的一体化融合。经价值分析后，进一步研究其实施策略与难点。

关键词：数字化校园；智慧场景；学用结合；数字素养；师生共创

一、引言

数字时代下，数字化校园的建设已成为近年来国内外教育行业及智慧城市的热点问题。校园作为数字经济创新的重要策源地与人才蓄水池，其数字化不仅为数字经济提供了重要应用示范场景，更指明了未来校园的发展趋势和转型方向。

国外对此课题探索起步较早，主要包括智慧校园的顶层设计和模式探索。智慧校园概念最早起源于20世纪70年代美国麻省理工学院提出的E-campus计划。1990年，美国克莱蒙特大学教授凯尼斯·格林发起了"智慧校园计划"的大型科研项目。2008年，IBM公司提出"智慧地球"的概念，将数字化校园描述为智慧城市建设中智慧教育方面的具体应用场景。新加坡先后发布"智慧国2015""未来学校"计划等。而国内智慧校园虽起步较晚，但成效显著。浙江大学首次在2010年提出基于云资源的智慧校园的概念。近些年来，中国更是出台了大量政策及标准支撑中国数字化校园的建设与完善。然而，当前的数字化校园建设存在实用度不足、持续业务赋能不佳、资源浪费，以及缺乏清晰的商业开发模式、可持续性建设与发展弱等瓶颈问题，有待引入更好的创新模式予以解决。

而大学生就业率低正成为非常突出的严重社会问题。除了就业形势不容乐观，另一个重要原因在于高等教育改革滞后导致学校专业设置、课程体系、教育质量不能适应经济发展和劳动力市场的快速变化，突出表现为就业难与招工难并存。高等教学改革与人才培养创新的研究，也正在强调需要配合传统教学方法，在对理论知识讲深、讲透的基础上，提倡开展项目式（PBL）、实践性、跨领域学科的综合式教学方式[1]，促进学生通过主动学习来完成项目任务，这不仅能使学生感受已有知识的价值，还能够拓宽其理论知识的应用边界，从而实现创新，使其成为知识的发现者，避免旧范式授课教学下，培养的学生出现眼高手低、重理论轻实践、能力与社会实际需求相脱节等一系列问题。

为此，本文将探究通过以势在必行且应用场景丰富的智慧校园建设运营作为高校人才培养的实践抓手，推动高校相关专业增加创新创业内容并推动知识类课程的过程项目化、工程化改革提升教学质量，以用促学，通过自己的技能改善自己的教学与生活环境，提升学生解决真问题的创新与创业能力[2]。研究将聚焦智慧校园工作与高校人才培养的联动策略，探究前者如何为后者提供实践场景与平台机制，后者如何促进前者建设运营的效果并形成可持续发展的经营模式与创新生态。最终以校园智慧场景为孵化摇篮，推动数字化产教研学用共同发展，并实现真正的一体化融合。

二、数字化校园的发展趋势

整体而言，数字化校园的发展可以大致分为以下几代[3]：

第一代：基础型的数字化校园，主要是基于计算机网络和信息化管理系统，实现了一些基本的数字化管理和应用，如教务管理、学生管理、图书馆管理等。

第二代：服务型的数字化校园，在第一代基础上，又增加了更多的数字化应用和服务，如教学资源共享、网络教学、数字化学习、校园一卡通等。

第三代：智慧型数字化校园，在第二代基础上，更加注重数据的整合和应用，以及智能化的管理和服务，如大数据分析、人工智能应用、物联网应用等。

第四代：生态型数字化校园，在第三代基础上，更加注重个性化和开放性的数字生态系统，包括跨平台的应用和服务、开放的数据和接口，以及更加灵活和智能化的管理和服务。

而在第四代数字化校园的基础上，跨平台、开放性的技术能力与生态共建的参数模式，已经为师生通过校园应用场景的产教研学用融合共同参与校园数字化的方式创造了可能。未来，新一代的数字化校园也必将以更多师生参与和共创、更多产教研学用结合的模式进行演进和升级。

三、师生参与数字化校园共创的价值分析

当前，数字化校园的参与者众多，包括平台企业、校企、商家、技术服务厂商、物业、学校、老师、学生等。其中，师生更多的是使用者的角色。而对学校，智慧校园建设更多的是成本性投资，难以实现可自我造血的持续性循环生态。

对此，本文建议数字化校园建设可以更多由师生作为共同参与的主体，通过充分结合相关课程教学实践、科研成果转化以及创新创业工作，促进产教研学用一体化融合，最终形成一个校园数字化自主共建的可持续发展生态。师生中的数字化人才及其数字素养的培养也将由此而受益。关键在于：

（一）校园是学生最懂场景的好舞台

校园是学生最熟悉的地方：学生在校园里生活、学习与活动，对校园的环境、设施与人员等都非常熟悉，因此他们对校园的场景最为熟悉。在校园学生最有归属感，学生在这里度过了大部分的成长时光，与校园建立了深厚的感情，并可以足够自信地自由发挥自己的想象力和创造力，在知识、技能、经验等多方面获得培养和提高。

同时，学生接受科技等新事物的能力强，可以代表未来的一些趋势和发展方向，也是未来社会的主力军。他们对新技术、新思想、新文化的接受程度和应用能力，将直接影响到未来社会的发展方向和速度。

因而，作为校园数字化的主要用户与受益者，学生在老师的带领下将更有话语权决定数字化校园如何设计与优化。同时，将学生熟悉的数字化校园场景作为相关课程应用

实践的标的与案例，也更有利于学生学用结合，更快更好地掌握其中的知识与技术，并获得更多创新创造的机会。未来，需要借助校园舞台进一步拓宽数字技术的应用场景，才能激发数字化转型的新活力。

（二）校园是数字素养培养的大课堂

在数字经济时代，不仅需要企业的数字化转型，更需要人的数字化转型，即数字素养的培养。数字素养是指人们使用数字技术和信息资源的能力，包括数字阅读、数字写作、数字计算、数字沟通等方面。数字素养是一种综合能力，它不仅要求人们具备一定的数字技术和信息资源的使用能力，还要求人们具备正确的数字态度和数字行为，能够在数字化时代中更好地适应和发展。而随着数字技术的不断发展和普及，越来越多的职业和行业需要数字素养。

而大学生是未来时代发展的主力军与数字化持续转型的新动能，其数字素养的培养更是至关重要。好的数字素养不仅能够帮助学生们更好地应对未来的职业和生活挑战，还能够提高他们的学习成绩、学术表现与综合竞争力。

而校园则是学生数字素养培养最好的课堂。校园拥有多元化和包容性的环境，有助于帮助学生发展数字素养的多个方面，例如批判性思维、沟通能力和团队合作能力。校园中的教师通常是数字素养方面的专家，可以为学生提供指导和支持，帮助他们发展数字素养。校园提供丰富的数字资源和工具，足够学生在这里学习到如何使用。而在校园的数字化建设与维护更多开放给老师和学生参与后，他们将有更多的机会不断学习和探索新的数字技术和工具，从而更加适应未来不断发展和变化的社会及其对数字素养日益提升的要求。

（三）校园是应用教学结合的实验场

许多学科具有很强的实践性和应用性，如计算机科学、工程学、社会科学、人文艺术等。学生在校园里学习相关知识和技能时，往往需要通过应用来进行巩固和实践。而通过将校园数字化的合适任务分解和引入应用教学实践，可以更好地满足学生的需求，帮助他们更好地掌握知识和技能。

基于校园更多身边熟悉场景的应用教学结合，更可以为传统的教学方法带来创新，使教学更加生动有趣，从而提高学生的学习兴趣和积极性。学生通过更加贴近工作实战的团队式与项目制的实践机会，可以更好地提高团队协作能力、动手创新能力和综合就业竞争力。

而通过结合校园数字化建设与维护任务，更为充分地利用校园丰富的教学资源和实践机会，可以为应用教学结合提供有力的支持和保障，使教学更加高效和有针对性，从而更好地实现学校的教育目标，培养出更多适应社会发展需求的高素质人才。

（四）校园是科技创新应用的策源地

很多科技创新，尤其是数字化的场景，初始是在校园中开发和使用的，但随着技术的发展和应用的拓展，它们可以扩展到其他行业和场景，为更广泛的用户提供数字化服务。例如：

一卡通：校园一卡通最初是为了方便学生在校内的生活和学习而开发的，但现在已经扩展到城市一卡通、企业一卡通、居民小区一卡通等领域。

数字化图书馆：数字化图书馆最初也是在校园中开发和使用的，但现在已经扩展到公共图书馆、博物馆、档案馆等领域。

共享经济：例如，共享单车最早是在学校内推出，供学生和教职员工使用，并通过智能卡和定位技术实现了自助租借和归还，后来被推广用于整个城市场景，有效减少了交通拥堵与环境污染。

在线学习平台：在线学习平台最初是在校园中开发和使用的，但现在已经扩展到企业培训、职业教育、远程教育等领域。

安全监控：校园安全监控系统最初是为了保障校园安全而开发的，但现在已经扩展到城市监控、企业监控、家庭监控等领域。

（五）校园是适宜创业孵化的试验田

校园里拥有大量的实验室、图书馆、科技创新平台等创新资源，可以为学生提供良好的创新创业条件。

相对于社会上的创业成本，校园里的创业成本较低。学生可以利用校园里的创新资源和平台，减少创业成本，提高创业成功率。同时，大学期间学生们通常有更多的时间和精力去追求自己的创业梦想，同时也可以更灵活地安排自己的时间表，以适应创业的需要。

过往也有很多名人或名企业在校园创业的成功案例，特别是新时代下的高科技公司。世界上最有价值的6家公司中有3家公司（Facebook、Google 和 Microsoft）都诞生于大学校园。而且这样的趋势实际上还在继续。Snapchat是在斯坦福大学联合创立的。Reddit是在弗吉尼亚大学的一个寝室里成立的。WordPress诞生于休斯顿大学……而在国内，著名企业家雷军大三就开始了创业探索；原去哪儿网CEO庄辰超，大学期间就和同学创业做了一款搜索软件，成立公司，并成功找到百万融资；著名游戏公司米哈游的诞生源于上海交通大学三名大学生毕业前的"白手起家"；著名人工智能企业旷视科技的创始人也是其人脸识别APP游戏在清华大学"挑战杯"创业比赛获得冠军后才开始了创业之路……

科技行业是一个快速发展的行业，技术的不断创新和进步使科技企业更容易在市场上获得成功。当未来的知名企业或知名企业家在大学期间接触到了最新的科技知识和技术，又有学校的政策引导与应用实践场景支持，同时也对科技行业的发展趋势有着敏锐的洞察力时，就更容易和更早在科技行业中创业成功。

四、数字化校园的应用场景

校园可以应用数字化的场景很多，可以重点聚焦在以下方面。其中，涉及底层基础设施的，以合作企业牵头为主，师生重在运维操作和软件集成；涉及应用层开发的，优先采用软件定义一切（SDE）的方式，优先采用微服务架构实现模块间的解耦合，构建师生易于参与的微场景、微功能与微应用。

（一）教学管理数字化

用于数字化管理师生身份信息、教务教学以及学习相关的资源、环境及评价。包括但不限于：学生信息管理系统、教务管理系统、课程管理系统、学习管理系统、图书馆管理系统、数字化教学平台、在线学习平台、数字化教材、数字化评估工具与师生教学协作工具等。

这些应用可以提高教学管理的效率和准确性，方便教师和学生的使用。同时，数字化教学管理也可以为学生提供更加灵活和个性化的学习体验。

（二）员工办公数字化

用于数字化辅助协同学校员工办公。包括但不限于：移动应用与统一门户、电子邮件、文件管理系统、日程安排工具、办公协作工具、OA流程审批、内部网站和个人空间、在线培训等。

这些应用可以提高员工的工作效率和协作能力，同时也方便员工的工作和生活。

（三）设备设施数字化

用于校园室内外各类设备设施的数字化管理。包括但不限于：智能楼宇管理系统、智能路灯管理系统、能源综合管理系统、数字化资产管理系统等。

这些应用可以提高校园内设备设施和能源的使用效率和管理水平，同时也可以为师生提供更加安全、舒适、环保的学习和生活环境。

（四）综合管理数字化

用于校园物业及综合类的数字化管理。包括但不限于：校园人员及访客通行管理系统、校园停车管理、校园一卡通系统、校园巡更管理系统、校园安防监控系统、校园智能环境监测系统、校园智能交通管理系统、校园环境监测系统、校园维修管理系统、校园环卫管理系统、校园保洁管理系统、校园绿化养护管理系统、基建项目管理系统、校园车辆管理系统等。

这些应用可以提高校园综合管理效率、管理质量、信息查询的便利性与管理透明度，同时也可以提高管理智能化水平，从而提高学校的管理水平和竞争力。

（五）生活服务数字化

用于师生校园生活的数字化服务。包括但不限于：校园食堂餐饮服务、校园超市与电商服务、校园医疗服务、校园出行服务、校园公告系统、校园社交服务、校园班车服务、校园心理咨询服务、校园物流服务、校园洗衣等生活配套服务等。

这些应用可以提高师生校园的生活质量与获取服务的品质及效率。

（六）科研平台数字化

用于校园科研平台借助数字化实现更好的展示、共享与管理。包括但不限于：数字化科研平台、数字化实验平台、数字化学术资源共享平台、数字化科研数据平台、数字化科研社区、数字化科研培训平台、数字化科研成果展示平台等。

这些应用可以有效学校提高科研效率、促进科研协作、方便科研管理、促进科研成果转化、提高科研数据管理质量和促进科研国际化，从而提高学校的科研水平和竞争力。

（七）校园数字底座

用于校园中为各种数字应用和服务提供支持的基础设施和平台。包括但不限于：基础通信网络及网络安全设备、各弱电智能化系统、校园数字孪生平台、物联网平台、统一数据中台、AI中台等。

数字底座是整个校园数字化建设的基础，为学校的各种数字应用和服务提供支持和保障，促进学校的数字化转型和发展。

五、数字化校园师生共建的策略建议

为了达成师生共建的校园数字化发展目标，以下是一些有关实践开展的策略建议：

（一）顶层设计规划

高校须首先做好数字化校园的顶层设计规划，确保其系统性、科学性、前瞻性、可操作性、可扩展性和可持续性。内容须涵盖数字化校园的愿景和目标、现状和需求分析、整体蓝图、技术架构、数据标准、应用系统、实施路径、重点领域详规、相关保障措施等。

需要重点考虑如何与高校的产教研学用一体化融合，从而达成足够发挥校园数字化价值的既定发展目标。

（二）组织专项保障

高校应成立专门的数字化转型小组，负责校园数字化的整体规划与实施决策，产教研学用的一体化融合，推动生态合作，协调各部门之间的关系，制定整体的预算投入、成果评价与考核管理。

由数字化相关的重点院系组织成立业务专项组，牵头参与工作的具体落实与开展。适时成立专题性的未来校园数字化实验室，负责整体方案的项目化分解、业务组织开展以及成果的积累与展示。

（三）创新激励体系

梳理校园数字化项目并制定微课题，建立行之有效的全员揭榜挂帅的课题立项制度，以及众创众包的科创竞赛机制，设立专项科创资助基金与竞赛奖金予以支持。

建立师生创新创业教育体系与成果激励体系，鼓励学生在学习期间开展创新创业活动，提供必要的指导和支持，帮助学生将创新创业的想法转化为实际行动。

（四）加强人才建设

加强对教师的培训和实践锻炼，提高教师的实践教学能力和职业素养，同时引进具有丰富实践经验，特别熟悉数字化校园场景的企业专家作为兼职教师，提高师资队伍的整体水平。

同时，需要对师生进行数字化教育和培训，提高师生的信息素养和数字化能力，为数字化校园的建设提供人才支持。

（五）相关课程改革

高校应根据企业的实际需求，推进与之相关的课程改革，使课程内容更加贴近实用需求，同时引入更多的实践教学环节，提高学生的实践能力和职业素养。其中，可结合校园数字化的相关场景，来深化相关课程的实践改革。与之相关的课程包括但不限于：计算机软硬件相关课程、软件开发相关课程、物联网相关课程、数据相关课程、网络相关课程、智能化相关课程，甚至包括经济、人文、艺术与健康等的相关课程。

（六）多元评价机制

高校应建立多元化的评价机制，将学生的学习成果和教师的教学成果与企业的实际需求相结合，提高评价的客观性和有效性。其中，校园数字化建设可作为实践与评价的重要抓手。

（七）加强校企合作

高校应与企业开展广泛的科研合作。一方面与校园数字化的企业合作做好分工协作，确保师生参与数字化校园建设的可行性与协同性；另一方面孵化的科研成果可以快速转化为实际生产力，甚至可以扩展延伸到校园场景外的更多领域。最终同时提高高校和企业的科技创新能力。

（八）注重数据治理

需要建立整个校园级的数据治理体系，包括数据标准、数据质量、数据安全等方面，确保数据的准确性、可靠性和安全性，为后续数据要素赋能校园乃至城市智慧场景打牢底座基础。

六、数字化校园师生共建的方式建议

高校可以通过以下方式让师生更多参与数字化校园的建设：

（一）与科研项目结合

将数字化校园作为科研项目的研究对象，如以横向课题的方式定期由校内师生揭榜挂帅。鼓励师生将软件开发、人工智能、物联网、网络通信、信息安全、数据工程等前沿技术用到校园的数字化建设上，有效提升校园的管理服务水平与综合体验，同时也可以提高自己的科研能力和学术水平，并支撑其更好地向校园外应用场景延伸。

（二）与课程教学结合

引导教师在相关课程的教学安排上，优先设置数字化校园微场景相关的实践环节或课堂小论文。鼓励学生将课程学习中的理论知识应用到相关实践当中，从而既可以更深入地了解数字化校园的建设和运营，又能让学生更好地掌握知识，让教师在教学相长中提高自己的科研能力和教学水平。

（三）与双创活动结合

由高校长期持续组织以数字化校园为主要主题的创新创业活动与赛事，引入激励体系、合伙人制度与创投基金，鼓励学生多多参与，学校、教师与合作伙伴给予技术指导，并可以合伙人、投资人等角色身份参与孵化。通过活动，学生和老师可以更深入地了解数字化校园的创新创业环境和市场需求，同时也可以提高自己的创新创业能力和实践能力。

（四）与社团兼职结合

鼓励师生以科技社团、行政兼职或勤工俭学等方式，参与数字化校园的建设与运营管理，负责数字化校园的规划、实施、评估，参与数字化校园的设计、开发、测试与运维，在这个过程中提高自己的技术水平、实践能力和管理能力。

（五）参与评估和反馈

师生可以参与数字化校园的使用评估、满意度调查等。从中既可以更深入地了解数字化校园的建设和运营情况，又可以为数字化校园的改进和优化提供宝贵的意见和建议。

七、数字化校园师生共建的难点分析

（一）资金投入

数字化校园的建设需要大量的资金投入，包括硬件、软件、网络等方面，需要学校在资金方面做好规划和保障。资金使用上，除传统建设方式投入外，还应以科研横向课题、科创大赛奖金以及创新创业基金等多种形式鼓励师生更多参与，更好地抓住熟悉的应用场景，促进教学研成果转化。

（二）技术挑战

数字化校园的建设涉及大量的技术和系统，需要解决技术选型、系统集成、数据共享等方面的技术挑战。过程中，需要做好顶层设计与路径规划，确保创新成果持续积累以及创新人才适时引入与重点培养，并逐步增加整体方案中自主创新的比例以及关键技术的突破。

（三）组织协调

数字化校园的建设需要多部门、多角色、多人员的协同工作，需要建立有效的组织协调机制，确保数字化校园的建设顺利进行，需要一把手牵头，设置校级的统筹与决策组织及流程，同时由相关部门与重点数字化相关的院系牵头推动业务开展，有计划地稳步推动校园数字化与相关产教研学用的一体化融合。

（四）文化变革

数字化校园的建设更要依赖学校文化的变革，包括教育理念、教学模式、管理方式等方面，需要师生的积极参与和支持，需要全校甚至联合合作生态的资源整合，线上线下构建共创平台，实现有效宣传推广与参与组织。

（五）安全保障

数字化校园的建设需要保障信息安全、数据安全和隐私安全，需要建立与完善相关领域的安全管理体系和安全技术措施，形成落实到人的责任保障机制。师生以及合作伙伴在参与校园数字化过程中，尤其在人员稳定性不足的情况下，更需要做好相关权限与知识产权的管理。

八、结语

以数字化校园建设场景为抓手的师生共创模式将会构建一个高校人才培养与科技创新供需的新范式。师生借助自身最为熟悉的校园场景实现教学、科研与实践应用；反过来，校园数字化可以借助师生的力量更好地发展与实现产业化。其中的一些自主创新成果经校园场景孵化与试点后，更是可以拓展到城市服务以及更多的其他产业领域。

参考文献

[1] 张安富.项目化教学是提高工程型人才培养质量的有效之法[J].高等工程教育研究，2019（3）：166-169.

[2] 史金飞，郑锋，邵波，等.能力导向的应用型本科人才培养模式创新[J].高等工程教育研究，2020（2）：106-112，153.

[3] 周海涛，李葆萍.推进数字化的国家智慧教育平台逻辑与路向[J].中国电化教育，2023（1）：62-67，132.

作者简介：吕海洋（1982— ），男，辽宁鞍山人，烟台南山学院科技与数据学院院长，副教授，硕士。

用企业家精神提升应用型大学教师职业素养的路径分析

李新萌　朱晓燕

摘要：文章首先总结出企业家精神内核所具有的创新、敬业、合作三要素，后结合当下应用型大学教师所表现出的创新之意欠缺、敬业之心淡薄以及合作之识匮乏等现象，研讨出用企业家精神提升应用型大学教师职业素养的路径：培养创新之意，即文化素养"O型化"、教学思路拓宽化、教学手段丰富化；增强敬业之心，即培养诚心、恒心、爱心；提升协作之愿，即树立集体观念、寻求合作伙伴、关注专家与对手。

关键词：企业家精神；应用型大学；教师职业素养

一、引言

2017年9月8日，《中共中央　国务院关于营造企业家健康成长环境弘扬优秀企业家精神更好发挥企业家作用的意见》出台，这是我们党第一次以中央文件的形式肯定企业家与企业家精神的地位及其作用。自改革开放以来，众多卓越企业家在经历激烈的市场竞争锤炼后得以快速成长，与此同时，相当一部分具有核心竞争优势的企业脱颖而出，创造了社会财富，提供了就业岗位，继而促进了我国经济与社会发展，提升了综合国力，由此，企业家已然成为经济活动的重要主体。

笔者认为，"老板"一词可作为大部分企业拥有者的统称，而"企业家"则侧重的是对"家"的解读，其蕴含着浓浓的"家国情怀"等诸多优良品质和意识形态。立足本文主题思想，笔者将企业家精神界定为企业家所独具的价值观与精神特质的集合。

众所周知，我国经济正处于转型升级的关键时期，急需各类应用型大学协同培育具备企业家精神素养的创新型优秀人才，产教研深度融合是必然选择。以我校为例，就不断深化、精进拓展出"围绕现代产业需求，优化学科专业布局，着力深化内涵发展，服务产业创新提升"的产教研融合新路径。长期以来，我校坚持以"校企一体化"作为重要的办学特色，倘若要更好地服务于地方经济发展，培养更多的创新创业型人才，就势必要以企业家精神的塑造和培养作为坚实依托，辅以必要的切实举措，开展系列针对性教育教学活动。其中就涵盖了对于企业家精神与应用型大学教师职业素养有机融合问题的探讨与实践。

教师职业素养是将教师所具有的思想政治修养、职业道德、知识储备水平、知识传授能力以及教育教学观念等诸多内容相融合的统一体。正如习近平总书记在全国教育大会上的讲话中所提到的，教师不仅是人类灵魂的工程师，更是人类文明的传承者，承担着传播知识、思想、真理和塑造灵魂、生命、新人的时代重任。而高等教育的根本任务就是要为国家和地方培养具有创新精神和实践能力的高层次专业人才，繁荣科技文化，促进社会主义现代化建设。不难发现，作为高等教育主体的高校教师，其职业素养势必影响到大学生的学业与职业规划，决定了大学生的培养质量。

因此，用企业家精神提升应用型大学教师的职业素养必将成为培养学生企业家精神的重要举措。在产教研不断融合的过程中，用企业家精神提升教师的职业素养，就会促使教师更新教学理念，并将企业家精神融入教学过程中，以此对学生的企业家精神培养起到潜移默化的作用，凸显产教研融合对于人才培养的重要意义。

二、企业家精神的内在逻辑解析

弗兰克·H·奈特作为提出"企业家精神"概念的第一人，其将企业家精神归结为敢于承担风险的意志，自然创新精神也就涵盖其中。与之对应，将创新精神视作企业家灵魂的约瑟夫·熊彼特认为，企业家精神其实就是一种持续创造新事物的能力，该观点深受学术界的普遍赞同，当代有关企业家精神的研究皆源于此。虽然专家学者对于创新的含义各执一词，尚无统一定论，却普遍认同企业家精神的核心特质即为创新精神这一观点。

事实上，成就一名优秀企业家，创新仅仅是其必备基本素质里的一项而已，除此之外，他（她）还必须具备良好的决策力、系统组织力、企业管理能力以及自我实现意识、市场敏感度、责任心等，而这些又都离不开团队合作意识。德国经济学家艾伯特·赫希曼就曾提出企业家必须具备极强合作精神的观点，他认为企业家精神的核心就是合作。

由上所述，若想更为深入地洞察企业家精神，还应囊括道德风范期许，尤其是责任心、使命感以及合作意识。因此，缺乏人文关怀与人格魅力的老板，只能被称作制造商、经销商、运营商等，绝非真正意义上的企业家。既然专家学者等会因所处时期或者个人视野的差异而对企业家精神的内涵产生不同理解，那么，构成企业家精神内核的要素究竟有哪些呢？结合上述内容，并参考学者观点，笔者认为构成企业家精神内核的要素有三个，即创新、敬业、合作。

（一）企业家精神的根基——创新精神

创新精神可谓企业家精神的根基。现如今，身处产品同质化、竞争白热化的市场环境，企业之间早已不再是盲目、无序竞争，而是转向技术升级、产品迭代的创新之争，创新也就成为每个企业所具有的独一无二的自有资源——企业家精神的根基。

一个企业若想获得长远收益，靠的是其自身优秀品牌的创立及其延续，而品牌生命力的有效延续依托的是产品与服务质量的不断改进与提升，这又离不开技术创新的驱动。技术创新可谓是企业生存发展的命脉，积极发掘新技术，并融入生产实践中，持续创造新工艺、新方法，以此推动企业生产方式更新换代，这是企业家的又一重要使命。此外，企业家还应具备开拓、创新市场以及创新组织、制度的精神。

（二）企业家精神的支柱——敬业精神

无敬业皆空谈。缺乏敬业精神的企业家精神就像失去灵魂的肉体，毫无实际价值可言。具备敬业精神的一个重要表现就是企业家对自身产品的性能、生产、销售等消费者所关心的所有问题均能了然于胸，且不断为客户创造价值。唯有具备敬业精神，方可把企业做大做强。当然，企业家敬业精神的塑造绝不仅是为了让企业活下去，更重要的是为了自己和他人活得更好、更精彩，这也就需要借助为员工、消费者提供更好的服务，来获取彼此精神和情感上的共鸣与富足，即实现自我价值，感悟人生百态。

（三）企业家精神的精髓——合作精神

合作精神是企业家精神的精华所在。企业家绝非个人英雄主义的化身，必须具有团队合作意识，展现出强大的精神感召力，由此产生合作效益。任何一个企业的成功，均离不开其构成要件的有效组合与功能发挥，因此，在企业不断发展壮大的过程中，企业家必须处理好所有构成要件之间的协同关系，整合资源，实现整体效益最大化，促进企业的可持续发展。

综上所述，市场经济越发开放，人类文明愈发进步，世界趋于一体化的速度就会更快，在这种微观、宏观背景下，任何人均无法脱离现实、忽视规则，选择封闭而孤立地生存。同样，任何组织、行业、产业都是息息相关、一脉相承，牵一发而动全身的，而正是那些奋斗在最前线的企业家们不断给予我们诸多启发，企业家精神就是他们带给我们的宝贵财富。同时，这也告诉我们唯有具备真正意义上"企业家精神"的行为主体才能够在社会演进的过程中处于主导地位。因此，企业家精神汇聚了时代对于人才素养的综合要求，也在一定程度上代表了国家和社会对公民未来素质的期许。在这个时时处处呼唤企业家精神的时代，我们不得不深思其对于应用型大学教师职业素养提升所具有的现实意义。

三、应用型大学教师职业素养的部分缺失

在市场经济浪潮的冲击下，应用型大学也面临着诸多挑战。整体来看，市场经济对于应用型大学的影响力是较为积极的，无论是在办学体制、办学观念、办学渠道、办学经费等方面，还是在人才引进、学生培养等方面均取得了突出的成绩。但凡事均有两面性，面对不良冲击，各高校也纷纷结合职业特点，组织开展犹如师德师风建设等系列活动，及时纠正教师不良观念与作风等，使绝大多数教师保持并展现出了优秀的职业素

养,如爱岗敬业、为人师表、扎实学识、仁爱之心等,默默无闻地耕耘于教育事业,赢得了良好的社会声誉。但同时无可否认的是,现实中也不乏不和谐的现象、声音,提升应用型大学教师职业素养迫在眉睫。

(一)创新之意欠缺

部分教师因入职时间较短、职业倦怠、自身能力差异、重学术轻教学等原因,教学创新意识不强,日常教学因循守旧、墨守成规,缺乏主动创新意识,对于教学方法、教学手段、教学过程等缺乏创新性教学设计,过于机械化、程式化,加之许多教师毕业即从教,没有参与过企业挂职等社会实践锻炼活动,缺乏产教研融合意识,导致教学过程中重理论轻实践,严重制约了对学生创新意识与创新技能的培养。

(二)敬业之心淡薄

部分教师在教学、科研等本职工作方面投入精力较少,备课不充分,上课无状态,前沿理论不深究,传授知识不更新,忽视因材施教,授课内容空洞乏味,只会读课件,不会做专业知识的拓展与延伸,专业动态与最新成果无法及时融入教学、传递给学生。部分教师甚至专心致志做兼职,马马虎虎做本职,严重影响了教学质量与学生综合素养的提升。

(三)合作之识匮乏

无论是教育、教学研讨还是学术研究,团队的组建尤为重要,集体智慧的结晶往往功不可没,但有些教师自视清高、唯我独尊,与身边同事、学术同仁缺乏有效沟通与相互尊重,没有合作意愿,更无法组建团队攻坚克难,缺乏团结协作的精神。

值得一提的是,上述现象不具有普遍性,实属个案,但也绝不可忽视。教师面对的群体是学生,些许不经意的言行均会造成不良影响。之所以会出现上述问题,究其原因主要是社会及学校对于教师职业素养建设重视度不足,而教师本人也忽略了自身职业素养的提升。因此,将企业家精神充分融入教师职业素养建设显得尤为重要。

四、用企业家精神提升应用型大学教师职业素养的切实举措

用企业家精神对应用型大学教师职业素养加以提升,其实也是一个针对应用型大学教师开展职业精神再造的过程,过程中囊括了对教师在教书育人过程中所应具备的创新之意、敬业之心、合作之识等多种职业素养的重生,这也就是让教师职业素养与企业家精神相融合的过程。欲要完成此过程,势必需要从如下三个方面进行教师职业素养的提升实践。

（一）培养创新之意

如前所述，从一定程度上讲，企业家精神完全可以视作创新的代名词。著名的哈佛大学从未将自己培养的职业经理人视作企业家，仅仅称其为"经理"。因为经理所处理的事情是曾经发生过的，有可供参考的案例，而企业家所处理的事情是从未发生过的，无案可查，充满了未知的不确定性，且这种不确定性无法复制。正如美国经济学家熊彼特所指，企业家其实就是那些长期从事创造性破坏的人。

由此，笔者认为企业家所具有的创新精神值得每位应用型大学教师深刻自省：如何不断探求教育增值？如何让自己始终保持优势？如何通过为学校、社会创造更多效益来实现自身价值？问题的答案不具有唯一性，但创新是最具逻辑支配地位的回答。至于如何去做，则可以从如下几个方面加以考量。

首先，文化素养"O型化"。笔者认为"O型化"人才，即除具备扎实的本专业文化知识外，还具备丰富的跨专业、跨学科、跨领域知识，可称之为全能复合型人才。教师唯有在自身具备扎实专业知识的基础上，才能夯实学生的专业修养；同样，也只有在自身掌握丰富的跨专业、跨学科、跨领域知识和产教研融合之法的前提下，才能全面提升学生的综合职业素养。为培养出更为优秀的人才，教师自己就应该努力朝着"O型化"人才奋进，具备扎实学识，多多进修，努力提升自身学习、迁移、交叉运用知识的能力以及对于不同问题的判断、评价能力。但更为重要的还是明确教学目标，激发自信，立足学科前沿与已有经验，并融合社会实践积累，从而不断形成自己的无穷创意。

其次，教学思路拓宽化。欲培养学生的创新意识与创新本领，教师就需要不间断地在社会实践及产教研融合过程中积累经验，拓宽教学思路，对学生开展具有较强针对性的思维训练，继而培养学生分析、解决问题的犀利眼光与独到视角。运用不同教学思路启发学生自己思考的过程中，教师应着重关注不同层次学生的差异化思路，及时认同其可行性，发掘其创造性，纠正思路偏差，寻找思维方法，以期更好地培养学生优秀的思维品质。

最后，教学手段丰富化。为更好实现产教研融合的目标，切实有效地实现专业教学过程与产业生产过程一体化；专业教学内容与岗位职业标准一体化，应用型大学教师应结合学校实际，深入分析学情，有针对性地优化教学方法、丰富教学手段，引入职业准则与岗位标准，对学生开展职业素养教育。这就要求教师在授课过程中，除传统教学手段外，还需借助各种必要的教学手段（包括仿真化、数智化等），来加大教学密度，提升教学质量，为整个教学过程增添专业化、产业化、职业化、标准化色彩，继而有效激发学生学习热情，提供一个具有创新性、立体性、多维性的教学环境，使学生在掌握专业知识的基础上熟知产业生产过程、牢记岗位职业标准，切实提升学生的职业素养，全面实现产教融合的育人目标。

（二）增强敬业之心

受当今不同社会思潮的影响，有些应用型大学教师的心态也发生了些许变化，做事冒进、急功近利，日益丧失"十年磨一剑"的工匠精神，无法树立高标准、建立高目标，更难以朝向目标不懈奋斗，这便是敬业之心逐渐磨灭的表征。企业家精神中所蕴含的敬业精神，对于每位企业家而言，都意味着自我超越，也是"敬天爱人"的具体表现：敬业不仅是为了自己，更是为了服务他人，以此获得精神上的愉悦、情感上的满足，实现自我价值，领悟人生意义。

因此，一个具备敬业之心的教师，必定具有潜心钻研的品质，精通专业知识与技能；胸怀大局，做事周全，事无内外，均积极主动去完成；心念终极追求，从学生、学校、社会、国家的终极利益出发，改进工作、创新教学、提升自我，奋发有为。拥有敬业之心的教师，注定会成长为一名爱业、乐业、奋业、精业的优秀教师。笔者认为唯有具备诚心、恒心、爱心的教师，方可称为已然具备了敬业精神。

诚心。忠诚于教育事业，以真诚之心履行教师教书育人之应尽义务，尽忠职守，是每位教师必须具备的最基本的心态。对于教育事业的忠诚之心、真诚之心，使得教师不论何时何地、处于何种状态，均能自主自觉地领悟自身所背负的社会责任，并激发潜意识、尽己所能、尽职尽责地面对教书育人过程中遇到的每件事。

恒心。教书育人有恒心，有毅力，锲而不舍，不急于求成、急功近名，敬畏教学之重，深究育人之本，这就是敬业精神的又一具体体现。古往今来，凡是有所成就之人，均为笃行不倦、勇攀高峰的敬业者，以其独有的人格魅力深受人们的仰慕。

爱心。爱是教育的灵魂，没有爱的教育已然失去了灵魂，不具有任何感染力。优秀教师要用爱去培育爱、传播爱，用真情、真心拉近与学生之间的距离，让学生也学会如何去爱他人。教育更是一门"仁而爱人"的课程，值得每位教师终身学习。教师唯有具备仁爱之心，方能做到诚恳地去尊重学生、同理心地去理解学生、包容地去关怀学生，以此感化学生心灵、激励学生上进。此外，当笔者深层次领悟敬业精神后发现，唯有热爱方愿付出，而唯有付出方才更爱！所以，"爱心"里还蕴含有"热爱之心"。唯有热爱教师事业，才愿努力付出，而正因努力付出了，才会对这份事业更加热爱，方能做到敬业。

（三）提升协作之愿

团队协作能力堪称企业家无往不胜的利器。21世纪的今天，任何组织或者个人若想取得成功，仅凭一己之力而力挽狂澜的画面恐怕只有在影视剧作品中才会呈现。企业家早已告别了个人英雄主义，其需要用团结协作的精神去感召员工融入团队，在既定目标下，服从指挥，发挥才能，取得成效。而且在充满合作氛围的团队中，成员乐于分享，相互学习，彼此融洽，群策群力，积极上进。

但与此同时，笔者不得不去关注与反思有关"个性""个性化"的话题。在市场经济高度发达的今天，无论是国家、城市、企业还是个人，都离不开个性化的创意与创新。同样，教师自身也需要展现出富有特色的教学方式与人格魅力来吸引学生，但对于个性化、独特性的追求绝不是忽视团队协作的理由，倘若片面追求个性，则会导致诸多不良后果。如成功经验不愿分享；个人利己主义甚嚣尘上，而忽视集体利益；教学与科研瓶颈难以突破等。为有效避免应用型大学教师在充分展现个人魅力时忽略团队协作精神，笔者认为可从如下三个方面来加以反思。

首先，树立集体观念。教师唯有树立集体观念，才能充分认识到互帮互助、相互尊重与扶持的集体对于顺利开展教学、科研工作等所起到的重要保障作用，而集体观念的树立也是加快促进产教研融合，落实创新教育、素质教育的基本前提。教师也只有在和谐、温馨的集体中，才能倍感温暖，使自身的主观能动性得以充分发挥。因此，个人与集体之间绝非简单的隶属关系，而是深层次平等与互利的关系，保持二者之间利益的均衡，便可实现双赢发展。

其次，寻求合作伙伴。"志同道合"是对于合作伙伴的最基本要求。教师在教学与科研过程中所遇到的诸多问题，在一定程度上均存在共性，因此就可以直接利用别人的经验加以克服，达到事半功倍的效果。而在彼此的合作中，教师之间的思想交流保持开放，兼容并蓄，诸多具有可行性与创新性的观点便油然而生，这与企业家对于产品、技术和制度所产生的创新观点与社会、同行、员工的参与献策密切相关是同样道理。其实，教师之间的合作方式多种多样，不拘一格，如集体备课、观摩教学、研讨会与经验分享等，均可以有效促进教师教学、科研等工作的有效开展。因此，在产教研融合过程中，教师内部的这种相互促进方式，其产生的功效远大于外部或者行政干预式。

最后，关注专家与对手。关注专家意为高度重视专家（学者或企业高层次人才）的指导与引领作用，而关注对手意为向所有值得你学习的人（哪怕是竞争对手）或事去学习，激发创新灵感。"关注专家"就需要应用型大学搭建起外聘专家与内部教师有效交流、沟通的桥梁，建立起稳固的合作关系，由专家负责咨询、指导，引领教师自我提升，教师借此实现成果的转化，或运用于教学、科研中，或应用于企业的生产实践，这也完全符合产教研相互融合的发展思路。"关注对手"是希望教师可以找到一个适当的竞争对手，凡事均有两面性，合作的另一面必然就是竞争，但学会"关注对手"的本领，找到优秀的竞争对手，便会保持自己的谦卑、敬重、珍惜、热爱对手，学彼之长补己之短，长此以往便会激发潜能，取得突破。尤其是在商战中，无论是可口可乐与百事可乐的世纪大战，还是蒙牛与伊利的恩怨纠葛，均证明了找到正确竞争对手的重要意义所在。

综上所述，在自由、平等、开放的市场经济环境中，企业家精神代表了无畏竞争、创新求变、团结协作的优秀品质；而将其置于社会与行业背景中，又被赋予了责任、使命与人文精神。笔者认为，当应用型大学教师全面提升自身职业素养时，不妨将企业家精神所蕴含的诸要素充分融合其中，唯有此，教师方能更主动地承担起社会责任，传播中华优秀文化，在产教研融合的过程中，使教师与学生的实践能力均得以有效提升，从而更好地诠释出企业家精神所代表的社会价值创造力，完成国家、人民、社会所赋予教育工作者的使命。

参考文献

[1] 习近平. 坚持中国特色社会主义教育发展道路 培养德智体美劳全面发展的社会主义建设者和接班人[EB/OL].（2018-09-10）[2020-01-06]. http://www.moe.gov.cn/jyb_xwfb/s6052/moe_838/201809/t20180910_348145.html.

[2] 齐善鸿，孟令标. 企业家精神内涵研究：回顾、述评及未来展望[J]. 现代管理科学，2020（1）：93-95.

[3] 赵乐祥，汪春雨. 新时代企业家精神的内涵、作用与环境培育[J]. 广西社会学，2020（12）：93-98.

[4] 刘莹. 制度环境对企业家精神的影响及其空间效应——基于GEM数据的实证研究[D]. 成都：西南财经大学，2020.

[5] 教育部制定出台《关于建立健全高校师德建设长效机制的意见》[EB/OL].（2014-10-09）[2020-09-01]. http://www.moe.gov.cn/jyb_xwfb/gzdt_gzdt/s5987/201410/t20141009_175745.html?eqid=c1e0b0fd000c764b00000006645347ef.

作者简介：李新萌（1980— ），男，山东泰安人，烟台南山学院经济与管理学院教授，硕士；朱晓燕（1981— ），女，山东烟台人，烟台南山学院经济与管理学院副教授，硕士。

地方应用型大学教师企业挂职锻炼的机制研究

宋小勇

摘要：随着经济发展、时代进步，高校承担着越来越重的人才培养责任。大学教师赴企业挂职锻炼不仅能提升教师本身教学实践能力和科研能力，还能促进学生实践能力的形成，促成学生更好地走上社会、适应社会，这也是产教研融合与校企合作的重要环节。但教师挂职锻炼在具体的推广过程中仍存在着许多问题。本文对地方应用型大学教师企业挂职锻炼机制进行解析，阐述教师挂职的意义、挂职过程中出现的问题现象，并对学校在管理教师企业挂职方面提出建设性意见。

关键词：地方应用型大学；教师企业挂职；产教研融合；校企合作

一、引言

随着社会、经济、文化、科学技术等各方面日新月异的发展变化，为其服务的高校对应专业也需要随之发展变化，这就要求为社会培养人才的高校也要不断变革发展，才能紧跟时代步伐，创造出能为当今社会发展作贡献的人才。与此同时，作为培养人才的教师必须跟进时代、了解社会发展、参与企业发展，才能做到"问渠哪得清如许，为有源头活水来"。

高校教师挂职通常是为培养现代化的"双师型"教师，保证在挂职锻炼期间不改变原来的人事行政关系。教师挂职期间原籍档案仍在高校，占用原高校单位的编制，在锻炼期满以后要回原单位进行教学工作。

挂职锻炼对于高校，尤其是应用型大学而言是必要环节。高校引进大批硕士、博士教师，虽然年轻教师学历高、专业理论基础较好，但他们大多实习工作经历少，社会阅历较浅，专业实践方面缺乏经验，导致教学过程中基本是理论为主，内容空洞抽象，理论与实践结合困难。因此高校教师通过去企业挂职来推进学校与企业之间的合作，加强两者的联系，更好地发挥学校作用，为企业与社会培养优秀实战型人才。这对于挂职教师而言也十分有益，不仅为教师提供专业学习锻炼机会，使其所学知识得以应用，还能提升其专业水平，使其在今后教学过程中更加注重培养学生社会实践能力。高校教师挂职对企业而言，能为其带来新知识和新理论、加强校企融合、凝聚企业科研团队力量、加速成果创新转化，并为其推荐毕业生去企业就业。

二、地方应用型大学教师挂职锻炼的重要性

（一）提升教师实践能力，促进开展实践性教学

高校教师实践教学能力，是培养有创新精神和创新意识人才的重要手段，所以大学教师要冲出学校，走进市场，面向企业，面向社会。当前地方应用型高校教师中相当一部分教师是高校应届毕业生，他们在学历、学位和知识掌握上虽能满足专业教学要求，但由于缺乏自身专业领域的工作经验，在理论结合实践的教学环节中往往忽略实践，致使在课堂上学生只学习理论，不会动手操作或缺乏走上社会工作的实践能力。甚至有些老教师从毕业开始进入学校，也没有经过其他职场的锻炼，没有机会去企业进行挂职锻炼，课堂上只使用"一支粉笔"和"一个课件"授课，忽略社会发展与时代进步，导致

课堂枯燥无味，理论与实践脱节，所以高校教师企业挂职锻炼是大势所趋。教师通过挂职锻炼，不仅可增加自身实践能力、知识和专业素养，还可以把用人单位对毕业生的要求带进课堂，也可以把自己在企业中承担的实际项目引入教室，强化学生实践能力培养环节，从而开展实践教学研究，真正把培养应用型技能人才落到实处。

（二）优化学生培养方案，促成应用型人才教育

应用型大学的人才培养方案应根据社会与企业发展需求来制定。许多学校的人才培养方案是几年前甚至十几年前制定的，早就跟不上时代发展和社会需求的脚步。旧的培养方案致使学生毕业后发现所学内容全是理论知识、表面知识，根本无法适应企业要求，从而毕业即失业。教师去企业挂职锻炼，使其变成连通学校与社会的桥梁。通过挂职，教师深入企业内部，直接参与企业生产、管理、经营等过程，进一步了解课堂教学内容与实际应用技术间的差距。通过积累的实践记录及对企业挂职的总结，及时了解并掌握企业对高校毕业生的能力要求、技术要求和素质要求，把挂职经验作为改进教学和完善教学案例的参考资料，有针对性地调整课程内容和教学目标。最终在优化教学课程结构和更新学生人才培养方案的同时，也给予学生更好的就业指导，使学生能够顺利就业。

（三）提高教师的教学与科研能力

教师挂职锻炼能够提升教师的教学水平，带动教学改革。产学研合作包括人才培养、科学研究、产业发展三项内容，其中人才培养要培养出符合社会与企业发展所需的实用型人才。这就要求教学培养方案要切合实际，按照社会和企业的需求去培养人才，要求教师在教学过程中注重学生的实践能力，培养他们为社会、为企业解决实际问题的能力。企业挂职便是学校通往社会与企业的窗口，教师通过挂职锻炼来及时了解企业的发展现状与发展方向，再把调研与问题带到学校，研究分析挂职收获，修改教学方案与教学方法，带动教学改革与发展。

教师挂职锻炼能够提升教师的科研能力，促进学校整体科研水平提升。科学研究的最终成果要运用到企业和社会发展中才能完成其使命，没有实际应用功能的科研只能是纸上谈兵。如果不掌握企业和社会的发展需求，一味闭门造车做科研，最终只会浪费人力、物力、财力。通过挂职，教师能从企业生产中出现的问题着手进行梳理，收集企业生产的真实素材与数据，结合相关的理论方法，以解决实际问题为目的提出问题、解决问题，从而提升本专业的科研价值，撰写有实用性、有针对性、有解释力的高水平学术文献。教师通过企业挂职，能融会贯通地从个别企业的个性问题延伸到多个企业的普遍问题，并从学术层面提出行之有效的理论观点、方法举措；同时能接触多层次企业人员，如企业管理者、公司技术人员、车间员工等不同群体，通过实地访谈、多方交流，

采集全方位的数据资源，实现案例探析实地化、实证化。

（四）促进校企合作，促成产教研融合，实现校企双赢

从"精英教育"到"大众教育"，高等学校职能扩展的重要任务是服务社会经济的发展。

实践证明，高校与当地经济发展有着密切联系，如依托哈佛大学和麻省理工学院所建立的芝加哥—波士顿的高新产业园区，又如我国北京以海淀区大学城为中心所形成的中关村产业群体。清华大学教育战略决策与国家规划研究中心副主任王传毅曾提出这样的观点："产教融合的境界为双赢驱动。产教融合是校企相互满足合理需求的双向奔赴，是站在不同利益视角的协同发展。企业侧重于产品创新、拓展销路、提高利润。高校学院更加关注人才培养质量和示范影响力。"[1]

高校之所以能推动区域经济发展、实现良性互动，根本之处在于高校与当地社会与企业的融合发展，而校企融合的重点便在于教师教学过程中培养学生的实践应用能力。作为学校中坚力量的青年教师应该通过了解企业的生产过程、产品研发、技术开发、组织运营、管理模式等多种途径来参与企业实践锻炼，并在实践中为企业解决实际问题，攻关现实难题，促进企业核心技术进步，促进企业产业升级，从而更好地为企业服务。另外，教师深入企业一线能够提升学校整体学科实力。教师在参与企业生产实践过程中会掌握企业及本行业的最新动态及发展趋势，能够培养专业教师现场发现问题、分析问题、解决问题的能力，这样既能提高教师自身的科研水平，又可为教师的教学提供鲜活的实际案例，也为其教学改革提供正确思路，使教学工作更具实践性、可行性。

三、地方应用型大学教师挂职锻炼常见问题

（一）学校缺乏有效组织、管理、监督、验收机制

许多高校采取教师自己联系企业去挂职的方式。教师自己联系企业，后再向学校申请挂职，经审查同意后院校批准，这样容易造成教师挂职锻炼的范围和目的受制约。由于教师长期在校内工作，个人对企业认知能力有限，能找到与自己专业贴切且真正需要挂职的企业单位较少，再加上青年教师刚参加工作，社会关系不多，很难找到与自己专业相吻合的企业。

在挂职过程中许多学校缺乏对教师任务及挂职过程的监督与管理，就会使得挂职锻炼

---

[1] 程晖.加速产教深度融合改革 实现教育产业"双向奔赴"——专家学者热议《职业教育产教融合赋能提升行动实施方案（2023—2025年）》[N].中国改革报，2023-06-16（2）.

形同虚设。如果学校与企业不联系、不沟通，掌握不了教师行踪，教师在挂职期间做什么工作，具体工作计划又是如何开展的，这些信息都无从掌握，由此会导致教师挂职期间出现无任务、不做事、磨洋工等行为。这样既浪费了学校挂职名额，又有损学校教师形象。

学校忽略对挂职教师的挂职成果进行验收，会导致教师从开始挂职就没有明确目标，以至于整个挂职过程不积极，挂职期间无所事事，更不会用心对企业所遇到的问题进行实地解决，最终也不会做出实质性成果。

（二）挂职教师无法有效融入企业生产改革实践

在个人认知方面，有些教师对挂职锻炼认知不正确。有的为了评职称而被迫挂职，没有慎重考虑自己挂职的初衷与意义，更不会确定挂职目标和具体计划；有的没有转变思想，认为教师就是教书育人，跟企业挂职锻炼无关，去挂职纯属学校派遣或者被迫无奈，即使去了也不愿意承担企业相关的业务，导致挂职变成毫无意义的事情；部分教师对去企业挂职锻炼的重要性认识不够充分，认为只是"走过场"，以这种态度进入企业后会使自己陷入被动状态，不能主动利用企业现有的条件和资源去锻炼自己，挂职便成为形式摆设；还有的教师没有提前做好调查和准备，去企业挂职后因不熟悉企业环境而不能积极调整心态，转变不了从教师到学生的角色，后续工作便无法正常进行。

在对企业认知方面，不能深入一线、基层，无法对企业的经营现状、出现问题和发展走势进行总体把握，对企业的来龙去脉、成长历程、主营业务、生产方式等方面了解不够彻底。这就导致选取的挂职企业与自己专业不相符，或者进入企业后不能更好地发挥自己的专业特长，不能更好地参与企业的生产实践过程。

（三）企业接收挂职锻炼教师的意愿不强

多数企业对教师去本公司挂职接受意愿不强，认为教师挂职锻炼时间较短，不能深度融入企业内部，不能为企业解决实质性问题。外加企业注重利润，看重实践成果，短期挂职的教师不会为企业带来快速的利润，所以不想接受教师挂职，或不安排具体的或重要的岗位，只给安排辅助配合岗位。还有企业对挂职教师培训进行收费，这给高校带来一定的经济负担，也阻碍了高校组织教师进行挂职锻炼的动力。有的企业即使能够接受挂职教师进入，但是担心企业技术泄露，便会人为设置障碍，将企业核心部门隔离，使挂职教师对企业内部核心的实践活动接触较少，校企合作便达不到深度融合，这在一定程度上会影响挂职双师型专业教师的发展。

（四）学校、教师、企业之间缺乏有效沟通

教师自己联系企业进行挂职，这使得可选企业的范围较小，挂职效果较差；学校对教

师在企业挂职过程的监督力度不够，会使教师挂职责任感降低，出现偷懒、磨洋工现象；企业接收教师挂职的意愿不强，导致学校教师挂职难度增大，不能深入企业内部发现问题并解决问题，造成人力、物力、财力的浪费。学校、教师、企业之间任何一个环节缺乏沟通与联系，都会使教师挂职锻炼出现断层，不能保障高校教师企业挂职的进展过程与效果。

四、对学校的建议

（一）学校对教师挂职企业进行资料建库

学校可以通过多种渠道与企业联系，建立与产学研相关联的企业资料库。学校应充分对相关市场及企业进行调查研究，选择与本校内部专业和师资队伍相对口的企业作为合作对象。调查企业的实际发展状况，弄清企业需要什么，学校能为企业提供哪些服务、解决什么技术难题等，建立双方共赢的校企合作平台。最终把与学校各个专业相关的企业纳入资料库，积累相关学科对外联系的企业数量，为学科对外联系建立基础，为教师挂职锻炼提供企业选择。

（二）学校建立完善的教师挂职选拔与推进制度

在组织与选拔教师到企业挂职的流程上，学校应明确管理主体及责任。教师挂职不是教师自己一个人的事情，这与高校中的组织、人事、科研等部门以及教师所在的院系都有密切关系。如果各部门间的责任不够明确，便可能导致挂职活动不能有序进行，出现管理碎片化，挂职效果不佳、效率不高等现象。成立由校领导任组长，校办、组织处、人事处、科研处、财务处等为分管的挂职机构至关重要，并且二级学院负责人在推荐挂职教师环节也应加强管理。各部门要明确分工，统筹合作，在教师挂职前要规范挂职制度，挂职中统筹安排，加大监督力度，挂职后安排完成绩效考核，确保教师挂职工作的各项目标和任务落实到位。

在选择挂职对象时应按照专业需求与教师需求进行组织与选拔。大学专业数目众多，每个专业有其独特的发展特点，其发展所需的对外交流企业也有所区别。在选择挂职教师时需要考虑这个专业的教学内容、培养目标、培养方案、现状问题、未来方向等方面，按照专业需求选择挂职教师与实践企业。

教师挂职应根据其教龄与职称进行分别对待，不同阶段的教师挂职需求也不尽相同。初级职称教师应以去企业挂职锻炼为主，先了解企业生产的整体流程，参加企业安全生产培训，了解企业管理模式，掌握企业发展前景，并进一步运用自身专业知识在企业生产中实践应用，返校后更新课堂教学内容，改进教学方法。中级职称教师要在此基础上进行深化，以社会服务和技术攻关为主，积极参与企业的工程设计、技术研发，返校后完善课程内容，补充学生实践环节，编写实习报告、课程教材等❶。

（三）学校对教师进行有效引导与组织

针对教师企业挂职积极性不高的现象，须对教师进行挂职宣传与指导。通过各种渠道进行宣传，使教师加深对企业挂职意义的认识，使其了解企业挂职对自身教学的意义所在，认识行业最新前沿方向和发展动态趋势，提高自身的教学专业技能，积累丰富的课堂教学资源。另外学校部门可采取激励措施，公正合理地评定教师挂职工作量，可设立挂职培训经费，给予挂职教师经济上的补助，保障其在挂职期间的待遇不会减少，以除后顾之忧。

针对教师企业挂职不适应问题，须为挂职教师进行引导与宣传。首先，安排有挂职经验的优秀教师做讲座培训，传授自身挂职经验，帮助新教师解除挂职疑惑；其次，高校组织部门要与相应单位加强联系，使教师提前了解挂职企业的工作环境和工作岗位，明确工作职责，并告知挂职生活条件，以免因生活不适而造成挂职分心。

针对教师挂职任务问题，学校应为教师制定合理的挂职目标进行激励与奖惩。高校组织部门制定目标要实事求是，目标既不能高出现实，也不能过于简单，只有制定出符合教师与企业两者实际又合理的目标，才能激励教师完成任务。挂职目标太难会增加教师负担，导致无法完成时打击教师挂职的积极性和自信心，从而影响挂职效果，同时也会使下一届教师挂职意愿大为降低；如果目标过低、过简单，会降低挂职教师的努力程度，造成资源浪费。因此学校要为教师设立合理的企业挂职目标，只有这样才能激发挂职教师的行为动机，规范教师的行为方向。

（四）学校、企业、教师间建立合理的联动机制

学校应联合企业加强对教师挂职过程的联系与监督。定期到挂职企业进行巡视调查，察看教师挂职中所遇到的问题，询问教师在企业的工作状态，指出教师工作不足及以后的工作方向。学校通过加强与企业联系来督促教师挂职工作的开展，创造校企合作发展空间。同时可建立教师定期向学校部门汇报的制度，教师通过汇报自己在企业挂职过程中的工作内容、工作难点及生活状况等情况，让学校及时了解企业与教师的现状，为以后教师挂职提供更好的经验与教训。

（五）学校设立合理的考核评价制度

学校应对教师挂职进行科学合理的管理与考核。高校教师赴企挂职对高校专业的发

---

❶ 吴艳艳，高校青年专业教师赴企业挂职锻炼必要性和实效性的思考与探索[J].教育教学论坛，2017, 8（32）：24.

展和高校人才培养质量有着极大影响,所以客观公正地评价教师的挂职功绩至关重要。目前高校考核挂职教师的标准不一,大部分形式为提交实践总结报告,有的学校要求发表挂职相关论文。总体来说高校对教师挂职工作的考核要求比较单一,相对简单。高校组织部门建立相对公平、公正、合理的教师挂职考核机制,应包含教师在企业挂职过程中的表现、企业对挂职教师的表现评价,同时还应给挂职教师提供多种类型的成果展示机会,通过灵活多样的方式来评价考核,如增加教学实践环节、编写实训项目、指导学生校外实习、参加课程设计等,形成定性定量、过程与结果并重的考核评价机制。

参考文献

［1］刘彦林,郭建如.院校组织转型对"双师型"教师队伍建设的影响研究——基于地方新建本科院校调查数据的实证分析［J］.湖南师范大学教育科学学报,2021,20(5):100-110.

［2］刘丽.高校教师下企业挂职锻炼的激励机制研究［J］.数据,2021(8):130-131.

［3］邓诗语.高校教师到企业挂职的激励机制研究［D］.重庆:重庆理工大学,2020.

［4］祝贞凤,辛涛.地方高校教师深入企业挂职锻炼的探索［J］.西部素质教育,2019(1):103-104.

［5］李文静,霍达,周鑫,等.浅谈高校教师赴企业挂职锻炼模式［J］.教育现代化,2019,6(29):77-78.

作者简介:宋小勇(1985—),男,山东滨州人,烟台南山学院国学与外语学院讲师,博士。

新医科建设背景下应用型大学教师教学能力提升路径研究

——以护理学专业教师为例

唐泽坤　吕常旭　傅兆全

摘要:新医科建设是党和国家为应对新科技革命和产业变革而采取重要举措,对医学人才培养提出了更高的要求,同时也为教师教学带来了新的机遇和挑战。本文以护理学专业教师为例,较为系统地分析了新形势下应用型大学教师教学能力存在的问题,并从优化跨学科知识技能、实施跨学科团队教学、创新教学方式、加强医校合作、建立评价机制等方面提出了提升教学能力的路径，旨在为应用型大学教师教学能力的提升提供参考。

关键词： 新医科建设；应用型大学；教学能力

基金项目： 2023年度山东省教育科学研究项目（23SC165）；山东省民政厅老年服务与管理专业专项补贴（JKZHYL202205）

一、引言

2020年9月，国务院办公厅印发《关于加快医学教育创新发展的指导意见》（以下简称《指导意见》），提出医学教育要"以服务需求为导向，以新医科建设为抓手"❶，其目标是培养"医学+X"复合型高层次创新人才。建设新医科既是新一轮科技革命和产业革命的必然要求，也是服务健康中国、创新型国家发展战略以及教育强国战略等一系列国家战略的重要举措❷。

面对新的发展需求，应用型大学护理学专业学生应掌握多学科知识并具备较强的实践能力、创新能力、团队协作能力等综合素质。为符合新形势的需要，提升护理学教师的教学能力至关重要。教学能力是教师为达到某种教学目标、顺利从事教学活动所表现出来的行为特征❸，同时也是人才培养的关键。明确在新医科建设背景下教师教学能力提升所面临的困境及原因，明晰问题并探寻优化策略，对教师教学水平的提高及新医科人才的培养具有重要意义。

二、护理学教师教学能力存在的问题

（一）跨学科教学能力缺乏

随着医学的不断发展，护理学专业需要不断拓展和深化跨学科教育。新医科建设强调医学从"生物医学科学为主要支撑的医学模式"向以"医文、医工、医理、医×交叉学科为支撑的医学模式"的转变❹。这要求护理学教师更新教学理念，从传统的单一护理

---

❶ 中华人民共和国国务院办公厅.国务院办公厅关于加快医学教育创新发展的指导意见[J].中华人民共和国国务院公报，2020（28）：27.

❷ 李凤林.新时代我国新医科建设的路径探析[J].中国高等教育，2021（3）：6-8.

❸ 王欣然，王文爽，张晓雪，等.临床护理教师教学能力提升策略的研究进展[J].中国医药导报，2022，19（2）：33.

❹ 顾丹丹，钮晓音，郭晓奎，等."新医科"内涵建设及实施路径的思考[J].中国高等医学教育，2018（8）：17.

知识教学向跨学科、复合型知识教学转变。教师需要具备医学、理学、文学等不同学科的知识，并具备进行跨学科知识交叉、融合传授的教学能力，以培养复合型医学人才。

目前，我国应用型大学的教师主体是青年教师，大部分是新入职的硕士或博士研究生。他们的理论知识功底扎实，但在一定程度上缺乏相关专业的社会实践经历，对行业新发展、技术最前沿缺乏深入了解[1]。并且，他们还缺乏其他学科理论知识及实践技能，难以将自己学科的知识与其他学科进行有效融合。此外，由于传统的教学技能和方法与新的教学模式不相适应，导致一些教师难以与其他学科的教师进行合作，共同开展教学和研究活动。并且，一些教师没有充分认识到跨学科教学的重要性，认为这是附加的教学任务，而不是核心教学内容，这种观念会影响教师参与跨学科教学的积极性和有效性。

（二）教学创新能力薄弱

高等教育阶段是培养学生创新思维的黄金时期，为了培养学生的创新思维能力，高校教师必须具备教学创新能力，这是高校教师教学能力结构中最具代表性的能力之一[2]。教师只有具备教学创新能力，才能更好地培养学生的批判性、创新性思维。然而，应用型大学教师的教学能力总体上处于一般水平，存在"能力因子"差异，其中教学创新能力得分最低。并且，应用型大学以培养服务社会经济发展需要的应用型人才为目标，其传统的教学模式更注重培养学生的实践应用能力，这种模式已经不能满足学生的学习需求和社会的期望。因此，为适应新医科建设的需求，护理学教师不仅需要具备较强的实践操作能力和丰富的临床经验，还需根据医学教育及科技进步发展不断创新教学方式、更新教学内容、提升教学水平与教学质量，以激发学生的批判性、创新性思维，培养创新型人才。

（三）信息技术应用能力不足

随着人工智能、大数据等新一代信息技术的飞速发展，医学领域正在经历前所未有的变革。智慧医疗、远程护理、健康管理等新技术在医学中的影响及应用范围不断扩大，这对教师的信息技术应用能力提出了更高的要求。对于在智能化、数字化、大数据等信息化环境下，将新兴技术与课程深度融合的具体途径，应用型高校教师还处于较浅

---

[1] 曾志刚，汪钢强，吴鸣虎. 地方应用型大学青年教师教学能力提升困境与对策[J]. 教师，2022（8）：91.

[2] 马秋玲，叶亚茹，王祎，等. 新医科背景下的医学院校教师教学能力培养[J]. 中国教育技术装备，2020（19）：22.

层次的探索阶段❶。护理学专业注重实践应用和人文关怀，侧重于培养学生的护理技能和人际沟通能力。在传统的护理教学模式中，教师往往采用课堂讲解和示范的方式进行教学，这种教学模式注重知识的传授和技能的模仿，却忽视了信息技术在护理教学中的应用。并且，大部分应用型大学缺少相关的数字化教学资源和技术支持，这导致教师缺乏必要的技能和经验，不能及时跟上信息技术的发展，无法将这些新技术应用到护理实践中，也无法有效地培养学生对新技术的应用能力。

三、护理学教师教学能力提升路径

（一）优化教师跨学科知识和技能

护理学教师应积极学习其他相关学科的知识和技能，以提升自身在跨学科教学方面的能力，促进医学与工科、理科、文科等其他学科的交叉融合。在对除护理外其他医学学科进行深入学习的同时，还应加强对非医学学科的知识输入。例如，通过学习生物工程，教师可习得生物医学设备技术的相关知识，这对医疗设备操作技术的教学至关重要。而通过学习生物化学，教师可以更深入地了解疾病的发生机制和药物治疗的原理，这将有助于护理学教师更准确地向学生教授护理实践中的科学原理。此外，教师可以参与跨学科研究项目，与不同学科的专家合作，共同研究问题，提高自身的跨学科研究能力。

学校应根据护理教学的需求，有计划地开展跨学科知识的培训工作。为确保培训的针对性和实效性，必须明确培训目标、内容和时间安排等要素，制订切实可行的培训工作规划。培训内容既要包含医学、工学、理学和文学等相关学科的基础理论和前沿知识，也要涉及教育教学理论、教学方法和技巧，以及与护理密切相关的技术和技能。培训可以包括讲座、研讨会、临床实践等多种形式，同时要考虑不同教师的学习需求和能力水平，提供个性化的培训方案和支持系统。可以采取线上和线下相结合的方式，利用现代信息技术手段，提供多样化的学习资源和方式，满足不同教师的学习需求。提高教师实际教学能力是培训的关键所在，在注重跨学科知识培训的同时，也需要致力于培养教师在知识融合和教学策略等方面的能力，教师需要学会如何将其他学科的知识与护理相结合，以及如何将这些知识有效地传授给学生，能够将理论知识与实践相结合。

需要注意的是，跨学科知识学习和技能的提升是一个渐进式的发展过程，需要持续不断地探索新的方法和手段。教师在跨学科教学中应时刻更新自己的知识和技能，以跟上时代的步伐，与时俱进，更好地满足学生和社会的需求。

---

❶ 刘伊.教育信息化下应用型高校教师教学能力提升策略研究[J].河南教育（高等教育），2023（3）：74.

（二）实施跨学科团队教学

实施跨学科团队教学是提升教师跨学科教学能力的重要途径，可为教师提供一个卓越的教学经验和教学资源共享平台。在跨学科教学过程中，不同学科的教师进行交流合作，共同制订教学计划和课程大纲，分享彼此的知识和经验，并相互学习。团队教师不仅能学到其他学科的知识，还能学到先进的教学方法和策略，对于年轻教师而言，这种方式为他们教学能力的提升提供了重要助力。并且，跨学科团队教学的一个显著特点是教学形式开放，这可以促进教师对自己的教学方法进行反思并不断学习，改进和创新自己的教学策略，形成教师的教学发展系统。

跨学科教学团队的组建应打破学科界限，支持不同学科背景的教师参与其中。团队成员应具备不同领域的专业技能和知识结构，鼓励组建"三跨式"教学团队，即跨学院、跨专业、跨领域。例如，对于老年护理学课程教学，可以组建由护理学、社会学、心理学等学科教师构成的教学团队。这种建构方式，可以打破学科壁垒，为教学提供更多样化、全方位的视角，并实现优势互补，促进教学资源有效整合。

（三）创新教学方式

应用型大学强调人才培养的针对性和实践性，要求教师能够根据市场需求和行业变化转变教学观念，在教学方法和手段上因材施教，敢于改进、勇于创新，以培养符合当前社会需求的人才。在新医科建设的背景下，应用型大学护理专业的教学方式应更加注重学生的实践应用和创新能力培养，必须树立"以学生为中心"的教师教学发展理念。教师应适应自身角色的转换，明确自身不仅是知识的传授者，更应成为学生的引导者和合作者，要注重与学生之间的互动和合作，鼓励学生积极参与讨论和实践活动。为了实现这一目标，教师可以采用一些新的教学方法和手段，如翻转课堂、"线上+线下"混合式教学、PBL教学法等，以激发学生的积极性和创造力，培养他们的批判性思维和问题解决能力。此外，在教学内容方面，教师应将最新的研究成果及前沿医学技术融入课堂教学中，通过及时更新教材和教学资源，确保学生能够了解学科的最新动态及行业的发展趋势，拓宽专业知识和技能，为未来的护理实践做好充分准备。

信息技术为学生的自主学习、互动交流，为教学资源的共建共享、教育质量的量化评价以及教学模式的转变提供了前所未有的便利路径[1]。新医科建设强调现代信息技术与医学教育教学的深入融合，应用型大学应主动引入先进的信息技术手段，搭建信息化教学平台，加强对教师信息技术应用能力的培养，确保教师可充分掌握并利用信息技术

---

[1] 高兴亚，喻荣彬，李茜. 医学教育信息化的现状与未来[J]. 高校医学教学研究（电子版），2017，7（1）：4.

教育工具进行辅助教学，以提升教学能力，提高教学质量。例如，可以使用虚拟现实（VR）设备模拟临床实践场景，让学生在虚拟环境中进行护理操作和技能训练，也可用增强现实（AR）技术来展示和解释护理过程、人体结构等，帮助学生更好地理解和应用护理知识。用现代信息技术赋能护理教学，为学生创造更多的交互式学习环境，可提高教学质量和学习体验，为培养"医学+X"复合型高层次创新人才提供有力支持。

此外，应用型大学可以建设信息化教学平台，提供在线学习资源和学术支持。教师可以通过平台分享教学资料、教学经验，同时也可在平台上开发在线课程，利用移动应用程序进行互动教学。学生可在平台上进行自主学习和讨论，与教师互动，从而获得及时的反馈。

（四）加强医校合作，培养"双师型"教师

《指导意见》还指出，加强护理专业人才培养，要加快建设高水平"双师型"护理教师队伍。"双师型"教师必须具备宽厚的行业基本理论、基础知识和实践能力，具备把行业知识及实践能力融入教育教学过程中的能力[1]。培养"双师型"教师有助于提高护理学教师的教学能力和实践水平，使其更好地适应新医科建设的需求，为培养护理人才提供有力支持。基于此，应用型大学应积极与医院、养老院、社区卫生服务站等医疗卫生机构建立稳定的合作机制，共同开展教学活动及师资培训工作。

学校可邀请具有丰富实践经验的医护人员担任兼职教师或导师，参与或指导教学活动。这不仅可以让教师和学生了解最新的护理技术和实践经验，还能促进在职教师与一线医护人员之间的互动交流，使在职教师能够更快地向"双师型"教师转化。其次，学校可安排教师定期前往相关机构挂职锻炼。在挂职期间，教师应积极参与实际护理工作或协助开展相关工作，学习掌握各类护理操作和技能，积累临床经验以提高临床实践教学能力，并及时了解专业发展趋势和前沿技术进展，开阔自身视野。通过实践经验的积累，教师能更深入地认识实际护理工作的特点，并可将经验和案例融入课堂教学中，使教学更具真实性和针对性。此外，学校和医疗卫生机构之间也可以开展联合研究项目和学术交流活动，教师可以了解和跟踪最新医学科研成果，为教学内容的更新和优化提供指导。通过以上措施实施，可为提升教师的教学能力和实践水平提供有力支持，并建立起一支具有高素质的"双师型"护理教师队伍，从而更好地适应社会对护理人才的需求。

（五）建立健全教学评价机制

评价机制是评估教师教学能力的重要工具。只有建立有效的评价机制，才能全面、客观地评估教师的教学能力，并提供有针对性的发展措施和支持，以提升其教学水平。

---

[1] 张黎明.论应用型本科院校"双师型"教师队伍建设[J].湖北成人教育学院学报，2007（6）：12.

一方面，要建立教学综合评价机制，综合运用多维评价指标来评估教师的教学能力。这些评价指标可以包括科研成果、教学设计与组织、教学资源的开发与利用、学生评价、同行评价等。另一方面，在确定评价指标内容时，要特别关注新医科建设对教师的新要求，应着力体现教师的跨学科协同教学能力、教学创新能力、信息技术应用能力等。在评价过程中，还需注意应及时将评估结果反馈给教师，让他们了解自身优势和不足之处，并提供具有针对性的改进方案和支持措施，帮助教师改进教学方法和策略，提高教学质量，促使教师在教学实践中不断改进教学方案、提升教学质量。

最后，应构建合理的教学激励机制，以鼓励教师提升自身的教学能力，保持跨学科教学团队的质量稳定和学术活力。学校需制定科学有效的政策，对教学能力突出、教学水平高的教师或教学团队，通过职称晋升、考核加分、项目资助、评优评先等方法进行奖励。这种奖励机制可以提高教师对教学工作的认同感和荣誉感，并激励他们积极探索新型教学方式，主动参与跨学科团队教学，自觉学习相关理论知识，从而提高实践教学能力。

四、结语

应用型大学应积极响应新医科建设，不断优化教师教学能力提升机制，探索构建教师教学能力提升体系，切实提升教师教学水平。同时，随着医学科技的不断演进和社会需求的不断变化，教师需持续更新教学内容和教学方法，充分利用信息技术手段为学生提供多元化的学习体验，培养"医学+X"复合型高层次创新人才，为建立新的具有中国特色的新医学教育系统作出积极贡献。

参考文献

［1］周琬謦.应用型大学教师教学能力评价体系研究［D］.厦门：厦门大学，2017.
［2］Plank K. Team Teaching: Across the Disciplines, Across the Academy［M］. Stylus Publishing, 2011.
［3］姜淼芳.应用型高校教师教学能力发展的困境及其实践逻辑［J］.应用型高等教育研究，2022，7（2）：57-63.
［4］顾丹丹，钮晓音，郭晓奎，等."新医科"内涵建设及实施路径的思考［J］.中国高等医学教育，2018（8）：17-18.

作者简介：唐泽坤（1995— ），男，山东济南人，烟台南山学院健康学院讲师，硕士；吕常旭（1986— ），男，山东烟台人，烟台南山学院健康学院护理系主任，硕士；傅兆全（1982— ），男，山东烟台人，烟台南山学院健康学院常务副院长，硕士。

模块三

专业教学过程与产业生产过程一体化

基于产教研融合的工程管理专业"三元制"特色班人才培养模式研究

田薇　贾志辉

摘要：产教研融合是培养创新人才的必要途径。进行校企合作，与企业共同研究相应的人才培养模式，才可以改变之前比较传统的理论教学模式，同时这也对教师提出了更高的要求。"三元制"特色班人才培养模式，是在学校与企业合作的基础上，加入虚拟仿真实训平台，在学校与企业之间进行过渡连接，从而加强理论与实践的结合，克服传统教学模式的弊端。

关键词：产教研融合；三元制；人才培养模式；工程管理

一、工程管理专业背景与现状

近些年，我国的经济在高速发展，固定资产的规模随之不断扩大，工程建设的相关体制也在不断深化，人才市场对于工程管理专业的需求相对稳定。但是创新型、实践型的工程管理专业毕业生严重不足。

目前我国有200多所高校设置了工程管理专业。假设所有高校按照每年平均毕业工程管理专业本科生60名计算，全国每年培养出的工程管理专业人才不足1.5万人。而且由于种种原因（学生毕业时选择了其他行业的工作而没有选择建筑相关行业等），真正进入工程管理行业的毕业生数量可能还要更少。近年来，全国每年建设工程施工项目超过16万项，有建筑企业资质的企业超过5万家，工程管理人才每年在工程项目上的供需比例不足1∶10，在建筑业企业中的供需比例不足1∶3，众多的工程设计、咨询、监理、项目管理企业还未考虑在内。

对于社会生产实践的需求，我国的传统教育模式已经不能满足，这就导致了工程管理专业应用型人才的缺乏。以往我们国家的传统教育模式是：教师依照课本的理论知识内容，向学生传授知识，一般是通过课堂讲授的方式进行教学，在期末通过笔试，对学生进行考核，这个过程往往会忽略实践教学环节的重要性，偏重理论，没有很好地将理论知识与实践进行有机结合，由于工程管理专业的特殊性，想要培养复合型人才必须要让学生经历实际工作的锻炼，而现实情况来看，我们几乎所有的高校都达不到这个要求。

近些年，民办本科院校的数量以及规模都在不断扩大，过去本科的人才培养多偏向精英教育，如今开始逐渐向大众化阶段发展，工程管理作为烟台南山学院的一个本科专业，目前的人才培养模式仍不能满足企业所需，目前的培养方式还是比较重理论、轻实践，想要培养出满足服务地方经济、适应社会转型需求的人才，必须要研究新的人才培养模式。

二、工程管理专业"产教研融合、校企合作"人才培养模式存在的问题

（一）教学团队的组成不够专业稳定，教师队伍极为薄弱

目前学校招聘的新教师，绝大部分是刚毕业的硕士或者博士，这些教师的理论知识比较丰富，完全可以胜任教授学生理论知识的任务，但是他们缺乏实践经验，在实际的授课当中，会偏向于讲授理论知识而忽略实践教学的重要性，这些教师没有亲身参与过施工现场的工作，无法用所学的专业知识对实际的实践工作起到正确指导作用。

另外，从外聘请的优秀兼职教师，大多理论知识与实践经验都非常丰富，但是其授课后一般会直接离开学校，并未参与学生后续的考核过程，并未达到最终的实践教学目的。少数新入职的年轻教师，专业理论知识不够扎实，后期还需要通过不断学习才能完成教学任务，新教师无法对所教授的课程进行深入分析，只是为完成任务而讲授知识，其教学水平也无法提高。还有许多高校的教师结构也并不科学，这会阻碍专业的长远发展，为了加强与企业的联系，烟台南山学院鼓励教师到企业进行挂职锻炼，同时还会聘请一些兼职教师，但是这样的合作往往只是表面工作，没有实际深入交流融合，导致没有达到预期的教学效果。

（二）校企合作的长效机制有待完善

现行的校企合作模式已经得到了广泛认可，许多高校都在积极探索这种模式。然而，在目前的校企合作中，学校与企业的联系主要是依靠学校的资源，或者专业教师的个人能力来实现的。目前政府已经出台了相应的政策支持校企合作，但是对于高校来说，支持的力度仍不够，许多措施需要进一步细化落地，相关的法律也相对缺失。目前更多是学校主动联系企业，企业相对被动，缺少合作动力。

（三）校企合作模式创新基础薄弱

目前，我国校企合作发展仍落后于发达国家，尤其是在深度和广度上。很少有企业愿意与高校形成长期的校企合作关系。且工程管理专业目前的校企合作培养内容，多是领着学生到施工现场参观学习，但是这样学生接触不到实际的项目，校企合作也流于表

面。企业并不能因此从校企合作中获得效益与需要的人才，企业的积极性一般都不高。

（四）人才培养目标的定位不够清楚

学校的工程管理专业人才培养方案，往往没有强调具体的培养方法和具体的培养特点，以及培养目标正确的可能性。本科高校与高等职业学校的培养方案没有明确的区别，专业教育课程体系整合得不是很全面，实际的情况与专业课教学处于脱轨状态，培养目标不是很明确，导致很多高校的人才培养方案有名无实。

（五）人才培养计划与行业发展的同步性有待提高

目前，我国工程管理专业的人才培养计划，与企业的需求还存在着较大的差距，教学体系也多为比较基础性、大众化的，并不能满足企业对专业化、创新化人才的需求。目前大部分高校的课程体系建设是比较缓慢的，缺少改革创新，往往科研重于实践，学术研究重于教学，相关的专业知识比较落后陈旧，并不能跟上行业的发展，所以大部分高校的人才培养已经不能满足企业的需要。

（六）人才培养的模式有待进一步完善

虽然现阶段，各高校都在积极探索"工学结合""学徒制""联合培养"以及"双元制"等校企合作人才培养模式，并且也取得了一定的成绩，工程管理专业虽适用这些模式，但仍需要进一步完善人才培养模式，寻求更完善的人才培养体系。

三、"三元制"人才培养模式

为探索培养实用型人才的可行模式，烟台南山学院工程管理系提出了"三元制"人才培养模式，"三元制"是在产教融合、校企合作的学校与企业双元基础上搭建密切关联学校与企业的第三元虚拟仿真实训平台，将学校、企业、虚拟仿真实训平台"三元"作为教育主体，在综合考虑市场需求、学生综合素质以及专业技能要求等因素的基础上，本着促进学生就业创业、优化企业人力资源管理效率、促进行业可持续发展的共同愿景，统筹兼顾，相互配合，合理地按照比例设计，实现"三元"交替参与人才培养过程。

"三元制"的教育主体是学校、企业、虚拟仿真实训平台，是人才培养的实施主体（图3-1）。

学生、员工和教师是三元的角色，是学生在培养过程中承担的角色；理论、技能和道德素养是三元的素质，是人才培养目标的基本要素（图3-2）。以虚拟仿真实训平台作为媒介，在合同的约束下，三元的主体共同参与工程管理专业的人才培养，学生深入相关的建筑企业进行学习，在这个过程中，老师和学生在"三元角色"上进行相互转换和良性互动，进而推动传统的课程设置以及教学模式的改革，构建应用型本科的工程管理专业人才培养模式。

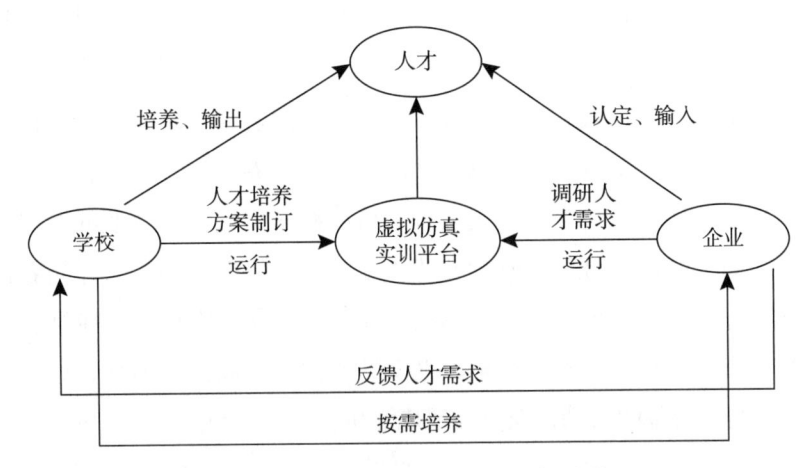

图3-1 "三元制"中"三元"的关系

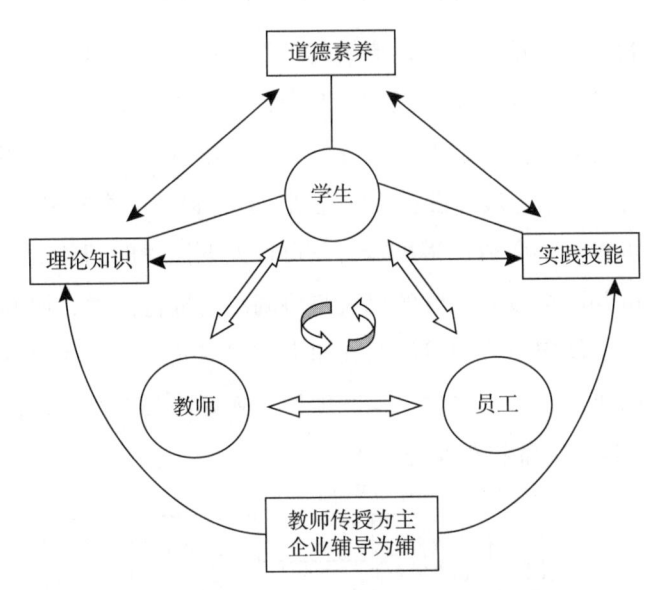

图3-2 "三元制"人才培养目标的基本要素构成

四、工程管理专业"三元制"人才培养模式的建立

（一）搭建工程管理虚拟仿真实践平台

因工程管理专业的特殊性，学生实习需要进入工地，参加工程施工等实际工作，存在危险性，而且工程项目具有一次性的特点，往往每个项目特点都不相同，接纳学生进入实习基地，使企业方在管理和安全方面增加了压力，所以企业一般只是安排学生跟着

施工人员在现场进行参观，学生无法亲自参与实践锻炼。考虑到工程管理专业课程的性质和专业实习的难度与危险性，以及深入开展产教研融合专业建设的需要，学校依托仿真平台来开发"实践原理与应用"系列课程，建立人才培养与岗位能力适配模型，能实现过程化跟踪实践型人才培养进度，科学考评人才培养成效。让学生进入虚拟仿真实训平台，亲身参与到工程实践中，从而在学中做、在做中学，加深学生对知识点的记忆。

"三元制"中的三方在人才培养过程中，需要共同进行管理，相互协作。在"三元制"模式下，"第一元"学校，需要制订相应的人才培养计划，以及相应的考核标准，起到主导的作用；"第二元"企业，是实践平台的载体，应结合企业的岗位需求以及人力资源情况，与高校共同制订工程管理专业人才培养方案以及确定人才培养目标，"第三元"施工现场虚拟仿真实训平台，是链接企业与高校的关键枢纽，应结合工程管理专业的特点，在课堂中打造精品实践教学，在实习实践中开展技能训练，结合工程管理专业的实例，模拟实习岗位的活动，全方面锻炼学生。

（二）组建工程管理"三元制"人才培养工作协调小组

要实行"三元制"人才培养模式，应组建工作协调小组，以此来负责学校、企业、学生三方之间的协调工作，通过了解三方的需求，进行调研论证，制订相应的方案，从而进行任务的分配、绩效的监督以及评价等。企业、学校、学生三方相互签订协议，三方需要支持协调小组的工作，最好设置奖惩规则，具体设置如图3-3所示，总负责人为工作协调小组组长，可以由协商或选举决定，总负责人下设置助理负责执行主要的工作任务，成员由三方人员共同组成。三方的代表与协调小组进行沟通，协调小组执行单位范围内协调小组的任务，承担单位项目组组长职责。"三元制"人才培养工作协调小组还需要负责相关资金的协调、教师安排、实践项目实施等协调工作，以及对仿真平台中的各种软硬件以及设施进行配备和布置的工作。

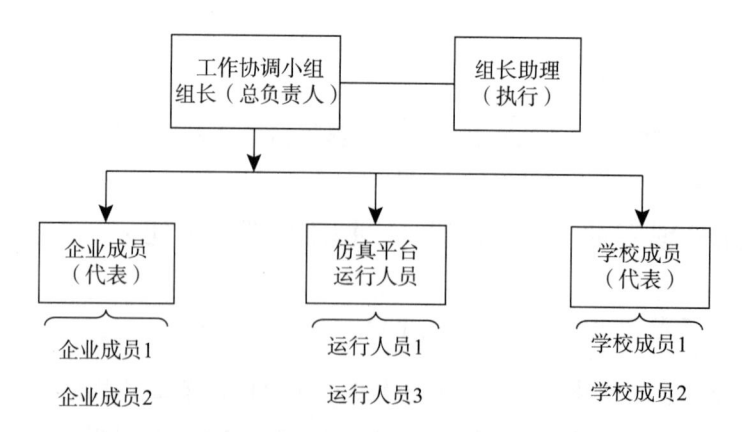

图3-3 工程管理"三元制"人才培养工作协调小组

(三)引入工程管理"双师型"教学团队

为了避免以往企业与高校联系局限于表面的现象,学校可以邀请企业人员参与整个教学过程,改变以往上完课就离开的现象。例如,请企业教师参与学生课程完后的考核工作,请企业相关专家来学校为本专业学生进行相关的学术讲座,鼓励校内老师与校企合作企业老师共同来指导学生参加相关的技能大赛,同时为毕业班学生进行实习、就业。为提高教学内容的质量,使专任教师有丰富的实践经验,并能融入所教授的专业课程,学校可以将骨干教师定期派送到企业学习,让他们真正去接触施工现场,积累丰富的实践经验,并进行相关的培训。鼓励专任教师多参加校外相关的专业培训,积极获取相关证书,从而提高骨干教师的教学和科研能力。

以烟台南山学院为例,烟台南山学院已聘请多位企业教师到学校为工程管理专业学生授课。并且积极将校内教师培养成为双师型教师,将教师推荐到企业进行挂职学习,让他们更多地参与工程项目的实际操作中,到施工现场学习实践知识,积累实践经验。对此烟台南山学院鼓励青年教师深入生产实践第一线进行"双师素质"实践锻炼,构建起"校内教师+校外教师"双师型教学团队(图3-4)。

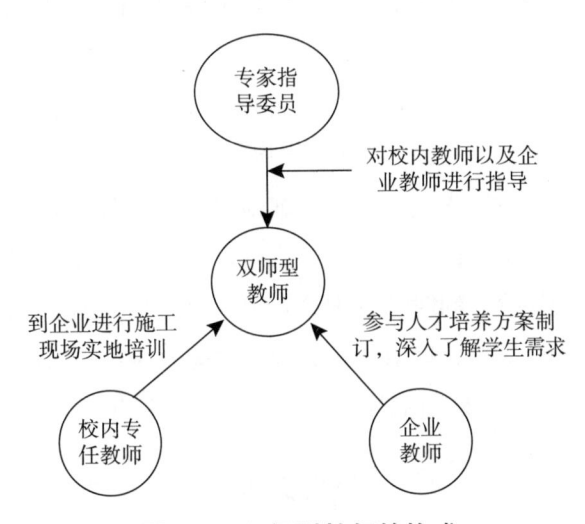

图3-4 双师型教师的构成

(四)联合共建理实一体的教学资源库与课程体系

高校人才培养与企业需求往往会出现脱节现象,学生所学的理论知识与实际工作需要的实践能力往往差别很大,为此需要企业与学校共同制订人才培养方案,将理论知识与实践能力要求相结合,以相应的实践成果来验证理论知识,巩固学生对理论知识点的掌握。还要充分利用虚拟仿真实训平台,引进专业技术人员来完善相应的专业内容,保证实验实训以及实践环节由企业专业人员与学校教师共同完成。考虑到工程管理专业学生毕业后有考取建造师、监理师以及造价师等专业技能证书的需求，平台在设置课程的过程中可以将相关课程的知识体系考虑进去，以对接专业技能证书考试需求（图3-5）。

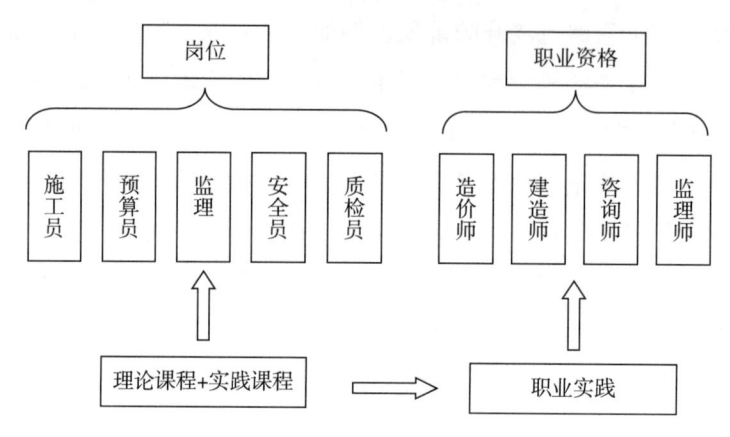

图3-5 课程与证书的融合

（五）构建工程管理专业"三元制"人才培养长效运行机制

"三元制"人才培养模式的长效运行，依赖于各项保障机制。在考核方面，需要科学地评价"三元制"人才培养模式的教学效果，对于"三元制"人才培养模式的考核，需要高校以及企业共同完成考核具体细则的制订，采用三方综合评价体系，教师评价、企业评价和学生评价并重，考核内容应包括理论、实践、道德素养。其中理论部分由教师评价，教师根据培养方案要求进行具体的细则和评分标准的制订；实践部分由企业与教师共同评价，同时考核学生的实践交流方法，以及对实践技巧的掌握；道德素养方面也是由企业与教师共同评价，同时考虑理论知识、专业实践能力、道德素养等层面，建立出一套合适的评价指标体系，以道德素养和实践能力为导向来构建一套综合的评价机制，从而实现科学、精准、有效的实践教学。

参考文献

［1］吕春莉，谭秀丽，丁琪.旅游职业人才"三元制"创新培养研究——以烟台南山学院旅游管理专业为例[J].高教学刊，2019（18）：42-44.

［2］尹成波，许霞."产教融合，校企共育"人才培养模式探索与实践——以青岛黄海学院工程管理专业为例[J].领导科学论坛，2018（1）：58-60.

［3］李敏，孙立晨，杨敏.校企合作在中药学高职人才培养中的实践探索[J].吉林农业，2019（3）：79-80.

［4］黄玉凡.民办高校教育管理人员的胜任力特征研究[J].领导科学论坛，2018（1）：56-57，60.

[5] 许霞，李红英.应用型民办本科高校工程管理专业人才培养方案的修订与实践[J].教育观察（上半月），2017，6（5）：59-60.

作者简介：田薇（1989— ），女，山东烟台人，烟台南山学院经济与管理学院工程管理系副主任，副教授，硕士；贾志辉（1980— ），男，山东烟台人，山东新南山建设工程有限公司，高级工程师，学士。

校企共建"机械设计基础"课程应用型教学案例及在教学中的应用研究

金晓　王建坤　刘刚中

摘要：烟台南山学院纺织工程专业是山东省优势特色专业和一流本科专业，"机械设计基础"课程是纺织工程专业的重要专业基础课。为培养纺织工程专业高质量应用型人才，解决以往课程教学案例中缺乏纺织机械案例、与纺织工程专业脱节的问题，学校教师和南山智尚科技股份有限公司的技术人员组成教学创新团队，从纺织机械固有类、纺织机械改造创新类和纺织机械辅助创新类三方面共建"机械设计基础"课程应用型教学案例，并取得一定成效。

关键词：校企；产教；机械设计基础；应用型教学案例

基金：烟台南山学院2022年度教学改革研究面上项目（NSJM202225）；2021年"纺织之光"中国纺织工业联合会高等教育教学改革研究项目（2021BKJGLX748）；烟台南山学院青年科研启动基金（2021QKJ14）；2023年南山控股科研项目（2023-5-3）；山东省本科教学改革研究重点项目（Z2022156）

一、引言

烟台南山学院是由南山控股投资兴办的以培养高质量应用型人才为目标的全日制普通本科高校，校企合作具有天然优势，校企一体化是学校的办学特色。2018年学校荣获"中国产学研合作促进奖"，同时获批中国产学研合作创新示范基地；2019年学校荣获"中国产学研合作创新与促进奖创新奖单位"；2022年杨万利校长荣获中国产学研合作促进奖（个人）。建校以来，学校始终重视专业建设，专业建设的重中之重是课程建设，课程建设包括教学目标、教学内容、教学方法、教学评价、教材建设等。应用型人才培养的目标不只是让学生掌握工程理论知识，关键是学以致用，让学生能够理论联系实际，解决实际问题。培养工程应用能力，有必要将一些符合专业特点的工程实例引入课堂教学之中，通过对具体工程案例的分析探讨，使学生在理论学习的同时置身于实际工程背景之中，有效地理解抽象的理论知识，培养理论联系实际的工程意识，提高工程应用能力[1]。

我校纺织工程专业2015年获批山东省优势特色专业，经过7年建设，2022年又成功获批山东省一流本科专业，"机械设计基础"课程是纺织工程等近机类专业的专业技术基础课和必修课，是专业课程的"排头兵"。"机械设计基础"课程教学团队以培养符合行业需求的纺织工程专业高质量应用型人才为目标，基于校企合作和CDIO-OBE教学理念，开展了一系列以纺织为特色、学生为主体、教师为主导的"建桥梁、当排头兵、冲在前"的"机械设计基础"课程教学改革，包括优化教学内容和教学模式、采用信息化教学手段、借助智慧树等教学平台实施翻转课堂教学、案例教学法等。其中案例教学法是在教师的精心策划和指导下，运用典型案例，调动学生参与讨论和深入分析及实践的积极性，培养创新思维意识、主动学习方法、沟通能力和合作精神的一种教学方法[2]。采用案例教学法，教师要根据课堂教学要求选好案例，拟好讨论题，做好案例讨论前的准备工作。好的案例是从工程实践中提炼出来的，因此教师要深入一线接触、收集案例，归纳总结出来在课堂上展示给学生[3]。

"机械设计基础"课程教学团队2022年完成山东省教学研究项目"新工科视域下基于'CDIO-OBE'理念的纺织工程专业'机械设计基础'课程教学创新研究"，并获批烟台南山学院 2022 年度教学改革研究面上项目"'新工科'与'课程思政'背景下的纺织工程专业'机械设计基础'教学资源库建设与应用研究"。

为提高纺织工程专业学生的工程实践能力和创新能力，将机械设计基础课程建成进入专业课程的桥梁和进入专业课程的排头兵，针对以往课程教学案例中缺乏纺织机械案例，与纺织工程专业脱节的问题，学校教师和企业工程技术人员联合组成教学创新团队，将课程理论知识和纺织生产设备紧密结合，从纺织机械固有类、纺织机械改造创新类和纺织机械辅助创新类三方面探索如何共建"机械设计基础"课程应用型教学案例，并取得一定成效，本文将建设思路、建设过程、建设内容和应用效果进行了总结。

---

[1] 马先英，石米娜，高吭，等.基于应用型人才培养的机械设计基础课程教学方法的改进[J].教育教学论坛，2018（50）：69-70.

[2] 陈国辉，李光煜，李阳星.案例教学法在机械设计课程教学中的实施研究[J].科技教育，2014（5）：75-76.

[3] 张莹.工程案例在《机械设计基础》课程教学中应用的研究与探讨[J].课程教育研究，2017（47）：243-244.

二、纺织机械固有类应用型教学案例建设与应用

课程教学团队充分挖掘纺织机械固有类应用型教学案例，丰富纺织工程专业"机械设计基础"应用型教学案例库，应用型教学案例以纺织机械为主，突出纺织特色。学院教师与企业纺织设备技术人员联合搜集、挖掘机械原理和传动机构在"纺织机械"上的应用，形成纺织机械应用型教学案例。课程教学以"纺织机械"为应用实例讲解机械基本知识，既能解决以往教学案例与"纺织"脱节的问题，又能为后续纺织专业课程的学习打下基础。

（一）机械原理在纺织机械上的固有类应用型教学案例建设与应用

机械原理在纺织机械上的固有类应用型教学案例，部分见表3-1。

表3-1 机械原理在纺织机械上的固有类应用型教学案例

机械原理	纺织机械	所在机构
急回特性	精梳机	钳板轴传动机构
	织机	引纬机构
	织机	打纬机构
死点	粗纱机	摇架加压装置
	细纱机	摇架加压装置

数据来源：1.《纺纱学》（第2版），郁崇文主编，中国纺织出版社
2.《机织学》（第2版），朱苏康主编，中国纺织出版社
3.《纺织机械基础知识》（第2版），刘超颖主编，中国纺织出版社

对上表部分应用型教学案例进行说明。

纺纱车间细纱机的摇架加压装置，当粗纱被夹紧后，控制摇架的加压装置处于死点位置，无论反力多大，加压装置都不会自行松脱。粗纱机的摇架加压装置工作原理与细纱机的相同。

纺纱车间精梳机的上下钳板轴传动由凸轮轴上的两个凸轮控制。上下钳板同时做上下运动，但由于上钳板的动程大于下钳板，因此钳口张开，并且具有急回特性。

（二）传动机构在纺织机械上的应用型教学案例建设与应用

传动机构在纺织机械上的应用型教学案例，部分见表3-2。

表3-2 传动机构在纺织机械上的应用型教学案例

机构名称	纺织机械	所在机构	机构名称	纺织机械	所在机构
凸轮机构	剑杆织机	控制综框	棘轮机构	精梳机	送给机构
	剑杆织机	打纬机构		剑杆织机	卷取传动
	剑杆织机	后梁传动	不完全齿轮	浆纱机	打印机构
	剑杆织机	混纬机构	带传动	剑杆织机	传动曲柄轴
	精梳机	顶梳、钳板等传动		精梳机	同步带
	络筒机	槽筒成形	链传动	粗纱机	筒管传动
	细纱机	控制管纱		细纱机	钢领复位
齿轮机构	粗纱机	龙筋升降	齿轮系	粗纱机	差动传动
	细纱机	传动差速		细纱机	中后罗拉传动
	剑杆织机	送经机构		剑杆织机	卷取传动
	整经机	测长装置		细纱机	减速传动
	粗纱机	龙筋升降	联轴器	细纱机	传动轴升降

数据来源：1.《纺纱学》（第2版），郁崇文主编，中国纺织出版社
2.《机织学》（第2版），朱苏康主编，中国纺织出版社
3.《纺织机械基础知识》（第2版），刘超颖主编，中国纺织出版社

对上表部分应用型教学案例进行说明。

纺纱车间精梳机的传动箱，广泛使用了同步带（齿形带）传动，同步带传动是靠传动带与带轮上的齿互相啮合来传递运动和动力的，其与摩擦带传动相比，具有传动比准确、传动精度高、传动平稳而且噪音更低的优点。

织造车间的剑杆织机的打纬机构是具有急回特性的曲柄摇杆机构，打纬机构的返回（从左运动到右）速度明显高于打纬（从右运动到左）速度就是利用了曲柄摇杆机构的急回特性。

织造前准备工序络筒所使用的络筒机上的槽筒，其本质是圆柱凸轮，它可被看作是移动凸轮绕在圆柱体上演化而成的，从动件与凸轮之间的相对运动为空间运动，通过设计合理的圆柱凸轮轮廓曲线实现纺纱筒子的良好成形。

三、纺织机械改造创新类应用型教学案例建设与应用

纺织机械改造创新类应用型教学案例是指在实际生产中因生产需要，运用机械基础中的机械常用机构和通用零部件相关知识对原有纺织机械进行改造，从而设计制作的用于辅助纺织生产的非独立机械装置。教学创新团队经过到纺织企业调研，与企业工程技术人员交流，搜集到如下7种应用型教学案例，并且这些案例均已获得专利授权，具体情况见表3-3。

表3-3 纺织机械辅助创新类应用型教学案例

序号	专利名称	专利号	专利类型
1	一种前纺匀整机台吸杂装置	ZL2021217827731	实用新型
2	一种紧密纺细纱机生产包芯纱装置	ZL2020232460550	实用新型
3	一种并线SSM开关支撑底座	ZL202023245977X	实用新型
4	一种缝纫用可调节定位夹具	ZL2020108766175	实用新型
5	一种织布机新型托布板	ZL2019215011558	实用新型
6	一种织机储纬器张力装置	ZL2016207963870	实用新型
7	一种并线机加油装置防尘罩	ZL2014204185996	实用新型

数据来源：中国知网专利（中华人民共和国国家知识产权局）

（一）纺织机械改造创新类应用型教学案例说明

下面以"一种紧密纺细纱机生产包芯纱装置"为例说明此装置的结构分析和主机构。

一种紧密纺细纱机生产包芯纱装置，包括导丝辊，导丝辊安装在紧密纺细纱机顶部，导丝辊辊轴上安装第一齿轮，第一齿轮一侧安装第二齿轮，第一齿轮与第二齿轮之间通过链条结合连接，第二齿轮下方设有第三齿轮，第三齿轮与第二齿轮同轴安装，第三齿轮一侧安装第四齿轮，第四齿轮与第三齿轮之间通过链条啮合连接，第四齿轮下方设有第五齿轮，第五齿轮与第四齿轮同轴安装，第五齿轮一侧设有第六齿轮，第六齿轮与第五齿轮之间通过链条啮合连接。

此装置的本质是采用两个双联齿轮和3个单齿轮，通过链传动实现运动的传递。本实用新型专利提供了一种紧密纺细纱机生产包芯纱装置，结构简单，安装方便，非常实

用，采用极低的设备成本即可改造完成。在保证了成纱质量的同时，节约了设备改造成本，降低了生产成本以及工人的劳动强度，缓解了环锭细纱机在满负荷下的生产压力，其纺制的成纱及其织物性能均优于传统产品，具有较强的市场竞争能力和广阔的市场前景。

（二）纺织机械改造创新类应用型教学案例引导

采用任务驱动教学法和小组讨论法，将另外6种纺织机械相关专利发给学生，让学生课下分析专利中设计的机械装置的机械工作原理。结构组成和实现的功能，并将分析结果在课上分享给大家，教师根据分析情况进行打分，作为课程考核的评价组成之一。

四、纺织机械辅助创新类应用型教学案例建设与应用

纺织机械辅助创新类应用型教学案例是指在实际生产中因生产需要，运用机械基础中的机械常用机构和通用零部件相关知识设计制作的用于辅助纺织生产的独立机械装置个体。教学创新团队经过到纺织企业调研，与企业工程技术人员交流，搜集到如下4种应用型教学案例，并且这些案例均已获得专利授权，具体情况见表3-4。

表3-4 纺织机械辅助创新类应用型教学案例

序号	专利名称	专利号	专利类型
1	一种细纱机吸毛管定位环安装装置	ZL2022200727213	实用新型
2	一种紧密纺细纱机吸毛管定位环的加工装置	ZL2022200760349	实用新型
3	细纱皮辊内轴自动开槽装置及开槽方法	ZL2021112616724	发明
4	一种和毛油输出装置及毛纺制备装置	ZL2017201959113	实用新型

数据来源：中国知网专利（中华人民共和国国家知识产权局）

（一）纺织机械辅助创新类应用型教学案例说明

下面以"一种细纱机吸毛管定位环安装装置"为例说明此装置的结构分析和主机构。

本实用新型专利提供了一种细纱机吸毛管定位环安装装置，包括底板、按压单元和支撑单元，按压单元和支撑单元均设置在底板上，按压单元包括固定座、手柄、压杆组件、定位套筒和支撑杆，固定座下端铰接在底板上，固定座上端和手柄下端铰接，压杆组件竖直设置在手柄下方，且上端铰接在手柄中部，压杆组件的下部是筒状结构，且可抽插设置在定位套筒中，支撑杆设置在底板上，定位套筒设置在支撑杆上，支撑单元包括定位销，

定位销的尺寸对应吸毛管下端管口的内径尺寸，定位销设置在定位套筒下方，且两者不接触。

此装置的本质是曲柄滑块装置，利用滑块的运动实现定位环的安装。本实用新型专利设置按压单元将人力安装转化为通过机械安装，整个安装过程中定位环周围受力均匀，能有效避免由于力量不均而出现裂缝的现象，大大节省人力、物力，有效缩短安装工时；整体结构简单、合理、使用方便，造价较低，且充分利用了车间中的废旧材料。

（二）纺织机械辅助创新类应用型教学案例引导

采用任务驱动教学法和小组讨论法，将另外2种纺织机械相关专利发给学生，让学生课下分析专利中设计的机械装置的机械工作原理、结构组成和实现的功能，并将分析结果在课上分享给大家，教师根据分析情况进行打分，作为课程考核的评价组成之一。

五、应用型教学案例建设的应用效果

应用型教学案例在纺织工程专业2019级至2021级学生的课堂上应用，教学效果良好。因为以纺织机械作为本课程的教学实例，所以学生在学习"纺纱学""织造学""染整学"等后续专业课程时，对相应设备的认识和对工作原理的理解很快。教师基于CDIO工程教育理念，实施"做中学、学中做"的"项目驱动式"教学模式，实现对课程理论知识和工程实践应用的高度融合，有效培养了学生创新设计和工程实践能力。

为顺利完成山东省大学生创新训练项目（项目名称：喷气引纬实验台的开发研究），学生动手制作的喷气引纬原理实验台获得山东省大学生机电产品创新设计竞赛一等奖并获得全国大学生机械创新设计大赛二等奖；2022年和2023年学校师生与南山智尚工程技术人员联合申报实用新型专利4项（表3-5），以上成绩的取得有力地支撑了创新应用型人才的培养。

表3-5　2022年和2023年校企联合申报专利情况

序号	专利名称	申请号	专利类型
1	一种纺织品物流货架上货车	2022214647680	实用新型
2	一种纺织线染色装置	2023206066011	实用新型
3	一种纺织布湿润机构	2023206065911	实用新型
4	一种纺织用折叠传送带	2023209399007	实用新型

数据来源：中国知网专利（中华人民共和国国家知识产权局）

下面以"一种细纱机吸毛管定位环安装装置"为例说明此装置的结构分析和主机构。

一种纺织布湿润机构的设计背景是纺织布加工生产时，湿润是一项重要的技术手段，不止会影响后续各道工序的生产情况，直接影响成品的产量和质量，也可以降低纺织布生产过程中产生的飞絮和静电，现有技术中通常采用喷雾头雾化水汽的形式对纺织布进行加湿处理，会存在喷洒不均匀和湿润效果不好的情况，且没有有效清理纺织布表面断线的功能，湿润之前未及时清理的断线等杂质会出现后续清理较为麻烦的问题。

此实用新型专利可有效解决上述问题，它包括湿润箱，湿润箱两侧开设有进出口，且湿润箱内部对应两侧进出口的位置通过轴承座安装有输送辊，在铲板的作用下，两个铲板与双向螺杆啮合做相反的运动，进而改变两个铲板的间距，适用不同厚度的纺织布，在纺织布经过时两侧湿润后的表面与铲板接触，由铲板将多余水分和碎线一同刮下，方便落在过滤网上，方便统一清理和水的部分回收再利用，相对于现有技术，可以调节湿润机构的三组喷头间距，更好地满足不同尺寸的纺织布湿润，同时也可以有效地避免水资源的浪费，对纺织布两侧表面同时进行加湿，提高纺织布的湿润效果，降低水资源的消耗。

六、结语

采用案例教学法可培养学生的创新思维和解决工程实践问题的能力，是一种有效的教学方法。本文从纺织机械固有类、纺织机械改造创新类和纺织机械辅助类三方面总结了校企共建"机械设计基础"课程应用型教学案例的建设情况和应用效果。未来在案例教学中，要进一步完善评价学生的学习效果，为学生的课程考核提供依据。

参考文献

［1］赵丽丽，刘刚中，李杰，等. 一种紧密纺细纱机生产包芯纱装置：CN202023246055.0［P］. 2021-12-31.

［2］王志，刘方，王晓，等. 一种细纱机吸毛管定位环安装装置：CN202220072721.3［P］. 2022-07-12.

作者简介：金晓（1981— ），女，山东龙口人，烟台南山学院纺织与服装学院教授，硕士。王建坤（1961— ），女，山西长治人，烟台南山学院纺织与服装学院副院长，教授，博士。刘刚中（1969— ），男，安徽枞阳人，山东南山智尚科技股份有限公司副总经理，高级工程师，硕士。

校企共建应用型教学案例在材料类专业课程中的应用探究
——实践的桥梁与知识的协同

李大林

摘要：本研究旨在探讨校企共建应用型教学案例在材料类专业课程中的应用效果和影响因素。研究表明校企共建应用型教学案例能够有效提升学生的应用能力和专业素养。校企共建应用型教学案例的关键在于结合企业实际需求和行业前沿，精心设计教学案例，让学生在解决实际问题时能够充分运用所学知识和技能。本研究可为将来的应用型教学案例融入教学的普适性提供可行的建议和对策，并促进材料类专业的教学质量提升和创新人才的培养。

关键词：校企共建；应用型教学案例；应用探究；材料类专业课程

基金：2022年度烟台南山学院教学改革研究项目"'学赛践创'驱动下的民办高校材料类应用型人才培养模式探究"（NSJM202203）；2023年度山东省高等教育研究项目"'工匠精神'融入职业教育体系设计研究——以材料成型及控制技术专业为例"（23HER052）

一、引言

在当前经济社会的发展背景下，高等教育的改革与发展势在必行。作为高等教育的核心环节，提升教学质量和培养创新人才已经成为教育界和产业界的共识。材料专业作为中国制造业的核心支撑，提高其学生的实践操作能力和应用能力成为一个重要课题。而校企共建应用型教学案例作为一种新的教育模式，在材料类专业课程中的应用受到了广泛的关注。校企共建应用型教学案例通过将学校和企业资源有机结合，构建具有实际应用意义的教学案例，旨在提高学生的综合素质和实践能力。

校企共建应用型教学案例的核心思想是将学术知识与实际应用相结合，通过解决实际问题来提高学生的综合能力。通过校企合作，学生可以接触到真实的工作场景、实际的问题和挑战，他们需要了解企业的需求，研究和分析问题，并提供解决方案。通过这种实践性的学习方式，学生能够培养批判思维、协作能力和创新精神，更好地适应未来职业发展的需求。然而，在实际应用过程中，校企共建应用型教学案例也面临一些挑战和问题。例如，如何实现企业资源整合与学校需求匹配，如何提高教师的教学能力和支持，如何建立科学合理的学生评估体系等。因此，本文旨在通过深入研究和探讨，总结校企共建应用型教学案例的应用效果和影响因素，并提出相应的对策和建议，以期为今后的教学实践提供参考和借鉴，推进材料类专业的教学质量提升和创新人才的培养。

二、校企共建应用型教学案例的概念和特点

（一）校企共建的概念和意义

校企共建是指学校和企业之间建立合作关系，共同参与教学过程和课程设计，共同培养适应社会需求的高素质人才。校企共建的意义在于能够将学校与企业的资源紧密结合起来，创造出融合理论与实践的教学环境，使学生能够更好地学以致用，提高实际操作和应用能力，增强就业竞争力。

（二）应用型教学案例的特点和要求

应用型教学案例是基于实际问题和情境设计的教学材料，具有以下几个特点和要求。

1.贴近实际问题

案例中的问题应当是真实且具有挑战性的，能够激发学生的思考和探索欲望，使其能够真实地面对和解决问题。

2.融合理论与实践

案例教学应当结合学术理论与现实操作，确保学生能够将课堂上掌握的理论运用到真实世界的问题解决中，以提高他们的实际操作技能。

3.鼓励自主学习和合作学习

案例教学模式不仅要求学生进行自主学习和思考，还鼓励学生之间合作与讨论，以提高他们的团队合作和沟通能力。

4.提供反馈和评估机制

案例教学应设立相应的反馈机制，及时对学生的表现进行评估和指导，以不断调整和完善教学策略和教学效果。

综上所述，校企共建应用型教学案例通过将学校和企业资源有机结合，构建具有实际意义的教学案例，既能使学生更好地学习理论知识，又能够培养他们的实践能力和综合素质。它的特点是贴近实际问题、融合理论和实践、涉及多学科、鼓励自主和合作学习，并提供相应的反馈和评估机制。

三、校企共建应用型教学案例在材料类专业课程中的应用实践

（一）教学案例的选择和设计

在材料类专业课程中，选择合适的教学案例是实施校企共建应用型教学的前提。教师应与企业合作，了解行业发展和实际需求，从中选择与课程内容紧密相关、具有挑战

性和实用性的教学案例。同时，教师需要在设计教学案例时，注重将理论知识与实际应用相结合，使学生能够将所学的知识与技能应用于实际问题的解决当中。例如，教师在企业锻炼期间与企业合作，共收集关于材料检测与分析的案例10余个，选取其中5种有代表性的应用型教学案例，举例如表3-6所示。

表3-6 应用型教学案例举例

案例名称	研究背景	主要分析方法
7系模锻件表面"异物"的分析	锻件表面有两处灰异物，形状不规则、多次打磨不掉。研究异物的本质及产生原因，为日后生产工艺改进提供帮助	宏观组织观察、显微组织分析、扫描能谱分析
6000系型材弯折开裂原因分析	挤压厂生产型材，在弯折加工过程中，弯折断裂，造成成品率下降。要求分析弯折断裂产生的根本原因	对型材试样进行断口组织形貌、显微组织及断口扫描SEM能谱分析等
2024铝板表面条带斑痕分析	锻造车间生产合金模锻件，对锻件外表面检查过程中发现有许多黑色的小点，小黑点打磨不掉，分析形成的根本原因	宏观组织观察、显微组织分析、扫描能谱分析
7000系锻棒经探伤后内部缺陷的分析	铝棒经探伤后发现锻棒中心区域有缺陷，取样分析其原因	成分分析、宏观组织观察、显微组织和扫描能谱分析
铝合金模锻件表面黑点的原因分析	模锻件外表面检查过程中发现有许多黑色的小点，砂纸对其打磨不掉，要确定异物的本质及产生原因，为日后生产工艺改进提供帮助	宏观组织观察、显微组织分析、扫描能谱分析

数据来源：根据企业生产案例整理

这些案例的共同特点是具有普适性，可以应用在绝大部分材料相关的专业课授课中，教师授课侧重点可稍许改变。如材料科学基础课程，可多讲扫描能谱分析知识点，重点分析微观组织本质特点；金属学与热处理课程则可侧重宏观组织分析和热处理组织分析等。

（二）教学案例的实施和评估

实施教学案例要聚焦于问题解决和实践操作。教师应该以学生为中心，通过引导和激发学生的思考和讨论，帮助他们在实际情境中运用所学知识和技能解决问题。近一年，应用案例已经应用在金相检验课程中，讲授班级为2个班，学生人数86人，教师在实施过程中根据材料类专业课程特点总结的具体实施方法如下。

1.确定学科背景和实践领域

了解材料类专业的学科背景和实践领域，明确学生需要掌握的核心理论知识和实际操作技能。

2.选择实际应用场景

选择与课程内容相关且具有实际应用性的场景。例如，可以选择材料的合成和制备、材料的性能测试和分析、材料的设计与改良等方面。

3.设定案例目标和任务

明确案例教学的目标和任务，确定学生需要掌握的技能、知识和能力。任务应该与实际场景相匹配，能够充分锻炼学生的实践能力和解决问题的能力。

4.提供支持材料和资源

为学生提供必要的支持材料和资源，包括相关理论知识、材料性能数据、实验手册等。支持材料和资源应该能够帮助学生理解并解决案例中的问题。

5.设计实践操作环节

根据相关案例分析所用的实验操作方法，增添操作实践环节内容，可通过实验室实践、虚拟仿真实验等方式来实现。

6.评估学生表现

重点观察学生在实践过程中的表现，包括方法的正确性、结果的准确性、分析和解释能力等。

7.提供指导和反馈

教师应提供必要的指导和反馈，引导学生在案例中学习和探索，对于学生的学习和进步应及时进行反馈。

8.教师课后的反思和总结

案例教学结束后，教师应对案例学习过程进行反思和总结，分析在解决问题过程中的思考和策略是否正确，总结上课的经验和下一步应改进的方向。

（三）教师和学生的角色转变

在校企共建应用型教学案例中，教师的角色要从传统的知识传授者转变为学习的引导者和合作伙伴。教师需要为学生提供学习的资源和指导，并引导学生主动参与学习和解决问题。同时，学生也需要从被动的知识接受者转变为主动的学习者和问题解决者。学生应通过合作学习和实践操作，锻炼自己的团队合作和沟通能力，培养解决实际问题的能力。

因此，校企共建应用型教学案例在材料类专业课程中的应用实践，需要教师选择合适的教学案例、设计合理的教学方案、导学生参与学习。同时，教师和学生的角色转变也是教学成功的关键。

四、校企共建应用型教学案例的应用效果分析

（一）提升学生的应用能力和专业素养

通过与企业合作，学生能够接触到行业前沿和实际需求，提高对专业发展的认识和

理解，提升专业素养。教师对128名学生进行了问卷调查，有120位同学认为增加企业应用型案例可以增加专业认同感，并对材料专业可从事的具体工作有了较清晰的认识，对自己的职业规划有较大帮助。

此外，授课教师还分析了2个班级的期末总成绩，总成绩主要考查实践能力、应用能力和专业知识积累等，样本中共包括2个班级共101名学生，其中第1组为22级材料工程班级，共51名学生，没参与应用案例学习，第2组为22级材料工程（校企合作）班级，共50名学生，参与了应用案例学习，数据分析采用独立样本t检验方法，总成绩分析结果如表3-7~表3-9所示。

表3-7 单样本柯尔莫戈洛夫-斯米洛夫检验

组别	个案数	正态参数[a,b]		最极端差值			检验统计	渐进显著性（双尾）
		平均值	标准偏差	绝对	正	负		
1	51	81.40	4.688	0.089	0.068	−0.089	0.089	0.200[c,d]
2	50	85.24	4.915	0.100	0.077	−0.100	0.100	0.200[c,d]

注：a.检验分布为正态分布；b.根据数据计算；c.里利氏显著性修正；d.这是真显著性的下限。
数据来源：利用SPSS软件分析计算学生期末成绩得出

表3-8 组统计

组别	个案数	平均值	标准偏差	标准误差平均值
1	51	81.40	4.688	0.657
2	50	85.24	4.915	0.695

数据来源：利用SPSS软件分析计算学生期末成绩得出

表3-9 独立样本检验

条件	莱文方差等同性检验		平均值等同性t检验						
	F	显著性	t	自由度	P（双尾）	平均值差值	标准误差差值	差值95%置信区间	
								下限	上限
假定等方差	0.077	0.782	−4.024	99	0.000	−3.845	0.956	−5.742	−1.949
不假定等方差			−4.022	98.555	0.000	−3.845	0.956	−5.743	−1.948

数据来源：利用SPSS软件分析计算学生期末成绩得出

由表3-7得出，第一组和第二组的正态性检验P值相同即$P=0.200$，得出2个班级成绩正态分布。表3-9得出方差齐性检验$P=0.782>0.05$，即2个班级的成绩方差齐性；在平均值等同性t检验中，且P值为$0.00012<0.05$，可认为2组成绩差异有统计学意义，并且根据表3-8两组数据的均值大小有差别可得，第一组平均期末总成绩显著低于第二组。

结论：2个班级期末总成绩分数客观，成绩都为正态分布，并且案例教学班级的成绩高于非案例教学班级。

（二）提高学生的创新思维能力与解决问题的能力

在教学案例的实施过程中，学生需要进行自主学习和思考，提出创新解决方案，并与团队成员合作实践，这样的实践能够培养学生的创新意识、创新思维和创新能力，使其具备创业的潜力和能力。以今年的全国大学生金相技能大赛为例，代表我校参赛的3名学生全部进入决赛，其中2名同学来自22级材料工程（校企合作）班级。通过学习竞赛相关课程以及半年的紧张训练，学生逐渐找到一些比赛创新的方法，因此获得了代表学校参赛以来的最好成绩。好成绩的背后，学生付出了很多努力，在参赛过程中，学生也在高度紧张的比赛氛围中掌握了解决突发问题的能力。

校企共建应用型教学案例的应用能够显著提升学生的应用能力和专业素养，学生能够将所学的知识和技能应用于实际问题的解决中，提升实践操作能力，同时也提高了学生的创新思维能力与解决问题的能力。因此，校企共建应用型教学案例的应用是提高教学质量和培养创新人才的有效手段。

五、校企共建应用型教学案例应用中的问题和挑战

（一）企业资源整合与学校需求匹配

在校企共建应用型教学案例中，一个主要问题是如何整合企业资源并与学校需求匹配。学校需要与企业合作，协商确定合适的教学案例，并确保案例的质量和实践性。然而，企业资源与学校需求之间可能存在差异，需要双方进行有效的沟通和协调，以确保教学案例能够有效地满足学校和学生的需求。

（二）教师培训和教学支持

教师的培训和教学支持是校企共建应用型教学案例应用中的重要问题。教师需要具备设计和实施应用型教学案例的能力，能够引导学生进行实际操作和问题解决。然而，目前在这方面的培训和支持相对不足，教师可能存在教学方法运用和案例设计能力的不足。因此，学校需要提供相应的培训和支持，帮助教师提高教学能力和案例设计能力。

（三）学生评估和反馈机制

学生评估和反馈机制是校企共建应用型教学案例应用中的挑战之一。传统的评估方式不能全面地评估学生的实践能力和应用能力，无法反映教学案例的实际效果。因此，学校需要设计合适的评估和反馈机制，以充分评估学生的实际操作能力和问题解决能力，并及时反馈给学生和教师，以便改进教学案例的设计和实施。

总之，校企共建应用型教学案例应用中存在一些问题和挑战，包括企业资源整合与学校需求匹配问题、教师培训和教学支持问题，以及学生评估和反馈机制问题等。解决这些问题需要学校和企业合作，共同制订合适的教学案例和培训计划，并设计有效的评估和反馈机制，以提高教学质量和培养学生的实践能力和创新能力。

六、对校企共建应用型教学案例的应用提出的建议和对策

（一）提高校企间的合作意识和配合程度

为了解决企业资源整合和学校需求匹配的问题，需要加强校企之间的沟通和合作意识，并提高双方的配合程度。学校和企业可以建立定期沟通机制，了解双方的需求和资源，并进行有效的协调和整合。此外，应建立校企合作委员会或工作组，负责协调双方合作的事项，确保教学案例的质量和实践性。

（二）加强教师培训和支持机制

为了提高教师在应用型教学案例设计和实施方面的能力，学校可以建立相应的培训和支持机制。可以邀请企业工程师对专任老师进行培训，传授生产案例的具体解决方法和经验。同时，学校可以开展教师交流和分享活动，营造良好的学习氛围。此外，学校还可以提供教学支持岗位，为教师提供定期的指导和反馈，帮助教师改进教学案例的设计和实施。

（三）建立科学合理的学生评估体系

为了充分评估学生的实际操作能力和问题解决能力，教师需要建立科学合理的学生评估体系。可以采用多种评估方式，包括项目报告、实践操作、团队合作等。结合实际案例情境，设计开放性的问题，让学生进行实际操作和问题解决，并根据评估指标进行评分和评价。同时，还需要建立定期的学生反馈机制，及时了解学生对教学案例的评价和建议，以便改进教学案例的设计和实施。

通过以上这些措施，可以促进校企共建应用型教学案例的有效应用，提高教学质

量，培养学生的实践能力和创新能力。

七、结语

校企共建应用型教学案例在材料类专业课程中的应用是一种有效的教学模式，可以促进学生的实践能力和创新能力的培养。本研究通过对校企共建应用型教学案例在材料类专业课程中的应用进行分析和论证，得出以下结论：

首先，校企共建应用型教学案例对于材料类专业课程的教学效果具有积极的影响。通过将实际案例引入教学过程，学生能够更好地理解专业知识的应用场景，提高学习的主动性和积极性。此外，校企共建应用型教学案例可以提高学生的实践应用能力。在材料类专业课程中，学生需要学习实际的材料性能测试和材料制备等操作，而传统的理论教学难以满足这一需求。通过校企共建应用型教学案例，学生可以在真实的工业环境中进行实践分析，熟悉材料的特性和性能，提高实践能力。

其次，校企共建应用型教学案例可以激发学生的创新能力。材料类专业需要不断创新和研发新的材料，而这需要学生具备一定的创新能力。通过校企共建应用型教学案例，学生可以接触到实际的材料研发项目，参与到材料创新的过程中，培养创新思维和动手能力。

最后，校企共建应用型教学案例需要学校和企业之间的密切合作和相互支持。学校需要与企业建立长期稳定的合作关系，共同确定合适的教学案例，并提供相应的教师培训和教学支持。企业需要提供实践基地和技术资源，与学校共同指导学生进行实践操作和项目研发。

综上所述，校企共建应用型教学案例在材料类专业课程中的应用可以有效地提升学生的实践能力和创新能力。然而，这也面临着企业资源整合与学校需求匹配、教师培训和教学支持、学生评估和反馈机制等问题和挑战。未来的研究可以进一步深入探讨如何优化案例设计和指导方法，提高校企合作的效果和效率，以及研究如何建立可持续发展的合作模式，为培养优秀的材料类专业人才提供更好的教育环境。

参考文献

[1] 徐丹.蔗糖供应链风险影响因素研究[J].河北企业，2021（3）：55-56.

[2] 宋耘.哈佛商学院"案例教学"的教学设计与组织实施[J].高教探索，2018（7）：43-47.

[3] 潘海生，林晓雯.建立作为教育类型的职业教育的评价方式[J].中国职业技术教育，2021（4）：5-11，17.

作者简介：李大林（1984— ），男，辽宁朝阳人，烟台南山学院材料科学与工程学院讲师，硕士。

基于产教研融合的"三元制"人才培养模式构建的研究
——以烟台南山学院旅游管理专业为例

隋丽娟　刘星光　张栩之

摘要：职业教育深化产教融合的重要路径是现代学徒制，这也是培养符合现代企业需要的德技双馨高素质技能人才的有效模式。但由于现阶段我国的技能积累模式不同于欧洲国家劳动力市场，欧洲国家的"双元制"模式显然不适合我国。本文结合实际，构建了旅游管理专业"三元制"人才培养模式，形成了开放的现代产业技术技能人才学制培养体系，探索了一条具有产、教、研融合特色的三元制之路，对中国职业教育在现代学徒制改革中的推进，具有十分重要的借鉴意义。

关键词：三元制；人才培养模式；旅游管理专业

基金：烟台南山学院2022年度教学改革研究项目"'1+X'证书制度下旅游管理专业'三元制'人才培养模式创新研究"（NSJM202208）

一、"三元制"订单班：现代学徒制的本土化实践探索

旅游管理专业"三元制"订单班是以培养"道德礼仪好、理论基础扎实、技术技能强、听说水平高"的创新型人才为目标，由烟台南山学院与南山旅游集团有限公司协同配合设置的专业班级，该班在实践教学、技能培养和培训、顶岗实习等多个领域中实现产教深度融合，实行项目教学、分级培养的"三元制"人才培养模式，共同推行"双导师""双课堂""双奖学金""实习工资（补贴）"制度。"三元制"订单班基于企业链、质量链、教育链和人才链融合和创新特征，探索构建了"三元制"人才培养体系，从人才培养方案、课程开发模式、工匠创新型师资队伍、学生职业素养提升工程等方面进行了全方位的理论和实践研究，着力提升教师的教学能力和学生的职业综合能力，为现代学徒制人才培养实践路径提供了新的思路和视角，丰富了我国现代学徒制的理论体系和本土化探索的实践案例。

二、现代学徒制在旅游管理专业中的应用

（一）现代学徒制在国外旅游管理专业中的现状

目前国外旅游职业教育系统比较完善，现代学徒制在其中扮演了重要角色。随着国家经济政策的不断发展和社会经济的不断进步，现代学徒制在旅游职业教育的实施过程中将面临着许多问题和挑战。德国的青年人更倾向于选择大学，导致每年进入双元制培养的学生越来越少，澳大利亚也面临着同样的问题。而这种教育趋势将会引起市场上技能型人才的匮乏，使国家整体发展在一定程度上受到冲击。此外，在雇佣职工的过程中，企业更倾向于工作经验丰富的员工，原因是新员工培训的成本很高。而学生在选择就业时也更倾向于大型企业，所以规模较小的旅行社就更难招到学徒。工业4.0高科技计划给旅游业带来了负面影响，数字化生产的实现也给传统工业带来了冲击。美国的旅游行业人才培育也仍然采用传统的方式，无法实时调整、动态发展。从旅行社的经济利益出发，学徒制一直没有得到认可。英国和澳大利亚旅游人才的教育中，通过考核评估的学生数量也相对较少。近年来，英国政府推出了学位学徒制，致力于将职业教育延伸到高等教育，从而打破学历教育和职业教育的界限。

（二）现代学徒制在我国旅游管理专业中的现状

国家对现代学徒制采取先试点后推广的政策，全国积极响应国家号召，推行校企合作人才培育模式。职业学校根据旅游行业的就业需求，积极与旅游行业合作，研究开发专业课程，设置符合社会需求的人才培养方案。职业院校通过三全育人、校企合作、产教融合等培育方式，为当地旅游产品开发培养实践型人才。学校通过与知名旅行社和酒店企业等合作，搭建旅游职业教育的实习和培养基地。根据旅游业淡旺季，学校采用了旺季学生在培养基地进行实习，淡季学生在学校进行理论学习的模式。对于现代学徒制，高职院校正处于探索过程，在人才培养实践中也存在着一些不足。首先是政策执行缺乏制度保障。教育管理体系不够完善，行业内的学徒培训标准缺乏系统性。由于企业和学校没有明确的权利和义务，很多实习生毕业后需要离开实习单位重新找工作，在一定程度上削减了校企合作的热情。其次是企业参与积极性不高。学校主动寻求与旅游企业合作，但参与校企合作的旅游企业需要提供培训基地来指导和管理实习生，需要花费大量资金，导致旅游企业合作的积极性不高。除此之外，企业以盈利为目的，在招聘员工的过程中更倾向于选择工作经验丰富的员工，以便在一定程度上节约成本。最后是教学模式落后。传统的现代学徒制以订单班或冠名班为主，不能满足市场需求，致使高职院校培养的旅游管理专业毕业生无法满足企业的需求。教师教学仍采用传统的教学方

式，学生的实践能力无法得到锻炼，教学内容也不能满足企业的要求。甚至部分学校的实训安排缺乏系统性，与企业合作不够密切，学校的实训仅流于形式，实训基地少，进一步制约了生产与发展。

三、烟台南山学院旅游管理专业"三元制"人才培养模式构建

（一）建立特色的"三元制"标准系统

烟台南山学院"三元制"模式的基本构架是"三个三"，即："三元主体"（学校、企业、学生）、"三元角色"（学生、员工、教师）、"三元素质"（品德、理论、技能）。"三元制"是采取学校和企业双主体育人模式，学生拥有三重身份，分别是学生、员工（学徒）、教师。首先是学校选择合适的合作企业——南山旅游集团，并使学徒制试点工作与南山旅游集团的需求吻合。在选择企业的过程中，要重点关注企业的规模、品牌知名度、科研和培训能力，并要鼓励企业参与招生、教学、考核和就业等整个过程，为扩大三元制培养的规模和提高学生就业能力奠定基础。其次是明确学校和企业之间的职责和分工。学校与南山旅游集团签订合作相关协议，明确学生和准员工身份的界定，招工即招生。校企分工明确，各部门各司其职。学校和企业成立现代三元制领导小组，学校主要负责学生的学籍管理、考核，企业主要负责分配学生岗位、聘请师傅和配备实践设施，学校和南山旅游集团双方负责开发课程、组织教学管理和建设教师队伍。再次是根据实际情况和双方的利益，施展主体地位，构建比较全面、多形式的动态体系。同时校企应建立专门的自我监督体制，定期检查和专家抽查教学质量。根据我国社会发展趋势，对教学质量进行动态监测。监测的重点是学生对教学和学习环境的满意度，以及教师教学技能水平和进修成果。同时建立质量反馈机制，注重信息收集结果的反馈，建立毕业生跟踪调查机制和定期回访制度。

（二）培养高质量的"高技能"学徒和打造高素质的"工匠型"双师型团队

三元制班在录取过程中，通过综合面试选拔学生，以保证学徒的质量，同时不断优化教师团队，打造高素质双师型教师团队。首先是建立学校和企业导师互相招聘体制，确保老师技能的动态跟进。聘用在旅游行业工作年限长、实践能力强的老员工，经过理论知识培训，安排其承担专业教学工作。老师还应深入参与企业培训，实现校企共同推动和支持旅游集团团队的建设。其次是重视在职教师的培训，采取多样化方式进行培训，如普通高校学习、入职培训、技能培养。通过建立旅游管理校企合作平台，建立人才库，双方签订协议，学院与企业双向合作，从而使教师的实践能力和教学水平得到提

高。最后是，学校制订激励机制、薪酬待遇标准、奖惩体制。把教师的企业挂职锻炼纳入职称提升体系，打破唯论文的考核机制。培养双师型旅游人才，要及时把握旅游产业发展趋势，将旅游文化融入教学，按照文旅融合思想的要求，培育顺应产业发展趋势的旅游从业者，使旅游教学更加贴近产业和一线岗位。同时把工匠精神融入"双师型"结构教学团队建设中，不断促进团队精神文化的滋长。还应做到实现技术标准对接教学标准，激励专业教师通过制订技术标准引领产业、开展技术革新服务产业、参与企业兼职融入产业等具体路径，加快"工匠型"教师专业能力发展。学校实施双师型人才引进计划，通过安置经费、发放生活补贴等方式稳定双师型教师队伍，要招聘不仅具有教学经历而且还有实践经验的教师，不断扩大旅游管理教师团队。

（三）构建模块化课程体系，优化教学方法

学校和南山旅游集团共同制订课程体系，将课程进行模块化分类，分为学校课程、企业课程和校企合作课程三大模块。学校课程包括公共基础课、专业核心课和选修课，企业课程以企业文化、岗位规程为主，校企课程注重岗位培训与实践，以适应三元制模块化课程体系。在旅游管理专业方向构建课程体系过程中，注重顺应文旅融合、智慧旅游发展趋势，深化"互联网+旅游"模式，加快新技术的更新与运用。在旅游管理专业酒店方向，校企结合实际工作经验，对酒店进行市场调查，了解酒店在筹建、运营和资本流通上的具体流程，进而梳理总结出授课内容，以模块化形式进行教学。在教学方面，培养学生动手操作的实践能力，注重工匠精神培养，以学生为中心，满足学生的个性化和可持续发展需要，提倡小班制精英化教学，给予学生更多交流的机会，提高学生的学习热情，进而促使学生迸发出新的灵感。教师推进数字化、网络化和智能化教学，通过"互联网+教学平台"授课，运用智慧树平台和日常教学进行授课。

（四）注重课程思政建设，凸显专业特色

课程思政对于人才培养质量至关重要，学校和企业挖掘旅游管理专业课程的课程思政元素，如企业文化、职业素养、劳动精神和工作环境等因素。教师在授课过程中加入国家的方针政策、职业道德修养、典型事件或人物、法律法规等知识，让学生在学习专业知识的同时，提高思想政治素养，提高学生的可持续发展能力。旅游管理专业学生所在的工作岗位属于服务行业，努力提高职业素质，摆正工作态度，做好随时为客人服务的思想准备，有利于提高服务质量，提高学生的就业质量。服务行业接待客人的多样化要求课程思政内容的全面化和多样化，主要体现在习近平新时代中国特色社会主义思想、党的领导、责任意识和职业道德等方面。学校构建思政教育、专业建设和教学相结合的核心团队，在教学和实践中融入课程思政，企业实践和专业教学互相协助。企业师傅、思政课教师和专业课教师等三种类型的教师互相取长补短，以此来提高团队的整体水平。

（五）建立校企协同教学运行机制

烟台南山学院在校企协同教学运行过程中始终坚持两个基本原则：第一个是坚持教学的中心地位，不能低化教育教学地位。防止在教学上因过分突出校企一体实践应用能力的培养而忽视立德树人的根本任务，校企双方会定期进行沟通和探讨，防止教育教学功能被异化。第二个是坚持基于"为了工作的教育"理念，校企协同双方共同推动专业、师资、课程等多方面的共建工作，促进"产教研"深度融合。

1.协同开发"模块化"课程体系和资源，构建"能力本位"的结构化知识体系

在产教研融合思想指导下，校企协同开发"模块化"课程体系和课程资源。一是基于企业岗位胜任力将课程体系分解成基础通识课程模块、专业技能核心课程模块、发展迁移课程模块和企业特色课程模块，强化学生的整体认知。二是组织高校老师与企业一线员工、企业管理者，从日常工作过程中提取典型工作案例，挖掘深层次的专业知识，探讨课程标准的制订、任务驱动式实训课程的实施等，构建了产学一体化和教学、培训、实践一体化的企业"大课堂"。三是建立能力递进的课程模块衔接机制，按照"工作领域—工作任务—职业能力"的逻辑组织三个级别的课程模块。共同开发一批工作手册式教材并配套信息化资源，实现专业课程对接工作职责、职业行动领域。

2.协同建立学业与职业、理论与实践"双重标准"相结合的考评机制

首先是建立理实考核和校企考核相统一的机制。合作企业师傅对学生学业评价的维度聚焦在"职业标准"和岗位胜任力，将学生在企业实习实训期间的动手操作能力、职业素养及敬业态度作为重要考评内容，进行综合考量。其次是建立结果考核与过程考核相统一的机制。要全面、客观反映学生的成长和进步，注重结果考核，同时将学习训练过程表现纳入考核体系。最后是建立考核与激励相统一的机制。注重考核结果的运用，通过激励调动学生的积极性，进而促进三元制的稳步运行。

（六）构建"四段渐进式"人才培养模式

以企业对人才的需求和学生就业升学的需要为导向，通过专业对接产业准确定位人才培养目标；依据课程设置与能力递进提升，创新"梯形进阶"课程结构体系，依据课程内容与职业能力融合，提出"纵深横通"课程内容体系；通过实现教学过程与职业标准和企业与认证的对接，形成"四方联动"协同培养方式；依据考试内容对接核心职业能力测试及"以证代考"等形式，形成多元化评价体系。在此基础上，科学制订专业人才培养方案，构建"先培养基本专业能力，后培养专项专业能力，再培养综合专业能

力，最后培养成为复合型高技能人才"的"四段渐进式"三元制人才培养模式。

四、结语

作为现代学徒制的本土化探索和实践，"三元制"人才培养模式形成了合作企业主导学徒岗位胜任力培养、高校主导专业理论知识学习的现代学徒制制度框架。这一"跨界"制度既有力推动了现代学徒制的深入改革，同时又精确满足了企业对技术技能人才的需求，也让学生提前接触真实工作岗位，学习职业技能，真正实现了校、企、生的多方共赢，有效破解了合作企业参与校企合作动力不足的困境，探索了一条具有产教研融合特色的现代学徒制之路，不论是对职业教育来讲，还是对现代学徒制来讲，都具有非同一般的重要意义。

参考文献

[1] 周彦兵.产教融合视域下德国"双元制"模式分析及借鉴[J].教育与职业，2020（12）：65-70.

[2] Saribas D. Guidance in Providing Evidence: An In-Depth Analysis of Pre-Service Science Teachers' Instructional Designs[J]. Journal of Science Teacher Education, 2023, 34(1): 24-43.

[3] 柳友荣，项桂娥，王剑程.应用型本科院校产教融合模式及其影响因素研究[J].中国高教研究，2015（5）：64-68.

[4] 吕春莉，谭秀丽，丁琪.旅游职业人才"三元制"创新培养研究——以烟台南山学院旅游管理专业为例[J].高教学刊，2019（18）：42-44.

[5] 范健英.基于现代学徒制的职业院校旅游管理专业人才培养模式构建[J].宁波职业技术学院学报，2022，26（3）：25-28,33.

[6] 郑振华，冯宝晶.现代学徒制模式下高职学生课程思政认知、实施及评价调查研究：以北京市某高职院校为例[J].北京财贸职业学院学报，2022（1）：68-72.

[7] 徐艳秋."1+X"证书制度下中职现代学徒制人才培养模式研究[D].济南：山东师范大学，2021.

作者简介：隋丽娟（1985—   ），女，山东龙口人，烟台南山学院经济与管理学院旅游管理系教师，讲师，硕士；刘星光（1986—   ），女，山东潍坊人，烟台南山学院教务处教师，讲师，硕士；张栩之（1982—   ），男，黑龙江绥化人，烟台南山学院教务处处长，副教授，硕士。

教学信息化背景下O2O模式在高校教学中的应用

许路路　李忠杰

摘要：近年来，随着高校教育信息化的发展，高校课堂教学模式也在不断改革。本文通过对比发现，"O2O教学模式"不仅有助于实现学生的自主学习，还有助于打破传统授课方式的空间限制，从而发挥现代信息技术和传统教学方式结合的优势，推动高等教育事业发展。本文最后分析得出"O2O教学模式"顺利进行的教学方法，同时也阐述了"O2O教学模式"实施过程中的关键环节，并为高校任课教师在课堂上推行"O2O教学模式"提供建议和思考方向。

关键词：O2O教学模式；高校课程教学；应用研究

一、引言

随着互联网技术的发展，O2O混合式教学模式将逐步进入高校教学，成为以后教学的新常态。

二、教育信息化时代O2O教学模式研究背景

（一）互联网技术的驱动

互联网目前已经非常普及，在我们的日常生活中扮演着不可或缺的角色。高等教育也应坚持互联网技术和高等教育的协同融合，实现教学过程现代化，大力建设高等教育线上课，改变传统教育教学方式，构建现代化的教育教学体系，实现现代化的学习型社会。最重要的一点就是，教育信息化是实现教育强国的重要途径。在互联网日益普及的今天，信息技术已经成为教育改革的重要推手，将信息技术融入高校课堂成为必然趋势。随着互联网技术的发展，O2O混合式教学模式将逐步进入高校教学，成为以后教学的新常态。

（二）高校课程改革的要求

在经济高速发展的今天，要建设高等教育强国，需要对高校课堂进行改革。课堂教学是培养人才的主要途径，同时也是学生获取知识的主要平台，因此课程改革对于人才培养至关重要。在课程改革过程中，需要对教师和学生的角色进行重新定位，在教学过程中充分认识到学生的个体差异，在统一面授的同时，为学生提供个性化学习资源，才

能提高学生的学习效果。而"O2O教学模式"的最大优点在于，充分认识学生的个体差异，采用混合式教学模式，在充分发挥教师主体作用的同时，也提高了学生学习的积极性，从而达到教和学的双赢局面。

三、O2O教学模式在高校教学中的应用现状分析

混合式教学模式的发源地在美国，早期主要应用在电子商务领域，简单来说就是线上和线下相结合，充分利用互联网的传播优势，在网上通过流量吸引区域内或者全球用户关注、了解并购买产品，在线下的店铺实现客户的售后。发展到后期，O2O应用到了教育领域，发展出线下课堂和线上课堂并存的模式，两者相辅相成，线上教学资源和线下课堂深度融合，结合这两种模式优点来进行教学，教学效果会更好，更有助于培养符合市场需求的高素质人才。

（一）O2O教学模式是教育发展新趋势

随着经济的飞速发展，行业和市场有了进一步细分，对应的就业岗位也进一步细分，对高校的人才培养模式提出了新的要求，人才培养需要实现个性化、差异化。对高校而言，教师在教学过程中可以因材施教，有效提高教学质量。O2O教学模式对学生提出了更高要求，学生除了完成线下的面授学习，还需要通过自主学习完成线上学习。教师则需要准备多媒体课件、视频音频教学资源、线上考勤系统、线上讨论组、线上测试单元等多媒体资源满足学生个性化学习需要。高校通过线上线下融合的O2O教学模式，为学生创建了更为灵活的学习方式和平台，学习的趣味性更强，学生学习的积极性更高，更加有利于有个性化需求的学生掌握知识。

（二）O2O教学模式中的教学资源建设至关重要

O2O教学模式的课时内容和课程整体设计更加灵活，对教师的要求更高，线上教学顺利开展的关键是线上教学资源的准备和建设，教师可以借助已有的教学资源，进一步完善建设线上教学平台。提倡地方教育主管部门根据本地教学需要，积极开发适合本地师生的线上教学资源，从而使国家教学资源和适合本地的线上教学资源相得益彰，满足广大学生个性化需求，丰富教学资源，提高教学质量，从而建设教育强国。

（三）O2O教学模式对教师与学生提出更高要求

O2O混合式教学模式的推行对师生的能提高都有很大帮助，但同时也对教师和学生提出了更高要求。随着教育的发展，目前已经进入了全民学习时代，学生的学习方式和

学习渠道更加多样化，同时学习能力的表现形式也更加多样化，除了传统意义上的上课听讲能力和思考问题能力，还包括了各种互联网技术应用能力，线上和教师互动的能力等。学生的综合能力越强，通过线上教学资源获取各种知识的可能性就越大。O2O混合式教学模式在对学生提出更高能力要求的同时，对教师综合素质也提出了更高要求。教师为了适应混合式教学，需要更加灵活地应用信息技术来表现教学内容，如将抽象理论和知识点通过视觉效果呈现在学生眼前，从而使教学过程更有吸引力，学生的学习积极性提高，学习效果也会更好。教师在O2O混合式教学过程中，既是信息的使用者，也是信息的创造者，教师可通过不断摸索，积累丰富教学经验，转变传统教学观念，通过不断引导突出学生学习的主体地位，培养学生独立思考能力，将传统教学方式和混合式教学模式相结合，从而提高自身综合能力。

四、教育未来新常态——O2O教学模式的建构

（一）O2O教学模式的教学设计原则

1.以学生为中心

O2O教学模式的最大优势在于发挥学生在学习过程中的自主性，让学生真正喜欢学习、自主学习，积极参与到课堂教学过程中，从而有利于学生思维创新能力的提高。教师搭建好线上教学平台后，引导学生通过线上教学平台的教学资源自主学习，在这个过程中学生的积极性提高了，创新能力自然而然也就提高了。

2.以能力为本位

在学生学习过程中，有效掌握知识非常重要，但是随着时代的发展，各个专业的知识更新换代速度很快，所以提高学习能力就显得更为重要。教师在授课过程中，应重点关注学生学习能力的提高，以能力的提高为教学本位。通过数字化平台进行自主学习，有针对性地查缺补漏的教学方式，真正做到了以学生为中心，以能力为本位，真正提高了学生的自主选择能力，从而提升了学习效果。

3.以资源为基础

O2O教学模式的优势在于，融合了各种互联网工具和传统课堂这两者的优势，通过互联网技术表现比较抽象的理论和教学内容，以灵活多样的线上教学资源，提高学生学习的积极性。O2O混合式教学并不仅是把电子教学资源搬到网上，而是通过教师的引导和线上资源吸引学生进行自主学习。在设计O2O教学资源时，教师要根据所在地区学生的具体学情，选择和创作适合启发学生的线上教学资源，以线上教学资源为基础引导学生实现学习目标。

4.以情境为载体

在O2O教学模式设计过程中,教师对学习情境的创设非常重要。教师应针对人才的培养目标创建学习情境,把课程内容融合在真实学习情境中,通过模拟学习情况,提高学生具体问题具体分析的能力。通过解决实际问题提高学生综合素质。

5.以互动为桥梁

教师的教学过程需要学生参与和互动,才能提高教学效果。而O2O教学模式中的师生相比较传统教学方式来讲,互动的频率更高,过程也更可控。师生的交流有助于教师掌握学生的学习过程,更有利于调动学生的学习积极性。同时通过互联网技术应用,在O2O教学过程中师生互动也更容易实现。

6.以评价为契机

O2O教学平台相比较传统课堂而言,学生学习过程数据分析更容易实现,结果评价也相对客观,O2O教学模式中的教学评价功能,更容易实现"以评促学"。

(二)O2O教学模式常用教学方法

1.发现式教学

传统教学方法一般是进行知识的灌输,而发现式教学主要是引领学生主动学习。发现式教学主要有以下四种特点。

(1)优化情境,激发兴趣。教师在教学过程中根据专业培养计划和培养目标要求,精选教学案例,在线上教学平台提前上传,让学生提前预习,制造悬念,激发学生学习积极性,从而主动学习,在探究过程中追求真理。

(2)引发讨论,找到方法。教师设置思考题,引发学生的讨论和思维碰撞,从而找到解决问题最好的方法和路径。学生在线上学习的过程中主动发现问题,通过查找线上线下的相关教学资料,在解决问题的过程中提高个人的综合能力。

(3)从实践出发,发现规律。教师引导学生从实践出发,发现事物规律,从而提炼总结,真正形成自己的知识,提高思维的深度和广度。

(4)归纳总结,知识迁移。在教学过程中,教师可以因材施教,针对不同学生和不同的情境,设置更加多样化的问题,引导学生知识迁移,培养学生发散思维,从而提高学生的综合能力,让学生将来在就业市场更有优势。

2.引导式教学

引导式教学法和传统教学方法的不同在于,学生通过教师指导,提高自主学习能力。引导式教学适用于课前、课中、课后各个教学环节。在课前教师引导学生自主预习,授课过程中启发学生独立思考,课后指导学生进行知识巩固和实践锻炼。引导式教学方法包括以下三个方面的主要特点。

（1）强化学生在学习中的中心地位。虽然教师的"教"很重要，但是学生作为主体在整个教学过程中的作用更为重要，教师应充分发挥学生在学习过程中的中心地位，突出学生的主体地位。

（2）发挥教师在教学中的引导作用。虽然教无定法，但是教师仍然要研究教学，既要研究"教法"，又要研究"学法"，从结果来看，既要教学生"学会"，又要教学生"会学"，在教和学的过程中，实现教师和学生的双赢。

（3）引导学生探究式学习。在教学过程中应该提高学生自主学习的能力，教师通过引导，鼓励学生探究式学习，切实提高学生主动探究、独立思考的能力。

3.讨论式教学

讨论式教学相比传统的教学方式，拓展了课堂空间，打开了学生的视野，学生在线上通过讨论更容易多渠道获得多方面的知识，更有利于学生思维的发散。线上教学环境下，讨论式教学方法主要特点包括以下三个方面。

（1）讨论中的师生互动。讨论式教学法更强调教学中的师生多边互动，在这种教学模式下学生是学习的积极参与者，同时也是知识的主动获取者，讨论式教学更有利于培养学生的逻辑思维能力、语言表达能力等各种综合能力。

（2）讨论中的多向互动。学习过程中，学生通过师生之间、生生之间的多向互动，可以实现相互启发、协同合作、相互进步，拓展思维的深度和广度，在讨论的过程中学生的综合能力将大大提高。另外教师也能从学生的讨论中受到启发，完善教学方法，提高教学水平。

（3）讨论主题的多样化。在讨论式教学过程中，可以讨论的主题类型很多。比如：围绕某一章节内容进行的主题讨论法，针对某一实际问题进行的探讨讨论法，针对某一争议性话题进行的辩论讨论法，针对某一实践性模块操作进行的竞赛讨论法等。通过这些主题讨论，可以发散学生思维，提高学生综合能力。

4.个性化教学

现代的大学生对教学资源需求非常多样化和个性化，所以在教学过程中，教师应针对不同层次的学生和不同的学习需求，提供个性化的教学方案和教学资源，满足学生个性化自主学习的需求。教师实施个性化教学方法需要实现以下三方面功能。

（1）构建个性化教学环境。O2O教学模式中信息化课堂环境是最佳的个性化教学环境，以信息技术为载体和手段，为有不同需要的学生提供个性化的教学环境，为学生搭建适合自己的个性化平台，为其所用，真正提高学生学习效率。

（2）提供个性化的教学资源。教师通过提供各种丰富的线上教学资源，为学生提供个性化的教学服务，满足学生的个性化需求。

（3）实现个性化的教学评价。O2O教学模式在实施过程中，要实现全过程动态学情分析，同时对学生的评价也要更加全方位和多元化，教学评价不能只包含学生期末考试的成绩，应实现对学生学习能力和学习效果的多元化评价，使教学评价效果更加客观真实。

（三）O2O教学模式的主要环节

O2O教学模式以学为主体、关注学生学习过程、聚焦学生知识掌握、落脚学生综合素质提升。O2O教学模式包括课前、课中和课后三个环节。

1.课前——线上教学为主

课前，教师为学生提前提供教学资源，建构学习目标和学习环境。教师基于信息化教学提前准备各种课程相关资源，做好课程资源的整合和开发，设置课程目标任务，引导学生自主学习、自主收集教学内容相关资料。学生对照任务单里的教学资源提前进行自主学习，汇总整理学习过程中的重点和难点。线上学习过程中，学生在弹性的信息化空间里进行自主学习。课前环节主要包括教师提前制订学案，上传信息化教学资源，全体学生在线学习和参与讨论，最后问题反馈，完成课前学习闭环。

2.课中——线下教学为主

课中的大多数教学都是在线下进行，主要是对线上平台的知识点进行难点解析，培养学生创新性思维和综合能力。线下教学可分为两个环节，即互动建构知识和检测内化知识。互动建构知识，是在课堂教学中，教师根据教学目标需要创设教学情境，组织学生进行讨论，在讨论过程中互动建构知识体系。检测内化知识，是教师根据学习目标的要求设置课堂检测，围绕重点难点、核心知识点和典型问题进行检测。教师可以综合运用各种教学手段提升课堂趣味性，随时发送投票、头脑风暴等功能，实时掌握学生对知识的认知情况。静态的线下课堂因为学生的参与变为动态，教学成效会大大提升。

3.课后——线上线下结合

课后主要是进行学习效果的检测，主要是检测学生线上学习时完成的章节作业、章节测试、师生互动、生生讨论。对于检测未达到教学预期的学生，视为不合格，需要进一步学习巩固，教师要有针对性地提供矫正学习资源，如要求学生再次观看相关知识点的教学视频、强化基础概念和基本理论、强化习题测试等，以确保学生的学习成效。检测效果良好的同学为检测合格，可以进阶至下一阶段学习，教师可以引导学生进行拓展学习，设计开放性、研究性作业，帮助学生在巩固知识体系的同时升华内化，进一步提升学生自学能力和可持续发展能力。

五、结语

随着教育信息化的推进，O2O教学模式将来会逐渐成为教学新常态，走进每一个高校，走进每一门课程，同时也是未来教育发展的新趋势。高校教师通过信息化平台实施O2O教学模式，有助于学生提高自主学习能力，提升学生创造性思维能力，培养学生终身学习意识，最终提高教学效率和效果。在以后教学过程中，笔者将会继续努力提升自身专业素养，完善和优化课程设计，更加深入研究高校O2O教学模式应用，促进教学的提质增效，以期为高校信息化教学改革提供借鉴。

参考文献

[1] 王萍，常林. 疫情防控期间高校在线教学现状调查及实践启示——以浙江理工大学为例[J]. 浙江理工大学学报：社会科学版，2020，44（5）：572-580.

[2] 赵慧岩. "混合教学"在开放大学教育模式中应用的思考[J]. 科技视界，2016（13）：211.

[3] 朱慧芬. "互联网+"背景下高职商务英语专业课程群"O2O"混合教学模式探究[J]. 教育与职业，2019（10）：95-99.

[4] 刘改. 开放大学混合式教学模式探析[J]. 武汉冶金管理干部学院学报，2016，26（3）：42-44.

[5] 杨奇靖. 基于突发公共卫生事件的高校思政课教学研究[J]. 闽西职业技术学院学报，2021，23（4）：101-105.

作者简介：许路路（1982— ），女，山东滨州人，烟台南山学院经济与管理学院副教授，硕士；李忠杰（1980— ），男，河南郑州人，烟台南山学院经济与管理学院副教授，硕士。

应用型大学情境适应性教学评价体系研究

于洋　刘阳

摘要：教学评价一直是教学过程中最重要的一个环节，也是检验课程效果的最重要手段，但教学评价游离于教学情境之外的问题在应用型大学课程体系中依然存在。本研究在OBE理论的指导下，结合国内外教学评价的相关研究成果，从教师和学生两个纬度构建情境适应性教学评价体系，摸索课程评价的一般规律，在一定意义上为高等教育课程评价提供理论借鉴和实践参考。

关键词：OBE理论；情境适应性；教学评价

基金：烟台南山学院2022年度教学改革研究项目课题"教育信息化背景下高校情境

适应性教学评价体系的研究"（NSJM202252）

一、引言

教学评价是教学体系中至关重要的一个环节，也是检验师生课程收获的重要手段之一。通过改革教学评价来提升教学质量已成为教育界的普遍共识，特别是在应用型大学的课程体系中，实用性的要求更高，教学评价与教学目标没有完全契合的状态普遍存在。在OBE理论的指导下，结合应用型大学课程体系的特点，探索出适应情景的教学评价体系，是解决教学评价现存问题，提升教学效果的必然选择。

二、情境适应性教学评价研究现状

OBE理论主要强调突出学生的主体地位，提高学生的主观能动性，情境适应性教学评价则认为课程适应性是评价的关键，将两者有机结合定能发挥教育的最大效能。国外学者很早就认识到了这一点，以迈克尔为代表的一些学者提出了以实用导向为主的课程评价模式，而杰拉尔德和佩姬则对概念进行了界定。国内一些学者认为情境适应性教学评价非常必要，如王笃勤博士和罗祖兵博士都在不同领域结合各自的研究对象对情境适应性教学进行了深入研究，这些理论都为本研究奠定了理论基础和实践参考。

三、应用型大学教学评价普遍存在的问题

为了了解教学评价在应用型大学的实践现状，本研究专门设计了问卷进行摸排，了解教师和学生对教学评价的态度和诉求。

本研究选取了山东省已公布的3批应用型本科中的6所院校，分别是第一批应用型本科中的滨州学院和潍坊学院，第二批应用型本科中的山东英才学院和鲁东大学，第三批应用型本科中的青岛城市学院和烟台南山学院。共计发出教师问卷360份，有效问卷310份，发放学生问卷800份，有效问卷767份。

教学评价主要包括四大要素：内容、标准、指标和方法。通过问卷（详见表3-10）我们不难发现，教师对目前教学评价的满意度半数以上持中立态度，而问及学校教学评价标准与现实条件是否相符，则有49%的教师认为很小或非常小。教师在教学评价的具体操作中普遍存在着"思想高于行动"的现象，老师们虽然认识到了评价方案需因人而异、因层次而异，但是鉴于自身和环境的影响，往往还是选择了"从一而终"和"一视同仁"。

表3-10 教师对教学评价调查统计表

调查项目	非常大（%）	较大（%）	一般（%）	很小（%）	非常小（%）
你对目前采用的教学评价满意吗？	3.2	13.2	55.8	21.0	6.8
从整体上讲，你认为你所在的学校教学评价标准与现实条件相符吗？	2.6	9.7	38.7	38.1	10.9
你觉得你所在学校采用的教学评价指标适合你的教学吗？	0.6	12.3	58.1	20.6	8.4
当你面对不同学生的时候你会选择不同的评价标准吗？	0.6	9.4	59.4	24.2	6.5
当你面对不同学生的时候你会选择不同的评价指标吗？	2.6	7.4	47.7	25.5	16.8
当你面对不同学生的时候你会选择不同的评价方法吗？	2.6	7.4	50	23.2	16.8

数据来源：本研究整理

由统计数据（详见表3-11）可以看出，大部分学生对课程评价的四个方面满意度也都居于中间水平，这就要求教师们必须进行一定程度的引导，辅助他们正确评价自己的课程，明确自己的收获和不足。同时在自己对老师的评价中，半数以上的同学选择区别很小或非常小，这说明学生并不能客观地对老师们的授课质量进行评价，往往存在应付心理。

表3-11 学生对教学评价调查统计表

调查项目	非常大（%）	较大（%）	一般（%）	很小（%）	非常小（%）
你觉得目前课程使用的评价标准适合你吗？	5.0	5.2	57.0	21.0	11.8
你认为目前课程评价指标能指导你的学习吗？	8.9	13.0	39.0	26.2	12.9
你觉得目前使用的评价方法能反映你真实的学习水平吗？	3.5	5.0	57.5	24.6	9.4
你对不同老师评价时的标准有区别吗？	6.4	27.5	13.3	41.8	11
你对不同老师评价时的指标有区别吗？	6.9	14.1	25.8	40.4	12.8

数据来源：本研究整理

通过初步摸排的数据分析，结合实地调研的结果，我们发现目前应用型大学在课程评价方面还有一些不足，主要表现在以下几个方面。

第一，评价方案设计区分度欠缺，没有考虑学生的需求和课程运行的具体情况。如今很多应用型大学还是由教务处牵头组织编写课程评价标准，评价标准缺乏针对性，仅凭主观设计或直接照搬照做国内外优秀高校的成功案例。由于课程性质不同，学生的需求和兴趣也会存在差异，因此课程评价体系的制订应该成立专门的研究小组负责，经专业协商制订并在小范围内试点后再进行推广，应该准许并鼓励教师们根据课程性质进行创新调整。

第二，评价控制力略显薄弱，不能与情景完全相符。本次调查发现，大部分应用型大学对教学评价的计划和准备是比较周密的，但在实施过程中往往因为监管或执行力不够，导致效果不明显或偏离了原来的预期，此外，教师自身缺乏对评价的精准定位，也会使教学评价的实施与情况不相适应。

第三，评价方法各自为政，不适应现代应用型大学的培养目标。为适应近几年的课程改革，应用型大学也引入了很多评价方法，面对纷繁的评价体系，教师们有些"水土不服"，有些教师"故步自封"，也有些教师采用"搬来主义"，创新性改革的方针没有贯彻始终，针对性不强，未做到取长补短。

第四，评价结果处理欠缺，缺少沟通反馈。教学评价应该是一个双向的沟通机制，教师"一言堂"或通过一节课定生死的现象，教师们认为有失公允，但也无法彻底改变，而对学生的评价也往往依靠最后的试卷来实现，无法促进学生的可持续发展。

四、情景适应性教学评价体系的构建

（一）情境适应性教师教学评价指标体系

在教学全过程的不同阶段下，依据不同情境、不同教师需求，我们将教学评价体系分为准备、实施和效果三个阶段，三个体系下又设置子系统，共同完成教学评价体系的整体框架。此框架主要凸显开放性和灵活性，鼓励教师进行创新，其目的是为教师解绑束缚，为教师教学评价实践提供参考。

在OBE理念的指导下，情境适应性教师教学评价体系下设教学准备A、教学过程B和教学效果C三个一级指标，一级指标下分四个评价档次，分别为Ⅰ、Ⅱ、Ⅲ、Ⅳ，标准中给出Ⅰ档和Ⅲ档的要求，Ⅰ档为优秀，Ⅲ档为合格，Ⅱ档介于Ⅰ档与Ⅲ档之间为（良好），Ⅳ档则为不及格。

1. 情境A：教学准备

教学准备评价主要考察教师开课前的准备状况。教学准备下设置二级指标：A-1教学素养、A-2教学观念、A-3教学目标、A-4教学情境设计（详见表3-12~表3-15）。

模块三 专业教学过程与产业生产过程一体化

表3-12 情境A-1教学素养

二级指标		A-1教学素养
评价要点及参考权重	\multicolumn{2}{l}{（1）教育信念（0.2）；（2）专业知识（0.5）；（3）专业技能（0.3）}
评价标准（参考）	Ⅰ级标准	（1）注重教育本质，敬畏讲台，有敬业精神和奉献精神 （2）丰富的学科与人文底蕴；1~2门相关课程的理论积累；教育教学基础知识 （3）有效沟通和组织管理能力；教育教学相关技巧；钻研创新能力
	Ⅲ级标准	（1）认识到了教学的重要性，有责任感 （2）1门相关课程的理论积累 （3）能跟学生进行有效沟通；具有组织管理的技能和教育研究的技能
评价方法（参考）	\multicolumn{2}{l}{教师测验方法、访谈法、问卷法、核查资料法}
评价等级	\multicolumn{2}{l}{Ⅰ级（ ）；Ⅱ级（ ）；Ⅲ级（ ）；Ⅳ级（ ）}

数据来源：本研究整理

表3-13 情境A-2教学观念

二级指标		A-2教学理念
评价标准（参考）	Ⅰ级标准	遵循学生主体、教师主导的教学理念
	Ⅲ级标准	能体现教育教学理念
评价方法（参考）	\multicolumn{2}{l}{教师测验方法、访谈法、问卷法、核查资料法}
评价等级	\multicolumn{2}{l}{Ⅰ级（ ）；Ⅱ级（ ）；Ⅲ级（ ）；Ⅳ级（ ）}

数据来源：本研究整理

表3-14 情境A-3教学目标

二级指标		A-3教学目标
评价要点及参考权重	\multicolumn{2}{l}{（1）教育目标（0.5）；（2）课程目标（0.5）}
评价标准（参考）	Ⅰ级标准	（1）教学目标具体、明确；符合课程标准；利于学生全面发展 （2）各知识点清晰，准确，有量化标准 （3）密切结合课程特点，强化思政要点
	Ⅲ级标准	（1）教学目标明确；符合课程标准；切合学生实际 （2）各知识点分类准确 （3）有情感目标的确立

续表

二级指标	A-3教学目标
评价方法（参考）	教师测验方法、访谈法、问卷法、核查资料法
评价等级	Ⅰ级（ ）；Ⅱ级（ ）；Ⅲ级（ ）；Ⅳ级（ ）

数据来源：本研究整理

表3-15 情境A-4教学情境设计

二级指标		A-4教学设计
评价要点及参考权重		完整性（0.3）、可实施性（0.3）、规范性（0.2）和创新性（0.2）
评价标准（参考）	Ⅰ级标准	（1）根据课程内容和学生特点，合理设计教学流程，体现学科教育价值、课程目标和思政目标 （2）教学设计方案完整，规范且有弹性，具有可实施性和创新性 （3）能充分利用现有资源，采用多种形式的授课方式
	Ⅲ级标准	（1）教学设计合理 （2）设计方案合理且较规范，具有可实施性 （3）有一定的媒体资源做支持
评价方法（参考）		教师测验方法、访谈法、问卷法、核查资料法
评价等级		Ⅰ级（ ）；Ⅱ级（ ）；Ⅲ级（ ）；Ⅳ级（ ）

数据来源：本研究整理

2.情境B：教学实施

教师根据社会人才需要和学生不同特点进行教学实施的情境设计。评价时主要考察教师教学实施过程，下设的二级指标分别为：B-1教学内容、B-2教学方法、B-3教学过程管理、B-4教学关系处理、B-5教学氛围营造和B-6教学风范（详见表3-16~表3-21）。

表3-16 B-1教学内容

二级指标		B-1教学内容
评价要点及参考权重		（1）教学内容选择（0.3）；（2）教学内容分析（0.4）；（3）教学内容处理（0.3）
评价标准（参考）	Ⅰ级标准	（1）符合课程标准且与时俱进 （2）重难点突出，授课内容具有前沿性 （3）各环节、各知识点时间分配合理，总体掌握准确 （4）主次分明，重点突出
	Ⅲ级标准	（1）符合课程标准 （2）教学内容分析正确 （3）总体掌握准确

续表

二级指标		B-1教学内容
评价方法（参考）	观察、调研、访谈、抽样	
评价等级	Ⅰ级（　）；Ⅱ级（　）；Ⅲ级（　）；Ⅳ级（　）	

数据来源：本研究整理

表3-17　B-2教学方法

二级指标		B-2教学方法
评价要点及参考权重	（1）教学方法的选择（0.4）；（2）教学方法的运用（0.6）	
评价标准（参考）	Ⅰ级标准	（1）教学方法合适，优化组合教学方法 （2）多采用启发式教学，突出学生的主体作用 （3）合理运用现代教学手段 （4）板书设计规范、合理，重难点突出
	Ⅲ级标准	（1）能采用多种教学方法 （2）合理运用现代教学手段 （3）板书设计规范、合理
评价方法（参考）	观察、调研、访谈、抽样	
评价等级	Ⅰ级（　）；Ⅱ级（　）；Ⅲ级（　）；Ⅳ级（　）	

数据来源：本研究整理

表3-18　B-3教学过程管理

二级指标		B-3教学过程管理
评价要点及参考权重	（1）课堂纪律（0.2）；（2）课堂时间管理（0.3）；（3）物理空间管理（0.2）；（4）学生行为管理（0.3）	
评价标准（参考）	Ⅰ级标准	（1）有明确的纪律要求，奖罚分明，学生执行率高 （2）建立了有效的控制非教学行为的机制，学习效率高 （3）教师对学生行为的监控细微且具有前瞻性。
	Ⅲ级标准	（1）有明确的纪律要求 （2）非教学行为较少，浪费教学时间较少 （3）教师对学生的行为保持警惕，教师对学生的错误行为做出恰当反应
评价方法（参考）	观察、调研、访谈、抽样	
评价等级	Ⅰ级（　）；Ⅱ级（　）；Ⅲ级（　）；Ⅳ级（　）	

数据来源：本研究整理

表3-19　B-4教学关系处理

二级指标		B-4教学关系处理
评价要点及参考权重	（1）师生关系（05）；（2）生生关系（05）	
评价标准（参考）	Ⅰ级标准	（1）师生关系协调一致，相互尊重 （2）学生之间关系融洽，相互帮助
	Ⅲ级标准	（1）师生互动较为适当 （2）学生之间和谐共处
评价方法（参考）	课上观察、调研、访谈、抽样	
评价等级	Ⅰ级（　）；Ⅱ级（　）；Ⅲ级（　）；Ⅳ级（　）	

数据来源：本研究整理

表3-20　B-5教学氛围营造

二级指标		B-5教学氛围营造
评价标准（参考）	Ⅰ级标准	（1）师生学习兴趣浓郁、教学相长 （2）教师有分寸地、灵活地运用奖惩等手段 （3）教师频繁地采纳学生表达的想法
	Ⅲ级标准	（1）教师情绪比较饱满 （2）教师有奖惩措施 （3）教师偶尔能采纳学生表达的想法
评价方法（参考）	课上观察、调研、访谈、抽样	
评价等级	Ⅰ级（　）；Ⅱ级（　）；Ⅲ级（　）；Ⅳ级（　）	

数据来源：本研究整理

表3-21　B-6教学风范

二级指标		B-6教学风范
评价要点及参考权重	（1）教师风范（0.5）；（2）学习风气（0.5）	
评价标准（参考）	Ⅰ级标准	（1）教师严格履行岗位责任，严谨治学，从严执教 （2）学生遵守纪律，积极性高，考风良好 （3）学生积极参与课程活动，参与率高，方式灵活
	Ⅲ级标准	（1）教师履行岗位责任，教书育人 （2）多数学生遵守纪律，学习积极性高，考风良好 （3）多数学生主动参与课堂，参与方式多样
评价方法（参考）	课上观察、调研、访谈、抽样	
评价等级	Ⅰ级（　）；Ⅱ级（　）；Ⅲ级（　）；Ⅳ级（　）	

数据来源：本研究整理

模块三 专业教学过程与产业生产过程一体化

3.情境C：教学效果

教师课程结束后要进行双向沟通，完成课后效果的评估。这一情境主要包括学生收益情况和教学目标的实现情况。教学效果下设二级指标为：C-1课堂效果、C-2目标实现程度和C-3教学反馈（详见表3-22~表3-24）。

表3-22　情境C-1课堂效果

二级指标		C-1课堂效果
评价标准（参考）	Ⅰ级标准	（1）充分体现出"学生主体，教师主导"的教学方针 （2）学生态度积极，注意力集中，课堂气氛融洽，互动效果好
	Ⅲ级标准	（1）能够体现"学生主体，教师主导"的教学方针 （2）大部分学生能与教师配合，有一定的互动效果
评价方法（参考）	同行评议；问卷调查；访谈法；抽样法	
评价等级	Ⅰ级（　）；Ⅱ级（　）；Ⅲ级（　）；Ⅳ级（　）	

数据来源：本研究整理

表3-23　情境C-2目标实现程度

二级指标		C-2目标实现程度
评价标准（参考）	Ⅰ级标准	（1）能实现教学目标 （2）学生能完成学习任务，最后测试及格率达90%以上 （3）作业合格率达100%
	Ⅲ级标准	（1）基本实现教学目标 （2）学生能完成学习任务，最后测试及格率达70%以上 （3）作业完成顺利，合格率达80%以上
评价方法（参考）	同行评议；问卷调查；访谈法；抽样法	
评价等级	Ⅰ级（　）；Ⅱ级（　）；Ⅲ级（　）；Ⅳ级（　）	

数据来源：本研究整理

表3-24　情境C-3教学反馈

二级指标		C-3教学反馈
评价要点及参考权重		（1）向学生提供反馈（0.3）；（2）向家长提供反馈（0.3）；（3）教学反思（0.4）
评价标准（参考）	Ⅰ级标准	（1）教师反馈机制健全，反馈质量高、效果好，学生受益明显 （2）教师与学生家长建立反馈通道，沟通顺畅，方法得当 （3）具有教学反思意识，主动征求学生、同行意见或建议，有切实可行的具体策略并效果显著
	Ⅲ级标准	（1）学生有反馈，反馈及时 （2）教师与学生家长有反馈通道，但效果不明显 （3）具有一定的教学反思意识
评价方法（参考）		同行评议；问卷调查；访谈法；抽样法
评价等级		Ⅰ级（　）；Ⅱ级（　）；Ⅲ级（　）；Ⅳ级（　）

数据来源：本研究整理

（二）情境适应性学生学习评价指标体系

在不同的教学情境下，学生的评价体系不同，现将其分类归纳如下：

1.在认知范围内的评价设计

根据认知内容、性质不同我们应该采取不同的评价方式，在教学目标的指导下，事实性、概念性知识可以通过客观性试题进行考察，如填空、选择、名词解释等；再深入性的知识可以以分析数据、列大纲等方式评价。这些方法无争议，能避免主观偏颇。对于策略类知识最好在课堂活动和讨论情境中评价学生的掌握程度，尽量理论联系实际，与解决实际问题紧密结合，达到"在学中做，在做中学"的目标，通过案例分析、互动评价发现不足，激发创意，从而帮助学生更灵活、深入地掌握知识。对于程序性知识，我们可以采用检查表、评价表或评分表等方式进行过程性考察，同时，在教师的主导下综合教师对学生的行为评价、学生的自我评价和团队的互相评价完善评价体系。

2.在技能范围内的评价设计

技能的好坏主要表现为是否能精准完成相应的任务，从这个角度出发我们可以采用贡献评价、误差评价或创新评价等多种方法。

贡献评价：多以团队为单位，以整体作品的质量为标准，根据团队成员最初的分工和作品贡献值来赋予每位成员分数。这种评价标准的设计，可以充分调动学生的积极性，有利于团队精神的培养和个人潜能的挖掘，从而达到促进个体综合发展的目的。

误差评价：以事先预设的达标成绩与实际之间的成绩差作为评价标准。预设的目标成绩为一般成绩，以此进行上、下推算，也就是预设出学生应达到的一般水平，鼓励学生根据个人能力有计划地学习。因为生成的评价标准对每位学生来说都较为公平，故而更能体现评价的客观性和真实性。

创新评价：尊重学生的选择，鼓励学生创新，突出和展示学生个性。在评价体系的设置中增加创新板块，比如增加自选项目比重或者在评价体系中重视创新项目的设置，鼓励学生发挥首创精神，在质量上降低标准，在分数上有意倾斜，有针对性地培养学生的创新思维，适应不同学生的个性化发展。

五、总结

教师和学生的共同发展是教育的初衷和宗旨，构建不同情境下的教学评价体系即情境适应性教师评价体系和情境适应性学生评价体系，是对教师教学深层次的理性挖掘，也是对学生学习客观层次的理想构建，希望本研究能够对应用型大学的课程体系构建具有一定的参考价值，使我们的教育教学体系更加健全，更加具有实际操作的价值。

参考文献

[1] 斯塔弗尔比姆，马道斯，凯拉格汉. 评估模型[M]. 苏锦丽，等译. 北京：北京大学出版社，2007.

[2] 汉纳，德特默. 课程的情境适应性评价[M]. 王艳玲，译. 杭州：浙江教育出版社，2008.

[3] 王笃勤. 环境适应型评价模型及其在大学英语评价中的应用[D]. 北京：北京师范大学，2007.

[4] 罗祖兵. 从"预成"到"生成"——境遇性教学导论[D]. 武汉：华中师范大学，2007.

[5] 仰丙灿. 地方高校院系教学综合评价研究[D]. 上海：华东师范大学，2022.

[6] 申怡. 我国应用型高校课堂教学质量的影响因素及提升策略研究[D]. 上海：华东师范大学，2020.

作者简介：于洋（1983— ），女，山东莱州人，烟台南山学院讲师，硕士；刘阳（1985— ），女，山东龙口人，烟台南山学院讲师，硕士。

"三全育人"视域下地方应用型大学思政课建设研究

王涛

摘要：地方应用型大学以"三全育人"综合改革为抓手，推进"产教研"一体化建设，有利于发挥思政课导向作用，形成一体化育人纽带，培养顺应时代发展潮流的应用型人才。针对当前建设过程中存在的教学目标制订模糊、教育内容缺少规划、课程思政难以体现等问题，学校应当系统规划科学育人、接续育人、综合育人、协同育人、专业育人一体化"思政网格"，统筹推进"三全育人"综合改革工作，推动地方应用型大学育人效果"保质增量"。

关键词：地方应用型大学；"三全育人"；"产教研"；思政课建设

一、引言

2017年中共中央、国务院印发的《关于加强和改进新形势下高校思想政治工作的意见》中指出："要坚持全员全过程全方位育人，把思想价值引领贯穿教育教学全过程和各环节。""三全育人"综合改革作为一项系统工程，以"立德树人"总任务为根本基线，构建循序渐进、螺旋上升的人才培养机制，实现发展连续性与重点突破性的有机统一，促进思政课专业知识与课程思政育人内容的高效融合，消除专业理论与具体实践之间的互动壁垒，从根本上解决"产教研"融合过程中的实践困境，激活思政课创造性改革与内涵式发展的不竭动力，推动思政课一体化育人系统建设（以下简称"一体化建设"）。

二、"三全育人"视域下地方应用型大学思政课建设的价值功能

"三全育人"综合改革是地方应用型大学思政课建设的重要工程，将一体化育人系统建设渗透进学生发展过程的始终，兼顾"思政网格"的宏观整体构建和微观精准定位，有助于顺应时代要求，提高思政课育人成效，形成合力推动中国梦的实现。

（一）协调联动，提高思政课育人实效

一体化建设立足新时代背景，既体现整体思维，又反映战略规划，通过分析学生的学习需要、学习内容和一般特征，打造"全员全过程全方位"协同育人机制，对阐释思政课基本理念、概念、规律、原理，发挥其价值导向功能等具有关键推动作用。一体化建设以持续动态的教学过程代替陈旧老套的知识灌输，克服教学过程中的痛点、堵点，让学生在丰富的情感体验中打破教材桎梏，锤炼学科核心素养。

一体化建设科学把握学生间的差异性与连续性、学科间的统一性与关联性、学段间的阶段性与连续性，重视一体化建设有效持续贯通，从而稳中有进地提升思政课教学效果。一方面，纵向上各学段统筹规划、无缝衔接，落实"为党育人、为国育才"教育目标。学生对思政课的学习是一个由浅入深的过程，针对学生发展的差异性与同一性，将系统完备的思想政治教育理论体系螺旋上升、循序渐进地传授给学生，学生在不断认知与反复巩固的过程中深化对思想政治理论的认识，实现被动学习到主动探究，再到形成理论自信的发展过程。另一方面，横向上各育人要素相互配合，有效激活教学潜能。一体化建设立足于错综复杂的"思政网格"，有效发掘并利用其他学科中蕴含的课程思政内容，统筹兼顾德育资源，构筑好一体化建设过程中的"四梁八柱"，充分发挥各方合力，显著提高思政课育人实效。

（二）尊重规律，落实思政课根本任务

一体化建设是一项统筹兼顾、稳步推进的系统工程，遵循教学规律与发展规律，落脚于实现学生的全面自由发展。习近平总书记指出："思政课是落实立德树人根本任务的关键课程。"[1]应以思政课为锚点，循序渐进、螺旋上升地勾勒出一幅适应学生阶段性和差异性发展的一体化育人体系，重视教学过程的序列性、递进性和学生发展的阶段性、平衡性。结合学生实际情况从"以教定学"转向"以学定教"，使其在螺旋式的学习过程中，逐渐由学科外围走向中心，不断深化思想道德认识，形成对国家的自豪感、归属感，坚定"四个自信"，以积极饱满的情感态度和反复锤炼的应用技能投入建设祖国、服务社会的实践之中，担负起新时代奋斗者的伟大使命。

"三全育人"综合改革为思政课教学实践创造了新的育人模式，重视学生的全面发展，关注学生的协调发展，关注点不断由智育转向德育，注重知识、能力与情感态度价值观等素养的形成，致力于实现学生的"五育并举，共同发展"，为打造德才兼备的时代新人提供条件。螺旋上升、循序渐进的一体化教学结构，有重点、有难点、有回顾、有授知、有实践，详略得当地持续深化学生对思想政治教育思想的认同度，依托学生发展规律和教育教学规律，稳妥有序地完成"立德树人"根本任务。

（三）形成合力，共筑伟大复兴梦想

习近平总书记曾指出："要统筹把握中华民族伟大复兴战略全局和世界百年未有之大变局。"在复杂的内外部局势下，人才越来越成为一个国家不可或缺的战略性资源，与各个发展阶段历史使命的实现休戚与共。人民幸福、民族复兴，关键在人才，人才是实现我国两个一百年目标和伟大复兴梦想的中流砥柱。思政课扮演着遵循发展逻辑、发

---

[1] 习近平.思政课是落实立德树人根本任务的关键课程[J].求是，2020（17）：4-16.

挥特殊育人功能的重要角色，实施质量的高低，决定人才培养质量，关乎国家发展和民族未来，关乎中国道路能否走长走远。

新时代需要有能够承担起历史使命的时代新人，思政课因其特殊的意识形态属性，必然要肩负起培育时代新人的重任，科学灌输国家大政方针，系统讲解世界时事政治，充分开展社会实践活动，让学生在实证分析和情感体验中，认识世界、感悟真理，形成以学科核心素养要求为指向的真实学力。人的全面发展是一个国家文化强盛最根本的体现，一体化建设兼顾学生的个性发展和阶段发展，强调以学生为中心推进学科融合和主体联动，既重视课堂教学，又突出课外实践，既强调知识传授，又兼顾道德培养，系统全面地培养学生的专业思维与实践能力，持续提高其大局意识和世界意识，激发学生的家国情怀和民族观念，使之能够顺应时代要求不断提升自己的各项能力，主动将个人梦想与共同理想相融合，助力伟大复兴中国梦的实现。

三、"三全育人"视域下地方应用型大学思政课建设的现实困境

新时代背景下的一体化建设，是实现思政课教学与各学科内容协同性发展、延展式链接的有效手段，旨在以"全员全过程全方位"育人格局为基线，构建一体化"思政网格"，提高思政课的教学实效，助力"产教研"有效融合。但是在实践中存在的一些问题，制约着一体化建设的实际效果。

（一）教学目标制订模糊

学生在不同阶段表现出不同的发展特征与规律，因而教学目标是否具有针对性和层次性，将影响一体化建设的实践效果。一体化建设并不是忽视或消除不同阶段间教学目标的具体差异，而是在一个作为顶层设计的总目标的指导下，以学生个人梦想的达成为基点，设计各司其职并有序衔接的阶段目标协同完成育人过程，最终落脚于伟大复兴中国梦的实现。不同阶段的学生体现出来的发展特点和行为习惯相差甚远，在智力、能力等各个方面存在着巨大差异，唯有立足学生实际设定难易得当的教学目标，处理好终点目标与使能目标之间的关系，实现需求导向与目标驱动的有机结合，才能更好顺应学生的发展规律，循序渐进、系统全面地落实育人过程。当前，许多目标设计忽视学生身心发展的层次性和认识事物的渐进性，生搬硬套课本知识，对所有学生制订同等学力的学习要求，难以满足学生差异化的发展需要。并且，受传统思想影响，一些目标仅立足于教师的立场，从教师的角度出发考虑问题，忽视学生的主体位置，不关注除基础知识掌握之外学生的能力、方法、态度等素养的协调发展，在一定程度上导致教学目标的制订脱离教学实际，与学生的发展规律之间存在矛盾。

（二）教学内容缺少规划

差异化的教学内容蕴含不同的知识、能力与态度等素养，是思想政治工作的重要组成部分。一体化建设要以意识形态为主干，以贴合实际的教学内容为两翼，构建生动立体的教育架构，追本溯源，把握思想政治教育发展变迁的路径。学生不同发展阶段之间的界限是模糊的，存在着广泛的内在联系，一体化建设要着眼于整体角度，打破界限，精准把握阶段学习间的关联点，统筹规划教学课程，通过整合教学内容实现其自身的优化、丰富与升级。当前，思政课教学实践中明显存在着不同阶段间"断层""重复"与"错位"等问题，导致学生所学知识虽体量大，数目繁多，但仍难以支撑结构化知识体系的构建，无法体现教学内容的连续性与规范性。首先，"断层"表现为本该作为后一阶段学习基础的知识，在前一阶段中学生并未接触，导致学生在之后的学习中存在知识漏洞，难以理解和运用新知识。其次，"重复"与"断层"相对，是指某个知识在前一阶段完成学习后，在后一阶段教师仍然消耗大量精力讲授，讲解深度与广度基本不变的内容，导致学生花费大量时间只是完成对已知内容的复习。最后，"错位"主要是因为内容的选择脱离实际学情，难度较高的理论知识讲解于较低阶段，容易理解的浅层知识却留到大学甚至更高阶段进行教授，偏离学生发展规律，降低思政课的有效性和吸引力。

（三）课程思政难以体现

思政课是育人的主阵地，但其他学科蕴含的育人价值同样不容小觑，充分发挥思政课与课程思政的联动作用，是让学生感悟思想政治教育丰富内涵的重要保证。在发挥思政课育人作用的同时，要挖掘各学科中丰富的课程思政内容，建立起以思政课为主渠道，以立体多元的课程思政为补充的综合育人体系。一体化建设要处理好显性育人与隐性支持统一协调的关系，在思政课与其他学科有机配合、相互支撑的基础上，通过形式多样、有序递进的综合育人体系，充分发挥包括其他学科在内的思想政治教育体系的教化作用和育人功能。当下，课程思政观念刚刚兴起，许多教育工作者并没有认识到其在育人方面的重要价值，过分关注思政课的发展。一些学校在国家大政方针的指导下，愈加重视思政课建设，但同样忽视挖掘其他学科中蕴含的课程思政，各个学科之间鸿沟明显、壁垒森严，难以有效建立协作交流机制，导致大量优秀的思想政治资源被浪费，使其他学科成为教书的载体，无法充分发挥其育人作用。同时，有的教师已经开始注意挖掘课程思政内容，但由于各个学科之间缺少沟通，产生教学内容冗余重复等问题，出现思政课与课程思政相互掣肘的局面，浪费大量时间的同时还会造成学生的逻辑混乱，干扰其知识体系的构建，影响思想政治教育的综合育人效果。

（四）育人主体尚不完善

学生核心素养的养成不仅是教育教学所要实现的关键目标，而且是所有成长阶段中都应该重视的发展任务。学生的发展既要作为一项教育工程，也要作为一种社会工程，只有充分发挥学校教育、政府政策、社会机构、家庭环境的合作育人作用，才能有效保证学生的成长成才。家庭是学生的第一课堂，婴儿出生后最先受到来自家庭的影响。家庭教育的首要来源是父母，但是现在大多数父母认为"教育孩子是学校的任务"，因而忽视了自己对孩子的指导，导致家庭教育环节缺失，使一体化育人过程的连贯性大打折扣。学生步入校园后，知识技能的获得和情感态度的养成都会潜移默化地受到政府决策、社会环境和校园生活等因素的影响。但目前，社会对学生发展提供的支持不足。实践是思政课的第二课堂，但当下为学生提供实践场所的社会机构少之又少，育人场所大多来自政府政策的规划，导致学生难以将知识与技能外显为应对差异化情境的能力，缺少情感体验降低了思政课教学的实效性。政府机构在教学内容设计、教科书编写与审核等方面应该从整体角度出发，建立科学有效的一体化管理体系，系统管理辖区内不同学段的各类学校，建立起覆盖面广、衔接性强的思想政治教育体系。

（五）教师队伍低端配置

习近平总书记在第三十个教师节考察时强调："今天的学生就是未来实现中华民族伟大复兴中国梦的主力军，广大教师就是打造这支中华民族'梦之队'的筑梦人。"❶教师是教书育人工作的主要承担者，是伟大复兴中国梦的筑梦人，是否拥有结构优良的教师队伍直接影响教学效果的高低。首先，思想政治教育工作以其独特的育人价值，需要专业的教师队伍来实施。一些教师受到历史、文化等因素的限制，并没有系统接受过马克思主义相关理论的培训，对大量理论学说浅尝辄止，自身思想根基不牢，无法用发展、联系的眼光分析思想政治教育发展中出现的问题，专业化水平有待提高。其次，一些教师一体化观念不强，缺乏协同育人意识，不同学科、学段的教师各司其职，无法建立长期有效的合作研讨、集体备课、优课观摩等互动机制，教师之间缺少沟通，割裂了教师队伍建设的完整性。最后，思政课教师队伍发展缺少动力。由于思政课知识体系复杂，覆盖面广，为完成教学任务，教师往往不会去深究教学内容的来龙去脉，只追求将所有知识点按要求传授给学生，弱化专业素养的提升和教学过程的更新。但是思想政治教育是持续发展的，各种资源、信息不断变化，思政课教师唯有树立终身发展的观念，打破只专不博的困境，才能切实履行好教书育人的基本职责。

---

❶ 习近平. 做党和人民满意的好老师——同北京师范大学师生代表座谈时的讲话（2014年9月9日）[J]. 人民教育，2014（19）：6-10.

四、"三全育人"视域下地方应用型大学思政课建设的实现策略

新时代推动一体化建设有助于协调各方资源,统筹安排育人过程,更大限度地发挥思政课的价值导向功能。针对一体化建设过程中存在的现实困境,采取有效的应对策略,有助于缩小"产教研"融合期望目标与实践状况之间的现实差距。

(一)科学育人:教学目标规划有准度

以"立德树人"根本任务为指向,依据教育教学规律设计有针对性的层级化教学目标,逐步培养学生的学科核心素养,凝聚价值共识,保证思政课各个学段育人方向的一致性和育人效果的整体性。宏观上要顺应发展规律和教育规律,针对不同发展阶段的学生研制突出连续性与发展性的目标体系。微观上要立足科学育人要求,瞄准每一阶段的育人关键点精细化教学目标,适应各阶段不同学生的发展特点与知识差异。学生在地方应用型大学的学习生涯中,大体上会经历新生适应期、专业积累期、见习毕业期三个阶段。在第一阶段,由于刚刚步入大学校园,学生往往会处于一种"理想间歇"状态,缺少对未来的明确规划。教师应当启迪学生形成热爱祖国、遵守秩序、关爱他人等感性认识,引导学生找到自己的发展方向,并激励学生探索沿着理想方向不断前行的动力源。第二阶段,学生基本适应大学生活,初步习得相关专业知识,但多处于理论阶段,难以融会贯通于实践之中。教师要善于启发学生的逻辑思维能力和动手实践能力,尽可能多设置体验性教学环节,让学生在多元化的活动情境中掌握并运用知识,增加情感体验,筑牢思想基础,弥补学校教育与实践操作之间的鸿沟。在第三阶段,学生处于就业与升学的关键时期,日益严峻的就业压力和日新月异的技术更迭使毕业生素质面临极大考验。教师在教授专业技能的同时,更应注重培养学生的创新能力、适应能力、抗击打能力等内在素养,通过家校合作、就业指导、顶岗实习等手段,帮助学生尽快适应工作环境。

(二)接续育人:教学内容供给有效度

教学内容是学生学习的主要资料来源,是教学各要素的集中体现,是实现思政课课堂教学生活化、情境化,提高教学效果应用性、实践性的重要支撑。只有打破阶段壁垒,落实不同阶段间教学内容的有序供给,才能克服衔接漏洞,打造循序渐进、螺旋上升的全程育人体系。但是"断层""重复""错位"等问题的存在割裂教学内容的无缝衔接,阻碍教学目标达成与教学活动规划。一体化建设要充分考虑人与社会发展的实际需求,找准落脚点,整合不同领域的丰富素材,不断提炼优化与不同阶段需求水平相契合的教学内容,满足学生全程发展的内容需要。首先,思政课教师应当从学生实际出

发，精准判断不同教学阶段的逻辑起点，在充分了解学生学习风格、技能水平、知识储备等条件的前提下选取教学内容，避免出现教学内容的缺失与重复。其次，要深入研读教材与课程标准，找到不同阶段间的衔接点。在课程目标的引领下，从思想政治教育要素入手，把握知识间的差异性与同一性，以整体思维创设序列化育人过程。一方面，通过横向对比细化差异，通过分析教材，挖掘不同阶段教学内容中存在的重叠部分，根据课标要求，把握相似知识在不同阶段该分别运用什么方法达到何种水平。另一方面，通过纵向对比完成总体布局，教学内容的难易程度要贴合学生的实际水平，强调能够有效运用已有知识结构提炼新知，通过深化升华不断丰富学生的知识储备，提高理论层次，既防止重复教学导致学生丧失学习兴趣，又避免教学环节缺失浪费教学资源。

（三）综合育人：课程思政提炼有精度

课程思政是思政课育人资源的有益补充，一体化建设应当关注课程思政的重要价值，在充分发掘各学科内涵的基础上，将显性教育与隐性教育相统一，打造以思政课为圆心，课程思政为扇面的综合育人同心圆，实现思政课与课程思政的同向同行。思政课应当增强自身的开放性与包容性，挖掘并融合其他学科中蕴含的课程思政资源，加强彼此之间的信息沟通和内容互动，在充分发挥显性课程育人功能的同时实现各种课程资源的兼容并蓄，发挥综合机制的协同效应。一方面，精准挖掘德育元素，构建课程思政体系。各课程教师应该树立课程思政观念，积极与思政课教师交流沟通，结合课程特点有意识地挖掘本课程中蕴含的课程思政内容，创造条件促进思政课教学与各专业课程实践活动、教学环节等的广泛融合。例如，语言类专业的许多文言文涉及名人故事和哲学道理，可以启发学生的辩证逻辑思维；生物类课程中的一些材料体现着生命教育的内容，可引导学生树立生命意识；历史类专业的一些史实，特别是我国革命、建设、改革开放时期的丰富案例，能够激发学生的家国情怀。除专业课程外，军训、主题班会、系列讲座等文体活动中也有大量的德育素材，能够启发学生形成自信、积极、乐观的生活态度。另一方面，要科学融合德育资源，发挥课程思政育人功能。运用课程思政而刻意为之，生搬硬套不仅不会提高教学实效，还会影响教学完整性。要基于教学目标，依据课程特点和育人规律，在科学搭配与有机结合德育内容的基础上，完成德育资源的深度融合。

（四）协同育人：育人阵地统筹有宽度

时代快速发展带来的机遇与挑战，要求一体化建设要重视学生知识体系和专业能力的综合性与灵活性，以应对复杂多变的现实问题情境。因而，一体化建设要着眼于走出封闭的课本世界和冲破单一的知识结构，教会学生处理其与他人、社会、自然之间的各种关系。一方面，一体化建设要走出校园，多元发展。在发挥学校育人功能的同时，依据国家、政府等颁布的行政法规，统筹家庭、社会各育人阵地，形成协同育人机制。一体化建设要加强学校与学生家庭的联系，密切家校合作，搭建教师与家长有效沟通的桥梁。同时，要充分利用多样化的社会资源，形成协调一致合作育人的良好氛围，发挥校园文化、社会实践与课堂教学的协同作用。另一方面，应重点关注一体化建设的体制机制保障，建立地方应用型学校与企业单位之间的网格化联动机制。第一，教育管理部门要引导学校教师与企业导师打破时空壁垒，开展共同学习、观摩交流等活动，着力突出优秀人才的模范带头作用，以点带面，不断深化一体化建设。第二，学校可以聘请优秀企业导师或同类学校专家学者来校开展讲座访谈，既有利于形成多边交流互动机制，促进优秀经验的借鉴和共享，还能够深化"产教研"融合，助推各类学校与企业单位合作共赢。第三，加强学校与企业之间的联系，大学思政课教师，特别是教授专家可以匹配企业中的相应职务，在提供理论指导的同时展开广泛调研，优秀企业员工则可到大学中挂职助教，从教学实践者转变为理论研究者，精准把握教育规律，提高运用思政逻辑和学科语言的能力。

（五）专业育人：教师队伍建设有高度

在"三全育人"综合改革背景下，教师队伍的专业化程度是一体化建设能否取得显著成效的关键，只有激活教师队伍的发展潜能和合作意识，提高整体专业素质，才能更好发挥专业育人实效，为党和国家培养综合性的现代化人才。思政课教师要改变单打独斗的教学观念，坚定政治立场，提高政治觉悟，传播党和国家的政治智慧，在引导学生真学真信马克思主义的同时，提高自身专业素养和协同育人意识，促进一体化建设的政治底色更加鲜明，强化专业育人。首先，教师间素养水平具有一定差距，教师专业素养的缺失必然会降低教学效果。要通过规范编制制度、健全准入制度、完善退出制度筛选高素质、专业化教师，进而通过全员参与、梯度开展的职前培训和在职培训进一步提高教师专业能力，补全教师队伍短板。其次，要重视思政课教师一体化意识的培养。思政课教师要认识到学生是不断发展的人，其学习能力、心智特点等在不同阶段具有明显差异，学生健全人格和良好道德的塑造是在一个螺旋向上的学习过程中不断完成的，因而各阶段、各学科教师要改变独善其身的教学观念，树立一体化意识。既要各司其职，完成本学段的教学任务，又要相互协作，落实一体化建设的衔接性与整体性。最后，要激发教师队伍发展活力。在原有薪资制度的基础上，补充健全教师的晋升制度、奖励制度、发展制度等，通过提高教师待遇水平、优化教师社会地位等方式，不断激发思政课教师的创造活力，摆脱教学惰性，打造一支拥有强大内生力的高素质思政课教师队伍。

以"三全育人"综合改革为基线，地方应用型大学建立与企业单位联动的育人网络，拉紧家庭、社会、政府之间的合作育人纽带，打造以高素质教师队伍为基础的一体化建设强劲引擎，发挥多方育人合力，有助于加速一体化建设进程，推动"产教研"有机融合，实现学生循序渐进、螺旋上升的全面发展，为培养"四德"学生奠定良好基础。

作者简介：王涛（1998— ），男，山东烟台人，烟台南山学院马克思主义学院助教，硕士。

课程思政增强大学生学习内驱力的路径研究

于晓梅　高继海

摘要：在当代教育背景下，如何提高大学生的学习内驱力已成为一个重要研究课题。本文通过探讨课程思政在增强大学生学习内驱力方面的作用，旨在为提高大学教育质量提供理论和实践支持。本文对课程思政的理论基础、实践模式等方面进行深入探讨。结果表明，课程思政通过引导学生树立正确的价值观、增强学习动机和提高学习成就感等方式，可以有效增强大学生学习内驱力。文中还提出具体的实施策略和建议，以期为高校开展课程思政提供参考。

关键词：课程思政；学习内驱力；实施策略

基金：2021年山东省本科教改面上项目"OBE理念下高校经管类专业课程思政教学体系建构与实践研究"（M2021061）；山东省思政教学示范项目"市场营销学"（鲁教高函〔2021〕13号191）；山东省一流本科课程"市场营销学"（鲁教高函〔2020〕3号413）

一、引言

当前，大学生在学习方面面临着诸多挑战和压力，如学习任务繁重、竞争激烈、就业难等。这些挑战和压力使得大学生的学习内驱力受到很大的影响。一些研究表明，大学生的学习内驱力普遍偏低，缺乏主动学习的意识和动力。因此，如何提高大学生的学习内驱力，已成为高校教育的重要问题。学习内驱力是指个体为了获得某种奖励或避免某种惩罚而产生的内在动力，是推动个体主动学习的重要因素。课程思政作为一种新的教育理念和方法，旨在将思想政治教育融入各个学科，通过引导学生树立正确的价值观、增强学习动机和提高学习成就感，以增强大学生学习内驱力。课程思政的理念最早由上海市教育部门提出，旨在将思想政治教育融入高校课程中，通过引导学生树立正确的世界观、人生观和价值观，增强社会责任感和使命感，从而激发学习动力和热情。

二、相关文献综述

课程思政是指学校利用所有非思政课程开展思政教育的一个体系。它不是一门特定的课程，而是一种教育教学理念，其基本含义是：大学所有课程都具有传授知识培养能力及思想政治教育的双重功能，承载着培养大学生世界观、人生观、价值观的作用。

（一）课程思政的理论基础

课程思政的理论基础包括如下几种。第一种是素质教育理论。素质教育强调全面性、主体性和开放性。这与课程思政的理念相吻合，都是为了提高学生的综合素质，培养全面发展的社会主义建设者和接班人。第二种是马克思主义哲学。马克思主义哲学认为，人的意识是社会实践的产物，是客观世界的反映。因此，课程思政的实践模式应该建立在学生对客观世界的认识和理解之上，通过课程内容的渗透和引导，帮助学生形成正确的世界观、人生观和价值观。第三种是教育学理论。教育学理论认为，教育是人的全面发展和自我实现的必要手段。课程思政的实践模式应该以学生的全面发展为目标，通过课程内容的整合和重构，提高学生的知识、能力、情感、态度和价值观等多方面的素养。第四种是心理学理论。心理学理论认为，人的意识具有主观能动性，能够主动地反映客观世界。因此，课程思政的实践模式应该建立在学生的主体性之上，通过课程的引导和启发，激发学生的主动性、创造性和责任感。

（二）课程思政的实践模式

课程思政的实践模式包括如下几种。第一种是课程内容的整合和重构。教师需要对课程内容进行整合和重构，将思政教育融入课程之中，通过课程内容的知识点、案例、实践等部分，引导学生形成正确的世界观、人生观和价值观。第二种是教学方法的改革和创新。教学方法是实现课程思政的关键。教师应该采用多种教学方法，如案例教学、问题教学、讨论式教学等，通过师生互动、学生自主学习等方式，激发学生的学习兴趣和主动性。第三种是教学评价的改革和完善。教学评价是实现课程思政的重要保障。教师应该将学生的思想道德素质、能力发展、价值观念等方面纳入教学评价之中，通过评价的反馈和引导，促进学生的全面发展。第四种是社会实践的拓展和深化。社会实践是实现课程思政的重要途径。教师应该组织学生参加各种社会实践活动，如志愿服务、社会调查等，通过实践的体验和感悟，培养学生的社会责任感和公民意识。课程思政是一种教育教学理念，旨在将思政教育融入所有课程之中，通过对课程内容的整合、教学方法的改革、教学评价的完善和社会实践的拓展，实现学生的全面发展。

在国内外相关研究中，关于课程思政的研究主要集中在以下几个方面：课程思政的概念和理论基础，课程思政的教育模式和实施策略，课程思政的效果评估和发展趋势等。其中，关于课程思政对增强大学生学习内驱力的作用和路径的研究相对较少。一些研究表明，课程思政可以通过引导学生树立正确的价值观和思想观念，增强学习动机和提高学习成就感，从而提高大学生的学习内驱力。同时，一些实证研究也表明，课程思政在提高大学生学习效果和综合素质方面具有显著的效果。

三、大学生学习内驱力存在的问题和影响因素

大学生学习内驱力的影响因素和现存问题有：

动机不足：一些大学生可能没有明确的学习目标或动机，他们可能对所学专业不感兴趣，或者对未来的职业规划没有清晰的认识，因此缺乏学习的动力和热情。

学业压力过大：一些大学生可能会面临过大的学业压力，包括课程难度高、考试成绩要求严格、竞争激烈等，这些压力可能会使他们感到焦虑、沮丧和失落，从而降低学习内驱力。

沉迷于社交媒体：一些大学生可能会沉迷于社交媒体，花费大量时间在社交平台上，这不仅会分散他们的注意力，而且会使他们感到时间过得很快，导致他们学不到任何有价值的东西。

缺乏学习方法和技巧：一些大学生可能缺乏高效的学习方法和技巧，他们可能会在学习上遇到困难，无法理解和掌握课程内容，这会降低他们的学习内驱力。

缺乏实践和体验：大学教育注重理论和实践相结合，如果大学生只是停留在理论学习上，缺乏实践和体验，就会感到学习枯燥无味，降低学习的内驱力。

学习环境不良：一些大学生可能会受到学习环境的不良影响，例如教室设施过于简陋、学习氛围不好、网络环境不稳定等，这些因素可能会影响他们的学习效果和积极性。

针对这些问题，学校可以采取一些措施来提高大学生学习内驱力，例如加强专业引导、减轻学业压力、控制社交媒体使用、提供学习方法和技巧的培训以及改善学习环境等。同时，也需要关注大学生的个体差异，根据不同的原因和情况，采取有针对性的措施，提高他们的学习内驱力，提高学习效果和综合素质。

四、课程思政实现增强大学生学习内驱力的目标

（一）引导学生树立正确的价值观和思想观念

通过融入思想政治教育，课程思政可以帮助学生树立正确的世界观、人生观和价值观，增强学生的社会责任感和使命感，从而激发学生的学习动力和热情。具体有以下几

条途径：

发掘课程中的思政元素。教师在备课时，应该深入挖掘课程中的思政元素，找到与课程内容相关的思想政治教育点。在课程教学过程中，将这些元素有机地融入课程中，让学生在学习专业知识的同时，也能够接触到思想政治教育。

引导学生参与课堂讨论：在课堂上，教师可以组织学生开展小组讨论或互动交流，引导学生思考和表达自己的观点。通过这种方式，可以让学生更好地理解课程中的价值观和思想观念，并且提高他们的思考和表达能力。

增加实践环节。在课程中增加实践环节，可以让学生更加深入地理解课程中的价值观和思想观念。例如，可以组织学生参加社会实践、志愿服务等活动，让学生在实践中感受到思想政治教育的重要性。

发挥教师榜样作用。教师自身的言行举止对学生的影响是非常重要的。教师应该以身作则，树立正确的价值观和思想观念，让学生在接受课程教育的同时，也能够受到教师的榜样影响。

营造良好的课堂氛围。课堂氛围对于学生的学习和发展非常重要。教师应该营造一个积极向上、互动交流的课堂氛围，让学生感受到课堂的温暖和关怀，从而更加愿意接受课程中的思想政治教育。

以上具体路径，能有效地将思想政治教育融入各类课程中，引导学生树立正确的价值观和思想观念，增强学生的社会责任感和使命感，激发学生的学习动力和热情。

（二）增强学习动机

课程思政可以通过设置具有挑战性和趣味性的任务和问题，激发学生的学习兴趣和好奇心，增强学生的学习动机，使学生更加积极主动地学习。比如，设计具有挑战性的问题。教师可以通过设计具有挑战性的问题，引发学生的好奇心和求知欲，让学生感到需要通过学习课程来解决这些问题。例如，教师可以设计一些开放性的问题，让学生通过自主学习和思考来寻找答案。还可以引入趣味性的案例。教师可以通过引入一些趣味性的案例，让学生感到课程学习是有趣的，从而增强学生的学习动机。例如，在讲解某个知识点时，可以引入一些与知识点相关的趣味案例，让学生通过案例学习来理解知识点。还可以引入奖励机制。教师可以通过设置奖励机制，让学生感到自己的付出能够得到一定的回报，从而增强学生的学习动机。例如，教师可以设置一些小礼品或者积分奖励等，来激励学生积极参与课程学习。还要提供及时反馈。教师可以通过提供及时反馈，让学生感到自己的学习进步得到了认可和鼓励，从而增强学生的学习动机。例如，教师可以设置一些小测验或者作业，来检验学生的学习成果，并及时给予反馈和指导。以上具体做法，可以有效地增强学生的学习动机，让学生更加积极主动地学习。同时，这些做法路径也能帮助学生更好地理解课程中的价值观和思想观念，提高课程思政的教育效果。

（三）提高学习成就感

课程思政可以通过及时反馈学生的学习成果和表现，鼓励学生发挥自己的优势和特长，增强学生的学习自信心和成就感，从而进一步提高学生的学习内驱力。

具体有以下几种做法：提供及时反馈。教师可以通过提供及时反馈，让学生了解自己的学习成果和表现，从而鼓励学生发挥自己的优势和特长。例如，教师可以设置一些小测验或者作业，来检验学生的学习成果，并及时给予反馈和指导。

给予学生展示机会。教师可以给予学生展示自己的机会，让学生感受到自己的学习成就和价值。例如，教师可以组织一些课堂展示、小组讨论等教学活动，让学生有机会展示自己的学习和思考成果。

引导学生反思总结。教师可以引导学生进行学习反思和总结，让学生了解自己的学习特点和风格，从而更好地发挥自己的优势和特长。例如，教师可以组织一些反思性学习活动，让学生反思自己的学习过程和成果，并总结经验教训。

设置奖励机制。教师可以设置一些奖励机制，来激励学生发挥自己的优势和特长，提高学生的学习成就感。教师可以设置一些奖项或者荣誉，来表彰学生的学习成就和贡献。

以上具体做法及路径，可以有效地提高学生的学习成就感，让学生更加自信和积极地学习。同时，这些做法及路径也可以进一步增强学生的学习内驱力，提高课程思政的教育效果。

五、课程思政增强大学生学习内驱力的具体策略

（一）设计和制作优良的教学资源，增强大学生的认知内驱力

设计和制作优良的教学资源可以增强大学生的认知内驱力，具体策略有以下几种：

创设问题情境。教师可以通过创设问题情境，引发学生的认知冲突和好奇心，激发学生的求知欲和探究欲望。例如，教师可以设计一些具有挑战性和趣味性的问题，引导学生主动探究和思考。

利用多媒体技术。教师可以通过多媒体技术，将课程知识以图像、音频、视频等多种形式呈现，让学生更加生动形象地理解知识，提高学生的学习效果和体验。例如，教师可以制作一些精美的PPT、教学视频或者互动式课件等，来增强学生的学习感受和认知内驱力。

提供实践机会。教师可以通过提供实践机会，让学生亲身体验课程知识，加深学生对知识的理解和掌握。例如，教师可以设计一些实验、实践活动或者编程项目等，让学生通过实践来巩固和拓展自己的知识。

引入游戏化元素。教师可以通过引入游戏化元素，将课程知识转化为游戏的形式，让学生更加愿意参与和投入学习。例如，教师可以设计一些游戏化的学习任务或者挑战，让学生通过完成游戏来学习和掌握知识。

提供及时反馈和评价。教师可以通过提供及时反馈和评价，让学生了解自己的学习进度和表现，鼓励学生不断提高自己的学习水平和认知内驱力。

（二）组织课堂深度探究性学习活动，激发大学生自我提高内驱力

为了组织课堂深度探究性学习活动，激发大学生自我提高内驱力，以下是具体的策略：

设定明确的学习目标：教师应该帮助学生设定明确的学习目标，让他们知道自己需要达成什么目标，从而激发他们的学习积极性。提供丰富的学习资源：提供各种学习资源，包括在线教程、学习网站、视频讲座等，以帮助学生深入探究和理解学习材料。培养自主学习能力：通过提供自主学习任务和指导，培养学生的自主学习能力，让他们学会如何寻找信息、解决问题和反思学习过程。鼓励合作学习和小组活动：组织小组活动和合作学习，让学生在团队中共同解决问题，分享知识和经验，从而提高他们的团队合作和领导能力。提供及时反馈和激励：及时给出学习反馈，让学生知道自己的学习进展和需要改进的地方；同时提供适当的激励，如奖励、认可和表扬，以激发学生的自我提高内驱力。培养批判性思维和创新精神：设计问题和任务，引导学生思考、质疑和创新。通过这种方式，可以培养学生的批判性思维和创新精神，激发他们的好奇心和求知欲。创造积极的学习氛围：营造积极、支持和鼓励的学习氛围，让学生感到安全、舒适和受到关注。这样可以增强学生的自信心和自尊心，从而提高他们的学习动力和自我提高内驱力。通过以上具体做法，可以组织深度探究性学习活动，激发大学生的自我提高内驱力，促进他们的学习和个人发展。

（三）实施客观公允的过程性评价，提升大学生的附属内驱力

为了实施客观公允的过程性评价，提升大学生的附属内驱力，有以下几种策略：

确立明确的评价标准：制订明确的评价标准，让学生知道什么样的表现可以得到认可和赞扬。评价标准应该与学生的学习目标和发展需求密切相关，从而激发他们的附属内驱力。提供及时反馈和认可：及时给出反馈和认可，让学生知道自己的表现是否符合期望。通过肯定和鼓励，可以增强学生的自信心和自尊心，激发他们的附属内驱力。创

设合作学习和互相尊重的氛围：营造合作学习和互相尊重的氛围，鼓励学生互相支持和帮助。通过合作和分享，可以增强学生的归属感和认同感，从而激发他们的附属内驱力。创设挑战和表现机会：提供具有挑战性和表现机会的任务和活动，让学生有机会展示自己的能力和才华。通过挑战和表现，可以激发学生的附属内驱力，促进他们的学习和成长。关注学生的个体差异和需求：针对学生的个体差异和需求，提供个性化的评价和指导。通过关注学生的个体差异和需求，可以增强学生的附属内驱力，促进他们的学习和个人发展。通过这些具体做法，可以实施客观公允的过程性评价，推动大学生的附属内驱力，促进他们的学习和个人发展。

六、结论

本文通过对课程思政在增强大学生学习内驱力方面的作用和路径进行深入探讨，得出以下结论：课程思政可以通过引导学生树立正确的价值观和思想观念、增强学习动机和提高学习成就感等方式，有效增强大学生的学习内驱力。同时，本文也提出了一些具体的实施策略和建议，以期为高校开展课程思政提供参考。未来研究中，可以进一步探讨课程思政与其他教育理念和方法的关系，以及课程思政在不同学科和专业中的应用情况。

参考文献

［1］张华.思政课翻转课堂增强大学生学习内驱力的路径［J］.黑龙江教育，2019（2）：1-3.

［2］雷勇.思想政治教育接受主体内驱力构成与驱动研究［D］.长春：东北师范大学，2015.

［3］张乐，张云霞."翻转课堂"教学模式在高校思政课中的应用研究［J］.中国高等教育，2018（1）：36-38.

［4］潘敏.课程思政在提高大学生学习主动积极性方面的探讨及实施［J］.科学咨询，2022（6）：164-167.

作者简介：于晓梅（1974— ），女，内蒙古赤峰人，烟台南山学院经济与管理学院市场营销系副主任，教授，硕士；高继海（1972— ），男，内蒙古赤峰人，烟台南山学院图书馆副馆长、馆员，硕士。

"四个维度"探索大学生课程思政教育内驱力的提升路径

范媛　宋相儒

摘要：新时代大学生思政教育的内驱力和有效性是高校思政教育建设过程中需要解决的问题。目前存在思政元素生搬硬套、思政教育流于形式、思政元素与专业知识分离、教学方法单一、评价方式单一等问题。为此，可以从单一与多样、传统与创新、难题与关键和枢纽与整体四个维度来强化大学生思政教育的内驱力。学校和教师应以"三全育人"为指导，注重培养学生的思辨能力和创新精神，创新教学方法，提升教师的素养，以期提高大学生思想政治教育的有效性。

关键词：大学生；课程思政；内驱力

基金：2022年烟台南山学院教学改革研究面上项目"'大思政课'格局下高校思政课程与课程思政的实践协同育人模式研究"（NSJM202249）；中国民办教育协会2022年度规划课题（学校发展类）"供给侧改革视域下地方民办本科院校人才培养的区域适切性研究"（CANFZG22100）；2023年度教育教指委一般课题"数字赋能'三教'改革助力高职院校公共基础课程建设研究"（JYJZWGGK-2023B-83）；中国高等教育学会2023年度高等教育科学研究规划课题一般课题"'一体三元四师五融合'模式下的中国式'三教'协同创新研究"（23JX0415）

一、引言

习近平总书记强调，"青年是祖国的未来、民族的希望，也是我们党的未来和希望"，并围绕培养什么人、怎样培养人、为谁培养人这一根本问题，对巩固马克思主义指导地位、深化高校思想政治理论课改革、加强思政课教师队伍建设等一系列重要问题进行了全面深刻的阐述，为进一步加强高校思政教育工作提供了理论和实践指南。[1]

高校应注重思政教育，将其作为培养学生根基和塑造灵魂的重要工作。要全面提升学生的德智体美劳综合素质，培养他们的理想信念、爱国情怀、品德修养、知识储备、奋斗精神和综合素质。高校的人才培养工作必须以德为先，注重学生的思想道德素质，使他们成为担当民族复兴大任的时代新人。然而，在人才培养过程中，需要解决学生主动参与性的问题，增强他们的学习内驱力。

---

[1] 赵猛，唐湘岳.推动高校思想政治教育实践走深走实[N/OL].光明日报，2021-08-10（6）.https://epaper.gmw.cn/gmrb/html/2021-08/10/nw.D110000gmrb-20120810-2-06.htm.

二、大学生课程思政教育内驱力的内构要素与外导机制

对大学生思想政治教育内驱力内构要素和外导机制进行探究，目的在于实现内外有利因素的有效互动，既要将外导力转化为大学生的内驱力，又要引导内驱力与社会要求相适应，推动大学生在满足个人需要的过程中实现社会价值，不断促进青年学生的健康成长成才，进一步确保高校思想政治工作的有效性。

（一）内构要素

1.个体需要构成来源

作为特殊的个体，大学生有生活资料和集体价值的双重需求。因此，高校思想政治教育的合理性和价值在于通过各种途径满足或调节大学生的合理需求，主要是通过引导和塑造的方式。从这个角度来看，个体需求成为大学生思想政治教育的内在驱动力的基础来源。

2.理想信念规约方向

大学生的理想信念是否坚定，将决定大学生能否清楚地认识到个人价值与社会价值之间的联系，大学生只有将个人需要融入社会需要，在实现社会价值的过程中满足个人需要，由此产生的内驱力才能在正确的方向上发展。

3.意志品质维持稳定

在人的非智力因素中，意志品质的功能是最接近于智力因素的。意志品质在人的精神活动中发挥着与"本能"相区别的"决心"的作用，它形成于实践的累积，是实践中产生，由后天认知形成的决心，不仅在决策中表达了人的主观倾向，更决定了人在实践中对自身思想行为的调节和控制，成为维持大学生思想政治教育内驱力稳定运行的要素之一。意志包括感性意志、理性意志和意志素质。

（二）外导机制

1.教育主客体的能动性刺激内驱力的产生

高校思政课教师与大学生在思想政治教育中的角色不仅是主体和客体的关系。教育者在教育目标、内容和方式上具备科学认知，能引导大学生正确认识自身需要并努力发展。同时，教育者通过掌握教育要素，引导大学生积极反应并形成科学认识，推动自我教育。因此，教育者与大学生之间存在相互影响和合作的关系。

2.教育内容的适切性促进内驱力的聚合

大学生的思想、情感和行为等受思想政治教育塑造，以形成符合社会要求的综合素质。然而，对大学生的塑造应该在满足其发展需求的基础上进行。思想政治教育内容本

身应满足大学生个人素质发展的需求，同时关注人文关怀和引导适应社会发展的要求。因此，思想政治教育内容应符合个体现实需要，大学生也会根据自身需求选择感兴趣的教育内容。高校思政工作应充满人文关怀，社会发展也会推动思政教育内容不断更新，满足大学生新的需求。

3.教育方式的科学性助益内驱力的持续

在"三全育人"建设的背景下，加强显性教育和隐性教育的结合是必然之举。其中，显性教育直接辨明了教育活动的主客体关系，体现了教育活动的计划性，强调了思想政治教育工作者的主导地位，且具有直接而公开的特征；隐性教育是相对显性教育而言的，更注重受教育者的主体地位，重视教育主客体的相对平等，往往脱离甚至背离思想政治教育活动的计划，具有间接且隐蔽的特征。显性教育和隐形教育是一对相互独立又相互统一的范畴，显性教育因其直接、公开的特征成为高校思政工作易于采用的主要形式，通过课堂教学等公开的方式对大学生进行持续的内容灌输；隐性教育因其隐蔽、渗透的特征对显性教育进行着强化，二者的目的都在于促进大学生的成长成才，良好地运用两种教育方式，是保障大学生思想政治教育内驱力在不同条件下持续稳定的重要途径。

4.教育环境的稳定性利于内驱力的外化

思想政治教育环境随着互联网技术的发展，逐渐具备了现实和虚拟两种特性。现实环境是第一位的，能对大学生的思想和行为产生重要影响，尤其在地区或群体习惯和道德规范的影响下，往往能同化大学生的行为。从环境的性质上来看，大学生生活的社会环境可称为宏观环境，如政治、经济和文化等大环境；而具体的生活环境可称为微观环境，比如家庭、班级、学校等小环境。而随着互联网技术的发展和影响，虚拟环境的重要性越发凸显。

三、当前课程思政教育存在的问题

（一）思政元素生搬硬套，思政教育流于形式

实施"课程思政"的首要任务是明确育人目标，以学生的获得感为评估标准。学生的学习成果应包括智育、德育和素质要求。每门专业课程都应明确其在人才培养方案中的教学目标，并贯彻执行。明确教学目标，尤其是德育目标，可以引导教师以目标为导向进行教学，让学生以目标为导向进行学习。这样既确保了"课程思政"的有效实施，又避免了教师在教学过程中的随意性和不确定性。

（二）思政元素与专业知识"两张皮"

教师应根据德育目标，找到与社会主义核心价值观、家国情怀、国际视野、创新思

维、专业伦理、学术修养等相关德育元素的接触点和融合点，将其有机融入教学内容。通过精心设计和运用典型案例等教学素材，以潜移默化的方式传递正确的价值追求和理想信念。同时，探索专业内容，展现专业知识背后的人文关怀，教授科学的思维方法和创新意识，引发学生对科学和哲学的思考，培养辩证思维的能力。这些教学方式对学生的一生都会产生深远的影响。

（三）"单声道"和"一言堂"式教学方法

为充分发挥"课程思政"的作用，需要改革教学方法。传统的教学模式过于单向，无法满足学生的学习需求。现代学生思维活跃、获取信息能力强，不喜欢被动听说教。因此，高校教师应研究学生的学习方式，采用案例教学、研讨教学、项目学习等方式，让学生主动参与课堂教学活动。利用互联网资源，发挥学生采集和分析信息的能力，并通过与教师的互动，实现知识传授和价值引领的双重作用。

（四）效果评价方式单一，缺乏学生主体性

为实现"课程思政"的教育目标，需要重构评价体系。评价是验证学生学习目标是否达成的关键。对于学生的世界观、人生观、价值观、专业伦理等方面的发展，需要进行合理的评价。评价主体应多元化，包括授课教师、同学和辅导员等，以便从多个角度进行观察。评价应侧重发展性评价，更注重描述性评价和过程评价，而不是结果和区分性评价。评价结果应主要用于改进教学和引导学生发展，而不是对学生进行定性评价。对于价值观的塑造和综合素质的培养效果，需要通过真实情境下对人的行为进行检测，以得到最客观真实的评价。这样才能更好地了解学生在"知道什么是对的"和"做对的事"之间的差距。

（五）教师自身素养有待提高

教师的品德修养是决定"课程思政"成败的关键。作为人类灵魂的工程师，教师承担着传道、授业、解惑的神圣使命❶。为了履行这一使命，教师需要有明道、信道的品质，并不断接受教育，成为先进思想文化的传播者。教师还需担负起学生健康成长的指导者和引路人的责任。在课堂教学中，教师应坚守学术研究无禁区、课堂纪律有序的规矩，使课堂成为弘扬正能量的主阵地。学校应通过多种培训方式加强教师的师德师风培养，增强教师的育德意识和能力。教师还应主动研究、加强思想政治教育能力，培养自

---

❶ 陈翔. 高校"课程思政"供给侧改革的实践与探索[EB/OL]（2020-01-08）. https://theory.people.com.cn/nl/2020/0108/c40531-31539281.html.

觉意识，以更好地发挥"课程思政"的作用。

四、大学生课程思政教育内驱力提升的"四个维度"

课程思政应遵循教育规律，以学生为中心，尊重学生成长特点。要满足学生个体性诉求，关注他们的社会性需求，通过教学有效融入道德、基本道理，激发学生的自觉性和共振，促进个体成长和社会发展的统一。把握单一与多样、传统与创新、难题与关键、枢纽与整体这四个维度，要全面贯彻党的精神，深入贯彻高校思想政治工作会议精神，全员全程全方位地实施立德树人任务，引导学生用新时代思想武装头脑，成为信仰坚定、时代奋进、青春搏击的人。

（一）单一与多样：正确处理大学生思想单一性与思想文化多样性的关系

课程思政的目标是让新时代大学生明确肩负的责任与使命，培养他们的思想自信。马克思主义哲学认为，指导思想的单一性与思想文化的多样性可以相辅相成，如一枝独秀而不是孤芳自赏。因此，高校应在坚持以马克思主义为指导思想的同时，也要尊重思想文化的多样性，营造一个开放包容的学术环境。只有如此，才能共同推动大学生社会主义核心价值观的教育，培养他们成为具有思想自信的新时代人才。

高校要坚定马克思主义的指导地位，引领思想理论自觉自信。要准确把握习近平新时代中国特色社会主义思想的科学体系，坚持党的基本理论与社会实践历史的统一。同时，要尊重和正视思想文化的多元性，培养学生开放包容的心态。高校应引导学生发展主流思想文化，推动科学的、民族的、大众的文化发展。学生应求同存异，吸收外来，面向未来。马克思主义为指导思想的"单一性"与思想文化的"多样性"应形成合力，促进大学生思想的发展和繁荣。

（二）传统与创新：正确处理继承文化传统与创新教育方法的关系

课程思政的有效途径是根据学生思想行为特点和需求，以及不同学科专业的特点和需要，从多角度、多形式入手，创新教育方法，增强思想教育活动的吸引力。课程思政应坚持继承文化传统和创新教育方法相统一，引导学生传承中华民族传统文化，并利用新媒体新技术以亲切清新的形式呈现，实现传统内容与现代形式和载体的交互与分众。

高校要采取多种措施来传承文化传统。通过学科教学、主题教育、社会实践等多种方式，引导学生学习和传承中华优秀传统文化、革命文化、社会主义先进文化。在学科教学方面，可以增加传统经典的篇幅，设置传统文化的公共课程。在主题教育方面，利用传统节日和重要纪念日开展相关活动，保证学生身心健康、全面成长，成为文化传统的继承者和弘扬者。

在教育方法上要因势创新。充分利用新媒体平台，构建全媒体矩阵，以适应新时代的需求。通过网络思政和网络育人，打造全媒体矩阵新模式，让大学生成为网络思想文化建设的推动力量。高校应构建多维宣传体系，创新工作机制，熔炼特色思想文化，实现全覆盖和线上线下的高度融合。

（三）难题与关键：正确处理解决思想问题和解决实际问题的关系

高校的课程思政应紧密联系学生的思想和实际工作，解决学生的问题。为了精准对焦学生的难题，高校可以通过各种方式了解学生的思想状况和存在的问题，并关注家庭贫困、学习困难、心理困难和择业困难等特殊困难学生的思想问题。要改善思政课的内容、方法和语言，使之与学生的思想动态和喜好相符，引领他们的思想道德发展。

在解决问题方面，高校需要深入分析学生面临的实际问题，并找出其中的关键问题。对学生的困难进行精准对焦，解决大学生思想疑惑背后的实际问题。这将帮助学生在专业学习、创新创业、就业择业等方面良性发展。高校要改变思想引领无功而返的局面，有重心、有信心地解决学生的问题。

（四）枢纽与整体：正确处理把握成长关键期与强化发展内驱力的关系

高校思想引领的核心和宗旨是一切为了学生。大学阶段是每位学生成长的关键时期，高校应注重不同阶段的教育重点，以实践为导向，激发学生的内在动力，建立完善育人体系，培养全面发展的社会主义建设者和接班人。

为了实现这一目标，高校需要善抓阶段教育，注重实效。在新生教育方面，可以开展新老生交流、专业指导、职业规划等活动，帮助新生顺利度过适应期。毕业生教育方面，可以建立就业创业指导团队、开办座谈会、邀请校友返校传经送宝等，为毕业生提供就业创业的指导和支持。

此外，高校还需要力抓能力提升，注重全面发展。高校应积极鼓励、指导和帮助学生参与各种实践活动，提升学生的专业素养和职业能力。同时，构建思想引领和教育体系，以培育新青年为目标，实施综合改革试点，促进学生全面发展。

总之，高校思想引领的核心和宗旨是一切为了学生，为了一切学生。高校应注重阶段教育和能力提升，推动实践导向，建立完善育人体系，培养全面发展的社会主义建设者和接班人。

参考文献

[1] 马振清, 吕幸星. 需要本性：高校思想政治教育的内生动力[J]. 广西社会科学,

2019（10）：165-170.

[2] 商飞燕.人文关怀视角下大学生思想政治教育路径研究[J].时代报告（学术版），2020（7）：2.

[3] 乔淑娟.聚焦"课程思政"教学改革，探索构建课程育人新格局[J].科教导刊（下旬刊），2020（3）：16-17.

[4] 李敏，颜吾佴."00后"大学生思想行为特点与教育对策研究[J].华北电力大学学报（社会科学版），2021（6）：114-124.

[5] 罗平.新时代大学生思想政治教育内驱力研究[D].成都：四川师范大学，2022.

作者简介：范媛（1989— ），女，山东烟台人，烟台南山学院教师，讲师，硕士；宋相儒（1983— ），男，山东威海人，烟台南山学院教师，副教授，硕士。

课程思政增强大学生学习内驱力的路径研究
——以"高等数学"课程为例

郭立娜　潘鹏

摘要： 激发学生学习内驱力是教师教学工作的重要任务，在课程思政背景之下，本文主要对"高等数学"课程中如何渗透思政元素，增强学生学习内驱力进行了探究，着重从数学家数学史、生活中的典型案例、重大科技事件、数学理论中所蕴含的哲理、数学之美等方面出发探索教师如何通过课堂教学融入思政元素，激发学生的学习内驱力，使学生由"要我学"转化为"我想学"，提高学生学习能力，培养学生爱国情感、人文精神和良好品德情操。

关键词： 高等数学；课程思政；学习内驱力；教学案例

基金： 高等学校大学数学教学研究与发展中心项目（CMC20220114）；中国高等教育学会"2022年度高等教育科学研究规划课题"（22SX0412）；烟台南山学院2022年教学改革项目（NSJZ202206）

一、引言

"课程思政"是新时代背景下党中央加强高校思想政治工作的新要求。2016年12月，习近平总书记在全国高校思想政治工作会议上指出："要坚持把立德树人作为中心环节，把思想政治工作贯穿教育教学全过程，实现全程育人、全方位育人，努力开创我国高等教育事业发展新局面。""要用好课堂教学这个主渠道，思想政治理论课要坚持在改进中加强。""其他各门课要守好一段渠、种好责任田，使各类课程与思想政治理论课同向同行，形成协同效应。"❶"课程思政"旨在通过有效的课堂教学来提升思想政治理论的知识传播力，让不同的课程都能够发挥出立德树人的功能，让全体教师都能够肩负起引领和指导的重任，从而实现知识的共享和共融，达到良性循环，实现共赢。

做好课程思政建设，激发学生学习内驱力，教师是关键。在价值塑造、知识传授、能力培养过程中，教师要运用思政赋能引导学生将爱国热情、民族自信、文化自信等自觉融入为中华民族伟大复兴而努力奋斗的过程之中。

二、"高等数学"课程思政的意义

"高等数学"课程是高等院校的核心课程，不仅学时长，而且覆盖面广泛，在培养学生的素质方面发挥着至关重要的作用，因此其具有课程思政的独特优势，另外"高等数学"课程是学生后续专业课程学习和以后工作的基础，因此将思政教育融入"高等数学"课程教学，渗透家国情怀、科学精神、职业素养、理想信念，对培养学生树立正确的世界观、人生观、价值观具有重要意义。对"高等数学"课程实施课程思政教学改革研究与实践，精心挖掘教学内容中的思政元素，将正确的做人做事道理融入教学过程中，激发学生爱国热情，激励学生将个人理想与国家发展、民族复兴结合在一起，以此增强学生学习内驱力，实现为国家培养高质量人才的根本目的，真正实现把立德树人作为中心环节，把思想政治工作贯穿教育教学全过程。

三、"高等数学"课程思政有效激发学生学习内驱力的策略

（一）选择多样化的教学方法及教学手段，提高学生的学习兴趣

数学兴趣是一种强烈的情感体验，它能够激发出人们对于数学的热爱和探索欲望。有趣的数学知识、生动的教学活动及教学情境、数学自身的魅力等都能够激发学生学习兴趣及学习动机。有些学生数学底子差，再加上"高等数学"课程内容抽象，所以对数学产生了厌烦心理，这样学生的学习兴趣就低，教学过程中学习参与度也低。因此，应采用多样化的教学方法，运用不同教学手段去提高学生学习高等数学课

---

❶ 习近平在全国高校思想政治工作会议上强调：把思想政治工作贯穿教育教学全过程开创我国高等教育事业发展新局面[N].人民日报，2016-12-09（1）.

程的兴趣。

在"以能力、素质培养为中心"的教学中，我们应该积极探索各种不同的教学方法，特别是将思政元素融入其中，以提升师生之间的交流和互动，激发课堂的活力。

通过类比式教学法，我们可以让学生从"知识传递与价值引领"的角度来思考和理解课程中的知识点，从而更好地把握抽象概念，并与之产生共鸣，从而达到"知识传递与价值引领"的最终目标。

采用案例讨论教学法、问题驱动教学法，培养学生数学素质和数学能力。从实际问题出发，引出概念、理论和方法，努力引导并鼓励学生及时提出问题、发现问题，培养学生形成良好数学思维能力，增强学生应用数学的能力。

采用启发式、探索研究式教学方法，培养学生自主创新能力和探究能力。让学生掌握解决问题的方法，培养学生创新能力和研究能力。

授课过程中要采用多种教学手段，翻转课堂就是个不错的选择，高等数学课程思政元素会涉及较多数学家数学史知识，教师可以发布任务，鼓励学生课下分组查阅资料，与小组同学分工合作，交流分享。课上教师讲到相关内容可以找学生介绍，从而提升他们的课堂参与度，实践证明，这样的方式有利于学生学习兴趣的增加和学习内驱力的增强。

（二）做好教学设计方案，激发学生学习内驱力

传统"高等数学"教学中注重对概念、理论、计算技巧的培养，对教师和学生的活动顺序不太关注，教学基本上按传统的固定套路展开，学生学习兴趣不高。另外传统教学对学生思政素养培养关注也不够。在课程思政背景下，教师应该做好教学设计方案，让数学知识活起来，要让学生清楚数学发展史的来龙去脉，让学生明白数学的应用价值，明白数学与生活息息相关，无处不在。教师要根据挖掘到的思政元素，对整个"高等数学"课程的内容进行知识整合与优化，结合教学内容探索思政元素融入的途径，根据学生特点探索有效的多样化教学方法，做好课程思政教学设计方案。通过教学设计和教学实施，提高学生参与度，实现以学生为中心。高等数学教学不仅是知识的机械传授，亦并非局限于简单的计算，它还可以成为一种文化的传播，是一种主动的探索过程，这也是课程思政的功能。

四、"高等数学"课程融入思政元素，增强学生学习内驱力的途径

课程思政不是"课程+思政"，更不能为了思政而思政，而应该结合课程内容，运用恰当的教学方法将思政元素润物无声地融入教学过程中。应该采取更加灵活的策略，

以更加有趣的形式将思政知识融入课堂，从而达到春风化雨、润物无声的实际效果。因此教师要立足教材，结合所教专业，深入挖掘、提炼教学内容中蕴含的显性及隐性思政元素，反复探索融入途径，做好课程思政教学设计方案，把握住恰当的时机，把握住恰当的角度，在教学中渗透数学理论背后的数学思想、方法、情怀、辩证思维、工匠精神等，去影响学生，激励学生去奋进。

（一）以数学家的伟大贡献为基础，借助他们的成就来鼓励和鞭策学生不断进取，追求卓越

当讨论到极限时，魏晋时期的数学家刘徽贡献卓越，他是早期极限思想的杰出代表。刘徽利用割圆术推算圆的面积，并计算出圆周率为3.14159，这在当时是最先进的。祖冲之继刘徽之后利用割圆术算得圆周率在3.1415926与3.1415927之间，这也使他成为历史上第一个将圆周率精确到小数点后7位的人，比欧洲人早了一千多年！在教学过程中引入这样有说服力的历史事实可以很好地激发学生的爱国情怀。通过探究我国古代数学家的奋斗史，让学生更加深刻地认识到祖先的伟大贡献，并将其作为一种榜样，来提升学生的民族自豪感。

微积分是高等数学的核心内容，微积分能有今天的成就是数学家们共同努力的结果。他们能够有如此的惊人成就，是因为他们对科学锲而不舍的追求精神，和艰苦钻研、勇攀高峰的科学精神。牛顿早年生活贫苦，但他不受这些因素影响，刻苦学习、努力奋斗，最终创立了微积分。莱布尼茨在数学、哲学、物理学等学科贡献都很大，不仅是因为他天资聪颖，更主要是因为他勤奋异常，努力刻苦。

通过分享数学家的优秀案例，教师能够激发学生的潜能，引导他们改变思维方式，积极进取，帮助学生树立正确的世界观、人生观和价值观。

（二）从生动教学案例出发，教给学生做人做事的道理

比如在讲连续的内容时，植物的生长是连续的，可以用拔苗助长的反面故事引导学生做任何事情都不能急于求成，要尊重事物发展的客观规律。告诉学生，知识的积累是需要时间的，只有一点一滴慢慢累积，才会学有所成，寻求捷径只能事与愿违。

在讲极限内容时，播放攀登珠穆朗玛峰的小视频，用攀登者坚持理想信念，为了理想永不放弃的精神激励学生无论在生活中还是学习中，都要勇于拼搏，勇于挑战自我。

在讲无穷级数时，可以从银行储蓄的复利问题这样的案例引入教学内容，让学生发现"利滚利"的可怕，同时用生活中实际案例，告诉学生"校园贷""套路贷"的严重后果，教育学生遵纪守法，远离非法贷款。

（三）从重大科技事件出发，用神舟飞船发射、港珠澳大桥建成、中国高铁发展、北斗卫星发射等中国成就激发学生强烈的爱国热情和民族自尊心，激励学生积极进取，勇于奋斗

在讲解导数时，通过神舟飞船发射和中国高铁运行的视频，让学生深刻体会瞬时速度的概念，同时介绍我国在航天事业和高铁建设方面取得的巨大成就，从而激起学生对祖国的热爱，引导学生认识到科技强国的重要性，激励学生不断努力，为国家作出更多的贡献。

在讨论曲率时，可以通过展示港珠澳大桥的图片来引入教学内容。这座大桥的建造非常困难，因为它的体积巨大，而且建造条件非常复杂，这是以往世界上同类工程所没有遇到的。建筑师们克服了一系列的难题，完美体现了中国工匠精神，教育学生要向他们学习，刻苦钻研，迎难而上。在讲曲率半径时，引入中国天眼曲率半径，"中国天眼"作为目前全球最先进的单口径射电望远镜，可以接收到100多亿光年之遥的电磁信号，探索宇宙中最神秘、最奇妙的现象。"中国天眼"的建造和运行，离不开一支优秀的科研团队。是中国科学家和工程师的智慧和创造力使"中国天眼"从一个不可能完成的任务，变成了一个不可能超越的奇迹。用中国成就激发学生民族自信和爱国情怀。

随着时间的推移，我国科技成果出现"井喷"的现象，嫦娥探月工程、世界首颗量子科学实验卫星"墨子号"、北斗卫星导航系统、中国超级计算机等一大批科技突破性进展不断涌现。北斗卫星导航系统是全球四大卫星导航系统之一，也使我国成为继美、俄之后世界上第三个拥有自主卫星导航系统的国家。这些科技成果都有赖于数学理论和方法的进步。

（四）从数学概念中蕴含的哲理及人生感悟出发，引导学生树立正确的人生观、价值观

如讲极值时，引导学生人生有起有落，低谷时即极小值，高峰时是极大值。引导学生跌入低谷不气馁，伫立高峰不张扬；从定积分概念中分析出定积分思想为"化整为零，以常代变，积零为整，无限累加"，定积分思想蕴含着深刻的哲学思想，"化整为零，积零为整"揭示了整体与部分的辩证统一关系，教育学生无论在生活中还是学习中遇到什么困难，都不要急于放弃，要理性面对，可以将问题进行分解，再逐个解决，最后总能战胜困难，希望学生以后在面对困难时能拿出愚公移山、铁棒磨针的精神。另一方面定积分思想"无限累加"揭示了量变到质变的飞跃，教育学生做事要注重平时的积累，尤其在学习中，知识需要一点一滴慢慢累积，这样量的积累才会有质的飞跃，才会学有所成。

（五）从数学之美出发，培养学生发现美的能力

李白的《送孟浩然之广陵》中写道："故人西辞黄鹤楼，烟花三月下扬州。孤帆远影碧空尽，唯见长江天际流。"这首诗展现出了友情的珍贵，也描绘了无穷小的意境。"帆影"形象地表明了无穷小的变化趋势，即随着时间的推移，它会变得越来越小，最终消失在苍穹之上。诗人雪溪映的《咏雪》中写道："似梅似絮乱空奔，非月非霜眛远村。自被树高先受白，谁怜苔瘦渐消痕。山头凹凸犹难辨，水面波澜却易浑。顿使世间烦热处，一从寒冷便惊魂。"这首诗可让学生体会到凹凸性与诗词联系之美妙。北宋文学家苏轼的《题西林壁》中写："横看成岭侧成峰，远近高低各不同。不识庐山真面目，只缘身在此山中。"此诗对应了高等数学中多元函数的极值这个知识点。以精美的诗句引入数学概念，会为数学教育增添一份独特的美感，让学生们更加热爱数学。

当讨论曲面方程时，可让学生自由发挥列举一些符合所学曲面方程的实物，并进一步展示著名建筑的图片。如广州电视塔的外形为一个独特的单页双曲面，上海东方明珠塔多次使用黄金分割比，烟台火车站的外形则呈现出典型的马鞍面造型。正是融入了数学的思想，这些几何结构才更精美，通过这些让学生们清晰地看到数学的魅力，从而帮助他们深刻地理解数学的重要性。

五、结语

本文立足教材及学生专业，从数学家数学史、典型教学案例、重大科技事件、数学概念中蕴含的哲理及数学美学与文学等方面探讨了"高等数学"课程思政元素如何融入，如何将民族自信、家国情怀、科技强国、民族复兴、遵纪守法等元素自然融入教学过程中，引导学生树立正确的世界观、人生观、价值观，激励学生将个人理想和国家发展、民族复兴结合在一起，达到培养高质量人才的目的。

本文只是抛砖引玉举了几个思政元素融入教学内容的例子，对思政元素如何更好地融入"高等数学"课程教学全过程，教师还需要进行进一步的研究与实践。如何将课程思政润物无声地融入每节课堂，使其真正起到育人的效果，从而增强学生学习内驱力，是今后教师需要持续努力的方向。课程教学的第一要务是立德树人，要充分挖掘蕴含在专业知识中的德育元素，实现数学课与思政的有机结合，作为教育工作者任重而道远。

参考文献

［1］路云.高等数学与课程思政的融合方法探究［J］.大学，2022（6）：161-164.

［2］杨丽娅.高等数学课程中融入思政元素的途径分析［J］.现代商贸工业，2021

（14）：129-130.

［3］马昕.立德树人理念下大学数学类课程中的思政探索与实践[J].湖北开放职业学院学报，2020，33（24）：59-61.

［4］王书臣，周文书，刘强.课程思政背景下高等数学教学设计研究[J].大连民族大学学报，2021，23（1）：89-93.

［5］张宁，王偲.高等数学课程引入"课程思政"的思考与方法探讨[J].教育现代化，2019（79）：255-256，259.

作者简介：郭立娜（1982—　），女，吉林榆树人，烟台南山学院应用数学与数据计算系副教授，学士；潘鹏（1992—　）男，山东青州人，烟台南山学院办公室副主任，讲师，硕士。

教育数字化转型背景下高校中国画课程教学改革研究

李晴

摘要：数字科技给当下高校中国画课程的教学改革带来了新的契机。数字化教学手段的运用，大大丰富了中国画教学资源及授课方式，有利于解决传统国画授课规模小、资源获取渠道窄、综合素质提升难等一系列问题。中国画教师要掌握数字化的教学手段，将中国画教学中的鉴赏、临摹、示范、构思、创作、素养提升等具体环节与数字化教学手段合理结合起来，以实现传统国画艺术的薪火相传。本文重点探讨了中国画不同教学环节与数字化手段的结合方式。

关键词：数字化；中国画；教学；教育

专项课题：2023年度山东省教育科学研究项目"与大数据时代同行的高校中国画教育教学模式创新研究"（23SC186）

一、引言

数字化已经成为社会各行各业发展的新动能。数字中国战略已成为建设中国特色社会主义现代化强国的重要行动指南，而教育数字化也是信息时代的必然要求，更是数字中国战略在教育领域中的具体实践。在此背景下，开展教育数字化转型背景下的中国画课程教学改革研究，对促进中国画教育的高质量发展，办好人民满意的教育，加快中国画教育现代化建设步伐，具有重要意义。

二、中国画教育数字化内涵

当今社会，教育数字化已成为时代发展的必然趋势，然而人们对于教育数字化的理解却是众说纷纭、莫衷一是。有学者认为，教育数字化是利用多媒体教室，通过演示PPT、微课堂等现代化教学工具和手段进行的教学活动，这是对教育数字化狭义上的理解。也有学者认为，教育数字化是利用当前兴起的互联网技术、计算机技术逐步取代传统教育层面中面对面的班级授课制，实现教育的智能化、无纸化、高效化，打破教育的时空化限制，如利用各种APP将不同国家、不同地区的人们组织在一个虚拟的课堂中，实现无障碍、零距离互动的在线学习模式，运用在中国画教育中，表现为实时动态直播式授课教学、在线开放课程、中国画相关纪录片、中国画鉴赏类视频资料等，这是一种具有创新性的教学模式。更广泛意义上来说，教育数字化是在遵循现代教育规律的前提下，建立在网络技术和数字化信息基础之上的包含教学、管理、服务、科研、办公等教育教学信息的收集、整合、处理、存储、应用等范畴的合集，它更倾向于是将各种数字教育资源进行优化整合而形成的虚拟教育环境，是教育信息的数字化，能最大限度地拓宽教育资源的时间与空间限制，使教育资源得到更广泛、更高效、更智能化的利用，从而实现教育范畴的全面数字化、现代化。在中国画教育领域，这是各级各类绘画教师在数字化时代必须躬亲探索的创新性教学领域。传统国画授课方式必须向多维协同式的现代化、科技化教学转变。

三、中国画教育数字化的意义

中国画数字化教学模式，弥补了传统教学规模小、受场地限制、无法信息共享等授课局限，教师可以利用数字化技术引导成千上万的学生去欣赏经典国画作品的时代内涵与精神魅力，将绘制技法清晰醒目、惟妙惟肖地传达给受众群体，是一种包含着多元化信息发展的创新性教育模式。其次，在传统的中国画鉴赏课程中，教师往往采用最经济的讲授法或图片展示法进行授课，将大量绘画知识填鸭式地灌输给学生，画中蕴含的笔精墨妙及人文内涵只能靠学生个人去领悟，教学方法相对太单一，这就导致了很多学生对鉴赏类美术课程提不起兴趣，对于学生情操的陶冶及艺术素养的提升也就无从谈起，而现在的数字化课程倾向于将音频、图片、文字、视频等信息以人们喜闻乐见的形式融于一体，将碎片化、抽象化的国画知识进行巧妙加工，用趣味性、系统性、动态化的形象展示于受众眼前。毋庸置疑，这种授课方式更加有利于大学生艺术素养的提升。再次，中国画教育致力于培养既具有鉴赏能力又具有绘制技术的高素质的、能正确传承与发展传统中国画的复合技能型人才，这就要求教师在绘画教学中要紧跟时代的步伐，不能故步自封。数字化教学更有利于将行业最前沿的绘画动态、流派风格、发展走向向学生展示，使学生从横向及纵向两个维度上把握中国画时代发展脉搏，大大拓展了中国画的教育资源，是对新时代中国画专业教学的数字赋能，有利于优化教学体系，促进中国画教学与时代相结合，提升中国画教学质量。

四、推进中国画教育数字化过程中的挑战

（一）数字化教学观念的树立

大数据浪潮正在以前所未有的速度改变着当代的教育方式及绘画观念，与大数据同行的中国画教学已是势在必行。对大学生的绘画素养、艺术实践、图像审视、文化解读等的培养是一个与时俱进的过程，传统中国画课程教学方式已经远远不能满足当下高校教学的需求，因此，高校教师作为教学活动的引导者和发起者，必须对数字化时代有敏锐的适应力，树立数字化教学观念，以学生为教学主体，尊重学生求新、求异的学习兴趣与爱好，运用数字化技术提升中国画教学的趣味性与文化内涵；再者，授人以鱼不如授人以渔，教师除了在课堂中利用大数据、互联网技术，还要引导学生自主利用数字化教学视频、在线课堂等取长补短、查漏补缺，主动进行中国画学习的探究，而不是一味人云亦云。

（二）中国画教学的守正创新与国际化视角

中国画是中国三大国粹之一，也是中华民族最优秀的传统文化之一，对于中国画的学习与传承是对中国人文化身份的高度认同。众所周知，高校中国画教学是传播中国画艺术最重要的阵地，各地数字化美术馆、在线艺术展等有效地将中国各个时期的优秀作品以高清晰的姿态呈现出来，使学生对中国画发展的脉络形成系统的认知，并且能从各个朝代的名作中吸取创作的灵感。我们面对传统文化不但要传承，还得创新，单纯的中国画技法展示往往缺少与时代对话的动能。数字化时代中，各个国家的艺术都呈现出更快的传播性，在动态化、多元化、爆炸式的发展趋势下，借助数字化、网络化与国际艺术进行实时对话，对于提升学生的社会文化感知力，探究国际前沿艺术，预测世界视角下的中国画发展趋势，具有不可替代的作用，更有利于提升学生学习中国画艺术的文化自信。

（三）对于中国画的数字化学习要秉持一种批判的态度

数字化手段将各个地区的艺术信息转化为数字信息，在大众传播领域内具有极强的

开放性、兼容性与共享性，信息的"无屏障性"利弊兼容。不可否认，在快餐文化时代，受经济利益的驱使，并不是所有的绘画信息都是歌颂真善美的，也并不是所有的网络信息都是弘扬社会正能量的，有些信息甚至体现出歪曲的世界观、价值观，不利于学生形成正确的时代观、文化观，这就要求高校教师在利用数字化手段进行教学的时候，要引导学生秉持审视的态度，用批判的眼光看待各类静态图片及动态影像，取其精华，弃其糟粕，对于蕴含深厚的人文思想、文化情感的数字作品要积极推崇，拓宽学生的国画视野；对于歪曲事实、容易带来负面价值的作品要当成反面教材，引导学生引以为戒、主动辨别，形成正确的价值取向，让数字化教学变得更为澄明。

五、教育数字化转型背景下高校中国画课程教学改革思路

（一）积极应对数字化时代，掌握数字化教学手段

教师是教学的主导，高校教师能否掌握数字化教学手段决定了中国画课程内容输出的方式、手段及有效性。教师在具备数字化教学理念的前提下，必须要将数字手段融会贯通地落实到课程设计的具体行动之中，及时更新当代中国画教学方式及手段，否则数字化教学就只是建立在思想空间中的理想楼阁，没有任何现实意义。从这个层面上讲，教师要积极参加国家及学校组织的各类数字化辅助教学培训，学习新兴的数字化教学手段，以便在实际教学中能够熟练应用。在具体的授课环节，教师可根据中国画授课的环节及性质，结合相应的数字化工具进行授课，如在中国画鉴赏课程当中，可以提前将哔哩哔哩、小红书、抖音等平台的优秀鉴赏纪录片发给学生预习；在具体的授课环节，可根据教学重难点组织学生进行课上交流讨论，这样可以使学生养成自主学习的习惯。除此之外，哔哩哔哩上有许多国际优秀艺术大师发布的前沿绘画资源，这些信息对于中国画的纵向学习是很好的补充与发展。再者，VR虚拟现实设备可以有效解决学生无法线下实地参观的问题，教师可以引导学生利用VR技术对世界名作进行观摩学习，提升大家的学习内驱力，使数字化教学落到实处。

（二）数字化教学要与当下中国画教学现状相结合

中国画作为中华民族优秀的传统文化瑰宝之一，有着自己独特的文化传承体系。在国画教育中，教师一般遵循着鉴赏、示范、临摹、创作这样一个循序渐进的顺序。早在魏晋南北朝时期，这种师徒传承制教学模式便已经盛行，传统师徒传承制教学模式因其独特的示范性、针对性及训练性，使中国画艺术得到了有效的传承与发展，并培养了一大批德艺双馨的中国画家。到了20世纪初，受西方美术教育的影响，出现了更为系统、

科学、规范的班级授课制。随着美术专业的扩招及高等教育的改革，在优秀传统文化复兴的今天，中国画已经变成了大众的教育。目前很多高校存在学生人数众多、优秀国画教师师资不足、教师专业素养参差不齐、师生缺乏互动交流等种种问题，这些突出的问题将数字化教育推到了风口浪尖上，数字化教学的普适性、传播性、互动性恰恰是对以上问题的有效补充与解决。但如何将数字化手段运用于国画教学，还得具体问题具体分析。

（三）教育数字化转型背景下高校中国画课程教学改革建议

1.中国画鉴赏教学与数字化手段的结合

绘画鉴赏是中国画教学不可或缺的环节，旨在通过分析、研究各个时期各个地区的经典名作，让学生体会不同风格、不同流派的作品所蕴含的风骨与精髓，在潜移默化中提升学生的艺术素养及对绘画的认知水平。在中国画的鉴赏教学阶段，中国画特有的一些专业术语，如谢赫提出的"六法"，很难单纯用语言阐述清楚，即使教师大费口舌，学生也很可能听得云里雾里。教师可以将与"六法"相关的音频、视频、图片等做成课件，结合气韵生动的经典纪录片和骨法用笔的墨色线条，引导学生比较实体形象与画面效果的差异，这样生涩难懂的理论知识也就变得非常直观形象。对于浩如烟海的中国画理论知识点，教师可以引导学生通过"百度"等搜索工具进行有针对性的自学。除此之外，传统国画鉴赏课中，教师一般是一边展示幻灯片一边讲授，时间久了容易令学生产生视觉及审美疲劳，教师可以发挥学生的主体作用，让学生以小组为单位通过网络美术馆或各类APP查找鉴赏的绘画名作，指导学生将音频、图片、注释、视频融合起来进行作品的讲解，对于作品的重难点讲解不到位的，教师再进行适度的补充；对于一些具有时代记忆的作品，教师还可以提前给学生播放相应的纪录片，如北宋画家张择端所绘制的《清明上河图》，作品使用散点透视的构图形式再现了北宋都城东京城汴河两岸的繁荣景象及自然风光，也是北宋时期各个阶层人民生活状况的生动写照，网络上对于这幅传世名作的鉴赏视频层出不穷，教师可提前下载高质量的视频给学生播放，这样可以营造浓厚的学习氛围，从视觉、听觉上激发学生的学习兴趣。中国画的学习是一个持之以恒的过程，单靠课堂上的四十五分钟是远远不够的，课下的研究与学习同样是不可或缺的，互联网技术的发展使学生可以根据个人兴趣在线查阅绘画信息，师生之间可以利用微博、微信、QQ等通信软件进行实时的交流与探讨，这不但拉近了教师与学生之间的距离，更是对中国画教学的有益补充。

2.中国画的示范教学与数字化手段的结合

在传统的国画示范环节中，教师一般在课堂前面或画室中间进行示范，学生站在周边或座位上对其观摩学习，教师一边泼墨绘制，一边讲授其中的注意事项。在这种授课方式中，每个学生观看的角度不一样，看到的东西就会有出入，教师笔下的很多关键技法转瞬即逝，有些学生很难一次性将技能掌握到位，到了个人绘制环节，只能依靠自身的领悟能力，教师还需一个个进行个别辅导。所以，教师可以将示范环节录制成教学视频与学生共享，学生在观看时可随时暂停、回放，遇到疑问再与其他同学或教师进行探讨，这更有利于学生自主学习的培养。

3.中国画临摹环节与数字化手段的结合

临摹经典作品是中国画学习的一种基础手段，无论是学习写意类的水墨画还是细腻耐看的工笔画，想要掌握国画中的皴擦点染及渲染、分染等染色技法，学生都要经历一段时间的临摹学习，在中国画的临摹学习环节，教师可以通过学校购置或免费开放的数据库，对经典的艺术作品利用AR、VR等数字虚拟技术进行美术馆式的展示，教师为学生搜索适合不同学生临摹的高清晰作品，利用FLASH动画为学生演示作品绘制的流程，通过暂停、回放、放大等引导学生观察细节，使学生能从宏观层面上对于作品进行深入理解，使每一个绘制过程都有章可依。如临摹宋代的《出水芙蓉图》，教师先利用幻灯片将构图、勾勒、统染、分染、提线等各个临摹细节进行细致讲授，对花瓣及荷叶上的纹路进行放大，使学生能深入理解作品使用的基本技法及局部特色。其次，引导学生比较分析整体统染与细节分染之间的异同，研究中国画高雅温润的设色与骨气横生的线条，研究近景与远景的虚实相生，研究作品所流露出来的优美的意境，利用数字化手段将作品的构图、设色、意境、技法研究透了，学生基本上就能循序渐进地掌握作品的绘制技法。

4.中国画构思环节与数字化手段的结合

国画教学中的艺术构思是将"眼中之竹"转化为"胸中之竹"进而转化为"画中之竹"的过程，在山水、人物、花鸟的艺术表现中，艺术家将心中的意象进行丰满的过程都需要搜集大量相关的图片资料，用以升华为画面中完整的、全新的艺术形象。艺术家在构思之初会围绕着立意对各类图片资料进行酝酿构思。在这个阶段，传统教学是引导学生通过速写写生的方式进行相关素材的收集，如黄公望为了创作经世名作《富春山居图》，随身携带笔墨纸砚在富春山上一住就是数十年，山中的花花草草、一石一木都成为他写生的对象，作者对富春山有了深刻的感受与认识，真正体味到了富春山独有的山川之骨与树木之魂。受各种因素的影响，长时间的写生对学生来说具有很大的难度，互联网技术的爆炸式发展使大家可以通过数字化摄影、摄像等方式收集所需要的素材，学生可以收集到大量高清晰度的高山流水、花鸟鱼虫、芸芸众生造型等静态图片，还可以利用各类学习APP观看其他艺术家的构思视频，有利于拓展学生创作素材的空间，提升学生创作效率。

5.中国画创作环节与数字化手段的结合

创作是中国画临摹阶段的升华与提升，是社会时代精神与中国画意蕴的结合，也是艺术家生活经验、文化素养、艺术观念、专业功底的全方位素养的综合体现。优秀的作品总是凝结着画家对生活的深切感受。中国画的创作是艺术家对生活的感悟从输入到输出的过程，艺术家需要在大量手绘练习的基础上，对生活、人生、社会进行深入的体验，也就是所谓的"外师造化，中得心源"，这是艺术家进行创作的基础与前提，没有扎根于社会生活的创作就是无根之木、无源之水，经不起推敲。众所周知，直接经验的获取需要艺术家切实地去历练，而间接经验的获取可以通过各类数字化传媒手段实现，如对老一辈优秀艺术家的生活经历、创作历程进行观摩学习，通过数字电影、数字音乐对新生代的社会群像进行洞察与分析，通过数字纪录片、各类交流软件加深对生活的认识与感受。在此基础上，艺术家将头脑中零散的、顿悟式的、片段式的艺术形象逐渐进行丰满塑造，提取淬炼绘画主题，然后借助各类数字绘画软件如AI、CAD等进行艺术形象的揣摩与再现，借助投影仪将设计方案放大到画布上，然后以艺术化的笔调诉诸笔墨纸砚，以中国画的造型手段进行最终的展现。在这个过程中，画家对于生活的认识越深刻清晰，对于绘画表现手段就越多元，作品的表现风格也就越独特犀利，画面内容也就越生动形象。所以说，数字化时代背景下，利用各类数字化手段进行生活经验的获取是画家进行创作必须要掌握的学习技能。

六、小结

中国画教学是对学生文化素养的综合提升，传统中国画是诗书画印相结合的艺术形式，教师除了要教授学生各类绘画技法，还要引导学生利用各类数字化手段学习中国传统文学、诗词、书法、篆刻等综合传统文化，如果只注重技法的临摹学习，很容易成为众人所说的"画匠"，因为中国画注重内在意境的表现，尚意是其独特的美学品格。

综上所述，在教育数字化转型背景下，高校教师要积极采取有效措施跟上时代的步伐，利用数字化技术积极创新中国画教学情景。数字化技术使中国画教学不再局限于既定的课程教材，教师可以针对学生对于课程内容的掌握情况进行灵活的设计，这是教学模式的创新与优化，可以有效启发学生的创新性思维，使教师繁杂的教学任务变得更为智能，从而优化教学设计。同时，数字化教学手段的运用要注意适度原则，作品中每个细节的绘制都需要同学们专心致志，数字化手段的使用有时候会分散学生的注意力，使学生过多地关注各类音频及数字化动态画面从而导致眼高手低，忽视中国画基本功的练习，不利于中国画的长期学习。但从大的前景来看，数字化技术的发展将会为高校中国画课程的创新性教学改革提供无限的可能性。

参考文献

[1] 杨素云.试述数字化时代的高校美术教育[J].周口师范学院学报，2008，25（4）：136–137.

[2] 谢军.新媒体视角下中国画教学改革研究[J].陕西教育（高教），2020（7）：47-48.

[3] 冯静.美术教学资源数字化在高校美术教育中的可行性研究[J].群文天地，2012（10）：89.

[4] 魏杰.新媒体背景下高校美术教育管理探究[J].美与时代：美术学刊（中），2021（4）：86-87.

作者简介：李晴（1982—　），女，山东寿光人，烟台南山学院艺术与设计学院工艺美术系副主任，副教授，硕士。

教育数字化转型背景下"动画设计与IP创作"课程教学改革研究

于淼

摘要：在当前产业数字化转型升级的背景下，传统的高校教育教学手段的数字化转型势在必行。本文从四个方面对教育数字化转型背景下"动画设计与IP创作"课程教学改革进行深入的研究，详细地分析了本课程在教学中存在的教材内容与虚拟现实技术脱节、全面覆盖性授课与求异性思维难以统一、动画专业产学研授课的难度较高和混合式线上线下教学实践开展难等问题，有针对性地为教育数字化转型背景下动画核心课程教学改革提供参考，为更好地建立产学研特色课程提供支撑。

关键词：教育数字化转型；"动画设计与IP创作"；教学改革

一、教育数字化转型背景下动画专业教学改革的意义

随着科学技术的高速发展，计算机技术已经融入了各个行业，促使每个行业快速发展，尤其是计算机技术融入动画专业，开启了数字媒体艺术的时代。动画专业是一个较为综合的学科，它是拥有诸多表现形式的一门艺术，是最有潜力的一门数字化艺术。动画产业分布在我们生活中的各个角落，成为现阶段最为热门的专业，吸引着大量的学生报考。

动画专业是一门综合能力较强的学科，它涉猎了诸多学科，比如艺术、传媒、计算机等多个领域，在信息科技时代占有重要的地位与影响力。动画公司的增多，使我国广告和动画片技术得以发展，推动了我国动画产业的发展，根据专业的属性，许多的高校开始开设动画专业，培养更多的动画专业人才以满足市场的需要，由于我国高校开设动

画专业比较晚，很多学生对于动画创作并没有很好的思维和手段，导致从事本专业的人少。随着数字化的不断普及，计算机技术融入动画专业中之后，对动画专业学生的学习与高校的教育提出了新的要求，高校需要培养有艺术创造思维和计算机技术扎实的应用型复合人才。因此教育数字化转型背景下动画专业的教学改革十分重要，需要培养教师的专业能力与创新思维，转变传统教学的局限性，注重培养学生的综合素质与能力，完善学科教学系统，创新教学手段。

因此本文以"动画设计与IP创作"课程为例，将数字化技术贯穿于"动画设计与IP创作"课程的教学中，运用创新、共享、交叉等手段，不断提高"动画设计与IP创作"课程的教学水平，创建本门课程的在线课程，普及给更多需要的人使用，做到产学研结合教育育人，也能为动画专业的其他核心课程提供很好的参考。

二、"动画设计与IP创作"课程教学改革主要内容

"动画设计与IP创作"课程与其他艺术类课程一样，离不开创作的思维与表现形式。本课程主要展现了动画角色的设计与动画衍生品的设计，探讨企业形象如何使用动画IP形象进行展现，因此企业形象设计成为"动画设计与IP创作"课程教学中的重点与主题。而在人才培养方案中，最关键的依然是对动画角色设计的二维绘画和三维制作技术的讲授，并没有对如何寻找适合企业的IP形象与衍生推广这部分内容进行讲解，对于"动画设计与IP创作"课程教学改革要从课程本身开始，优化教学资源、融合教学内容、深化教学理念、创新教学思维，才能从根本上改革课程，使得课程更加适应教育数字化时代发展，培养复合型人才。

（一）"动画设计与IP创作"课程教学的特征

"动画设计与IP创作"课程属于动画专业的专业必修课程。"动画设计与IP创作"课程是动画专业学生必须掌握的，是动画专业主干课程之一，与"动画设定""动画短片""动画运动规律""影视特效合成""实验动画""视听语言""动画概论""三维与数字媒体"和"动画衍生品设计"等课程共同构成动画设计人才必备的专业技术能力培养课程。学生可通过动画起源与发展、动画概念与特征、动画分类、动画创作原理、角色设计与方法以及动画片的风格和流派的学习，积累并掌握优秀动画设计过程，培养对动画设计的创造性思维，为后期动画片创作打好理论基础。

动画角色设计与IP形象创作在一部动画片中是最为重要的，形象的造型是首要而且是第一位的工作，也是决定一部动画片成败的重要环节。独特的动画角色是动画片的灵魂，对于动画专业的学生来讲，动画角色设计是必须要掌握的一项技能，"动画设计与

IP创作"课程重在培养学生的基础造型能力与设计创新思维能力,是学生进入创作状态的第一步。

动画IP形象设计常常使用在具有代表性的企业文化表达中,有助于人们直观感受到企业的文化以及对企业所生产产品的特征,在泛娱乐化、粉丝经济、流量为王的数字化时代,企业IP形象的设计就是"动画设计与IP创作"课程最重要的环节,数字媒体时代,深入人心的IP形象就是最好的代言。由于企业需要和市场需要,动画专业的人才需要帮企业设计出有温度的品牌IP形象,用来树立自己的文化符号,取代动辄上亿元的天价代言费。"动画设计与IP创作"课程后期就是与企业联合,共同设计符合企业与市场需要的动画IP形象,通过产学研一体的教学方式,尝试让学生深入企业,了解企业文化,设计并制作适合企业的IP形象与动画衍生品,真正达到学有所用。市面上售卖的泡泡玛特艺术家系列动画衍生品,盲盒整体的设计就是来源于经典的故事或者动画的IP形象,加上作者的创意元素形成了这种衍生品,此类衍生品的销售渠道广且受众对象多,小孩、青少年、青年乃至中年人都喜爱收集,这种营销手段非常成功,也是动画IP形象设计成功案例之一。

"动画设计与IP创作"课程具有很强的实践性和综合性,实践性体现在学生要使用各种计算机设计与绘画技术,解决二维动画与三维动画的绘制与建模等问题,设计出符合企业文化的IP形象。综合性是指"动画设计与IP创作"课程需要与动画专业所有的课程进行结合,才能使学生设计出经典的、符合要求的IP形象,由此可见"动画设计与IP创作"课程具有很强的实践性和综合性。

(二)"动画设计与IP创作"课程数字化教学的资源

数字化教学资源是教师为了教学活动有效开展提供的一系列可资利用的条件,通常包括教材、电子教材、电子教案、课程案例、动画影视、经典动画作品图片、教学电子课件,也包括教师资源、教学教具、在线课程、远程教学,以及一些线上线下的基础设施等。数字化教学资源是教育信息化的产物,是推动教育教学改革、构建新教学模式的前提条件。数字化教学资源的有效利用是每位教师需要具备的基本能力,也是每位教师信息素养的集中体现。加强数字化教学资源的管理与应用是优化教学的重要手段,可以促进师生共同发展。

"动画设计与IP创作"课程采用的是线上与线下混合模式进行教学,教师为学生提供线上线下混合学习的平台,本课程运用到的数字化教学资源含有以下几个内容。①智慧树教育平台:是全球大型的学分课程运营服务平台,在线教育平台拥有海量大学高品质课程,网络教育在线完美支持跨校授课。②微课程:通过对特定的概念和绘画设计技术进行短视频授课,极大程度利用时间,高效地为学生讲解对应的知识点与技术操作步骤。③在线课程：学生通过智慧树平台发布的课程自主学习，可以按照自己的空闲时间与进度来完成线上课程的学习。并通过提交阶段性的作品来检验学习的成果。④教育游戏环节：教育游戏环节是使用数字化的科技手段制作的绘图游戏，学生可在绘图游戏的指引下完成对角色的色彩搭配等知识点的理解，让学习更加有娱乐性和趣味性，提高学生对动画IP形象设计的学习兴趣。⑤校企合作教学：建立虚拟实验室。模拟为企业设计动画IP形象，通过虚拟企业项目来检验学生线上与线下课程学习的效果，制作符合企业的IP形象与动画衍生品、动作表情包等动画商品。

数字化教学资源使用可以充分利用数字信息化技术，运用灵活多变的方式来实现教学的课程目标。在新媒体时代，在教学方法、教学手段、教学评价以及教学创新等方面进行改革，建设符合数字化转型背景的"动画设计与IP创作"课程十分重要。教育数字化转型作为建设数字中国的重要支撑，对于我国全面深化教育改革、创新人才发展模式、把握数字时代发展先机具有重要的战略意义。在新时代背景下，高校课程建设需强化数字化技术与高等教育深度融合。❶随着数字化转型以及新型人才的培养模式变化，动画专业的学科体系建设也需要不断更新与变革，只有不断完善教学水平与教学方式，才能适应当今的数字化社会，才能培养出适应数字化时代的全新人才。

三、"动画设计与IP创作"课程教学中存在的主要问题及原因

"动画设计与IP创作"课程是意在培养应用型并具有创新精神的人才，数字传媒系与多家动画公司建立校企合作基地，培养具有综合性和实践性的动画师，采用创新性的教学手段，制作了部分线上课程来辅助本课程的学习，为"动画设计与IP创作"课程的实践教学和创新创业提供了可靠的依据，在疫情防控期间，使用智慧树平台、腾讯会议平台和QQ群互动完成课程的教学研究，建立了数字化教学模式，逐渐达到了与线下教学接近的效果，同时还能帮助学生更全面地多学科相互融合学习，有利于学生在有限的45分钟课堂上，了解到更多的知识与技术。尽管有一些教学改革起到了成效，但是仍然存在诸多问题，对于"动画设计与IP创作"课程的教学改革探索仍属于初级阶段，配套学科还需要进行建设。

（一）"动画设计与IP创作"课程教学中存在的主要问题

"动画设计与IP创作"课程是一门具有很强实践性和综合性的课程，会受到很多外在因素的影响，在"动画设计与IP创作"课程授课过程中经常发生以下几个问题，这些

---

❶ 韩筠. "互联网+"时代教与学的新发展[J]. 中国大学教学，2019（12）：4-7.

问题会影响到整个课程的教学效果。

1.教学模式陈旧，难以激发学生学习动力

"动画设计与IP创作"课程是一门要求学生具有较强动画技术的专业课，课程不仅重视学生理论知识的了解，还要求学生拥有扎实的实践技术本领。传统教学模式中，课堂上教师面对面为学生讲授教学课件中的理论内容，由于不同知识学生已经了解，或者不同学生接受专业知识的能力不同，课程内容很难激发学生的听课兴趣，也很难得到有效的课堂效果。

2.课程教学中融合度较低，无法使课程的综合性特征统一起来

"动画设计与IP创作"课程是一门具有很强实践性和综合性的课程，例如，有的同学设计的IP形象是二维插画效果的，有的同学设计的IP形象是二维厚涂效果的，还有的同学设计的IP形象是三维建模渲染效果的。然而教师只是单单讲授"动画设计与IP创作"课程中的理论知识，学生无法将自己的创作统一到整个课程中来，在课程讲授的过程中会出现学生自己做自己的东西，课程零互动的现象。为了统一教学，教师将知识碎片化，增加了针对性教学，区分了教学模块，起到了一定的教学成效，但是学生很难形成知识结构网，难以自己进行知识点梳理与回顾，导致学生对"动画设计与IP创作"课程的知识点理解不清晰，混淆知识概念。

3.讲授内容局限，无法适应社会的需要

45分钟的课堂时间有限，教师无法利用有限的时间讲授全部的知识，这样传统填鸭式的教学只能让学生在有限的时间里掌握部分知识，然而随着计算机技术的不断发展，动画制作软件的不断更新，课堂上的教学内容有时候不能满足社会对动画行业人才的要求，有时候会出现，学生毕业了使用的软件已经被淘汰或者升级换代了，使得学生认为在学校学不到东西，想早一点进入社会进行工作，更有甚者放弃从事本专业相关工作。

4.课程考核结构单一

"动画设计与IP创作"课程考核方式是30%出勤成绩加上70%作业成绩，平时需要完成多次课堂作业，以及最后的大作业，用此种方式来检验学生对于本课程的学习成果，对学生的作品做出评价，用学生成绩来分析本门课的教学情况与教学效果。如果学生相互之间成绩差别不大，则会影响学生的学习积极性，出现应付作业、抄袭作品和购买作品等行为发生，不能从根本上了解到学生对实践教学的掌握水平与技术操作能力。

5.传统教学课堂缺乏灵活性与创新性

传统的教学采用固定的时间，固定的教学设备以及教学案例，极大程度上限制了"动画设计与IP创作"课程的灵活性与自由性，降低了学生对课程的兴趣感和求知欲。对于创新性而言，"动画设计与IP创作"课程按照教材和教学计划完成课程讲授，学生有时候无法理解IP形象对于企业的重要性，从而失去了对动画IP形象的创新动力，也无法

使自己设计的作品与商业价值挂钩，无法贯彻产学研一体的教学方法。

以上是一些传统课程中会出现的问题，但是不代表所有的问题都会出现在课程中，也不代表传统课堂就没有教学意义和价值，线下的传统课堂仍然是教学的主战场，教师需要融合信息时代的新技术，利用科技手段和信息技术不断完善教学模式与教学方法，使得课堂更适合现代化教学体系，让学生更好融入课程，更符合学生的发展需求。

（二）"动画设计与IP创作"课程教学中主要问题存在的原因

1.无法建立实时分享交流机制

传统课堂只能在有限的时间里对学生目前存在的问题进行讲解，导致学生无法制作课后作业，只能在课上完成基本的作业，使得知识点固化，没有建立起知识网络，学生不能灵活使用已学的知识，不会变通与创新。

2.教师的数字素养水平不高

由于动画专业的课程涉及的知识面较广，有些知识涉及艺术风格、计算机技术、设计理念和文化传播等方面。目前，我系老师教育背景比较单一，短时期不能全方面掌握这些跨学科知识内容，更不要说掌握全部的动画制作软件、数字化设备、在线课程网络平台。在短时间内教师无法将全部的东西都融合到动画专业的课程中，更别说学科较为综合的"动画设计与IP创作"课程。

四、教育数字化转型背景下"动画设计与IP创作"课程改革的措施

在教育数字化转型背景下，"动画设计与IP创作"课程的改革可从以下几个方面进行。

1.课程学习目标的改革

课程内容与课程结构要符合学生的成长规律，要依据当前的社会文化和学科前沿动态、动画行业发展的需要制订新的知识体系与课程教学内容，完善"动画设计与IP创作"课程教学大纲、教学案例、教学计划和教学PPT。将每一部分分单元融入"动画设计与IP创作"课程设计中，并且要与当今的热点问题挂钩，课程中设计的动画角色要带有文化精神。教师采用简洁、有趣的教学模式，为学生传达每一个动画知识点。深入贯彻落实习近平总书记提出的"坚持显性教育和隐性教育相统一"政策[1]，课程需要将美育与思政融入其中，不断提高学生对中国传统文化的认知，在结合当下学科前沿动态开阔学

---

[1] 王平.坚持显性教育和隐性教育相统一构建全员全过程全方位育人体系[EB/OL].（2020-06-09）. http://www.moe.gov.cn/jyb_xwfb/moe_2082/zl_2020n/2020_zl30/202006/t20200609_464042.html.

生视野的同时，还要不断思考传统文化的创新与传承，在"动画设计与IP创作"课程中设计符合中国精神、中国力量的经典动画IP形象设计作品。

2.教学形式的多样化改革

利用智慧树平台、慕课平台、爱课程平台和多种形式混合的应用APP，制作有趣、活泼、灵活的空中课堂和教学课堂，为学生提供深度的学习乐园和高质量的学习资源。与此同时，重视培养学生的团队协作能力，可在"动画设计与IP创作"课程中设计多个趣味教学环节，以小组为单位协同完成一个教学任务，完成度高的小组，给予特定的奖励措施激励学生的小组协作配合与集体荣誉感。

3.建立多维度的实践考核方式

传统的教学考核模式较为单一且无法激起学生学习兴趣建立校企合作共建课程，使项目融入课程中，让学生根据企业的项目要求设计相关的企业IP形象、带有企业标志的动画衍生品或者是企业文创产品，不仅锻炼了学生的专业技术，还能产生一定的市场价值，让学生提前感受到设计带来的个人价值体现，被企业批量生产的作品可以取得较高的成绩以及相应的报酬，能极大调动学生学习的兴趣与动力。教师还可以根据学生预报工作量、设计过程、制作过程和思考情况等诸多方面来评价学生对于"动画设计与IP创作"课程的学习情况和掌握水平。

五、结论

教育数字化转型背景下，"动画设计与IP创作"课程的教学采用网络资源线上自学、传统课程线下教师引导相结合的混合式教学模式，课前要根据本课程的内容提供学习的方案与教学任务，提高学生线上与线下的学习兴趣，激发学生对本课程的学习动力。学校要大力培养双师型教师，利用校外的技术资源提高教师的数字化素养，扩大教师的学科面，增加教师的专业能力与创新能力。民办高等院校教学模式改革需要适应时代的发展，科技与网络相融合为设计专业学科教学提供了较为方便的教学资源与教学环境，也为教师提供了诸多的教学手段，同时推进了民办高等院校设计专业传统课程的教学改革。"动画设计与IP创作"课程的教学改革研究在实施的过程中遇见了诸多问题，但是改革过程中始终将课程的教学目标与模块教学目标、校企合作教学目标紧密联系，充分按照课程设计的要求完成整个教学过程，课程中完全体现学生为主的教学思想，借助数字化的教学设备和混合式的教学模式促进"动画设计与IP创作"课程的教学改革。

参考文献

［1］孟凯宁.中国动漫衍生品的发展现状与策略[J].电影文学，2013（12）：42-43.

[2] 杨桂松,梁昕昕,何杏宇,等.对混合式在线智慧教学方法的研究与思考[J].教育探索,2018(3):112-116.

[3] 马中文.动漫衍生品设计课程多维教学模式探索[J].教育理论与实践,2017,37(12):42-44.

[4] 孙延修."互联网+"背景下基于成果导向与问题导向教学的大学教学模式探讨与建构[J].齐齐哈尔师范高等专科学校学报,2019(4):12-13.

作者简介:于淼(1992—),女,山东青岛人,烟台南山学院艺术与设计学院讲师,硕士。

数字化背景下设计类专业多模态教学创新路径探究

于惠玲　张春菊　付薛洁

摘要:随着互联网的兴起与科技的发展,"数智化"时代到来,在这样的背景下,智能化转型、产业数字化对复合型高素质人才的需求越来越高,因此,"数智化"与教学模式的融合成为当前高校教学改革的大势所趋。在数智化的发展进程中,设计类专业教学必须紧跟时代潮流,引用多模态教学模式,创新教学路径,优化专业发展,针对课程建设进行数字化升级,完善设计类专业课程改革,促进产教深度融合、协同育人发展。

关键词:数智化;多模态教学;教学路径

一、引言

随着全球科学技术的持续发展,人工智能技术、物联网技术、VR技术等不断融入教育教学领域,为教育信息化和教学智能化的顺利实施奠定了扎实的基础。就目前而言,互联网技术的发展也对人才培养提出了更多的要求,推动着人才培养向着智能化、信息化和专业化方向发展,学习模式也由单一模态向多模态发展,对于调动学生的学习积极性和提高学生的学习感官认识都有着很大的帮助。多模态的教学方式是教学模式数字化转型的必然趋势,也是电子信息时代教学过程中最普遍且最有效的学习方式❶。

---

❶ 秦婷.数字化智慧课堂下多模态教学模式应用研究[J].福建茶叶,2019,41(11):113-114.

二、多模态教学模式的内涵

在数智化时代，教师通过互联网技术、人工智能技术等方式，改变传统的教学方式，运用信息化技术将云课堂、智慧树、超星学习等线上教学资源引入课堂教学，丰富教学内容，打造多空间的课堂教学模式，让学生能够在课堂中了解校外企业状况，探索真实的设计项目，拓展自身的知识面。

多模态教学的核心是多渠道分析，它强调非语言符号也有意义并且可以表达意义。因此，人们通过许多感官动作来感知和理解世界，如嗅闻、耳听、眼看等，并与之相互作用，从而获得更加全面和深入的信息。也就是说，世界上的一切事物都以多模态的方式存在，文本、图像、语言、视频、音频等多模态符号可表征同一事物，同时，人对世界的感知也是多模态的，可以通过眼看、耳听、手摸和嗅闻等多种感知通道来实现，从而更全面、更准确地感知事物。这些课堂教学模式本着"以学生为中心"的原则，以学习成果为导向，以"数智化"资源建设与应用为主要途径，将互联网和教学课堂进行有机融合，实现学生主动学习、自主探索、积极创新的教学目标，完成多元化、多维度知识体系的构建。

在时代背景下，教学过程、学习资源和评价以及教学模式正在变得越来越多样化、多模式化、智能化和开放化，让教学更加多元化发展。例如，设计类专业学生的学习更加个性化，学生获取学习资源的途径不再局限于课堂和书籍，可以运用音频和视频、VR/AR课程、文本、图片等方式，来拓展学习资源。研究表明，多样化学习资源可以帮助学习者增强记忆，促进知识的内化。此外，课程教学不再局限于时间、空间，可以采用虚拟方式让学生身临其境地进行相关知识的体验。随着人工智能的发展，各交互主体之间的互动模式越来越多样化和具体化，最终促使学习者完成意义建构，同时通过多模态分析和学习评价能够促进有效学习和深度学习，培养智能人才的创新思维和实践能力。因此，在设计类专业的教学过程中，知识的获取强调多感官输入，知识的内化阶段强调多感官输出和知识转移，以强调多感官互动和多模态评价作为设计教学多模态教学模式改革的切入点是可行的。

三、设计类专业多模态教学创新的意义

就目前来看，信息的传递媒介更加多元化，打破了以语言为唯一媒介的局面，越来越多的人开始使用音频、视频等方式来传递信息，因此，基于专业课堂的教学设计和教学模式也越来越多样化。多模态教学改革有利于提高教学效率，优化教学效果，丰富教学手段，让学习更加灵活。多模态教学倡导运用多种教学方法，调动学生的多种感官，

使其协同工作，同时通过角色扮演、PPT演示等网络教学方法，让学生的各种感官参与学习过程，学生对设计思维和方法的接受和理解更加深入、透彻，学生的设计能力也会相应提高。因此，在社会文化和技术越来越多样化的前提下，多模态教学已成为教学实践的必然趋势。

世界的发展趋向于多元化和技术化，使得多元阅读意识的形成和多元阅读写作能力的培养成为人才培养的重要目标，而多元化的交流方式和教学手段成为高校设计类专业教学改革的必要条件和前提。通过多模态教学方式，学生可以获得通过各种媒介和形式传递信息的能力❶。设计类专业多模态教学创新能够帮助学生提升对专业课程中抽象问题的理解能力，这种教学模式具有创造性和创新性，是国家和时代对人才的需求，无论未来社会变化多么迅速，学生都能够迎接新的挑战。

四、数智化背景下设计类专业教学存在的问题

（一）设计类专业教学内容落后，教学方法未及时更新

设计类专业教学活动的实施和教学内容的完善对学生参与大学专业相关技能学习活动具有关键性的影响。学生的学习环境日益复杂，使得教学内容呈现动态发展，这就决定了设计类专业在教学活动的实施过程中，必须充分注意结合时代特点，创新和优化设计专业的教学内容。当前设计专业的教学环境更加多样化，学习环境更加复杂，但在许多设计专业的教学过程中，教师更加注重设计方法教学本身的实施，未能及时结合设计专业教学环境的具体变化，没有选择适当的时代内容进入设计课程的教学活动，不仅会使设计专业教学与时代脱节，同时也极大地影响了学生对设计相关专业知识内容的具体理解和综合认知。

（二）信息技术应用浮于表面，缺乏人机共融

目前，部分教师在网络教学过程中应用信息技术主要是将原有的教学资源和内容融入网络平台，将线下课程课堂模式融入网络平台教学，但是学生只是简单地由被动接受教师讲授的知识到被动接受来自线上平台的知识。信息技术只是用来存储数字化教学资源的工具，并未做到教育创新与个性化学习相结合。部分设计教师缺乏较高的资讯素养，需要加强以资讯教学为主导的教学过程的设计能力和组织能力。同时，数字化教学

---

❶ 刘爱星，赵小雯. 多模态环境下大学英语教学创新研究[J]. 佳木斯大学社会科学学报，2019，37（04）：194-196.

平台的质量参差不齐，数字化教育资源和智能化教育资源的开发不够多样化，微型课程视频资源、优质产业特色资源、虚拟仿生动态资源、个性化学习资源等教学资源相对不足。部分高校和教师未能准确监控学生的网上互动行为，不能全面提供有效的技术支持，教学反馈缺乏个性化，使学生难以适应信息技术发展的需要。

（三）校企合作深度不够，缺乏数智化实践平台

产教结合虽然可以为企业提供一些科研孵化项目及专业人力，但周期长、成果不显著，加上新技术不断更新、校企联合培训成本升高等问题，致使一些企业在校企合作过程中参与度低，项目推进效率低下。此外，部分企业在联合培训过程中，没有真正参与课程内容改革和课程标准体系的建设，对课程建设的深度了解不足，导致校企合作中"双师双能"的有效共建相对薄弱。由于主体工作与产学研课程时间匹配的矛盾，一些企业导师未能达到"双主体"的标准。此外，企业项目引进的配套课程不全面，部分高校的专业知识教学与企业实践技能教学缺乏有效互动和有机协调的机制，难以真正提高学生的专业技能。

（四）教学评价缺乏量化标准

科学合理的教学评价标准将提高人才培养质量和人才产出效率。目前，部分高校的教学评价主要是以学生的课程考试成绩为依据，教师的主观性评价对学生的最终考核成绩影响较大。在利用信息化系统进行学生成绩考核的过程中，教师未从根本上改变考核方法，只是运用信息化手段进行自动化核算，虽然教师的工作效率得到了显著提高，但是依然忽视了对学生学习成果和学习过程的评价。在部分高校设计类专业课程的教学中，一些教师以自己的主观评价为标准，缺乏评价过程和评价依据。现阶段，部分设计类专业的课程没有具体的评价标准，都是采用考查的形式进行评价，无法全面、准确地对学生的综合素质进行定量、定性衡量。

五、数智化背景下设计类专业多模态教学创新策略

高校教学改革应顺应未来高等教育的发展趋势。设计类专业相关课程必须完善和创新教学模式，实现数字化智能课程教学与实践的有机结合，才能适应时代的要求。可见，依托网络和数字资源的线上线下混合式的教学模式已成为高校教学的新常态。本文通过调查分析，从以下四个方面构建了设计类专业智能化、多模态的教学创新路径。

（一）应用数字化教学资源和智能教学技术，构建"智慧教"和"个性学"的数智化教学体系

新的数学智能教学模式应强调智能工具应用下的深度学习。对于复杂的设计专业相关理论课程，可以利用人工智能、大数据、虚拟仿真实验室等途径实现知识的可视化，同时也可以利用网络媒体、人工智能等技术，分课程建立相关数据库，收集课程资料，在此基础上开发智能搜索引擎，方便师生准确检索和获取信息，同时建立面向未来的多课程体系，借助网络等技术手段，建立多元个性化课程，满足不同学生的学习诉求，从而培养学生个性化、多元化的专业能力，实现学生的分层次培养目标。在数字化的背景下，设计类专业教师应该将科研与课程相结合，发挥数字化技术的优势，构建新的教学模式。例如，大学教师以微课形式让学生展开个性化学习；企业导师以云课堂的形式进行个性化实践教学，同时带领学生参与"互联网+"及其他创新及创业比赛，鼓励学生跨学科合作，以提升他们使用新科技的能力；同时在设计类学科与其他学科的融合中，应用数字化教学资源和智能教学技术，构建"智慧教"和"个性学"的数智化教学体系，激发学生的学习和实践潜能，指导学生综合运用设计知识，进行多学科相互衔接、相互协作，全面提高学生综合解决实际问题的能力。

（二）注重整合多模态，实现人机融合共生

在多模式教学过程中，为了突出多模式教学，教师会在PPT、视频、课堂提问、网络资源等活动之间切换，存在着诸如雨课堂、钉钉群、QQ群、微信群、智慧树等多种交流平台，在一定程度上来看，这些在线教学模式会降低学生的学习效率和注意力，进而导致教学效果不佳，达不到预期的教学目标。因此，教师应注意多模态教学的整合，根据教学内容、教学环节和教学对象合理配置时间，发挥不同教学模式的优势，真正实现多模态教学模式。在整合多模态教学的过程中，想要实现人机融合共生，需要收集多种数据，例如教师和学生的外部行为数据（如表情、身体姿势）、内部生理信息数据（如心跳、呼吸）、人机交互数据（如网络浏览时间、语音互动），以准确描述学习者的学习情况，帮助教师进行准确的教学和个性化的服务。但是，尽管数字化技术在教育中有着无限的可能性，而且在教学层面的应用日益深入，但是教师仍然是教学的主体，换句话说，技术可以为教师提供数据以提高教学效果，可以创建虚拟和真实的学习场景，可以形成多模态的数字资源，但是，教师用语言传达的价值观、精神和经验等隐性知识不能通过技术传递，只有通过观察教师的行为才能让学生理解，因此，实现人机融合共生是多模态教学创新的关键。

（三）融教学、管理和服务于一体，构建教学数字化转型新生态体系

随着数字化技术在教学中的不断深入，教学越来越倾向于多渠道、多任务、多方法的模式，注重师生之间、学生之间交际活动的体验，从而激发学习者的动作思维、图形思维和符号思维，提高教学效果，提升学生的创新思维。因此，多模态教学是设计专业教学数字化转型中创新教学模式的选择。然而，任何有效的教学模式都必须有相应的数字化管理和服务作为保证，毕竟，数字化转型的实质是师生的数字化转型，最终目标是使学生适应社会数字化转型带来的各种需求和挑战。针对设计类专业课程的特点，高校必须在加强数字化校园建设、推进智能教室建设、创建虚拟仿真平台、与校企合作开发多样化教学资源的同时，贯彻"以人为本"的服务理念，构建数字化管理，实现学生服务、教师服务、教学数字化管理，资源数字化管理，软硬件数字化管理共同发展。实现教学、管理、服务一体化，构建设计专业教学数字化转型的生态新体系，可以保证设计专业教学数字化转型的有序发展。

构建教学数字化转型新生态体系采用线上空间和线下空间相结合的"五有"课堂教学模式，如图3-6所示，在移动学习端、虚拟仿真系统、课程平台三个方面实现线上空间教学，实现课堂内容有营养、课堂思想有感情、课堂设计有吸收、课堂氛围有活力的目标；在实训室、工作室等线下空间创建良好的学习氛围，组织趣味化、多样性的学习活动，完成知识的外化与创新，让课堂"活"起来，通过技能实操和面对面交流让课堂评价有所反馈。

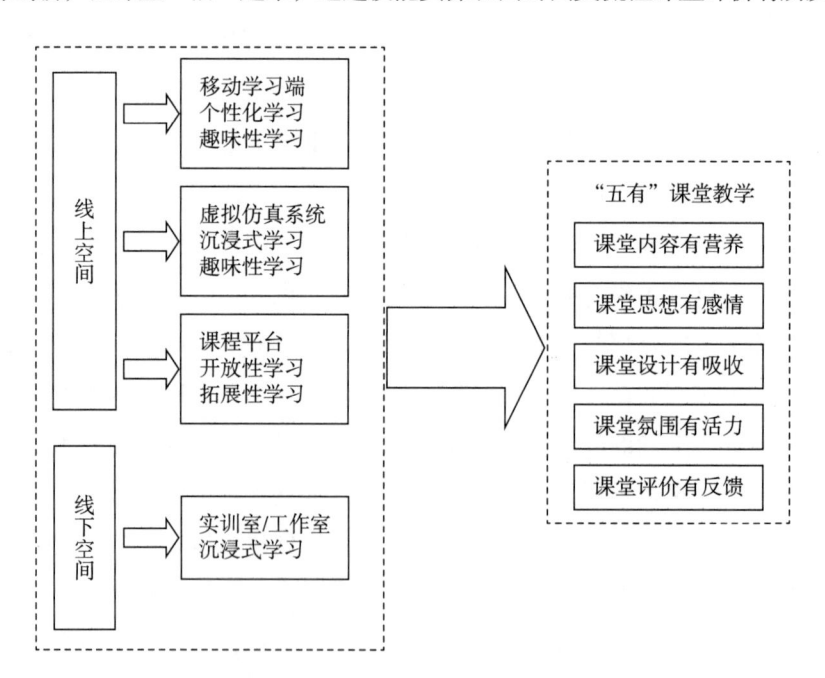

图3-6 数字化教学新生态体系

（四）运用大数据智能采集，构建多元的校企联动教学评价指标体系

信息技术的灵活应用有助于高校教师摆脱以单一的主观评价和最终评价结果作为教学评价的模式。全过程的评价机制是运用大数据智能采集的形式，对教师和学生相关数据进行同时采集。教师利用大数据实时跟踪和智能化收集学生学习的综合数据，判断学生的兴趣特点和综合素质。大学结合就业标准和专业特点，灵活构建创新能力、逻辑思维、资讯素养技术、实践操作等综合指标体系，依托互联网，引入企业参与教学实践，建立评价标准，实现校企双向互动。同时，通过系统和模型的应用，优化教学方法和教学思维，强调多元的校企联动教学评价指标体系的重要性。

多元的校企联动教学评价指标体系如图3-7所示，评价体系的构建主要包括两个方面，一方面通过课程的在线平台实现主体的多元化评价，从课前、课中和课后的任务完成情况来考核学生是否完成知识目标和素养目标；另一方面通过虚拟仿真系统进行全方面评价，从企业挖掘设计课题，让学生进行设计，通过设计方案的完成情况来评价学生是否实现技能目标和素养目标。在数据的采集过程中，教师逐步精准定量地完成对学生的评价，形成真实、客观的评价结果。

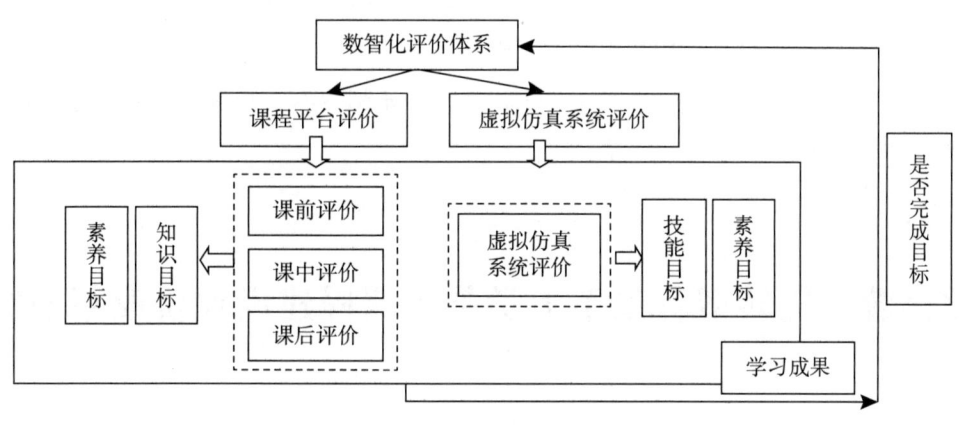

图3-7　数智化评价体系

六、结语

"数智能"教学是设计类专业课堂教学改革的重要内容和手段，该教学体系能够及时更新教学内容和教学资源，满足和引领设计行业人才培养的发展要求。多模态教学模式通过听觉、触觉、嗅觉等多种模态的转换，结合数字化技术和智能化教学设备，打破传统的教学模式，充分发挥学生在学习过程中的主体性和创新性。多模态教学模式运用数字化的教学手段，在激发学生学习积极性的同时，营造活泼的课堂氛围，让学生的认知能力、自主能力、合作能力和创新能力得到充分提升，这种教学模式是改革大学设计

类专业教学的最佳途径。多模态教学模式能够大幅度提升课堂教学效果，但同时也给教师带来了很大的挑战。教师必须深入学习和探索现代信息技术，摒弃旧观念，将现代信息技术融入课堂教学，如音视频剪辑等，教师需要投入大量的时间和精力。随着数智能技术的发展，它将实现课堂教学的可视化、智能化和高效化管理，促进课堂革命的发展，提高课堂教学质量。

参考文献

［1］何明，肖娟，倪嘉怡. 数智化赋能产教融合的艺术类教学创新路径探究——以住宅室内设计课为例［J］. 美术教育研究，2023（5）：150-152.

［2］龚瑾. 人工智能赋能的多模态学习状态研究与分析［J］. 信息系统工程，2023（11）：137-140.

［3］舒晓杨，王连喜. 数字化时代高职多模态教学模式探究［J］. 中国职业技术教育，2023（14）：80-87.

作者简介：于惠玲（1987—　　），女，山东威海人，烟台南山学院智能科学与工程学院讲师，硕士；张春菊（1982—　　），女，河南鹤壁人，烟台南山学院智能科学与工程学院讲师，硕士；付薛洁（1983—　　），女，山东烟台人，烟台南山学院智能科学与工程学院讲师，硕士。

教育数字化转型背景下大学英语课程建设评价改革研究

葛艳青

摘要： 教育数字化转型已成为全球教育领域的主要趋势，为大学英语课程评价带来了新的机遇和挑战。本研究旨在深入研究教育数字化转型对大学英语课程建设评价的影响，并构建相应的评价体系，以满足数字化教育时代的需求。本文对数字化转型的含义、数字化背景下大学英语教学的特点以及大学英语课程建设体系构建进行了探讨，丰富了数字化环境下大学英语课程评价体系的研究成果，为教育数字化转型与大学英语课程评价改革提供参考。

关键词： 教育数字转型；大学英语课程；评价体系；数字技术

一、引言

在21世纪，教育数字化转型已经深刻地改变了高等教育的面貌。数字技术的迅速发展和广泛应用使教育变得更加灵活、个性化，为学生提供了丰富的学习体验。教育数字化转型不单单是一场数字技术革新，更是一场教育理念的变革，使教育从业者重新思考了教育的目标、方法和评价方式。大学英语课程一直是高等教育的通识课程，是其核心组成部分，旨在培养学生的语言沟通能力、跨文化意识和批判性思维。然而，随着数字技术的崛起，大学英语课程也面临着新的挑战和机遇。传统的课堂教学和评价方法在数字化教育时代显得陈旧，需要适应新的学习环境和学生需求。

本研究旨在深入研究教育数字化转型对大学英语课程评价改革的影响，并提出相应的建构方法，以满足数字化教育时代的需求。随着"互联网+""智能+"技术支持的在线教学或混合式教学逐步成为现实，构建新教学模式下的大学英语课程评价体系是一个非常紧迫的新课题[1]。创新教育教学模式是在教育的数字化变革轨道中实现高质量教育发展的中心任务，同时线上线下融合式教学也为教育数字化发展创造了机会。本研究从课程建设的角度出发，设计了大学英语课程建设的评价指标体系。首先，研究明晰了教育数字化转型的内涵，澄清了数字化背景下大学英语教学的特点；其次，构建了大学英语课程建设评价指标体系，并探讨了评价方法；最终，对大学英语教学进行了展望，以期为教育数字化转型与大学英语课程评价改革的未来方向提供有益的见解。

二、教育数字化转型的内涵及特点

近年来，数字技术如虚拟现实、在线学习平台和智能教育工具已广泛应用于高等教育领域，为学生提供了丰富的学习资源和独立自主学习的机会。教育数字化转型是指教育领域利用数字技术进行全面变革的过程。这一趋势不仅涉及技术的引入，还包括课程设计、教育政策和评估方法的重新思考。

目前，对于数字化转型的描述主要集中在两个方面，一方面，数字化转型被看作一种策略或方法；另一方面，它被视为一种过程或模式，是一种包括基础设施、管理、行为和文化等多方面的复杂解决方案，综合来看，尽管数字化转型越来越频繁地被提及，但目前还没有达成统一的概念共识[2]。

2022年，《中国教育研究前沿与热点问题年度报告》指出，教育数字化转型大致涵

---

[1] 金艳. 大学英语评价与测试的现状调查与改革方向[J]. 外语界，2020（5）：2-9.

[2] 祝智庭，胡姣. 教育数字化转型的本质探析与研究展望[J]. 中国电化教育，2022（4）：1-8, 25.

盖八个方面的内涵，其关键词是学生数字素养、终身学习、教学变革、数字资源、数字管理、优质资源辐射、教师数字素养和研究方法[1]。教育平台上的各种形式的课程资源建设是数字资源的重要组成部分。数据在教育数字化转型中扮演了核心角色。数字化转型通过深入挖掘和优化大数据分析，进一步拓展了数据的应用价值，从而实现了教育系统的革新和转型。祝智庭等学者指出，教育数字化转型是在教育价值需求与战略愿景的共同推动下，通过数字技术驱动和新型教育能力赋能，创建符合数字教育目标的理想教育模式的过程。通过推动教育机构、教学模式、组织结构、教学评价方式等全方位的革新，并最终形成良性的教育生态。教育数字化转型的变革本质是数字技术赋能教育高质量发展的系统性高阶进化或变革，核心要义是教育范式的转变，根本任务是教育生态体系的重构，核心路径是新型能力建设、评价体系重构、价值体系优化，运行关键是数字文化的建立，根本保障是彰显数字主体性，基本方略是协同创新的工作体系[2]。教育数字化转型是一个复杂的发展过程，从教育技术辅助教学开始经历了数字化、网络化、智能化、智慧化等一系列连续的发展更替阶段。教育数字化转型是智慧教育的发展过渡阶段，为智慧教育的发展奠定了基础，是实现教育智能升级和智慧创新的必经之路。教育数字化转型是一种"化蛹成蝶"的质变过程，是技术、社会和教育发展进化协同前进的过程。

总而言之，教育数字化转型是一场基于数字科技发展的系统性教育变革过程，旨在将数字技术与教育的各个层面相互融合，推动教育组织在教学模式、组织结构、教学流程和评价方式等方面进行全方位的革新。它改变了教育的驱动方式，由供给驱动变为需求驱动，有利于教育的优质和公平发展，有利于终身学习社会的形成。教育数字化转型是基于网络技术和大数据技术的发展实现教育领域的数字转型，通过融合数字技术的优势来促进教育领域全方位的变革，实现教育系统的结构、功能和文化的创新，使教育系统与时俱进，更有活力，能够发挥更高的服务价值，为新时代全面社会数字化转型作出积极贡献。

三、教育数字化转型下大学英语教学的特征

在教育数字化转型的背景下，大学英语教学在工具、资源、评价测试等方面呈现出与过去截然不同的全新特点。

---

[1]《教育研究》编辑部. 2022中国教育研究前沿与热点问题年度报告[J]. 教育研究，2023，44（3）：63-73.

[2] 钟志贤，卢洪艳，张义，等. 教育数字化转型成熟度模型研究——基于国内外文献的系统性分析[J]. 电化教育研究，2023，44（6）：29-37.

（一）在线学习平台和智能工具的广泛应用

大学英语课程越来越依赖在线学习平台和工具，如学习管理系统（LMS）、在线课程、视频会议工具和教育应用程序。这些工具都成为大学英语教学较好的辅助工具，大多数教师能基于这些工具开展英语教学实践。例如，通过数据分析的外语教学评价工具能够实现自动批改外语作文、辅助纠正外语发音、拓展外语语法知识等功能。这些工具提供了更灵活的学习方式，允许学生随时随地进行学习。

（二）个性化和自主化学习

智能导学、人机共教等理念为大学英语教学模式的革新提供了新的理论指导。数据驱动的便捷化、精准化、个性化教学成为大学英语教学的新发展方向。教育数字化转型使个性化学习更容易实现。通过学情分析和数据驱动的研究方法，教育者可以更好地了解学生的学习需求，提供个性化的学习体验和反馈。学情分析系统可以帮助教师及时全面地了解学生的英语学习情况，涵盖学生学习进度、行为和成绩，以及学生的情绪、技能水平和综合素养等深层次信息。利用知识图谱、大数据、人工智能等技术构建的碎片化外语学习资源体系，可以支持学生在碎片化时间内学习外语知识、访问在线资源，并自行管理学习进度。

（三）丰富、开放的资源供给

教育数字化转型为大学英语教学提供了更多多媒体资源，如视频、音频、交互式模拟和虚拟实验室，以丰富教学内容，帮助学生更好地理解英语语言知识和文化。数字图书馆以及各类虚拟实验室、SPOC（小班在线课程）和MOOC（大规模开放在线课程）等平台为英语课程提供了丰富的优质资源。例如，目前中国高校外语慕课联盟平台（UMOOCs）创建了300多门课程，为1900多所高校提供教学服务。

（四）线上线下混合式教学成为新常态

许多大学英语课程采用混合式教学模式，结合了在线和面对面教学。在资源平台上积聚了大量的大学英语混合式教学设计案例。混合式教学已经走进大学日常教学的课堂。这种模式提供了更大的灵活性和互动性，使学生能够在不同的学习环境中获得更丰富的学习经验。

（五）数据分析和在线评估

数字化转型允许教育机构更好地跟踪学生的学习进度和表现。通过数据分析，教育者可以及时发现问题并采取干预措施。数字化转型还改变了评估方式，许多考试和作业可以在线完成。数字化平台可以提供即时的测评和反馈，帮助学生迅速了解自己的学习进展和弱点，以便有针对性地改进。这增加了灵活性，并减轻了纸质考试的管理负担。例如，基于人工智能和自然语言处理技术的自动化评估工具可以帮助学生跟踪他们的语言技能进展，并提供建议来改善语言表达能力。

（六）跨文化教育更广泛

教育数字化转型为跨文化教育提供了更多机会，帮助学生理解不同文化背景下的英语语言使用和交流方式。通过多媒体资源和虚拟实验室，学生可以更深入地了解不同国家和地区的文化，从而提高跨文化交流的能力。同时数字化工具为跨文化交流和合作提供了平台，学生可以通过视频会议、在线协作等方式与国际师生合作，有助于培养学生跨文化合作和沟通的能力。

四、课程建设评价体系构建

（一）评价原则

1.评价方法的多样性

纯定性的评价方式难以全面监测学生的学习成效，也不足以激发学生的自主学习动力。在教育数字化转型的背景下，从大学英语融合式教学的视角来看，融合线上和线下的评价方法至关重要，因此，形成性评价应占主导地位。

2.评价参与者和标准的多元化

在大学英语课程的评价中，教师传统上是主要的评价者，但这不能有效反映学生群体的"主体性"。在教育数字化转型的背景下，大学英语课程的教学模式需要更多元化的评价参与者。在创新性的教学课程设计中，教师对整体课程设计产生重要影响，因此，在选择评价参与者时，应包括教师、学生、内外部专家以及教育平台。评价应以满足学生群体的内在需求为导向，侧重培养学生的综合素养。此外，在评价标准方面，应采用多元化的方法，综合定性和定量指标，结合客观数据和主观评价。

3.数据驱动的评价方式

教育数字化转型引起了评价方式的改变。在教育领域，越来越多的专家开始采用数字技术和数据分析来更准确、更有效地评估学生的学习表现和教育质量。在大学英语课程评价体系的制订中，利用数据指导课程改进和教学决策至关重要。分析学生学习数据有助于了解学生需求，从而调整课程内容。

4.评价内容的全面性

数字化背景下创新教学的课程设计和实施相对复杂，因此，质量评价需要考虑的内容需更加全面。不仅要关注课程设计的全面性评估，还要关注传统的线下教学过程，如提问、测试和作业的评估，同时也要考虑线上教学过程，如视频观看、章节测试和主题讨论的评估。因此，在大学英语课程建设过程中要关注多方面的因素。

（二）评价内容

经过文献梳理，确定大学英语课程建设一级指标的主要内容如下：

教学目标：教学目标是大学英语数字化教学模式实施的最终目标，涵盖了学生的内在需求和教学的可持续性。这些目标不仅决定了人才培养的整体质量，还是评估大学英语课程混合式教学模式应用效果的关键标准。

教学设计：教学设计强调了教师的关键作用，主要关注教师群体的组织能力以及他们在大学英语课程中的各种能力。这包括了教学目标的设定，教学内容的策划，教学活动的设计以及科学的教学方法。评估教学设计还考虑了课堂教学活动对知识和技能培养的有效性，课堂教学时间和内容的合理性，以及数字化时代下信息资源的广泛和深度应用。

教学内容：这一指标考察了大学英语课程的内容质量，包括课程内容的更新和适应性。它强调了确保课程内容与学习目标的一致性，以及课程内容的时效性和多样性。

课程团队：评估教学团队的合作和协调能力，以及团队成员的专业素养。教学团队的多样性和专业性对于提供全面的教育经验至关重要。

课程资源：这包括了教材、学习工具、实验设备等教育资源的可用性和质量。高质量的教学资源能够有效支持学生的学习和实践。

教学平台：评估教学平台的可用性和适应性，包括在线学习管理系统、教学网站和其他数字化工具。这些平台应当能够促进学生的互动和学习体验。

教学环境：这一指标关注学习环境的适用性和安全性，包括教室设施、网络连接、实验室条件等。一个良好的学习环境能够提高学生的学习积极性和成就感。

（三）评价指标体系

评价指标的选择与确定对评价体系构建起着关键作用。在构建大学英语课程建设评价体系过程中，本文结合大学英语课程的语言、文化、思辨能力培养等要素，遵循课程的基本建设标准及语言学习规律，遵循教育数字化转型的基本特点，结合两轮专家咨询进行修正，最后确定数字化背景下的大学英语课程建设评价应从七个方面进行分层评价，并细化了不同指标的具体内容。同时，根据不同维度下的指标具体内涵不同，给出了不同的评价参与者。具体指标体系如表3-25所示。

表3-25 大学英语课程建设指标体系

一级指标		二级指标	评价参与者
课程建设评价	课程目标 A1	（1）基础知识与基本英语技能培养目标相结合；B1 （2）教学内容符合学生实际英语水平；B2 （3）覆盖知识与技能、素质、能力三个维度（听说读写译技能；跨文化交际能力）；B3 （4）体现思想性、知识性与挑战性；B4	专家
	教学内容 A2	（1）表述清晰，内容完成度可测量、可量化、可评估；B5 （2）落实课程思政建设要求；B6 （3）注重文化、批判思维等综合素养的培养；B7 （4）符合教学目标；B8 （5）注重学生自主学习和信息检索能力的培养；B9	专家、教师
	教学设计 A3	（1）线上、线下教学学时安排合理；B10 （2）线上、线下教学内容交叉互补；B11 （3）线上、线下教学方法多样；B12	专家、教师
	课程团队 A4	（1）知识结构、职称结构和年龄结构合理；B13 （2）教学改革意识强，具有先进的教学理念，教学能力突出；B14 （3）具有较好的团队协作精神；B15	专家
	课程资源 A5	（1）教学资源建设符合教学目标；B16 （2）微课、习题、案例等教学资源丰富，形式多样；B17 （3）教学资源更新及时、周期短；B18 （4）教学大纲、教案等基本教学资源完备；B19	专家
	教学平台 A6	（1）平台操作方便、快捷，运行稳定；B20 （2）即时性监控、反馈、统计；B21 （3）师生、生生交互方便，形式多样；B22 （4）支持测试、考核、直播等多种功能；B23 （5）有利于教师个性化设计与学生个性化学习；B24	教师、学生
	教学环境 A7	（1）软、硬件配置满足教学需求；B25 （2）网络环境稳定；B26 （3）支持新技术、新工具；B27	教师、学生

（四）课程建设评价方法

设计的评价体系具有分层特征，因此采用层次分析方法来确定不同级别指标的权重。层次分析法主要的决策原理，是将一个需要实现的目标分解为多个组成因素，随后将这些因素按支配关系或从属关系进行分组，最终整理成一个有序的递进层次结构，然后通过两两比较的方式来明确层次中众多因素的相对重要性，结合数学公式计算出每个因素的权重值，在这一基础上通过人的主观判断，对得出的决策方案进行优化调整❶。

在确定各层级评价指标后，根据层次分析法，由评判者对涉及的层级指标间的相对重要度进行打分。本研究使用了参照层次分析的九标度法，设计了打分规则量表，以确定评判者对各个准则层的各项指标的评分标准。各个标度的具体含义详见表3-26，其中a_{ij}表示因素i相对于因素j的重要性程度。

表3-26　重要程度标量表

序号	打分标准	标度含义
1	1	因素i相对因素j同等重要
2	3	因素i相对因素j稍微重要
3	5	因素i相对因素j明显重要
4	7	因素i相对因素j强烈重要
5	9	因素i相对因素j极端重要
6	2, 4, 6, 8	因素i相对因素j的重要程度介于强烈到极端重要之间

首先，按重要程度量表，由评判专家对下级指标对上级指标的重要程度进行断定打分，根据指标间的两两比较，构造对比判断矩阵，公式如下：

$$A=(a_{ij})_{n\times n}$$

矩阵A为正互反判断矩阵，a_{ij}表示指标i的重要程度相对于指标j的重要程度对上一层因素的影响程度，其中$a_{ij}>0$，$a_{ij}=1/a_{ji}$，且当$i=j$时，$a_{ij}=1$。

其次，为了保证评价指标权重的科学性和精准性，需要对矩阵A进行一致性检验。

首先计算矩阵A的最大特征根λ_{max}和一致性程度指标CI，公式如下：

$$CI=(\lambda_{max}-n)/(n-1)$$

然后，根据矩阵的阶数n求出随机一致性指标RI，最后定义矩阵的一致性检验比率CR，公式如下：

$$CR=CI/RI$$

当一致性比率CR取值小于0.1时，通过一致性检验，指标权重可以接受，矩阵A的不一致程度在适当的范围之内；当CR取值为0时，称上述矩阵为完全一致性矩阵；否则需要返回第一步对指标体系进行调整，重新构造判断对比矩阵，直至通过一致性检验。

---

❶ 付裕.基于层次分析的课程思政教学质量评价体系构建[J].现代职业育，2023（5）：3.

（五）计算指标权重与一致性检验

为保证本研究评价指标体系的科学性，制定调查问卷1~9级打分量表，将问卷发放给5位专家、5位教师，回收问卷10份，有效问卷10份。通过问卷调查获取数据对本研究构建的评价体系判断矩阵进行一致性检验。在本研究中 A 为正互反判断矩阵，且矩阵的最大特征根 $\lambda_{max} \geq n$，当矩阵通过检验为完全一致性矩阵时，其最大特征根 $\lambda_{max}=n$。CI为衡量正互反判断矩阵的一致性程度指标，即CI值越大，矩阵的不一致性程度越高，反之则一致性程度越高，$CI=(\lambda_{max}-n)/(n-1)$。通过CI判断矩阵的一致性程度，并检验判断矩阵的不一致性是否在容许的范围之内，以一致性比率（CR）反应判断矩阵的一致性程度。CR的值越小说明一致性越高，当CR=0时，称判断矩阵为完全一致性判断矩阵，CR<0.1可以认为判断矩阵的不一致性在容许范围之内，矩阵的一致性检验可以接受，CR=CI/RI，RI表示随机一致性指标，随机一致性指标值如表3-27所示。

表3-27 随机一致性指标值

n	1	2	3	4	5	6	7	8	9	10
RI	0	0	0.52	0.89	1.12	1.26	1.36	1.42	1.46	1.49

本研究利用SPSS软件运算基于数字化背景的大学英语课程建设评价指标权重一级指标与二级指标最大特征根Max、一致性比率CR，评价指标体系权重值与一致性检验结果如表3-28所示。

表3-28 大学英语课程建设评价指标权重一览表

一级指标	权重	Max	CR	二级指标	权重
A1	0.1383	4.0042	0.0016	B1	0.0501
				B2	0.0503
				B3	0.0281
				B4	0.0098
A2	0.2732	5.0000	0.0000	B5	0.0499
				B6	0.0585
				B7	0.0494
				B8	0.0690
				B9	0.0464
A3	0.2118	5.0133	0.0020	B10	0.0685

续表

一级指标	权重	Max	CR	二级指标	权重
				B11	0.0715
				B12	0.0718
A4	0.1513	3.0000	0.0000	B13	0.0429
				B14	0.0629
				B15	0.0455
A5	0.0503	3.0000	0.0000	B16	0.0159
				B17	0.0091
				B18	0.0190
				B19	0.0063
A6	0.0778	2.0000	0.0000	B20	0.0169
				B21	0.0269
				B22	0.0121
				B23	0.0139
				B24	0.0060
A7	0.0973	2.0012	0.0000	B25	0.0368
				B26	0.0366
				B27	0.0239

可见，本研究评价指标体系的一致性比率均小于 0.1，权重分配协调、科学，数据准确，结果可以接受，说明本研究评价指标体系科学性、合理性极高。

五、结语

在数字化转型的时代，大学英语教育进入新的创新改革阶段，也将面临新的挑战。本文对数字化转型的含义、数字化背景下大学英语教学的特征以及大学英语课程建设体系构建进行了深入探讨，构建的评价体系具有可检测性和可推广性。数字化转型不只是一种技术革新，更是一场教育方式和理念的变革。在这一变革过程中，建设符合数字化时代的课程尤为重要，在推广应用新的教学质量评价时，要重视课程建设的评价，发挥高质量课程评价的引领作用，将先进的数字技术与大学英语教育深度融合，探索多样化的教学模式。大学英语课程建设体系的构建是数字化转型下的重要任务，学校需要从课程设计、课程内容、教学方法和评估方式等方面进行全面考虑。学生的学习需求应该放在中心位置，同时也要关注教师的专业发展和数字教育工具的支持。今后，笔者将对标"金课"建设的高标准，在课程教学实践中不断地对大学英语课程建设评价体系进行修正和完善，以期能为建设优质的课程资源提供指导，科学有效地提升大学英语课程建设质量，为大学英语教育的数字化转型提供一些有益的思考。

参考文献

[1] 杨宗凯，王俊，王美倩.数字化转型推动外语教学创新发展[J].外语电化教学，2022（5）：3-5.

[2] 祝智庭，胡姣.教育数字化转型的实践逻辑与发展机遇[J].电化教育研究，2022，43（1）：5-15.

[3] 刘邦奇，张金霞，胡健，等.数字化转型背景下教育评价服务生态发展理念与路径——基于教育评价改革和教育信息化行业数据分析视角[J].中国教育信息化，2023，29（5）：41-52.

[4] 石慧.大学英语混合式教学模式中评价体系的研究与应用[J].吉林省教育学院学报，2021，37（11）：83-86.

[5] 方秀才.信息化时代外语教学有效性评估框架研究[J].外语电化教学，2017（1）：43-48.

作者简介：葛艳青（1984—　），女，山东聊城人，烟台南山学院国学与外语学院讲师，硕士。

旅游管理专业产教融合协同育人的现实困境与推进策略研究

吕春莉　郭晗

摘要：现阶段，校企合作、产教融合已成为地方应用型高校培养高质量专业技术人才的最佳途径，在人才培养与专业教育中发挥着难以替代的作用。旅游管理专业是顺应旅游业的发展及对高素质旅游专业人才的需求而产生和发展的，具有鲜明的职业性特征。解决旅游产业人才供求矛盾，产教深度融合是关键。文章分析了旅游专业教育与旅游产业之间产教融合协同育人的逻辑基础，明确目前旅游管理专业产教融合协同育人中的突出问题，提相应的推进策略。

关键词：旅游管理；产教融合；协同育人

一、引言

随着旅游业被纳入山东省新旧动能转换战略，旅游专业人才的培养成为重中之重。20世纪80年代初，伴随着旅游业的兴起和发展，市场对旅游人才的需求急剧增加，旅游高等教育应运而生。旅游管理专业职业指向特征明显，特别强调毕业生的职业道德、专业能力和敬业精神。因此，旅游专业人才的培养必须面向产业发展，走产教深度融合的发展道路。产教融合是高校与企业联合培养人才，以教促产，以产助教。深化产教融合是解决旅游产业人才供求矛盾的迫切任务，也是推进旅游教育供给侧改革的重要路径。

二、旅游管理专业产教融合协同育人的基本逻辑

旅游教育与旅游企业是利益共同体，高校和企业对旅游人才的培养都负有不可推卸的责任。伴随着旅游业兴起而产生的旅游高等教育，承担着培养具有较强综合素质的旅游管理应用型人才的重任。高等教育属于公益事业，不以营利为目标，其可持续发展依赖政府、行业（企业）、社会及个人的支持与协作。

而旅游企业则是通过为消费者提供旅游消费产品和服务取得相应收益，并追求经济效益最大化的独立单位。旅游企业多是劳动密集型和智力密集型企业，人员工资在企业成本中占比较大。因此，旅游企业招聘员工重在"好使"。它希望招聘的员工具备良好的职业素养与职业能力，"上手快"，以降低人员培养成本。但培养高素质、优秀的员工并不能闭门造车。产业转型要求行业、企业深入参与人才培养的各个环节，提供人才培养规格和标准，推动高校完成合格人才的培养任务。但企业是否愿意参与高等教育关键看企业的相关利益能否实现。

旅游企业既是产教融合的责任主体，也是产教融合的受益主体。首先，企业是人才的使用者。"订单式"培养的人才"用得上、留得住"。其次，企业可以利用高校的人才培养渠道和方式进行自我提升。最后，旅游企业还可以依托高校的智力资源与技术资源支持，解决企业发展过程中遇到的困难。可见，旅游教育离不开企业的参与，旅游企业要想做大做强，也离不开与高校的合作。

三、旅游管理专业产教融合协同育人的问题透视

自20世纪90年代高校设置旅游管理专业以来，各高校已为社会输送了大量的一线优秀旅游服务和管理人才，但随着旅游产业的升级转型，旅游产业人才供需矛盾逐渐突出。

（一）培养目标过于理想化

如今旅游行业出现了许多新业态，如红色旅游、商务旅游、乡村旅游、科技旅游、养康旅游等，不一而足，旅游产业朝向多样化、融合性以及数字化的方向发展，为了适应这种不断变化的需求，旅游企业也在不断进行调整，对复合型人才、数字化人才的需求也愈来愈大。但是现有旅游管理专业的发展与行业需求存在差距，尤其是在人才需求规模、结构、层次上缺乏契合度，人才培养方案的更新落后于旅游行业的变化，难以满足旅游行业发展对应用型人才的需求。人才培养方案是高校贯彻培养理念，明确人才培养目标，确保人才培养规格、结构和质量要求的纲领性文件。

人才培养方案制订过程中，高校占了绝对的优势，企业被边缘化，并未真正投入对人才培养方案的研究和制订中。高校按照国家政策和自己对人才培养的理解来确定培养目标，导致培养目标过于"理想化"。例如，部分高校将旅游管理本科专业人才培养目标定位为"培养文旅产业高端管理人才"，"高端""管理人才"抬高了学生对未来工作的期望。加之培养方案中的课程设置和教学内容也倾向于管理理论的教授，使得学生希望通过四年的学习使自己具备成为经营管理者的能力，毕业时眼睛紧盯着管理岗位。而实际情况是旅游企业的中高层管理者往往是内部培养的，是从基层和中层选拔上来的，这就决定了企业不会直接从高校毕业生中聘用中高级管理人员。换句话说，高校无法直接向旅游企业输送中高级管理人才。当然，想当"管理者"的追求没有错，但是旅游行业不只有管理岗位，还有经营、咨询、策划、服务等众多岗位，共同支撑了旅游业的发展。旅游教育应为旅游业全面提供专业人才。由此可见，过高的培养目标定位对学生造成了不利的诱导，导致学生自视过高，缺乏吃苦精神和服务意识，这样的毕业生自然不会受到市场的欢迎。

（二）实践教学空喊口号不落地

高等教育日益职业化，专业教育在注重基础知识和能力培养的同时，也日益重视职业能力的培养。这一变化要求高校调整教学方法和教学内容，为学生提供培养职业能力的必要条件和真实环境。虽然现在几乎所有应用型高校都意识到实践教学的重要性，但从培养方案的内容和教学管理过程来看，仍存在理论学时远远大于实践学时、实践教学项目设置不成系统、对实践教学的管理较为松懈、实践教学的经费不足、实践课的劳动报酬只有理论课报酬的一半等问题，这些情况都在暗暗传递一种信号——"实践课不重要"。

1.实践教学资源不足

实践教学资源主要指实践基地与设施设备等。受到办学成本等原因的限制，高校的校内实验实训设施建设和利用不足，或简陋陈旧或配套不全，只能进行简单的技术操作训练，分析性、研究性、综合性等能够提升学生高层次能力的创新实验因条件限制无法开展，自然也无法保证实践教学效果。高校希望将企业建设成学生的实习实训基地，利用企业的场地、设施设备、管理经验、技术力量、人才、资金、信息等方面的优势为高校教育服务。但现实中企业缺乏深度参与实践的教学条件和资源建设的动力，担心自己的投入没有回报，或者难以达到预期收益。企业不愿参与，最主要的原因是没有建立起实践教学经费校企双方共同投入的机制，企业愿意就现有的设施设备为学生提供实习实践资源，但因为试错成本太高，企业不会提供学生专用的设施设备，更不会主动提供实践教学经费。产教融合的实践教学应当形成教学资源共建共享的格局。

校外实习效果也不理想。旅游管理专业的实习一般为顶岗实习，学生直接参与生产过程并独立完成工作任务，实习岗位集中在旅行社、旅游饭店、旅游景区等企业，实习时间2~6个月。企业一般只提供少量操作性岗位供学生实习，因为各实习企业业务类型不同，实习条件不同，实习内容不同，造成学生的职业能力培养不统一。由于"逐利"的本质特征和实习时间较短的原因，绝大多数企业不会给学生提供轮岗机会，在几个月的实习中，学生一直在同一岗位从事初级劳动，做得多学得少。另外，有的实习企业未按要求为学生配备实习导师，或者由于缺乏激励机制，企业实习导师形同虚设，这都是职业能力培养的漏洞。

2.实践教学缺乏设计和指导

旅游管理专业实践类课程集中在四个方向：旅行社类、酒店类、景区类、旅游智业类。实践课主要分为三类：第一类是理论课的配套实验教学，实践学时为8学时或16学时，且课时相对分散，以专项训练形式为主，在校内进行，训练学生基本操作技能。第二类是实训课程，帮助学生探索、整合和强化所学知识，锻炼解决问题的思维技巧，学时一般为1周。第三类是专业实习、毕业实习和毕业论文。学生进驻企业独立履行岗位职责，独立操作仪器设备并使用技术，独立面对业务中困难和挑战，通过在一线的实践，使学生逐渐形成"主动思维"意识。课内实验和集中实训的实践内容多是高校教师自行设计，企业不参与或者参与不足，教学效果取决于任课教师的责任心和教学能力。校内实践环节的设置受条件限制以操作性内容为主，而分析性和研究性实践内容少。这显然不利于本科学生分析问题、解决问题能力的培养，当学生进入行业遇到问题时仍会不知所措。专业实习和毕业实习以岗位实践形式进行，一般分别安排在第六学期和第八学期。尽管专业实习和毕业实习都会安排指导老师，但是一般指导老师并不会全程跟踪指导，无法掌握每一个学生的实习情况。

（三）尚未真正形成一支"双师双能"教师队伍

教师是产业技术人才的培育者，产教融合对教师提出了新的要求，教师要不断学习以应对产教融合带来的新变化。建设一支"双师双能"教师队伍是产教深度融合的根本保障。当前从事旅游专业教学的"学院派"教师自身缺乏行业实践经历，根本没有能力指导学生开展实践，"实战派"师资力量严重缺乏。加之，高校教师科研考评压力大，没有时间和精力进企业实践，即使在学校政策压力下进企业，也更多是流于形式地完成挂职任务，并没有用心去提升自己的能力。"实战派"的兼职教师具有丰富的旅游生产和管理第一线的经验，但由于没有进行过系统的教学训练，缺乏教育能力，在上课的时候难以把控课堂，很多时候课程实施效果不尽如人意。此外，符合高校兼职教师标准的企业员工数量极少，他们往往在企业生产和管理中扮演重要角色，无论是企业地位还是经济收入都较高，进校上讲台的积极性不高。

（四）课程考核方式单一，内容片面

地方应用型高校的特点是以地方和行业需求为导向设置专业，为社会培养动手能力强、善于解决实际问题的应用型、技术型人才，人才培养模式体现出鲜明的行业特征。课程考核是课程教学的重要一环，也是高校进行人才培养质量评价的重要手段和方式。对学生而言，其结果可以衡量自己对课程的掌握情况，考查自己专业能力是否有所提高，从而适时调整学习方向和学习策略，提高学习效率和效果。对教师而言，课程考核结果客观反映了教师的教学效果，激励教师不断总结教学经验，改进教学内容和方法，持续提高教育教学质量。

课程考核方式和标准应该服从和服务于专业人才培养目标。无论是地方应用型高校还是研究型高校，都将课程考核分为考试和考查两种类型。考试课实行百分制，主要形式有笔试、口试、机试等。考查课实行等级制或者百分制，主要形式有调研报告、实验报告、课程论文、设计制作、汇报表演等。课程考核按照时间顺序可分为平时考核和期末考核。随着生源类型多样化和人才需求标准的更新，传统考核方式已经不能全面、科学、有效地检验学生的综合能力。目前，大多数高校平时考核成绩一般占总成绩的20%~40%，期末考核在成绩评定中占有相当大的比例，约占总成绩的60%~80%。受传统考核理念的影响，期末考试内容多以"课本、教师、课堂"为中心，题目侧重于记忆型和知识型，缺乏对创新意识和综合业务能力的考核。一张试卷能反映学生知识的掌握程度，但并不能全面反映学生能力的培养和专业素养的提高程度。过分强调知识记忆的信号被释放出来，不利于人才培养目标的实现。

四、旅游管理专业产教融合协同育人推进策略

（一）准确把握协同育人目标，优化课程体系

旅游高等教育为旅游产业提供了人才保障，从而促进了旅游产业的全面创新与发

展,而旅游产业是旅游高等教育发展的依托和动力之源。为满足社会经济发展对旅游专业人才的需求,高校应把握新时代特征,以国家战略和社会与行业需求为导向,充分发挥产教融合优势,准确把握产教协同育人目标❶。为了适应产业发展,旅游管理专业应明确培养的人才是"理论应用型"人才,是能把理论应用于实践并创造价值的人才,是"面向服务一线从事业务运作、具有管理者潜质的人才",不能强调四年大学教育走出校门就是"旅游行业中高级管理人才"。不同于"学术研究型"人才,应用型本科人才不需要去探索、发现、研究客观规律,只要他们能够运用现有规律来解决问题即可。必要的知识积累是后期发展的基础,这也是其区别于高职生的特点之一。人才培养目标定位不能高于产业与市场的承接能力和现实选择,也不能定位过窄,限制了专业发展和学生就业。实际上,旅游管理专业人才培养目标并不限于旅游产业,而是涵盖了整个旅游活动所涉及的社会公共领域。

课程体系是培养目标实施的具体方案,是保障和提高教育质量的关键。旅游行业的特点要求学生不仅要具备旅游管理与服务的专业知识,还要具有广博的跨专业知识和丰富的文化内涵。因此,旅游专业应把市场需求作为课程设置的依据,使人才培养的专业结构、业务规格和综合素质,以及人才培养模式适应市场经济体制的需要,还要充分考虑今后旅游人才市场的需求趋势和竞争态势,注意专业课程和其他学科课程的良好结合,全面拓宽旅游专业培养人才的视野和知识面。既要满足专业知识的深度要求,也要满足跨专业知识的广度要求。

校企共同参与优化人才培养方案,构建出"善创新""强实践""重特色"的培养模式,充分提升学生的创新创业能力与实践应用能力。一是课程设置中必须突出加重实践教学的分量,培养一支实践经验丰富的教师队伍,为学生提供尽可能真实的工作情境并科学、规范地评定实践课程成绩。二是成立专业建设委员会,具体负责课程的开发。委员会应广泛吸纳企业人员参与。企业人员还应来自不同的岗位,既要有管理人员,也要有一线员工。委员会定期召开会议,根据行业变化和需求,针对设置的课程提出建议。每门课程开发出来,在真正实施前还要回到业界,让行业专家审核,以便发现还有哪些内容需要调整。课程内容应在教学过程中接受检验,发现不足之处,要有针对性地修订。旅游业发生了变化,课程也要跟着变化。

(二)完善实践教学体系,加强实践基地建设

实践教学是培养创新型、应用型人才的关键。理论课程应与实践课程充分地结合起

---

❶ 黄震方,黄睿,侯国林. 新文科背景下旅游管理类专业本科课程改革与"金课"建设[J]. 旅游学刊,2020,35(10):83-95.

来,切实实现每科必练、强化学生实践能力培养的目标。在此过程中学校应形成"全程实践教学体系",即将实践教学渗透到不同年级中,形成不间断的、连续的、完整的教学系统,重点考虑课程时间、形式、内容及目的。实践教学环节的设计应以企业为主导,尊重企业在实践教学中的话语权。同时要完善实践教学评价机制,以过程监督、实习材料撰写、实践能力考核等方面为基础,制订相应的实践教学评价标准,明确成绩比例,完善实践教学评价模块❶。应分析产业企业岗位典型工作任务,围绕核心职业能力设计层级分明的实践内容。

实践基地教学是产教融合人才培养的重要方式之一。校内、校外实践基地的建立是校企深度融合的表现之一。不同层次、不同专业方向的实践教学课程所需要的实习基地不同。无论哪种类型、哪种层次的实习基地都应该符合以下三个基本条件:

一是规模。应选择具有相当规模,在本地区具有较高地位,长期稳定经营和发展的企业合作。

二是规范。应选择建立现代企业制度的、运作科学规范的企业合作,管理过度个人化或运营情况急剧波动的企业不适合做实习基地。

三是态度。企业愿意并采取行动支持旅游教育的发展,这是校企合作的前提。

作为校方,应树立正确的实践教学观,设置专门的组织机构和确保有适当的资金投入是十分必要的。学校实训场所多为操作性岗位训练,分析性实践教学和研究性实践教学须和旅游企业合作,由企业提供实践场地。高校应面向此层次寻找符合条件的、稳定的校外实习基地。

(三)加强"双师双能"教师队伍建设,健全培养机制

"双师双能"教师队伍建设是深化产教融合的内在要求,是提高人才培养质量的关键。"双师双能"教师具有较高的知识水平、丰富的教学经验和娴熟的实践技能,能根据学生职业能力发展需求进行课程设置、教材开发和教学设计。高校应建立健全"双师双能"教师培养机制,完善评价体系和激励机制,为教师专业发展提供有力支持。"双师双能"教师队伍培养需要通过校企合作来实现。一是"走出去",即注重教师到旅游企业挂职锻炼、顶岗实践,形成稳定的"双师双能"教师实践培养机制,鼓励教师参与企业研发或科技创新项目,参与企业产品设计和技术改造等。要把是否有企业定岗锻炼经历作为考核教师是否具备较强专业实践能力的重要标准,积极为企业提供员工岗前培训、岗位技能提升培训、专业技能强化培训、行业新技术技能培训等多种形式的专项培

---

❶ 王占华,周兵.环境工程专业产学深度融合实践教学体系的构建[J].云南师范大学学报(自然科学版),2022,42(6):71-75.

训。二是"请进来",构建"双师双能"教师柔性引进机制。旅游行业是一个动态变化和极为敏感的行业,所以对于旅游行业来讲,没有永恒不变的、适用于任何情形的真理,人们只能在实践中遇到问题,再借鉴旅游理论和经验来解决问题。对于这方面的知识和经验,很多旅游行业人员和旅游企业经营管理人员的积累程度可能比专职教师更丰富。尤其是一线人员具有更敏锐的市场嗅觉和洞察力,将他们吸纳进教师队伍,将给旅游教学带来更鲜活的因素和更生动的案例。

(四)注重"产教融合"的过程性考核,体现考评多样化

围绕产教深度融合的发展主线,以人才培养目标和课程培养目标为依据,实施"评价主体、考核内容、考核标准、考核激励"的多元化课程评价改革。通过建立"教师+企业专家+学生"多元考评主体,打破以往课程考评以任课教师为主导的惯例,成立课程考评委员会,极大增强考评的客观公正性;由考评委员会制订"知识+技能+素养+创新"模块化多元考评内容,提升学生综合运用专业知识的能力;通过创建"随堂+阶段+竞赛+期末"多维度考评方式,调动学生学习的积极性和主动性;通过完善"考评—诊改—提升"的考评反馈与调节长效机制,有效促进教师教学能力和学生学习效能的持续提升。实施多元化考评模式改革,实现了对学生的知识、技能、素养、创新等多种能力的培养,促进学生德、智、体、美、劳全面发展,落实立德树人的根本任务,引导学生养成严谨专注、敬业专业、精益求精、追求卓越的品质❶。

参考文献

[1] 祁娟.地方应用型本科高校产教融合的困境及其纾解[J].苏州市职业大学学报,2023,34(1):23-27.

[2] 汤正华,谢金楼.应用型本科高校产教融合的探索与实践[J].高等工程教育研究,2020(5):123-128.

[3] 王丹.产教融合背景下应用型本科旅游管理专业实践教学改革研究[J].现代职业教育,2021(11):28-29.

[4] 白逸仙,王华,王珺.我国产教融合改革的现状、问题与对策:基于103个典型案例的分析[J].中国高教研究,2022(9):88-94.

[5] 李卷,吕春莉.地方应用型本科院校课程考核改革探讨[J].科教文汇(下旬刊),2019(6):13-14.

---

❶ 齐求兵.基于人民满意视角的湖北高职院校发展差异研究[J].湖北成人教育学院学报,2020,26(1):12-17,25.

作者简介：吕春莉（1981— ），女，山东招远人，烟台南山学院经济与管理学院副教授，硕士；郭晗（1982— ），男，山东龙口人，烟台龙口南山旅游景区营销总监，学士。

新文科背景下环境设计专业产教研协同育人机制研究

成国良

摘要： 为适应智能化环境空间设计需求，新文科背景下应构建适合现代科学技术发展的复合型、应用型、创新型、智能化环境设计人才培养体系。通过校企合作、赛事平台等多模式的合作，教研产一体化培养，可以将企业需求与高校教学、科研等更为紧密地联系起来，提高创新设计人才培养的质量。当前环境设计专业中存在课程设置与新文科综合人才培养要求脱节，教研产协同育人机制不完善等诸多问题，为提高人才培养质量，论文从明确复合型、应用型、智能化创新设计人才培养目标；重构跨学科课程体系，打造教研产一体化的专业课程群；打造高水平的复合型教师教学队伍；教学质量多层次监控与评价机制多元化；依托信息技术重构学科教学内容及方法；搭建交流合作平台，丰富教学活动，整合各类教学资源，强化创新设计实践能力六个维度，对环境设计专业教研产协同育人机制改革实施路径进行了探讨。

关键词： 新文科；环境设计；产教研协同育人机制

一、引言

新文科建设是由我国教育部主导的国家建设工程，早在2020年11月，教育部便在《新文科建设宣言》里面提到高等文科教育要大力培养具有国际视野和国际竞争力的时代新人，后来又在教育发展"十四五"规划中要求高校贯彻落实培育适应新时代社会经济发展的"新文科"人才的政策。环境设计专业属于新文科专业随着智能时代的来临，人工智能、大数据、5G技术等新科学技术得到了快速发展，这也使传统的环境设计相关产业迎来新的变革，高校环境设计专业在制订人才培养目标时，应进行"自省反思"，主动融入产业驱动因素，将先进制造技术与智能化科技融合到环境空间设计中，在人才培养中贯彻专业交叉融合，并将科技创新融入主要人才培养调整路线中来，与政府、社会、行业协同发展，建立共同目标，共同培育新时代的智能化创新设计人才。

作为综合性较强的设计学类专业，环境设计专业将艺术、技术和工程交融，是设计人才培养的重点学科。在智能化时代，居住及活动空间越来越智能化，时代对智能化环境空间创新设计人才的需求与日俱增。环境设计专业对学生创新设计能力以及项目实践应用能力的培养尤为重视。通过与企业以及各赛事平台合作，实现教研产一体化，将企业需求与高校教学科研等更为紧密地联系起来。近年来探讨高校设计专业培养模式的研究较多，相关研究主要集中在培养目标、培养过程和培养机制的研究方面，有侧重于设计专业人才培养目标创新要素的，有侧重于课程开发与实施的，有侧重于"教研产"合作的，有侧重于"工作室"教学的，有侧重于人才培养机制的。这些研究从不同的研究视角为本研究提供了参考。

在就业形势日渐严峻的今天，不断深化教学领域教研产协同育人机制改革，对提高教学质量、增加就业率有重要的现实意义。本文主要从环境设计专业教研产协同育人机制研究角度，结合当前存在于部分高校环境设计教研产机制建设中的问题，提出建设教研产协同育人培养机制的合理路径。希望为高校同类专业人才培养机制建设提供借鉴。

二、新文科背景下环境设计专业人才培养的思考

（一）新思维引导复合型、应用型、智能化创新型设计人才培养目标的顶层设计

环境设计人才培养急需打破传统与时代之间的屏障，以多学科融合为根基，引入慕课、网络直播课程、实训实践平台等多种形式的教学资源，组建更为多层次的、多类型的、多功能的设计人才培养体系，面向新时代环境设计产业发展需求，校企共建教研产相融合的环境设计科学知识体系。如烟台南山学院与南山地产联合制订应用型人才培养方案并开展实践，从企业需求出发，校企共建"三元制"特色培养班（卓越人才班）。并建立了环境设计综合实验室、虚拟仿真设计实验室、空间实验室等，致力于学生项目实践能力的培养。在校企平台建设上，以南山控股企业为主，联合共建现代产业学院（艺术实践中心），以产业学院为综合平台，积极培育省级教科研项目、平台成果，以此促进和提升人才培养质量。

（二）匹配当前科学技术发展及应用型环境设计人才需求的培养体系构建

分析环境设计行业的发展过程，就设计创新性特征而言，当前环境空间设计倾向于智能化、个性化、多元化发展，装饰材料也趋于多样性。就装饰及功能设计而言，传统居住空间开始向智能化家居、智能化活动空间装饰转变。因此，为适应智能化环境空间设计需求，应构建适合现代科学技术发展的复合型、应用型、智能化创新设计人才培养体系。

三、环境设计专业教研产协同育人培养机制中存在的问题

为了了解环境设计专业教研产协同育人的实际情况，笔者走访了烟台地区设置环境

设计专业的三所高校，随机选取并访谈了这三所院校环境设计专业的50名专家教授和近200名在校学生。通过访谈归纳影响环境设计人才培养的要素有以下几个方面。

（一）课程设置与新文科综合人才培养要求脱节

当前部分高校环境设计专业课程大多仍然采用"理论课堂传授知识，实践课程锻炼操作能力"的单一传统教学形式，与新文科背景下的环境设计培养复合型、应用型、智能化创新设计人才的要求脱节。主要表现在以下几个方面：

1.实践型课程缺乏参与性

实践课程是培养学生综合设计及项目施工能力的重要课程，但执行过程中，该课程实践内容形式单一、实践目标不明确，往往以参观调研企业及建筑设计场所和家居场所为主，实践变成了止于"参观"的教学形式，学生并没有参与实际操作过程，导致学生实操项目落地能力差、实践课程教学方案设计与现实脱节以及教学效果差等问题。其次，此类课程受环境影响存在较多不确定因素，例如因为企业重视不够等原因影响了该类实践课程的教学效果。

2.教材更新不及时以及专业基础课程与设计课程存在脱节问题

设计专业是应用性很强的专业，教材内容要紧跟时代与科技发展步伐，提高教学实效性。但目前部分高校环境设计专业教学课程内容设置存在学科课程单一化、艺术基础类课程与专业设计类课程脱节等现象。导致在实践教学中这些学科之间存在壁垒，往往没有相应的课程衔接，从而造成学生学习过程中出现"相关知识缺乏，难以融会贯通"的现象。

3.跨学科专业课程体系建设不完善

跨学科课程体系构建是为了软化学科界限，需要在学科交叉范围内构建合理的课程体系，但部分高校环境设计专业课程设计体系中缺乏跨学科课程，专业课程教育与现代科技融合的经验不足，专业横向、纵向知识结构不完整，缺少与智能化学科交叉融合的知识体系。

（二）新教研产协同育人机制不完善

当前环境设计教研产协同育人机制主要存在以下问题：

1.复合型、应用型、智能化创新设计人才培养目标不明确

很多学校没有将智能化空间创新设计人才培养纳入教学计划，智能化是设计产业发展提出的要求，也是对创新设计人才提出的要求，当前很多学校的环境设计专业人才培养计划中对此没有明确表述。具体来讲，"跨学科"就是打破传统学科边界设置课程体系，这有助于培养环境设计学生的综合性创新思维，提高学生解决问题的能力；"跨领域"主要是多种途径共同促进环境设计创新人才培养；"跨时代"是指环境设计人才培

养要适应当下多元化文化与信息化社会的需求。

2.教学主体地位不突出，教学与产业合作不深入，教研产缺乏有效的协议机制保障

"教研产"协同合作不等同于协同育人机制，学校盲目寻找合作对象，对企业地位和所拥有的资源缺乏了解，导致在校企合作时没有很好地落实专业培养内容与培养目标，出现了运行机制不畅、协作机制淡化、合作内容简单等不良现象。在校企协同育人机制中，由于企业重视不够，而在合作中高校属于"弱势群体"，合作关系建立大多依仗上级部门领导与高权威教师的纵向关系上，双方合作缺乏严谨性高的制约性协议保障。

3.教学科研项目与企业科研项目较少，教学中的校企科研成果转化未有效开展

好的企业项目能够促进学生创新思维的发展和创新设计能力的提升，好的教研项目经过企业转化也会更好地促进科研成果落地。目前环境设计专业教研产水平较低，教学项目成果转化困难，校企合作科研项目未能深入展开。

4."复合型"教师较少，教研产教学力量匮乏

部分学校把"复合型"教师等同于"双师型"教师，后者指的是同时具备企业生产实践经验和高校某一专业学科教学科研能力的师资。受到教学理念、教学水平与教学资源等因素制约，环境设计专业普遍存在"复合型"师资匮乏现象，交叉性学科教师较少，现代环境设计产业中的"工业4.0制造新思维"是教师必须要学习掌握的，这要求环境设计专业与时俱进，优化教学体系，引进和培养多领域跨学科专业教师，解决智能化、数字化、自动化技术与传统环境设计学科的融合问题，打破新专业屏障，运用多领域专业知识体系重建新文科背景下的环境设计专业人才培养体系。

5.教学评价机制单一，不能全面反映实际教学效果

一方面，学校未形成旨在鼓励教师积极参与教研产的教学评价制度，从而影响了教师教学的积极性；另一方面，单一的以教师主导的课程评价缺乏企业和学生的参与，而在评价内容上也没有做到按照不同教学内容进行区分评价，比如把学生参与科研和参与竞赛的内容纳入学科评价体系，邀请企业及行业的专家或学者参与课程评价等。

四、新文科背景下环境设计专业教研产协同育人机制人才培养的实施途径

针对目前部分高校环境设计专业教研产协同育人机制建设中存在的问题，为实现跨学科、跨领域、跨时代培养复合型、应用型、智能化创新设计人才培养目标，本文从人才培养理念、课程构建、师资队伍、评价体系、教学内容及方法、交流合作与资源整合等多个视角就环境设计专业教研产协同育人机制改革实施路径进行探讨。

（一）在人才培养计划中明确复合型、应用型、智能化创新设计人才培养目标

围绕跨学科、跨领域、跨时代的新文科人才培养路径整合优化环境设计专业课程体系，将设计学、艺术学、信息科学、管理学等多学科交叉融合，突出环境设计专业特色，培养能够适应全球一体化发展、多元化文化与信息化、智能化社会的需求以及适合时代发展与岗位需求的复合型、应用性、智能化的创新设计人才。

（二）重构跨学科课程体系，打造教研产一体化的专业课程群

从专业特点出发，结合企业和岗位需求构建体现新文科要求的环境设计专业基础课程体系，如烟台南山学院环境设计专业参照职业标准，设置校企融合特色课程模块，学校与企业共同制订课程教学体系以及课程教学目标、教学内容、评价方式等，尽快将产业实例转换成教学案例，使教学内容与职业标准对接、人才培养与产业需求衔接。并通过校企智能化教学管理平台，开展由企业参与的常态化专业与课程建设评估，推进"金课"建设。

为了满足智能化环境设计发展需求，适时新增"智能化环境设计技术"和"数字化空间设计"等新课程模块与课程内容，形成具有校本特色的专业课程群。

常态化课程教材管理，及时将产业实例及竞赛案例写入教学案例，鼓励针对环境设计专业新趋势、新需求，对教学培养方案进行系统性的修订，及时补充、修订、出版特色专业课程教材等。

（三）打造高水平的复合型教师教学队伍

建设一支高水平的、具有创新精神和教研产项目教学能力的设计教学团队。

打破学科壁垒，引导跨学科教师参与环境设计专业教研产项目教学和科研中，培养和提升现有专业教师的综合素养和跨学科专业知识，比如以"艺术学、设计学、信息技术学"与"人工智能、大数据分析、互联网+"等多学科交叉融合为导向，建立理论设计研究与实践经验共存的智能化创新设计教学团队。

制订教师发展计划，实施复合型教师队伍建设，比如烟台南山学院校企联合落实"人才强校"战略，加强教师的"引育"工作，施行"教师下车间"工程。同时要建立教师培训制度，加快建设"教师培训基地"，为学校教师发展搭建交流平台。

（四）教学质量多层次监控与评价机制多元化

要进行多层次教学监控体系建设，在教研产教学质量监控中加大教研产一体化项目执行的监控力度，从教学效果、企业评价、学生自我评价、教研产项目成果等多层次进

行教学质量监控，建立自查、自评、自建的教学质量保障体系和教学督导制度，实现教学管理过程化、质量标准科学化、工作监控全程化、信息反馈多向化，同时，实施教学过程校院系三级教学质量保障体系。

完善学科教研产优秀课程评选和奖励机制，形成提高教学质量的长效机制，构建完整的教研产管理机制，提高教研产教学管理水平。

在学科评价中，重视育人过程，加大学习过程与实际操作的考核比重，实施"知识素养+应用操作"的考核模式，创建多元化评价机制，邀请教研产平台的专家或学者参与专业课堂，引入企业模式，将企业管理与教学管理相结合，建立健全教学评价机制。

（五）依托信息技术重构学科教学内容及方法

首先，要依托信息技术重构课程教学内容，对专业基础知识和底层知识进行在线教学，而将高层次知识和实践能力与企业对接，组织学生线下学习，实现了线上与线下学习的有效结合，提高了学生学习的自主性和效率；其次，改革教学方法，依托网络教学平台，充分利用翻转课堂、论坛、答疑室、实时聊天等网络互动工具进行课后交流，更好地跟踪教学过程。

（六）搭建交流合作平台，丰富教学活动，整合各类教学资源，强化创新设计实践教学

通过交流平台可以丰富教学活动，在传统的实地考察、社会调研、社区服务、公益项目等课外教学活动基础上，通过与相关艺术团体及大型企事业单位进行深度合作，并建立互动交流平台，增加学生与企业家、专家交流的机会，帮助他们更好地了解行业前沿、开阔视野，同时也能将更多的企业项目引入教学中来，更好促进教研产一体化工作的开展。

创新设计能力离不开好的教学资源，在教学过程中，通过校企合作，整合校内外优质创业教育资源，依托创业学院与专业课程紧密结合，依托产业学院与产业紧密结合。国内外设计比赛也是一种优质的教育资源，在教研产协同育人过程中可以将国内外环境设计专业赛选题与日常教学相结合，提高学生的实践水平。

综上所述，要立足于社会经济发展，融入中国特色与新时代需求，遵循跨学科、跨领域、跨时代的新文科人才培养特征，充分运用学校特色与优势，做到分类推进，从人才培养思想理念、课程构建、师资队伍、评价体系、教学内容及方法、交流合作与资源整合等多个视角实施教研产协同育人机制建设。全面推进与落实新时代背景下复合型、应用型、智能化创新设计人才培养目标的实现。

参考文献

[1] 田晓明，黄启兵.论我国"新文科"建设之中国特色[J].苏州大学学报（教育科学版），2021，9（3）：91-98.

[2] 黄艳丽，薄莨桦，郑雅婷，等.新文科背景下家居设计类人才培养路径探析[J].家具与室内装饰，2021（9）：132-135.

作者简介：成国良（1979— ），男，山东青州人，烟台南山学院艺术与设计学院教授，博士。

产教融合模式下面向工程认证的课程教学改革探索
——以"热处理原理与工艺"课程为例

尹红霞　余鑫祥　蔺荫鹏

摘要：工程认证与产教融合是高等教育的两个重要环节，对于培养应用型人才和促进产业发展具有重要意义。而课程改革是工程认证的必然趋势与内在要求，是保障深度整合产业和教育资源，培养出更具实践能力和创新精神的高素质人才的产教融合目标实现的重要抓手。本文结合工程教育培养目标，通过校企产教合作，对"热处理原理与工艺"教学改革进行研究，从课程目标、课程内容、教学模式、教学评价等方面进行针对性分析，探索适合应用型本科院校的"热处理原理与工艺"课程的教学模式。

关键词：课程教学改革；产教融合；热处理

基金：烟台南山学院教学改革研究重点项目"新工科背景下基于实践和创新能力培养的金属材料工程人才培养模式改革"（NSJZ202202）；2021年山东省本科高校教学改革研究项目"新工科背景下材料专业校企一体'教产研'深度融合的人才培养路径探索"（M2021275）；2022年山东省本科高校教学改革研究项目"基于现代产业学院的材料类专业'产—学—研—创'协同育人模式研究"（M2022188）；烟台南山学院教学改革研究重点项目"'学赛践创'驱动下的民办高校材料类应用型人才培养模式探究"（NSJM202203）；烟台市校地融合发展项目平台建设类优先资助（2020XDRHXMPT18）

一、引言

材料是人类发展的基石，随着科技的发展，各种新材料层出不穷，但金属材料仍是目前用量最大、使用范围最广的材料。金属材料需通过强韧化来保障其使用性，其中热处理以其优良的强化效果，已成为当今诸多工业部门不可或缺的关键工序。金属材料工程专业以热加工为研究对象，探讨材料成分、组织结构、性能、使用效能及工艺之间的影响制约关系，"热处理原理与工艺"作为核心专业课，课程分为热处理原理和热处理工艺两部分，与实际应用联系密切。理论性强且与生产实际紧密联系是该课程的双重特点。热处理原理部分内容枯燥、知识点多且抽象，教学难点突出，教师难讲授，学生难理解。对于基础相对较差的学生，想学好这门课确非易事，面对工程教育认证的推进，持续推进课堂教学改革是必然趋势，作为授课教师需投入更多的时间和精力进行有针对性的教学研究，探索适合应用型本科院校金属材料工程专业热处理原理与工艺课程的教学模式，确保有效实施课程教学活动，保证实现课程相关毕业要求指标。

二、工程教育认证与课程教学改革

工程教育认证是对工程类本科教育机构的教学及管理过程的审核认定，是高等工程教育质量保障的重要环节，是提高工程应用技术人才培养质量的有力抓手，其目标指向培养学生解决复杂工程问题的能力和综合素质，为教育与应用脱节问题提供了一种解决方案。

而课程改革是所有教育改革的落脚点，课程改革是实现工程认证目标的重要手段之一，是工程认证的必然趋势和内在要求。

课程改革要注重学生的实践能力和创新能力培养，使课程内容更加符合工程认证标准及要求。例如，在课程设置中增加实际工程案例，使教学更加贴近实际场景，强化学生的实践能力和团队协作能力；引入新的教学理念和方法，例如问题式学习、探究式学习和案例式学习，提高学生的自主学习和问题解决能力。

课程改革的目标是优化课程结构、更新课程内容、提升课程质量，以适应产业发展的需要和培养学生快速适应社会需要的能力。

只有把工程教育认证理念贯彻到课程教学之中，才能使广大学生真正受益。只有将课程改革和产教融合紧密结合起来，综合用人单位的需求，牢牢抓住地方高校人才培养开展趋势与行业企业需求之间的契合点，才能真正实现高素质人才培养的目标，通过产教融合促进产业和教育的深度融合，通过共建课程、联合培养等方式，让学生在实践中掌握专业技能和知识，同时注重学生的创新创业能力和人文社会科学素养的培养。课程改革需更加注重与产业的对接，将产业的新技术、新工艺、新模式引入课程中，使课程内容更具实用性和前瞻性。

三、课程教学改革总体思路

以"学生中心、产出导向和持续改进"为教学改革核心思想,以产教融合为抓手,围绕课程目标、课程内容、教学模式、教学评价等方面进行教学改革与实践。

首先,注重激发学生的学习兴趣和潜能,创新形式、改革教法、强化实践,引入工程案例,推动课程教学从"教得好"向"学得好"转变,将以学生为中心落实到具体的教学活动中。其次,突出产出导向,主动对接企业,针对人才需求端要求,设定以成果为导向的课程目标,优化课程设置,更新教学内容,完成课程所承担的毕业要求指标点,提高人才培养的目标达成度、社会适应度及结果满意度。坚持持续改进、及时评价、及时反馈,不断完善课程资源。

四、课程教学设计与实施

(一)形成以成果为导向的课程目标

工程教育专业认证主要是以成果为导向的教育理念,关注重点是学生通过教育过程所取得的学习成果。其关注的是全体学生而非个别学生取得的学习成果,故基于工程认证标准所建立的人才培养体系是一种达标式而非选拔式的人才培养模式。即要求每一个学生通过系统学习和训练,获得学习成功,获得适应未来生活的能力。为了确保学生获得这一能力,需要对人才培养过程进行反向设计,人才培养过程反向设计流程如图3-8所示。

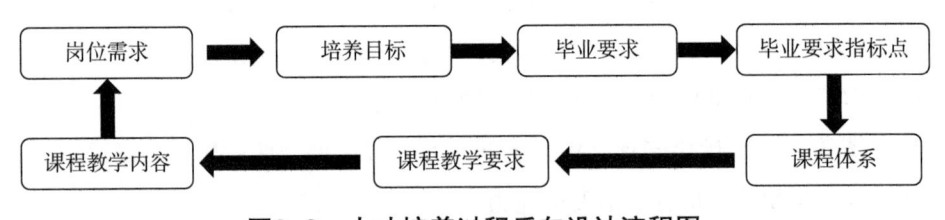

图3-8 人才培养过程反向设计流程图

教学具体实施时,由课程教学入手,逐项落实能力培养及对应指标的达成情况,使学生通过课程体系的考核完成能力培养。这种反向设计、正向实施、从"需求"出发最终又回到"需求"的人才培养模式,可以在最大程度上保证教育目标与结果的一致性。

教师可通过反向设计明确本课程所承担的毕业要求,建立课程目标与毕业要求指标点的对应关系,具体对应关系如表3-29所示。参考工程认证标准专业培养方案包含12个毕业要求,每个毕业要求又分解为若干指标点,表3-29中1.4、2.4、3.2、3.3、3.4、9.1为毕业要求指标点编号,如1.4代表毕业要求中的第4个指标点。

表3-29　热处理原理与工艺课程目标与毕业要求指标点对应关系

课程目标	毕业要求指标点
掌握过冷奥氏体转变的等温及连续冷却动力学规律以及不同冷却条件下组织转变规律及性能变化；掌握过冷奥氏体转变的等温及连续冷却动力学图及其应用；熟悉有色金属时效过程、转变机制及组织性能；掌握钢的加热、退火、正火、淬火、回火工艺以及表面淬火和化学热处理工艺	1.4 掌握金属材料工程专业的基础理论知识，能够综合运用数学、自然科学、工程基础和专业知识分析金属材料复杂工程问题
能运用热处理基本原理和工艺解决与材料组织结构和性能相关的复杂工程问题，进行热处理工艺设计和方案优化，以及钢的组织性能分析，培养其理论与实践相结合的应用创新能力	2.4 具有综合运用基本原理、专业知识和技能，分析金属材料专业复杂工程问题，获得有效结论的能力； 3.2 能够基于金属材料的成分、组织、结构、生产工艺、性能的基本规律，针对金属材料的复杂工程问题，设计满足特定需求的部件或工艺流程
具备必要的工程素养及实践创新精神，具备思辨思维、环保意识及大国工匠精神，具备一定的组织管理能力	3.3 能够理解和掌握金属材料工程行业国内外相关的标准，并能在设计环节中体现创新意识； 3.4 在设计中能够考虑社会、健康、安全、法律、文化以及环境等因素； 9.1 具有一定的组织管理能力、较强的沟通能力和人际交往能力

数据来源：本研究整理

（二）进行注重能力培养的课程内容改革

工程教育认证对学生能力要求高，传统的以知识能力为主的课程内容无法完成培养要求。学校依据专业人才培养定位和毕业要求，深入企业调研，以金属材料相关企业对材料类专业人才的能力需求为目标，重构课程教学内容，修订课程教学大纲，优化教学设计，设置明确具体的教学活动，以大纲明确课程培养目标及毕业要求指标点，通过有效实施的教学活动完成课程内容的传授。

热处理原理以理论为主，新知识更新少，而随着科技的进步，新的热处理工艺及方法不断涌现，课程内容设计时注意捕捉最新热处理工艺及方法，保证课程内容紧跟发展前沿。在教学过程中合理设计教学体系，将热处理原理与工艺进行贯通，对企业实际热处理案例有认识、有分析、有解决方案。我校金属材料工程专业以培养金属塑性成形及模具设计、铝合金加工成型方向人才为主，学生毕业后主要服务于金属热加工、模具制造行业，根据校企合作，很多同学毕业后进入铝合金加工企业，因此在课程内容选择上，除了讲述钢的热处理，还应将铝合金的热处理作为教学重点，采用企业实际研发案例，加入最新研究成果，激发学生学习兴趣的同时培养学生解决实际工程问题的能力。

（三）推行以学生为中心的教学模式

1.因材施教，特色培养，形成"产教协同"开展课程建设的模式

学校与合作企业开展课程建设合作，发挥企业的金属（铝）材料产业链完整、生产设备高端、科研仪器先进的优势，依托其高端设备、科研体系、高水平人员的诸多产业资源，在课程教学内容选取、课程案例资源建设、师资队伍培育、实践教学环境等方面共建，通过与行业企业的协同育人，坚持应用能力培养的教学核心，将铝合金的成分、结构、制备、性能相关知识贯穿整个教学过程中，实现教育链与产业链的对接。

2."移动式教学+线上线下相结合"的教学模式

为了实现从知识向能力的转变，在教学方式、学习方式等方面进行改革。采用研讨式、案例式教学，善用翻转课堂，让学生完全融入课堂，做课堂的主体。提供多元化、交互式学习环境，通过QQ课程群、智慧树等网络工具及平台提供课程教学大纲、教案、教学方案、教学课件、教学资源素材，线下线上教学相结合。尝试"线上线下移动式"模式，探索充分调动学生积极性、主动性的课堂教学方式。运用QQ的班级群功能开发"移动式教学+线上线下相结合"的教学模式。充分利用网络教学的移动性、及时性、碎片化等特点，构建自由、交互、体验、反思为一体的深度学习场域，来增强学生的自主学习意识，使学生在课堂教学之外能够根据自己的时间和地点进行有效的学习，从而提高学生的自主学习能力，激发学习兴趣。教学过程中有机地采取以练代讲、案例点评、研讨辩论、项目探究、边讲边练、平行互动、生生问答、师生问答等多种方式开展深度融合的线下线上教学活动，为学生的交流、协作、探究、创新等能力的形成和提高提供平台，进而使学生深入理解课程重难点内容。除此之外，为学生提供其他高校的优秀课程资源，打破学生学习的时空限制，必将使学生学好"热处理原理与工艺"这门重要专业课。

（四）完善持续改进的课程评价体系

教学的各个环节都要落实反馈机制，才能有效提高教学时效。教学效果如何，其一，取决于教师的教学反馈系统，教师及时、准确、全面系统地了解学生情况，及时吸取来自各方面的反馈信息，根据掌握情况，适时调整教学方法与进度，使之更切合实际学情，才能总结经验教训，提高教学水平，提高教学质量，使教学过程向最优化靠近。其二，是学生的自我反馈系统，学生在接受信息的同时，通过积极思维、综合分析，主动进行练习，使学生能在掌握知识、技能的过程中，通过信息反馈，辨别自己的学习效果，及时将学习信息反馈给教师，从而不断提高教学质量，达到教学相长的目的。

专业教育认证对评价体系有严格的要求，注重学生达到了什么目标，而不是教师教

多少与教什么。传统的、单一的书面考试已经无法全面评价学生的能力，因此需要引入多元化的评价方式，包括对实际操作、调研报告、项目成果等多种内容的评价，以更好地评价学生的实践能力和创新精神。

教学过程中，教师针对具体的课程、具体学情，不断完善教学反馈方式方法。例如：新课检查预习，反馈预习成效；课前串说提问，反馈复习效果；课中重难点反复强调，反馈强化印象；在讲到重难点时，适时进行立即反馈了解掌握程度；课尾全面总结，反馈新授课掌握情况。此外，每节课前进行一个应知应会知识点的小测，反馈掌握情况，章节结束再复习，反馈整体掌握情况，在实际教学中充分利用QQ班级群在线作业的形式，及时反馈学习效果，都可以得到事半功倍的效果。

课程实施形成性评价考核，降低期末考试占比，增加可衡量的形成性考核比重。过程性考核注重学生运用基础知识、理论及技能解决专业复杂问题的能力。"热处理原理与工艺"课程是材料成分—组织结构—工艺—性能关系的综合体系，考核时强调学生的分析、设计能力，因此在作业及实验中增加关于热处理工艺设计的实验项目、大作业、调研报告，根据不同考核内容采用定性或定量的方式进行评价。如考试用定量方式，大作业用定性方式，平时作业可以采用定量加定性相结合的方式，每次作业根据完成质量给出具体成绩，根据每次作业是否及时上交给出定性评价，算到表现成绩中，以此培养学生的时间观念。教学反馈尤为重要的两点，其一为及时性，教师需要在教学活动的各个环节关注学生表现，及时了解学习的结果；其二，注重表扬鼓励，在教学过程中教师要仔细发掘学生的优点，多用表扬，在肯定优点的基础上指出错误，切忌否定一切，这样就能够给学生积极的反馈，使学生树立学习的信心，更有利于其提高学习的积极性、主动性，不当面指出学生的错误，有时也会得到更好的效果。

可衡量、可执行的课程质量评价体系既可以呈现课程目标达成情况，又能体现个性差异，进而评价学生能力培养的情况，同时可反映出课程教学的不足，有利于教师提出有针对性的解决策略，对课程进行持续改进。

（五）落实以立德树人为目标的课程思政

教师在教学过程中自觉将知识传授与价值引领相结合，将立德树人根本任务贯穿教学全过程，在完成知识传授及专业能力培养的同时，引导学生形成正确的世界观、人生观、价值观，使学生具有坚定的理想信念。本课程的思政思想及内涵是：通过专业课知识的学习引导学生树立正确的国家观、历史观、科学观、发展观与文化观，在学习过程中，使学生体会材料本身蕴含的人文精神以及材料发展对于个人、社会与国家的重要影响，从而使得科学育才与思政育人协同强化学生专业能力与思维能力。

"热处理原理与工艺"课程中"成分—组织结构—工艺—性能"关系有其辩证性，

如钢的"四把火"既有各自的局部特点，又体现综合运用的大局性特点。我国热处理历史悠久，十大名剑、著名热处理专家、超级钢的研发、桥梁用钢的发展推动我国基建迅猛发展等都可以作为思政元素融入课堂，提升文化自信，激发学生对专业的热爱，激发其科技强国的使命感。

专业课教师的思政素养与思政能力是落实课程思政的关键，为了完成专业课的价值引领，任课教师要永远在学习的路上，提升自身的思政素养与思政能力，提高专业水平，确保有效实施课程思政教育。

正确有效的实践方法及途径是落实课程思政的保证。"热处理原理与工艺"课程思政建设路径为：根据课程教学目标，挖掘课程思政元素，确定课程思政目标，确定融合方式，考核实施效果，持续改进。

在本课程思政建设的过程中，目前以利用其他高校思政资源为主，如在学习西北工业大学等高校本课程思政建设成果的同时，根据本校学情进行整合优化，形成课程思政案例库。思政资源主要包括"中国基建与工程发展背后的金属热处理工艺""中国传统文化与传统工艺""科学家探索、求知、严谨的科学精神"三大模块。第一个模块从近年来发展迅猛的超级工程中提取素材，如港珠澳大桥的建立离不开退火工艺索氏体斜拉绳索的性能优化，以此激发学生的民族自豪感及爱国情怀。第二个模块通过介绍与热处理相关的中国传统文化与传统工艺，增加学生学习兴趣，建立民族自信心，同时探讨我国近代工艺落后的原因。第三个模块通过介绍热处理技术发展过程中的杰出贡献者们严谨的治学科研态度、对科研工作一丝不苟的人格魅力，激发学生爱专业、爱科研的求真务实精神。

如何充分发掘具有"生动性""深入性""科学性""实用性"以及"趣味性"等特性的课程思政元素，并将其以恰当的方式融入课程教学中，在课程育才的同时于无声处完成课程育人的教学目标，是课程思政的重点也是难点，更是本门课程后续改革的重点。

五、结语

本文以产教融合为抓手，以企业需求为导向，围绕"学生中心、产出导向和持续改进"工程教育认证核心思想，依据专业人才培养定位和毕业要求，对"热处理原理与工艺"课程的改革与实践进行总结，此次课程改革，通过明确的课程目标、优化的教学内容、多样化的教学模式、多元化的考核方式、有效的教学活动，有效提高了课程教学效果，完成了育人与育才并重的教学目标，有助于推动学校金属材料工程专业人才培养质量的提升。

参考文献

[1] 叶荣昌，强文江，李成华，等.毕业要求指标点在材料力学性能课程教学中的落实[J].中国冶金教育，2019（3）：51-54.

[2] 王东云，张水潮，高有堂，等.引入学科竞赛知识元素的教育教学改革研究与探索[J].高教学刊，2021，7（32）：1-7，11.

[3] 马会清.教学反馈机制在网球技术教学中的运用[J].少年体育训练，2011（2）：20.

[4] 朱丽红."反馈机制"在高校滑冰课教学中的应用[J].冰雪运动，2007，29（3）：82-84.

[5] 黄陆军，崔喜平，张弛，等."热处理原理"课程思政建设探索[J].教育教学论坛，2020（45）：38-40.

作者简介：尹红霞（1982— ），女，黑龙江密山人，烟台南山学院材料科学与工程学院材料工程系系主任，副教授，硕士；余鑫祥（1984— ），男，湖南临湘人，烟台南山学院材料科学与工程学院材料工程系副教授，博士；蔺荫鹏（2003— ），男，山东临清人，烟台南山学院材料科学与工程学院金属材料工程专业学生。

模块四

专业教学内容与岗位职业标准一体化

地方应用型大学产教融合模式研究
——以机械设计专业为例

王文英

摘要：依靠政府对高校进行扶持，加强校企合作，实现产教深度融合，基于产学研协同创新的创业型高校在培养应用型人才时，应重点对集中实践环节进行研究与建设。真正的应用型院校教师应当具备丰富的专业知识、高超的教学能力和实践能力，通过下厂锻炼，在日常专业知识的教学过程中结合工厂案例提高学生职业能力，并建立一系列校外实践质量保障体系保证学生校外实习的效果。

关键词：产教融合；应用型人才；实践环节；师资队伍

一、国内外研究背景、现状及研究意义分析

教育为社会提供人才，是人才的输出方，高等学校的教育资源、教育环境、教育方式以及能培养什么样的人才，都是人才输出方应该注意的问题。面对目前的形势，高校的人才输出改革主要集中在职业能力和创新能力培养方面，高校应该通过对教育的改革，提高输出人才的质量，为建设和服务国家与地方提供满意的人才。

（一）国内研究概况

高校人才输出改革体现出高校改革从"需求侧拉动"到"供给侧推动"的根本转变，能够确保高校为社会提供有效的教育输出、对口的教育输出、创新的教育输出。高等院校供给侧结构性改革首先面临的一个问题是"产能过剩"，然而大量的企业"用工荒"现象又令人费解。因此，高等院校要依靠政府对高校进行扶持，加强校企合作，推进产教深度融合，基于产学研协同创新，培养应用型人才。要想实现高校产教融合，应该先找寻连接校企的桥梁，研究一种新的合作模式。高校在制订人才培养方案时，需要去掌握、研究企事业单位对人才的需求情况，不能盲目跟风。要培养应用型人才，首先需要社会对此类人才给予一定的认可、一定的尊重和社会地位，使其不再是人们眼中简

单的"工人",而是"工匠"。其次,应用型大学应该在文化建设、教育上营造尊重技能的氛围。

(二)国外研究概况

21世纪以来,科技经济一体化的发展趋势逐渐形成,为了在高校教育、科学研究和创业创新之间建立一定的联系,涌现出一批关于产业和教学之间结构、目的、融合方式等的研究。2003年美国学者提出了"开放式创新"概念,对企业通过整合内外部创新要素来创造新价值的模式进行了系统研究,认为"知识的创造和扩散以及高级人才流动的速度越来越快,企业应实施开放式创新模式,与大学等外部知识源进行广泛合作"❶。还有学者更指出产学合作是大学除教学和研究之外的"第三使命","大学—产业—政府"三方在发挥各自独特作用的同时,加强多重互动,是提高国家创新系统整体绩效的重要条件。

(三)研究意义

本研究借鉴先进国家该领域的经验,通过研究实现两个转化:一是从"培智"和"引智"两个角度看高校创新源作用展现,丰富校企合作的内容,提高校企合作的层次,从而更好地发挥高校为社会、经济服务的水平和能力;二是实现从少数学校的经验介绍向理论升华的转化,从理论上阐明高校供给侧结构性改革有效实施的方法和途径,从而丰富高等院校供给侧结构性改革的理论体系。

高校结合地方区域产业特征,有效开展柔性的、开放的、以学生为中心的现代人才培养,能切实根据企业需求培养人才,使学生所学就是企业所需。同时,高校根据企业需求调整授课内容及方法,两者相辅相成,缩短了专业与职业之间的转换周期,使高校能培养出更有竞争力的应用型人才。

二、研究内容

(一)推进应用型高等院校建设研究与实践

本研究总结认为,学校应积极营造有利于大学生创新创业的外部环境,结合现代学徒制和导师制,以跟政府合作的创业培训为载体,对学生展开公益性创业教育,学生可以根据自己的爱好与就业方向选择合适的培训项目。

---

❶ 何郁冰. 产学研协同创新的理论模式[J]. 科学学研究,2012,30(2):165-174.

（二）协同创新平台研究与实践

学校应发挥协同创新平台作用，推进创新创业应用型人才培养体系建设，加快以市场为导向的学科专业调整，面向需求，改革供给结构、改善培养条件，进一步完善创新知识转换为生产力的机制和渠道，让大学的知识迅速转换，从而促进供给侧结构性改革。

（三）创新创业高技能人才培养研究与实践

学校应基于协同创新平台，积极进行高校课堂教学改革，满足企业对于应用型人才的需求，培养出一批批具有专业知识、创新精神的"工匠"；同时要与时俱进，适应新兴产业和新兴职业需求，及时更新资源库，培养社会急缺人才，为国家和地方排忧解难。

三、解决问题的方法

（一）文献资料法

主要围绕协同创新推进供给侧结构性改革、创新创业理论，通过查阅网络、期刊等媒介，学习借鉴国内外有关本课题研究的新成果，完成理论实践资源的整理与开发。

（二）行动研究法

在实践中积极探索高等院校供给侧结构性改革展现的方法和途径，加强对典型性、制度化的实践活动的分析与研究，不断优化和调整实践活动的过程、方法。

（三）经验总结法

总结国内外、省内外成功的做法，结合本校、调研高校、企业的实践情况，积极探索并总结出具有推广价值的高等院校供给侧结构性改革模式和方法，形成具有推广价值的课题研究报告和实施方案。

（四）调查研究法

调查高等院校供给侧结构性改革的现状和要求，形成有针对性的方式途径。

四、具体实施方法

（一）重点对金工实习数控加工技能训练等集中实践环节进行研究与建设

首先，烟台南山学院以现代信息技术为基础，以现代职业教育先进教学模式为理论指导，成立课程资源建设团队，从理论研究着手，研究"微课导学"、翻转课堂等教学模式，通过对信息化教学模式的研究，形成适合我校学生学情的先进教学模式和体系；其次，组织项目团队开展调研，并结合兄弟院校的调研情况，开展课程资源建设，开发优质高效的微课、教学视频、动画课件等；最后，通过互联网形成集学习、沟通交流、练习测试、反馈等于一体的在线课程平台，并通过教学实践不断修改完善。目前高校中，基本每位学生都有一部智能手机，一部分学生还有电脑或者平板电脑。这些设备可以让学生随时登录网站放视频、运行软件，提前预习，完成老师布置的任务；学校图书馆还配置了机房，为学生提供上网学习的机会。

我校在以实操为主的课程教学中，重新建构一种新的教学模式——"微课导学"教学模式，如图4-1所示。

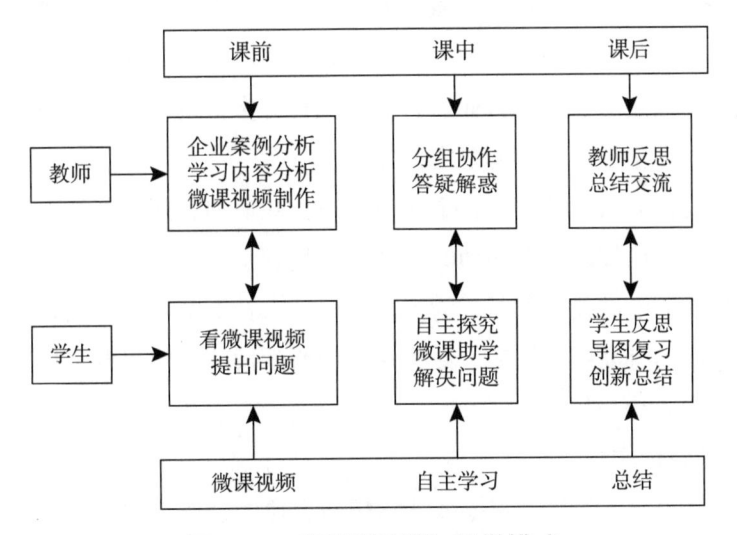

图4-1 "微课导学"教学模式

微课导学主要分为三个环节：课前预习、课中学习和课后总结。教师先参考从企业挖掘的教学案例，重新整理教学内容，制作微课视频，经过几个学期的积累，形成微课资源库；教师在实习车间领着学生实训时，先给学生分组，分组时注意每组学生水平应该接近，对于学生提出的问题及时反馈，做出评价；学生通过课前预习，掌握部分知识，提出疑问，分组后跟组员合作动手实践，在实践中解决一部分问题并进一步提出新的问题，针对新问题和组员进行讨论交流，挖掘创新点，总结本节知识。在整个教学过程中，体现了以学生为主体、教师引导学生学习的思想，提高了教学质量也培养了学生自主学习、创新的能力。

通过任务的开展与实施，拟达到如下目标：根据课程特点，开发高质量的视频与微课资源，集中实践课程是动手能力要求极强的实操性课程，教师要根据课程教学目标将课程分解成若干个单元，每个单元再分解成微单元，每个微单元再拆解成若干个知识点或技能点，把所有的技能点设计制作成高质量的微课视频；利用技术手段，将所有知识点和技能点上传平台，学生只要用手机扫描机床上的二维码图标，即可迅速链接到相应的微课视频、动画等教学资源，将难懂的教学内容分解并生动形象地展现给学生，让学生不仅理解了复杂原理还掌握了一部分技能，使师生互相更有效果；开发优质课程资源，实现在线课程上线，争取成为受学生欢迎的在线视频课程。

（二）新型教育形态下进行师资队伍建设的研究和实践

本校深入推进创新驱动发展，坚持"创新引领"战略，不断提升企业技术创新能力，广泛开展创新和产学研合作，拓展利用国际创新资源新渠道，加快建设产业技术平台，利用"互联网+"的时代背景营造创新氛围。作为烟台创新环境下的应用型高校，本校亟待探讨如何结合地方特色寻求教育的新模式，如何在新模式下整合创新资源开展师资队伍的建设。近年来，全国各地高校依托教育资源，以专业为纽带与行业、企业共同组建合作基地，通过对政府、行业、企业、院校等多方资源的整合与集成，实现政、校、企三方共赢，促进应用型教育发展。

工科应用型院校的双师型教师，不应该单纯指双证书教师，不能唯证书论。教师首先要有扎实的专业理论知识，应该随时随地进行培训学习，充实自己，及时关注本学科的新动态，掌握最前沿的技术革新，为提升创新能力打下基础；其次是真正提升自己的技能水平，使自己具有高超的技艺，并将在企业所学揉碎成知识点，将这些知识点融入授课中，真正提升学生的能力。

1.师资队伍建设依靠校企共建

"双师型"师资队伍的建设需要依托学校与企业的合作关系，需要建设学校与企业两个培训基地，最终培养出理论知识扎实、专业技能过硬的师资队伍。学校可从以下方面进行师资队伍建设：

（1）充分利用院校企业的信息资源，建立集团网络和论坛。

（2）吸纳已达成校企合作的企业优秀工程师加入师资队伍。

（3）继续推行"教师下厂锻炼"制度。要求教师提前调研，找好对接企业，真正下到企业中搜集教学案例、学习技能。

（4）建立"企业案例指导授课内容"的课程体系，要求每学期下厂锻炼教师根据企业岗位的需求撰写教学案例，将与岗位相关的内容融入课程教学，将学生对教学案例的解决能力作为学生课程考核的依据之一。

（5）企校共同进行创新研究，鼓励教师及教师指导学生积极参加科研创新，可以从创新实践类课程中提取思路，申报发明专利、实用新型专利、撰写论文等，同时要求教师带领学生帮助企业攻克技术难题，共同申报科研项目。

（6）实施"访问工程师""访问教师"进修制度，邀请企业工程师到学校挂职授课、共同指导学生毕业论文，鼓励教师每学期到对口专业企业挂职锻炼，挂职锻炼要带着一定的目标去，例如挖掘多少企业案例、校企共建几门课程、校企共同申报几个项目等，要做实而不是流于形式。

（7）建设虚拟学院，教师进企业给企业员工进行理论知识培训，企业工程师给应用型院校教师开展技能培训，帮助教师通过社会、行业组织的职业资格等考试，并取得相应的资格证书和行业技能等级证书（技师、高级技师等）。

（8）实现"一课双师"，专业课程的教学由校内专任教师和企业兼职教师共同完成，理论授课以校内专任教师为主，企业兼职教师主要指导学生完成综合实践和实训，校企双方教师互相配合，共同完成课程的教学和考核。

2.应用型院校的"双师型"师资队伍建设需要政府大力支持

政府需要出台相应的政策鼓励企业和学校合作建设师资队伍。在学校做好对接企业工程师理论培训的基础上，政府需要对此类培训给予认定，本校教师在接受技能培训后，需要政府通过建立有效的评价体系激励学校教师向"双师型"方向发展，实现优秀工程师、应用型院校教师"互聘共培、双岗双薪"，鼓励教学、生产"国际化"。

五、校外实践质量保障体系研究与探索

（一）校外实习目前存在问题

校外实习企业鱼目混珠，实习企业及实习岗位缺乏筛选与认定机制。校外实习体制不够健全，缺乏相应的政策鼓励，无法很好地调动教师参与学生实习管理的积极性；实习企业抱怨学生缺乏责任心、浮躁、目标规划不清晰、不能吃苦、跳槽频繁；学生抱怨企业没有系统的实习规划，个人成长较慢，对自己的能力提升效果不明显；教师抱怨实习流于表面形式，缺乏真实性，花费大量精力做一些没有实质价值的资料审核。那么，该如何通过相应的体制制度建设解决这些问题呢？

（二）保障措施

1.资源保障

开发一定数量的、和专业相关度较大的校企合作企业资源。企业的资质和信誉度须

由学校考察把关，同时各企业所提供的实习岗位应结合公司自身特点及优势，并考虑统筹兼顾原则，应考虑尽量涵盖到专业的主要岗位群，并由学校和企业共同制订合理的实习培训计划。学校可根据各公司背景及岗位类型分配各专业老师为实习指导教师。对各校企合作企业可按企业公布培训计划，本着学生自愿的原则进行实习报名，当然在实施过程中学校可以做适当的统筹调整及导向。对于自主选择实习企业的学生，应对实习企业进行考核确认，并加大对学生实习过程的跟踪考核，从而尽量规避学生作假、实习动机不纯等造成不良影响。

2.组织保障

设立校外实习工作小组，包括实习工作领导组和管理组。领导组主要是学院分管教学领导、系主任和专业负责人以及企业人力资源负责人和具体部门负责人；管理组主要为校内实习指导教师和企业导师，实习具体工作安排及指导由企业导师负责，校内指导教师主要配合企业负责学生的思想、安全教育以及传达学校有关要求，并结合专业及课程建设需求，有计划地系统性整理实习素材和案例，完善课程资源建设。

3.制度建设

各专业制订合理的实习任务、大纲，出台合理的实习管理机制，并设计科学的实习记录手册，明确校企合作内容与形式、校企合作工作小组各自的职责和分工。规范校企合作的管理和激励政策，建立对学生校外实习学分管控的相关政策；同时规范校外实习合作协议。

4.过程监控

通过自查及教务处、学院督导组、系部负责人等展开的专项实习材料随机抽查等途径进行实习监控和评价；同时教师应加强对学生的实习过程监控，企业导师及部门内负责人协同对学生进行督导监控。

5.质量评价

包括考核质量评价体系、反馈机制和奖惩机制。对学生注重过程考核，以学生在企业的表现、资料规范性及导师评价为主；对校内指导教师考核以其在校、生、企之间的协调效果及实习案例素材整理为主要考核标准；并建立相应的反馈机制和奖惩机制，每年评选优秀实习学生、优秀指导教师、优秀企业导师及优秀合作企业。

六、结论

本研究在国家和地方加快应用型人才培养、推进产教融合的背景下，讨论如何有效开展柔性的、开放的、以学生为中心的现代学徒制人才培养体系建设。确保能切实根据企业需求培养人才，使学生所学就是企业所需。高校根据企业需求调整授课内容及方法，两者相辅相成，能缩短专业与职业之间的转换周期，培养出更有竞争力的应用型人才。

参考文献

［1］王同聚.基于创客教育理念的"智创空间"实践研究[J].中国教育信息化·基础教育，2016（5）：22-25.

［2］杨鑫.智能时代课堂变革图景：智慧课堂及其构建策略[J].电化教育研究，2021，42（4）：12-17，52.

［3］刘娜.产学研合作的现状分析及模式比较[J].大学，2023，604（22）：40-43.

［4］钟鸣.1+X证书制度下"新工科"专业师资队伍的建设[J].工业和信息化教育，2022（4）：15-18.

作者简介：王文英（1981— ），女，山东青岛人，烟台南山学院智能科学与工程学院副教授，硕士。

新文科背景下数字化赋能金融工程专业高质量发展研究

付妮妮　王为

摘要：为适应新文科背景下跨学科、跨行业的育人模式，职业素养与创新创业相结合的教学理念以及产教融合的教学方案，解决教学信息滞后、学生学习兴趣不高、理论实践结合难、教学评价体系不完善等教学困境，烟台南山学院依托学校办学优势和数字化背景，构建"三融合、三协同"教学体系，"三融合"是指学科交叉融合、数字赋能融合、数字资源融合的育人理念，"三协同"是指共建创新创业育人平台、共建校企合作育人模式、共建产业学院育人基地的育人方案，旨在为我校金融工程本科专业高质量发展助力。

关键词：新文科；数字化；高质量发展；三融合；三协同

一、引言

随着信息技术的彻底革新，全球经济已经进入了数字化、智能化、网络化的"互联网+"时代，这是一个充满活力和机遇的时代。以网络技术为核心的第四次工业革命正在蓬勃兴起，社会生产分工、金融服务管理以及国际贸易格局等方面，正面临着新一轮科技革命和产业革命所带来的深刻影响❶。传统商业教育模式已经难以适应数字环境下的商业贸易需求。在数字化转型的大背景下，新的商业模式亟须具备专业知识、技术技能、企业素养以及社会责任感的新时代商业人才的深入了解。

新文科是指在传统文科基础上，顺应时代发展需求，进行学科交叉、融合、创新而形成的新型文科。新文科的发展背景主要是新技术、新模式、新产业对文科教育提出的新要求。新时代的新文科旨在培养适应数字经济发展和科技产业改革的复合型人才。新文科的内涵主要包括以下几个方面：①数字化：新文科教育强调数字化，将数字技术应用于行业领域的各个方面，如大数据分析、人工智能应用等；②智能化：新文科教育注重培养学生的智能化思维，教会学生如何运用智能化手段解决问题；③跨学科：新文科强调打破传统学科界限，促进不同学科之间的交叉融合，这有助于培养学生更全面的知识体系和更广泛的学术视野；④创新性：新文科注重培养学生的创新能力，鼓励学生进行跨学科的思考和创新，提高学生的创新意识和创新能力；⑤实践性：新文科强调实践教学，注重培养学生的实际操作能力和解决实际问题的能力。

二、新文科人才培养的要求与特点

（一）实现跨学科、跨行业的育人模式

OBE理念指导下新文科人才的培养需要突破学科壁垒，激发学生跨学科、跨行业的学习动力。例如：就金融领域而言，教师可通过跨行业、跨学科地讲解金融知识来增强学生对于金融领域的了解和认知；就管理行业而言，教师可通过跨行业、跨学科地讲解管理学知识来加强对学生管理能力的培养；在会计领域中，教师可通过跨行业、跨学科地讲解会计学知识来促进学生会计能力的发展。这既能加强学生对某一方面或某科目的了解和认识，又能提高学生综合素质及职业能力。同时新文科教育也加大了教学输出的力度，让学生对行业和企业有了更深刻的认识。

（二）贯彻职业素养与创新创业相结合的教学理念

经济的高质量发展保障了社会和科技的不断进步，这也对人才培育和成长提出了更高层次的要求。在经济新常态背景下，我国产业结构面临转型升级，社会对文科人才的需求也在不断发生变化。高校在培育人才时也必须与时俱进，转变人才培育观念，由传

---

❶ 陈晓芳，夏文蕾，张逸石，等. 新时代新商科的内涵及"多维度协同"培养体系改革[J]. 财会月刊，2021（5）：107-113.

统教学理念向职业素养与双创融合的理念转变。目前我国很多高校将文科人才的培育重点放在职业素养和职业能力的提升上，对学生适应社会的能力、创新思维的形成以及创业实践的能力等置若罔闻，致使很多学生在毕业后无法迅速与社会接轨，因此，高校必须转变教学理念，将创新创业教育融入专业教育中，将创新创业教育贯穿到本科教育的全过程当中，培养新时代下具有创新和创业思维，能把基金和金融衍生品的创新方法灵活运用到现实生活和企业发展中去的新型金融人才。同时，高校在新文科人才培养过程中还应融入以学生为中心、以结果为导向的教学理念，建立完善的课程教学体系和实践操作平台，积极引导学生将理论、实践与规范相结合，将知识、技能与素质相结合，将职业素养与创新创业相结合，通过多种渠道、多种形式的创新创业活动，增强学生的创新思维和创业精神，使其在实践中增长才干、锻炼能力，实现人才转型。

（三）践行产教深度融合的培养方案

践行产教融合的培养方案要做到以下几个方面。

第一，学校与企业建立紧密的合作关系，共同制订培养目标和培养方案，同时企业可以提供实践场地和实际项目，让学生在校期间就能接触到真实的商业环境和业务，提高学生的实践能力和创新意识。第二，在课程设置方面，要根据行业发展趋势和企业需求，设置实用性强、与时俱进的课程，注重培养学生的专业技能和创新能力，同时，融入人文、社会科学等元素，提高学生的综合素质。第三，在实践教学方面，要增加实践教学环节，如实习、实训、实践项目等，让学生在校期间就能积累工作经验，提高就业竞争力。第四，还要建设一支既有丰富理论知识，又有实践经验的双师型教师队伍，以提高教学质量，培养出更符合市场需求的人才。最后要强调终身学习理念，培养学生自主学习和终身学习的能力，以适应社会发展和个人发展的需要。

三、金融工程专业人才培养现状及问题

（一）教学信息滞后

金融工程是一个与时俱进的专业，它要求课程设置、课程内容等都要随着时间的推移及时更新，尤其是在数字化转型的大背景下，更要注重信息的时效性、知识的前瞻性。目前，部分本科院校的金融工程专业教学理念较为落后，课程设置过于理论化，一些金融工程专业的课程设置仍然以理论为主，缺乏实践性和实用性。虽然理论知识是基础，但在现代金融市场快速发展的背景下，学生更需要掌握实际操作技能，以便更好地适应职场需求。其次是教学方法过于传统，部分金融工程专业的教学方法仍然停留在传

统的讲授、笔记、考试阶段，缺乏互动性和创新性。这种教学方式难以激发学生的学习兴趣和积极性，也不利于培养学生的创新能力和实践能力。再者，金融工程专业的发展需要学校和企业的共同努力，然而，目前我国部分高校与企业之间的合作仍然不够紧密，导致学生在实习和就业方面临一定的困难。

（二）学生学习兴趣不高

金融工程专业的课程很多都与经济学、金融学等密切相关，其内容包括经济市场、货币政策、政治经济等很多抽象的理论知识，因此学生在学习时看到课本上大量的公式和定理时，难免会存在畏难心理。如果任课教师在教学过程中仍然采用传统的讲授方式，缺乏互动和实践，就会使得学生在课堂上容易产生倦怠心理。同时，还有部分学生在选择金融工程专业时可能并未充分了解该专业的发展前景和就业方向，导致其在学习过程中产生迷茫和兴趣缺失。

（三）理论与实际难以结合

首先，部分高校的金融工程专业课程过于注重理论知识的传授，缺乏实践环节，导致学生在实际工作中难以将所学知识应用到实际问题中。其次，部分高校的金融工程专业实践教学资源有限，如实验室、实习基地等规模较小，使得学生在校期间难以获得足够的实践机会。最后，部分金融工程专业的教师缺乏实际工作经验，难以将实际案例融入课堂教学，导致学生难以将理论知识与实际应用场景联系起来。还有一些学生在学习过程中过于依赖老师，缺乏自主学习和实践的意识，导致毕业后难以适应实际工作的需要。

（四）教学评价体系亟待完善

对于传统的教学评估而言，学生的应试考试成绩几乎是衡量教学质量的唯一标准。尽管教学评估的指标包括出勤情况、课堂表现和作业完成情况等，但一个学生的全面发展受到其所采用的学习方法、学习模式和学习工具的影响，这些因素都可能对其学习效果和学习质量产生影响。所以，教师应该重视课堂教学的有效性，关注学生学习的过程，而不只是为了追求成绩。从这里可以推断出，对学生进行教学评价并不应只用一种单一的方式，而是要通过笔试和表现等多种方式进行综合评估，因此需要采用一种高质量、全面的评价方式[1]。

---

[1] 李瑶. 信息化教学在本科院校金融专业课程教学中的应用分析[J]. 无线互联科技，2021，18（7）：162-163.

四、新文科背景下数字化赋能金融工程专业人才高质量发展体系构建

烟台南山学院深入贯彻党的教育方针,落实立德树人根本任务,遵循"整合、优化、创新、提升、发展"十字方针,重视学生内涵建设,着力提升教育教学质量。针对传统金融人才不能满足当下经济高速发展需求的现状,以新文科建设背景和金融工程行业发展需求为导向,以培养具有一定的市场分析技能和业务素养,能在金融机构和企业从事宏观经济分析、金融产品设计、资产定价、交易策略设计、风险管理、量化投资等方面工作的可持续发展的金融类高级应用技术型人才为根本目标,特构建了"三融合、三协同"的育人体系,如图4-2所示。该育人体系主体由政府、学校、企业、科研机构、学生和其他多方参与者组成,其中学校是培养高素质应用型人才的主体,它负责为学生提供有形和无形的支撑;学生作为育人体系的实施者,依据育人理念和育人内核进行实践;企业在育人生态体系中发挥着重要作用,为人才培养提供了必要的资源并支撑着学校的发展;政府在其中主要起着指导和扶持作用,它通过制定相关法律法规维护学校、企业以及研究机构等各个主体的权益,营造创新的良好氛围,另外还在育人生态体系中起着监督的作用,承担着教育资源分配、财政支持以及监督评价等方面的责任;科研机构是高等学校应用型人才培养的实验基地。

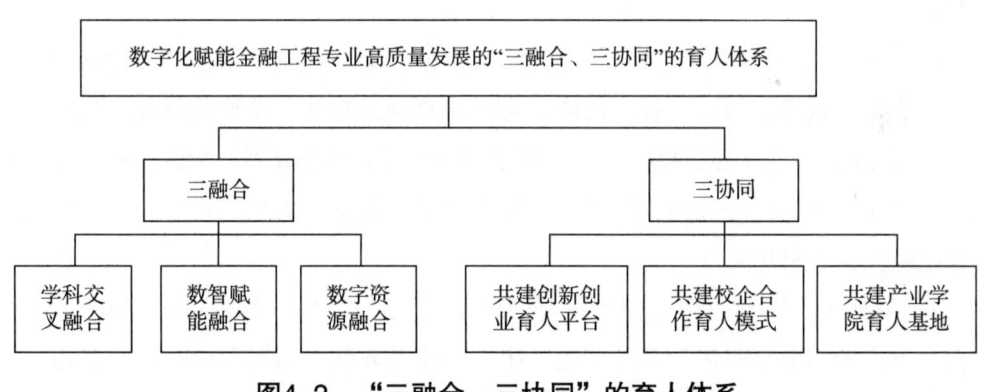

图4-2 "三融合、三协同"的育人体系

(一)学科交叉融合、数智赋能融合、数字资源融合的"三融合"育人理念

金融工程专业的教学目标是培养出具备坚实的经济与金融理论基础,具备数据获取和整理分析能力,能够运用先进的金融工具和交易手段提出解决金融问题的策略和方案的复合型应用人才。金融工程专业的教学应加强顶层设计,将"三融合"育人理念融入人才培养体系中,从学科交叉融合、数智赋能融合和数字资源融合三方面丰富"新文科"建设的内涵,同时从指导性角度决定金融工程人才培养的方向,紧扣数字化转型时代的契机,自上而下地推进金融工程专业"新文科"建设的步伐,具体的"三融合"育

人理念教学模式如图4-3所示。

1.理、工、文、商学科交叉融合，实现本科人才培养内涵式高质量发展

金融工程专业属于具有管理色彩的经济类专业，但当前其单一的教学方式和教学内容尚不能够满足时代社会发展需要。因此，应将理、工、文、商等学科交叉融入金融工程专业人才培养模式中，在保障金融工程自身育人目标实现的基础上，实现本科人才培养内涵式高质量发展。具体举措如下：一是专业转型升级，探索"新文科"培养模式。为适应社会对金融工程专业高级管理人才的新需求，我校在金融工程专业下设两个选修方向，分别是投资方向（包括投资银行学、投资心理学、投资组合管理、股权投资基金课程）和银行方向（包括中央银行学、银行会计、货币银行学、商业银行经营管理课程）。二是进一步优化"新文科"本科人才培养方案。金融工程专业将金融科技成果引入课程体系，在培养方案中增设了互联网金融、金融科技概论、金融科技竞赛、数学建模竞赛、Python语言基础与应用、金融时间序列分析等金融科技课程，从而实现多学科、多角度的深层次融合教学。

2.数字商科智慧学习中心，赋能新文科数智实践体系

学院基于"学科引领，数字化、一体化、社会化、递进式"的建设思路，结合"三链协同"的新文科数智赋能的课程体系，构建数字商科智慧学习中心，以教学、科研充实教产链。

（1）依托中心实现课程的数字化融合、"课训赛证"融通。智慧中心遵循商科应用型人才技能成长规律，构建"基本技能、虚拟仿真综合技能、数智化技能、创新创业能力""四层递进"，集"实践教学、1+X证书培训、学科技能竞赛、校内实践基地、科研应用""五位一体"的综合性实践平台；完成以实践训练助力数据科学、人工智能、商科的深度融合和赋能升级。

（2）依托中心实现数智化应用研究的教学转化。组建产教联合研究团队，搭建科研平台，重点围绕数字经济、智能财税、生态经济等新技术与商科融合应用领域，开展应用研究及研究成果的教学转化。以智慧学习中心为载体，形成商科前沿实务动态、实务技术、实务课题同步进科研平台、进教研室、进教材、进课堂的直通道，助推教改、课改。

3.充分利用数字资源，为新文科课堂助力

在信息化、数字化背景下，中国大学慕课、在线课程等项目的推广，雨课堂、智慧树等平台的使用，使得教师们对于多媒体教学资源、信息化教学平台并不陌生。金融工程专业的大部分专业理论课和专业实训课也都已开发了较为丰富的任务驱动、项目导向、理实一体化实训材料和实训平台，同时还有一些课程也开发了配套的微课、慕课、在线课程等多媒体教学资源，信息化教学平台也有很多种可供教师选择。

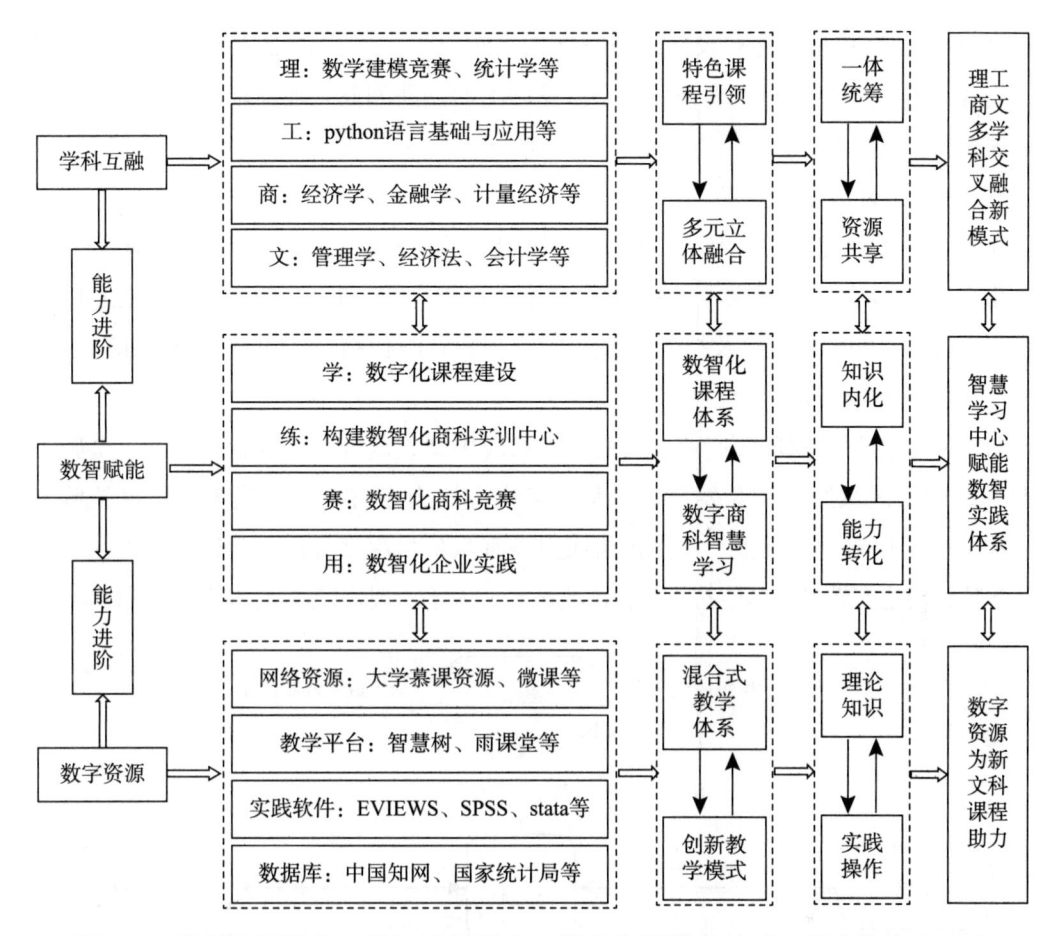

图4-3 学科交叉融合、数智赋能融合、数字资源融合的"三融合"育人理念

（二）共建创新创业育人平台、共建校企合作育人模式、共建产业学院育人基地的"三协同"育人方案

"三协同"育人体系的搭建旨在拓宽商科教学研究范式，增强"校—政—企—生"四方合作交流，通过创新创业育人平台、校企合作育人模式、产业学院育人基地等实践方式将理论与实践相结合，使学生多渠道、多维度地培养自身实践能力，促进政产学研协同发展。

1. 共建创新创业育人平台

我校根据金融工程专业的发展趋势，及时调整课程设置，在课程中增加融入大数据技术应用、金融科技等知识技能，开设互联网金融、金融科技概论、Python语言基础与应用、金融时间序列分析等与数字化、互联网、大数据等相关的课程内容，使学生能够掌握最新的金融科技知识和技能。我校还与三十余家企业建立了长期稳定的合作关系，共同开展产学研项目，将企业的实际需求和经验引入教学过程，帮助学生了解行业动态，提高实践能力。我校还推动政府、高校和企业共同投资建立创新创业实践基地，为学生提供良好的创新创业环境和设施。我校在图书馆设置大学生创业孵化基地，以项目孵化、创业大赛、创客空间等多种形式，激发学生的创新创业兴趣，培养其团队协作和项目管理能力。

2.共建校企合作育人模式

我校金融工程专业先后与北京信达嘉鼎科技有限公司、北京知链科技有限公司等多个金融企业形成合作伙伴关系，鼓励并引导企业与高校一同制订金融工程人才培养目标、实训内容、课程设置以及技能评价标准，并将行业对专业人才的需求融入其中。

3.共建产业学院育人基地

为培养适应和引领现代产业发展的高素质应用型、复合型、创新型人才，金融工程专业主动融入区域经济社会发展新趋势，紧密围绕山东省支柱、优势、特色领域与产业，在金融工程专业基础上，与南山集团财务有限公司深度合作，共建南山大数据财金产业学院，构建产教融合新生态，共育高质量产业人才。现代产业学院功能如图4-4所示。

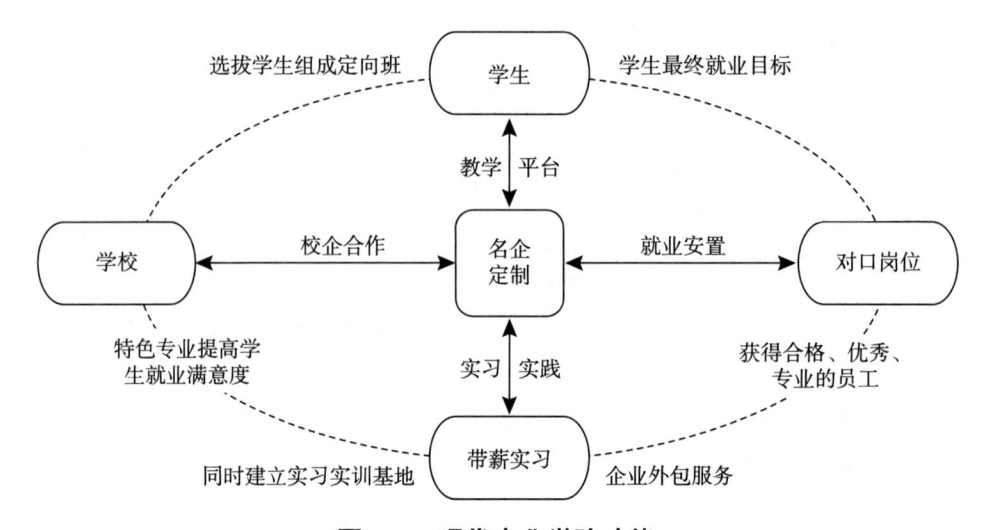

图4-4 现代产业学院功能

首先，校企双方共同制订人才培养方案、教学计划、课程标准，改革课程体系、教学方法，推进"引企入教"，推进启发式、探究式等教学方法改革和合作式、任务式、项目式、企业实操教学等培养模式综合改革，促进课程内容与技术发展衔接、教学过程与生产过程对接、人才培养与产业需求融合。其次，校企双方统筹各类实践教学资源，目前已构建资源共享、开放充分、运作高效的金融科创实验室和会计数智化虚拟仿真实验室；建立兼具生产、教学和研发功能的校企一体、产学研一体的大型实验实训实习中心和培训基地，为学生提供定制化实习岗位，实现人才培养与企业需求的精准对接，提升学生就业核心竞争力。

五、结语

数字化赋能金融工程专业高质量发展是一个充满机遇和挑战的领域,学校通过不断升级教育体系、跨学科合作、专业认证和培训、研究与实践结合以及推动创新,实现金融工程专业高质量发展,为金融市场的稳定和可持续发展作出贡献。在新文科的背景下,数字化已经成为金融工程的核心驱动力,为学生、从业者和学术界带来了前所未有的机遇。我们应该充分利用这些机遇,不断提高金融工程专业的水平,以适应未来金融市场的需求。

参考文献

［1］邵红岭,卢秀茹,白丽.新文科背景下高校跨学科课程建设研究［J］.黑龙江教育,2023（28）:22-24.

［2］郝二军,轩肖鹏,徐桂清,等."政产学研用"合作育人模式的研究与实践:以河南师范大学制药工程专业为例［J］.高教学刊,2018（2）:72-74.

［3］燕楠,田丽."政产学研用"协同创新下高校应用型人才的培养研究［J］.对外经贸,2018（6）:138-140.

［4］张富坤.数字化产业学院下新能源汽车维修专业建设研究［J］.专用汽车,2023（8）:137-139.

［5］郭福春,吴金旺,谢峰,等.金融专业群国家级数字化教学资源开发与应用——基于"建用评"三融合的视角［J］.教育学术月刊,2019（11）:84-88.

作者简介:付妮妮（1995— ）,女,山东潍坊人,烟台南山学院经济与管理学院讲师,硕士;王为（1988— ）,男,黑龙江哈尔滨人,烟台南山学院经济与管理学院讲师,硕士。

产业学院背景下服装设计与工程专业校企虚拟教研室建设研究

左洪芬　王静　张伟萌

摘要:本文基于产业学院背景分析服装设计与工程专业校企虚拟教研室建设的必要性,从创新组织建设模式、实施教学教研新形态、拓展教育教学途径、践行高效灵活教研四方面规划建设内容,提出师资多元重构、校企协同育人、资源共建共享、成果优质产出等措施。校企虚拟教研室的建设能够助力提升教师素质、实现校企互利共赢、统一教师发展与人才培养、树立特色教研品牌。

关键词：产业学院；服装设计与工程；校企融合；虚拟教研室

基金：2020年"纺织之光"中国纺织工业联合会高等教育教学改革研究项目"'大思政'视阈下服装设计与工程专业工匠精神培育体系的构建与实施路径研究"（2021BKJGLX745）；2022年度高等教育科学研究规划课题"地方大学产教融合人才培养质量提升路径研究——以服装专业为例"（22DF0406）；2023年度山东省教育科学研究项目"'五育并举'背景下服装工程专业创新型人才培育模式研究"（23SC219）

一、引言

教育部与工业和信息化部于2020年7月联合颁发了《现代产业学院建设指南（试行）》，指出要在特色鲜明、与产业紧密联系的高校建设若干与地方政府、行业企业等多主体共建共管共享的现代产业学院。烟台南山学院于2021年与山东南山智尚科技股份有限公司签订共建智尚纺织服装产业学院的合作协议，该产业学院下设三个本科专业，其中包含服装设计与工程专业。笔者调研发现，目前多数产业学院面临同样的发展瓶颈，即在具体教育实施方面存在教育主体单一、教学资源匮乏、师资配备不平衡、教研积极性不高等问题，而诸如此类问题均可通过对基层教学组织的建设创新来加以改善。虚拟教研室是"智能+"时代背景下，利用信息化智慧教学手段开展线上线下、虚实结合的教学研究活动及课堂教学实践的新型基层教学组织。《教育部高等教育司2021年工作要点》指出，要实现基层教学组织全覆盖，探索推进虚拟教研室项目建设。2021年7月20日，教育部高等教育司发布《关于开展虚拟教研室试点建设工作的通知》，首批拟推荐约400个虚拟教研室进行试点建设，探索"智能+"时代新型基层教学组织的建设标准、建设路径和运行模式等。虚拟教研室建设依托现代信息技术，以提升高等学校人才培养能力、打造教师教学发展共同体为目标，其在传统教研室的基础上，破解了地理局限、学科专业局限、行政隶属局限等短板，依托教学网络平台，使实体教研室的部分工作成功实现了转移、整合和交叉。目前关于高校虚拟教研室建设研究较为细致的有曾建潮等人2020年关于高校基层教研组织的创新探索研究；还有部分学者以省或者学校为范围进行虚拟教研室的理论分析。以上研究对高校虚拟教研室建设起到一定的借鉴参考作用，但并未结合现代产业学院育人形式进行研究，也未针对校企联合育人、共建虚拟教研室展开详细的讨论，且未提及服装设计与工程专业虚拟教研室建设方面的内容。鉴于此，本文立足产业学院背景，基于专业特点，拟探索出服装设计与工程专业校企虚拟教研室的建设途径，以供相关院校借鉴参考。

二、产业学院背景下服装设计与工程专业校企虚拟教研室建设的必要性

产业学院的管理与教学模式具有一定的特殊性,传统实体教研室在时空、资源、人员方面存在一定的限制,不利于教研与教学工作的开展,要实现教研教学摆脱时间空间限制,就要依托现代信息网络技术构建虚拟教研室,实现资源共享、及时沟通、创新教研形态,因此,对于产业学院来说校企虚拟教研室的建设是十分必要的。

(一)建设校企虚拟教研室是教研产融合背景下校企协同育人的客观要求

教研产融合包含教学成果转化为实际生产力,也包含产业知识渗入高校教学与科学研究中。校企联合育人是一条助推教研产融合的有力杠杆,而校企虚拟教研室可以说是这条杠杆的受力载体。通过校企虚拟教研室的共建共享互利机制,充分发挥双方的资源优势,能使高等教育知识体系与企业生产密切对接,促使教研产三方的深度融合。由于高校与企业的制度、考核等方面存在一定差异,为了解决人员、时空、制度等各种矛盾,建设校企虚拟教研室势在必行。

(二)建设校企虚拟教研室符合产业学院服装设计与工程专业的发展需求

现代产业学院大部分建制以高校与企业为主要参与方,部分产业学院引入多个高校或者行业协会实行多方参与。以烟台南山学院智尚纺织服装产业学院为例,烟台南山学院纺织与服装学院与山东南山智尚科技股份有限公司联合成立产业学院并引入山东纺织服装行业协会协助管理与监督指导,其下设三个专业,其中包含服装设计与工程专业,该专业实践性较强,属于工科专业,该专业的师资配备包含高校骨干教师与企业技术能手,以培养综合能力较强的应用型人才为目标。目前,烟台南山学院双师型教师数量较少,实践性教学案例库资源匮乏,为快速补齐这一短板,应着力建设校企虚拟教研室来助推该专业的专业建设、课程建设、师资建设,这一举措是本专业未来一段时期的主要发展需求。

(三)建设校企虚拟教研室是充分调动教研室成员积极性的有效途径

教研室是高校最基本的基层教学组织,通过教学研讨来引导、规范各项教学活动。实体教研室受到地域、人员、时间限制,成员一般仅限于同一所学校、同一专业的教师,但随着现代生活与工作节奏逐步加快,教师将较多精力放在科研工作、奖项申报方面,集中教研的机会越来越少,教师的参与度与积极性均不高,出现此类现象主要源于教研室的研讨内容、运行机制、管理模式等缺乏合理性与吸引力。而校企虚拟教研室可

以打破时空、人员、制度、活动内容等各项壁垒，表现出其极强的灵活性、创新性与高效性、适应性，通过调整教研内容、引入优质成员、改革教研形式、优化考核制度等充分吸引教研组成员主动参与进来，从根本上盘活教研室整体运行体系，发挥教研室的科研引领与教学示范作用。

（四）建设校企虚拟教研室是互联网信息时代创新教学组织的必然选择

在网络化与智能化时代背景下，虚拟教研室是一种应运而生的新型基层教学组织形式，随着信息技术的发展，各种网络教学平台、直播软件被大众熟知，钉钉、腾讯会议等线上工作软件也不断地进行升级优化，以满足不同行业、职业的个性化需求。自2021年以来，多所学校着力建设虚拟教研室，并推动其逐步替代传统实体教研室的教研形态，这也是互联网信息时代未来教育行业的主流趋势与必然选择。

三、产业学院背景下服装设计与工程专业校企虚拟教研室建设内容

产业学院背景下服装设计与工程专业虚拟教研室建设主要按照"依托产业学院合作协议—组建校企虚拟教研室—规划教研室建设内容—实施新型教研形态—教育教学效果评价反馈—持续改进教研室运行机制"的主要思路展开。其中校企虚拟教研室建设内容至关重要，同时也是不断进行动态完善的关键环节。

（一）创新组织建设模式：师资多元重构

校企虚拟教研室不仅是单纯依靠信息化技术将学校教师与企业师傅聚集于这一组织，其团队成员的选拔要兼顾知识结构与能力互补，选拔原则为尽量全面地涵盖服装设计与工程专业人才培养的师资构成，选拔宗旨是满足现代产业学院的应用型人才培养目标。校企虚拟教研室成员除了高校专职教师与企业技术骨干，可适当加入行业协会人员，作为行业人才培育方向的导航引领。同一院校的多个相关专业、同专业的多所院校以及多个企业可以共同参与虚拟教研室的建设，以凸显这一教学组织的灵活性。另外，教研室的组织运行离不开行政管理人员的协调与监督。跨校际、跨职业、跨专业的多元综合型师资成为校企虚拟教研室的基本团队组成。

（二）实施教学教研新形态：校企协同育人

传统教学为单一的高校课堂授课，校企虚拟教研室的组织形式便于学校引入企业教育力量，可切实推进校企协同育人进程，鉴于企业管理制度与工作节奏不同于高校，教学方式宜采用线上线下相结合的形式，授课时间可灵活调整。教研活动亦实施常态化的

线上交流与定期的线下会面，以此来调动团队教研积极性，从而提高教研参与度，真正发挥教研活动的理想效果。校企虚拟教研室实行双向流动轮值教研室主任责任制，高校教研室主任主要负责组织教研活动、统筹课程资源建设、规划示范引领活动、部署校企双向挂职锻炼、不断优化人才培养方案方面的工作；企业教研室主任主要负责合理整合企业师资队伍、协助高校进行资源建设、完善教学案例、共同建设实践实习基地、联合高校教师进行毕业论文和毕业实习的指导工作。轮值制能够增强校企双方的主人翁意识，激发双方共同管理的热情，同时避免教育的思维定式，通过变化视角来改革教育教学方法，从而取得更佳的育人效果。

（三）拓展教育教学途径：资源共建共享

信息化技术的飞速发展为实现教学资源共享、教学过程协同提供了有力的技术支持。在整个建设内容体系中，共建共享是建设校企虚拟教研室的核心宗旨，虚拟教研室通过共建共享平台发挥名师引领、样板示范的作用，实现教学水平提升，促进人才培养质量的提高，同时实现校企双方的高水平成果积累。企业的教育资源可被大量引入高校教学中，尤其是一线的生产实践与典型实用案例可借助软件平台嵌入日常教学中，校企共建优质的实习实训基地可弥补校园内讲授实践课的不足；校企共建应用型教学案例集有利于学生接触企业一手资料，快速提高其就业竞争力。虚拟教研室团队中引入教学名师与行业专家，能够发挥优质课的示范引领作用，同时结合企业资源建设更多的优质课程资源，编写与生产紧密对接的应用型教材、专著等，如此良性循环、长期积累，可不断丰富课程资源库。不但高校教学需要优质课程资源，企业职工也需要进行定期的素养提升培训，因此高校授课与企业培训可共享精品资源，实现双方的共建共享。

（四）践行高效灵活教研：成果优质产出

传统实体教研室教研活动受到时间和空间限制，组织实施效率较低，教研效果较差，教研室职能被弱化，校企虚拟教研室借助于信息化设备可摒除地域、时间的限制，灵活及时地开展各种形式的活动，因此在一定程度上提高了教研效率，强化了教研效果。研讨内容由单一的教学研讨拓展至专业建设、科研项目申报、专业竞赛指导等，使得教研组进行"教学+科研""虚拟+现实""理论+实践"多维交叉交流，快速提高业务素质，促使更多的教育成果产出。

四、产业学院背景下服装设计与工程专业校企虚拟教研室建设意义

（一）打造专业教师发展共同体助力提升教师素质

"教师发展共同体"这一概念多出现在中小学教育中，在高等教育中鲜见，其指的是教师群体基于共同的兴趣和愿景组成的，旨在通过交流、合作与分享活动来促进教师专业知识与教学能力成长的一种相对稳定的专业性组织。产业学院背景下的服装设计与工程专业校企虚拟教研室，以服务于产业学院的教学为目标，以加强校企深度融合为宗旨，以名师专家为示范引领，整个团队致力于提高教学质量、提升个人素质、加速成果产出，形成长期而稳定的合作共赢关系，从而打造一个专业教师发展共同体，其成员业务素质在不断的协作磨合中相得益彰，最终实现教师个人职业发展与教师群体发展的共赢。

（二）互补校企双渠道资源实现双向互利共赢

现代产业学院主要由高校和企业两方组成，双方利用各自的资源优势均在现代产业学院中占据不可替代的地位，产业学院模式能够最大化发挥校企双方人力物力，同时实现双向互利共赢。借助于虚拟教研室，企业师资通过承担教学任务、参与教研活动与科研活动，快速提高自身业务素质，以学徒制形式培养出合格的"徒弟"，能够有效缩短毕业生的实习过渡期，尽早地为企业创造生产价值。而高校教师通过顶岗挂职锻炼以及与企业团队成员的共同教研，长期稳定地与企业技术人员交流探讨，促使更多的理论成果转化为生产力，提高自身的实践教学能力。因此校企虚拟教研室这一教研形态是教研产深度融合有效载体，是值得推广应用的新型教学组织。

（三）统一教师个人发展需求与人才培养质量提升

无论是实体教研室还是虚拟教研室，两种教研形态的目标均是实现人才培养质量的提升，同时，在此过程中教师的个人能力也必然有所提升。传统实体教研室无论从规模上还是从人员结构上都受到地域限制，无法灵活机动地调整规划，且知识能力水平等方面相对局限，因此导致整个教研团队进步较慢，人才培养质量提升速度也较慢。虚拟教研室的运行模式灵活，组织构成可根据具体细化的需求随时调整，团队人员职业、层次、专业的多元化可促使整个团队快速成长，知识结构的多元化能够引领人才培养朝着行业需求方向快速调整。企业资源的加入能够培养一批"双师双能型"教师，使整个团队的实践教学能力得到显著提高，从而为企业输送更多的应用型人才。因此校企虚拟教研室的教研形态能够实现教师个人发展需求与人才培养质量提升的高度统一。

（四）树立特色教研品牌有利于校际辐射推广

建设校企虚拟教研室不仅为了服务于教学，科研产出也是一项重要的建设目标。企业的技术研发部门与高校教师肩负着科技创新驱动产业发展的重任，通过持续稳定的教研活动，校企双方师资可取长补短，根据研究方向组成科研小团队，在完成教学任务之余，通过信息化软件及时沟通进行科研攻关，完成技术研发与科研项目申报；通过联合指导毕业设计形成系列教学成果；通过指导学生参加创新创业竞赛、服装设计大赛等提高学生创业能力、应用能力。学校也可基于以上各项成果与奖项，树立特色教研品牌，使得校企虚拟教研室这一新型教研形态在各专业、各高校中推广应用。

（五）契合产业学院教学模式探索新型校企融合教学组织形式

现代产业学院是以高校为主体、以企业为辅助建设的新型教育组织形式，其运行模式有自身的特殊性。比如其师资结构包含高校教师与企业人员，教学内容涉及校内及工厂多个地点，授课时间要兼顾高校与企业作息，以上一系列问题决定着产业学院的教学组织必定也要做相应的调整以适应产业学院新的教学模式，校企虚拟教研室应运而生，其教研形态与产业学院的教育需求完美契合，满足了其地域、时间等方面的教研、教学需求。教研组可以充分利用网络信息技术实现线上线下教研交流，企业教师可利用钉钉直播与智慧树等软件平台辅助授课，线上课程资源建设可以实现授课时间的自由化。总之，校企虚拟教研室作为一种新型的校企融合教学组织形式，是现代产业学院教学模式下的首选教研形态。

五、结语

本文立足产业学院背景，以教育服务于产业为宗旨，对标服装设计与工程专业人才培养质量，从校企虚拟教研室建设内容、具体建设措施、建设效果及目标等方面，探索如何建设产业学院背景下的校企虚拟教研室，旨在解决传统实体教研室教研形态单一、教研室功能性弱化等问题，推动高校基层教学组织改革，助力应用型人才的培养。校企虚拟教研室的构建促进了教研产深度融合，是现代产业学院背景下教研形态的探索尝试，同时也是数智时代背景下高校未来教学组织的必然选择。

参考文献

[1] 曾建潮，吴淑琴，张春秀. 虚拟教研室：高校基层教研组织创新探索[J]. 中国大学教学，2020（11）：64-69.

[2] 胡健, 陈后金, 张菁, 等. 依托虚拟教研室提升课程教学质量: 以北京交通大学"双培计划"为例[J]. 北京教育（高教版）, 2018（5）: 56-58.

[3] 王君, 董明利, 娄小平. 多校联合的虚拟教研平台建设[J]. 数字技术与应用, 2019, 37（8）: 224-225.

[4] 孔亚暐, 崔艳秋, 王亚平, 等. "新教研": 课程（群）类虚拟教研室建设路径研究[J]. 高教学刊, 2023, 9（10）: 23-26.

[5] 张双志. 虚拟教研室: 数字时代教研知识的共同生产[J]. 黑龙江高教研究, 2023, 41（7）: 155-160.

作者简介: 左洪芬（1983— ）, 女, 河北沧州人, 烟台南山学院纺织与服装学院服装系服装设计与工程教研室主任, 副教授, 硕士; 王静（1984— ）, 女, 内蒙古赤峰人, 烟台南山学院纺织与服装学院服装系服装与服饰设计教研室主任, 讲师, 硕士; 张伟萌（1996— ）, 女, 河北邢台人, 烟台南山学院纺织与服装学院服装系教师, 硕士。

基于产教融合的"金属材料成形基础"课程思政教学改革研究

王萍　孙有政　杨洪凯

摘要: 产教融合、工学结合是培育卓越的专业应用型人才的有效模式, 而课程思政是实现全过程育人、提高综合素质的有力保障。本文以"金属材料成形基础"课程为例, 从课程定位、改革的必要性、面临的核心问题及改革途径等方面进行研究, 推动"金属材料成形基础"课程与思政课程和其他课程同向引导、多方发力, 最大程度地发挥"金属材料成形基础"课程的思想政治教育功能, 实现培育大国工匠的终极目标, 也为"金属材料成形基础"类专业基础课的课程教学改革提供参考。

关键词: 产教融合; 课程思政; 金属材料成形基础; 教学改革

基金: 山东省教育研究项目"齐鲁文化融入高职院校专业课课程思政教育研究"（23SC210）; 烟台南山学院教学改革研究项目"孔孟文化融入高校专业课课程思政教育研究"（NSJM202220）

一、引言

《中国制造2025》中提出建设制造强国要实现"三个转变", 对制造业发展急需的专业技术人才、经营管理人才、技能人才的培养提出了更高的要求。产教融合、工学结合是培育卓越的专业技术人才的有效模式，而课程思政是实现全过程育人、提高综合素质的有力保障，将思想政治教育与产教融合人才培养深度融合，不仅为工匠精神等思想的传承与发展找到了有效路径，也为产教融合人才培养教学改革注入了新的活力。

2016年，习近平总书记强调要把思想政治教育贯穿教育教学全过程。2018年，教育部提出，要将思想政治教育元素融入高校的每门课中。从"思政课程"育人理念，到"课程思政"全过程育人的转变，使高校回归育人的价值本色，明确了所有教师都有育人责任，所有课程均有德育功能，在"润物细无声"的知识学习中融入价值导向，助力学生全面发展。此后，《职业学校校企合作促进办法》《国家职业教育改革实施方案》等文件多次强调加强思想政治教育、培育工匠精神、促进产教融合、工学结合育人，掀起了课程思政、工匠精神、产教融合、工学结合相关领域的研究热潮。

二、产教融合理念下"金属材料成形基础"课程思政教学改革的思考

"金属材料成形基础"是材料类、机械类专业的一门专业基础课，如何更好地将立德树人和思想政治教育贯穿于专业基础课程的各个教学环节中，促进专业课与思政教育相关内容的有机融合，实现同向同行的协同效应，是新时期教学改革研究的重点。

（一）"金属材料成形基础"课程定位

"金属材料成形基础"是在金属工艺学、机械制造基础的基础上发展起来的一门集工程材料、材料热处理、材料科学基础及材料成型工艺于一身的综合性主干技术基础课程。课程的教学目标是使学生掌握常用金属材料的性质、加工工艺等，了解非金属材料和复合材料的成形原理，能够综合运用工艺知识正确选用毛坯，并分析工艺路线，熟悉材料的最新研究进展，具有灵活运用金属材料与成形工艺新技术的初步能力。因此，必须深化产教融合，提高学生对专业理论与技艺技能的熟练掌握与应用能力。

（二）"金属材料成形基础"课程思政教学改革的必要性

《中国制造2025》等文件提出，"金属材料成形基础"课程的重要性异常凸显，对制造业人才的专业技术水平、职业操守、个人涵养等都提出了更加严格的要求，而解决人才问题的根本是育人。材料类、机械类大学生作为国家制造业发展的后备力量，肩负着铸牢"立国之本，兴国之器，强国之基"的重担，要把他们培养成既有扎实的专业知识，又有高尚情操和优良素养的德才兼备的制造业人才，单纯靠传统的思想政治教育课和纯粹的专业理论课已经不足以满足高校目前高标准的育人要求，在"金属材料成形基

础"等专业基础课程的理论与实践各环节的授课过程中，必须通过"基因式"融入的方式自然而深入地植入思政教育元素，让家国情怀、民族自信、价值观念、科研精神、责任意识、环保意识、创新意识、法治意识等价值观的培育体现在教学的各个环节，让思政教育元素在大学生心中生根发芽、自然绽放。

（三）"金属材料成形基础"课程思政建设面临的核心问题

在进行"金属材料成形基础"课程思政教学改革的过程中，存在一系列亟待解决的问题，严重影响课程思政建设成效。

1. 欠缺系统性的课程体系

课程思政工程的实现，需要一整套具有系统性、融合性、契合度的课程体系做支撑，目前的课程体系缺乏科学规范、保障有力的一体化设计。课程思政建设要求对学生大学四年的各门课程按学段进度，由浅入深、由点及面地进行思政设计，而目前人才培养目标对思想政治教育的培养要求不精准，各门课程各自为政、自成体系，导致出现思政知识重复、组织无序混乱、内容衔接不畅，甚至不同课程思政观点矛盾等一些现象。

2. 欠缺行之有效的教学方法

目前的课程思政教学方法仍然比较机械、重复、单一，针对"金属材料成形基础"类专业基础课程，教师没有根据自己的专业课程特点，选取或创新出针对性强的教学方法，导致思政内容碎片化、随机植入等问题严重，强行植入、机械灌注的现象普遍存在。另外，学生的主体作用被弱化的现象也很普遍，很多高校的课程建设忽视了大学生的鲜明个性特征，重复植入枯燥平淡的思政内容刺激到了学生们的逆反心理，严重降低思政教育效果。

3. 欠缺完善的人才培养模式

完善的、切实可行的人才培养模式，能在一定程度上解决工学不匹配、理论与实践脱离的问题，激发企业参与学生培养的积极性，提高产教融合的有效性，加快实现办学质量、产教融合水平、社会贡献度的"三个提升"。但目前仍存在企业参与不深入导致工匠精神培养缺乏合力，对产教融合、校企合作的关注不足，无法完全匹配企业对人才的需求，工学结合人才培育过程中工匠精神、职业道德等内容不够丰富，未能达到德技双修的效果，课程思政教育体系不完善、载体不丰富等问题。

4. 欠缺健全的管理体系

大思政形式下，课程思政建设和校企融合工作已经有了根本目标和总体要求，但依然有很多高校没有健全系统的管理制度体系和客观公正的考核评价机制，甚至部分高校的思政建设和产教融合只停留在口头上，没有任何制度和体系的管理、服务和约束，直接影响人才培养的质量和效率。

三、"金属材料成形基础"课程思政教学改革的途径

（一）优化课程体系建设

一方面，参与该专业课程教学的所有教师（包括通识课程教师、专业课程教师、实践课程教师等）统一进行集中教学研讨，规划各时段课程的思政深度，讨论各课程的思政设计要点，形成纵向思政元素梯度，杜绝思政内容重复、衔接不畅等现象。另一方面，修订"金属材料成形基础"课程标准，在原有的掌握"金属材料成形基础"基本知识、基本原理、基本工艺的基础上，增加课程的德育培养目标，在课程内容的各个章节融入思政元素，既能突出金属材料专业特点，又能通过隐形思政教育实现"春风化雨""润物无声"地根植"正能量"。例如，在进行工程材料的基础知识讲解时，针对本章课程内容，分享题为"神舟十四"（图4-5）与工程材料的大思政案例，如可以发布"神舟十四"发射过程短视频，同时介绍"神舟十四"的主要部件材料组成，在介绍飞船上的工程材料同时自然融入"特别能吃苦、特别能战斗、特别能攻关、特别能奉献"的载人航天精神的政治引领，同时，感叹材料的巨大作用，激发学生的学习热情。在塑性成形章节塑性成形设备的讲解中，自然引入对中国二重集团"十年磨一剑"，研发被称为"重装之王"的世界最大的8万吨模锻压机，中国终于实现了像歼20这样的双发重型战斗机钛合金大框的一体化成形等案例的讲解，以真实案例激发学生的民族自尊心、自信心和自豪感，培养学生的爱国情怀，并引导学生树立正确的价值观，直面困难，勇于担当，刻苦钻研，同时激发学生对枯燥的金属内部原子活动机理等专业知识的学习兴趣。

图4-5 "神舟十四"发射现场

（二）创新教学方法

教师是教学活动的引导者，学生是教学活动的主体，必须从教师和学生两方面入手完成教学改革和创新。一是要加强对教师的课程思政意识的培育和能力素养的提高，让专业课教师的思政理念入脑入心，充分激发教师的活力和创造性，使其将个人的积极性、主动性、创造性与课程思政建设相结合，推动专业课教师充分利用各种优质资源共享平台、示范课、经验交流会、报告会、学科科研成果等，深度挖掘课程中的思政元素，运用动画、视频、情景再现等形式，将枯燥难懂的金属成形机理与真实思政案例相融合，提高专业课教师教书能力的同时，对专业课教师的隐性思政育人的能力起到良好的促进效果。二是要考虑大学生的个性特征，"00后"大学生独立意识强，不希望被管制说教，主体意识强，又过于关注自我，善于运用网络获取信息，但又过分依赖网络。因此，可以充分发挥网络媒体和手机载体的功能，变强制教育为潜移默化的渗透式教育。如通过QQ群这一学生喜欢的沟通手段课前发送案例或问题，让学生利用各种手段搜集案例背后的故事，寻找问题答案，并发到QQ群中。通过类似的教育方式，充分调动学生的知、情、意、信、行等多种心理因素，满足个性化的心理需求，引发学生的参与、互动、体验和反思，实现隐性思政教育的提升。三是在结课考核中，减少客观性题目的比例，增加非标准化答案的主观分析题目，更全面地考核学生的分析能力和思想动态。同时，增加过程考核的分值，在过程考核中插入思政元素的内容。例如，在液态成形的章节考核中，考核"三峡水电站的核心就是水轮机转轮，它是将水能转换为机械能的关键性部件，而水轮机里的转轮叶片，又被称为水轮机的'心脏'，请思考水轮机转轮叶片的成形工艺过程，并查阅资料了解水轮机转轮叶片的精加工过程"，引导学生在思考专业知识的同时主动探索叶片的精加工这一铸造领域"珠穆朗玛峰"难题的解决方案，激发学生的民族自尊心与社会责任感。

（三）完善人才培养模式

产教融合是培养高素质技能型人才的有效模式。目前以烟台南山学院为代表的民办院校，依托强大的企业，执行"知行合一"的教育理念，已经形成了较为完善的产教融合、工学结合为特色的高技能人才培养模式。高校设置"三元制特色班"，聘用大量双师型教师，采用企业实地教学的模式，将理论课程与实践环节相融合，以理论知识促进专业技能的掌握，以具体任务现场实践充实理论知识结构，保障学生对专业能力、专业技能的掌握。同时，双师型教师由于长期在企业就职，精益求精的工匠精神和"不干则已、干必一流"的企业文化已经深深融入他们内心。他们在授课的过程中，将引入职业素养、企业文化、工匠精神等，有利于培养满足国家战略需求和企业现实需求的兼具工匠之德与工匠之才的综合性人才。

（四）健全管理体系

管理体系是现代教学体系中至关重要的一环，科学合理的多维度评价体系和激励机制能为新时期高校课程思政建设提供保障，有助于充分发挥高校教师的积极性和主动性，提高课堂质量，强化育人目标。在OBE理念的课程评价思想的基础上，在课程思政评价体系中，更应该注重过程性评价，而非单一的成果导向，形成学校、教师、学生三向融合的"评价与激励合力"。第一，学校应设置灵活的多层次评价方式，包括校级领导评价、教学督导评价、院系领导评价、同行评价、学生评价、课程思政考评和教师课程的自我评价等，特别是专业实践类课程，要加大学生评价和课程思政考评的比例，注重学生主体的学习感受，强化课程思政评估体系。第二，应充实评价内容，设置全方位多角度的灵活可调的考核指标。课程评价不应局限于对课堂授课过程和教学成果的评价，将对学生实践能力的评价（包括课程实验、企业实习、创新竞赛、教科研项目等）也纳入课程评价之中，促进学生的全面发展。另外，根据实际情况，可以随时调整考核指标，尽力做到全方位、无遗漏地考核到课程的各个方面，有效调动教师的工作热情。第三，建立科学有效的激励机制，明确绩效激励制度，激发高校教师思政育人的热情，引导所有教师积极投入课程思政的建设工作中。

四、结语

课程思政是高校思想政治教育的重要组成部分，是实现"全员全程全方位育人"的最有效手段。"金属材料成形基础"作为材料类、机械类专业非常重要的专业基础课程，是培养具有扎实技术的大国工匠的核心课程，研究"金属材料成形基础"课程思政教学改革迫在眉睫。学校应通过课程的所有任课教师教学研讨、增加课程标准中的思政目标和内容等方式优化课程体系建设；通过教师思政素质提升、以学生为主体的教学改革、增加非标准化答案的主观分析题目等方式创新教学方法；通过制订完善的产教融合人才培养模式，培养满足国家战略需求和企业现实需求的兼具工匠之德与工匠之才的综合性人才；通过优化评价方式、充实评价内容、明确激励机制等方式完善管理体系，推动"金属材料成形基础"课程思政教学的逐步完善，将思政元素"基因式"地植入学生内心深处，引导学生树立正确的世界观、人生观、价值观。

参考文献

［1］龙诺春.课程思政理念下的"Linux操作系统"课程教学研究与实践[J].专业与

课程建设，2022（5）：85-88.

［2］刘季平，苏长和. 政治学专业课程思政建设的有益探索——复旦大学政治学专业课程思政建设经验［J］. 教学与研究，2021（8）：105-112.

［3］张宏伟，王新环，王静. "嵌入式系统设计"课程思政资源挖掘及教学方法研究［J］. 工业和信息化教育，2021（3）：60-63.

［4］石岩，王学俭. 新时代课程思政建设的核心问题及实现路径［J］. 教学与研究，2021（9）：91-99.

［5］张庆永，黄鼎键，查云飞，等. 新工科背景下基于OBE理念的车辆工程专业课程评价方法研究［J］. 机电技术，2022（2）：100-102.

作者简介：王萍（1988—　），女，山东烟台人，烟台南山学院材料科学与工程学院讲师，硕士；孙有政（1987—　），男，山东烟台人，南山科学技术研究院，高级工程师，博士；杨洪凯（2002—　），男，山东德州人，烟台南山学院材料成型及控制工程专业，学生。

从嵌入到融合
——产教融合、科教融汇背景下应用型高校创新创业教育高质量发展研究

宫晶晶　韩洪文　徐榕

摘要：作为应用型人才培养主力军的应用型高校，应在国家战略政策引导下，充分把握高等教育高质量发展弯道超车的战略机遇，在产教融合、科教融汇背景下，基于OBE-CDIO理念，不断丰富创新创业教育（以下简称"双创教育"）新内涵，改革现有的人才培养体系，探索双创教育高质量发展新范式，为经济社会培养满足需求的应用型、创新型和复合型人才。

关键词：产教融合；科教融汇；OBE-CDIO理念；创新创业教育；高质量发展

基金：2021年度山东省教育科学"十四五"规划课题"OBE理念下应用型高校'三联三融、五位一体'创新创业教育体系构建研究"（2021ZC057）；2022年山东省高等教育研究项目"'政产学研用'协同创新模式下山东省高校应用型创新人才培养体系构建与实践"（22HER080）；2022年山东省教育科学规划创新素养专项一般课题"山东省高校双创教育与专业教育融合并轨研究"（2022CYB239）

一、产教融合、科教融汇背景下应用型高校开展双创教育的必要性

（一）产教融合、科教融汇推动双创教育全面开展

产教融合、科教融汇的深度决定高等教育的内涵质量。当前，应用型高校教育存在产教融合、科教融汇不深不实，学校热、企业冷的现象，分析其根本原因在于学校培养的人才无法满足企业对人才的需求。在产业快速发展的背景下，经济社会对人才的需求已发生变化，如果高等教育人才培养仍然停留在校企合作的企业为高校提供师资、实训场地等层面，则无法培养出满足企业现有需求的人才，因此，将双创教育的创业精神、产品创新、技术创新等融入高等教育，为经济社会培养应用型、创新型和复合型人才势在必行。利用产教融合、科教融汇推动双创教育建设成为应用型高校人才培养的必然选择。

（二）产教融合、科教融汇推动双创教育深化人才培养改革与创新

产教融合、科教融汇的根本目的是人才培养。在企业转型升级过程中，高等院校能否为产业发展培养所需人才，是对产教融合、科教融汇效果最直接的检验。产教融合、科教融汇联合育人，需要融入产业变革、科学技术的力量，在产业转型发展中，为社会培养适应产业发展的现代化人才。产教融合、科教融汇联合育人，能够助力应用型高校形成双创教育新模式，推动人才培养方式改革与创新。

（三）产教融合、科教融汇助力双创教育实践平台构建

产教融合、科教融汇的基础是平台建设。要实现需求、资源、平台、服务和支撑等的深度融合，需要构建双创教育实践平台支撑，实现政府、区域、行业、企业和学校五方资源的有效整合，服务于高等教育的人才培养，将双创教育的实践内容融入实践平台建设，推动五方共建产教融合、科教融汇创新平台，共同进行人才培养，打通基础研究、应用开发、成果转移和产业化链条。双创实践催生产教融合、科教融汇创新实践平台构建，促进经济社会发展。

二、产教融合、科教融汇背景下应用型高校双创教育存在的问题

（一）对双创教育认识不足

目前，很多应用型高校对双创教育仍认识不足，具体表现在以下三个方面。第一，对双创教育的规律性认识不足，无法将产教融合、科教融汇融入双创教育中，主要表现

在教师缺乏实践经验，在授课过程中难以将双创理论和规律与现实案例进行结合，虽搭建起校企合作等实践平台，却无法将双创教育融入专业教育中；第二，对双创教育的系统性认识不足，应用型高校在开展双创教育时，重理论轻实践，在授课过程中采用不分专业的大班授课，忽略了双创课程与专业课程的融合问题；第三，对双创教育的成效性认识不足，大部分应用型高校将双创教育目的界定为促进就业，产教融合仅仅实现了为企业提供普通人才，而非创新型人才，培养出的人才与经济社会所需的创新型人才不完全一致。

（二）教育理念落后，无法正确处理双创教育和现有人才培养体系之间的关系

应用型高校只有改变落后的教育理念才能为经济社会培养所需人才。但是，应用型高校在人才培养体系改革中，双创教育存在着明显的"重知识传授，轻价值塑造和能力培养""与专业教育'两张皮'"等挑战性问题，迫切需要探索在产教融合、科教融汇背景下如何更新传统的教育理念，将双创教育融入现有人才培养体系的模式。

（三）对实现双创育人的目标和教育模式茫然

在大众创业、万众创新背景下，应用型高校开始重视双创教育，将双创教育融入人才培养体系，但是现有学科知识条块分割，高校和产业之间存在"围墙"，要将产教融合、科教融汇真正融入教学过程中，高校迫切需要探索建立跨越学科界限、产学界限教育平台的机制。

三、产教融合、科教融汇背景下应用型高校双创教育高质量发展生态体系构建与实践

（一）"三联三融、四轮驱动、五位一体、六链融通"双创教育生态体系构建

1. "三联三融、四轮驱动、五位一体、六链融通"创新创业教育生态体系的内涵

为推动应用型高校双创教育高质量发展，学校要在产教融合、科教融汇背景下，构建"三联三融、四轮驱动、五位一体、六链融通"的双创教育生态体系（图4-6）。"三联三融"是指联合、联结和联动，融合、融汇和融通，即校内资源有序联合、校地校企深度联结、一二三课堂有效联动和专业创业相互融合、创新创业双创融汇、学科交叉渗透融通；"四轮驱动"是指以学生发展为中心，构建思想引领、课堂推动、实践带动和思政助动为驱动的"横向融合、纵向贯通"的双创教育体系；"五位一体"中的"五位"是指双创教育的五个体系，分别为体制机制、创新创业课程、创新创业师资、创新

创业竞赛与相关活动、创新创业实践平台，"一体"是指培养大学生的创新创业能力，也就是应用型高校创新创业教育人才培养的预期目标；"六链融通"是指教育链、人才链、产业链、创新链、保障链和成果链相互融通。

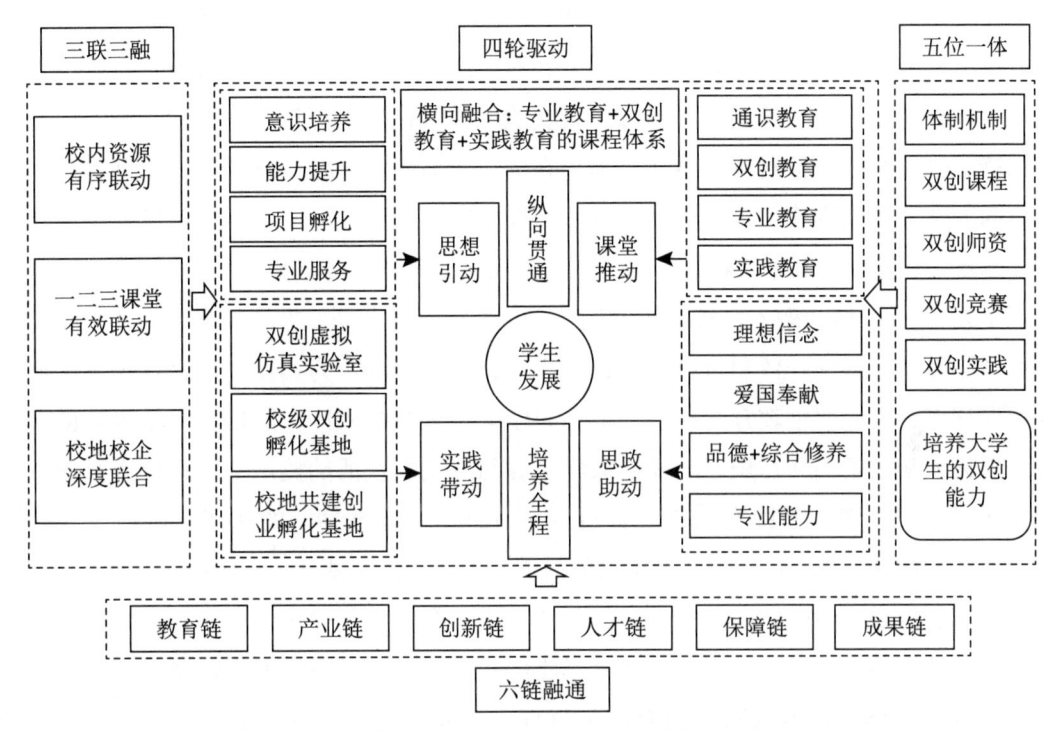

图4-6 "三联三融、四轮驱动、五位一体、六链融通"双创教育生态体系图

2. "三联三融、四轮驱动、五位一体、六链融通"双创教育生态体系架构

（1）"三联三融"：面向全员，内外统筹，提高双创素养，创新双创教育体系。秉承OBE-CDIO教育理念，在产教融合、科教融汇背景下，将"创新引领创业、创业带动就业、提高人才培养质量"作为双创人才培养的核心内容，在创新传统人才培养机制的前提下，将双创教育贯穿于高校人才培养的全过程，面向全体学生，构建"面向全员、内外统筹"的"三联三融"教育体系。"三联三融"为双创生态教育体系构建的第一环节，将培养大学生的双创思维放在双创教育的第一位，培养学生的自主学习能力、研究能力和知识应用能力，改变以教师教授为主的纯课堂授课，提高学生的双创素质，实现校内双创资源与校外资源的结合，有效实现二者的统筹，通过资源联动，推动专业创业相互融合。面向全员，组建双创实验班，制订涵盖导师制、个性化、小班化的"一制二化"人才培养方案，充分利用专业优势与地方合作，创新育人模式，满足区域经济发展对创新人才的需求，促进学科交叉渗透融通。实现一二三课堂有效联动，推动校地校企深度联合，通过企业实践，形成项目孵化，助力双创融汇，最终形成"激发双创意识—开展双创实践活动—投身双创项目实战"的"金字塔"形创新人才培养体系。

（2）四轮驱动：项目驱动、虚实协同、师生互动，拓展双创教育维度与深度。在产教融合、科教融汇背景下，完善双创教育新模式，以学生发展为中心，构建"思想引领、课堂推动、实践带动和思政助动"为驱动的双创教育体系。通过理论课程学习，培养学生的双创思维，提升创业意向；同时，将双创教育融入专业教育中，实现专创融合，形成"专业教育与通识教育、双创教育有机结合，理论学习与实践教育有机结合"的双创教育体系；鼓励学生通过虚拟仿真实验室、孵化基地项目培育等途径开展创业能力训练和创业实践。针对双创教育目前存在的"片面化""精英化"和"功利化"的现状，面向全体学生构建"项目驱动、虚实协同、师生互动"的双创教育新模式，在应用型、创新型和复合型人才培养的目标下，拓展双创教育维度与深度。

（3）五位一体：融入全程，协同运行，培养应用型、创新型、复合型人才。在"五位一体"教育体系中，体制机制作为顶层设计，总揽全局，为其他环节运行提供保障；双创课程作为整个双创教育的核心，成为教学体系运行的载体，能培养大学生的创新思维，强化大学生的创新意识，为助推大学生参与双创实践活动奠定基础；作为双创教育的实施者和推动者，教师在双创教育过程中发挥着"指挥棒"的作用，可通过课程授课、课下实践等环节，引导学生参与双创活动，为双创夯实基础；在OBE-CDIO教育理念下，教师通过竞赛与活动来培养学生的创业知识，提高实际操作能力；双创实践平台则支撑双创教育的总体运行。因此，培养学生的双创能力成为整个教育体系的核心，"五位"围绕"一体"，融入双创教育的全过程，协同运行，有机衔接，为应用型、创新型、复合型人才培养奠定基础。

（4）六链融通：深化产教融合、科教融汇，探索双创教育高质量发展新模式。在产教融合、科教融汇背景下，打造"六链融通"双创教育新模式，推动双创教育高质量发展。应用型高校持续深化产教融合、科教融汇，通过成立现代产业学院、校企共建专业、校企共建产教融合实训基地、政校企共建科研创新平台等，实现教育链、人才链、产业链、创新链、保障链和成果链相互融通发展。

（二）"三联三融、四轮驱动、五位一体、六链融通"双创教育体系的实践运行

1.健全双创体制机制，为双创教育夯实基础

第一，准确定位。为经济社会培养所需应用型、创新型和复合型人才，进行双创教育改革，推行"面向全体、注重引导、广谱施教、结合专业、强化实践"的"广谱式"教育模式，为双创教育发展与改革奠定基础。第二，机构设置。以双创教育基地作为开展双创教育的载体，建立双创学院，下设创新实践和创业教育两个中心，构建师资团队，将双创教育融入课堂和实践，实现校内外资源有效联动，建立"双导师"制度，为学生配备校内导师和校外导师，构建"学习—实践—再学习—再实践"的双创教育模

式。第三，人员配备。建立高质量的师资队伍，选拔具有双创思维、双创意识和双创经验的教师组成教学团队，选拔具有创新思维的管理人员组成管理团队，选拔具有创新能力的科研人员组成科研团队，促进高校双创教育高质量发展。第四，经费保障。设置双创经费，用于教师教学、科研，学生参加竞赛、实践等，与政府、企业等进行沟通，设立各类奖学金，激励学生的双创行为，推动高校双创教育高质量发展。第五，制度保障。在"立德树人"目标指引下，制订围绕双创教育改革与发展、三全育人教育改革、课程思政等相关制度，为双创高质量发展提供制度保障，如学分转换、弹性学制等，鼓励学生开展双创实践，制定激励机制，修订各类评优文件、奖励文件，鼓励学生参加竞赛，提高奖励额度，提高学生的双创能力等。

2.构建"多元化、链条式、助推式、互动型"的双创课程体系

课程体系建设是双创教育改革的核心内容，应用型高校可以通过构建多元化课程模块满足不同学生的双创实践需求，坚持理论知识"课中学"的教育理念，开设"创新创业实务""创业思维"等课程，构建合理的"多元化、链条式、助推式、互动型"的双创课程体系，培养学生的双创能力；利用"线上+线下"教育资源，打造信息化教育资源，构建"线上+线下"相结合的混合式教学模式，使学生学习不再受时空限制；"校内+校外"双导师制下充分挖掘校内、校外资源，针对各个专业学生的特点，开设独具特色的"互动型学习示范课"，推动双创教育体系的"三融合"，与此同时，通过开展培训、举办讲座、增加课堂实践活动等，逐步培养和提高大学生的双创能力；构建涵盖三阶段课程的"C—B—A三级金字塔式"课程体系，为双创教育高质量发展奠定理论基础。

3.加强"专兼协同、分工明确、汇聚合力"的多元化复合型双创师资队伍培养

应用型高校在进行师资队伍培养过程中，应坚持多元化培养的定位，确保教师队伍类型涵盖专业教师队伍、专职教师队伍和兼职教师队伍三种，培养知识结构复合型、经历阅历复合型和能力素质复合型的复合型师资队伍。多元化复合型双创师资队伍，不是简单地将多元化师资队伍与复合型师资队伍进行叠加，应用型高校在培养师资队伍时，要从自身双创教育改革的现状出发，采取有效措施将双创教育融入专业教育，优化人才培养方案，发挥"1+1>2"的正协同效应，发挥双创教育中不同类型教师的优势，"专兼协同、分工明确、汇聚合力"，共同助力双创教育的发展。

4.以竞赛与活动为引领，提高学生双创能力

目前，学科竞赛已经成为高等院校强化学生双创能力培养、实现"三全育人""实践育人"的有效形式。应用型高校依托竞赛，"以赛促教、以赛促学，赛教融合"，通过校企合作来强化学生的双创能力，将"竞中学"的新教育理念融入双创教育中，为学生搭建竞赛平台，通过竞赛提高双创应用能力。

5.创建"内外统筹、五方协同"的创新创业协同创新实践平台

在产业转型升级发展的背景下,应用型高校应从经济社会对人才的需求出发,树立"练中学"的双创教育人才培养理念,有效整合政府、区域、行业、企业和学校五方资源,实现双创教育"虚实结合",形成"校内学、校外练、做中创"的培养思路,逐步构建科学的、合理的、完善的"内外统筹、五方协同"的协同创新育人实践平台。

四、产教融合、科教融汇背景下应用型高校双创教育高质量发展评价体系

在构建双创教育高质量发展评价体系时,应从高校主体视角、学生主体视角、社会主体视角进行考虑,转变传统的评价观念,评价主体由"单一性"走向"广谱性"、评价阶段由"成果性"走向"全程性"、评价方案由"普适性"走向"特殊性",借鉴以往研究成果,从创业率、顶层设计、发展阶段和个性发展四个方面,尝试构建双创教育评价体系象限图。

第一象限为创业率。该象限聚焦对应用型高校双创教育客观评价的结果性维度,通过分析创业活跃度、创业成功率和毕业三年创业率来评价应用型高校学生的创业率,创业率评价是教育行政部门和社会媒体对双创教育质量和教育效果的量化评价,反映应用型高校学生毕业时的自主创业比例。

第二象限为顶层设计。该象限聚焦对应用型高校双创教育客观评价的过程性维度。双创教育体系中的顶层设计为过程性评价,顶层设计包括对课程教学、师资配备、实践平台等各个环节与过程进行设计,体现了高等教育课程由课堂教学转为实践的过程、师资由系统培训转为注重研究的过程、实践平台由项目训练转为竞赛拉动的过程等。

第三象限为"金字塔模型"。该象限聚焦学生对应用型高校双创教育评价的过程性维度。应用型高校的学生在双创教育中要经历接受教育、模拟萌芽、实践转化和成功创业四个阶段,双创基础理论课程是由高等院校统一规划的,面向所有高校学生开放,具有"广覆盖"的显著特点,实践等其余环节的参与具有一定的主观性,要求学生具备一定的创业知识、创业想法和创业能力,四个阶段是依次进行的,第二阶段需要第一阶段的理论积累,第三阶段是第二阶段的成果转化,第四阶段是第三阶段的成果验收,"金字塔模型"体现了明显的过程性。

第四象限为个性发展。该象限聚焦学生对应用型高校双创教育评价的结果性维度,可以用"前测、后测"或"参与、未参与"相比较的方法,来分析应用型高校学生对双创教育的参与度、满意度、转变度与创业能力自评情况,这一过程以学生的自评为主,具有"主观性"的显著特点。应用型高校双创教育的最终目标是为经济社会培养创新

型、应用型和复合型人才，因此，我们一般会在某一个教育环节或周期结束或者终止后测评学生的个性化发展维度，虽然可能会出现两个教育阶段的衔接，但是对于所施测的时间段来说，仍具有某种程度上的结果性测评意义。

五、产教融合、科教融汇背景下应用型高校双创教育高质量发展的实现路径

（一）更新人才培养理念，推动双创教育链与行业产业链的深度融合

应用型高校双创教育应重点关注经济社会发展重大战略需求，在产业转型升级背景下，以培养高质量双创人才为目标，契合行业高质量发展对人才的需求，通过产教融合、科教融汇驱动双创人才培养，将双创教育链、人才链融入产业链，将创新链、保障链融入成果链，构建科学、合理的双创人才培养机制，打造双创教育人才培养与行业产业、科学技术、科学研究融合的发展模式，形成产教融合、科教融汇共同体，有效整合政府、区域、行业、企业、学校、社会六方资源，为培养应用型、创新型、复合型、拔尖人才夯实基础。

（二）创新人才培养机制，促进政产学研用多元化全程育人

加强政府、企业、学校、行业和市场之间的沟通交流，构建多元化全程育人机制，整合教育链、人才链、创新链、产业链，发挥产教融合、科教融汇对人才培养质量的支撑作用，提升人才培养与行业产业发展的契合度，从行业产业对人才需求的现状出发，实现双创教育资源的配置，创新人才培养机制，优化专业调整，修订培养目标，提升创新人才就业和创业的质量，实现跨行业、跨领域的协同培养模式，联合培养复合型创新人才和拔尖创新人才。

（三）改革人才培养模式，实现全过程与全方位协同育人

秉承OBE-CDIO教育理念，深化产教融合、科教融汇发展理念，不断扩大应用型高校人才培养的深度与广度，在把握双创教育基本规律的前提下，促进双创教育内部教学资源和外部资源的有机融合，依托数智建设，以大数据、云计算、人工智能等信息技术支撑为基础，打破传统实践教学模式，构建"数智赋能、跨链融通"的产教协同实践教学平台，推进全过程多方位产教资源共享互动数智化实践教学，打造多元化的产教融合、科教融汇实践育人平台，构建全过程与全方位的协同育人平台，为创新实践教学模式，推动实践教学改革奠定坚实的基础，最终实现人才培养与社会需求的互惠式发展，以双

创教育教学质量国家标准为依据，实现校企协同人才培养模式，完善双创课程体系，完善师资队伍建设，优化政产学研用人才培养模式，促进双创教育高质量发展。

（四）实施科学全面的评价体系，完善双创教育高质量发展生态教育体系

双创评价指标要从多方面进行考虑，尽量确保评价指标的全面性，既要考虑学生在整个过程中所取得的成果，也要考虑应用型高校是否实现教育目标，是否为经济社会提供所需人才。在整个评价过程中，采用过程性评价和终结性评价相结合的办法，保证评价模式的合理性，保证评价的有效性，通过评价不断完善双创教育高质量发展生态教育体系，为区域经济乃至全国经济发展提供所需人才。

参考文献

[1] 王菡. 高校创新创业教育生态系统构建与运行机制研究[J]. 北京邮电大学学报（社会科学版），2022，24（1）：95-101.

[2] 唐利华. 协同视域下高校创新创业教育生态系统优化研究[J]. 造纸装备及材料，2022，51（3）：218-220.

[3] 沈云慈. 地方高校创新创业教育支持体系的构建——基于产学研协同全链条融通视角[J]. 中国高校科技，2020（12）：72-76.

[4] 罗春婵，孙红月. 经济高质量发展与高等教育产教融合模式创新[J]. 创新创业理论研究与实践，2021，4（1）：128-130.

[5] 汪俞辰. 高校创新创业教育模型构建及运行机制研究[J]. 教育与职业，2020（17）：62-66.

作者简介：宫晶晶（1982— ），女，山东威海人，烟台南山学院经济与管理学院讲师，硕士；韩洪文（1981— ），男，山东邹城人，烟台南山学院智能科学与工程学院副教授，硕士；徐榕（1996— ），女，山东烟台人，烟台南山学院经济与管理学院讲师，硕士。

应用型人才培育目标下的创新创业教育探索

李瑞

摘要：创新创业教育是应用型人才培养的重要突破口，有效的创新创业教育改革可以助力应用型人才培养实现质的飞跃。本文对应用型人才培养的重要性，应用型人才培

育目标下创新创业教育探索开展的必要性，应用型人才培养目标界定，应用型人才培育目标下创新创业教育的指导方针五方面进行了探讨，致力于在应用型人才培育目标视角下，针对现有高校创新创业教育现状展开研究，从而提出相应的改进措施，助力高校实现培养具有较强实践能力人才的目标。

关键词：高校；应用型人才；创新创业教育

基金：山东省教育发展促进会教育科研规划课题"基于教研产深度融合的应用型大学教育教学模式改革理论与实践"（JCHKT2023348）；中国民办教育协会 2023 年度规划课题（学校发展类）"基于校企一体化的应用型人才培养范式研究——以烟台南山学院为例"（CANFZG23328）

一、引言

创新创业教育是高校在教育和管理方面进行创新发展的一项核心工作，有效实施创新创业教育，将对高校人才培养起到良好的促进作用。2017年12月19日，国务院办公厅印发《关于深化产教融合的若干意见》指出，要"健全高等教育学术人才和应用人才分类培养体系，提高应用型人才培养比重"。显然，应用型人才培养已占据高校人才培养目标的主导地位，围绕应用型人才培养目标，进一步探索创新创业教育，将能够更好地指引高校做好人才培养工作。

二、应用型人才培育的重要性

应用型人才培育是高等教育生态中重要的组成部分，从长远来看，应用型人才培育对中国经济社会的发展和中国高等教育大众化进程有着积极的促进作用。因此，对应用型人才的培育是高等教育发达的国家和地区在知识经济社会和高等教育大众化背景下的共同选择和普遍趋势。

三、应用型人才培育目标下，创新创业教育探索开展的必要性

创业教育的根本目的就是培养学生应用专业知识、运用专业技能寻找市场需求，开拓创业空间的素质与能力。应用型人才需要熟练掌握专业知识和技能并能将其应用于所从事的专业社会实践。可见，开展创新创业教育是应用型人才培养的有效举措，是高校对应用型人才培育目标探索的方向。社会经济的快速发展使行业对人才的要求在不断提升，特别是在目前产业结构转型升级的过程中，经济新常态下高校所面临的人才培育环境

发生了很大的变化。在应用型人才培养中，必须要不断优化创新创业教育，重视学生创新创业意识的培养，从而推动学生综合素质的提升，为社会发展输送更为优质的人才。

四、应用型人才培育目标界定

结合现有相关文献研究成果及观点，结合当前我国总体形势，本文认为应用型人才的培养应以培养具有较强实践能力的人才为基本目标，从而满足在当前新一轮信息革命的赋能下，社会对人才类型与数量的新需求。

五、应用型人才培育目标下创新创业教育的指导方针

本文研究建立在以学生为中心，以实践为主导，以能力培养为目标的应用型人才培养目标下的创新创业教育指导方针的基础上。学生是高校创新创业教育的主体，"以学生为中心"理应贯穿于高校创新创业教育的各个环节，高校在创新创业教育过程中要高度支撑应用型人才培养工作，以满足社会对应用型人才的需求。为此，在应用型人才培养目标下，创新创业教育要时刻以学生为中心，做好相应的创新创业教育工作。创新创业教育要以实践为导向，把实践放在教学环节和思维模式的核心位置，才能实现理论与实践同行，培养出知行合一、本领过硬、素质综合的应用型人才。创新创业教育的核心目的是培养与时俱进的人才，所以最终检验创新创业教育成功与否的标准是培养的人才具不具备相关专业实践和独立解决问题的能力。

六、应用型人才培育目标下创新创业教育存在的问题

（一）创新创业教育课程体系设置不科学、不合理

创新创业教育课程设置缺乏系统性。目前大多数高校已经把创新创业教育课程纳入学校人才培养方案里，但只是停留在执行阶段，未能积极参与到创新创业教育课程的建设中，从而导致高校在建设创新创业课程的过程中，生搬硬套，课程内容与专业内容融入较浅甚至零关联性，使得创新创业教育与专业教育脱节，无法有效实现专业领域的创新创业人才培养；创新创业教育课程缺乏实践环节，因专业课程开设较多、大班授课等原因，创新创业教育课程实践环节得不到有效开展；创新创业课程所占学分和学时较少，不利于调动学生的积极性，也不利于学生对创新创业课程进行系统学习；课程评价体系不科学、不完善，在创新创业教育课程评价体系建设上，评价指标内容比较宽泛，不利于高校对评价

体系的实施。此外，创新创业教育课程评价体系的内容不完整，很少体现或者没有体现出应用型人才培养的效果，顾此失彼，不能全面体现创新创业教育育人理念。

（二）创新创业教育师资队伍质量不佳

高校创新创业教育师资队伍的成员，主要是校内学科教师、辅导员、职能人员等，缺乏实践经验丰富的校外企业或专业领域的双师，而仅在校内组建创新创业教育师资队伍的模式，有较多弊端，诸如缺乏实战经验，不能很好地开展实践教学活动；任课教师身兼数职，没有充足的时间备课，任课教师没有进行创新创业课程的系统学习和培训，导致创新创业教学成效较低。高校在对任教创新创业教育课程教师聘用方面，没有设置一定的准入门槛，导致任教创新创业教育师资队伍人员质量鱼龙混杂、参差不齐，任教师资队伍的质量堪忧，大大降低了创新创业教育课程授课质量。高校缺乏对创新创业教育课程教师的培训，创新创业教育课程内容更新换代比较快，如果不重视对任教教师的培训工作，那么任教教师在课程实施环节上难以较好地开展教学活动。

（三）创新创业教育的受众群体小众化

为落实国务院办公厅印发的《关于深化高等学校创新创业教育改革的实施意见》，全国各大高校为推进创新创业学院纷纷出台相应举措，诸如成立创新创业学院、开设创新创业教育培训课程、参加创新创业大赛等。创新创业学院的成立，给学生们提供了成果产出的"根据地"；创新创业教育课程的普及，激发了学生们的创新思维和创新意识；参加创新创业大赛，以赛促教，锻炼了学生们的转化创新成果能力，这无疑使得高校创新创业教育的发展得到了质的飞跃。但是在高校推行创新创业教育的过程中，发现创新创业教育的受众群体仅限少数学生，原因主要有：创新创业教育宣传力度不够，不能真正有效调动学生参与创新创业活动的积极性；人才培养方案制订不科学，致使部分专业学生因专业课程太多或者忙于参加实习等原因，没有时间参与创新创业课程培训；指导教师在指导学生参加创新创业大赛的过程中，无法有效指导，所以仅有能力比较出众的学生才能参赛，大部分学生只能充当旁观者。

（四）创新创业教育实践环节中，学生主体地位缺失

创新创业教育中，有很多案例和实践环节，因课时较少、授课人数较多，绝大多数创新创业教师省略了这些实践内容，以讲授理论内容为主，学生无法很好地参与课堂，同时也无法得到有效的实践。另外，全国各地"互联网+"等创新创业大赛正如火如荼地进行中，也不乏各大高校学生获奖，但是深入调查发现，很多获奖比赛项目都是指导教师的课题，学生只是参与了简单的PPT制作、报名表内容填写、参赛演讲等，这也使得以赛促

教的效果微乎其微，学生的实践能力也得不到有效的锻炼。教师在创新创业教育实践过程中，仍主要采用创新创业政策宣讲、参观模拟、面试技巧授课和面试技巧模拟等教学方式，无法调动学生的积极性，不能很好地发挥创新创业教育中学生的主体性作用。

（五）创新创业教育实践基地较少，无法满足对学生实践能力培养的需求

创新创业教育实践基地是开展创新创业教育的重要资源，因高校对创新创业教育实践基地的重要性认识不深刻，导致高校对创新创业教育实践基地的建设不完善，目前各大高校校内创新创业教育实践基地种类单一，不能满足学生对创新创业教育实践活动的多元化需求；与此同时，高校也在逐步寻找校外实践基地，但是结果不尽如人意。如何建立或寻找满足学生需求的多元化校内外教育实践基地，成为高校顺利实施创新创业教育活动重要任务之一。

七、应用型人才培育目标下的创新创业教育探索

（一）创新创业教育课程应系统化、科学化、规范化

首先，高校要加强对创新创业教育课程的重视，将创新创业教育课程纳入教学内容的核心部分，增加创新创业教育课程的学分和课时量，并加大相应实践教学活动的比重；其次，要以全局的视角审视创新创业教育课程，要以学生为中心、以实践为主导、以能力培养为目标，系统化地设置创新创业教育课程，致力于在人才培养方案中明确人才培养类型，有清晰的教育理念；再次，开设创新创业教育课程是为了更好地服务于专业领域的创新人才培养，所以创新创业教育课程要与专业课程进行有机结合；最后，在创新创业教育课程教学设计环节，要结合高校自身优势，尽可能服务好创新创业教育实践活动教学，诸如严格保障创新创业教育实践环节的课时量，坚持实践环节小班授课等；此外，要制订创新创业教育课程评价体系，促使创新创业教育课程内容更加完善，课程体系更加规范等，形成以评促教、不断向更好态势发展的良性循环。

（二）加强创新创业教育师资队伍建设

首先，高校通过学院推荐、自荐等方式选拔出一批各个学科领域里专业知识过硬、业务精湛、综合素质强的优秀教师，由创新创业学院统一管理和培训，除此之外，还要积极招募选聘创业经验丰富的社会各界人才作为学校兼职教师，同校内组建的优秀专业教师一起承担创新创业教育课程。其次，要做好课程教师的后勤保障工作，让任课教师能够专心做好创新创业教育课程教学。通过减少任课教师的非必要工作，以及提升课时

费、加大竞赛经费补贴等，让教师能够把所有心思用在备好创新创业教育课程内容上，确保教师能按照高校应用型人才培养方案，讲好理论课，上好实践课，且积极参加创新创业教育课程研发工作、创新创业相关竞赛。再次，要加强对创新创业教育课程教师的培训，如鼓励教师参加创新创业活动培训，邀请创新创业专家来做讲座，输送教师到企业单位进行挂职锻炼等。在培训结束后，要求教师提交相应的培训成果，以督促任课教师把培训内容真正应用到实践活动中。最后，优胜劣汰，及时更新和提升教师队伍。在创新创业课程教师队伍中，不断开展听课、教学比赛等活动，不断激励教师们做好创新创业教育，及时辞退那些不能胜任创新创业教学的任课教师，时刻保持创新创业教育师资队伍高质量发展。

（三）创新创业教育应面向高校全体学生，参与应用型人才培养的全过程

首先，在创新创业课程人才培养理念制订时，要明确创新创业教育课程面向的对象是高校全体学生，而不是少数学生，对此，要以全体学生为中心，展开创新创业课程教学。其次，在实践教学过程中，尽可能展开多种形式的活动，诸如案例分析、小班授课、创业体验等，从而对全体专业学生有针对性地授课，使不同学科、不同专业、不同兴趣的学生全部参与其中，达到面向全体学生的授课目标。再次，"互联网+"等双创比赛，应该面向全体学生，尽可能多地号召不同学科、不同专业的学生参与其中，由所属学院专业双创导师全程科学、规范化指导，争取达到全员参与。最后，评价创新创业教育成果时，要以学生参与度的高低作为依据和参考，重点检验学生的创新能力和实践能力是否得到了有效培养。

（四）创新创业教育实践平台多元化

高校应为学生积极创建校内外创新创业教育实践平台，如与企业单位联合创办创新创业教育实践，为学生进行创新创业教育实践活动提供场地。校内除创建如"孵化基地"等实践场所外，还应该积极探索建设样式新颖、与时俱进的创新创业教育实践基地，以满足不同专业对创新创业教育的需要；校外创新创业教育实践平台，除了与企业单位合作，由相关企业提供实践基地，还可以由高校出资成立、建设相关实践单位，真正实现人才培养与人才输送一体化；还可以搭建创新创业教育网络实践平台，这样不仅可以让学生与老师、企业领军人物进行远程交流沟通，而且能在平台上发布或者收集行业信息，给学生带来一些创新创业的思路和创新创业资金扶持。

（五）创新创业教育评估与推广

创新创业教育评估是实施创新创业教育的一项重要工作，评估主要涉及的方面有创

新创业教育的教育质量、学生对创新创业理论和实践技能掌握与应用情况以及任教教师师资力量等。在对创新创业教育进行全面分析的同时，学校还应积极拓展渠道进行创新创业教育推广。在对创新创业教育推广时，首先要进行充分的校内及校外调研，了解人群对创新创业教育的需求和潜在机会，从而确定最合适的推广策略以及制订相应的推广计划；其次，与其他院校、企业建立合作关系，可以进一步拓宽推广范围，而且可以共同分享创新创业教育资源和共同推广创新创业教育方法和路径；再次，在推广创新创业教育时，可以通过线上推广、线下推广、经验分享等方式，多渠道传播；最后，不断对创新创业教育进行探索，为满足社会对创新创业教育人才培养的需求，及时调整和创新创新创业教育理念、教学方法、实践活动的开展形式等，始终保持创新创业教育走在高等教育的最前沿。

八、结语

总体而言，从应用型人才培育的角度来看，创新创业教育探索主要从规范创新创业教育课程体系，加强创新创业师资队伍建设，鼓励高校全体学生参与应用型人才培养全过程，创建多元化创新创业实践平台等四个方面展开。本研究对创新创业教育进行了多角度、深层次的研究和探索，但是创新创业教育目前仍处于探索和初步实施阶段，如何使创新创业教育有效促进应用型人才的培育，还需要进一步研究。

参考文献

［1］陈怡欣.创新创业能力下的应用型高校人才培养模式研究[J].科技视界，2021（28）：152-153.

［2］阳玉香，莫旋.基于应用型人才培养的"四位一体"创新创业教育生态培育体系构建研究[J].经济研究导刊，2022（14）：108-110.

［3］王娟，洪璇，邹丽，等.新建应用型医学本科高校"多元协同"创新创业教育体系的探索与实践[J].高教学刊，2022，8（4）：52-55.

［4］许娇娇，李欢钊，杨洪.新应用型人才培养视角下独立院校创新创业教育的研究与探索[J].华东科技，2022（2）：131-133.

［5］张继明，马书君.应用型高校创新创业教育课程的建设与治理[J].创新与创业教育，2022，13（1）：103-108.

作者简介：李瑞（1989— ），女，山东菏泽人，烟台南山学院科研处讲师，硕士。

基于产教融合的工程造价专业人才培养方案设计

曲荣荣　赵婷婷　贾志辉

摘要：随着我国经济社会的发展，工程领域在国民建设中起到重要作用。本文通过总结和分析，对新工科教育改革中工程造价专业改革面临的问题进行了探讨，并介绍了在具体教学实践中的思路和探索。在卓越人才培养计划下，我们着眼于技术需求、学生需求和社会需求三个维度，以打破学科壁垒为目标，推出了一项新的教学改革实施计划。该计划提供个性化的、分层次的工程教育平台，以满足不同学生的需求，这一模式让学生能够更好地适应未来的社会和技术需求。

关键词：产教融合；工程造价；应用型人才

一、产教融合

为加速建筑行业的发展，高校正在培养更多优秀的人才，并采取多种授课模式，如结合BIM制度和产教融合，来培养具备工程造价技能的专业人员。这些人才将填补建筑行业的人才缺口，为行业的长期稳定发展作出贡献，并进一步加强教育与建筑行业之间的互动与合作。

推进产教融合是高等学校人才培养的重要手段，也是新工科建设的关键措施。为了促进教育链、人才链与产业链、创新链的有机衔接，国务院办公厅于2017年12月发布了《关于深化产教融合的若干意见》。产教融合模式是一种人才培养方式，它通过与建筑施工企业进行合作，建立建筑工程队伍，并形成产业链。这种方式将人才培养和产业发展有效地结合起来，为建筑类专业学生提供了更好的实训平台。通过在实际操作中运用所学知识，学生可以提高对建筑类专业知识的运用能力。

二、工程造价专业人才培养存在的问题

（一）学生培养方案理念陈旧

产教融合对于社会和学校都至关重要。该模式可以促进学校培养高质量的应用型人才，为企业提供优质人才，改进企业生产效率，增加经济效益。在企业与学校合作的人才培养过程中，常常存在着责任分配不均和定位不清晰的问题。在产教融合人才培养中，学校应承担主体责任，而企业则为学校提供实践机会和实习经验。但是在我国，企业和学校在产教融合方面的定位往往模糊，这严重影响了学生的学习效果。传统的工程

造价专业人才培养方案往往过于注重理论知识的传授，而缺乏对实践能力和适应性的重视。这使得学生在实际工作中缺乏实践经验和解决问题的能力，与企业实际用人需求存在较大差距。另外，工程造价专业的知识和技能更新较快，现行的培养方案往往无法及时跟上行业发展的步伐。这导致学生在毕业后往往需要进行一段时间的适应和学习，才能胜任实际工作。这给企业和学生都带来了一定的不便和成本。此外，工程造价专业人才培养还存在与企业的脱节问题。学校和企业之间的合作疏于深入，缺乏有效的沟通和互动机制。这导致学生在实践环节积累的经验不够贴合实际需求，学生无法真正获得职业素养和实践能力的发展。高职院校的学生专业能力不足并不仅是师资力量不足所导致的，场地和设备的限制也是一个重要的原因。这种限制同样导致学生在实践应用能力方面存在缺陷。缺乏实践机会和实践经验最终导致学生只掌握理论知识，而在实践能力方面存在不足。以建筑工程造价专业为例，许多细节性的知识很难通过纯理论教学完全掌握，因此需要通过实践学习来实现理论与实际的结合。由于实践机会有限，学生对这方面的认知往往不够全面，从而导致了学生在考试中取得高分，但在实际工作中表现不佳的现象。工程造价行业对人才的需求很大，但是毕业生因为缺乏实践能力，在独立控制和管理成本方面存在不足，难以满足要求。因此，如果学校不重视对学生实践能力的培养，就会加剧就业人数少和行业人才缺口大的问题。

（二）配套师资结构不合理

产教融合协同发展育人模式的目标是培养具备实践经验和教学经验的高质量教师，即"双师型"教师。然而，目前的师资队伍建设仍存在一些问题。大多数教师缺乏企业操作技能，无法提供有效的实习指导。此外，学校和企业之间对联合育人模式的不熟悉也限制了教师为学生提供具体、有意义的指导。这些问题明显影响了产教融合协同育人模式的进一步发展。

（三）校企合作具有差异性

在我国目前的产教融合协同发展中，存在一些问题。首先，不同地区的经济发展水平、产业结构和教育资源分布等因素都会影响产教融合的发展。一些发达地区和产业集聚区往往拥有更多的企业资源和教育机构，更容易实现产教融合，而一些欠发达地区可能会面临资源匮乏和合作机会有限的困境。其次，不同领域和行业的特点也会导致产教融合模式的差异。有些行业更加重视理论知识和技能培训的结合，注重学生的实践能力培养；而有些行业则更注重职业资格证书的培养和行业实践经验的获取。最后，不同学校的文化、办学特色和教育理念也会影响产教融合的具体做法。有些学校可能更偏向于理论教学，注重学术研究和学科发展，产教融合的实践相对较少；而有些学校则注重培养实践能力和职业素养，更愿意与企业合作。综上所述，产教融合确实具有差异性，不同地区、领域和学校会根据自身条件和需求采取不同的模式和措施来推进产教融合。然而，无论具体形式如何，产教融合的目标始终是通过产业和教育的有机结合，促进人才培养和产业发展的协同发展。

一些学校在产教融合方面的建设相对滞后，缺乏有效的校内实训基地和校外企业实践基地，并且即使有相关基地，也没有充分利用起来。这导致产教融合人才培养模式在硬件支持方面存在不足，从而影响了其协同发展能力。另外，在产教融合人才培养过程中，一些企业的合作意愿不够强烈。一些企业认为与学校合作带来的经济效益较低，缺乏合作积极性，导致与学校之间的合作不充分。

三、产教融合背景下工程造价专业人才培养的策略

在推进校企合作和深化产教融合的过程中，选择合适的合作对象是基础。合作应建立在互利共赢的基础上，并考虑到长期发展和可持续性，具体可从以下几个方面展开合作。

建立双向沟通机制：学校和企业之间建立定期、系统的沟通机制，如定期会议、座谈会、交流讨论等，确保双方了解彼此的需求和期望，共同制订合作目标和规划。

共同参与项目策划和设计：学校和企业可以共同参与合作项目的策划和设计，确保项目符合双方的需求和目标。通过合作项目，学生可以在实际项目中得到锻炼，同时企业也可以通过合作项目找到解决问题和开发创新的途径。

探索灵活的合作模式：根据学校和企业的特点和需求，探索灵活的合作模式，如实习、实训基地、产学研项目、共建实验室等。通过灵活的合作模式，可以确保学校与企业的合作更贴合实际，更具针对性和灵活性。

确定资源共享机制：在学校和企业之间建立公平合理的资源共享机制，共享人才、设备、实验室等。通过共享资源，使得双方都能够从中受益。

建立长效合作机制：学校和企业之间可以共同协商并制订长效合作机制和规则，明确合作的权责和利益分配等方面的事项。通过建立合作机制，确保合作的顺利进行和可持续发展。

总体而言，校企合作和产教融合需要双方通力合作，建立双赢的合作关系。通过双向沟通、合作项目策划、灵活的合作模式、资源共享机制和长效合作机制的建立，可以推动校企合作和产教融合的发展，并使其成为一种长期稳定的合作关系，为双方带来更多的利益和价值。

（一）构建协同合作培养模式

在以上基本原则的指引下，学校可从以下几个方面构建深度融合的产教合作协同育人机制。

1.建立密切合作关系

该模式需要明确双方在合作关系中的定位和责任分配，以确保学校和企业在合作中能够共同实现人才培养目标，完善教学与实践的结合。学校应该发挥其教育优势和特色，在人才培养方面探索出更具体、更具个性化的路径，同时也应充分利用企业资源，为学生提供更前沿、更丰富的实践机会。企业则需要理解学校的教学体系，积极为学校提供实际案例，同时提供更多丰富的技术支持和实践经验，为人才培养提供更多的数据支持。

2.共同制订课程和教学大纲

学校和企业可以共同制订课程和教学大纲，确保教学内容与实际需求相符。通过引入企业方面的专业人士参与教学设计和课程安排，将理论知识与实践能力结合起来，使学生能够更好地适应实际工作需求。

3.开展实践教学活动

学校可以与企业合作开展实践教学活动，例如实习、实训项目和案例研究等。学生可以在真实的工作环境中进行实际操作和实践，提升自己的实践能力和问题解决能力。

4.设立导师制度

引入企业导师制度，由企业中具有丰富实践经验的专业人士担任学生的导师，提供指导和支持。导师可以协助学生解决问题、提供实践经验和职业规划指导，帮助学生更好地融入职场并发展自己的职业能力。

5.加强信息共享和合作研究

学校和企业可以加强信息共享和合作研究，通过交流和合作，了解市场需求、行业发展趋势和创新机会，共同探索解决实际问题的方法和策略。

6.建立评估和反馈机制

学校与企业共同建立评估和反馈机制，及时了解学生在实践中的表现和反馈，为改进教学提供参考和依据，不断优化产教合作协同育人机制。

加强学科专业建设，依托学科专业优势对接企业需求，推动学科交叉与综合能力培养，例如工程造价专业需要与工程管理、财务管理等学科进行交叉，学校既要注重学生的专业技能培养，也要培养他们的跨学科综合能力。设置相关的跨学科课程和项目，可以提高学生的综合素养和解决复杂问题的能力。将校企协同创新作为高校基本战略，也能帮助企业攻克关键技术难题，促进企业技术进步，增强企业竞争优势，实现校企互利共赢，激发企业参与产教融合的内源性动力，促使企业投入更多资源参与产教融合，驱动产教融合系统自适应、可持续发展。

（二）重构实验教学生态系统

校企合作和产教融合的全面推进，大大拓展了学校的实践教学平台，丰富了办学资源，充实了师资队伍，也为构建实践教学生态系统奠定了坚实的基础。实践生态系统包括学科竞赛、校内实验教学体系、校外产教协同实践体系三个部分。搭建校内实践教学平台，如建立从基础实验到专业实验到综合创新实验的教学体系、鼓励学生参与教师科研；建设学科竞赛实践平台，如参加校级比赛、省级学科竞赛、国家级学科竞赛；构建产教融合行业实践平台，如建立从对建筑行业的认知学习到生产学习到研发实践的产教融合教学体系。

（三）引入OBE理念、探索"螺丝钉"式人才培养模式

引入OBE（Outcome-Based Education）理念和探索"螺丝钉"式人才培养模式可以进一步促进深度融合的产教合作协同育人机制的建设。OBE强调学生学习的结果和能力的培养，而非仅仅注重对课程内容的传授。通过明确预期的学习成果，设定评估标准，并通过教学方法和评价手段实现学生的预期目标。在产教合作中，学校和企业可以共同制订学生的预期目标和能力要求，并通过实践教学活动和导师指导来培养学生的能力。"螺丝钉"式人才培养模式强调为企业培养具备实际操作技能和适应性强的"螺丝钉"型人才。在产教合作中，学校和企业可以紧密合作，通过实习、实训、项目合作等方式，向学生传授实际操作技能和工作需求，培养学生的团队合作能力、问题解决能力和职业素养，使他们能够快速适应职场工作。

通过引入OBE理念和探索"螺丝钉"式人才培养模式，产教合作可以更加贴合实际需求，培养出更具实践能力和适应性的人才，为产教融合的深度发展提供有力支持。通过围绕实际需求和职业能力标准设计课程、实践项目，并注重评估学生的学习成果，可以培养出更富有实践能力和适应性的人才。同时，"螺丝钉"式人才培养模式强调以产业对人才的需求为导向，通过与企业密切合作，开展实践性的培训和项目，培养出具备职业技能和工作素养的毕业生。这种模式能够使学生在实践中接触真实问题，培养解决问题的能力和实践能力，提高他们的就业竞争力。因此，引入OBE理念和探索"螺丝钉"式人才培养模式，将有助于推动产教合作更好地满足实际需求，推动产教融合深度发展。

在产教融合中，校企人才流动主要分为两个层面，其一是定向人才培养层面，其二则是教师队伍建设层面。定向人才培养流动是指学生在学习期间与企业之间的交流和互

动。这种人才流动可以通过实习、实训、项目合作等形式进行。学生可以到企业实习，亲身体验工作环境和实际工作内容，提升实践能力和职场适应能力。同时，企业也可以派员工到学校举办讲座或指导学生的实践项目，进行技术交流和知识传递。学生层面的人才流动可以帮助学生更好地理解职业发展路径，了解实际工作需求，增强就业竞争力。教师队伍建设层面的人才流动是指学校和企业之间教职员工的交流和互动。学校可以邀请企业专业人士担任兼职教师或客座教授，提供行业最新发展动态和实践经验的教学内容。同时，学校教职员工也可以到企业进行教师参观、企业培训或参与研究项目，了解企业需求、更新教学内容，提升教学水平和专业素养。教职员工层面的人才流动可以促进学校与企业知识和人力资源的共享，促进教学与实践的紧密结合。

从定向人才培养的层面来看，校方可以通过与企业的学习和交流活动，更加了解企业对人才的需求，为学生争取一些定向就业岗位，从而解决学生的就业问题。通过与企业的学习和交流，学校可以深入了解企业的岗位要求、技能需求以及行业发展趋势。学校可以结合这些信息，进一步细致地确定培养目标，调整教学内容和方式，以培养符合企业需求的人才。这种定向人才培养有助于提升学生的就业竞争力，因为学生具备了企业所需的技能和知识，更符合实际工作岗位的要求。此外，校方可以与企业建立合作关系，开展实习、实训项目，引入企业导师参与教学，让学生在实际工作环境中学习和实践。通过与企业的密切合作，学校可以更好地帮助学生熟悉行业需求，提升实践能力，为学生争取定向就业的机会，提供更好的就业途径。在OBE教学模式的基础上，校方可以跟进企业的人才需求，及时调整课程设置和教学内容，以满足学生专业能力的要求。将学习和交流活动与定向就业岗位的争取相结合，可以更加精准地培养出满足企业需求的人才，增加学生就业的机会和成功率。因此，通过与企业的密切合作、学习和交流活动，校方可以根据企业的人才需求，为学生争取定向就业岗位，更好地实现定向人才培养，解决学生的就业问题。这种方式对于学生就业能力的提升和职业发展的规划具有积极的影响。

（四）推动企业驻校、实现课程建设层面的校企互通

产教融合与校企合作最根本的区别在于，校企合作通常是指学校与企业之间的合作关系，双方进行一些简单的合作项目、实习、实训等活动。这种合作通常是基于特定的项目或实践需求，并没有形成一个系统性的合作框架。而产教融合则是企业与学校之间更为深入、全面的合作。双方共同推动合作，实现产业与教学的整合。产教融合不仅注重在一些项目或实践活动上的合作，更加强调教学内容和方法的改革与创新，与企业的业务和需求相衔接，实现教学与产业的密切结合。在产教融合中，学校和企业共同参与课程设计、教学内容的制订，通过共同制订学习目标和评价标准，实现学生能力的培养和行业需要的对接。学校和企业还可以共同建立实训基地、实验中心或共享设备，提供更多的实践机会和资源支持。此外，产教融合强调学校和企业的密切合作和沟通，建立长期稳定的合作机制，促进双方知识和经验的共享，共同探索适应行业需求的教学模式和培养机制。产教融合是一种更为全面、深入的合作模式，旨在实现产业和教学的有机结合，共同培养更适应行业需求的人才。

推动企业驻校和实现课程建设的校企互通是产教融合中的重要环节。以下是在课程建设层面上推动校企互通的几个关键步骤。第一点是建立校企合作的桥梁，由专门的机构或团队负责产学对接，促进学校与企业之间的信息交流和合作。学校和企业通过调研分析，了解企业对人才的需求和行业的发展趋势，确定合适的课程设置和教学内容。校方结合企业需求，重新评估、设计课程，将实际案例、工程项目以及实验课纳入课程体系，增强学生的实践能力。第二点是邀请企业专业人士参与课程建设、教材编写和教学指导，将企业最新实践经验与专业知识融入教学中，提高课程的实用性和适应企业需求的能力。学校与企业合作共建实训基地，为学生提供真实工作环境和设备，开展实践教学活动。在这样的共同实训基地中，学生可以接触到真实的工作场景和流程，加强实践技能的培养。第三点是建立课程评估与反馈机制，定期进行课程评估和反馈，邀请企业代表参与课程评审，收集学生和企业的反馈意见，及时调整课程设置和教学方法，确保课程内容与企业实际需求保持一致。

四、结语

本文对新工科教育改革过程中的问题进行了总结分析，并介绍了在具体教学实践过程中的思路与探索。新工科教育改革涉及教学内容、教学方法、实践环节等多个方面，其中共性问题主要包括教学模式创新、师资队伍建设、实践环节设计和评估体系建立等。针对这些问题，文章提出了一些可行的思路和探索。

教学质量的保证与提高离不开良好的硬件条件支持，而教学模式和方法创新则是关键。教育界需要保持敏锐的教育改革意识，不断更新教学模式和教学内容。我们要建立充分协同、多元资源的培养体系，激发并引导学生的学习热情，采用跨界、交叉、融合的知识模块，打造广阔的交互立体式实践平台，以应对新工科领域的快速变革。工程教育是一项长期的任务，每一位教育从业者都应该在总结现有工作的基础上，梳理经验，凝练模式，形成理论，进一步探索可持续合作、多方共赢的人才培养模式。

参考文献

[1] 黄晶. 基于产教融合的高校人才培养模式探析[J]. 人才资源开发, 2022 (23): 82-83.

[2] 庞燕, 王忠伟. 新文科背景下"校企合作、产教融合"物流创新人才培养探索[J]. 物流研究, 2023 (6): 80-84.

[3] 罗晓莉, 程美. 基于OBE理念的产教融合型高校工科教材策划与实践[J]. 传播与版权, 2022 (11): 34-36.

[4] 宋珂, 田北平, 曹照洁. 产教融合背景下土木工程专业混合式教学优化研究[J]. 四川职业技术学院报, 2023, 33 (4): 13-16.

[5] 卢倩, 金锋, 周临震, 等. 新工科产教融合背景下智能制造工程专业融合型人才培养探索与实践[J]. 科教文汇, 2022 (20): 78-82.

作者简介：曲荣荣（1997— ），女，山东威海人，烟台南山学院经济与管理学院助教，硕士；赵婷婷（1996— ），女，山东青岛人，烟台南山学院经济与管理学院助教，硕士；贾志辉（1980— ），男，山东龙口人，山东新南山建设工程有限公司高级工程师，学士。

基于校企协同的创新创业课程群虚拟教研室建设研究

夏咏　曹新颖

摘要：校企协同的创新创业课程群虚拟教研室是在校企合作协同育人基础上建设的新型基层教学组织，建设高校的创新创业课程群虚拟教研室能够拓宽创新创业课程的教育教学研究渠道，促进教学改革和教学资源共建共享，满足社会对创新创业人才的需要，建成校校、校企、校地协同的创新创业人才培养模式，最终打造出一批具有特色的创新创业精品课程，并且带动一部分高校、企业共同发展，特别是中西部地区高校发展。

关键词：校企协同；创新创业课程群；虚拟教研室

一、引言

信息技术的迅猛发展为教育教学研究组织形式的创新提供了更多的可能。2021年教育部在《关于开展虚拟教研室试点建设工作的通知》中提出了"以现代信息技术为依托,试点先行、稳步推进,建设一批类型多样、动态开放的虚拟教研室"。虚拟教研室是"智能+"时代下,为解决高等教育改革问题,利用信息技术、智慧教学手段,开展"线上+线下"、虚实结合的教育教学研究以及课堂教学实践的新型基层教学组织。目前,我国的虚拟教研室分为课程群教学类、专业建设类以及教学改革专题类等类型,本文主要研究的是课程群教学类校企协同的创新创业虚拟教研室。

校企协同是将协同理念引入校企合作中,通过整合高校和企业双方的人才、资源、技术等方面的优势,实现高校与企业的共赢与双向发展。国务院办公厅出台的《关于深化产教融合的若干意见》为产教融合、校企协同发展工作提供了政策依据,这种人才培养模式能够满足社会发展的需求,可以将学校的教学目标与社会发展相结合,打造精品课堂。校企协同的创新创业课程群虚拟教研室的建立,构建了创新创业课程教研共同体,能够联合高校和企业,共享资源形成创新创业教学研究新范式。

二、校企协同的创新创业课程群虚拟教研室建设的内涵

(一)课程群虚拟教研室试点建设广泛开展

我国正在逐步加快虚拟教研室的建设,课程群虚拟教研室在各个高校中广泛设立,以创新教研形态,加强教学研究。课程群虚拟教研室越来越受到重视,创新创业课程也应该参与其中,建设创新创业课程群虚拟教研室。

(二)创新创业课程群虚拟教研室建设促进教育教学理论与具体实践的结合

创新创业课程一直非常重视理论与实践相结合,强调采取较为灵活的教学方式,革新教学方法,这同课程群虚拟教研室建设的数字化、信息化的初衷不谋而合。创新创业课程群虚拟教研室可以通过分享优质教学资源、建设案例库以及优秀教师示范等方式,对教育教学理论进行深入研究,推动教育实践不断发展,逐步实现创新创业课程的教学目标。

(三)创新创业课程群虚拟教研室具有协同共享性

创新创业课程群虚拟教研室实际上摆脱了实体教研室的限制,打破了各个区域、专业以及时间的桎梏。创新创业课程群虚拟教研室利用现代信息技术,在教研环境上体现出"线上+线下"结合、跨时空交互以及多学科交叉融合的特点,体现协同共享的理念,使创新创业课程群虚拟教研室既能成为教育学术共同体,形成"多校+多名师"的协同共享,又可以提高创新创业课程教师教学和科研水平,打造新型的基层教学组织。

三、校企协同的创新创业课程群虚拟教研室建设的重要意义

（一）拓宽创新创业课程的教育教学研究渠道

科技与教学、各个学科以及各个地区之间的相互交汇融合是创新创业课程教学与研究高质量发展之要义。科技的快速发展，催生了课程群虚拟教研室，使得创新创业课程可以虚拟教研室的方式联合各个地区的教研主体进行教学研究，从而开展创新创业课程的教学改革、教学实践。打破了传统的实体教研室在时空和学科上的限制，满足了创新创业课程的协同教育研究，同时拓宽了教育教学的研究渠道。

（二）开创校企联合培育人才新范式

基于校企协同的创新创业课程群虚拟教研室的建设，有助于学校根据企业对人才需求的反馈，开展更加具有针对性的创新创业课程，并且可以让企业中一些具有实际工作经验的人加入课程群虚拟教研室中，与高校教师联合进行创新创业课程的教学研究，能使人才的培养适应社会发展的需要。校企能利用创新创业课程群虚拟教研室，实现资源、信息共享，从而有效避免理论知识的滞后性，促进教学理论知识与实践活动相结合，打造校企联合培育人才新范式。

（三）满足创新创业人才培养的现实需要

根据《国务院办公厅关于进一步支持大学生创新创业的指导意见》，学校应当支持在校大学生提升创新创业能力，将创新创业教育贯穿于人才培养的全过程；应当建立健全校校、校企、校地协同的创新创业人才培养机制。基于校企协同的创新创业课程群虚拟教研室的建立，满足了社会对创新创业人才的需要。通过课程群虚拟教研室，可以实现跨学校、跨地域、校企协同联合制订创新创业人才培养方案，共同开展创新创业课程教学研究，从而打造出一批具有特色的创新创业示范课程。

四、校企协同的创新创业课程群虚拟教研室的建设和应用路径

（一）校企协同的创新创业课程群虚拟教研室的建设

1.利用信息技术创新虚拟教研室功能

在信息技术高速发展的数字经济时代，创新创业课程主要培养的是复合型、创新型创业人才。目前我国高校中传统的实体教研室已经不能满足教研活动需要，数字经济时代混合式教学组织催生了新型教研室——虚拟教研室的出现，应在此基础上构建创新创

业课程群虚拟教研室。

运用互联网、物联网、云计算、大数据技术等信息技术，实现创新创业课程群虚拟教研室的两大功能：

（1）创新教学模式功能。响应国家"大众创新，万众创业"的社会经济发展需求，建立校企协同虚拟教研室基地，针对创新创业课程的特点，开展校企协同的教研活动，如企业实地观摩、云观摩、线上会议等，虚实结合，线上线下共同运作。利用创新创业课程群虚拟教研室实现智慧教学，集中优秀教师及企业精英人员资源，通过"智慧树+克隆班"，实现远程教学、讨论式教学、学生自主学习以及多元评价等，不仅可以促进创新创业教师教学能力的提升，丰富教学资源，而且对于创新创业课程的建设、学生的培养等方面均有促进作用。

（2）资源共享功能。创新创业课程群虚拟教研室打破时空限制，可集各高校、企业的资源于一体，实现资源共享，如展示优秀创新创业课程教学视频、课件、大纲等，推动创新创业课程建设，加强教学资源建设，实现共建共享。目前，智慧树、钉钉等平台，已经拥有一批优秀的教学资源，实现了共享，充分调动了教师的教育教学活力，能够帮助建设良好的教育教学环境，从而保障课程群虚拟教研室建设规范有序进行。

2.大力提升教师教育教学能力

要建设校企协同的创新创业课程群虚拟教研室，应当需要大批具有创新创业教育教学能力和素养的教师加入进去，教师资源是建设课程群虚拟教研室的根本，是实现课程群虚拟教研室高质量发展的第一资源。只有高水平、专业化的创新创业教师，才能够承担起高质量的创新创业教育，在虚拟教研室中发挥重要作用，打造特色课程。

在教师教育能力提升方面可以有以下三种做法：

第一，高校要强化对教师创新创业教育教学能力和素养的培训。通过网络信息技术组织常态化的跨学校、跨地域、跨国际的创新创业教学培训，实现世界各校之间创新创业教师的教研互动，从而提升创新创业教师的教学实践和教学研究能力。并且高校还可以积极建设创新创业教师培训基地，定期从企业中聘请一些具有创业经验、广泛学识的企业家等开展培训。

第二，推动高校完善创新创业教师到企业挂职锻炼的激励政策和制度。很多高校双创指导教师掌握着关于创新创业方面的丰富理论知识，但是缺少实践，教师在教学过程中会偏重对知识的讲解，使得学生可能只是懂得一些理论知识，不懂得如何将知识运用于实践。双创指导教师到企业中进行锻炼，会丰富其实践经历。

第三，校企协同促进创新创业教师队伍专业化发展。校企协同促使企业中具有丰富实践经验的创业成功人士与高校教师之间进行交流合作，提升创新创业教师的专业素养以及教研能力，推动创新创业教师双向流动。

创新创业教师应当注重对学生学习的反馈，与学生进行互动交流，以改进创新创业课程的教学质量，同时注重提升教师的教育教学能力和课堂反思能力，推动对课程改革及教学内容、方式等的积极探索，不断提升教师的学术意识，促进教师教研能力的提高，为建设创新创业课程群虚拟教研室奠定重要的教师资源基础。

3.加强教学科研资源建设

课程群虚拟教研室的建设有赖于信息技术的发展，是在信息技术支持下的教学研究组织，高校应该加快信息技术建设，推动学校智能化，将教学改革与信息技术相结合。利用云存储技术，全面建设教学科研资源库，将创新创业课程教学大纲、课程课件、教学研究课题和论文等上传云端，构建共享的教学科研数据库。充分调动创新创业课程群虚拟教研室各个教师的积极性，发挥他们的合力，构建教学科研资源共享系统。具体来说，有以下几方面内容：

一是将各个优秀学校的教学科研资源整合共享，包括一些优秀的课程录像、教学课件、创新创业成功案例、科研成果、教学以及科研经验等，通过课程群虚拟教研室可以将资源整合利用，促进创新创业课程改革与发展。二是打造优秀教学资源，推进高校课程群虚拟教研室与企业单位、出版社等的交流合作，传递实践经验，推进教材改革等。三是要牢固树立数据安全意识，课程群虚拟教研室的建立在实现资源共享的同时，会有一定的数据泄露风险。在日常教学研究活动过程中，要加强课程群虚拟教研室权限管理，定期进行数据资源的杀毒和备份，防止数据资源丢失，增强课程群虚拟教研室成员的知识产权意识，保护并尊重劳动成果。

资源建设工作的完成，会将课程群虚拟教研室打造为优质的教学科研资源共享平台，推动创新创业课程教学方法创新，丰富创新创业课程资源，提升教师教研能力，提升人才培养质量。

4.优化创新创业课程教研评价系统

在创新创业课程群虚拟教研室的建设过程中，应当建立一种全过程的教研评价系统，对这种新型的教研活动形式进行监督与改进。通过对创新创业课程群虚拟教研室建设过程以及结果的考察，评估建设成效，有助于建设完善的课程群虚拟教研室。因此，应当采用科学的评价系统及策略对课程群虚拟教研室进行评价。

（1）坚持正确的政治方向。创新创业课程群虚拟教研室的建设必须坚持正确的政治方向，将价值观引导贯穿于知识传授和能力培养之中，坚定不移走中国特色社会主义教育发展道路，并将其作为教研评价考核指标之一，给予虚拟教研室以正确引领。

（2）全方位多层次评价。创新创业课程群虚拟教研室的教研活动形式多样、虚拟。因此，在评价内容上，要对课程群虚拟教研室的教师、教研资源、教研成果等诸多内容进行全方位评价；在教师科研水平上，可以从科研能力、学习能力、影响能力三个维度、多层次进行考核；在学生学习上，把学生对于创新创业课程的参与度、获得感作为评价指标，以学生为中心，提高学生的综合实践能力。

总之，课程群虚拟教研室的评价系统建设需要经过一个长期的探索过程，我们在建设课程群虚拟教研室的过程中要不断运行、改进，保障创新创业课程群虚拟教研室的正常运行及运行质量。

（二）校企协同的创新创业课程群虚拟教研室的应用路径

1.打造校企协同育人新范式

以创新创业课程群虚拟教研室为桥梁，加快高校与企业之间的协同合作，培训专业性更强的创新创业课程教师，组建专业教师、行业专家协同合作的科研团队，建立多所高校、科研基地以及企业之间的多元协同合作模式。将高校的实体教研室专业建设、课程群团队培养等功能与虚拟教研室的跨专业、跨学校、跨地域的特征相结合，打造共享虚拟教学平台，在合作交流、批判反思中不断提升教师的教育教学水平。

校企协同的课程群虚拟教研室，能为学生创新创业课程提供"双导师制"，激发协同共生模式，将创业理论各要素与企业实践成功协同对接，使得学生创新创业能够满足市场需求，突出培养学生创业实践能力。实现校企协同共建创新创业人才培养方案、开放网络课程、优质教学文件等，建设优质共享的教学资源库和平台。

校企协同育人，能创新培养学生的方式，高校与企业之间相互提供服务，可实现企业的需求与高校教学改革研究的精准对接，在实现合作共赢的情况下双向发力，增强产学研协调创新发展。创新创业课程群虚拟教研室有助于高校与企业建立起深度合作，实现协同创新创业课程建设、科研交流与合作、学科交叉与融合等方面的共同发展。促进高校以学生为中心，全面发展教育学生成才的教学文化的形成。构建校企协同的创新创业课程群虚拟教研室运行系统，能实现校企协同虚拟的新型教育模式，利用完善的信息系统、电子平台等信息技术，打造良好的教学研究环境，建设优质创新创业课程研究团队，培养社会所需要的具有理论知识与实践能力的创新创业型高素质人才。

2.发挥优质创新创业课程示范带动作用

校企协同的创新创业课程群虚拟教研室的建设目标之一，就是要打造出一批具有特色的创新创业精品课程，并且带动一部分高校、企业共同发展。要尽可能多地让中西部高校、企业参与创新创业课程群虚拟教研室教研活动，共同分享教育教学理念和创新创业实践经验，共同推进课程建设和优质资源建设，带动中西部高校及企业逐步发展。联合国内外各个高校以及许多优秀企业，以名师、企业经理人、优秀课程为指引，培育创新创业课程"虚拟教研"示范团队，逐步扩大课程群虚拟教研室的规模和辐射区域。要积极呼吁中西部学校加入创新创业课程群虚拟教研室，推动创新创业课程的发展，实现创新创业型人才的培养目标。

参考文献

[1] 刘璐婵,孙彩云.基于自组织理论的"智能+"时代高校虚拟教研室运行机制研究[J].黑龙江高教研究,2023,41(8):122-127.

[2] 贺刚.高校虚拟教研室的内涵、构建与实践[J].高教论坛,2023(4):35-37.

[3] 孔亚暐,崔艳秋,王亚平,等."新教研":课程(群)类虚拟教研室建设路径研究[J].高教学刊,2023,9(10):23-26.

[4] 沈火明,王宇星.高校课程类虚拟教研室建设的思考与实践[J].西南交通大学学报(社会科学版),2023,24(S1):91-94.

作者简介：夏咏（1982— ），女，山东日照人，烟台南山学院经济与管理学院副教授，硕士；曹新颖（2002— ），女，山东济宁人，烟台南山学院经济与管理学院学生。

产教融合背景下应用型高校商科人才培养研究

史翠萍

摘要：应用型高校是我国新时代以高质量发展推进"双一流"建设的教育主体之一。受到院校本身应用属性、社会行业技术变革、时代发展现实问题、技能社会分工细化等因素驱动，应用型高校产教融合具有科学的逻辑内涵，符合新时代高校发展的趋势需求。但应用型高校商科人才培养长期以来比较缺乏真实的实践项目来锻炼学生的实践技能，这当中既有学生实践操作能力的局限问题，也有企业合作意愿不强烈的现实问题。在深化产教融合模式与"互联网+"战略的大背景下，院校与企业深度合作开展真实市场环境下的商业实践项目成为可能，通过合作模式创新，不仅能提高应用型商科人才培养水平，也能实现校企合作双赢。

关键词：产教融合；应用型人才；校企合作；商科人才培养

一、引言

新时期应用型本科是以高等本科教育为基点，以应用类学科建设为核心，以专业化人才培养为重点，以地域性社会功能服务为关键，强调专业知识和技能向现实生产力的转化，注重与行业最新发展需求和专业发展趋势融合的新本科教育类型。

在当今的数字经济时代，传统商科的人才培养模式已经跟不上时代的步伐，目前商科新实践水平总是领先于商科教育水平。传统商科如何应对商业新伦理、新技术等带来的挑战，培养适应时代需求的新商科人才，是当前新商科培养模式改革的重要命题。

二、应用型高校产教融合的内在逻辑关系

面对双循环的经济发展新格局和超大规模的国内市场建设，各行各业都需要更多数量、更高质量的兼具专业素养和创新创业能力的复合型人才。应用型高校作为服务地区经济社会发展的重要人才供给平台，所培养的应用型人才不仅应具有高层次的理论知识基础，也应具有与市场发展前沿变化紧密关联的创新意识。面对世界百年未有之大变局和中华民族伟大复兴的战略全局，经济社会面临的不确定性风险增加，需要应用型高校在专业素养、创新能力、创业素养、研究能力、职业品德和心理素质等多个方面加大人才培养力度，为地区经济转型升级稳定发展持续提供具有产教融合特性的高层次人才。

（一）学校本身应用属性的驱动

应用型高校从形成初始就具有鲜明的应用属性，应用型高校更加注重和地域经济社会发展紧密结合，学科设置和课程设计、教学内容和管理模式都更加偏向适应市场经济发展中的生产、流通、消费和管理等各个环节的人才需求，院校科研成果更加侧重充分基于社会实践的应用对策性转化。一方面，应用型高校强调知识的有用性。不同于学术研究型本科院校，该类院校主张知识的获得和迁移都应当以服务社会发展、促进人的劳动能力提升为目标，关注知识学习是否能够带来真正的效用，而不仅是知识的获取和拥有。另一方面，应用型高校强调知识的实践性。不同于知识经验的简单传承，更加强调知识是在人类长期的生产和生活实践中演化形成的，认为知识经验应当与时代发展和社会实践紧密结合，成为具有解决现实生产生活重大问题的能力。

（二）社会现实发展的驱动

应用型高校与经济社会发展实践紧密相关，重在解决时代发展进程中的重大理论和现实问题。在实践中提高人才培养的有效性，在解决实际问题中提高学术研究的时代价值。一定程度上，正是进入新时代以来中国特色经济理念的更新、经济格局的重塑所形成的众多兼具宏观、微观的现实问题，为应用型高校的专业教育提供了更多新的视角和素材，推动专业教育逐渐向实践基础上的现实问题靠拢，最终使产教融合成为新时代背景下应用型本科教育的关键模式。

（三）社会分工细化的驱动

技能社会劳动分工的不断细化、行业创新的不断深化推动了应用型高校的形成与发展。产教深度融合覆盖传统职业与新兴职业、单一职业与交叉职业，涵盖社会分工职业知识与职业精神、职业技能与职业文化的系统化教育实践活动。这种体系化的教育活动既能适应社会分工细化的趋势，也能从历史和现实、理论和实践等多个维度全面探究一个行业的渊源和发展脉络。另外，应用型本科院校的学科设置和课程调整都需要充分依据社会分工的变化，院校实践实习实训等环节也需要充分依靠市场主体的力量。

三、应用型高校产教融合的困境

应用型高校是随着高等教育进入普及化时代，部分本科院校面向市场行业变化、技术技能创新，以服务地域发展为导向，以为地区发展供给输送兼具理论和实践素养的高层次人才为目的而产生的教育机构。近年来，随着创新型社会、技能型社会的建设推进，应用型高校的产教融合发展取得了一定成效。但从产教深度融合的新趋势和新要求来看，应用型高校产教融合仍类似于校企合作的双方独立模式，专业教育与实践仍存在一定程度的脱节问题，难以真正实现教育链与产业链、人才链与创新链的深度融合。

（一）理念：理念认知和实践活动未达成一致

在具体教育实践中，仍有部分教育主体对专业教育和产教融合理念存在认知偏差和实践差异。这种思想理念上的现实困境主要体现在以下两个方面。第一个方面是融合与结合。部分教育者将创新创业教育等同于就业培训与人才输送，认为专业知识才是教育教学的主体，也是教学实践的主要素材。第二个方面是小众与大众。有些教育主体认为，产教融合更加侧重技术的转化和科研成果的应用，应当面向传统意义上更加容易转化的学科，如理工、管理、经济学科等。这样就导致受教育的对象规模小，人为形成了分众化、对象化的教育差异。

（二）师资：缺少主力教师推动融合发展

教师队伍是应用型高校产教融合的设计者、执行者和改进者，也是决定产教融合环节多少、成效高低、规模大小的关键主体。参照职业教育师资队伍来看，"双师型"队伍结构最适宜产教融合发展，但从现阶段应用型高校实践来看，教师主体仍然存在师资队伍和知识架构两个方面的短板。一方面，缺少具有较强行业经验的专业教师。应用型本科教师既不同于学术研究型院校教师，也不完全等同于职业院校的企业兼职、技能师傅等角色定位，而是需要既具备深厚理论知识、专业技能知识，还具备对市场经济发展的敏锐认知、对行业创新发展的深刻思考、对大学生基本学情的全面掌握等多方面复合素养。针对产教融合的教师培训体系尚不健全，能够兼具产教融合素养的名师、骨干教师、优秀教师并不多。另一方面，缺少具有产教融合的知识支撑。对于教师群体而言，教育教学模式的创新背后需要专业化的知识进行有力支撑，在产教融合中就需要教师及时调整知识结构，从理论挖掘、知识溯源转向问题解决、实践检验，促进专业知识与实践在市场行业发展中融合推进。

（三）平台：缺少孵化基地和配套支持

应用型高校的产教融合并不单是校内推行的一种教育教学创新，更是具有鲜明产教融合特点、兼具理论与实践特征、关注知行合一成果的教育实践模式。要实现产教融合的成效提升，往往需要依托主题式和项目式教学进行融合孵化，打造能够统筹学校、企业、政府和社会组织等多方主体资源的孵化平台，统筹形成涵盖扶持政策、经济投入、设备配套、成果推广、效益评估等多个环节在内的配套支撑体系。但在教育实践中，由于应用型高校在行业教育的资源搜集、调配、应用上滞后于专业教育的资源利用，难以对产教融合的成果孵化形成从标准设立、成果筛选到成果转化、效能评价、市场转型等一系列链条式运作。应用型高校的产教融合对接上存在供求不平衡、供给结构不合理、成果转化率不高等现象。

四、基于产教融合的应用型高校商科人才培养模式创新

（一）构建基于产教融合生态圈一体化人才培养模式

通过产业（企业）、学校、研究机构（政府）等多方主体紧密结合，基于产教融合生态圈，依托数字化平台和教学实训云平台，构建基于产教融合生态圈的一体化人才培养模式，实现学生共育、专业共建、资源共享、师资共培、就业共谋、项目共研。

"产"是指生产，也指产业或企业，人才培养目标要对接产业发展需求，以"产"为主导，抓"学校与企业、科研单位协同育人"，有效缓解产业结构转型升级的难题，增强学生的创新创造能力，增加新商科人才的数量。"教"是指教学，也指学校，学校作为商科人才培养的主阵地，以"教"为推手，抓"平台建设、专业建设"，通过创新资源的合理配置与规划，实现学生创新创业能力的提升。"研"是指研究，也指科研单位，教学科研最终服务于生产，以"研"为推力，抓"产教融合数字平台及新技术"研究，缓解核心技术能力不足的问题，提高自主创新能力。基于产教融合生态圈的一体化

人才培养模式能实现以产促研、以研带学、以研促创、以学助服、以赛促学，实现具有新商科特色的应用人才培养目标。

（二）构建基于产教融合生态圈的一体化人才培养的保障体系

1.定位人才培养目标，对接产业发展需求

针对商科类专业人才培养目标不能完全匹配企业需求的现象，应在培养方案制订环节，提前获取市场对商科人才的需求新动态，在对人才需求企业进行广泛调研的基础上，了解行业发展前沿，精准把握人才需求的发展动态。充分把握国家政策、技术进步、模式创新等变化，根据专业发展的前沿动态和领域需求，确定产教融合商科人才培养目标。[1]

2.加强产教融合管理体制与合作机制建设

产教融合新商科人才培养要融合得深而久，建设完善的多主体合作机制，有利于合理分配高校、企业、政府多方主体的职责和权利。以政府牵头成立产教融合实践基地，建设委员会和专业建设委员会，共同参与基地建设和专业发展等重大决策。政府对参与产教融合的企业给予政策上的支持和税收方面的优惠，对于持续运营的产教融合平台构建配套的管理运行机制、利益激励机制、风险监督机制，形成多主体共同利益的制度保障。

3.搭建线上线下相融合的数字化平台

实践是培养商科人才的关键环节，是商科学生深化专业认知、了解专业人才社会需求、适应专业岗位就业的重要环节。通过校内外资源联动与融合，在政府持续支持与鼓励下，以学校资源为主体开发共建共享线上线下相融合的数字化创新平台和教学实训云平台，使其成为数字经济时代产教融合新商科人才培养的重要载体。[2]

数字化创新平台由校企政多方共同建设，是一个多终端共享的数智平台，如创新创业孵化中心，学生可以在平台上传商业计划书，如果有企业认为项目可行，可通过平台共同孵化该项目，使学生能够在项目合作中，有效提高谈判能力、沟通能力、合作能力；校企双方还可通过该平台整合数字化商科教育资源，与行业专家共建优质的数字教学资源，共同申报精品课程，共同申报教学成果。教学实训云平台主要用于开展教学与实践，如虚拟仿真实训平台、大数据分析平台、云账房等云教学平台，可培养学生精益求精的职业素养，提升学生的专业技能，也可以给学生提供参与相关企业实习与实训的

---

[1] 张美娟，刘建刚，沈秀.商科类专业产教融合育人模式的理论与探索[J].实验技术与管理，2021，38（3）：251-254.

[2] 丛海彬，冯根荣，邹德玲.面向数字经济的国际经济与贸易创新人才培养模式探索与实践[J].创新教育研究，2022，10（9）：2152-2159.

机会，鼓励学生积极参与专业性强的竞赛，实现课赛融通。另外，云平台还可以实现市场、财务、运营、生产、物流等各经营环节的模拟与实训。通过多种教学模式结合为学生提供沉浸式参与的教学环境，在理论讲授的同时加强实践操作训练。

4.以课程和项目为纽带促进新商科专业建设

学校要以产业需求为导向，将企业的新理念、新技术和新模式融入新商科人才培养中。课程是人才培养的核心要素，是专业建设的重要内容。课程体系的设计要兼顾知识的系统性、前沿性和实践性，既要注重基础理论与方法，又要突出实践实习环节，提高课程教学的实效性。

在新商科专业课程体系的设计上，要融合大数据思维、新商务思维、创新创业思维等，以适应数字经济背景下的数智化发展需要，还要注重学科之间的交叉融合，要明确将商流、物流、资金流、信息流和技能流融合的内涵。把新技术和新商业模式引入课堂，可共同开发商科人才认证证书，将"产品标准、技术标准、服务标准"等纳入商科人才认证体系[1]，企业为商科人才认证体系的建设提供信息技术及相关资料的支持。将企业认证、职业资格认证与课程内容相结合，通过校企联合不断更新教学内容与教学方法。

积极推动"赛教融合，以赛促教，以赛促学"，建立院系、校际、省市、国家四级"逐层递进"的竞赛体系。搭建强化学生基础知识和能力的校、企竞赛平台，鼓励学生参加学科竞赛。在课程设置和课程传授时，根据竞赛要点、重点、难点和突破点对接专业课程学习，助力学生全面发展，真正实现学以致用。根据各种比赛内容设计课堂教学的互动环节和学生自主学习环节，挖掘学生特长和潜力，推进学生个性化培养。尤其是涉外活动特点强的实践性专业课程，需要加大实践实操的比重，以学生为主体、教师为主导、贯通第一、二、三课堂的实践教学新模式，形成由老、中、青专业教师和企业导师，高、中、低年级学生共同构成的全员参与的多层次学科竞赛团队，推动"老师—学生""学生—学生"传帮带的双闭环育人框架。将"教学、训练、竞赛"有机结合，促使院校专业建设和课程体系改革形成一个完整而良性的闭环。依托综合性、专业性的学科竞赛，建设适应新商科多维课程跨界融合的教学实验平台，实现课内实践教学与课外创新活动的无缝对接，构建可持续发展的创新教育闭环体系。打造"校、企、人才"的无障碍对接平台，高校与企业根据行业现状共设竞赛主题和竞赛项目，为学生力学笃行、创新创业提供实践支撑和思维导向。

另外，学校可以联合企业开展生产与研发项目，共建创新创业中心，以项目为纽带，融合不同模块的课程，积极实现创新创业常态化，促进合作项目成果转化，实现教育有效服务于区域经济发展，实现教育与产业的无缝对接、产业发展与商科教育联动，

---

[1] 孙耀华.数字经济背景下高职新商科人才培养的产教融合模式研究[J].特区经济，2021（7）：146-149.

实现学校、企业、学生三方共赢。

5.加强产教融合的师资队伍建设，提升教师的智能素养

师资队伍建设水平直接影响着新商科人才的培养质量及产教融合模式推进的效果，优秀的师资队伍是数字经济时代新商科人才培养的关键力量和重要保障。学校可与企业共同建设"双师型"教师培养基地，制订"送出去、请进来"政策来优化教师队伍。"送出去"是将中青年教师送到企业中，开展合作研究、企业培训、挂职锻炼等活动，深入学习"双师型"新商科教师建设文件，掌握数字经济的新发展、新实践等前沿动态，促进其实战能力的提升和对商科人才社会需求的理解，不断提升教师的数字应用技能和智能素养。另外，要提高数智化"双师型"教师的占比，鼓励科研型教师与企业共同开展科技项目的科研合作，协同创新科研与产业。"请进来"是根据专业需求聘任一批"企业导师""驻校企业教师""兼课企业教师""客座企业教师""校友导师""创新创业导师"，通过举办专题讲座、企业导师进课堂等形式，指导中青年教师了解企业新前沿、新政策，掌握企业新方法的应用。在校企融合师资建设中，建设一支理论基础扎实、实战经验丰富、政治素质过硬、热心人才培养的混编师资队伍。

伴随"新文科"建设及数智时代的到来，高校商科类人才培养的问题是学校和企业的共同关注点，如何培养适应时代要求和人才培养要求的复合型人才，是未来商科人才培养的重点。因此我们要结合上述的观点进行更深入的教学改革。赋能新商科人才培养，产教融合共育复合型创新型人才，已成为产业界和教育界的共同话题，商科类人才教学改革的深度和广度将会继续强化。

参考文献

［1］雷艳佳.命运共同体视角下高职院校产教融合生态圈构建路径研究[J].广西教育，2021（31）：12-14.

［2］覃顺梅.新商科背景下国际商务专业产教融合协同育人模式的构建[J].西部素质教育，2022，8（1）：74-76.

［3］钟一杰.产教融合模式下的商科人才培养研究[J].经济研究导刊，2021（2）：73-75.

［4］吴倩，骆辉玲.产教融合背景下高职新商科人才培养模式研究[J].创新创业理论研究与实践，2022，5（11）：119-121.

［5］樊欢欢.新商业背景下新商科人才培养模式研究[J].财富时代，2019（10）：192.

作者简介：史翠萍（1980—　），女，山东龙口人，烟台南山学院经济与管理学院副教授，硕士。

基于"六个一体化"的应用型物流人才培养模式与路径研究

王海峰　李晓丽　刘敏

摘要：针对传统应用型物流人才培养模式滞后、"重理论，轻实践"等问题，基于应用型人才需求，从专业发展与产业发展需求一体化、师资队伍建设与产业技术骨干培养一体化、应用型科研与产业关键技术研发一体化、教学过程与生产过程一体化、教学内容与职业标准一体化、实训平台与生产设备一体化等关键环节入手，提出了一套符合现代物流业发展需求的基于六个一体化的应用型物流人才培养模式及路径，解决传统人才培养模式存在的问题，提高人才培养质量。

关键词：人才培养模式；人才培养路径；校企一体化；产教融合

基金：山东省本科高校教学改革研究重点项目"基于'六个一体化'架构下应用型本科高校教育教学模式的理论与实践研究"（Z2022115）；全国高校、职业院校物流教改教研课题"基于六个一体化的应用型物流人才培养模式创新与实践"（JZW2023285）；山东省"黄河流域生态保护和教育高质量发展"教育教学专项课题"课程思政视域下黄河文化精神融入高校专业课实现路径研究"（2022HHZX053）

一、引言

现代物流业已成为全球经济发展的重要支柱，对于促进生产、流通和消费的有机结合，以及对企业核心竞争力的提升具有重要作用。在物流业不断创新发展的同时，物流人才的社会需求出现了爆发性的增长。物流业每年会产生100多万人的就业需求，而毕业生则约为17万人，难以满足行业发展需求[1]。目前，高校与企业的结合度不够紧密，特别是在学生能力的培养方面，学校的培养模式不能较好适应企业生产实际[2]。我国物流业面临着人才短缺、供需不匹配等严峻挑战。除此之外，传统人才培养机制存在明显的"重理论，轻实践"现象[3]。这些导致学校培养出来的人才无法快速适应企业的实际运营环境，物流企业在实际经营中遇到的问题无法得到有效解决。如何解决物流人才的短缺，

---

[1] 任豪祥. 在2023年物流与供应链人力资源发展大会上的讲话[EB/OL].（2023-10-24）.http://www.chinawuliu.com.cn/lhzq/202310/24/618651.shtml.

[2] 中国物流与采购联合会，教育部高等学校物流管理与工程类专业教学指导委员会，天津大学，西南交通大学. 物流工程专业改造升级探索与实践调研报告[R]. 北京：中国物流与采购联合会，2022：76.

[3] 陈亮. 智能制造背景下智慧物流供应链建设研究[J]. 商业经济研究，2021（5）：104-107.

提升物流人才的专业素养和应用能力，成为当前迫切需要解决的现实问题。

二、校企合作培养应用型物流人才的现状与问题

（一）缺乏有效合作机制

一是缺乏完善的合作机制。一些高校和企业之间的合作是基于传统的合作关系，缺乏完善的机制来规范和约束双方行为，可能会出现沟通不畅、责任不明确、资源无法有效利用等问题。同时由于缺乏明确的责任分工和奖惩机制，企业积极性不高，资源投入意愿较低，从而影响合作效果。

二是缺乏有效的沟通机制。在校企合作中，有效沟通至关重要。双方在合作过程中缺乏固定的沟通渠道和方式，会导致信息交流不及时、不充分，从而影响合作进展和效果。此外，在沟通中存在语言和思维方式差异，也会影响双方的理解与合作效果。

三是缺乏共同的目标和利益。校企合作应基于共同的目标和利益。然而，由于双方在合作中的角色和定位不同，有时可能难以找到共同的利益和目标，导致双方缺乏共识和支持，影响合作效果。因此，如何明确共同的目标和利益，建立合作机制，是校企合作中需要解决的一个重要问题。

四是缺乏专业的协调人员和团队。校企合作涉及很多方面，校企之间需要有专业的协调人员和团队进行协调沟通。然而，很多校企合作缺乏协调人员和团队，从而影响合作效果。因此，如何组建专业的协调人员和团队，提高合作效率和质量，也是校企合作中需要重视的一个问题。

（二）合作目标存在差异

一是教育目标不同。高校的教育目标主要是培养出具有专业知识和综合素质的人才，注重学生的长远发展和学习能力培养。企业的目标则是以盈利为主，重点考察员工的实际操作能力和从业经验。

二是合作利益冲突。在校企合作中，因双方目标利益不符，可能会出现一些利益冲突。例如，高校可能希望企业提供更多的实践机会和资源，而企业则可能更注重员工的实际操作能力和经验，这可能会导致双方在合作过程中的矛盾难以协调。

三是难以衡量合作成果。因高校和企业的目标不同，利益也不一样，双方很难用一个共同的标准来衡量合作成果。这种难以衡量的合作成果可能导致双方在合作过程中难以协调。

（三）教育资源投入不足

一是人力资源投入不足。由于合作双方资源的有限性和认识的不足，往往会出现人力资源投入不足的情况。例如，高校没有足够的教师或研究人员参与校企合作，导致无法提供有效的教育或技术支持；企业也可能没有足够的工作人员参与校企合作，导致无法提供足够的实践机会或培训资源。

二是物力资源投入不足。许多高校和企业对合作的重要性认识不足或者受到客观条件的限制，经常会导致物力资源投入不足的情况。例如，高校可能没有足够的场地或设施来容纳企业的实践基地或培训中心，企业也可能没有足够的设备来提供给学生进行实践操作。

三是财力资源投入不足。校企合作，需要双方进行经济投入，包括高校的教学经费、科研经费和企业的工作经费等。受客观条件限制，往往会出现财力资源投入不足的情况。例如，高校可能没有足够的教学科研经费来支持校企合作，企业也可能没有足够的经费来支持学生的实践机会或培训计划。

四是合作资金缺乏稳定来源。目前，许多高校和企业的合作经费主要来自各自的自有资金或项目资金，缺乏政府或行业的稳定支持。这导致合作经费不稳定，影响了合作效果，也影响了后勤人员的培训质量。

（四）缺乏实践教学经验

一是高校实践教学条件不足。一些高校受资金、场地、设备等限制，实践教学条件不足，无法满足企业实际需求。例如，一些高校没有足够的实践基地或实训中心来容纳学生。这导致学生无法有效地提高自己的实践能力和技能水平，从而影响了校企合作的效果。

二是企业实践教学经验不足。一些企业没有专门的实践教学管理人员或师资力量，很难为学生提供有效的实践教学服务。例如，一些企业没有足够的员工或专家为学生提供实践指导，或者没有足够的教学经验来制订实践教学计划和方案，从而影响了校企合作的效果。

三是缺乏有效的实践教学管理机制。实践教学需要有一个有效的管理机制来保障教学的顺利进行和质量。但是，一些高校和企业在进行实践教学时缺乏有效的管理机制。例如，没有明确的教学计划、教学内容、考核标准等，这就很难使学生的动手能力和技能水平得到有效提高。

四是实践教学交流互动较少。由于校企所属环境和领域不同，对于彼此的需求和挑战了解不足，导致实践教学经验的交流互动较少。一方面，高校教师的实践教学经验和技能相对欠缺，另一方面，企业员工往往缺乏教学经验和技能，难以将实践经验有效地传授给学生。

（五）人才培养效果不佳

一是学生对实际技能的掌握欠佳。有的高校与企业合作的层次更浅一些，往往流于形式。例如，企业没有为实习生提供足够的实践机会或专业指导，而高校也没有为学生提供足够的教学资源和课程，最终导致培养出的物流人才无法满足企业需求。

二是学生安全问题。在实习和实训过程中，学生易出现意外事故和安全问题。例如，学生在实践过程中出现了工伤或交通事故。这些问题不仅会对学生造成损失和伤害，还会影响企业和高校的形象和声誉。

三是没有完善的培养计划和考核机制。制订完善的人才培养计划和建立科学的考核机制是提高应用型物流人才培养质量的重要措施。然而在传统校企合作模式下，往往缺乏完善的培养计划和考核机制，易出现人才培养目标不明确、培养过程缺乏系统性、考核方式单一等问题。

三、基于"六个一体化"的应用型物流人才培养模式的构建

（一）"六个一体化"的内涵

依托企业办学优势，搭建校企一体化平台，将企业车间、生产线、中心等生产服务场景打造为教研产基地、实验实训基地。

一是以集团产业发展需求为导向，适时优化调整专业发展，打造特色专业，实施专业发展与产业发展需求一体化建设。

二是搭建校企一体化平台，高校教师下车间，企业骨干进课堂，实施师资队伍建设与产业技术骨干培养一体化建设。

三是以集团产业技术研发与应用为导向，共建教研产用合作团队，实施应用型科研与产业关键技术研发一体化建设。

四是高度对接实践教学和企业生产，联合开展浸润式实景实操实地教学，实施教学过程与生产过程一体化建设。

五是融通人才培养和产业需求，将职业能力标准内化到专业教学内容中，实施教学内容与职业标准一体化建设。

六是借助校企一体化办学条件，将学生实训平台建在生产线上，实施实训平台与生产设备一体化建设。

（二）基于"六个一体化"的人才培养模式

本文秉承OBE教育教学理念，基于应用型人才培养需求，从专业发展与产业发展需求一体化、师资队伍建设与产业技术骨干培养一体化、应用型科研与产业关键技术研发一体化、教学过程与生产过程一体化、教学内容与职业标准一体化、实训平台与生产设备一体化等关键点入手，构建出一套符合现代物流业发展需求的基于"六个一体化"的应用型人才培养模式（图4-7）。

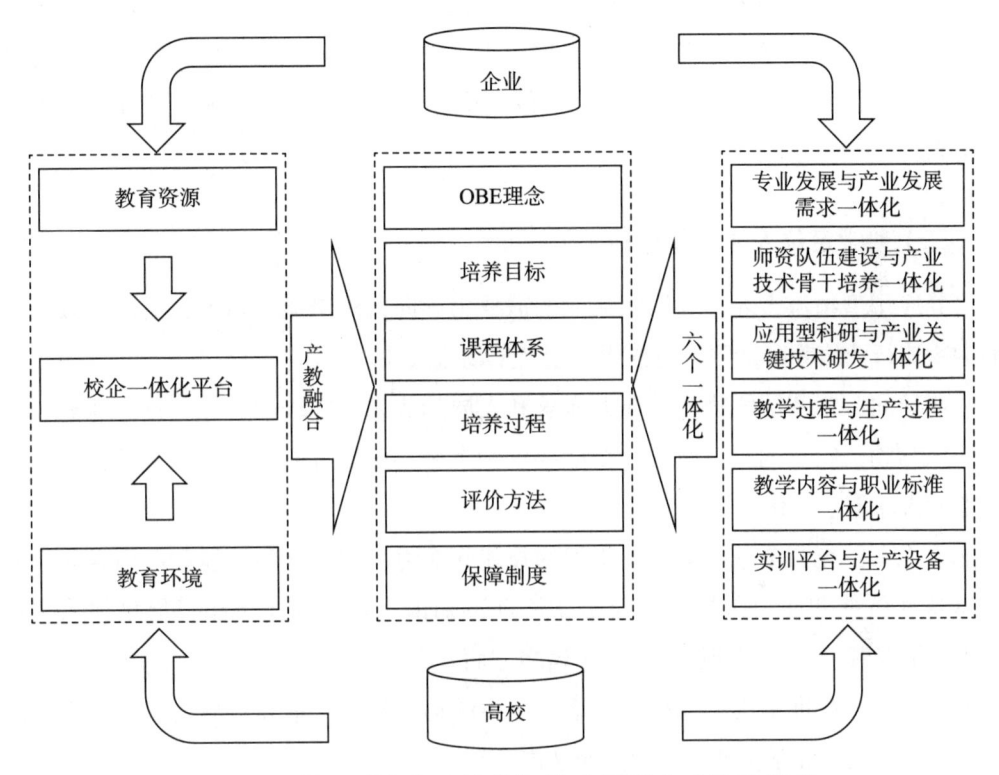

图4-7 基于"六个一体化"的应用型人才培养模式

四、基于"六个一体化"的应用型物流人才培养的实现路径

（一）牢固树立OBE教育理念

在应用型物流人才的培养中，OBE教育理念关注学习成效，能实现预期效果，具有重要的作用。

结果导向：OBE以结果为驱动力，注重目标达成和成效取得。在应用型本科高校教育教学改革过程中，结果导向可以进一步提高学生实践能力和综合素质，更好地适应行业企业的需求。OBE教育模式能有效帮助学生提高成绩。

解决实际问题导向：OBE教育理念要求课程设置以实际应用和问题解决为导向，着重培养学生创新思维和实际能力。在物流人才培养中，应注重将实践课与理论课有机地结合起来，让学生在学习过程中逐步掌握物流行业的理论和实践知识。这种教育理念有助于提高学生的综合素质和职业素养，使其更好地适应物流行业的工作岗位。

重视实践教学：OBE重视实践教学。在物流人才培养中，应注重实践与理论有机结合。通过案例教学、企业实习等多种途径，提高学生动手能力。这种教育理念有助于培养学生的实际操作技能，使之能够更好地适应产业的需要。

校企深度融合：OBE教育理念强调高校和企业之间的深度合作，促进教育资源有机结合。校企融合是大学与企业共同参与培养人才的过程，校企共同制订培养方案、共同参与教学、共同开展科研合作等，有利于人才培养质量的提高，有利于学生就业竞争能力的提高。

（二）科学定位人才培养目标

培养应用型物流人才，要以物流业的需要为导向，围绕能力培养，突出实践教学，从而为物流行业培养高素质、高技能、创新型物流人才。

行业导向：紧密围绕物流行业的需求和发展趋势来确定培养目标。这意味着，培养目标应该与物流行业的岗位设置、技能要求和未来的发展方向保持高度一致，以适应物流行业的人才需求变化。

能力为本：充分考虑物流行业所需的技能和能力，并将这些技能和能力融入培养目标中。这些技能和能力包括但不限于物流理论知识、实践操作技能、信息技术应用能力、供应链管理能力、创新创业能力等诸多方面。

实践为重：高度重视实践教学，培养学生的动手能力。培养目标要紧密结合实际教学，通过实践教学让学生掌握实际操作技能。

综合素质：综合素质的培养对于个人成长和发展非常重要。通过提高知识水平、提升技能和能力、塑造良好的品格和价值观等，个人可以更好地发挥自己的潜能，实现自己的价值，并为社会作出贡献。

（三）积极推进课程内容和教学模式改革

通过制订科学合理的教学计划和教学大纲、采用多样化的教学模式、加强实践教学和理论教学的结合等措施，可以建立起一套适应物流行业发展趋势和企业需求的教学模式和课程体系，支持人才培养。

科学制订教学方案大纲：教学方案和教学大纲是开展教学的指导性文件，要根据物流行业和企业需求的发展趋势，制订科学合理的教案、大纲。在制订过程中，应该充分考虑学生的实际情况和企业需求，校企一体，共同合作，注重课程内容的更新和拓展。

让同学们对物流行业的前沿知识和技能有更好的了解和掌握。

多样化的教学模式：传统教学模式无法适应现代教育的需要。要采取案例教学、翻转课堂等多样化的教学模式。通过这些教学模式，可以更好地激发学生的学习兴趣和学习动力，提高学生综合素质。例如，案例教学可以通过分析真实的物流案例，让学生更好地了解和掌握物流的实践操作；项目式教学可以通过实际的项目，让学生亲身参与到物流运作之中，培养学生创新思维，增强学生动手能力。

实践与理论高度融合：要加强实践与理论相结合。在理论教学中，应注重对学生思维能力的培养；在实践教学中，应注重对学生动手能力和职业素养的培养。可以通过组织实践教学比赛、组织实践教学研讨会等方式，推动实践与理论教学的结合。

（四）持续优化实践教学平台建设

实践教学平台是应用型人才培养的重要保障条件。应建立起一个功能完善、设备先进、教学水平高的实践教学平台，为优秀人才培养提供一个良好的实践学习环境。

虚拟仿真实验室建设：虚拟仿真实验室是物流专业学生进行实践学习的重要场所之一。在虚拟仿真实验室中，学生可以在模拟仿真的物流环境中进行各种实践操作，例如仓储管理、运输调度、配送管理等。虚拟仿真实验可以帮助学生更好地理解和掌握物流理论知识，同时也可以提高学生的实践操作能力。

实训实习基地建设：实训实习基地是物流专业学生实践学习的重要场所之一。在基地中，学生可以参与到真实的物流业务中，例如仓储管理、运输调度、配送管理等。通过实训基地的建设，能够帮助同学们更好地了解和掌握实操物流，同时也可以培养学生的职业素养和实践能力。

引进先进的物流技术装备：在物流产业迅猛发展的同时，新型技术装备不断涌现，例如自动化仓库、无人机配送、智能化物流系统等。在实践教学平台建设中，要积极引进先进技术设备，帮助学生更好地了解和掌握现代物流技术，同时也能增强学生的动手能力。

提高实践教学水平：可以通过开展实践教学研究、加强实践教学管理、提高实践教学质量等措施，提高实践教学水平。同时，还可以通过开展实践教学比赛、组织实践教学研讨会等方式，推动实践教学水平持续提高。

（五）不断完善实践教学质量保障体系

应用型人才培养需要完善的实践教学质量保障体系。通过制订实践教学计划和教学大纲、建立实践环节的质量标准和管理办法、完善实践教学考核和评价机制以及加强实践教学的监督和管理等措施，建立起一套完善的实践教学质量保障体系。

制订切实可行的教学大纲：实践教学计划和教学大纲是开展实践教学的指导性文件，要根据培养目标和物流专业的企业需求制订符合实际情况的实践教学计划和教学大纲。在制订过程中，应该充分征求企业等各方意见，确保实践教学计划和教学大纲的科学性和实用性。

建立实践环节的质量标准和管理办法：实践环节的质量标准和管理办法是保障实践教学质量的必要措施。应该根据实践教学内容和培养目标，制订实践环节的质量标准和管理办法，对各练习环节的教学方法、考核办法等进行明确规定，管理实践教学过程，确保实践教学质量。

完善实践教学考核评价机制：实践教学考核评价机制是提高教学质量的重要手段。要按照实践教学大纲，制订科学的考核评价机制，对学生的学习成果进行全面了解和评估。同时，也应该引入企业评价，让企业参与对学生实践成果的评估，以便更好地评价和培养学生的职业能力。

加强实践教学的监督和管理：实践教学的监督和管理是保障实践教学质量的最后一道防线。应该加强对实践教学的监督和管理，开展经常性的实践教学检查与考核。在实践教学过程中及时发现和解决问题，保证实践教学质量的稳步提高。

（六）校企共建双师型师资队伍

加强师资队伍建设是培养应用型物流人才的核心任务之一。通过建立"双师型"师资队伍、加强高校教师实践能力培养、加强企业人员教学能力培养以及加强高校和企业之间的交流与合作等措施，可以建立起一支素质优良、结构合理、教学水平高的"双师型"师资队伍，为培养优秀的物流人才提供有力的保障。

校企共同组建队伍："双师型"师资队伍是高校教师和企业人员共同参与的物流人才培养团队。这支团队包括高校教师，他们具备深厚的物流理论知识和教学经验，还包括企业人员，他们具有丰富的物流实践经验和操作技能。通过高校教师和企业人员的合作，学生可以更好地理解和掌握物流理论知识，同时也可以获得更多的实践经验和操作技能。

加强物流教师实践能力培养：为了更好地培养应用型的物流人才，教师应该具备丰富的实践经验。可以通过安排高校教师到企业进行实践锻炼、参与物流实践项目等方式，提高高校教师的实践能力。这样可以使高校教师更好地理解和掌握物流实践操作，从而提高教学质量。

加强企业人员教学能力培养：企业人员虽然具有丰富的物流实践经验，但可能缺乏教学经验和教学方法。因此，可以通过安排企业人员参与高校教师培训、参加教育研讨会等方式，提高企业人员的教学能力。这样可以使企业人员更好地将实践经验融入教学过程中，从而提高教学质量。

加强高校和企业之间的交流与合作：加强高校和企业之间的交流与合作是加强师资队伍建设的重要措施之一。可以通过开展校企合作、共同研发物流实践项目、组织教师和企业人员进行学术交流等方式，加强高校和企业之间的联系与合作。这样可以使高校教师和企业人员更好地相互了解和配合，共同推进物流人才培养工作。

参考文献

[1] 郭斌，刘杨南旺."校企合作校地融合"视角下应用型本科高校人才培养模式创新研究[J].皮革科学与工程，2023，33（5）：110.

[2] 杨梅，王瑛，周正柱.应用型本科院校产教深度融合困境与突破路径[J].职业技术教育，2021，42（30）：26-32.

[3] 李磊.应用型本科院校产教融合发展的路径选择——基于OBE理念[J].中国高校科技，2021（8）：70-74.

[4] 蔡安宁.资源依赖理论视角下应用型院校校企合作的现实困境与出路选择[J].教育与职业，2019（21）：57-60.

[5] 戴国宝，王雅秋，冯文奂.应用型本科高校校企深度融合的现实困境与路径选择[J].职业技术教育，2019，40（16）：54-59.

[6] 刘峥.地方应用型本科院校校企合作人才培养模式探索——以物流管理专业为例[J].高教探索，2017（3）：41-44.

作者简介：王海峰（1979— ），男，安徽阜阳人，烟台南山学院经济与管理学院系主任，副教授，硕士；李晓丽（1986— ），女，山东滨州人，通讯作者，烟台南山学院经济与管理学院讲师，硕士；刘敏（1981— ），男，陕西汉中人，烟台南山学院发展规划与学科建设处处长，教授，硕士。

产教研融合背景下校企协同育人路径初探
——以婴幼儿托育服务与管理专业为例

邹艳丽

摘要： 产教研融合作为一种新兴的教育模式，为婴幼儿托育服务与管理专业提供了可行的教育改革路径。本文从分析产教研融合背景下婴幼儿托育服务与管理专业在校企合作上面临的挑战出发，着重探讨该专业校企合作育人的重要性和前景以及校企合作育人的具体实施方法，旨在通过对产教研融合背景下育人路径的初步探索，为婴幼儿托育服务与管理专业校企合作育人的教育改革和实践提供一些借鉴和参考。

关键词：产教研；婴幼儿托育服务与管理；校企合作；协同育人

一、引言

随着《"健康中国2030"规划纲要》❶以及"三孩"政策❷的颁布，托育、托管需求已向0~3岁倾斜，婴幼儿托育方面的话题已经成为社会关注的焦点问题。与此同时，2021年3月，教育部印发《职业教育专业目录（2021年）》❸，将2016年设立的"幼儿发展与健康管理"专业更名为"婴幼儿托育服务与管理"，并将该专业所属大类由公共管理与服务大类纳入医药卫生大类下的健康管理与促进类，并通过中职（婴幼儿托育）、高职专科（婴幼儿托育服务与管理）、高职本科（婴幼儿发展与健康管理）三大学历层次进行一体化专业设置，融合国家政策与社会需求，为学生的职业发展打开通路。然而，随着政策的颁布及人口结构的变化，在婴幼儿托育服务与管理领域，产教融合模式正日益被重视和应用，对于婴幼儿托育服务与管理专业人才的需求也越来越迫切。如何让婴幼儿托育服务与管理专业发展匹配产业需求，及时搭乘托育行业快车，适应行业需求，建设高质量托育服务人员队伍，是开设该专业院校需要解决的重要问题。

二、产教融合背景下婴幼儿托育服务与管理专业校企协同育人面临的挑战

（一）专业人才培养方案定位尚不清晰

首先，在社会需求及托育政策的影响下，各高校纷纷申报开设婴幼儿托育服务与管理专业，以响应社会需求，培养托育专业人才。然而，该专业建立时间尚短，未形成统一的托育专业标准，所以，在开设该专业的各大院校中，普遍存在着培养方案质量参差

---

❶ 中共中央、国务院印发《"健康中国2030"规划纲要》[EB/OL]．（2016-10-25）.https://www.gov.cn/xinwen/2016-10/25/content_5124174.htm.

❷ 国家卫生健康委关于贯彻落实《中共中央、国务院关于优化生育政策促进人口长期均衡发展的决定》的通知[EB/OL]．（2021-07-30）.https://www.gov.cn/zhengce/zhengceku/2021-07-30/content_5628356.htm.

❸ 教育部关于印发《职业教育专业目录（2021年）》的通知[EB/OL]．（2021-03-17）.http://www.moe.gov.cn/srcsite/A07/moe_953/202103/t20210319_521135.html.

不齐、课程名称及技能培养照搬学前教育或早期教育等专业培养方案的现象，"换汤不换药"的情况在该专业培养方案的制订中时常出现，在协调课程体系及相应课程资源的过程中，各高职院校所给予的解释也各不相同。在此类情形下，专业课程设置不统一，配套教材资源不齐备，线上教育平台中与托育专业相关的职教资源匮乏，教学资源多依赖学前教育、早期教育等专业已有的相关线上教育资源的问题频频发生。部分院校中所设婴幼儿托育服务与管理专业仅把课程名称进行更改，例如所授课程的内容由以"幼儿"开头，改为"婴幼儿"，某些出版社为了迎合专业需求，也有类似情况的教材出版。

其次，学前教育专业主要针对3~6岁幼儿进行照顾，所以学前教育专业所学课程主要以五大领域及钢琴、舞蹈、声乐等技能练习为主。但由于0~3岁婴幼儿所处年龄阶段的特殊性，该专业学生所学课程的重点应更多倾向于新生儿照护、婴幼儿健康管理、婴幼儿常见疾病预防等方面，不仅涉及学前教育专业相关内容，更涵盖了部分医学相关知识，所以，专业人才培养方案定位不清晰的问题不仅存在于课程及配套资源的配备方面，更存在于专业间的融合方面，根据已有调研情况显示，开设婴幼儿托育服务与管理专业的院校大多数为原先已设立学前教育专业及相关专业的院系，少数开设在护理类专业院系之下，这造成了培养方案的单一化，学生所学课程的针对性也不强，课程数量多、所学内容专业跨度大、难度高等问题导致学生出现专业认知以及就业意向方面的困惑与压力，致使学生对当前婴幼儿托育服务与管理专业的就业前景产生危机感。上述情况无疑都影响了婴幼儿托育服务与管理专业人才培养的质量和进程。

（二）师资团队结构不合理

师资团队的结构在专业建设及发展过程中发挥着十分重要的作用，对当前婴幼儿托育服务与管理专业师资团队结构的调查发现，当前师资团队结构存在的问题主要体现为如下两方面：首先，自2021年婴幼儿托育服务与管理专业更名以来，从其专业大类的调整及专业发展需求来看，该专业的发展需求也逐渐从单纯的健康管理需求转为集健康管理、托育、教育等需求为一体，不仅关注0~3岁婴儿的动作、认知、语言、社会性等方面的发展，更要求所培养的人才具备婴幼儿营养与喂养、新生儿照护技能以及日常安全保健等多方面的技能。所以，现有的单纯以教育类或医类为主的师资团队结构已无法满足人才培养的需要，可能会导致一系列的教学问题，出现两极分化，从而"各执一教"的现象，例如，在处理婴幼儿的健康和心理问题时，需要更深入、更专业的医学和心理学知识，这正是医护类专业教师所擅长的，但由于缺乏医护类专业的教师，学生所学内容可能无法全面覆盖婴幼儿护理、健康、疾病照护等各个方面的专业知识。这不仅可能导致学生在专业理论学习上存在短板，也可能影响他们在实际工作中的专业能力和服务质量。其次，当前婴幼儿托育服务与管理专业教师团队结构的问题还表现在教师的年龄结构偏年轻化上。自2015年实施两孩政策，2021年实施三孩政策，托育服务市场井喷式增长，对教师数量的需求逐年增加，且由于学前教育专业教师资格证在学历要求上相对宽松，导致该行业就业人员数量剧增，年龄结构普遍偏向年轻化，应届生占了很大比例。这也导致在本专业开设过程中存在诸多问题：教师经验相对匮乏，无法给学生提供对该专业的深入介绍；专业知识储备参差不齐；教学能力相对较差以及职业稳定性差等。正因为公众存在日益增长的托育服务需求，开设婴幼儿托育服务与管理专业的院校才更需要关注专业发展及托育市场发展的需求，加快自身专业师资队伍建设的步伐，调整自身师资队伍的专业结构及年龄结构，以提高师资队伍的整体水平。

（三）产、教、研对接不完善

婴幼儿托育服务与管理专业自设立至今（2023年11月），全国共661所高职院校备案[1]，在开设该专业的院校中，大多数都将该专业设立于学前教育学院或相关学院之下，对接实习、就业单位多数为幼儿园；同时，当前托育专业实训实践基地建设相对滞后，所建立的实践实训实验室基本也都按照类似专业进行建设，缺乏符合专业特色的基地，且由于当前大多数地区"托幼一体化"政策仍在稳步推进过程中，少部分幼儿园刚刚申请招收3岁以下婴幼儿进行托育照管。基于上述原因，婴幼儿托育服务与管理专业的高职院校在校生仍以幼儿园及早教中心为主要的实习单位，在选择就业渠道时，多数毕业生也仅把眼光停留于幼儿园以及早教机构等。但在实际就业过程中，本专业学生对比学前教育及早期教育等专业毕业生，明显失去竞争优势，从而导致专业知名度低、竞争力差，同时高职院校与托育行业、企业也无法实现良好对接，信息互通贯彻难度大，产、教、研合作政策难以得到落实。

此外，对个别院校在校企合作及岗位对接等方面的调研发现，当前婴幼儿托育服务与管理专业在产教研合作方面还存在以下几方面问题：首先，合作模式单一。当前校企合作项目多以见习和实习为主，在托育产品开发、托育政策的提出等领域的合作还比较少，缺乏有深度的合作模式。有些产教研共同体的三方协作关系较为松散，活动内容少、临时活动居多，且在落实产教研协同的过程中流于形式，不能形成常态合作机制。这样的合作方式无法充分发挥企业和学校的优势，更难以实现资源的优化配置。其次，合作内容缺乏个性化。在校企合作中，未能根据婴幼儿托育服务与管理的特点制订个性化的合作内容，加之科研机构在托育方面的科研成果创新性不足，导致学生难以在产教

---

[1] 高等职业教育专科拟招生专业设置备案结果数据检索[EB/OL].（2023-11-23）.https://zyyxzy.moe.edu.cn/home/major-register.

研协同育人过程中获得有针对性的指导和支持。最后，服务管理水平参差不齐，保障机制匮乏。在现有的校企合作项目中，部分项目缺乏专业的服务管理，导致学生的实习效果不佳，难以提升工作技能。

三、产教融合背景下婴幼儿托育服务与管理专业校企协同育人发展路径

（一）从岗位需求出发，建构完善、合理的课程体系

通过对当前已有调研的查阅以及对当前托育行业发展现状的调查可知，当前托育市场所需的专业人才已经不再是原来的"保姆式教师"，而是具备爱心、耐心、责任心以及丰富照护技能的更加"全能"的人才，这给婴幼儿托育服务与管理专业的人才培养标准提出了更高的要求。多数用人单位反馈，当前托育专业毕业生在就业过程中普遍存在以下几种问题：专业技能实战经验不足、缺乏良好的人际沟通能力和服务精神、知识面较窄等。那么我们在建构课程体系的过程中，应该明确人才培养的定位，要培养德才兼备、热爱幼儿、遵纪守法的专业人才。并以"教护融合"为思路建构核心课程体系，在课程设计中，渗透思政育人路径，强化实践教学中的思政育人思想。比如在专科三年的学习生涯中，第一学年重点开设通识课程及个别专业基础课程，打好素质培养的基础，第二学年更多以专业基础课程、专业核心课程及个别专业拓展课程为主要抓手，第三学年以见习、实习、社会实践等形式为主，强化职业责任感，了解专业需求。在建构课程体系的过程中，还应从岗位需求和行业需求出发。人力资源和社会保障部办公厅颁布的《国家职业技能标准（婴幼儿发展引导员）》[1]规划了0~3岁婴幼儿引导员应具备的职业道德、婴幼儿身心发育引导与照护、相关法律法规等方面的基础知识体系，可以作为高职院校为托育服务与管理专业确定需开课程的参考文件。同时，注重课证融通，在课程设置的过程中根据由简到难、由理论到实践的顺序进行知识体系的编排，避免随意叠加，并寻找合作机构为学校的实操课程提供特色资源支持，以提高学生的学习效果及证书考取的通过率。

（二）建立包含"医、教、护"全面人才的师资队伍

为贯彻实施人才强校战略，坚持人尽其才、以人为本，着力建设人才队伍，各高职院校应该充分吸纳婴幼儿托育服务与管理专业师资力量。而婴幼儿托育服务与管理专业

---

[1] 人力资源社会保障部办公厅关于颁布网约配送员等18个国家职业技能标准的通知[EB/OL].（2021-12-02）.http://www.mohrss.gov.cn/xxgk2020/fdzdgknr/qt/fzcwjxx/202112/t20211227_431321.html.

是一门偏重实践性的专业，需要与托育机构的工作内容密切联系。因此，在组建师资队伍时，需要考虑到教师与婴幼儿托育服务与管理实践的联系。当前单一的医护类专业教师或学前教育专业教师已经难以满足婴幼儿托育服务与管理专业课程的教学任务以及科研任务，所以应着力构建一支"医、教、护"都包含在内的专业教师队伍。首先，考虑当前专业人才培养需求，高职院校在建设师资队伍方面可以采取"专兼结合"的思路，在已有师资力量的基础上，从企业、医院等引进托育机构、特殊教育机构、儿保中心、儿科护理以及中医学等具备相关专业背景资质的兼职教师来校任教，让他们以讲座、兼职授课、担任企业导师等形式走进课堂、走上讲台，以建立一个专业背景更加丰富和完善的托育服务与管理专业师资团队，促使师资团队进行优势互补；同时，吸引经验丰富的资深教师来校任教，改善当前托育服务与管理专业师资团队年龄结构偏向年轻化的现象，构建更加合理的教师队伍年龄梯度。其次，还可以在校内采取"双师型教师"评价机制，通过校企之间的合作，推荐专业教师深入基层，突出企业实践方面的价值，在职前职后进入相关托育机构或医疗单位进行顶岗实践，强化教师自身理论水平和实践能力，增加实践经验，并定期予以考核，以便在课堂教学中避免"纯理论化教学"，让教师能够给予学生更加实用的经验传授，优化人才培养质量及课程建设质量。最后，注重教师技能培训需求，支持教师根据自身情况进行薄弱学科领域的培训，一方面可以鼓励教师在职考取除教师资格证外的各类证书，如幼儿照护、保育师、营养师、婴幼儿发展引导员等多项职业技能等级证书；另一方面，还可以鼓励教育类专业的教师进行急救知识、护理技能等相关技能的专题培训，激励教师不断提升自己的专业能力和素质。只有通过这些措施的综合应用，才能够建立起一支高素质、高水平的师资队伍，为婴幼儿托育服务与管理专业的发展提供有力保障。

（三）落实产、教、研融合，保障学生对口就业

当前，托育托幼行业的迅速发展，使"产教研融合"这一词成为行业关注的热点话题。作为高职院校，落实产、教、研融合政策一方面是为了响应国家相应政策的出台，另一方面也是为了在行业生态发展中占据一席之地，培养出高质量、符合行业需求的专业人才。

首先，作为"教"与"研"的主力军，高职院校应该牵头建立产教研融合平台，以现代产业学院、产教研融合共同体等形式吸纳行业内优质的对口企业及托育行业协会，与之建立深度合作，形成以高职院校培养为主、行业需求为辅、学生能力提升为最终目的的多层次人才培养体系。在此基础上，高职院校不仅可以吸引更多高水平的行业专家对本校师生进行指导，还可以把本校教师和学生输送到对口的企业单位中进行锻炼，以实现资源共享、资源互补。

其次，"岗、证、赛、课"的人才培养模式也能在落实产教研融合的过程中发挥重

要作用。首先，学校通过与合作企业对接，在专科三年的培养过程中，带学生进行至少两学期的见习、实习，及时了解专业发展前景及人才需求的倾向，更好地开展育人工作；其次，对接多类证书，落实"1+X"课程模块，组织学生积极考取幼儿园教师资格证、保育员证书、健康管理师、育婴师、营养师、感觉统合训练资格证等多种证书，课证融通，保障学生就业；再次，婴幼儿托育服务与管理专业尚未纳入全国职业院校技能大赛赛项中，该专业比赛仍以各高校与相关培训企业合作举办为主，所以，高职院校可以积极进行比赛的申办，并鼓励师生参赛，以激发学生的学习动力与学习兴趣，提高学生托育服务方面的能力。最后，深入推进高职院校实训、实践基地建设，校内、校外兼顾，扩大实训、实践基地数量，丰富实训、实践基地类型，采取一对一导师制、订单培养、学徒制等多种培养模式，加强校内课堂教学与校外岗位需求的衔接性与延续性，优化合作模式。

四、结语

在产教研融合背景下，校企协同育人路径的探索与实践对于婴幼儿托育服务与管理专业的发展具有重要意义。本文通过分析当前产教研合作和校企协同育人方面存在的问题和挑战，提出了一系列针对性的解决方案和措施。通过深入挖掘产教研合作和校企协同育人的内在联系和规律，本文发现建构合理、完善的课程体系，建立结构合理的师资队伍，落实产教研融合等措施能够有效提高婴幼儿托育服务与管理专业的教育质量和人才培养水平。当然，由于不同院校的婴幼儿托育服务与管理专业发展水平和发展情况存在差异，具体的产教研合作和校企协同育人模式还需要结合当地实际情况进行探讨和研究。在未来的研究中，我们还可以就产教研融合背景下婴幼儿托育服务与管理专业的教学质量评估、职业发展规划、产品研发等方面进行深入探讨，进一步完善该专业的教育体系和人才培养模式。同时，我们也可以关注婴幼儿托育服务与管理专业的市场需求和发展趋势，及时调整和更新产教研合作和校企协同育人的方向和重点。总之，产教研融合背景下的校企协同育人路径是一个需要长期探索和实践的过程。通过政府、高校、企业等各方的共同努力，我们可以不断推进婴幼儿托育服务与管理专业的产教研合作和校企协同育人工作，为培养高素质的婴幼儿托育服务与管理人才作出积极贡献。

参考文献

［1］王倩，安达."三接轨"模式下高职婴幼儿托育服务与管理专业人才培养的挑战及策略应对[J].创新创业理论研究与实践，2023，6（5）：96-99.

［2］顾葳蕤.婴幼儿托育服务与管理专业人才培养模式研究——基于"产学研创,

协同育人"视域[J].品位·经典，2023（3）：115-118.

[3] 郑玉萍,辛淑贞,姜小燕."医养教融合"背景下高职婴幼儿托育服务与管理专业医护类课程研究——以W学院为例[J].现代职业教育，2022（23）：88-90.

[4] 杨宇净.基于行业调研的婴幼儿托育服务与管理专业发展的思考[J].江苏教育研究，2022（12）：55-58.

作者简介：邹艳丽（1996— ），女，山东龙口人，烟台南山学院音乐与舞蹈学院助教，学士。

基于产教融合的创新创业教育"四融四立"课程思政体系建设

丁新旗　徐静

摘要：高校的创新创业教育和课程思政有同样的使命，就是为社会培养人才，它们有一致的教学目标和教育发展方向。构建、推进高校创新创业教育的课程思政体系就是要将对学生的价值观引导与创新创业知识传授和能力培养相融合。文章以协同理论为基础，构建"思创融合型"课程内容、"专创融合型"教学载体、"双师融合型"导师队伍、"产教融合型"实践平台的互融模式，基于产教融合理念探索高校创新创业教育课程思政体系建设，实现"四立"即"立德、立志、立行、立业"的育人目标，实现创新创业教育的高质量发展。

关键词：协同理论；创新创业教育；融合；课程思政体系

高校创新创业教育的功能是培养具备较高创新精神和较强创业能力的应用型人才。然而，现行的高校教育往往只重视传授学生创新创业专业知识，较少从思想政治教育的视角来进行大学生创新创业的教育，指导大学生的创新创业实践活动。思想政治教育和创新创业教育都属于高等教育体系的重要组成部分，若以思想政治教育作为高校创新创业教育的理论指导，可以确保创新创业教育发展方向的正确性；同样，以大学生创新创业教育作为思想政治教育的实践平台，有利于实现学生个体价值，塑造学生正确的"三观"，促进学生全面发展。教育部于2020年印发的《高等学校课程思政建设指导纲要》中强调应把思想政治教育贯穿人才培养体系，全面推进高校课程思政建设。高校创新创业教育和思想政治教育两个体系的功能目标一致，都具有育人使命，所以高校创新创业教育课程思政体系建设就是要融合教育的三种功能：价值塑造、知识传授和能力培养，提高创新创业人才培养的质量。

一、研究背景

高等教育课程体系一直以来非常注重理论知识的系统性以及完整性，但理论知识与实践相脱节的现实问题也一直存在，使得大学生缺乏一定的社会实践能力，这与创新创业活动要求学生具有较强的实践能力相悖。高等教育真正走出象牙塔，与社会活动接轨，与政府职能互动，政府、企业和高校之间形成合作伙伴关系，优质资源共享，共同培养适应社会需要的高素质应用型人才是应有之义。因此，在"大众创业，万众创新"的新时代背景下，产教纵深融合发展的趋势中，高校应积极探索构建符合培养定位的创新创业教育课程思政体系，培育高素质创新创业人才。

但目前，高校普遍存在创新创业教育体系建设不健全，高校、企业、政府等各行为主体之间缺乏协同联动，无法在育人理念、平台建设、资源整合等方面深入融合，这些都是创新创业教育高质量发展的障碍。在此背景下，本文试图依据协同理论，理顺思想政治教育与大学生创新创业教育之间的有机联系，并通过分析促进高校创新创业教育发展的多行为主体协作机制，构建教育资源、人力资源、产业资源和创新资源相互整合促进的产教融合协调机制，打造高校创新创业教育高质量发展的"四融四立"课程思政体系，即构建"思创融合型"课程内容、"专创融合型"教学载体、"双师融合型"导师队伍、"产教融合型"实践平台的互融模式，培养大学生的创业意识、提高大学生的创业能力、预备大学生创业的条件以及预孵化创业项目，从而实现"立德、立志、立行、立业"的创新创业人才培养目标。

二、"四融四立"创新创业教育课程思政体系的理论逻辑

（一）协同理论为体系的理论依据

1976年，德国物理学家赫尔曼·哈肯首先提出协同理论，认为一个系统是由多个子系统构成，各子系统之间相互联系、相互影响、相互作用，它们之间的协同程度是整个系统结构或功能稳定的决定性因素。"不论是在自然科学领域还是在社会科学领域，虽然性质截然不同的系统在结构、层次、运动以及系统内各要素之间的关系等方面千差万别，但往往都表现出一些普遍适用的共性规律。"❶基于此，我们可以利用协同理论来指

---

❶ 关春燕，何淑贞. 协同理论视阈下高校创新创业教育课程思政体系建设研究[J]. 学校党建与思想教育，2022（12）：49-51.

导高校创新创业教育课程思政体系的建设，明确建设方向。

课程思政指以构建全员、全程、全课程育人格局的形式使各类课程与思想政治理论课同向同行，把"立德树人"作为教育的根本任务的一种综合教育理念，这与高校创新创业教育的本质内涵是一致的。以协同理论为指导，将课程思政理念融入创新创业教育课程体系建设和改进的全过程，是全面提高创新创业教育质量的必经之路。

（二）产教融合为体系循环的动力机制

创新创业教育具有实践性、开放性、社会性的本质特点，需要政府、高校、企业、学生等创新创业教育当中的各行为主体通力合作。从整体上看，各行为主体间应相互协作，保持高校创新创业教育系统的平衡性和联动性。

产教融合是教育发展的时代要求。高校是大学生创新创业教育的主阵地，通过产教融合、科教融汇创新教育模式，开发创业课程，优化创业教育内容，组建师资队伍。企业从市场需求出发，提出企业人才需求条件和科技创新要求，从企业的研发端、生产端、服务端全程与高校开展技术合作，将科教优势转化为发展动能，同时为高校的人才培养、科技转化提供实验设备、资金等支持平台。政府为创新创业教育创造良好的政策环境和社会环境，提供目标导向和政策支持。大学生、各类创新创业人才是高校、企业、政府进行创新创业活动的培养对象，同时也是支撑企业发展的重要人才来源。高校、企业、政府、学生等行为主体之间有着交互影响、相互制约、共享共治的网络化关系，相互的作用力与影响力是推动创新创业教育高质量发展的根本动力。

（三）"四融"组成体系的新生态

"思创融合型"课程内容，指高校探索构建融合式的教学课程体系，集创新创业的通识课、专业创业融合课、创业实践课于一体，设计教学内容、改革教学形式，同时将思想政治教育元素如爱国主义、中国梦、服务经济社会发展等融入课程内容。创新创业的通识课除了按要求各学校应统一开设的双创类启蒙课、大学生就业创业指导课，学校各专业还应依据专业特色开设诸如企业家创业精神、工匠精神、优秀毕业生创业案例分析等课程，进一步激发、培养大学生的创新创业思维和能力。专业创业融合课指的是以学科专业知识为核心，课程内容中引入与行业创新、团结合作、攻坚克难精神以及产业行业相关的创业知识，将知识传授和创业准备有机统一于每门课程中。创业实践课指的是模拟创新创业实践环境，以各类创新创业大赛为依托，充分利用好校内外创业基地营造浓郁的创新创业氛围，进行创业活动模拟实践，丰富学生的创新创业体验。

"专创融合型"教学载体，是要分专业、分类搭建创业基础班、创业提高班和创业实践班三大创新创业教育课程思政教学载体。创业基础班是从大一就组班，遴选资深创业导师担任班主任，利用课余时间授课，教学内容围绕创新意识、创业精神和创业能力提升展开。创业提高班设置选修式课程体系，学生可以根据需求自主选择课程，主要以创业过程中的具体需要为主，如工商注册、企业报税、专利知识产权保护等，采取灵活的教学方法如专题报告、企业研学等。创业实践班可利用学校自有企业、导师创业项目和校企合作项目等实行项目化管理，以此开展创业实践，增强创业意识，进一步提升大学生的实践动手能力，提高其将来创业的成功率。

"双师融合型"导师队伍，是要通过产教融合培养既能够指导创新创业工作，同时具有一定思想政治教育素养的创业导师，这是创新创业教育课程思政体系建设的关键因素。高校要充分利用产教融合资源共享的优势，完善资源共享协作机制，聘请企业导师、开展导师队伍专项能力培训，全面提升创业导师的综合素质和能力。同时要建立合理的创业导师指导成果评价体系，健全考核制度以及职称评审制度，保证创业导师在评优选先、职称晋升中的优先权，进一步激发创业导师的工作积极性、主动性。

"产教融合型"实践平台，是在多方主体参与的前提下，由某方主体主导，充分协调各方资源搭建创新创业项目孵化平台。高校统筹校内外的有利资源，优化与政府和企业的协同合作，打造好校内和校外实训平台，建立能促进创业实践和项目孵化的产教融合型实践平台。此类平台由学校主导，理顺各方主体权责利关系，有助于形成教育合力：校内创业园为大学生提供创业政策咨询、免费培训、项目孵化运营等全流程式创业服务；校外的创业实践基地实施产教研联合育人，对接企业真实项目，为创业大学生提供真环境、全方位的创业实践锻炼。

（四）"四立"为体系的根本目标

开展思政特色教育，引导学生"立德""立志"。高校应结合学校的特殊学情，研究探索有效的思政教学方法，增强课程思想理论性、易接受性、可获得性，提升思政课程的育人效果，从而提升学生思想道德修养，实现"立德"。同时对学生进行"志趣"扶植，以开发潜能、探索理想、明确志向等方式"扶植"学生志趣，实现"立志"[1]。

实施准军事化教育塑造优良品格，促进学生"立行"。全面提高学生的文明素质，依据部队的严正风纪和标准要求持续开展日常行为规范教育，引导学生养成遵章守纪的行为习惯。同时要将"爱"和"严"统一起来，做到严而有情，同时关心学生的健康成长，实现"立行"成人。

开发特色创业课程，辅助学生"立业"。充分利用产教融合资源，组织教师开发融

---

[1] 周小云，姚月霞．"赏识笃志，双创赋能"民办高职院校高质量人才培养体系的构建与实践[J]．沙洲职业工学院学报，2022，25（1）：30-34，39．

思想政治、人工智能、创新思维、创业比赛、项目孵化核心内容于一体的特色创业课程，遴选高校、企业中的优秀创业导师组成核心教学团队，建构分阶段递进式的教学模式"C（Course 课程）—C（Club 社团）—C（Competition 竞赛）—P（Practise 实践）"，有机整合专业知识与创业实践，助力学生在创新创业的实践中实现"立业"。

三、创新创业教育"四融四立"课程思政体系建设的现实困境

从协同理论的角度来看，创新创业教育课程思政体系是一个由多个行为主体共同参与建构的系统，由于功能定位不同，各行为主体之间在目标定位、理念认知、资源禀赋、发展需求等方面存在不同。而高校创新创业教育质量的提高需要改变不同主体的行为，从而形成教育合力。近几年来，我国高校创新创业教育在课程构建、实践活动、培训与指导、实践基地建设、资金支持及相关政策制度等方面取得了一定成效。但是，从"四融"角度来看，体制机制不完善、系统结构运行不协同等问题仍然存在，从而影响了高校创新创业教育的高质量发展。

（一）发展理念不同频，缺乏协同原动力

首先，"四融"各行为主体的目标定位不一致，缺乏持续投入育人资源建设的责任心。目前，高校仍受传统封闭式教育理念的羁绊，还是依据教育考核指标的要求开展育人工作，与企业缺少深度交流，在创新创业教育上表现为偏离产业需求，在合作目标、方向及内容等方面均缺乏深入探讨和谋划，不能有效对接产业链、创新链的需求。而企业主要以适应市场竞争需要为主，目标是实现盈利，与高校在利益诉求与服务目标等方面存在不一致，与高校的合作意愿较弱。

其次，"四融"各行为主体的发展逻辑不一致。高校进行人才培养目标确定和课程体系建设的逻辑是教育逻辑，而企业是按产业逻辑开展生产和技术创新。由于发展逻辑存在差异，导致当前高校培养的各个层次的人才与当前企业岗位上的需求标准不匹配，主要表现为高校培养的人才滞后于产业发展的要求，而新兴产业急需的人才又严重缺乏，高校培养的人才不适应岗位需求。

（二）治理体系不协调，系统建构机制不健全

首先，"四融"体系中多元主体的创新创业教育治理体系不协调。在治理逻辑方面，从每一主体的角度看都有其自己的治理逻辑，均依据各自的治理逻辑运行。但在产教深入融合的治理逻辑下，创新创业教育课程思政体系构建仍不够完善，尚未形成能够适应"四融"多元主体协同治理的组织框架，也未能有专门的法律法规明确各方责任和

权益。其次，"四融"体系中多元主体的创新创业教育治理机制不健全。产业系统内各企业依照现代企业管理制度及社会主义市场经济体制运行，而教育系统隶属于机关事业单位，高等教育体制是以政府为主导，两种系统之间体制机制不兼容的问题极为突出。最后，"四融"多元主体的创新创业教育治理效果不明显。当前高校创新创业教育虽然整合了一部分各领域的资源，但在具体运行过程中，往往忽略整体发力的重要性，只重其形，使其内外系统资源要素不能有机地结合在一起，从而造成功能分化和效能损失。

（三）发展需求脱节，联动对接不紧密

首先，高校人才培养与产业需求脱节。从整体上看，同类型高校发展模式固化，如学科专业定位、培养目标、教学模式等各方面存在高度相似性，致使高校学科专业建设与地方产业结构、特色发展需求脱节，无法形成各自的核心竞争力。在微观实施层面，高校课堂在教学方法、教学内容上均缺乏创新，没有突出强调搭建高度贴近企业家真实世界的学习环境，教学内容的设计也没有将对实际问题的解决作为出发点，不利于学生创新精神和创新能力的培养。

其次，实践平台建设与社会现实脱节。在创新创业教育实践平台建设过程中，部分高校远离社会发展的需求和脱离产业发展的趋势，忽视了实践教育内容的科学性和实用性，不重视平台组织结构的开放性和融合性，实践平台建设无法满足创新创业教育实践训练的高要求。目前高校创新创业教育最主要的实践平台是以"挑战杯"为主的各类创新创业大赛，虽然这些比赛对提升大学生的创新创业能力发挥了一定的作用，但实际成果与预期存在很大差距。其中一个最主要原因是比赛后的转化拓展不足，没有将一个成功的创业计划由想法落地转化为商机，没有合适的机制促使更多的创业计划付诸实践，产生实际效益。

四、创新创业教育"四融四立"课程思政体系建设路径

（一）强化协同育人理念，健全"四融四立"运行机制

强化协同育人理念，达成人才培养共识。强化协同育人理念，是推进高校创新创业教育高质量发展的必然要求。在协同育人理念指导下，各行为主体积极参与到创新创业教育中，不断完善创新创业教育的运行机制，形成创新创业教育合力。为此，各行为主体应树立统一的创新创业教育观，达成人才培养共识，构筑创新创业教育全链条融合的生态系统，建立各主体共投资源、共建项目、共管运行、共育人才、共享利益的机制，并落实到实际工作中去，形成思创融合、专创融合、双师融合、产教融合的四融合育人格局。

建立信息沟通决策、利益分配及风险共担机制。一是建立信息沟通与决策机制。由于"四融"各行为主体在发展理念上存在差异，为最大程度降低其所带来的影响，要建立开放、畅通、协商、互动的信息沟通与决策机制，形成共投共建共管共育共享的协同育人理念。同时充分利用新媒体新技术的独特优势，缩短内外沟通的时空差距，拓展各链条主体间的沟通深度和广度。二是建立利益分配及风险共担机制。创新创业教育过程中的合作以教育性为主，兼具经济性，要充分考虑和保障四融合下各参与主体的合理利益，尽可能贴合创新创业教育系统各链条主体的行为理念、工作准则和主体行为，从法律合同上厘清成果产权归属、利益分配和风险承担等问题，注重培育主体间的相互合作与信任机制。

建立资源要素整合机制和科学有效的绩效评价体系。高校创新创业教育高质量发展的关键环节是要有效整合各行为主体的资源要素。要通过共建产业学院、共建四融合项目、共投创业投资基金等项目建设，形成政府引导、高校主持、社会参与的资源联动机制，集聚和整合校内外资源要素，增强资源要素在人才培养全过程中的持续性支撑作用。科学有效的绩效评价体系是实现创新创业人才培养各主体协同互促和动态联合的重要手段。依据创新创业教育课程思政体系建设目标，根据各主体的工作分工，设置差异化考核指标，采取定性和定量相结合的评价方法。要根据不同的阶段和项目需求，对各行为主体之间的协同性进行评估，适时做出必要调整，并通过增值评价考核各行为主体的工作质量。

（二）与发展需求对接，增强"四融四立"的适应性

专业结构对接产业发展需求，提升专业建设水平和专业结构动态调整力度。高校应结合行业特点和区域实际，从产业结构和发展需求出发，调整专业结构，建立起适合本地区经济社会发展需要的具有较强竞争力和可持续发展性的专业体系。高校应积极与地方产业对接，并以资金、人才、知识、科技、信息等为纽带与企业进行深入合作，协同建设创新创业型专业群，共同协商确定培养目标、规格及方案，切实促进学科专业建设及创新创业型人才的培养。同时，高校应建立以适应产业需求为导向的学科专业结构调整机制，对不适应社会发展需求的专业加大动态调整力度。政府教育主管部门每年要定期发布省级层面的高校人才培养质量和毕业生就业质量年度报告、产业人才需求报告和人力资源市场供需分析报告，为高校的学科专业调整提供可行依据。

课程建设对接企业生产运营实际，促进课程资源建设和教学方式改革。高校要围绕产业企业发展需求，在课程思政建设中突出实践性、创新性、开放性，注重理论学习和社会实践项目相结合，强化创新创业能力培养；并有针对性地开设科学研究训练课程及能体现学科专业和行业科技发展前沿的微型课程，建设创新创业企业案例库，扩充优质

创新创业教育课程资源。同时要改革教学方式，采用项目驱动法、案例教学法等，设置情境化实操项目，注重学生从理论学习到实践能力的培养。

科学研究对接产业创新方向，促进创新创业实践平台建设。政府、高校和企业要共同整合各自的优势资源，携手共构创新创业孵化平台、创业园区和融"人才培养、科创活动、成果转化"于一体的协同创新中心，加强创新创业教育实践与创业孵化的有效衔接。同时，"四融"的各行为主体要加强协同合作，加大创新创业训练计划的实施力度，学生、教师、企业导师组成跨学科跨专业的创新团队，采用科技立项的形式，针对高新技术产业、战略性新兴产业和优势学科领域有创新创业价值、有产业化前景的研究方向进行科技研究、应用开发、发明创造等，并创造条件促进科技成果的转化。

（三）优化政策协同环境，加强制度保障建设

充分发挥政府的宏观指导职能，完善政策体系顶层设计。政府应牵头组建优化创新创业教育体系建设的职能机构，并设计支持、促进创新创业教育发展的相关政策。同时出台扶持创新创业教育的财税、平台建设、金融投资等各种政策，引导高校、企业强化协同育人理念，激发创新创业教育系统的原动力。政府通过打造促使各层级、各要素协调一致、相辅相成的高校创新创业教育政策体系，打通各行为主体之间的资源流通，营造良好的政策环境。

创新创业教育政策指向精准化，不断优化保障政策内容。创新创业教育政策的相关政策应以服务于国家发展战略和重点需求为指导原则，并充分尊重创新创业教育基本规律，探索将创新创业需求与地方产业发展需求有机结合的制度体系。政府应在项目立项、经费支持、成果评价等方面向与创新创业教育有效融合的科研活动倾斜，并根据当地实际情况制定地方R&D投入标准，逐年提高科技支出在一般预算支出中的比重，将科技创新纳入财政预算统筹考虑。

强化政策实施机制，健全政策执行功能定位。一是政府教育主管部门应将创新创业教育质量纳入衡量办学绩效的标准体系，利用大数据平台对高校创新创业教育的组织实施情况进行外部评估，引导高校培养懂专业、懂管理、懂市场的复合型人才。二是在高校教师的职称评聘、绩效考核和收入分配等事项中，要将指导学生创新创业、学术创业、服务企业科技创新等重要成果作为依据。三是相关部门要落实金融支持、财税政策等激励措施，鼓励和促进自主创业及企业创新研发活动；鼓励各行为主体开展科技中介服务、科技交流等各种形式的科技服务，促进科技服务与科研创新平台的协同发展，推动更多科技成果的转移转化。

五、结束语

高校创新创业教育课程思政体系建设,不但要向学生传授创新创业的基础理论知识,培养其创业技能,而且要引导大学生在创新创业过程中把个人的志向追求同国家社会的主流价值观相结合,实现塑造价值观念、传授创业知识和培养创业能力于一体的教育教学目标。通过构建创新创业教育课程思政体系"四融四立"模式,高校一方面能够加强对学生理想信念、价值观的教育,同时引导学生形成正确的创业出发点、树立正向的创业观,另一方面能够增强学生的创新创业能力,提高创业原动力,从而实现高等教育立德树人的根本目的。因此,高校应该将创新创业教育课程思政体系的建设作为专项研究,多方主体共同参与,注重各方信息反馈,做到创新创业教育课程思政的内涵定位准确、内容涵盖全面、功能落实到位、效益多方共享,不断完善创新创业教育课程思政教育模式和体系。

参考文献

[1] 丁文剑. 协同理论视角下高职创新创业教育多元协作研究[J]. 教育与职业,2018(23):64-68.

[2] 王明华. 协同理论视阈下课程思政体系建设的策略探究[J]. 学校党建与思想教育,2019,12(6):33-35.

[3] 沈云慈. 基于政校企合作的地方高校创业教育实践平台构建研究[J]. 中国高教研究,2020(9):37-42.

[4] 徐新洲. "三链融合"培养创新型和应用型人才研究[J]. 学校党建与思想教育,2021(24):79-80,96.

[5] 李亚员,刘海滨,孔洁珺. 高校创新创业教育生态系统建设的理想样态——基于4个国家8所典型高校的跨案例比较分析[J]. 高校教育管理,2022(2):32-46.

作者简介:丁新旗(1982—),男,山东烟台人,烟台南山学院经济与管理学院副教授,硕士;徐静(1982—),女,山东烟台人,烟台南山学院经济与管理学院副教授,硕士。

数智时代基于产教融合的全素质链协同育人模式研究
——以工业设计专业为例

张春菊　丁轩　蒋爱娟

摘要：数智时代是一个以数字化和智能化为基础，强调新技术与新商业有机结合的时代。数字时代背景下社会对高校人才提出更高要求，且更注重学生的综合素养，这就对校企联合开展的产教融合工作提出更高要求。对于学校与企业来讲，必须建立一个以教育链、产业链、数智链、人才链、创新链为一体的全素质链协同育人模式，如此才能为社会培养出更多符合时代需求的综合人才。

关键词：数智时代；产教融合；全素质链；协同育人

基金：中国民办教育协会2022年度规划课题"双一流建设背景下民办院校校企联合培养拔尖创新人才的途径研究"（CANFZG22101）；2023年度山东省教育教学研究课题"产教融合背景下高校构建校企地'螺旋式'育人机制研究"（2023JXY097）

一、引言

随着全球数字化技术的快速发展，智能技术的融入、新需求的牵引、新基建的支撑以及新模式的迭代，数字经济成为带动当前经济发展的重要动力。以数智化转型推动高等教育的高质量发展是新时代赋予大学的历史机遇，也是大学贯彻国家战略的应有之义。人才是社会发展的重要动力，也是推动数字经济发展的重要因素，在融合大数据、区块链、虚拟现实等智能化技术变革的时代背景下，数智化信息技术在教学体系中的应用成为促进产教深度融合的新思路和新手段。在这样的大趋势下，艺术类教学如何联合企业，紧跟时代的步伐实现创新实践发展，将数字化、智能化等技术融入新的产教融合人才培养体系，重构艺术类创新应用型人才培养模式就显得十分必要。

二、数智化的概念及特点

（一）数智化的概念

从字面上看，数智化是数字技术与智能化技术的统称。2015年，北京大学"知本财团"课题组首次提出"数智化"一词，并将其界定为"数字智慧化与智慧数字化的合成"。❶随着数智化在中国的持续发展，数智化的概念也发生了一定的变化。目前关于数

---

❶ 张颖川.数字化技术驱动智能物流提速[J].物流技术与应用，2021（6）：70.

智化的概念主要集中在如下几个方面。第一，数字智慧化，通过在大数据中融合智慧化相关的元素，实现数据增值的同时保持其持续的增长。第二，智慧数字化，通过使用数字技术将人的智慧进行有效管理，因此这是一种从人工到智能的有效提升，它很好地将人从复杂的劳动中解放出来。第三，将数字智慧化与智慧数字化进行有机结合后形成人与机之间的深度交流，继承某种特殊的逻辑，从而实现深度学习，进而达到一种人在机器中，机器在人中的新局面。

（二）数智化的特点

从上述关于数智化的概念论述可以看出数智化的特点突出表现在如下几个方面。第一，数字化，数智化以数字化为基础，通过将物联网、大数据进行结合，借助云计算、云存储确保数据的快速传输和运行，从而实现信息的高速传递。第二，智能化，借助计算机及智能化技术实现一种与人类相似的感知能力、记忆和思维方式，从而将各种机器设备运用在不同的场景中，满足人们的不同需求。智能化设备以人为中心，通过云计算、云存储、传感器等感知外界事物，进而做出与之相对应的处理和反馈，付诸行动。第三，人机交互，数智化所呈现出来的是一种人与机器之间的交互状态，借助数智化能够让机器按照人类的想法进行工作，同时机器对人类的语言理解度也在逐渐提升，人们可以将自己的想法通过简单的语言表述传递给机器，机器则可以借助数智化实现快速运算。

三、工业设计专业产教融合发展现状及存在的问题

工业设计专业是一个新兴专业，同时也是一门交叉学科，与其他工科相比，工业设计专业需要学生掌握更多人文、艺术等方面的技能，进而对美形成良好的认知和理解度。与其他文科或艺术学科相比，工业设计专业要求学生掌握更多工科类的技能，如制图、材料、结构、电气、力学、人工智能等。面对这样一门交叉学科，要想更好地提升学生的综合能力，高校应持续强化产教融合力度，实现校企联合培养高素养人才，以更好地满足社会需求。最近几年，国内很多高校已经有意识地与企业展开合作，将工业设计专业的教学形式、培养模式与企业进行紧密联合，通过聘请企业导师的方式提高人才培养效率，但在发展过程中也暴露出一些有待解决的问题。

（一）产教融合程度有待加深

所谓产教融合是指在企业与学校合作的基础上将产业与教学进行密切关联，把学校办成集人才培养、科学研究、科技服务为一体的产业性实体，形成学校与企业浑然一体

的办学模式❶。从产教融合的概念可以看出，深度融合是实现产教融合的关键。然而，从目前高校工业设计专业开展产教融合的实际情况来看，产教融合的深度仍有待加深。一是课程融合有待加深。课程是产教融合过程中的基本载体，也是实现产教融合的关键途径，开设高水平的课程教学不仅有助于实现高质量人才培养，还可以进一步推动校企之间的深度合作。从目前高校工业设计专业开设的情况来看，很多课程的开设与企业的联系并不是十分紧密。一方面，高校在制订人才培养方案时无法做到与时俱进，很多专业课程的选择较为陈旧，无法满足时代需求。以"平面动画软件"为例，动画设计是工业设计人才培养过程中的一个十分重要的内容，分为平面动画和三维动画两个方向，其中平面动画主要是让学生掌握二维动画的实现方法。从市场上看，目前大部分企业都已经使用"Animate"这一软件进行内容创作，但目前很多高校仍然开设"Flash"软件教学，与"Flash"软件相比，"Animate"更加强调交互界面的设计与制作，这是很多企业所需要的。学校所教内容与市场所需联系不紧密，也就很难实现深度融合。另一方面，教师在教学过程中无法按照企业需求开展教学。教师实际讲授内容无法与市场建立紧密联系，学生无法紧跟时代发展需求，也就很难提升自身综合素养。二是教材融合有待加深。教材是教师开展教学的思路，也是教学实施的重要工具，更是学生自主学习的重要工具。一部优秀的教材既要很好地将所要传授的知识囊括其中，也要实现教学与实践的紧密结合。从目前现有的工业设计专业教材来看，仍以传统的理论教材为主，尽管很多教师有选择性地使用一些新形态教材，如微课教材、活页式教材，但教材中的内容却较为陈旧，与企业生产实践的联系不够紧密。从实际情况来看，很多教材的编写无法与企业共同完成，或者无法做到将实际生产案例融入教材之中，致使教材与实际生产之间出现脱节的问题。

（二）校企合作目标存在偏差

最近几年，国家一直强调产教融合的重要性，先后出台一系列有关高校产教融合方面的文件来进一步规范产教融合工作。2023年6月，国家发展改革委等部门印发的《职业教育产教融合赋能提升行动实施方案（2023—2025年）》（简称《方案》）强调应进一步推动产教融合校企合作，提出通过优化产教融合合作模式、拓展产教融合培养内容、丰富产教融合办学形态等方式培养更多高素质创新型和技术技能型人才，提升人才培养质量，促进高质量就业。从《方案》中可以看出目前产教融合的主要目标是培养高素质技能型专业人才，然而，从目前工业设计专业人才培养现状来看，学校人才培养目标与高校产教融合共同体合作目标仍不匹配。合作目标存在差异，合作过程就很难取得既定

---

❶ 王燕，姜维娜，周学，等. 泰州应用型本科大学产学研发展路径研究[J]. 价值工程，2019，38（21）：212.

的效果，进而对参与双方都产生一定的心理影响，且一旦发生纠纷就会进一步导致双方合作破裂。一是合作整体目标偏差，很多工业设计专业与企业展开产教融合的目的是完成学校的任务，实际开展的各种合作与企业生产实践之间没有太多联系。二是合作缺乏全程性，目前部分高校工业设计专业开展的产教融合模式具有一定的阶段性，学生在进入大学后一直是在专业教师的带领下学习基础知识，到大二或大三时再由企业教师开展深入培养，两阶段的人才培养存在一定的差异，致使培养出现难以深入的问题。三是人才培养与市场需求相脱节。企业教师到校开展人才培养的目标是帮助学生掌握某些知识点，而不是让学生了解这些知识点对应的岗位需求，学生不了解所学内容的价值更不知道如何使用，自然难以达到既定的培养目标。

（三）协同育人机制有待提升

开展产教融合的目的是通过产业与教育结合实现协同育人这一目标，而要想更好地实现这一目标，就必须构建良好的协同育人机制。而目前工业设计专业协同育人机制仍存在一定的问题，主要表现在如下几个方面：一是产教融合制度存在一定的薄弱点，很多高校与企业开展产教融合的制度趋于形式化，企业与高校之间的联系不够紧密，很多规定难以实现。二是企业参与度不达标。工业设计专业是一个注重实践和创新的专业，它与制造业有着紧密的联系，智能家电、日用产品、交通工具、文创产品等领域都离不开工业设计。这就需要上述领域的企业与高校开展深度交流，才能更好地实现产教融合的目标。然而从目前情况来看，很多与高校工业设计专业建立产教融合关系的企业很少与高校开展深度交流，企业员工参与高校教育的机会较少，指导学生参加各类实践活动的次数更少。企业参与度不达标，合作就趋于表面。三是合作体制僵化。目前很多高校没有根据企业的实际需求建立对应的实践教学基地或实验室，学生无法将自己所学与实践联系在一起。在指导学生开展专业实践过程中，高校不能与企业展开深入合作，对企业生产实践及产业背景缺乏足够认知，也就很难帮助学生了解产业发展现状及趋势。同时，教师在教学过程中的方法不当也是制约学生学习能力提升的一个重要因素。传统的教学模式无法凸显以学生为中心的教学特点，学生缺乏足够的时间用以实践，创新能力和团队合作意识也就难以得到提升。

四、数智时代基于产教融合的全素质链协同育人模式分析

基于当前存在的实际问题，对于高校工业设计专业负责人及教师来讲，应从如下几个角度出发构建全素质链的协同育人模式。

（一）构建校企地螺旋式培养体系，深化产教融合力度

产教融合的合理实施不仅离不开高校与企业之间的有效结合，更离不开当地政府的政策、资金、环境等方面的扶持，因此，要想搭建全素质链协同育人模式，就必须构建一个以校企地为基础的螺旋式人才培养体系（图4-8）。

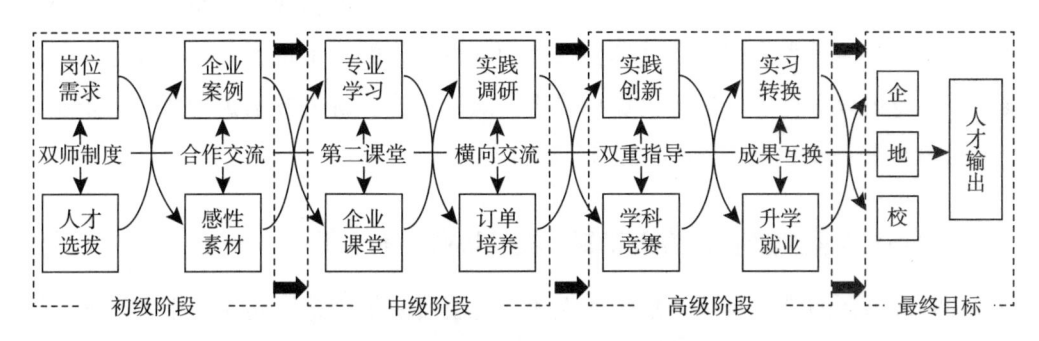

图4-8 校企地螺旋式人才培养体系图

校企地螺旋式人才培养体系分为三个不同的阶段，按照时间来划分，将大学生入学作为螺旋式人才培养的初级阶段，专业学习作为人才培养的中级阶段，实习就业是高级阶段。整个体系循序渐进，呈螺旋上升趋势。

初级阶段（新生入学阶段），政府按照要求引导校企制定双师制度，企业发布岗位需求，高校制订人才选拔方案。随后政府负责为校企合作创设环境，企业提供自身真实案例，学校教师收集、转换感性素材，帮助工业设计专业学生打好专业基础。中级阶段（专业学习阶段）的重点是培养学生形成良好的专业素养，为学生未来实习、就业奠定基础。此阶段地方政府依旧扮演串联校企的任务，不管是构建第二课堂还是创设横向交流机会，其目的都是推动校企有效合作。对于企业来讲，应为学生创设企业课堂及参与实践调研的机会，高校则需要结合企业实际需求开展专业教学和订单式培养，从而实现学生能力的有效提升。高级阶段（毕业实习阶段）的目的则是实现人才输出，在这一阶段，政府应做好双重指导和成果互换引导工作，而企业则应为学生创设实践创新和实习转换的机会，高校教师则需要组织学生参加学科竞赛和其他升学就业的活动，从而让学生将自己的所学与实践紧密结合在一起。

（二）重构数智主题专业教学体系，提升人才培养质量

对于高校工业设计专业教学来讲，数智时代最大的变化就是数字化与智能化的融入，高校应在传统的教学模式基础上创建与数智时代主题一致的教学体系，优化教学模式，才能培养更多具有专业素养的数智时代人才。

校企共建数智主题专业教学体系主要分为三个不同的环节。一是充分挖掘数智时代

特点，获取数智时代背景下的教学资源。通过将数智时代的技术要素拆分为物联网、大数据、云计算、人工智能四个不同的内容，深入挖掘不同要素之间的关系，为后期重构工业设计课程体系奠定基础。二是结合数智时代特点对工业设计专业课程体系进行优化，在传统专业基础课程、专业核心课程、专业选修课程的基础上对课程进行更新，删减部分与数智时代联系不紧密的课程，同时增设数智基础课程板块，便于学生充分感受物联网、人工智能、大数据、云计算为代表的数智时代的技术特点。三是优化校企合作力度，将工业设计专业核心素养（设计思维、设计方法、解决方法）培育融入企业，将企业案例融入课堂教学中，提升学生综合素养。

（三）搭建全素质链协同育人机制，提升协同育人水平

数智时代需要的是具有综合素养的人才，这就需要校企共同构建一个以全素质链为基础的育人机制，将多个不同的素质融入育人机制中，才能提升协同育人水平。为此，校企应结合专业实际需求搭建全素质链协同育人机制，进而更好地提升协同育人水平（图4-9）。

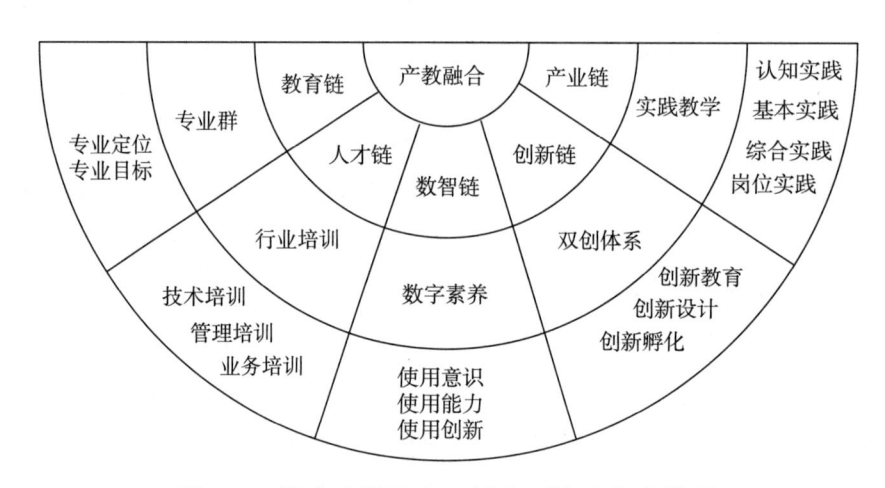

图4-9 搭建产教融合五链合一协同育人模型

一是构建全素质链共建机制，学校与企业在工业设计行业的基本要求下共同搭建培养方案、课程体系、工程实践和专业文化教学机制，包括学科知识、专业技能、思维方式、职业素养、生活态度、社会责任六个要素。二是根据工业设计专业人才培养目标及具体实施要求搭建五链合一的协同育人机制，将人才培养划分为学科知识、专业技能、思维方式、职业素养、生活态度、社会责任六大板块。通过联合制定培养方案及行业标准、联合制定与岗位需求紧密联系的课程体系、联合制定工程实践与生产过程标准、联合制定专业文化与职业精神标准达到既定目标。三是结合数智时代背景下产教融合人才培养的具体要求，构建以"教育链、人才链、数智链、创新链、产业链"五链一体的全

素质协同育人模型。加大过程性人才培养力度，构建找人招工一体化制度，鼓励学生以学员身份进入校园；构建供需目标统一化的人才培养制度，搭建专业岗位实施方案；将教学内容与企业生产相结合，搭建任务化教学模式，实现企业项目进课程。

五、总结

当前社会逐渐步入一个以数字化与智能化相结合的新时代，在这一时代背景下，社会对工业设计专业人才的需求也发生了一些变化，不仅要求学生具备扎实的专业基础，还要求学生能够充分运用数智时代的各种新技术开展创新实践活动。这对长期坚守一线开展教学的工业设计专业教师来讲是一个很大的挑战。尽管很多高校工业设计专业教师已经开始有意识地通过加大产教融合力度提高创新人才培养质量，但依旧存在产教融合程度有待加深、校企合作目标存在偏差、协同育人机制有待提升等方面的问题。鉴于此，对于高校工业设计专业来讲，应从构建校企地螺旋式人才培养体系、重构数智主题专业教学体系、搭建全素质链协同育人机制三方面出发，构建基于产教融合的全素质链协同育人模式，为更好地培养数智时代高新技术人才提供良好的基础支撑。

参考文献

[1] 隋明，任金宇，荣加超，等.产教融合背景下食品专业群现代产业学院建设模式和运行机制研究[J].福建轻纺，2023（8）：64-67，77.

[2] 张韩，戴锦阳.基于产教融合的高职工程造价专业人才培养模式探析[J].建筑与文化，2023（8）：55-57.

[3] 魏静，魏延辉，刘彦军.应用型高校教师产教融合动机形成与行为转化研究[J].天津中德应用技术大学学报，2023（4）：57-61.

作者简介：张春菊（1982— ），女，河南省鹤壁人，烟台南山学院智能科学与工程学院讲师，硕士；丁轩（1985— ），男，河北省灵寿县，烟台南山学院智能科学与工程学院副教授，硕士；蒋爱娟（1982— ），女，山东省烟台人，烟台南山学院智能科学与工程学院副教授，硕士。

人工智能背景下艺术设计类专业教学改革研究

鲁文婷

摘要：本文针对人工智能技术在教育领域中的运用与价值进行分析，深入研究人工智能技术对艺术设计类专业教学所产生的影响；并对人工智能在教育理念、教学目标、教学模式、教学环境、教学评价等方面所带来的新影响和新变革进行研究，进而针对人工智能发展阶段的艺术设计类专业人才培养改革措施及人才培养目标实现路径提出新的看法，生成人工智能时代教学改革的新理念。

关键词：人工智能技术；艺术设计类专业；教育教学改革

一、引言

随着人类智能技术的发展并广泛应用于日常生活和社会各行各业中，尤其是在当前的大数据环境下其影响力日益显著，同时随着超强计算能力的提升，智能化教学模式逐渐成为现实并被推广开来。为此，教育部于2019年启动了"智慧教育示范区"创建项目，许多学校也开始积极尝试利用人工智能与教育相结合。2021年，由山东省人民政府印发的《山东省"十四五"教育事业发展规划》中指出要着力提升人才培养质量，优化本科教育应用型人才培养方式改革，改进优化专业方向，促进学科交叉融合，大力培养应用型人才；并提出推进新技术与教育教学深度融合，将新一代信息技术融入高校学科专业建设，深入推进教学改革，培养适应智能化时代需要的新型专业人才[1]。未来的教育教学工作离不开信息、数据及智能设备，这就要求高校必须根据人工智能的特点对教育理念、课程设置和教学方法进行调整，以培养更多能够适应科技进步和社会需要的高素养人才。本文通过探究人工智能技术推动下的应用型高校艺术设计类专业教学改革，及其人才培养体制机制的改革，从而回应设计类专业教育教学面临的一个重大现实问题。

二、人工智能时代的教育新技术

（一）模式识别

模式识别是指计算机识别对象、音频、视频等信息，并将其归入同一或相似的模式

---

[1] 山东省人民政府办公厅. 山东省人民政府关于印发山东省"十四五"教育事业发展规划的通知：鲁政发〔2021〕16号[A/OL].（2021-10-22）. http://www.shandong.gov.cn/art/2021/10/22/art_107851_114719.html.

中。为使模式识别应用于教学，必须先搜集大量的相关资料，并对其进行深度解析，从而建立起数据模型。利用该模型，计算机可以提供个性化的学习内容和交互式学习方法，进而提高学生学习效果。

环境设计专业课程教学中，相对抽象的知识点会存在难以理解的现象。这种知识内容不仅学生很难理解，教师在讲授过程中也很难清晰、准确地用语言来阐述清楚。要实现抽象知识具体化，可将人工智能与其他技术相结合，应用模式识别进行教学，以增强教学效果。例如，将知识点通过建立3D模型、慕课等方式具体化，学生就能对立体化知识内容一目了然。学习时，学习者仅需用手机扫描二维图像，便可迅速得到对应解析，知识内容清晰可见，显著提高学习效率。

（二）大数据分析

大数据分析的主要工作就是对数据进行采集、分析以及储存，以便根据已有的数据发现它们之间存在的规律并作出科学的决策。大数据为人工智能提供了基础支持，目前在电商和金融等多个领域得到广泛应用，未来发展前景非常广阔。在教育领域，智能化的教育教学将海量的数据库作为支撑点，通过大数据的相关分析来解决相关教学问题，充分发挥大数据的优势。将教师课堂教学行为、教师个人发展情况纳入教师管理、教师研修等系统，构建教师的数字化形象，并进一步挖掘和应用大数据，以此改善和优化教师管理流程。

（三）虚拟现实技术

虚拟现实技术主要利用计算机创建仿真环境，是多源信息融合的交互式三维仿真系统，它通过计算机、三维显示器、数据手套等设备充分调动学生自身的感官系统来参与学习，大大提高了学生的学习兴趣、学习效率及理解力。教师需要在讲课之前从三维数据库里配置与课程相匹配的模型与场景，让学生在虚拟现实系统里体验3D效果，给予学生身临其境的学习体验。

（四）语音交互式教学技术

语音交互式教学技术采用语音识别与自然语言处理相结合的方式，实现人工智能的语音交互式学习。教师可通过评价并纠正学生发音来帮助其提高语音表达能力，学生可以通过口语交流与教学软件进行互动，提高学习效果。

（五）情感计算

情感计算是一种通过算法识别和理解人类情绪的机器，使得机器能够感知学习者的情感状态，通过这种方式，计算机可以更好地了解学习者的需求，从而有效地满足个性化的学习需求。利用情感计算技术，可以对艺术作品中的情感因素进行分析，帮助学生更好地理解艺术作品，实现学生之间、师生之间的情感交流，促进学生的情感表达。

三、人工智能技术对设计教育的影响

（一）动摇传统知识的教学根基

随着互联网技术的发展和人工智能技术的突起，知识的更新速度越来越快，人工智能和互联网将取代固定性较强、公众认可度较高的知识的记忆与背诵，人们可以在线上自主获取需要的信息资源，人工智能技术可以通过大数据和机器学习算法分析每位学生的学习习惯、喜好和掌握程度，并为其量身定制合适的学习方式和资源供给，个性化学习和自适应学习将成为最重要的学习模式。

（二）颠覆教师讲授的传统课堂中心

随着信息技术的快速发展，传统的以讲授、记忆为主的课堂逐渐被探究型、参与型、发现型课堂所替代，传统的教学方法已被颠覆，教师可借助人工智能技术和互联网技术进行线上教学。教师不再是单纯的知识传授者，而是学生求知路上的引路人，教师可借助人工智能技术为学生制订个人学习计划，提高学生的学习效果和积极性，并可借助智能导师系统自动批改学生作业，及时掌握学生的学习效果，并根据学生的学习进展给予建议，彻底改变传统教学中教师将大量时间用于批改作业和答疑解惑的问题，大大提高了教学效率。

（三）转变传统课堂的结构与场景

智能语音、计算机视觉等新一代人工智能技术与课堂教学的融合，促使传统教学课堂结构与场景发生改变。通过人工智能技术可以创造虚拟场景，使学生通过虚拟现实（VR）技术观察和感受现实中难以直接观察或接触到的环境或现象，为学生提供更多的学习资源和机会，同时也丰富了传统课堂的教学内容。同时，人工智能技术也能够促进知识的高效传输，通过在线教育平台，优秀教师可以为不同地区的学生提供远程授课服务，并进行实时互动分享，让更多学生受益于优质教育资源。人工智能在课程资源的优化配置、打破学生学习时间及空间限制、注重学习差异性等方面起到重要的影响作用，能够帮助学习者提升学习效率，推动课堂教学高质量发展，促进课程教学改革深化发展。

四、人工智能背景下艺术设计类专业人才培养改革措施

（一）更新教育理念和教学目标

基于应用型高校人才培养目标，通过搭建校企合作平台、大数据分析技术等手段，对设计类专业教育理念和目标进行调整。

1.教育理念的更新

传统的教育理念主张学生通过教师的教导获得知识，而教育活动的主要执行者是教师，至于学习的内容与范围则是由学校及教师事先制定好并且按照课程大纲来实施教授的，这就意味着学生往往无法自主选择学习内容。这种教学模式缺乏灵活性，难以激发学生的学习兴趣和主动性。然而，在人工智能的推动下，教学方式正在发生变革。学生可以根据自己的意愿自主选择学习内容，也可以通过自定义的方式提前对相关学习材料进行准备，并通过人工智能技术实现交互式学习。同时，教师可以使用人工智能辅助工具进行充分的研究资料搜集整理，使教学活动更加高效。这一新型教育教学模式有助于解决传统教学中存在的问题，如僵化、低效和学生参与度不足等，推动教学向更加个性化、智能化的方向发展，以达到更高的活跃程度，进而促进整个学科领域朝更加精确高效和人文关怀的目标迈进。需要明确的是，人工智能不是与传统教学形成对立，而是通过新的科技手段使教学更加轻松有效。

2.教学目标的调整

如今，人工智能逐渐成为推动经济高质量发展的新引擎，这对教师的知识和能力提出了新的要求。在人工智能时代，机械化的工作可能由机器所取代，但人类的逻辑思考和创新能力是无可取代的。深度学习、神经网络等人工智能技术，虽然正在模仿人类的思维方式，但人类的创新能力和指导机器的能力仍不容忽视。未来的教育体系将会更加注重提高学生的创新意识、想象力、问题解决能力、语言表达能力以及艺术鉴赏水平。这些正是适应社会发展的需求，特别是在智能化科技日益普及的今天，让学生理解和掌控机器，已成为教育改革的重要任务。

针对现状，艺术设计类专业应以岗位需求为导向，坚持"教学资源提升质量、实践竞赛引领创新、创新创业激发活力"的专业建设理念，确定地区产业发展及经济发展转型的具体目标，并按照国家级高水平专业建设要求，将这一理念融入整个人才培养过程，采用标准化的方式进行引导和管理，确保人才培养目标与实际教学过程相符合。借助人工智能的力量，艺术设计类学科建设应更紧密地贴合行业需要，并建立协作创新中心，以此加强内部建设的深度，积极适应"互联网+"时代的技术变革，突出实用性和创新性的专业特性。

（二）建立多样化的教学模式体系

构建特色的人工智能教学模式体系，通过对人工智能辅助教师开展备课、授课、答疑等环节进行研究，实现从数据中获取知识，更好地满足不同的教学目标和学习需求（图4-10）。

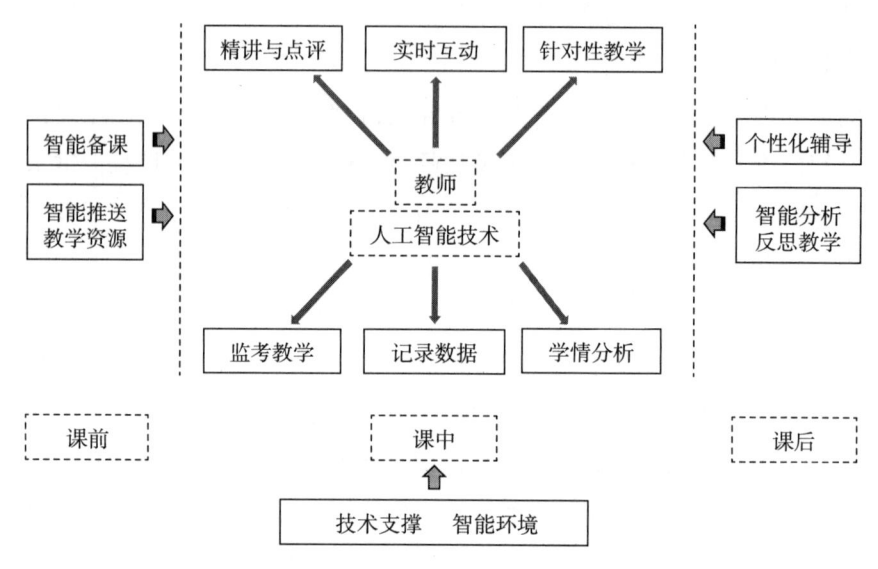

图4-10 智能化教学模式

1. 人工智能辅助备课

教师借助人工智能技术可收集学生的学情信息如学业进展速度、个人喜好、行为模式等，从而更深入地了解并掌握学生的特质。在教材和教学内容方面，人工智能可以协助分析，提供最佳的教学策略和方案，甚至为每个学生定制预习、复习资料。此外，人工智能能够依据教师授课计划和授课内容生成每位学生个性化的课堂作业。

2. 实施精准教学

教师教学通常是基于自身多年教学经验，但在大数据和人工智能的背景下，教师能够借助大数据和人工智能技术更加全面地分析学生。教师借助人脸识别、行为分析和数据挖掘等人工智能技术对学生进行智能引导，满足他们的个性化需求，以此实现更精确、更有效的教学。

3. 提供个性化教学内容

教师通过运用行为分析、情感计算、多模态融合以及其他人工智能技术，能够对每一位学生的学习兴趣、学习方式、学习技能以及学习习惯等有关信息进行深入研究，将这些数据和授课策略相结合，人工智能就可以自动生成个性化教学内容并准确地推送到每一位学生手中，从而达到真正的个性化教学。

4.智能答疑与辅导系统

通过利用教师预设定的信息和教学资料，智能答疑辅助系统能够自动为学生解答问题。针对较为复杂的问题，系统会向教师发送通知，交由教师进行最终解答。这样的智能化答疑辅导方式既保证了学生能得到迅速且精确的回复，同时也能让教师建立起一个自己的答疑库，使教师能够更好地把握学生的学习困难点，从而在课堂上有针对性地进行深入讲解。

（三）构建人工智能教育环境

1.引入智能化教学平台

民办高校智能化教学实施的关键是智能化教学平台的引入，但由于民办高校科研力量与资金的限制，其自主建设智能化教学平台具有一定难度。因此，民办高校应寻求引入已经成熟的智能化教学平台，以迅速地实现智能化教学。例如，我们可以采用当前较为稳定的超星学习通智能教育系统来提升民办高校的教学效率。该系统拥有丰富的教学、学习资源，能够解决非公立大学图书馆资源匮乏的问题。教师和学生可以通过该系统访问各自需要的各类信息，并使用学习通内置的教育流程监控及学习效果评估等智能化工具，从而转变传统的教学和学习模式，提升教学和学习效率。这样，民办高校可以最小的成本投入获得最大的收益。

2.构建智能化教学资源

除了引入智能化教学平台，还需要针对本专业的优势资源进行整合，构建自己的智能化教学资源。将有经验教师的优质课程进行整合，并与青年教师合作，通过"老带新"的方式共同制作微课、慕课及录播课程等来丰富教学资源。在将这些优秀的资源进行信息化处理之后，将其放置在自有教学平台上供社会免费学习，以此激励教师和学生使用这些优质资源。同时，对于成功完成课程研修的学生，我们会颁发证书以示鼓励，从而推动更多的人参与学习。

3.创建智能化实习实践平台

实习实践是艺术设计类专业教育教学中的重要环节，但由于资金限制，民办高校往往缺乏足够的实验设备来支持学生的实际操作训练。目前，人工智能技术飞速发展，虚拟现实（VR）、增强现实（AR）等技术不断升级，学校可与企业联手，通过设置在线实习、实践项目、技能培训、企业导师指导、作品展示等功能，搭建一个高度智能化和多元化的实习实践平台，满足艺术设计类专业学生的实习实践需求。利用该平台学生能够高效率地完成实习任务，提升实习实践效果与满意度，同时企业也能从学生实操中获取有价值的实操数据，以改善自身产品。

4.设立教师发展智能实验室

教师仅掌握人工智能理论是不够的，人工智能实际应用能力同样关键。因此，学校有必要设立教师发展智能实验室，供教师进行实践操作和训练，以此增强教师的智能素质。此外，建立教师发展智能实验室不仅能智能化评测课堂教学效果与学生学业，也有助于教师进行示范性教学、模拟教学、虚拟研究等活动。这不仅可以提升教师的智能教育水平，更能进一步推动教师的专业发展。

五、人工智能背景下艺术设计类专业人才培养目标实现路径

1.开展演讲和教育培训活动

积极组织和邀请教育领域及人工智能领域的权威人士莅临本校，为全体教师和教学管理人员提供关于"人工智能+"的主题讲座，以此增强教师、教学管理人员对"人工智能"的重要性和必要性的理解与认识，同时也能使其学习到一定的人工智能技能和理论知识。

2.提高教师的智能教育素养水平

为提升教师的智能教育素养，需要对教职员工进行智能素养培训。学校可邀请人工智能方面的专家学者为教师们授课，讲授机器学习、知识计算、群智运算、人工智能、认知论以及心理学方面的基础知识。与此同时，教师还要对大数据智能、高阶机器学习、神经网络智能计算和量子智能计算等新兴科技领域进行初步研究，以帮助教师掌握人工智能技术前端的发展动态，鼓励教师主动将人工智能技术应用到教育教学当中，优化教学技巧和教学方法，减轻教学压力，提升教学效果，从而达成智能化教育的目的。

3.推进智慧校园的建设步伐

为了提高教师的教学质量，高校需在硬件配备上创建基于交互式电子白板和触摸屏的互动教室，并加入VR/AR技术，通过人机交互、网络共享的方式，实现人机交互与网络共享的目的，进而提高主体的参与度。

4.加强协作，引进优势资源

在构建本专业的教学资源平台时，应积极与国内各大院校开展合作，引入他们优质的课程和教学资源，以此来丰富自身的教学平台，并推动学校间的直接交流。在这个基础上，还要加强与兄弟院校的联系，以更好地实现资源共享。此外，还可通过各种渠道参与到课程建设中来，比如批量采购课程和教学资源、制订个性化特色课程、实施学分互认和远程授课等，以便满足不同环境下的需求。通过上述途径，民办高校可以和其他高等院校分享交流经验，学习并借鉴他们先进的教学管理模式，同时还能丰富自身的教学资源库，提升学校的知名度及影响力。

六、结语

随着人工智能技术的不断发展,其对社会各个领域的影响日益显著。特别是在教育领域,国家对智能教育的开展提出了相应的要求。作为以培养应用型人才为目标的民办高校,更加应该顺应时代,改变原有人才培养模式,为社会培养符合要求的应用型创新人才。本项目通过对人工智能技术对设计教育的影响的研究,确定适用于艺术设计类专业教学改革的人工智能关键技术,提出基于人工智能技术更新人才培养教育理念和教学目标,同时建立多样化的教育模式体系,构建适合于艺术设计类专业的人工智能教育环境,希望为人工智能时代艺术设计类专业教学改革提供有效借鉴,促使学生学习活动走向个性化和终身化。

参考文献

[1] 罗万丽,王蕊,范荣. 人工智能在教育领域的应用探析[J]. 数字教育,2018,4(6):4.

[2] 刘小飞,李美满,傅兰华. 开放教育人工智能专业人才培养模式构建探索[J]. 广东开放大学学报,2022,31(6):22-27,64.

[3] 肖卓宇,陈一果,郭杰,等."人工智能+教育"融合视域下的人才培养研究[J]. 软件工程,2021,121(1):57-59,50.

作者简介:鲁文婷(1984—),女,河南开封人,烟台南山学院艺术与设计学院讲师,硕士。

智能制造背景下应用型本科高校校企共建课程体系研究
——以机械设计专业为例

王慧　于泳　王文英

摘要: 随着制造业的不断转型升级,传统的机械设计专业课程体系已不能满足新时代智能制造人才的培养需求。本文以智能制造背景下应用型本科高校机械设计专业校企共建课程体系为研究对象,从企业人才需求的角度入手,从应用型本科高校机械设计专业课程体系构建的理论研究、机械设计专业课程体系现状、创新型课程体系的构建研究以及课程体系的评价机制四个方面对机械设计专业课程体系进行优化。

关键词: 智能制造;应用型本科;课程体系;机械设计

基金： 山东省教育科学"十三五"规划2019年度课题"智能制造背景下应用型本科高校机械设计专业课程体系构建研究"（YC2019275）；2022年度山东省教学研究项目"产教融合背景下地方高校新工科应用型人才培养模式研究——以烟台南山学院为例"（22JX242）

一、引言

智能制造是基于工业4.0提出的一种新的强国方针，涉及人工智能技术、大数据技术、工业机器人及自动化技术等很多新学科领域。受传统课程观念的影响，我国应用型本科高校机械设计专业课程体系并不能实现培养学生跨学科能力的目标要求，且课程内容陈旧，不能反映新知识及新技术的发展状况，课程内容远不能满足智能制造企业对制造业人才的需求，所以目前亟须改革应用型本科院校机械设计专业传统的课程体系，使新的课程体系可以与自动化技术、计算机技术、人工智能技术、工业互联网技术、智能制造技术等相融合。

二、课程体系改革的基本思路

本文以应用型本科高校机械设计专业课程体系创新为核心，分析企业需求与课程体系之间的内在联系，根据国家战略需求、企业需求、学生成才需求以及学科体系内在逻辑，分析课程体系创新的影响因素；通过深入调查研究，分析机械设计专业课程体系建设方面存在的问题；研究机械设计专业课程体系创新的总体思路和基本构架，提出课程体系构建框架及评价机制，如图4-11所示。

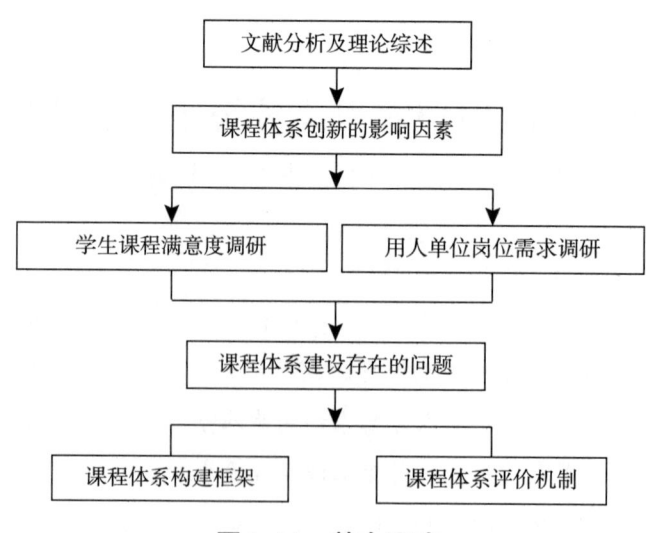

图4-11 基本思路

三、课程体系构建的相关理论

（一）智能制造技术

智能制造技术是利用计算机代替人完成一系列活动，如分析、判断、推理、构思和决策，计算机与人类专家合作，在生产中计算机可以一定程度上替代人的脑力劳动。随着计算机技术的发展，人工智能时代已经来临，智能制造是制造业的未来发展趋势，制造业的各个环节都离不开智能制造技术。

（二）课程体系

课程体系是按一定规则把不同类型的课程进行有序排列。合理设置课程体系对提高人才培养的质量有很大影响。

创建课程体系的前提是满足社会需求，应用型本科院校课程体系创建的首要任务是服务国家和地方需求，为国家或地方培养应用型人才，从而满足社会经济快速发展的各种需求。知识体系是创建课程体系的基础，在设置课程体系时要注意课程内容的取舍问题，课程内容不仅要满足社会发展需求，注意各课程之间的衔接，还要注意理论和实践课的逻辑性。个性发展是创建课程体系的纽带，体现了以人为本，课程体系的创建既要让学生学会知识，又要促进其个性发展。课程安排上要加大实践教学比重，这样既可以激发学生的学习主动性，又能满足学生个性发展的需求。

四、智能制造背景下机械设计专业课程体系现状调研

为了了解智能制造背景下机械设计专业课程体系现状，本研究对烟台地区制造业现状进行了调研，调研结果如下。

（一）调研对象

本次调研分为以下两部分。第一，对学生进行调研，选择烟台地区有代表性的高校，调研学生课程满意度及对工作环境的适应能力。第二，对企业进行调研，调研相关的机械制造企业，调研企业的岗位需求及对人才培养的要求，可以为课程体系的构建提供数据支撑。共发放问卷500份，回收问卷442份，回收率为88.4%。

（二）调研方法

本次主要采用以下方法进行调研：网上搜集资料，收集企业、行业相关资料及院校的

调研报告等；问卷调查法，调研学生、用人单位对课程的满意度及人才需求现状；召开专题交流会，组织教师参与专题交流会，研究课程体系存在的问题；教师去企业挂职锻炼，专业教师只有深入了解机械行业目前的发展状况，才能更好地设置合适的课程体系。

（三）调研内容及存在问题

1.企业的人才素质需求

为了了解企业对于制造业人才的素质需求，问卷中设计了"选择员工时贵公司侧重哪些素质要求"选择题（可多选），包含学历证书、职业资格证书、职业道德品质、服务和沟通能力等选项。通过问卷调查得出，80%以上的企业认为专业技能、职业资格证书和职业道德品质是考查应聘者的重要因素，60%以上的企业侧重学历证书、服务意识和沟通能力。所以，应用型本科高校要重点培养学生的实践动手能力，培养应用型技能人才。

2.企业的岗位需求

在调研中发现，智能制造企业普遍存在人才短缺现象。为了解企业对于智能制造方向毕业生的岗位需求，问卷设计了"贵公司能提供给智能制造方向毕业生哪些工作岗位"选择题（可多选），包含维护维修型、机床操作工程师、数控设备应用与编程、机械制图员、生产管理型、智能制造复合型和其他型等选项。

从调查结果看出，随着智能制造的发展，企业的岗位需求也开始发生变化，设备维护维修人员、数控设备应用与编程人员需求较多，而普通机床工程师需求量有所下降。智能制造复合型人才呈现快速发展的势头，尤其是智能传感器、3D打印技术及机器人技术等岗位的需求增长很快，目前比较缺的是数控机床集成型人才和机械维修技术人才等。

3.企业岗位能力要求

为了了解当前智能制造企业对于不同岗位的能力要求情况，本研究对企业对学生各项能力的满意度进行了调研。从调研结果分析，企业认为学生在创新能力、分析和解决问题能力等方面还存在较大提升空间，如表4-1所示。

表4-1 企业对学生的满意度调查

调查项目	非常满意（%）	满意（%）	一般（%）	不满意（%）
学习能力	52.5	31.5	12.0	4.0
创新能力	30.1	42.9	22.0	5.0
工作适应能力	45.4	31.6	15.0	8.0
沟通协调能力	54.5	28.5	12.0	5.0
组织管理能力	40.6	37.4	12.0	10.0

续表

调查项目	非常满意（%）	满意（%）	一般（%）	不满意（%）
分析和解决问题能力	39.8	32.5	20.0	7.7
职业道德和敬业精神	59.5	25.5	10.0	5.0
专业知识和技能	54.7	30.3	12.0	3.0
基础知识应用能力	56.7	31.3	10.0	2.0
综合素质评价	70.4	19.6	8.0	2.0

4.课程体系调研

为了解企业对课程设置方面的需求，在构建课程体系时要考虑企业的意愿。设计了"您认为该课程是否重要"选择题，给定了10门智能制造方向的专业课，设置了非常重要、一般重要和不重要3个选项。

调查结果显示，企业普遍认为机械设计、机械制图及CAD、数控加工编程、工业机器人、智能制造等课程比较重要。所以，高校有必要对机械设计课程体系进行优化，拓展该专业课程体系的知识面，增加部分跨学科知识，如计算机技术、人工智能技术、自动控制技术等，使机械设计学科和其他学科有效融合。在课程体系设置时，智能制造类相关课程可以单独设置，也可以在现有课程中增加智能制造新知识，构建多学科融合的课程体系，学生可以跨学科选修课程。

五、智能制造背景下机械设计专业课程体系构建

主要从智能制造背景下应用型本科院校机械设计专业课程体系构建的思路和目标，课程体系构建框架，课程体系整体设计三方面来介绍。

（一）机械设计专业课程体系构建思路与目标

1.课程体系构建的基本思路

应用型本科院校的根本任务是为企业培养重基础、强应用、创新性、高素质的应用型技术人才，与研究型本科院校的区别在于"应用性、实践性、技能型"。应用型本科院校应以此为基础，根据社会发展需求与企业行业专家共同制定课题体系，注重理论与实践相结合，强化对学生创新创业、实践能力的培养，培养能服务社会的应用型人才。

2.专业培养要求

（1）本专业培养的学生要掌握一定的设计制造、运行管理、计算机等方面的知识，具有德智体全面发展的优良品质，和爱岗敬业及团结合作的精神。

（2）学生应掌握该领域的专业知识，了解机械学科前沿技术。

（3）智能制造企业主要使用智能设备，如数控机床、工业机器人等，这些设备使机、电、计算机、信息技术相互融合，所以从业人员要具备跨学科的知识体系。

（二）机械设计专业课程体系构建框架

智能制造背景下机械设计专业课程体系包括三大类课程：通识教育课程、专业教育课程和实践教育课程。具体框架如图4-12所示。

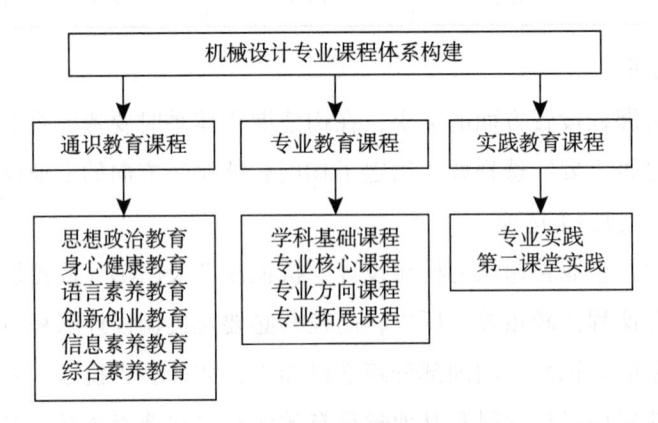

图4-12 机械设计专业课程体系基本框架

（三）课程体系整体设计

1. 通识教育课程平台

通识教育课程由学校统一规划，主要包括思想政治教育、身心健康教育、语言素养教育、创新创业教育、信息素养教育和综合素养教育六大部分。

（1）思想政治教育。包含思想道德修养与法律基础、中国近现代史纲要、毛泽东思想和中国特色社会主义理论体系概论、马克思主义基本原理概论、习近平新时代中国特色社会主义思想概论及形势与政策。

（2）身心健康教育。包含体育Ⅰ、体育Ⅱ及大学生心理健康。

（3）语言素养教育。包含大学英语Ⅰ、Ⅱ、Ⅲ、Ⅳ及大学语文，这些课程可以提高学生沟通能力，培养学生的人文情怀。

（4）创新创业教育。包括创新思维、创业基础实务、大学生职业发展与就业指导三门必修课，以及机械创新设计、机电产品设计大赛指导、工业大数据与深度学习及网络化协同设计与制造技术四门选修课程，这些课程可以提高学生的创新意识。

（5）信息素养教育。包括计算机网络实用技术、办公系统自动化、人工智能概论和图形图像处理四门课程。

（6）综合素养教育。这部分以全校公共选修课的形式开设，学生可根据自己的兴趣选择。

2.专业教育课程平台

专业教育课程平台主要由学科基础课程、专业核心课程、专业方向课程和专业拓展课程等四部分组成。

（1）学科基础课程。学科基础课程使学生掌握本专业的基本知识、基本理论和技能，为学习专业核心课程打好基础。包括高等数学、画法几何与机械制图、大学物理、线性代数和理论力学。

（2）专业核心课程。专业核心课程是帮助学生掌握本专业的基础理论和基础知识，包括材料力学、机械设计、机械原理、液压与气压传动、电工电子技术、互换性与测量技术和机械制造技术基础。

（3）专业方向课程。根据前期调研，高校教师和企业人员共同制订专业方向课程，该专业制订了3个模块课程，包括现代机械设计方向、机械电子工程方向和智能制造方向。现代机械设计方向主要课程：机电传动控制、数控加工基础、机电一体化系统设计、现代设计方法等；机械电子工程方向主要课程：机电传动控制、数控加工基础、机械工程控制基础、机械工程测试技术等；智能制造方向主要课程：智能制造装备设计、工业机器人技术、智能制造与MES系统、智能控制与系统集成技术等。

（4）专业拓展课程。为了满足学生的个性发展需求，培养其职业拓展能力，以就业为导向，设立符合专业特色的专业拓展课程，学生可自主选择。

该部分主要包括专业综合课程、专业前沿知识、学术讨论等。专业拓展课包括机械工程学科导论、机械史、计算机辅助绘图、概率论与数理统计、SolidWorks基础、C语言编程基础、现代企业管理、云计算与大数据技术基础、设备故障诊断与维修、先进制造技术、3D打印技术、模具设计与制造、机床电气控制与PLC、五轴加工中心操作与编程、数控化的智能装备、有色金属熔炼与铸锭、铝合金生产安全及环保技术、AI技术、Matlab与机械优化设计、机械系统分析与仿真等。

3.实践教育课程平台

实践教育课程平台包括专业实践和第二课堂实践两部分。实践教育课程平台强调以学生为中心，注重知识、素质、能力共同发展，从而提高学生的实践能力、团队合作能力、创新能力以及解决复杂工程问题的能力。

（1）专业实践。专业实践课程是本专业的集中实践环节，如课程设计、综合实训。包括大学物理实验、机械制图技能训练、金工实习、机械CAD实训、液压与气压传动课程设计、机电传动控制课程设计、机械设计课程设计、电工电子技术实训、机械制造技术基础课程设计、数控加工编程实训、机械制造装备设计课程设计、工业机器人编程实训、毕业实习、毕业设计。

（2）第二课堂实践。第二课堂是考虑到学生在就业创业、社会实践、技能特长等方面的需求，在完成专业学习的同时，开展第二课堂实践活动。表4-2是课程的具体设置与分类。

表4-2 课程体系学时、学分构成表

课程平台	修课要求	学分构成		学时构成		
		理论教学	实践教学	理论教学	实践教学	
					实验	其他
通识教育课程	必修	37	7	576		192+1周
	选修	18	2	288		64
专业教育课程	必修	49.5	2.5	792	80	
	选修	23.75	3.25	380	104	
实践教育课程	必修		30		16	29周
	选修		3			3周
合计		128.25	47.75	2036	200	1246
		176		3482+33周		
实践教学环节学分所占比例		27%	选修课程学分所占比例			28%

六、智能制造背景下机械设计专业课程体系构建评价机制

评价指标反映了整体评价目标的本质属性，也能科学、客观地反映出地方高校课程的质量。因此，选择、设计评价指标是非常关键的。

（一）课程体系评价指标设计

本文从符合时代发展需求、符合学生自身发展需求、课程建设、师资队伍、课程实施效果及课程特色性和创新性六个方面来对课程体系进行评价，同时调研了部分教师和学生，分析了已有的资料，形成了课程评价机制。

（二）评价指标

评价一般都与判断、价值等概念相联系，是一种价值判断的过程。设计的评价标准只有满足评价者的需求，才能发挥其真正的价值。

模块四 专业教学内容与岗位职业标准一体化

本文以符合时代发展需求、符合学生自身发展需求、课程建设、师资队伍、课程实施效果及课程特色性这六个指标进行课程体系的评价，评价的等级及分值见表4-3~表4-8。

表4-3 符合时代发展需求的等级分值

等级分值		预计目标达成的程度
优秀	100	重视新知识和新技术引进，符合时代发展需求
良好	80	比较重视新知识和新技术引进
中等	70	一定程度上重视对新知识和新技术进行引进
合格	60	较少引进新知识和新技术
较差	50	比较传统，不与时俱进

表4-4 符合学生自身发展需求的等级分值

等级分值		预计目标达成的程度
优秀	100	具有很强的逻辑性，符合学生自身发展需求
良好	80	具有较强的逻辑性，比较符合学生自身发展需求
中等	70	具有一定的逻辑性，一定程度上符合学生自身发展需求
合格	60	逻辑性较低，较低符合学生自身发展需求
较差	50	逻辑性较低，不符合学生自身发展需求

表4-5 课程建设的等级分值

二级指标	等级分值		预计目标达成的程度
课程的科学性与程序性	优秀	100	具有强的科学性，课程组织适应教学对象的水平
	良好	80	具有较强的科学性，课程组织较适应教学对象的水平
	中等	70	具有一定程度的科学性，课程组织一定程度上适应教学对象的水平
	合格	60	课程逻辑性有些混乱，课程组织不适应教学对象的水平
	较差	50	课程之间的逻辑性明显不恰当
课程内容的整体性	优秀	100	非常注重知识点的完整性，新旧知识联系度很强
	良好	80	注重知识点的完整性，新旧知识联系度强
	中等	70	较注重知识点的完整性，新旧知识联系度较强
	合格	60	知识点完整性不强，新旧知识联系度较低
	较差	50	知识点不完整，新旧知识联系度很低

表4-6 师资队伍的等级分值

二级指标	等级分值		预计目标达成的程度
师资队伍教学水平与学术水平	优秀	100	教学水平高；有多个省部级以上的教科研成果或规划教材；发表高质量教研论文多篇
	良好	80	教学水平高；有部分省部级以上的教科研成果或规划教材；发表高质量教研论文较多篇
	中等	70	教学水平较高；有少数省部级教科研成果或规划教材；发表了部分高质量的教研论文
	合格	60	教学水平低；有较少地市级教科研成果和规划教材；发表高质量教研论文较少篇
	较差	50	教学水平差；有较少的地市级教学成果和规划教材；发表高质量教研论文极少篇
师资队伍的培养	优秀	100	教师培养方案完整
	良好	80	教师培养方案较完整
	中等	70	教师培养方案相对完整
	合格	60	教师培养方案不完整
	较差	50	没有教师培养方案

表4-7 课程实施效果的等级分值[1]

二级指标	等级分值		预计目标达成的程度
学生满意度	优秀	100	学生学业成绩高，且评价结果高于90分
	良好	80	学生学业成绩较高，且评价结果高于80分
	中等	70	学生学业成绩一般，且评价结果高于70分
	合格	60	学生学业成绩较低，且评价结果高于60分
	较差	50	学生学业成绩非常低，且评价结果低于60分
用人单位满意度	优秀	100	平均签约月薪在4000元以上，毕业生就业率高于98%
	良好	80	平均签约月薪在3500元以上，毕业生就业率高于95%
	中等	70	平均签约月薪在3000元以上，毕业生就业率高于90%
	合格	60	平均签约月薪在2500元以上，毕业生就业率高于85%
	较差	50	平均签约月薪在2000元以下，毕业生就业率低于80%

---

[1] 陈世彩. 地方高校课程质量评价指标体系构建研究[D]. 济南：山东师范大学，2014：27.

表4-8　课程特色性和创新性的等级分值

等级分值		预计目标达成的程度
优秀	100	课程内容特色性明显，利于培养学生的创新能力
良好	80	课程内容较多考虑特色性，一定程度上利于培养学生的创新能力
中等	70	课程内容一定程度考虑特色性，利于培养部分学生的创新能力
合格	60	课程内容较少考虑特色性，培养学生的创新能力的作用有限
较差	50	课程内容很少考虑特色性，大部分学生没有创新实践机会

七、结语

本文针对机械设计专业课程体系存在的问题进行分析，对机械设计专业课程体系进行了构建，该课程体系由通识教育课程、专业教育课程和实践教育课程三部分组成，能帮助解决智能制造背景下机械设计专业人才培养问题，在理论方面和实践方面都具备很好的可操作性和可重复性。

参考文献

[1] 周济. 智能制造——"中国制造2025"的主攻方向[J]. 中国机械工程，2020，26(17)：2273-2284.

[2] 吴政. 基于工程专业认证的机械制造及自动化专业创新课程体系的构建策略[J]. 专用汽车，2022（6）：122-124.

[3] 张卫芬，李永梅，董祥国，等. 智能制造背景下机械工程专业课程体系信息化改造[J]. 无线互联科技，2022，17（21）：157-159.

[4] 徐晓华，刘忠，李振雄，等. 融入智能制造技术内容的机制专业课程体系调整优化探索[J]. 装备制造技术，2023（1）：15-19.

作者简介：王慧（1981— ），女，山东济宁人，烟台南山学院智能科学与工程学院副教授，硕士；于泳（1979— ），男，山东烟台人，烟台南山学院经济与管理学院副教授，硕士；王文英（1981— ），女，山东青岛人，烟台南山学院智能科学与工程学院副教授，硕士。

新工科应用型卓越人才校企"双培"虚拟教研室建设与实践

孙巧妍　王萍　刘成铭

摘要：为了适应"智能+"时代的新需求，本文在认真分析新工科培养需要关注的问题之后，制订了详细可行的改革计划，以培养学生的创新能力和实践能力为目标，建立了由本校、合作院校、企业教师共同构建的虚拟教研室。经过近2年的实践，教研室在线开放课程及实践教材建设、学生科技竞赛及双创项目指导、学生下厂实习及参与企业技改项目、校企双方共同进行毕业设计指导、校-校-企三方合作联合申报项目等方面均取得了显著的成效。

关键词：新工科；应用型卓越人才；虚拟教研室；产教研融合

基金：2022年度山东省本科教学改革研究重点项目"新工科背景下电气信息类专业创新型人才培养模式研究与实践"（Z2022252）；中国电子劳动学会2022年度"产教融合、校企合作"教育改革发展课题"新工科背景下应用型本科院校现代产业学院迭代发展模式的探索与实践"（Ciel2022092）；2022年度烟台南山学院教学改革研究重点项目"新工科应用型卓越人才校企'双培'虚拟教研室建设与实践"（NSJZ202211）

一、引言

高校教研室从新中国成立后被引进，是主要形态的基层教学组织，发展至今已有七十多年的历史，经历了初创期、定型期、恢复和转型期、虚化期四个基本阶段，由承担纯教学职能逐渐扩充到教学科研双肩挑，后又加入基层管理职能。20世纪90年代，随着高等教育科研评价导向日盛，教研室作为基层教研组织边缘化，教学事务性管理功能凸显。直接结果就是高校教学从过去有组织的交流、研讨和有指导的集体学术活动回归到个人的经验活动，相当程度上削弱了高校的教学质量。

当前，中国高等教育迎来了一场从规模扩张到内涵发展的质量革命，教育部提出了一系列教育教学的改革要求，包括新工科、新医科、新农科、新文科的"四新"建设、"双万计划""六卓越一拔尖"计划2.0、"创新创业教育改革燎原计划"等。新工科建设以创新和跨界融合为显著特征，对人才培养的核心要义为"创新"和"实践能力"的培养。

显然，传统的教研室亟待进行思路转化和组织创新，以适应"智能+"时代发展的新要求，虚拟教研室应运而生，它的出现是必然的也是可行的，它将成为破解传统教研室边缘化困境的利器。"推进虚拟教研室试点建设"已经被列入《教育部 2022 年工作要点》，作为新型基层教学组织的虚拟教研室已经受到国家相关部门的高度重视，各大学教育工作者纷纷开展了大量的研究和实践。

二、新工科人才培养需求分析

（一）新工科人才培养需关注的问题

新工科人才培养需要关注如下三方面：

（1）具有精深专业层面知识和多学科交叉、融合的知识体系。

（2）具有应用专业知识体系去解决实际生产中复杂问题的能力，具有学习新知识、新学科、新技术以应对未来发展出现的新难题的能力，对技术和产业的发展起到引领作用的能力。

（3）具备能够使用现代工程工具和信息技术工具进行科学研究、技术开发、设计制造的能力，兼具良好的人文社会科学素养、社会责任感和工程职业道德。

基于国家战略发展的新需求，在新工科背景下，需要我们高校教师树立新的育人理念，构建新的教学体系和模式，改革高等教育人才培养模式，使专业建设从服务学科建设指向产业转化和经济发展需求，学科结构从过细的专业分割发展为跨学科交叉融合。同时，工程教育的社会作用应该是支撑引领产业经济，通过构建新工科理论课程体系与实践课程体系紧密结合的新模式，引导学生解决复杂工程问题，强化创新能力、家国情怀、社会责任感和职业素养，从而全面提高人才培养质量，为国家和区域经济发展提供创新型卓越人才。

（二）落实"双培"虚拟教研室建设需解决的关键问题

烟台南山学院是一所民办应用型本科院校，在新工科应用型卓越人才培养方面有其自身的学情和特点。为了在国家新工科应用型人才培养改革的大潮下，充分利用自身校企一体办学的有利条件，建立校校合作和校企合作"双翼并行"的培养模式，切实落实教研产融合实践，培养"创新能力"，培养"实践能力"，需要解决以下三个关键问题。

立足烟台南山学院工科专业当前的建设基础和学校研究生联合培养合作院校的合作基础，为培养具有精深专业层面知识和多学科交叉、融合的知识体系的新工科人才，打破原有教研室分布在不同学校不同系别存在的封闭性、地理局限性和学科专业局限性，为培养应用型卓越人才，使不同学校、不同院系、不同教研室存在相同愿景的教师共建虚拟教研室，共同致力于教学与学术共同体研究。

面向新工科人才培养与专业工程认证要求中的培养目标，充分利用烟台南山学院依托南山集团办学校企一体的天然优势，打破校企管理的壁垒，整合各种资源和人才，建设虚拟教研团队，协同研究培养应用型卓越人才的方式方法并进行实践探索，培养学生兼具良好的人文社科素养、社会责任感、专业知识体系、工程职业技能和职业道德。

适应"智能+"时代的需求，充分利用互联网资源，在现有省、校级一流课程和思政示范课程的基础上，大力推进线上课程资源建设，同时开发新型网络学习和培训资源，培养学生使用现代工程工具和信息技术工具进行学习、科学研究、技术开发、设计制造的能力。

显然，为了解决原有教研室组织形式作为基层教研组织边缘化、降低了我校教研质量的问题，立足我校学生生源质量的现状，充分利用校企一体办学优势，联合我校教师师资、合作企业的双师师资、合作院校的部分师资，为培养新工科应用型卓越人才，组建由烟台南山学院与研究生联合培养合作院校负责专业知识和科研能力培养，合作企业的双师型技术人才负责实践能力培养，双方共同合作进行创新精神和创新能力培养的"新工科应用型卓越人才校企'双培'虚拟教研室"，进行有组织的交流、研讨和有指导的集体学术活动，是解决上述问题的有效途径，使培养的学生具有应用专业知识体系去解决实际生产中复杂问题的能力，具有学习新知识、新学科、新技术以应对未来发展出现的新难题的能力。

三、改革方案

通过分析上述新工科卓越人才的培养目标，将培养目标拆解细化，可得到如下十一项：专业基础课程培养；专业新知识培养；专业基础技能培养；生产实践技能培养；相关学科交叉、融合知识体系培养；使用现代工程工具和信息技术工具能力的培养；科学研究能力培养；创新意识与创新能力培养；设计制造能力培养；人文社会科学素养、社会责任感的培养；工程职业道德培养。

根据培养任务需求，选择本专业优秀理论课教师、优秀实践课教师、企业一线工程技术"双师"、合作高校的教师、交叉学科合作专业院系教师、思政教师组建虚拟教研室，对上述十一项培养目标进行教学研究和实践。打破原有教研室分布在不同学校不同系别存在的封闭性、地理局限性和学科专业局限性，为培养应用型卓越人才，使不同学校、不同院系、不同教研室存在相同愿景的教师共建虚拟教研室，共同致力于教学与学术共同体研究。

选拔优秀学生，以新工科卓越人才培养为目标，教研室内的教师具体研究与实践的内容包括：新型实践教材、"互联网+"课程的开发、学生科技竞赛指导、学生双创项目指导、学生科研指导、学生下厂实习指导、学生参与企业一线技术改革项目指导、发表教学改革研究论文、校企合作联合申报项目及研究、毕业设计指导。构建虚拟教研室的成员组成、目标和研究内容如图4-13所示。

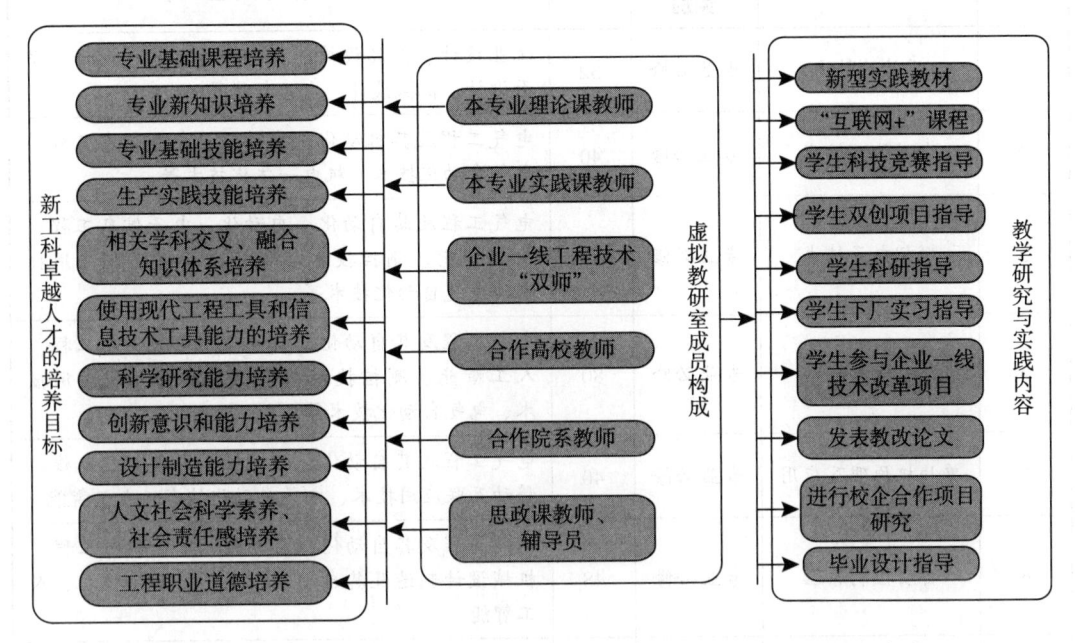

图4-13 校企"双培"虚拟教研室的成员组成、目标和研究内容

四、改革实践与效果

（一）虚拟教研室的组建

根据培养任务需求与改革方案设计，烟台南山学院智能科学与工程学院自2022年3月正式组建了面向机械、电气、自动化、电子综合专业群的新工科应用型卓越人才培养校企"双培"虚拟教研室。具体包含专业优秀理论课教师6位、优秀实践课教师6位、企业一线工程技术"双师"6位、合作高校的教师4位、交叉学科合作专业院系教师2位、思政教师2位，合计26人。自组建以来，教研室共开展教研活动12次，全面推进各项教学研究与实践。

（二）"互联网+"课程

教研室教师充分利用互联网资源，在现有省、校级一流课程和思政示范课程的基础上，大力推进线上课程资源建设，同时开发新型网络学习和培训资源，培养学生具有精深专业层面知识和多学科交叉、融合的知识体系。自虚拟教研室组建以来，共组织教师建设理实一体、校企融合的教学案例98个，申报烟台南山学院第二批在线开放课程8门（表4-9）。

表4-9 申报烟台南山学院第二批在线开放课程一览表

序号	课程名称	课程类别	学时	课程开设专业
1	设计的魅力	专业必修	32	工业设计、产品设计、广告设计、艺术设计、平面设计、机械设计、人工智能等
2	自动检测技术	专业必修	40	电气工程及其自动化、自动化、电子信息工程、电气自动化技术、机电一体化技术等
3	模拟电子技术	专业必修	40	电气工程及其自动化、自动化、电子信息工程、人工智能、测控技术与仪器、移动互联应用技术、电气自动化技术等
4	电路	专业必修	80	电气工程及其自动化、自动化、电子信息工程、人工智能、测控技术与仪器、移动互联应用技术、电气自动化技术等
5	单片机原理及应用	专业必修	40	电气工程及其自动化、自动化、电子信息工程、移动互联应用技术、电气自动化技术、人工智能
6	自动控制原理	专业必修	48	电气工程及其自动化、自动化、电子信息工程、机械设计制造及其自动化、电气自动化技术、人工智能
7	电机拖动基础	专业必修	40	电气工程及其自动化、自动化、电气自动化技术
8	数控加工基础	专业必修	48	机械设计制造及其自动化

（三）新型实践教材建设成果

虚拟教研室组建以来，组织了多次教学研讨，教研室采纳了企业一线技术人员的建议，选取了"单片机原理及其接口技术""自动检测技术"等与南山铝业实际生产紧密相关的课程，结合企业需求和实践能力培养要求，结合虚拟仿真与信息技术在实践教学中的应用，组织教师和技术人员共同修订了6本实践教材，并完成了教材初稿的撰写，目前已出版2本（表4-10）。

表4-10 新型实践教材建设情况

教材名称	书号	出版时间	出版社
单片机实践教程	978-7-5710-2160-3	2023.06	湖南科学技术出版社
工业设计简史	978-7-5226-0544-9	2022.06	中国水利水电出版社
自动检测技术实践教程	初稿已完成		
自动控制原理实践教程	初稿已完成		
金工实习	初稿已完成		
机械制造技术	初稿已完成		

（四）学生科技竞赛与双创项目指导

自虚拟教研室组建以来，各位教师依托零点、树叶、北辰、汽车人等共计8个学生科技社团的活动，亲自挂帅指导学生创新创业活动，积极参加大学生创新竞赛，在大学生竞赛获奖方面取得了长足进步。2022年指导学生竞赛获得省级以上奖项共计132项，其中国家级奖项12项。截至2023年9月1日，2023年指导学生竞赛获得省级以上奖项共计78项。值得一提的是，经过教研室的努力和实践，2023年在山东省大学生科技创新竞赛方面获得了一等奖，取得了我校此项赛事的突破性进展。

在大学生创新创业指导方面，虚拟教研室组建以来，各位指导教师亲自指导，多次斟酌修改完善项目申报书，结合科技竞赛和企业实际课题开展项目研究。在师生的共同努力下，2022年指导学生参与创新创业项目共获得省级以上立项18项，2023年获得省级以上立项26项。双创项目立项呈逐年递增趋势。

（五）学生下厂实习指导、参与企业一线技术改革项目及校企共同指导毕业设计

自虚拟教研室建立以来，各项工作得到了学校、合作院校和企业的大力支持。南山集团出台了南山控股产教研融合发展工作要求并同步配套了年度评价考核标准。政策的出台有效激发了企业的积极性和能动性，校企双方针对学生的培养工作开展了大量工作。2022年10月，在虚拟教研室相关成员的积极推动下，在学校和企业的大力支持下，针对电气、机械、自动化、电子、人工智能等专业，成立了智能电力技术产业学院和铝板带箔智能制造产业学院，并于同年组建了2022届智能电力技术三元制特色班。2023年分别与山东南山铝业股份有限公司板带事业部、东海热电厂、铝业航材、铝材挤压事业部共建"铝板带箔智能制造三元制特色班""智能电力技术三元制特色班""高端航材制造三元制特色班""铝材挤压智能制造三元制特色班"共计4个三元制特色班。在实践能力培养、实践课程考核、学生参与企业一线技术改革项目及校企共同指导毕业设计方面，做了一系列改革和实践。教研室进行了教学研究和改革，明确制定了校企双方的培养职责和考核办法，制定了"三元制班实践报告撰写要求""三元制班学生实践反馈调研表撰写要求"。自教研室组建以来，共计158名学生参加三元制班的培养，25名学生参与到了企业一线技术改革项目，并以项目为毕业设计题目，在校企双方导师的指导下顺利地完成了毕业设计。

（六）纵、横向项目研究立项及成果产出

虚拟教研室组建以来，深刻分析了学院在科研和产教融合方面较弱的原因，立足于学院现状，从内外两条途径解决教师参与科研的问题。一方面，依托目前学校的人才引

进政策，大力引进技术人才，同时与合作院校开展频繁的学术交流活动。采用直接引进、外聘兼职、高端人才来校开展学术讲座等多种形式，提升教师的教科研能力。自2022年9月至今，共引进专兼职博士5人，利用"学术大讲堂"活动聘请山东科技大学、青岛科技大学专家开展"舰载绝对重力测量关键技术研究""人工智能与工业机器人"等题目的学术讲座5次。另一方面，通过积极沟通企业领导和技术部门，深入挖掘企业需求，开展企业横向课题申报。2023年，教研室成员作为主持人共获得2023年度南山控股科研立项3项，另有8项课题由合作企业牵头，教师参与研究，总项目经费超过3000万元。具体项目如表4-11所示。在各项项目研究的过程中，项目组注重卓越人才的培养，带领优秀学生参与项目的研发过程。

同时，教研室教师积极申报各项纵向课题，"铝业生产控制过程中多算法、模型的有机组合研究"获得2023年度烟台市科技局基础研究项目立项，"新工科背景下电气信息类专业创新型人才培养模式研究与实践"获得2022年度山东省本科教学改革研究重点项目立项。项目的研究将推动合作院校研究生联合培养工作的开展，可在一定程度上对应用型卓越人才进行本科、硕士贯通培养。

表4-11 校企"双培"虚拟教研室成员获批的2023年度南山控股科研立项

序号	合作单位	项目名称	形式
1	铝材挤压事业部	航空用铝合金固溶淬火工艺技术开发	参与
2	铝深加工	金风科技南非DEF铝合金内附件项目	参与
3	东海热电厂	1×330MW机组风冷干式除渣系统改造	参与
4		东海热电厂330MW燃煤锅炉脱硝系统节能优化研究与改造	
5		330MW机组汽轮机中低压缸连通管抽汽改造	
6		1×330MW机组燃烧器喷口节能环保改造	
7	板带事业部	一种汽车内板及结构件用铝合金的低温长时热处理工艺开发	参与
8	板带事业部	航空用高表面7075-O裸铝薄板工艺研制	参与
9	东海热电厂	基于智能优化算法的1060t/h锅炉控制系统升级改造研究与应用	主持
10	铝深加工	铝板带矫直辊抛光机优化设计研究	主持
11	铝材挤压事业部	基于计算机仿真的铝合金挤压模具优化研究	主持

教研室教师经过一年多的研究，在开展各项纵、横向项目研究的同时，撰写并发表论文9篇，申请专利2项。

五、结论

新工科应用型卓越人才校企"双培"虚拟教研室属于教学研究改革专题类教研室，教育部对虚拟教研室的分类分为课程（群）教学类、专业建设类和教学研究改革专题类等。目前各大学建设较多的是课程（群）教学类，而教学研究改革专题类较少，目前尚无成熟的经验或者参考。

经过一年多的改革和实践，新工科应用型卓越人才校企"双培"虚拟教研室充分发挥了校企一体办学的优势，在课程建设、实践教材建设、学生科技竞赛指导、学生双创项目指导、学生科研指导、学生下厂实习指导、学生参与企业一线技术改革项目指导、毕业设计指导、校企合作联合申报项目及研究方面均取得了显著的成效。

参考文献

［1］李善寿，方潜生，杨亚龙，等.依托虚拟教研室打造专业教师发展共同体［J］.安庆师范大学学报（自然科学版），2022，28（3）：112-117.

［2］胡健，陈后金，张菁，等.依托虚拟教研室提升课程教学质量——以北京交通大学"双培计划"为例［J］.北京教育（高教），2018（5）：57-58.

［3］曾建潮，吴淑琴，张春秀.虚拟教研室：高校基层教研组织创新探索［J］.中国大学教学，2020（11）：64-69.

［4］鲁金凤，孙红文，展思辉，等.新工科背景下环境工程"六层次一体化"卓越工程师人才培养体系探索［J］.高教学刊，2021，7（S1）：137-142.

［5］谢劲，何吉."智能+"时代教研室的变革图景：虚拟教研室——以清华大学"电路原理"课程虚拟教研室为例［J］.现代教育技术，2022，32（5）：102-109.

作者简介：孙巧妍（1978— ），女，山东烟台人，烟台南山学院智能科学与工程学院副院长，教授，硕士；王萍（1977— ），女，山东青岛人，烟台南山学院智能科学与工程学院院长，教授，硕士；刘成铭（1982— ），男，吉林省吉林市人，南山铝业股份有限公司电力总公司总经理助理，高级工程师，学士。

产教融合视角下应用型本科院校酒店管理专业本科生职业认同感提升研究

董莎莎　杨国清

摘要：随着旅游高等教育的不断发展，酒店管理专业毕业生就业率持续保持稳定，但有一部分旅游和酒店专业毕业生在择业时未选择旅游及酒店行业，导致大量潜在就业者流失，既影响高校的教育质量，也对产教融合理念提出挑战。原因来自多方面，其中最显著的即为毕业生在校受教育时对酒店行业的心理期望值及职业认同感，两者决定了其职业生涯的选择。本文以心理期望与职业生涯决定的关系为主要研究内容，探寻高校旅游教育中急需研究和解决的重要问题——培养学生的专业兴趣。

关键词：酒店管理；产教融合；职业认同；应用型

一、引言

职业认同感属于心理学的领域，通常是指个体对其所从事职业的发展目标、社会价值及其他相关因素的看法，与社会对该职业的评价和期望相一致，即个人对他人或群体的有关职业方面的看法、认识完全赞同或认可。酒店行业作为社会服务业的重要组成部分，一直以来为社会提供了大量的就业岗位，2023年是旅游和酒店业回弹复苏的关键之年，但旅游和酒店专业本科生的行业内就业状况不容乐观，存在严重的储备人才流失现象。这与高校对人才的专业及职业认同感培养息息相关，而职业认同感体现在大学生在校学习期间的心理期望与其职业生涯决定的关系上。另外，酒店管理专业十分关注教研产的融合发展，如何培养适应行业发展，能长期稳定从事旅游行业工作的人才至关重要。本文将心理期望与职业生涯决定的关系作为研究职业认同感的主要路径，通过对调查数据的统计分析，以期了解酒店管理专业大学生心理期望与职业生涯决定的关系，为旅游教育提供一定的参考和指导。

二、研究方法

本研究选取烟台南山学院酒店管理专业60名在校大学生和实习生进行问卷调查，年龄在18—23岁，其中男生3名，女生57名。发放调查问卷60份，收回有效问卷60份，问卷有效率为100%。参考霍兰德职业测试的内容，结合在校及已毕业大学生访谈，自编试题，形成问卷。数据收集之后，采用SPSS统计软件对数据进行分析处理。问卷采用李克特5点量表计分，均为正向问题，得分越高说明职业生涯决定越明确，即该因素与生涯决定密切相关。

三、酒店管理专业大学生心理期望统计

本研究中心理期望分为：自我教育期望、父母教育期望、教师教育期望、自我职业期望、父母职业期望、教师职业期望、专业兴趣七个维度（表4-12）。

表4-12 心理期望维度统计

心理期望	变量	人数	百分比（%）
自我教育期望	专科	0	0
	本科	12	20
	硕士	40	66.7
	博士	8	13.3
父母教育期望	专科	0	0
	本科	14	23.3
	硕士	36	60
	博士	9	15
	无	1	1.7
教师教育期望	专科	0	0
	本科	16	26.7
	硕士	36	60
	博士	8	13.3
自我职业期望	没什么期望	1	1.6
	期望不高	3	5
	普通	13	21.7
	期望比较高	39	65
	期望相当高	4	6.7
父母职业期望	没什么期望	0	0
	期望不高	2	3.4
	普通	17	28.3
	期望比较高	33	55
	期望相当高	8	13.3

续表

心理期望	变量	人数	百分比（%）
教师职业期望	没什么期望	0	0
	期望不高	2	3.4
	普通	33	55
	期望比较高	23	38.3
	期望相当高	2	3.3
专业兴趣	没什么兴趣	4	6.6
	兴趣不高	7	11.7
	普通	22	36.7
	兴趣比较高	27	45
	兴趣相当高	0	0

本问卷的生涯决定问题叙述依次为"完全不符""小部分相符""部分相符""大部分相符""完全相符"，分别计1—5分，未填的计3分。将60个样本的生涯决定得分进行平均分计算，结果为2.4，说明我校酒店管理专业大学生的生涯决定并不是十分明确。

这一现象表明，我校酒店管理专业大学生在校学习期间对专业的认知度不高，这与培养方案的设计、教师教学水平、校企合作等环节相关联。

四、心理期望与生涯决定的关系

（一）自我教育期望与生涯决定

大学生的自我教育期望是指大学生对自己受教育程度的意愿，随着大学生就业压力剧增，在受访对象中，很大一部分本科生有读研意愿，所以本研究认为考取硕士研究生、公务员及事业单位是影响毕业生进入旅游行业的一大因素。

由分析结果（表4-13~表4-14）可知，$0.737 > 0.05$，所以自我教育期望与大学生的生涯决定之间没有显著性差异。可见，考研意愿与职业选择之间不存在明显因果联系，高校在提升教学质量的同时，应加强考研宣传，输送高水平旅游行业人才。

表4-13　自我教育期望与生涯决定的关系

	平方和	df	均方	F	p
组间	0.460	2	0.230	0.307	0.737

续表

	平方和	df	均方	F	p
组内	42.785	57	0.751		
总变异	43.246	59			

表4-14 单因素方差分析

(I) L_1	(J) L_1	均值差（I-J）	标准误	显著性	95% 置信区间	
					上限	下限
本科	硕士	0.05417	0.28516	0.850	−0.5169	0.6252
	博士	−0.20833	0.39545	0.600	−1.0002	0.5835
硕士	本科	−0.05417	0.28516	0.850	−0.6252	0.5169
	博士	−0.26250	0.33555	0.437	−0.9344	0.4094
博士	本科	0.20833	0.39545	0.600	−0.5835	1.0002
	硕士	0.26250	0.33555	0.437	−0.4094	0.9344

（二）父母教育期望与生涯决定

父母对大学生受教育的期望比较明显，这可能与社会对旅游及酒店行业的偏见有关，相当一部分父母希望学生接受更高层次的教育，成为行业管理人才。一般认为父母期望是影响毕业生职业选择的因素之一。

由分析结果（表4-15）可知，0.675 > 0.05，说明父母教育期望与学生生涯决定之间没有显著性差异。因此父母意愿不能成为大学生职业选择的阻碍因素，当然，提升旅游与酒店从业人员社会形象，引导社会对旅游酒店业的正确认识也是需要解决的问题之一。

表4-15 父母教育期望与生涯决定的关系

	平方和	df	均方	F	p
组间	1.157	3	0.386	0.513	0.675
组内	42.089	56	0.752		
总变异	43.246	59			

（三）教师教育期望与生涯决定

教师教育期望会在教学过程中有意识或无意识间向学生传递，一般认为酒店管理专业教师希望学生毕业后选择旅游相关职业。

由分析结果（表4-16~表4-17）可知，0.518 > 0.05，说明教师教育期望与学生生涯决定之间没有显著性差异。因此，教师的引导与学生职业选择并不存在必要联系，但旅游与酒店专业教师在传递行业信息方面起到巨大作用。

表4-16　教师教育期望与生涯决定的关系

	平方和	df	均方	F	p
组间	0.985	2	0.493	0.666	0.518
组内	41.421	56	0.740		
总变异	42.407	58			

表4-17　单因素方差分析

(I) L_3	(J) L_3	均值差（$I-J$）	标准误	显著性	95% 置信区间	
					上限	下限
本科	硕士	0.00357	0.25954	0.989	−0.5164	0.5235
	博士	−0.37500	0.37241	0.318	−1.1210	0.3710
硕士	本科	−0.00357	0.25954	0.989	−0.5235	0.5164
	博士	−0.37857	0.33703	0.266	−1.0537	0.2966
博士	本科	0.37500	0.37241	0.318	−0.3710	1.1210
	硕士	0.37857	0.33703	0.266	−0.2966	1.0537

（四）自我职业期望与生涯决定

一般认为，学生自我职业期望对职业生涯有明显影响，统计表明，酒店管理专业学生对将来就业有较高期望，这与学校的教育有很大关系。

分析结果（表4-18）显示，0.608＞0.05，所以自我职业期望与生涯决定没有显著性差异。表明学生自我职业期望与职业生涯之间并无直接因果关系，大部分学生虽然对未来职业有一定认知，但最终决定职业的因素比较多样化。

表4-18　自我职业期望与生涯决定的关系

	平方和	df	均方	F	p
组间	2.041	4	0.510	0.681	0.608
组内	41.205	55	0.749		
总变异	43.246	59			

（五）父母职业期望与生涯决定

分析结果（表4-19~表4-20）显示，0.415＞0.05，所以父母职业期望与学生生涯决定没有显著性差异。表明虽然父母对子女的职业期望很高，但无法完全决定毕业生的职业生涯。

表4-19　父母职业期望与生涯决定的关系

	平方和	df	均方	F	p
组间	2.125	3	0.708	0.967	0.415
组内	40.282	55	0.732		
总变异	42.407	58			

表4-20　单因素方差分析

(I) L_5	(J) L_5	均值差（I-J）	标准误	显著性	95% 置信区间	
					上限	下限
期望不高	普通	−0.03125	0.64185	0.961	−1.3176	1.2551
	期望比较高	0.23438	0.62377	0.709	−1.0157	1.4844
	期望相当高	−0.27778	0.66901	0.680	−1.6185	1.0630
普通	期望不高	0.03125	0.64185	0.961	−1.2551	1.3176
	期望比较高	0.26563	0.26204	0.315	−0.2595	0.7908
	期望相当高	−0.24653	0.35659	0.492	−0.9611	0.4681
期望比较高	期望不高	−0.23438	0.62377	0.709	−1.4844	1.0157
	普通	−0.26563	0.26204	0.315	−0.7908	0.2595
	期望相当高	−0.51215	0.32290	0.118	−1.1593	0.1350
期望相当高	期望不高	0.27778	0.66901	0.680	−1.0630	1.6185
	普通	0.24653	0.35659	0.492	−0.4681	0.9611
	期望比较高	0.51215	0.32290	0.118	−0.1350	1.1593

（六）教师职业期望与生涯决定

由结果（表4-21）可知，0.808＞0.05，所以教师职业期望与学生生涯决定之间没有显著性差异。表明教师对于学生的职业期望对学生未来职业生涯的选择不起关键性作用。

表4-21　教师职业期望与生涯决定的关系

	平方和	df	均方	F	p
组间	0.737	3	0.246	0.324	0.808
组内	41.669	55	0.758		

	平方和	df	均方	F	p
总变异	42.407	58			

（七）专业兴趣与生涯决定

分析结果（表4-22~表4-23）显示，0.004 < 0.05，说明专业兴趣与生涯决定之间存在显著性差异。其中，对自己所学专业兴趣比较高的同学的生涯决定比兴趣不高的学生更明确。而没什么兴趣的同学反而最明确自己的生涯决定，说明如今大学生对大学里所学习的专业与将来就业的关系并不是很清楚，而高校在设置课程时，应该将理论与实践相结合，使学生明白自己现在学习的知识到底能为将来就业作多大的贡献。

表4-22 专业兴趣与生涯决定的关系

	平方和	df	均方	F	p
组间	9.080	3	3.027	4.961	0.004
组内	34.166	56	0.610		
总变异	43.246	59			

表4-23 单因素方差分析

(I) L_7	(J) L_7	均值差 (I-J)	标准误	显著性	95% 置信区间	
					上限	下限
没什么兴趣	兴趣不高	1.26786 (*)	0.48958	0.012	0.2871	2.2486
	普通	0.17045	0.42457	0.690	−0.6801	1.0210
	兴趣比较高	0.01389	0.41848	0.974	−0.8244	0.8522
兴趣不高	没什么兴趣	−1.26786 (*)	0.48958	0.012	−2.2486	−0.2871
	普通	−1.09740 (*)	0.33895	0.002	−1.7764	−0.4184
	兴趣比较高	−1.25397 (*)	0.33129	0.000	−1.9176	−0.5903
普通	没什么兴趣	−0.17045	0.42457	0.690	−1.0210	0.6801
	兴趣不高	1.09740 (*)	0.33895	0.002	0.4184	1.7764
	兴趣比较高	−0.15657	0.22434	0.488	−0.6060	0.2928
兴趣比较高	没什么兴趣	−0.01389	0.41848	0.974	−0.8522	0.8244
	兴趣不高	1.25397 (*)	0.33129	0.000	0.5903	1.9176
	普通	0.15657	0.22434	0.488	−0.2928	0.6060

五、酒店管理专业本科生职业认同感相关因素分析

（一）酒店管理专业本科实习生现状分析

1.工作特点

酒店实习生为基层员工，他们所处的社会地位较低，被安排到具体岗位后，长期从事重复的工作，工作内容单一，且酒店内部晋升机会较少。酒店实习生工作多为体力劳动，劳动强度大。如客房部员工，每天需打扫10~12间客房，遇旅游旺季工作量更大。而餐饮部员工通常没有正规的上下班时间，员工工作时间较长。这种超负荷的工作状态，使得员工的身体耗竭比较大，这种精神压力会在员工心中逐渐堆积，员工会对工作渐渐失去耐心，最终出现职业倦怠。

2.薪酬体系

酒店实习生的薪酬结构一般分为：基本工资、加班费、奖金福利。然而酒店实习生的薪酬处于组织中的最底层，基本工资较低。而作为额外奖金的加班补贴较少，有些酒店还设立全勤奖，只要实习生请假一次或迟到一次就不会发放。甚至有些酒店并未在五一、十一和春节期间的前三天给予员工加班补助。薪酬普遍不高阻碍了实习生继续选择酒店行业。

（二）酒店员工职业认同感降低的表现及特征

酒店是服务型行业，由于行业特性，酒店工作具有劳动强度大、工作时间长的特性，实习生容易形成"角色超载"，产生职业倦怠，表现出明显的情绪抵抗、工作低迷。

1.生理耗竭与情绪衰竭

生理耗竭和情绪衰竭是长期受职业倦怠困扰的员工在日常生活和工作中难以保持良好状态的直接表现。一方面，由于酒店业工作时间长，时常加班加点，无规律的生活让员工得不到充足的睡眠和休息，容易出现身体不适等现象；另一方面，长时间的站立与劳动容易造成颈部、腰部受损，出现"职业病"。

2.人际关系冷漠和人生价值观冲突

员工与周围同事无法发展友好的合作关系，团队合作精神不足，工作效率降低。职业倦怠容易造成员工与上级管理者处于对立状态，不服从领导管理，孤立独行，影响员工正常的人际沟通和交流。

3.个人成就感丧失和职业不稳定

个人成就感的丧失和职业不稳定性因素会进一步导致职业倦怠的产生。在酒店工作中，员工长期从事重复性工作，常常感觉不到工作的价值和乐趣，无论是餐饮部还是客房部，大体上都属于体力劳动，容易让人产生自卑感。

（三）酒店实习生职业认同感较低的原因

1.工作因素

酒店对员工的服务规范和工作要求有着严格的规定，如统一着装、统一发饰。过于严格的规章制度使员工感觉被束缚。酒店是24小时全天候服务的行业，酒店产品具有无形性、生产与消费同时性和不可储存性等特点，决定了其无法通过机器设备完成流水线生产，从而要求服务人员必须付出大量的体力、脑力和情感。

2.个人因素

由于酒店行业的高要求和规范性，新员工在入职期间在情绪衰竭方面相对比较严重，普遍感觉工作很紧张，压力较大，适应性差；酒店员工的学历方面，受教育程度高的员工普遍比学历低者在职业倦怠方面表现程度高，在服务行业中，个体的情感资源过度消耗，疲乏不堪，导致对待服务对象不够热情等现象时常发生。

3.企业因素

酒店是我国最早与国际接轨的产业之一，然而系统成熟的管理模式还没有完全确立，缺少有特色的酒店管理公司，缺少有效的行业借鉴。有些企业没有加强自身的企业文化建设，对敬业、爱岗等精神及行为准则没有引起足够的重视，使得大多数实习生缺乏职业满足感。微观方面，酒店员工在工资、福利、人际关系和公平性方面也不满意。

4.社会因素

我国传统社会观念中对酒店工作依然存在较大的偏见，有些父母认为"酒店是一个被人瞧不起的行业"，所以不赞成自己的孩子去酒店工作。另外，酒店是劳动密集型产业，一次性就业岗位多，对员工的需求量大，有些酒店在招聘员工时较少考虑员工的个性特点、价值取向、个人素养等问题。

六、酒店管理专业本科生职业认同感提升对策与建议

研究显示，专业兴趣和实习感受对大学生的生涯决定有着显著的影响，对大学生的职业认同感起到决定性作用。在走入大学校门之前，大学生对所选专业的情况以及将来的就业方向并不是十分清楚，大多仅凭专业名称去主观判断；在进入大学之后，发现与自己理想的职业有所差距进而产生厌学的思想，此问题在酒店管理专业的大学生身上表现突出。所以，建议高校酒店管理专业在开设相关课程时，应在培养学生专业兴趣的基础上，与行业、企业密切联系，让学生了解行业，了解企业，明确自己的就业方向。

酒店管理专业的学生由于其在进行专业选择之前，大多是基于自己对于"旅游"这个词的喜爱而选择这个专业，其最初看法仅仅限于游玩本身，而并未与相关的工作相连

接；当真正学习理论课程时，又以理论性和管理类的内容为主，使最初的印象转变为管理工作，而当真正接触到基层工作时，又体验到最基层的工作，形成巨大反差。本文认为，培养学生的专业兴趣可以从以下四个方面进行：

（1）加强校企合作，培养职业意识。在教学中合理将实训课程穿插在理论课程之间，使学生了解行业动态，融入行业环境，培养学生的职业认同感。另外，指导学生开展创业活动实践，积极与政府、企业合作，设立创新创业项目，组织校内教师和校外企业实践专家形成项目指导团队，辅助学生开展创新创业项目，让学生在相关活动中培养旅游行业职业意识。

（2）利用多媒体教学手段，调动学习兴趣。对初学酒店管理的同学来说，相关专业知识比较抽象难懂，"学生难以充分认识"历来是教学中的难点，教师可利用多媒体计算机，通过图片和视频展示等手段丰富教学，借助案例分析起到化难为易的作用。

（3）增加实习岗位，培养多面兴趣。传统思想认为，学生到酒店实习只能到餐饮和客房实习，工作时间比较长，劳动量较大，对学生的职业认同感产生较为显著的负面影响。学校应该帮助学生多联系酒店的其他部门和岗位就业。对于学历高的学生可尽量安排到行政岗位实习。在校期间多掌握一些岗位技能，就业时就可多一些岗位选择。

（4）做好职业生涯规划。高校在人才培养过程中要积极帮助学生进行职业生涯规划与管理，有计划地增进旅游与酒店专业学生对行业的了解，如设置大学生职业生涯规划相关课程，增加教学实习时长，邀请企业人员进课堂等。以上方法均能够增强学生对专业的自信心，从而毕业时有意向选择旅游与酒店行业。

综上所述，为酒店管理专业的学生在其职业生涯规划过程中培养专业兴趣是十分重要的。通过相关知识的传授使学生尽早了解酒店相关工作的性质以及未来发展途径，使学生真正喜爱旅游和酒店行业，致力从事旅游和酒店行业。

参考文献

［1］姜哲，代合治.酒店实习生职业倦怠的相关因素分析与对策研究［J］.旅游纵览（下半月），2016（20）：86-87.

［2］姜丽丽，任孝珍.论酒店管理专业实习生的职业倦怠［J］.中国管理信息化，2017，20（24）：215-216.

［3］宋文彤.酒店本科实习生职业认同感的提升策略［J］.现代商贸工业，2020，41（17）：53-55.

［4］吴东霞.基于旅游需求属性分析的旅游从业者职业认同感研究［J］.黄山学院学报，2017，19（6）：14-17.

［5］孙晓丽，陈丽.旅游专业本科实习生职业价值观对实习满意度的影响研究［J］.经

济研究导刊，2020（2）：79-81.

作者简介：董莎莎（1985— ），女，山东烟台人，烟台南山学院经济与管理学院旅游管理系讲师，教育学硕士；杨国清（1983— ），女，山东聊城人，烟台南山学院经济与管理学院旅游管理系讲师，管理学硕士。

产教研一体化融合促进学科建设研究

——以烟台南山学院飞行技术专业为例

谭燕妮　赵新宇　陈清

摘要：产教研融合有助于提高教师的教学水平，促进教学内容的更新和教学方式的改革。产教研深度融合突出了"应用能力"核心地位，使学校培养的人才与企业需求相对接，毕业生可以直接进入工作岗位，降低了企业培训成本，提升人才培养质量，提高学生就业率。在高校和企业的产教研融合中，要以学生发展为中心，突破传统教学方法，充分发挥企业的主体优势作用，完善人才培养机制，培养出企业需要的应用型、创新型、复合型高素质人才。

关键词：产教研融合；学科建设；飞行技术

一、引言

产教研融合是通过企业、高校和研究机构之间的互补合作，将科技成果产业化，实现产业、教育和研究之间的融合。产业和科研之间的融合，有助于提高教师的教学水平，促进教学内容的更新和教学方式的改革，提高学科建设能力。高校的发展要适应市场的需求，目前市场的需求和以往大有不同，各行业需要动手实践能力强的人才居多，针对这种情况，各高校为社会输送实践能力强的应用型人才迫在眉睫，产教研一体化融合将会很好地解决这一问题。对学校而言，产教研融合能够提高人才培养质量，使学校培养的人才与企业需求相对接，提高学生的对口就业率，提升学校的名誉和社会地位；对企业而言，产教研融合缩短了毕业生进入企业的培养时段，学生毕业后可以直接进入工作岗位，间接降低了企业培训成本；对学生而言，毕业即就业，产教研融合提升了学生的技术技能水平。高校和企业的产教研融合，以学生发展为中心，突破传统教学方法，充分发挥企业的主体优势作用，能够完善人才培养机制，培养出企业需要的应用型、创新型、复合型高素质人才。学校以企业需求为导向培养大学生，深刻把握学科建设在社会市场上的需求规律，按照适应社会、加强实践、特色培养、离校能上岗的思路，增强学生的社会适应能力，争取让学生一进入企业就能适应岗位需求，提升其为社会和国家服务的能力。

二、飞行技术专业学科特点

随着民航业的迅猛发展，我国对航空人才的需求日益增多，为满足航空高端产业对高素质飞行人才的需求，顺应社会主义市场经济发展趋势，很多高校开设了飞行技术专业。飞行技术专业属于综合性的技术应用型专业，课程内容较为复杂，涉及学科较多，要求学生不仅理论基础知识要扎实，还要有强大的心理承受能力、健康的身体素质、熟练的操作技能、良好的身体协调能力、敏捷的反应能力等。飞行技术专业主要是为航空运输行业培养专业技术人才，在人才培养的过程中，不仅要培养学生的学习能力，还要培养他们的安全意识、职业素养，从而达到民航局对飞行学生的素质要求。在教育过程中，除了传授理论知识，还要进行技能和技巧方面的训练，将飞行学生的实践操作与飞行技术训练有机结合，满足人才培养需求，并建设合理的课程体系与飞行技能训练体系。不断更新知识结构，提升应用型人才的应用能力与综合素养。在学科建设过程中凸显出专业人才培养特色，积极提升教学水平，达到教学内容与课程体系优化的目的。我校飞行技术专业学生在培养过程中采用"理论+实践"的培养模式，教授基础理论知识、专业技能知识和实践技能知识，在飞行过程中，将理论和实践操作有效结合，培养企业需求的高素质创新人才和技术技能型人才。

三、产教研一体化深度融合发展

一个国家经济的发展规模和质量归根到底还是人才的发展。进入新世纪以来，我国教育事业蓬勃发展，为社会主义现代化建设培养、输送了大批优秀的高素质人才，为现代产业体系的发展壮大作出了重大贡献。但同时，受行业和企业体制等多种因素影响，人才培养机构和行业企业的产业需求在人才培养质量和水平上还不能完美契合，"隔阂"问题仍然存在。为积极响应党和政府的号召，落实产教研融合相关政策，烟台南山学院在发展过程中高度重视产教研一体化，加强产教研融合，多次组织召开民航企业与航空教育的融合协调会，充分发挥校企天然一家的优势，促进企业与学校的长远合作。在融合过程中，校企双方实现了互惠互利、合作共赢的局面，有力促进了校企双方的发展。双方在人才培养、资源共享、科学研究等方面实现了你中有我、我中有你，深度融合、协同发展的格局。

（一）深化体制改革，促进产教研深度融合

高等教育的主要职能之一是为社会输送合格的高技能人才，高技能人才在企业的快速发展中发挥了重要的作用，产教研融合有效地加强了学校和企业的深度合作。烟台南山学院招收第一届飞行技术专业学生时，就与山东南山国际飞行有限公司（以下简称"飞行公司"）共商合作事宜。这种合作关系为两家单位的发展安装了加速器，一方面，在国内航空院校领域和飞行培训领域确立了各自的知名度和美誉度；另一方面，有效地解决了校内理论知识和校外实践应用"脱节"的问题，为社会和企业输送了大量优秀的民用航空人才。根据岗位需求，综合设计理论课程与实践课程体系，打造"理、实、岗"三位一体的人才培养模式。按照行业标准、企业流程重构课程内容，打造与产业链相对接的课程体系。充分发挥基地训练优势，发挥设备效能，为学生的专业技能学习提供质量保障。在技能人才引进和培养、重点项目合作、科技成果转化等方面开展多领域、全方位、深层次的合作，形成共研培养体系、共建教学团队、共享技术资源、共建实训基地、共搭创新平台、共同进行教育与产业研究的产教研深度融合体。

（二）共商人才培养，强化实践应用能力

在校企协同育人过程中，产教研融合突出"应用能力"核心地位，围绕课程内容与职业标准、教学过程与生产过程、专业设置与产业需求、职业教育与终身学习、毕业证书与职业证书的融合等方面进行产教研深度融合。由航空专家与校内教师共同商定本专业人才培养方案，建立"岗位能力需求（企业）—人才培养标准（学校）—人才培养实施（双方）"的协同育人模式，以及专业课程设置分模块、教学开展分阶段、实践教学体系分层次的教学模式。飞行技术专业实践性强，按照中国民航局的要求，学生既要通过相关课程的行业资格考试，也要通过飞行训练考取飞行执照，才能达到毕业要求。学院充分发挥校企共建优势，与飞行公司合作，联合培养飞行技术专业人才，人才培养采用"2+2"的培养模式，实行理实一体化的教学方法。学生在校理论学习2年，在基地（企业）飞行训练2年，具体教学安排根据人才培养需要，部分理论课在校内和基地由专业课教师和飞行教员共同完成。围绕企业的岗位需求，在课程体系中增加企业岗位需求的如高性能机型理论、航线运输驾驶员执照（The Airline Transport Pilots Licence，ATPL）理论等课程，校企双方共同制订符合行业需求的专业人才培养方案，凝练重要知识点和技能知识等内容。因材施教，根据学生自学能力、学习效果、考试情况，区别安排飞行教学进度。校企合作开展"订单班"培养模式，先后与多家航空公司合作组建飞行员培养订单班，针对不同的机型对学生学习能力、素质养成及飞行技术进行训练，强化实践应用能力。

（三）推动资源共享，节约建设成本

学校和企业的发展目标存在差异，但在人才的培养目标上是一致的。在产教研深度融合中本着整合、优化、共享的原则，校企共商教学资源开发、平台建设规划。强化学校企业联合实施人才培养，形成良性循环的企业劳动力供给链。学校结合政府发展规划，地区经济发展状况，围绕企业发展需要，征求合作企业意见，有针对性地修订人才培养方案、课程建设和实验室建设等内容。在校内学习阶段，把理论学习和生产实践有机结合，达到理论与实践、毕业与就业的"零距离"目的，解决企业培训、用工短缺等问题，在满足企业用工需求的同时也提高学校的就业率。校园文化接轨企业文化，不断丰富文化内涵，促进校企双方文化内涵发展；学校定期邀请企业管理人员到校宣讲企业精神和企业文化及专业发展趋势，使学生具备企业所需的团队协作精神和职业道德素质，创新人才培养模式，更好地适应经济社会发展。为方便飞行技术专业学生顺利通过职业资格考试，尽快接轨行业需求，学院建有模拟飞行实验室、陆空通话实验室等十多个实验实训室，由双方共同用于实践教学、科学研究等；飞行公司拥有多个飞行训练基地，可以接纳教师的实践训练和教学研究，并为飞行技术专业学生的飞行训练提供充裕的实践场所。

四、产教研深度融合对学科建设的影响

（一）促进教师队伍建设，提高教师专业水平

产教研深度融合对专业教师的素质提出了更高的要求，教师是高校教学工作的灵魂，教学工作水平直接决定着学校的定位发展以及应用型人才培养的质量，因此可以从以下几个方面对教师队伍进行培养。

一是采用"引进来，派出去"等方式，完善教师的培养机制。有计划地组织教师下企业挂职锻炼，安排教师参加行业内的培训，了解航空专业的发展动向，及时掌握航空新技术并充实到教学中去，更好地将理论和实践紧密结合，提升教师的业务能力，实现"双师型"教师的培养。二是引进高职称人才，建设专业教师队伍，提高教师的理论教学层次。三是聘请企业经验丰富的专业技术人员和资深的行业专家，对专业课教师进行培训，传授行业技能和行业前沿技术，增强教师理论教学的针对性、实用性和指导性。四是将生产实践与课堂教学紧密结合，实现"以产促教，以教带产"的新格局。通过校企合作，建立学校教师与航空企业工程师的互聘机制，在承担教学任务、参与科学研究、开展技术革新等方面实现人才共用，企业聘请专业教师作为企业工程师，学校聘请企业技术人员作为学校的兼职教师，共同给飞行技术专业学生上课，实现学校教育和企

业教育的紧密衔接。通过教师到航空公司挂职锻炼等方式提升教师教学能力，推动教师了解新技术、新工艺和飞行一线的岗位能力需求，更好地把握专业教学重点。五是加强与同类航空院校的联系，共同开展教学研究活动，大家互相学习，共同进步，共同促进学科建设的发展。通过学术交流等形式，相互交流学习，互通有无，就学科建设、人才培养、教学质量等问题，进行深入的探讨和交流，为人才培养打下坚实的基础。

（二）加强专业实践与企业实践的紧密结合

产教研深度融合为学校专业实践和企业实践提供更好的合作平台，高校在人才培养模式中，越来越重视实践教学，在人才培养方案中，更加注重学生专业课程的实践与企业飞行实践的紧密结合。图4-14为飞行技术专业教学体系的结构图。在课程设置中，既满足了教育部对本科生的实践训练学时要求，同时也满足了企业对学生的实践训练要求。通过与企业的交流沟通，充分了解航校和航空公司对飞行技术专业学生的要求，掌握企业对飞行技术专业人才的知识结构、飞行能力、综合素质培养等方面的要求。针对市场和企业发展的需要，学校着重强化校企合作技术层面上的支持，着力提升科研技术能力和保障服务能力，多层次、全方位地为企业的发展提供实践支撑与服务，形成吸引企业主动上门寻求合作的影响力，提高在校企合作中的地位和作用。根据企业的要求修订人才培养方案、修改课程体系、调整教学内容，按照知识结构进行分模块教学，根据能力结构分配训练项目，在教学中奉行教、学、练一体化模式，切实提高学生实践飞行中的动手操作能力。

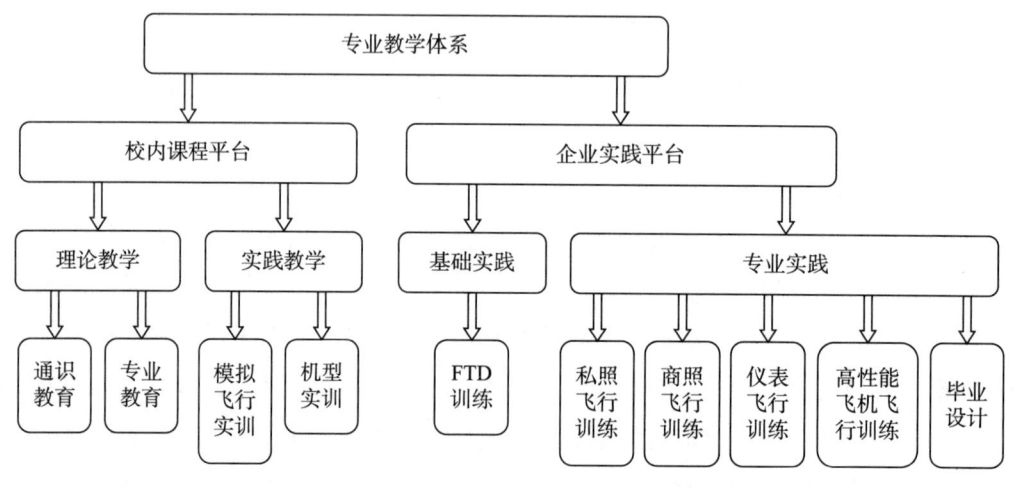

图4-14　飞行技术专业教学体系结构图

（三）培养更适合于航空公司需要的应用型人才

飞行技术专业在学科建设与人才培养模式上切实加强与航空公司的联系，持续优化课程体系，让企业的管理人员和工程师参与学生管理、直入课堂，把鲜活的飞行实例、最新的行业动态、严谨的企业文化引进课堂，开设一些综合性和前沿性的课程，并适当开设有助于提高学生心理素质的第二课堂活动，有效促进学生飞行安全意识的养成。根据教学安排，学生定期到航空公司实习，让学生直接接触企业文化，提高学生的实践飞行操作能力，促进素质教育与实践能力培养的全覆盖。航空公司将岗位技能要求、未来发展新技术要求等问题及时与学校沟通，并为学校提供技术、师资和部分设备支持，创新人才培养模式。在人才培养过程中坚持"以飞为主，协调发展"的方针，深化"产教融合，校企合作"，共同开发实训场地，强化学生实践能力培养，使培养的人才进入民航企业能尽快适应岗位要求。学校和企业重视人员互派交流制度，派教师走进企业，让教师近距离接触企业的生产环节和生产流程，熟悉企业的新标准，将科研融入生产实践，推动科研成果向企业成品的快速转化。提高技术人员和学校教师参与校企合作的责任感，有力地促进校企合作平台建设的进一步落实与发展。

五、搭建科研平台，提升学科的创新水平

科研平台的建设是为产教研服务的，企业作为投资主体、利益主体和风险承担主体，扮演"产"的角色，在技术创新中具有无可替代的作用。高校通过对企业提供技术咨询、技术转让获得经济效益，用知识创造价值。高校扮演的是"教"和"研"的角色，通过科研平台的运行，加强科研管理，促进科研活动健康地发展，实现网络化和专业化，定期举办操作培训，提供技术指导，尤其在飞行安全管理方面，进行严格监管和规范处理。学院为提升学术水平，营造浓厚的科研氛围，建有多个实验实训室。如风洞实验室，配备有500mm×600mm低速回流教学科研风洞，可产生3~45m/s低速稳定气流，配备有完整的测控系统，其中六分力应变式天平可以比较精确地测试模型飞机中空气动力和力矩的产生和变化规律，为课程实验和教学研究提供可靠的数据；空气动力实验室，配备有翼面压力分布、空气黏度、螺旋桨滑流演示和二元及三元烟风洞等模拟演示实验器材，可以较形象地模拟飞机在空中飞行时的空气流动形态，并将飞机上一些力学现象的产生和变化较直观地表现出来；陆空通话实验室，配备有完整的主控席位、空管席位、学生席位等实训系统，可以在接近真实的环境中模拟飞机的进场程序、离场程序、仪表进近、空中特情处理和陆空通话程序等；模拟飞行实验室，配备有24个卡位，每个卡位设有一台电脑和一套模拟飞行操作装置，实训时利用电脑中的飞行软件可以较直观地模拟飞机飞行中的起落航线操作、飞行计划制订、飞行姿态控制等，增强了学生的感性认识，对学生初步了解飞行起到很大作用；计算机辅助教学训练实验室（Computer-Based Training，CBT），涵盖Cessna172S机型理论和飞行技术理论，动画模拟式的教学内容极大提高了初学者的学习兴趣和效率，同时便于教师进行教学研究。实验室给专业教师提供了必要的科学研究渠道，通过组建科研团队，发挥青年教师的积极性，充分利用

实验设备，将知识运用到实践中去，从实践中得出真理。

在产教研机制下，完善科研基础设施，着力集聚高层次科研人才，积极营造良好的创新环境，加快实施高水平的科技项目，大力提升自主创新能力。高校和企业通过双方联合，优势互补，提高企业和高校的自主创新能力，增强产业发展后劲。

六、结束语

烟台南山学院长期以来坚持以就业为导向，贴近企业需求，培养优秀人才，走"同建一门课、同写一本书、同管一基地、同育一方人"的校企合作工学结合之路；聚焦地方发展战略与行业发展，把高校人才培养与企业人才需求精准对接，大力推进行业、学校、企业多方合作办学，找到学校科研项目与产业发展的结合点，将人才培养政策落到实处。

科学技术是第一生产力，创新是引领发展的第一动力。企业发展靠科技，科技创新靠人才，发挥学校的人才技术和教育资源优势，利用企业的设备和实践条件，推动产教研结合与科技成果转化。要做好专业人才培养，必须改革教育模式，构建"工学结合校企共育"人才培养模式，深化产教研融合，加强行业指导，使学生更好地掌握飞行技术的理论知识，具有较强的飞行操作能力，为创新型人才培养打下牢固的基础，使校企双方的资源和优势都得到最佳配置和优势互补。

参考文献

[1] 缪建宏.完善中职学校校企合作制度建设的思考与实践[J].江苏科技信息，2013（5）：24-25.

[2] 陈蕾，马君，何华.产教深度融合是职业本科院校发展的关键[N].中国教育报，2022-08-23.

[3] 史扬.科研平台的构建及其对科技创新能力的推动作用[D].合肥：合肥工业大学，2009.

[4] 罗建国，张敏，黄胜利.应用型本科教育产教研融合动力对策研究[J].教育教学论坛，2019（31）：175-177.

作者简介：谭燕妮（1978— ），女，山东威海人，烟台南山学院航空科学与工程学院副教授，硕士；赵新宇（2001— ），男，山东泰安人，烟台南山学院飞行技术专业学生；陈清（1975— ），女，山东烟台人，山东南山国际飞行有限公司副教授，硕士。

模块五

应用科学研究与产业技术研发一体化

校企产学研用合作团队的建设与实践

黄淼

摘要：党的二十大报告提出要加快实现高水平科技自立自强。产学研用是一种创新合作系统工程，是生产、学习、科学研究、实践运用的系统合作，是技术创新上、中、下游及创新环境与最终用户的对接与耦合。推进产学研用深度融合是创新驱动引领的关键环节，也是科教领域融合创新、促进高校人才培养高质量发展的重要途径。本文以校企产学研用合作团队建设为对象，探究各主体作用及有效配置，以期为推动产学研用深度融合发展提供参考。

关键词：校企共建；产学研用；团队建设

基金：烟台南山学院2021年度青年社科基金（2021QSK09）

一、问题提出

党的二十大报告提出要加快实施创新驱动发展战略，加速实现高水平科技自立自强[1]。"十四五"规划纲要也提出，要坚持以自主创新为核心的发展理念，把科技自立自强作为国家发展的战略支撑[2]。引导以高校为主体的科研力量向企业倾斜，通过多种途径链接高校与企业的科研资源，加快产学研用进程。产学研用融合是实现"以人为本"的自主创新的重要一环。在经济全球化背景下，推进产学研用协作，不仅可以提升高校自身教学科研水平和人才培养质量，同时更能推动社会经济发展。以信息技术为标志的第三次科技革命更是对产学研用融合起到了推动作用。

不同于以往的产学研，产学研用体现的是合作的深度、广度和密切度，是在已有产学研的基础上的创新。在"用"的作用下，"产""学""研"都有了目标和方向，形

---

[1] 习近平.高举中国特色社会主义伟大旗帜 为全面建设社会主义现代化国家而团结奋斗——在中国共产党第二十次全国代表大会上的报告[R/OL].（2022-11-01）.

[2] 中华人民共和国中央人民政府.中华人民共和国国民经济和社会发展第十四个五年规划和2035年远景目标纲要[A/OL].（2021-03-13）.

成完整闭环。推进产学研用深度融合是加快科教领域创新、促进高校人才培养高质量发展的重要途径。对于应用型大学而言更是如此。但目前产学研用融合过程仍面临"科技成果转化不通畅""基础研究成果与产业需求错位""多元创新主体分配不和谐"等痛点。为此，本文以校企共建产学研用合作团队建设为研究目标，探究产学研用实践过程中各主体的作用和有效配置，精准施策，以期为推动产学研用深度融合发展提供参考。

二、核心概念界定及发展脉络

（一）"产学研用"概念界定

产学研用是以协同创新为动力，以成果转化和市场应用为目标，以产学研任何一方为先导，促进生产企业、高等院校和科研院所有机结合，统一谋划、整体推进，通过市场应用赢得应有回报的过程。这一定义中的"产"指的是市场环境中的企业，是用户需求的直接感知者；"学"指进行人才培养的各种学校；"研"指各种研究所、研究院等。由于科学研究是高校的三大职能之一，因而在有些情况下，高校可以同时承担"学"与"研"两项职能。"用"则既指作为使用者的人，又指社会人的种种需求。将"产""学""研"对标用户及其需求，是社会发展进步的必然。

综上，产学研用指的是为满足社会生活中的种种客观需求，由高校与研究机构进行针对性调研，并寻求解决方案，最终将解决方案通过各个企业加以实现或大范围普及的过程，从而实现科学研究、理论成果与现实生产力之间的转化。四大要素各行其责、相互配合、相互支持、和谐统一。

（二）产学研用发展脉络

产学研用合作的本质是以用户需求为导向的科技、教育与经济的结合。20世纪50年代，硅谷之父特曼就建立了"产学研用"的雏形——硅谷模式。依托强大的科研实力，斯坦福大学与当地的众多企业展开了密切合作，将大量的研究成果通过企业转化成为能够优化用户生活的现实，极大地推动了地区经济发展。教育与经济两个领域也第一次有了实质性的关联。此后，产学研用在日本、德国等发展出了具有本国特色的应用模式。其在中国的发展先后经历了从产学研联合到产学研结合，再到产学研用紧密融合三个发展阶段。

20世纪末，为进一步推动国民经济发展，我国提出以科技进步促经济发展的举措。由此，以科研机构、高校、企业为代表的产学研开始第一次建立关联，展开合作。主要方式为产学研联合进行科技攻关。

党的十五大之后，国家为全面落实科教兴国战略，要求要进一步深化和加强产学研之间的关联。通过教育与科技体制改革，进一步促进有强大科研资源的高校和机构通过多种形式与企业合作。其典型形式为产学研三结合，即创办高新技术企业和校企共建研发中心。

进入21世纪之后，以"用"为典型特征的用户和用户需求成为市场新导向，进入产学研用阶段。国务院印发的《关于发挥科技支撑作用促进经济平稳较快发展的意见》明确提出要促进产学研用的紧密融合。其中，企业是主体，用户需求是主导。

从产学研到产学研用的变化体现的是人们对这四个要素认识的不断加深，凸显了应用、用户和市场的目标性。"用"是研发创新的源头和终点。这一改变可以在减少创新盲目性和主观性的同时，使产品能够更迅速地从概念设想转变成为现实应用，进而有效降低创新的风险和成本。对高校而言，除了在人才培养方面可以让学生将在学校学习的理论知识与实际的工作岗位相结合，获得直接体验以培养实践技能，还可以通过校企合作团队的建设让高校的科研和教学更接地气，从而达成人才培养的目标。

三、校企合作团队在产学研用中的重要作用

校企合作指的是高校和用人单位之间建立起的一种互动关系，把企业的运作机制和岗位需要与高校的人才培养体系和人才培养目标联系起来，通过协调、互动和分享等长效合作，使大学人才培养成果与用人单位的人才需求实现完美衔接。产学研用虽是一个有机整体，但四大要素又有独特功能。以"用"为目标，以"产学研"为依托；"研"是核心，是企业技术革新最重要的一环；"产"是指导；"学"是人才资源动力。所以，强化校企共建产学研用团队建设，要着力于"用"，要善于抓主要矛盾，解决主要问题。

（一）校企产学研用团队建设的必要性

在现代市场环境中，降低成本是维持企业生存及增强竞争力的重要途径。为实现利润最大化，众多公司采用多种手段尽可能降低人力成本，其方法之一就是削减员工培训支出，包含时间成本支出和物质成本支出。换言之，企业希望潜在员工只须经过少量甚至无须岗前培训即可直接胜任岗位职责。然而，现实是目前我国高校对大学生培养仍以理论知识为主，对职业素养和专业能力的训练，尤其是针对实践技能的训练不足，与企业和社会对人才的需求有一定差距。于是企业需要对潜在员工在上岗之前进行系统培训，大大增加了人力成本。此外，由于人员流动，很多公司在投入大量培训成本后，却得不到相应的回报。这就造成如今很多企业在进行职位招聘时对求职者的工作年限和履历有着明确要求。而大学毕业生刚刚走出校园，没有工作经历和实践经验，这就造成其在职场竞争中处于劣势，难以找到契合度高的工作，就业形势愈加严峻。要想彻底解决实践经验不足、就业难等问题，需要学校和企业之间建立互惠互利、长久稳定的伙伴关

系。通过对企业运营机制和岗位需求变化的了解，将企业的人才需求作为高校人才培养的目标，以就业为导向，对学校的人才培养计划进行调整，从而培养出一批适应时代与社会发展的，既有理论知识同时又具备实践技能的人才。

（二）校企产学研用团队建设的实践意义

高校与企业之间建立长久稳定的合作是一种互利共赢。对学校、学生、企业都具有积极意义。其一，对高校来说，企业人员加入产学研用团队可以增进对技术动态的认知，做到知识的与时俱进，有效减少教学内容和科研项目的滞后性。也就是说，教学和科研也要跟上时代的步伐。唯有通过学校与企业之间的联系，使高校教师与企业员工建立联系，才能让他们更好地掌握现有技术，更好地按照市场的需求和行业的发展来调整自己的课程，更新自己的课程内容，这样就可以在理论知识的学习上避免滞后，确保教育质量能够持续地提升，培养出与新时期发展相适应的高素质人才。此外，用人单位对学生素质要求也在不断改变。只有通过校企合作，才能及时地掌握企业运作机制和岗位要求变化，并针对性调整人才培养体系和人才培养目标，以防高校人才培养目标与企业实际需求偏离，进而确保学生可以顺利地获得适合的工作。校企合作团队可以共建实习基地，提高学生实践技能。现阶段的大学教育中实习与实训仍存在欠缺和不足，尤其是实践空间与实习机会的匮乏。在校企共建合作团队成立之后，通过实地考察、顶岗实习、师带徒等方式可以增加学生参与实际工作的机会和可能，了解岗位职责和需求，提高学生实际问题解决的能力。并且，除人才培养外，通过建立校企协作团队，开展联合研发可以更好履行高校发展科技与服务社会的职能。

其二，对学生而言，建立校企合作团队的意义更加重大。学生不是产学研用体系中的主体或环节，却贯穿始终。学生是教育培养的对象，是生产活动的参与者和执行者，同时更作为社会中的人提出种种需求。对学生来说构建校企合作团队的意义在于：第一，让毕业生更好地了解工作岗位职责及所需技能素养，从而制订职业目标和成长规划。"象牙塔"里的学习生活不但造成知识的滞后，同时也影响学生对未来的规划，进而影响其成长成才。校企合作团队的构建可以帮助学生更好地了解自己的优势和不足，规划职业发展，进而找到适合的岗位，拥有更好的发展空间。第二，给学生提供实践机会，积累工作经验，提高求职竞争力。很多企业在招聘时，对求职者工作经验的要求往往将刚刚走出校门的大学生拒之门外，这种态势在短期内难以改变。搭建校企合作平台和共建合作团队可以给学生提供实践和实习机会，使其更具竞争力。

其三，对企业而言，共建校企合作团队的意义在于：一是建立人才培养共同体，降低成本。将原本在员工入职时进行的岗前培训或者学徒期碎片化地融入学生的学习过程，学生边学习边实践，学的知识有的放矢，在实践的过程中也更知道问题所在，能够反向推动学的过程。这样，培训的时间成本和物质成本得以极大减少。二是通过资源分享来提升运作效能。企业的人力资源总是有限的，而大学则是一个聚集了大量人才的地方，校企共建合作团队可以互通有无，实现高效的资源共享。公司可以将部分工作外包给大学，这样既扩大了学校的收入，又提升了公司的经营效益，还极大地提升了学生的实际操作技能，实现了双赢。

四、产学研用过程中校企合作团队建设的现存问题

诚然，在产学研用过程中共建校企合作团队对高校、企业、学生均具有积极意义，但在具体实践过程中，仍然存在诸多问题。第一，高校与企业在一定程度上存在的价值差异造成双方在认知与交流上存在困难。为提高工作效率，团队成员应在不同的文化背景下，增强相互间的沟通与了解，相互尊重，求同存异。第二，人员流动率高，需求不匹配等。校企共建合作团队实质上对团队成员的专业素养、团队精神等有着更高要求，需要校企双方制定有效激励政策充分发挥团队成员的积极性和稳定性。第三，知识产权界定。要创新，要推动产学研用协同发展，就必须强化并清晰界定校企产权关系，使协同效应达到最大。第四，资金投入不足。校企共建产学研用团队需要足够的资金支持来开展科研项目和技术转化。

此外，高校内部还存在如下问题：第一，校企合作开展水平存在差异。有的学院系部产学研用团队建设较为成功，合作成果丰硕；而有的系部由于专业的限制，校企合作可能仅仅只签订了协议，未能开展实质性工作。第二，校企合作质量不高，针对性不强。有些校企合作项目和团队建设流于形式，或进展缓慢，即仍处于协议签署阶段或企业并没有真正地介入项目实际运行。第三，产学研用校企合作团队管理制度不足。科学化、规范化的管理制度、行之有效的监督与考核评估机制尚需要补充和完善。

五、产学研用过程中校企合作团队建设的措施与实践

加强基于校企合作的产学研用建设对企业、高校、社会、用户等各主体都具有积极意义，各个环节密切配合，形成合力，才能实现多赢的目标。针对团队这一校企合作过程中的核心要素，需采取如下措施做到有想法、有活力、能创新、有保障，从而最终实现校企合作与专业建设、人才产出的协调推进。

（一）提高思想认识，深化对基于校企合作的产学研用的认识

建设长久有效的校企合作，真正实现产学研用融合，首先取决于校企双方，尤其

是团队成员的思想认识。产学研用团队的建设不能只是在项目或者研究进行的某个阶段参与其中或者简单地提出意见，而是要在研究的初始阶段、进行过程中、成果的产出，甚至成果向应用转化的过程中都全方位地参与，进而实现实质层面的产学研用校企合作。其次要在思想上真正形成一个团队，有共同的愿景。校企合作本质上应是校企双方围绕达成的既定目标和合作期限，设计整体要素运转体系、机制，校企双方互相支持、互相渗透、双向介入、优势互补、资源互用、利益共享，共同培养高素质技术技能人才。团队的构建不能仅仅存在于协议当中，而是在专业设置、教学内容、人才培养、创新创业、社会服务、人力资源储备等多方面、全方位地融合，最终达到共建团队可以为企业和高校同时提供高质量服务的目标。具体措施如下：第一，要根据企业现有的岗位需求，以传统师徒制模式，为企业培养员工，储备新生力量，实行校企双主体育人。第二，对标用户和市场所需，共同进行专业设置研讨、课程体系建设、专利项目平台等申报，推动校企双方科研创新水平；第三，共同开展人才定制培养或者员工在职培训项目。通过高校和企业间的走出去和走进来在双师型教师培养、员工专业素养提升、产品研发、成果转移转化等方面提供资源和支撑。第四，开展各种类型的合作教育，建立实习实训基地、产品与工艺研发中心，为学生和员工提供自我提升、专业技能训练等服务。由此可见，基于校企共建的产学研用合作团队建设不是单纯几个人、几个部门或学院的组合，而是在思想、资源、方向、目标等多方面、多层次的合作，是有深度、有广度、双向投入、双向产出的有益尝试。

（二）以"示范引领"模式加强团队建设

不同专业、不同院系在校企合作和产学研用实践等方面存在一定差异。究其原因，固然存在学科专业性质等方面的因素，但其中仍有共同的经验、原则可遵循。因此，在基于校企合作的产学研用团队建设方面可以采用团队的传帮带机制，即以整体教学效果好、校企合作和产学研用实践成果丰富的团队为榜样，传授经验，带动、影响、帮助其他团队共同提高，发挥其示范引领作用。并且这种示范引领的榜样团队和目标团队之间在学科专业上应具有一定的关联性，这样才更具借鉴意义。换言之，可以按照学科大类或专业领域，在学院之间建立协作共同体，完善校企、校际协同工作机制，推动专业设置与产业需求对接、课程内容与行业标准对接、教学过程与生产过程对接、人才培养标准与岗位需求对接、科研方向与产业和社会需求对接，发挥一加一大于二的作用，推动校企合作基础上的产学研用合作团队建设整体水平的不断提升。

（三）以"交互"培养强化实践共同体

产学研用合作团队建设要以国家及行业相关的法律法规为准绳，要以平等互利为原则，要以人才培养为目标，切实维护院校、企业、学生的共同利益。无规矩不成方圆，校企合作团队要注重加强顶层设计，合理制定校企合作规划与计划，建立、完善校企合作管理制度，定期对合作成效进行总结、评价，发现问题并及时解决，对"僵尸"合作项目要及时进行清理，确保实现校企深度融合，可持续发展。各团队不仅要有针对性地制定可行的年度计划，并将此计划细化到具体条目，推动量化管理，还要进一步加强对团队成员的培养，促使其个人成长、成熟，进而吸引更多的优秀人才加入团队。其中最为典型的是针对团队成员的"交互"培养机制。就整体而言，高校教师具有较为深厚扎实的理论知识基础，但缺乏将理论知识转化为应用的实践经验。而企业成员则具有较强的专业技能与实践经验，但缺乏理论的指导。因此，可以通过交互培养给团队成员提供补齐短板的机会，即通过制订合理、可操作的对调实践培训与理论学习，促进团队成员个人素养的提升。同时，在日常工作中还可以通过定期召开交流会营造团队内部良好的学习交流氛围，打破校企行业壁垒。

（四）遵循平等互利、共同发展的方针

平等互利是产学研用校企合作团队能够长期稳定发展并取得成果的前提和基础。校企合作的本质是一场由高校和企业分别代表的公共属性与经济利益之间的博弈与平衡。高校需要借助企业的平台和资源优化教学，培养人才，同时也要考虑到企业的主动性和参与度，要为企业提供对等服务。只有从企业的需求出发，向企业输送其发展升级所需的技术和人才支撑，才能激发其参与校企合作实践的积极性和主动性。因而，校企合作团队要认真研究企业有哪些需求，并制订切实可行的工作方案，同时辅以具体的资源配置措施，让企业能看到真心、真情，才能增强合作的信心和动力，校企深度融合才能走上良性循环的轨道。

（五）以文化互动求团队融合

基于校企合作的产学研用合作团队的建设过程是制度化的过程，同时也是文化形成的过程。以效率为目标的制度建设和以人为本的文化构建是校企合作团队长久稳定的关键和保障。因此，团队领导和骨干成员要注重团队的文化建设，尤其是成员的文化感知和情感体验，让成员将团队文化内化为自身的思想和行为习惯。通过营造信任、尊重、公正、包容、创新的氛围，激发成员的积极性和工作热情，形成良好的团队文化氛围。此外，还要积极鼓励团队成员敢于提出新思路、新方法，为成员提供可试错的环境，使其敢于尝试和创新，在实践中不断积累经验和成果。

六、总结与展望

产学研用是推动科技创新和促进产业转型升级的重要手段。合作团队建设是校企合作产学研用实践的重要一环,目前虽取得一定成绩,但仍面临资源不均衡、沟通协调困难和制度约束等问题。未来需进一步加强校企合作团队建设,采取有效措施解决存在的问题,推动产学研用链条的构建和升级。如通过加强高校和企业之间的沟通与合作,建立长期稳定的合作关系,共同推动科技成果的转化和应用;加强人才培养,培育具有创新能力和实践经验的团队成员,为产学研用合作注入新血液等。希望通过不断提高校企共建产学研用合作团队的建设水平将产学研用实践推上新台阶,为提高高校人才培养质量、构建创新型国家、实现经济社会发展目标作出更大贡献。

参考文献

［1］王成斌. 政产学研用一体推进教育数字化转型［J］. 中国高等教育,2023（5）:10-13.

［2］李健. 构建有中国特色的产学研合作体系［J］. 中国科技奖励,2010（9）:32-34.

［3］王春黎. 产学研合作背景下高素质人才培育模式探讨——评《现代教育产学研一体化人才培养模式探讨》［J］. 中国教育学刊,2023（6）:136.

［4］赵芸,秦哲璇,胡秀娟. 产学研协同创新的研究述评——基于Citespace的可视化分析［J］. 教育理论与实践,2022,42（33）:12-15.

作者简介:黄淼（1985—　）,女,黑龙江北安人,烟台南山学院国学与外语学院副教授,硕士。

应用型本科高校人文社会科学研究成果转化对策与建议

曹晓明

摘要:人文社会科学研究成果转化同自然科学一样,对于社会进步、经济发展有着重要的推动作用和现实意义,在构建和谐社会、促进经济快速发展的进程中,越来越发挥其潜在的功能和作用。但从目前的实际情况来看,对于应用型本科高校而言,其人文社会科学研究成果的转化仍面临不少难题与困境。如何立足应用型本科高校实际,切实做好人文社会科学研究成果转化的问题已经迫在眉睫、刻不容缓。基于这样的现实背景，文章在对人文社会科学研究成果基本特征进行概述的基础上，简要剖析人文社会科学研究成果转化所面临的困境，并就应用型本科高校人文社会科学研究成果的转化提出建议与对策。

关键词：应用型本科高校；人文社会科学；成果转化

基金：烟台南山学院2022年度青年基金（NS2022Q29）

一、引言

人文社会科学和自然科学都是科教兴国战略中不可或缺的重要构成部分，两者的功能和作用都具有自身的独特性、客观性和不可替代性。事实上，无论是自然科学，还是人文社会科学，对于人类认识世界、改造世界，促进人类发展都具有非常重大的意义。但是，目前学术界和国家政策层面，都没有对人文社会科学研究成果的转化问题给予足够的重视。早在中国共产党十七届六中全会就明确提出了"增强国家文化软实力，弘扬中华文化，努力建设社会主义文化强国"的战略任务[1]。为此，讨论关于人文社会科学科研成果转化这一建设"文化强国"无法回避的问题具有重要的意义。

二、对人文社会科学研究成果转化的基本认识

（一）人文社会科学研究成果的概念和分类

1.人文社会科学也是"生产力"

在"科技是第一生产力"被提出之后，人们对"科学"的解读就是对自然科学的简单解读，这种解读明显有些偏颇。钱学森也讲，科技是一种生产力，这个科技要把社会科学也包含在内。

在当前的社会实践中，自然和人文两个学科是互相交融、互相渗透、互相促进的。在人类的各种社会实践中，没有一个单独的学科可以独立地进行，都需要多个不同的学科进行综合。对于一个国家自然科学课题来说，从表面上看，它似乎只是一种单纯的自然科学的科研行为，但是在更深层次地考察之后，我们可以看到，这些课题中无不渗透着经济、管理、哲学等人文社会科学方面的知识与方法，这不但可以提升课题的运行效率，还能产生直接的经济效益。

---

[1] 搜狐网. 六中全会：提高全民族文明素质 增强文化软实力[EB/OL].（2011-10-18）.http://news.sohu.com/20111018/n322601083.shtml.

2.人文社会科学研究成果的分类

本文从人文社会科学研究的角度出发，根据人文社会科学研究的特征，把人文社会科学研究分为两类："基础理论研究"和"应用实践研究"。基础理论研究是针对学科前沿的重大难题，探索新的知识，创造新的理论，它是一门学科的根本，它的价值就是对社会现象的本质和普遍规律的探索。应用实践研究，就是利用基本的理论和相关的知识，对经济和社会发展中一些重要的理论问题和实际问题进行研究，并对各个机构在生产经营管理过程中所面临的问题进行分析，为决策者提供建议、规划和方案等，这是一门科学的应用。以实践为基础的科研结果可以被政府部门和企业采用，并在实际工作中发挥重要作用。本文论述的是人文社会科学应用实践研究成果的转化。

（二）人文社会科学研究成果转化的定义

人文社会科学的科研成果转化，是为了提高社会和经济效益，通过媒体来宣传科研成果，让社会主体可以通过科研成果来参与政策制定、管理、决策、咨询等活动，从而达到实现科技成果本身价值的目的。

首先，科研成果的转化必须以提高社会经济效益为目标，这是科研成果转化的必要条件与基础。其次，在技术成果转化过程中，要通过一些媒体和中间机构来实现，如政府部门、专业技术成果转化机构、高校的技术创新园区等。最后，因为人文社会科学研究成果本身的特性，其转化的终极途径是让社会主体去接受其结果，或者将其应用到政策制定、管理、决策、咨询等活动中去，但其终极途径（区别于自然科学科研成果转化）还很难被量化。综上所述，我们不难看出，与传统意义上的自然科学科研成果的转化相比，人文社会科学研究成果在转化方法、表现方式以及成果发挥作用的形式方面，都有着很大的区别。

三、人文社会科学研究成果转化面临的困境

人文社会科学研究成果的诸多特殊性，社会大众对人文社会科学研究成果认识的不一致性，导致现实社会中人文社会科学研究成果转化面临较大的困难，具体表现在：

（一）观念层次的认知障碍

一方面，学术研究人员在学术成果转化过程中存在认识上的障碍，严重制约学术成果转化的效率和效果。首先，人文社会科学研究人员对"成果转化"的认识不够深刻。很多学者是以发表研究成果为目的，或是出于兴趣，或是为了完成某一个课题，或是纯

粹为了获得一个职称，在选择课题的时候，并没有将研究成果的推广和应用放在第一位。其次，人文社科研究人员在成果转化过程中常表现出被动的特点，缺少"主动为经济和社会发展"的责任感和责任感。

另一方面，人们对这一问题的认识也出现了偏差。社会大众对人文社会科学研究成果的不确定性、间接性和环境约束性的认识，造成他们在推动人文社会科学研究成果转化上的积极性不足，造成当前人文社会科学研究成果转化表现出自发的特点。所以，一些学者对此进行研究后提出了一个观点，那就是要让人们对人文社会科学的认识更加准确，从而提升其在社会经济发展等方面的重要性，这是推动人文社会科学研究成果转化的关键。

（二）转化政策的同一性障碍

从客观的角度来看，国家在促进科研成果转化方面，已经出台了很多政策和措施，这的确大大提高了科研成果转化的效率和效益。比如《中华人民共和国促进科技成果转化法》《实施〈中华人民共和国促进科研成果转化法〉若干规定》，以及其他一些相关的法规。同时，各地政府还制定了一系列的政策和措施，以鼓励大学、研究机构开展成果转化。

但是，这类政策和措施通常侧重于自然科学成果的转化率，而忽视了人文社会科学成果的特殊性，导致其在推动自然科学成果转化上效果显著，而在人文社会科学成果转化上效果不佳。

（三）评价方法的定量化取向

当前，科研成果和转化评估呈现出较强的定量化趋势，然而，在较短的时间内，科研成果转化所产生的社会和经济效益很难被定量化。比如，人文社会科学研究成果的影响是体现在诸多层面，包括文化的传承和引领，而这种影响的产生和发展需要一定的时间和周期为前提，甚至是悄然发生的，其应用价值不易直接观察和实际度量。量化评估导向对人文社会科学研究的成果转化和准确评估产生了一定的影响，容易造成对人文社会科学成果的低估和排斥。

四、应用型高校人文社会科学研究成果转化的对策与建议

（一）认知调适，重视成果转化的学科特殊性

人文社会科学的研究成果，由于其作用对象、作用空间与文化传播方式的不确定，

同时还因为成果评价方式的模糊性，使得社会对其成果转化的效果感到怀疑，所以对其成果转化进行正确的认知与评价就变得非常重要。

有些学者将人文社会科学的成果转化界定为成果的出版，而忽略了其社会属性与成果的功利性。人文社会科学的成果转化不仅在人类的生产生活中发挥着重要的作用，而且将在很长的时间内对人类的文化和精神生活产生深远的影响。就自然科学的科研成果出版并不能完全反映科研成果的转化来看，人文社会科学的科研成果出版也不能全面反映科研成果的社会化转化。

人文社会科学的成果转化应该包括以下几个层面：一是推动人类生产生活方式的变化和创新，在这一层面上，其与自然科学的成果转化相类似；二是推动人类在行为方式、价值取向和生活方式等各个层面上的新变革和新升华；三是要有思想上的支撑，要有精神上的支持，才能更好地推动社会经济的发展。然而，科研成果的出版多局限于学者群体，仅体现了学术交流和学术讨论的价值，很难惠及公众，也很难触及政府的政策。

比如有些科研成果隐晦、难懂，让社会大众对其产生了畏难心理；目前已有的研究成果由于受到环境的限制，缺乏社会针对性，很难直接应用到政策上。所以，人文社会科学工作者必须提高对成果转化的认识，把学术成果及时地转化成可被社会大众所接受、所欣赏的文化艺术形式或文化艺术产品。

总而言之，如果要更好地实现应用型高校人文社会科学研究成果的转化，必须对思想进行更新，树立起人文社会科学研究成果转化的全局意识，将"成果转化意识"贯彻到成果管理的整个过程中。科研成果转化涉及的因素很多，环节很多，是一项复杂的系统工程。

成果转化既是成果管理部门的工作，也是科研人员、高校教师、政府部门、项目管理部门、企业实际工作部门的工作，上述每一个部门、人员的成果转化意识，都会对成果转化的效果和结果产生影响。所以，与科研成果转化相关的部门和工作人员，必须牢固树立科研成果转化的理念。思想决定行为，科学成果转化的正确观念和理念，对科学成果转化和应用具有积极的推动作用。

（二）形式调适，提升成果转化形式的可操作性

要想实现对人文社会科学研究成果的转化，就必须具体地体现在：引起社会大众在行为方式、生活方式或价值取向上的变化，推动社会经济发展方式与方法的变革，从而实现政府政策的采纳和应用，在此隐含了人文社会科学研究成果的形式转化和传播手段的变化。

首先，要实现科研成果的"产品化""政策化""物质化"等形态的转化；要实现

这一转化，就必须提高成果的可操作性，具体内容包括：成果的应用范围、应用对象的可操作界定、应用方式的可操作设计和实施方式的可操作设计。如果没有对其进行可操作的变革，那么，人文社会科学的研究成果就会被放在书架上，变成一种阳春白雪般的个体或一群学者的自我呻吟和孤独。

其次，具有可操作性的新产品和新服务必须适时地投入社会服务中，为社会生产和生活的实际活动提供服务，并将其运用到政府环境、社会组织和公众中，以达到提高社会效益和经济效益的目的。与此同时，在社会传媒的支持下，人们的精神文化产品也要加强其宣传的效力和效率，因此，学者们也要多花些时间和精力参与到宣传的实践活动中来。学者可以把自己的科研成果转化成教材和笔记，并积极参与各种教学活动、学术交流，以及各种科普讲座，扩大科研成果的受惠面；还可以把研究成果转化为影视、小说和各种类型的宣传作品，利用电视、广播和网络等媒介，提高其影响力。

（三）政策调适，实现成果转化政策差别化

要对自然科学和人文社会科学的成果转化实行分类管理和分类指导，并进行相应的政策调整，具体来说，重点应从以下几个层面着手展开：

第一，有必要制订激励政策，以推动人文社会科学研究成果的转化。目前，我国的人文社会学界普遍沉浸在一种学术气氛中，缺少了"逆势而为""为社会服务"的热情，阻碍了很多人对自己研究成果的客观评价，或者是相互间的交流。为此，我们要采取激励措施，让更多的人从"象牙塔"中走出来，主动投身到学术成果的转化中去。对于大学来说，有必要调整诸如职称评价等的激励政策，在鼓励基础研究的同时，也要鼓励应用研究的开展，从而推动科研成果的转化。

第二，有必要建立一套以资金支持为基础的人文社会科学研究成果转化的政策体系。由于人文社会科学研究成果转化效果的不确定性，使得研究成果的产出主体（个体学者）和接受主体（公众或当地政府）都存在对成果转化的积极性不足的问题。为此，应通过设立科研成果转化基金、构建科研成果转化利益补偿机制等措施，以激励科研人员的积极性。

第三，必须建立"政产研"相结合的研究体系，以促进人文社会科学研究成果的有效转化。整合研究机制能够拉近人文社会科学科研和成果应用之间的物质和心理上的距离，降低中间环节，提升科研成果转化的效率和效益。具体地说，就是要鼓励高校研究者和相关的实践部门进行定期的学术交流，进行横向合作研究，进行跨学科的交叉研究，发展出一种更加灵活的科学研究方法。

按照两者优势互补、互利共赢的原则，在进行思想政治教育培训时，应该建立一种相互配合的、多方参与的、相互协作的、相互促进的系统。针对实际工作中面临的问题

和困难，根据自身的研究方向和特长，与实际工作中的相关单位进行横向的协作，组成一个合作小组，进行科学的研究，进行集体的创新，为政府的决策制定、企业的决策、实务工作等提供建议，既可以有效地解决实际工作中的难问题，又可以在较高的层次上获得技术上的突破，并可以获得具有独立支配权的知识产权，进而实现科学研究项目的重大突破，获得显著的科学结果。

（四）评价调适，加强成果转化评价方法研究

当前，我国对人文社会科学科研成果评估的研究相对滞后，表现在只对人文社会科学科研成果进行简单的转化和运用，忽视了其自身的特殊性。与此同时，在高校竞争力评价和职称评审中，存在着重学术轻应用、重论文轻转化的实际情况，这也进一步导致了对成果转化的轻视。

虽然一些学者对科研成果转化的评估做了一些尝试，但仍无法达到从数量到质量的转变。例如，一些学者构建了成果转化广泛性、成果转化强度、成果转化频率三维结构评价模型，用它来对人文社会科学研究成果转化的效率与效益进行评估。

然而，这种评估是基于论文发表的评估，侧重于文章发表数和文章引用等文章类型的评估，不能真正反映出成果转化的特征。因此，不断加强人文社会科学研究成果转化评价的研究与探讨，对于提升成果转化效益与质量有着极为重要的作用。

（五）质量调适，社科项目研究坚持质量第一

科研工作要以质量为导向，不断推出"精品成果"，促进科技创新的有效利用。在进行科学研究时，要做到良性发展，质量是最重要的一环。

1.科学研究要牢固树立精品意识及质量第一的理念

科研人员在科研选题、成果研究过程中，要牢固树立精品意识，坚持质量第一的理念，严把质量关。

2.科研选题要实用可行，力求自主创新

要进行科研选择，必须有一个清晰的目的和方向，要在国家政策的宏观指引下，以国民经济建设和社会主义法治建设的发展和要求为中心，通过对其进行充分的调查，遵循科研选择的基本原理，对其进行科学的选择。

选题还必须有一定的创新，要有特色、有新意，不要对前人已有的研究进行重复，要努力让研究的内容有创意，为社会所需，而且要切实可行。我们要加大开放力度，加强与世界各国的合作和交流，在交流中求创新。将企业的自主创新和外部的研究协作相结合，推动多学科的交叉、融合、渗透，形成有组织的团队，共同研究。

3.成果研究应求真务实

无论是科研工作者，还是高校教师，一定要有科学研究的正确观念和价值观。以创新性思维开展科研工作，在参考别人的研究结果的基础上，将其与自己的实践紧密地联系起来，努力实现创新，在学术观点、学术体系、学术方法等任何一方面都能实现突破和创新。

在开展科研工作的同时，努力实现从基础理论到应用、发展的转变。科研人员要严格按照《高等学校哲学社会科学研究学术规范》要求，"要重质量，不搞粗制滥造，不搞重复，不搞数字"，既要有较多的科研成果，又要有较高的科研层次和品质，要有较强的科研能力，以"质"为先，努力产出更多、更高、更好的科研成果。

（六）管理调适，多渠道、多方位推动成果转化

1.进一步完善成果管理规章制度，规范成果管理工作

健全成果管理的各种制度，让成果管理的每一个步骤都能做到"有法可依，有依据可循"，如成果申报制度、审核制度、成果鉴定制度、成果保管制度、知识产权管理制度等，从成果的申报、登记、审核、鉴定到最后的推广和使用，让成果管理的整个过程变得更加规范化、科学化和程序化。

在对结果评价体系进行改进时，应注意以下三方面的问题：

第一，创新性原则。对科研成果进行评估时，应坚持以"创新"为核心，并以"创新"为其重要特点。所以，在对科研成果进行质量评估时，必须遵循创新的原则，对科研成果进行科学的评估。

第二，推广性原则与知识产权保护性原则。成果管理的终极目标是推广应用和交流，通过多种有效的手段，促进科研成果的转化和应用，从而实现社会效益、经济效益和学术价值等。

第三，树立知识产权保护意识。科学地建立起一种对科研成果进行有效利用和对科研成果进行有效保护的观念，使得科研成果能够被科学、合理和合法地使用，并充分发挥其社会效益。改变人文社会科学研究结果"被人遗忘、被人搁置、被人遗忘"的状况。

2.加强科研成果的动态管理

科研成果管理是对科研人员在科研实践中通过创造性劳动获得的各种科研论文、专著或新技术等智力成果进行统计、分析和归档的一项活动。对科学技术成果进行管理的环节主要有：评价、验收、登记、档案、申报、评价、表彰、宣传等。

在对科研成果进行动态管理的实践过程中，务必秉承以下基本原则，即评价科学、注册完整、建档规范、申报清晰、审核严格、奖励合理、推广有效。在进行日常的科研

工作的时候，大学要及时地对所产生的科研结果进行鉴定、登记、建档，并给予相应的奖励，这样才能激发研究者们进行科研工作的热情和主动性。通过电子网络、期刊等渠道，对学校在中文核心期刊上发表的研究成果进行跟踪，并对《新华文摘》《人大复印报刊资料》等期刊上的文章进行跟踪，对研究成果进行实时跟踪，做到对研究成果随时进行检索、检索、推广、交流，并对研究成果起到导向、决策、激励、示范等作用，从而达到促进研究成果向社会、向社会提供科学依据和社会效益的目的。同时，要强化高校科学研究的管理，指导、协调和督促高校科学研究的质量管理。

五、结语

科研工作的快速发展使得科研工作的专业化和综合化趋势日益明显。在研究方法、研究对象、研究理论方面，人文社会科学研究与自然科学研究都呈现出空前的多组织交叉、多学科融合的局面，两者相互促进、共同发展，这已是当代科学研究的新常态和新特点，其研究结果对社会经济发展的促进效果也变得更加明显与重要。

一些学者认为，在当代的科学研究中，人文社会科学的思想和方法应用日趋广泛，如管理、经济、哲学等。身为一所应用型本科高校，必须对人文社会科学的科研结果进行有效的转化，提高其转化的效率和效益，推动其与自然科学的相互影响，从而更好地推动经济和社会的发展。

参考文献

［1］吴艳萍.加快高校社科成果转化的若干思考［J］.现代教育科学，2010（9）：1-3.
［2］吴启运.高校人文社科类科研成果转化的对策［J］.教育探索，2008（2）：80-82.
［3］王晓丽，高赞，张书晔.高校人文社会科学成果转化若干问题的思考［J］.科技管理研究，2008（7）：244-245，309.
［4］查丹明，唐仁郭，蒋冬清.社会科学研究成果转化的现状及对策分析［J］.广西高教研究，2000（1）：73-77.

作者简介：曹晓明（1985— ），女，山东龙口人，烟台南山学院国学与外语学院，副教授，硕士研究生。

地方应用型大学科研成果转化现状、问题及对策研究

魏茂荣　宋志峰

摘要：地方应用型大学作为我国高等教育的重要组成部分，承担着经济和教育发展的重任。本文首先从地方应用型大学科研成果转化现状入手，探索地方应用型大学科研成果转化存在的问题，然后从五大主体、三大要素出发，提出地方应用型大学科研成果转化的建议，要重构师资结构、提高科研竞争力、加强政校企合作、以市场为导向、建立权责利制度、加大设备与资金的投入、五大主体要有责任感和参与意识等。希望能为地方应用型大学科研成果转化带来一定的参考。

关键词：地方应用型大学；科研成果转化；政校企合作；五大主体；三大要素

一、引言

地方应用型大学具有地方性、应用性、特色性、创新性等多重属性，以外界发展的需求为导向，与当地政府、企业建立亲密的共生互动发展关系，探索当地政企校特色发展，有利于促进学校从传统的研究型向新型应用型大学转变，为社会经济发展贡献自己的力量。科研成果转化是指将科学研究与技术开发所研发的先进产品，直接用于工业、农业、服务业等领域。简单来说就是将研发出来的产品用于社会的生产中，使产品具有商业属性，为社会发展服务，给社会经济发展带来效益。纵观我国地方应用型大学的科研成果最终转化成具有商业属性的产品其实数量很少，极大程度上造成了前期资源投入的浪费和后期科研成果的闲置。

二、地方应用型大学科研成果转化现状分析

（一）科研成果转化的数量在增加，但转化金额占比较少

专利是衡量高校科研成果转化的重要指标之一。据统计，近三年来，地方应用型大学专利申请数量平均增长率为25%，其中，发明专利申请数量占比为60%。同时，学校专利授权数量平均增长率为30%，表明学校在科技成果转化方面的能力不断增强。地方应用型大学科技成果转化数量平均增长率为22%，其中，重大科技成果转化数量占比为30%。这些数据表明学校在推动产学研合作、促进科技创新和地方经济发展方面发挥了积极作用。在2020年，全国高校科技成果转化合同金额前100名中，总合同转化金额为826.5亿元，但只有29个大学是地方应用型大学，合同转化金额共为94.09亿元，占比仅

有11.38%❶。在这些应用型大学中，像江苏大学、上海科技大学、湘潭大学这样的老牌高校，在应用型大学科研成果转化金额中占比很高，而那些建校时间较短的新学校、从研究型转入应用型的大学，科研成果转化金额占比非常小。

（二）科研政策扶持力度在增加

2015年，《关于引导部分地方普通本科高校向应用型转变的指导意见》中提出各地各高校要从适应和引领经济发展新常态、服务创新驱动发展的大局出发，以改革创新的精神推动部分普通本科高校转型发展❷；2017年，《国家教育事业发展"十三五"规划》当中提出将推动具备条件的普通本科高校向应用型转变作为高等教育结构调整的重要举措❸；2019年，《国家职业教育改革实施方案》中提出一大批普通本科高校向应用型转变的发展目标❹；2021年，《中华人民共和国国民经济和社会发展第十四个五年规划和2035年远景目标纲要》中提出要建设高质量本科教育，推进部分普通本科高校向应用型转变❺；2022年，党的二十大报告中指出要推进产教融合、科教融合，努力培养更多高技能人才。由此可以看出我国对于应用型大学的科研成果转化是非常重视的❻。

（三）科研资金来源渠道单一

科研项目数量和经费是衡量高校科研实力的重要指标。据统计，地方应用型大学每年获得的科研项目数量平均增长率为20%，其中，国家级科研项目数量占比为15%，省级科研项目数量占比为25%。同时，近三年来，学校科研经费平均增长率为18%，显示出学校在科研方面的投入也在不断增加。但不可否认的是，相比传统高校，这些高校的科研资金来源除了政府的财政扶持，在其他科研资金渠道方面，如社会捐赠方面，由于办学年限相对较短，校友会捐赠尚未形成体系，社会团体、慈善机构也更愿意将资金投给办

---

❶ 《中国科技成果转化2020年度报告（高等院校与科研院所篇）》出炉[J]. 河南科技，2021，40（12）：1-2.

❷ 教育部 国家发展改革委 财政部关于引导部分地方普通本科高校向应用型转变的指导意见[J]. 中华人民共和国教育部公报，2015（12）：28-32.

❸ 国务院印发《国家教育事业发展"十三五"规划》[J]. 教育现代化，2017，4（38）：8.

❹ 国务院关于印发《国家职业教育改革实施方案》的通知[J]. 云南教育（视界时政版），2019（3）：20-24.

❺ 中华人民共和国国民经济和社会发展第十四个五年规划和2035年远景目标纲要[J]. 中国水利，2021（6）：1-38.

❻ 习近平. 高举中国特色社会主义伟大旗帜 为全面建设社会主义现代化国家而团结奋斗——在中国共产党第二十次全国代表大会上的报告[J]. 青海党的生活，2022（11）：4-23.

学历史相对较久的公办学校，所以虽然应用型高校的科研资金总体在增加，但并不能满足科研支出需求，地方应用型高校必须走出自己的特色科研发展道路，吸引更多除政府扶持以外的资金投入。

三、地方应用型大学科研成果转化问题分析

（一）科研师资结构相对薄弱，科研内驱力不足

地方应用型高校的教师队伍，除少部分快退休的教授外，其余教师大多比较年轻、有活力，思维活跃是青年教师的优势，但是作为一名青年教师，如何将自己的知识传授给学生，是其作为教师的第一使命，所以他们把更多的时间和精力都放在了教学研究上，进行科研的时间较少。快退休的老教师们虽然经验丰富，科研能力强，但是缺少内驱力，无心科研，从而出现一种青黄不接的现象。而且，学校缺少对青年教师关于科研项目应如何申请、转化等问题的培训，一些青年教师想参与，却无从下手。

（二）科研资金紧缺，缺少对应的科研环境

虽然国家一直在倡导高校要加强科研，鼓励更多教师参与到科研活动中去，并给予相关的政策补贴，以实现科研成果的转化，促进社会经济发展。但现实是由于很多应用型大学是新建或者转型的大学，他们将更多的资金用在了学校基础建设等方面，最后留给科研项目的资金并不多，而且参与科研活动的资金支出远远高于补贴费用，这也导致很多教师不愿意进行科研活动，进入一种有心无力的窘境。由于地方应用型高校的资金紧缺，相关的基金课题较难以获得，所以应用型高校的科研成果、核心期刊论文数量也远不如传统研究型高校，最后陷入死循环。

（三）科研资金真正使用率低，脱离市场需求

地方应用型高校处于地市级，地区科研机构数量少，带来的是科研项目数量少，另外由于是地方性，所以很多学校参加科研活动的机会匮乏，造成科研项目的闭门造车，最后导致科研成果不符合市场的需求，科研成果转化率和贡献率低。2023年，广西发布的审计报告中提到，某所高校累计获得财政投入科研经费1.31亿元，实施科研项目862个，而实现科研成果转化0个。放眼全国，这种现象并不少见。统计数据显示，尽管我国高校每年有近万项科研成果通过鉴定，其中30%以上的成果为国际首创，但真正应用到生产中的成果仅占高校科研成果的5%~10%，与美国、日本等发达国家70%的转化率相差甚远。由此可以看出，地方应用型高校的转化率真的是收效甚微。当前许多地方应用型高校对于教师科研成果转化并未形成强制规定，渐渐形成"唯论文论"的晋升模式，有的

应用型学校只要科研项目达到结项就可以评职称，缺少对于后续科研成果是否能转化、是否能应用到生产中、是否符合市场需求的持续研究。另外，应用型高校的科研成果大多是学校的科研人员研发的，他们具有较高的科研能力和素质，但是缺少一定的市场调研以及市场运营技能，这也是导致科研成果难以转化的一个重要因素。

（四）科研成果后续管理结构发生断层，推广渠道匮乏

一项科研成果从提出到最后的转化一共有以下五阶段：科学研究阶段、成果形成阶段、成果转化阶段、市场推广阶段和反馈优化阶段。在前期的研究阶段，主体往往只有学生和教师，缺乏与前沿人员的沟通以及对市场的调查。许多科研成果结项后，就没有了后续的跟进情况，浪费了大量的科研项目。即使后期有相应的市场推广，到了市场实验部分又有许多问题，其研究的产品可能并未解决生产中的问题，甚至有可能产生新的问题，而这些不仅靠学校、技术人员，还需要企业后续的管理。以及在市场推广的过程中，推广的渠道往往仅限于与自己合作的企业，或者将产品发布到网上后，后续就没有了相应的反馈和管理规定。这些往往需要大量的精力和时间，在如此复杂的过程下，很多科研项目可能会被搁置甚至放弃。

四、地方应用型大学科研成果转化的对策

从科学研究阶段、成果形成阶段、成果转化阶段、市场推广阶段到最后的反馈优化阶段，为保证科研项目的成果转化，投入生产，为社会经济发展带来效益，五大主体要共同发力，三大要素即市场、资金、设备要缺一不可。

（一）加强师资结构建设，提高科研竞争力

地方应用型高校的教师不仅要有扎实的学识，还要有相关企业的工作经验。正如"十四五"规划中提到建立高水平现代教师教育体系，加强师德师风建设，完善教师管理和发展政策体系，提升教师教书育人能力素质。第一，学校的选聘制度上，可以借鉴国外相关高校选聘大学教师的标准，如选聘的教师至少有5年及以上的专业实践经验，同时具有3年及以上教授该课程的相关实践经验。这样不仅能聘用到应用型的教师，同时也为高校带来了一些隐形资源，无论对学生以后的就业还是加强相关企业的合作都大有裨益。第二，应聘教师本身也要加强自身修养，不仅具有扎实的学识，更要加强自己的实践能力，将自己的能力与从事的职业相结合，多参与相关项目的策划、实施，为以后从事教育类行业打下深厚的基础。第三，学校要加强对校内教师的培养。学校与合作企业达成共识，鼓励教师利用假期时间到企业历练。尤其是刚步入工作岗位的新教师，这样

不仅能提高他们的教学能力，也提高了他们的科研能力。第四，聘任企业专业人员到校任职或兼职。教师队伍不仅包括老教师、新教师，也可以外聘相关企业专家参与到课程建设、教学实施、师资队伍中，发挥企业家精神，成为地方应用型高校科研成果转化的催化剂，以他们更具形象化、前沿性、专业性的授课方式来带领学生、教师了解和参与到科研项目中去。

（二）加强校政企合作，为地方应用型大学的科研转化保驾护航

正如学校离不开社会，社会也离不开高校一样，地方应用型高校科研成果的转化离不开政府的大力支持，作为高校与企业连接的关键节点，当地政府的相关政策、补贴扶持都是地方应用型大学科研成果能够转化成功的基石。所以当地政府要根据当地发展情况，协同学校、企业建立相关的项目库、技术库、设备库、资源库、人才库，持续关注科研成果的转化情况。像贺州学院，坚持开放合作，深化产教融合。与华为技术有限公司共建"华为信息与网络技术学院"，与贺州市各县（区）合作共建"村镇学院"，成立了贺州学院合作发展联盟，共建育人平台，以市场需求为导向，培养各行各业综合型专业应用人才。

地方应用型大学可以建立一个，以学校特色专业为主，组建不同方向的科研成果技术专业人才队伍，该队伍的成员包括政府人员、学校的教师和学生、企业专业技术人员，政府作为提供资金、设备的基础，教师和学生作为人才储备，企业提供相关的专业技术支持，在成果转化的全过程，包括科学研究阶段、成果形成阶段、成果转化阶段、市场推广阶段、反馈优化阶段，保证科研成果转化形成持续产业链，制订科研成果立项、转化、推广等权、责、利的相关制度，避免各阶段、主体推卸责任等情况发生。

（三）学校要有责任意识，以市场为导向

科研项目的成果转化离不开学校专业的设置，因此学校要以产业需求—学校供给为导向。第一，专业设置应具有应用性、实践性、匹配性、前沿性。在设置专业前，在借鉴相关高校设置该专业的基础上，进行为期两个季度甚至三个季度的市场调查，深入企业内部了解企业所需要的管理型人才，深入生产环节了解生产所需要的技术型人才，了解该专业给市场带来的效益。而不是像现在专业课的设置同质化，不符合市场发展的需求，学生毕业后面临毕业即失业或者毕业生到了工作岗位面临着什么都不懂的窘境。第二，毕业设计论文环节要提高其实践性。像德国应用型大学会与企业形成长期的合作机制，60%~70%的学生以企业面临的问题去设计论文题目，一般在企业中完成毕业论文或毕业设计，企业中的专家会给予毕业论文相应的指导。正如烟台南山学院遵循"校企合作、协同育人"的办学理念，纺织与服装学院于2022年与山东南山智尚科技股份有限公

司达成产业用装饰用纺织品的横向课题立项意向。自达成合作以来，双方进行了多次校企合作。学院邀请该公司技术骨干来学校实训中心进行设备的维护和技术指导，同时学院纺织系的教师在技术人员的带领下进入精纺厂进行学习，另外，学生能进生产车间进行观摩学习，将书本上抽象的概念在生产车间得到实践，充分提高了教学质量，激发了学生进行科研创作的热情。

（四）学生主动抓住机会，积极参与科学研究

学生作为应用型大学五大主体之一，要积极抓住科研机会。首先，积极主动了解各方面的信息。在这个信息大爆炸、互联网高速发展的时代，要主动了解国际形势、国家大事、市场需求、国家政策、地方政策、专业发展等各方面的知识，比如合理利用各大短视频平台，搜集想要了解的专业知识和信息，为日后的就业或科研打下基础。其次，作为学生，第一要义就是学习。因此，在校期间要积极主动学习专业知识，主动与任课老师交流，对于有科研项目的老师也要主动联系，打破自己的舒适区，主动尝试未知领域的挑战，认真完成老师布置的科研任务。最后，坚持理论与实践相结合。抓住政校企的合作机会，主动到专业岗位上去实习，将自己的所学应用到生产中，同时，在实践中也要积极思考企业生产是否有更快更好转化生产效益的方式方法，主动与老员工请教和讨论，如果有想法，可以报告的形式发给老师或者向技术人员进行汇报。

（五）加大科研资金、设备投入，为科研成果转化奠定基础

地方应用型高校资金来源主要有政府财政拨款，学校自筹、社会捐赠、上级单位拨付、商业运作开发等渠道，但其资金相对较少，资金来源主要为学费收入以及办学积累，来源比较单一。第一，校企合作，促进产学研协同发展。应用型高校一定要主动出击，借鉴国外成功经验，主动与相关企业合作，通过校企合作，产学研融合发展，以促进科研成果更高效地转化成产品，既为学校增加了资金渠道，又能提高学校知名度，实现校企双赢。第二，增加资金来源渠道。政府财政性拨款已不能满足高校科研项目的完成，所以各高校可以将视野转向民间。可以将校友捐赠这样小规模的资金，与企业、民间组织、慈善机构、教育基金等建立教育投资结构，采取公开透明化的资金公示、项目招标等方式，鼓励更多民间组织与高校进行合作，增加社会捐赠在科研投资的比例。另外还可以将研发出来的项目与相关企业合作，采取技术入股、技术转让等方式来增加资金来源渠道。

（六）增加宣传推广渠道

对科研项目的宣传推广是后期产品能转化成商品的重要一步。第一，采用传统的宣

传渠道。与相关企业、机构合作，发表专利、论文，定期开展研讨会。第二，借助大数据对科研成果进行宣传。将自己的产品制作成短视频发布到网上，或者与相关媒体、大V进行合作，对产品进行讲解，吸引投资者进行投资。第三、深入市场。将科研成果真正投入实际的生产中，让真正受益的大众来进行点评和宣传。

五、结语

在实现第二个百年奋斗目标的关键时刻，在新的教育模式下，地方应用型大学要不断摸索，探索出属于自己的办学特色，坚持政校企一体，以市场为导向，以开放创新的眼光看世界，同时要重视科研成果各阶段的管理，为科研成果转化提供更加严格、良好的科研环境，打破我国科研成果转化率低的情况，以促进科研成果为我国经济发展带来效益。

参考文献

［1］牛媛媛.我国应用型大学发展路径研究［D］.上海：华东师范大学，2021.

［2］周友士，蒋亦华.地方应用型大学特色发展：内涵阐释与实践策略［J］.华南师范大学学报（社会科学版），2021（1）：90-99，195-196.

［3］深化改革转型发展 建设特色鲜明高水平地方应用型大学［J］.求学，2020（22）：41.

［4］孙锦礼.河南应用型大学科研成果转化问题研究［J］.智库时代，2019（5）：136，164.

作者简介：魏茂荣（1997— ），女，山东临沂人，烟台南山学院经济与管理学院助教，硕士；宋志峰（1965— ）男，山东龙口人，山东新南山建设工程有限公司，行政部长。

地方应用型高校横向科研项目助力企业转型升级
——以环境系列设计方案开发为例

刘霞 王婷婷 宋雪莲

摘要：企业委托高校的开发、研究和服务等方面的项目被称为横向科研项目。在分析地方应用型高校横向课题目前发展形势的背景下，以烟台南山学院艺术与设计学院和设计类企业的合作为探讨对象，以环境系列设计方案开发为例，通过调研、论证发现通用性设计方案开发的项目能够有效助力设计类企业效率的提升，推进企业快速转型升级。

关键词：应用型高校；横向课题；企业转型

一、高校横向科研项目研究的意义

地方应用型高校推进横向科研课题，一方面填补企业与社会对于学术成果的需求，另一方面所呈现出的是地方高校创新+科技的实力，即是转化科研成果的能力表现，当然不可否认的是助力地方社会及经济的发展。面对地方企业越来越看重产教研一体化的趋势，更多的企业会积极与地方高校促成校企一体合作的紧密关系，形成一定的聚集效应。与此同时，地方应用型高校也在增加教师横向课题的承担数量，课题的经费数值随之增长。例如，烟台南山学院一直以来注重"校企一体化"办学特色的高等教育品牌，学校面向全校教师围绕产教研深度融合"六个一体化""十个一工程"等内容持续推进，因此，横向科研课题在烟台南山学院科研体系中成为重要部分。这个背景下，有效地提升高校科研教师的科研能力，扩大了地方应用型高校的科研辐射圈，更是在科研储备和人才培养可持续发展方面发挥了有效作用，确保科研工作在大环境下稳步前进。另外，高校科研教师在横向课题的完成过程中给学生带来校内校外结合的实践平台，学生可以更好地掌握课本专业知识，也进一步扩充了学生们的专业视野，且在知识目标、能力目标和情感目标上都得到了全面的提高。

就企业层面来看，地方应用型高校受其委托，开展横向课题，内容就某领域进行方案或技术的创新开发，课题内容符合高校教育和企业面向社会的需求，对于开发投入部分某种程度上减少了成本，承担的新科技、新技术的研发风险随之降低。就高校层面来看，高校教师所承担的横向课题可以提供给企业所需的学术和技术支持，帮助企业优化自主研发能力，增强企业创新的意识。换言之，企业能够在与高校合作的情况下，将精力放在企业的推广和效率，提高经济效益，结合高校横向课题带来的前沿理论和技术促进自身转型升级，达到更高水平的行业地位。

现如今，烟台南山学院艺术与设计学院为加强校企一体化理论研究与实践探索相关成果，对横向课题建设给予大力的支持，着重定向培养相关人才，采取院领导点对点帮扶、共建和协办的方法开展横向课题研究，力求在学院层面建立有效、有果、有人才的平台。

二、企业转型升级面临的困境

快速的社会发展势必要求企业技术层面的不断创新，以此来对抗同行企业之间的良性竞争。自党的二十大以来，国内设计类企业在人工智能领域面临着"去拥抱"还是

"被淘汰"的两化局面，高质量发展导向下迫切要求设计类企业引入科技，将多元化的可能性展现得淋漓尽致。例如，龙口市装饰装修、设计安装等相关企业，在达成审美需求的同时还要特别关注环境生态问题、人文情怀和设计技术等多方面的资源跨越，也可称为一个全新的资源机制。

企业在转型发展时面临挑战不可避免，设计类企业困境主要是将面对信息化技术人才短缺、组织模式传统化、设计软件无法满足设计需求，时效性低等问题，多因素阻碍设计类企业的转型升级。设计类企业面临如此困境，当务之急是寻找具备创新的人工智能化模式来推进企业转型升级。

大部分设计类企业想要快速成长，其内在的助推力是围绕企业技术的进步，企业核心竞争力的凝聚，设计类业务的拓展，以及运用数字化背景下的AI等数字技术成就具备创新性设计，这期间也要面临多方面的阻力，例如资金、人才、技术等。

（一）信息化建设资金匮乏

AI、BIM、装饰装修、工程施工、物联网等多方面的应用业务会带来大量的资金投入，如购买电脑、服务器等硬件和软件的资金，以及架构信息化和其他技术的资金支持。当然这不是一次性的投入，随着设计行业的日益更新，考虑到设计行业时效周期的短暂性，新设计方案的不断深入，信息化建设不仅是前期投入，还有后续的升级维护，这样产生的资金压力会给设计企业带来运维压力。

（二）技术人才稀缺

为了维持设计行业的日益更新，升级维护的软件、系统便需要掌握相关技术的人才及时跟进，这也就造成了设计类企业在转型升级中会遇到技术人才缺乏或培育技术人才方面的瓶颈。如何去留住这部分的技术人才也是令企业头疼的问题，众所周知，人工智能方面的技术人才在设计类企业中并非主流人员的地位，企业所给予的薪酬待遇在市场经济大环境下不能满足这部分的高精尖人才，设计类企业的技术人才在引入和稳定性方面无法得到满足。因此设计类企业在转型升级上无法真实地反映出企业设计水平，转型升级的难度则逐步提高。有设计能力、有思想的人工智能技术人才的稀缺便是目前企业转型升级面临的阻力之一。

（三）信息化建设缺少规划

部分设计类企业在资金的支撑下，强力打造智能化模式，但此模式整体规划上却不够完善，这种局面在设计类企业是难免的，主要是由于设计类行业发展太快，所涉及的范围过于广泛，例如环境系列设计方案的开发上，所制定的规划就不一定能够跟得上变化。从设计师所应用的软件方面来说，其软件更新速度较快，使用杂乱，设计类企业在软件引入方面更多考虑的是设计师个人的偏好，而没有考虑整体的规划，在引入后会导致企业系统出现无法兼容或是协调方面的问题。如此包容地引入软件，对企业网络信息安全方面会形成预估不到的安全隐患。

（四）管理制度存在缺陷

人工智能化构建作为设计类企业转型升级的助推剂，其建设和管理的规范性受企业相关管理制度的制约，只有在管理制度完善的情况下才能确保人工智能化建设的顺利推进。从传统的设计类企业来看，更多的会重视企业中的设计师，以设计师为中心，企业的运转围绕设计师所服务的甲方开展，这种情形下就会导致企业忽略了人工智能化构建的人员。当人工智能化构建的人员作为辅助时，其做出的科学制度便可能不被重视或被忽略，造成非积极性的管理制度，制约信息系统的深入应用。

三、高校横向科研项目助力企业转型升级

（一）横向科研项目研究显现的曙光

1.以人工智能为技术支撑

通用性环境系列设计方案的开发，采用BIM进行设计优化，在装饰装修前根据设计方案，提前预留管道，确保安装的效率的话，则需要设计类企业通过BIM和三维扫描技术进行反向建模，利用人工智能技术模拟现实，对标设计方案，最大化还原设计效果。

2.以通用式为核心

通过人工智能的引入，打造通用式模块化装饰装修，减少人工、时间的浪费，压缩安装任务的周期。例如，装饰装修模块化可采用BIM和三维模拟，整体统筹设计方案的实施，提前消除实际安装中可能面对的风险。

足以看出，设计类企业转型升级的方向主要是人工智能化的实现，通过科技创新手段，融入艺术，从而推动设计类企业转型升级，为设计行业高质量发展作出一定的贡献。

3.项目采用工程总承包模式

设计行业面对的人群各异，部分人群在项目签订时会选择非全包形式，意味着设计方案的落地无法保证施工能够百分百还原设计师的初衷，影响设计方案的呈现。因此，从引导设计、采购、施工等方面，最大可能地采用设计施工一体化是目前设计类行业应争取的模式之一，缩短工期、确保质量、减少成本投入。

（二）横向科研项目研究对企业发展的助力

1.找准突破口，向"艺术+科技"转型

助推企业科技能力，彰显科研横向课题对于企业软实力的体现。在企业转型过程中，引导企业找准突破口，将艺术与科技深度融合，打造科技创新的企业竞争力。大部分设计类企业会考虑如何去快速提升科技融入艺术的能力，如何通过这种方式增强企业的核心动能，这一问题是目前设计类企业需重视的。校企一体化背景下的科研横向课题便是解决企业转型升级的好方法，能够解决企业效率和企业提升竞争力的项目渠道。如在环境系列设计方案开发中，我们会发现AI技术的广泛应用成为景观设计领域中的强大支撑点。从全球高校设计类发展内容上来看，也能发现众多高校已经将AI技术与设计相结合，应用型高校教师便找到了培养创新高水平设计师的突破口，提出"艺术+科技"，当学校拥有了该方面的经验，推出与企业合作的相关横向课题后，企业自然可以通过横向课题研究，找到企业转型升级的助力点，加快转型。

2.加强自主研发，破解"卡脖子"难题

快速发展的设计类行业在人工智能方向升级转型有了一定的效果，杭州亚运会项目启动，钱塘江江边民生工程中人工智能公共座椅的出现掀起了市民的热议，得到科技融入艺术的好评效果。但目前国内在自主研发这方面仍面临着各种各样的难题。环境设计专业中使用的软件无法解决现在甲方要求的快速表达方案、快速出图问题，在无法自主研发软件来解决这一问题的情况下，我们应该思考如何将设计思维在目前开发完善的软件中进行表现，这就是加强自主研发的必要性，解决"卡脖子"问题。一方面，新时代的应用型高校学生，较早接触数字技术，对于科技的依赖可想而知，当然这不一定是一件坏事，利用学生不排斥科技的优势，改进教学方式，通过科技与专业知识的结合，激发学生对于专业学习的兴趣。另一方面，将高校自主研发的科技融入设计的模式引入企业当中，不仅是自主研发的软件，更多的是自主研发的模式，开创设计类企业自主研发解决难题的应用先河，势必具有推广的重要意义。这也是横向课题助力企业转型的体现之一。

当然，在自主研发最初期，我们会听到这样的声音："新技术融入设计中，我们并非初试者，怎样才能做出突破？""做出的自主研发能够被企业、被市场所认可吗？"这也代表，可以通过横向课题来连接地方应用型高校和地方企业，用高校的自主研发来促进企业转型升级，用企业转型升级的效果来验证横向课题中自主研发的有效性，达到双赢目的。

对于企业而言，重中之重就是企业的效率和经济，设计类企业是通过促成设计方案的合同并实施而获取企业效率。其中涵盖工期效率的推进、设计方案效率的推进等。设计方案是否得到甲方满意是设计类企业经营和宣传的重要部分，具体包括设计要在哪个城市？哪个区域？室内空间设计还是室外空间设计？占地面积又是多少？工期是多少？……面对种种内容，采用传统的企业模式，在设计稿期间可能就会浪费大量的时间，延长合同签订的周期，在这期间又会出现不可控的因素导致合同流失，造成企业成单率较低的问题。解决这一问的方法便是企业能够自主研发，高效且精准地拿出设计方案满足甲方需求，提高成单率。因此烟台南山学院艺术与设计学院基于"智能互联网+设计"工程研究中心平台，自主研发AI+景观设计的智能化、自动化创新模式，海量整理数据并进行分析和挖掘，为设计类企业提供高效能的自主模式，以此提高企业转型升级的效率。具体可以从三个方面来阐述：首先，设计类企业在目标锁定和受众群体对于设计方案喜好方面意见重合率提升；其次，通用性环境系列设计方案智能化、自动化创新模式的开发，能够过滤掉设计师重复性的不必要工作，并记忆设计师和受众人群的偏好，以此来提高设计师设计方案被认可后的签单率；最后，该模式可以自动将受众人群与设计方案进行有效组合，节省时间的同时锁定通用性设计方案。总而言之，艺术与设计学院通过与设计类企业的横向课题研究成果很大程度上满足了设计类企业转型升级的条件。

3.发展平台经济，提升核心竞争力

设计类企业对于核心竞争力的认定无非是质量和成本，确保质量打出品牌的同时，降低成本，提高收益。在设计方案进入施工环节，一半比例的成本来自材料费用，因此管控材料成本就是提高平台经济收益的手段之一，亦是设计行业企业不得不面对的困境。而智能化、数字化的创新模式让设计行业选择拥抱的同时，降低逃单率、提高交易率，这也是降低企业资金浪费的有效支持手段。建立规范的交易平台，提升质量、锁定成本，整体把控施工过程，智能化模式会提高交易透明度，提升核心竞争力。

四、企业转型升级的期望

面对高校与企业联合的趋势，面对横向课题对于人工智能的分析和认可，设计类企业可以依托高校提供的对于环境系列设计方案的开发，有计划、有目标地开展和推进。因此，横向课题实现了"校企一体化"深度融合，实现了高校科研服务地方企业、社会经济，创新校企联动机制，助力企业转型升级。结合高校设计类专业的属性及特色，具体建设措施有以下三点：

首先，由烟台南山学院出面组织建设人工智能团队，面向设计行业横向课题，加强对于横向课题负责教师的组织领导，制定出横向课题落地的流程与计划。从学院层面来看，跟随学校政策导向，艺术与设计学院完善横向课题开展的决策机制和专家咨询机制，针对横向课题内容进行有效的审核。强化学校层面上"艺术+科技"的创新模式的推进和作用，并设立划分系部领导班子，发挥管理职能，全面推进横向课题具体实施、落实的计划。

其次，充分利用"智能互联网+设计"工程研究中心平台，集中中心平台的教授、工程师、人工智能方面的专家和资源，为相关横向课题提供技术支持，并负责制定技术标准化建设、资质审查、网络安全等一系列的规定，为校企合作提供服务。

最后，高校教师积极联系设计类企业，发展设计行业创新战略联盟，紧密结合横向课题内容实施产教研融合，校内，以学生应用型能力培养为目标，创新教育教学方法，将自主研发的新模式教授给学生，为学生就业更快速地融入企业岗位和市场需求打下坚实的基础。另外，完成环境系列设计方案开发与人工智能的深度融合，促成设计类企业技术升级和产业优化，在实施过程中，从合作方案中深入挖掘实际项目的理论研究和实践探索成果，联合现代产业学院、"智能互联网+设计"工程研究中心平台，积极培育横向课题，提供关键设计方案的开发，研发一批有利于教学、有利于行业、有利于科研的创新成果。形成自主研发的核心竞争力，充分营造地方应用型高校助力企业转型升级的战略联盟作用，充分发挥横向课题的科研成果转化效果。

参考文献

[1] 张珣，靳敏，于重重，等.高校横向科研项目助力企业转型升级——以北京工商大学为例[J].中国高校科技，2018（Z1）：23-24.

[2] 谭梦琪.数字技术+平台经济 助力建筑产业转型升级[J].中国勘察设计，2020（10）：72-73.

[3] 宗祖盼.从传统迈向新型：文化企业数字化转型的内涵认知、制约因素与路径选择[J].同济大学学报（社会科学版），2023，34（3）：60-71.

作者简介：刘霞（1989—　），女，山东招远人，烟台南山学院艺术与设计学院环境设计系主任，讲师，硕士；王婷婷（1990—　），女，山东济宁人，烟台南山学院艺术与设计学院讲师，博士；宋雪莲（1977—　），女，黑龙江呼玛县人，南山旅游集团有限公司人力资源部部长。

产教融合背景下横向科研项目运行研究

高翔

摘要： 本文对产教融合背景下横向科研项目的开发条件、与企业的合作路径、存在的问题及改善的对策进行研究。提出企业和高校都应具备的合作基础；针对现存的重视纵向课题、轻视横向课题的现象，合同签订不规范的问题、经费的管理和到账问题、结项问题，以及科研团队的组建问题给出了一些建议；提出完善考评制度，细化合同和文本内容，提升经费的管理水平，加强结题备案工作，完善团队建设，加强人才培养，密切校企交流等策略。

关键词：产教融合；横向科技项目；技术合同；科研经费

一、引言

产教融合是校企深度合作的具体体现方式。在2023年7月，产教融合已经发展到国家级产教融合共同体的高级阶段。产教融合的实施是以项目为导向的，这样才能落到实处，产教融合才能实现"校企合作，互利共赢"。校企合作的项目属于横向科研课题，课题包含企事业单位委托高校的教师和科研人员进行技术开发、技术服务、技术咨询等，也包括高校研发的科技成果向社会转让，具有较强的应用性，服务于社会，有助于提高社会的生产力。

国内的地方性本科院校多为应用型院校，为了更好地培养应用型人才，高等院校应该承担一定数量的横向科研项目，不仅能够丰富和深化自身的教学工作和在其中培养优质人才，也能因此逐渐形成自身的办学特色。

同时，与纵向课题相比，横向课题无论是学校管理方还是校内的教师群体，都存在着一些没有引起重视的因素，及各种各样的问题。另外，虽然横向课题的立项和结题权威性无法与政府主导的纵向课题相提并论，但是校企双方的初始阶段的相互吸引，有共同兴趣和利益点的洽谈合作，课题的按时按期完成，资金的到账等因素，都需要经历一系列复杂的工作，都是需要负责人和经办人不懈努力才能做到的。

二、横向科研项目的开发条件

企业和学校合作的基础，在于企业拥有生产和科研的条件，而学校聚集了大量的人才，包括学有所成的教师和具备发展潜力的青年学生。虽然企业具备了一些熟悉生产工艺，或是熟悉开发经验的研发人员，但是由于人员的知识结构和水平的局限性，抑或是长期在岗位上形成的思维定式，和不具备图书馆的资料环境，以及企业成本的考量，无法给一些专门进行复杂科技问题攻关的专家设置岗位，企业在大多数情况下无法独自开发完成横向课题的内容。而这些问题是比较急迫需要解决的，完成这些任务企业将恢复到日常的生产、经营和销售工作中。应该看到，企业提供的问题，是在社会上很难遇到的问题，而纵向课题中的许多问题也都是生产生活中提取的问题的深入，某些横向课题解决的问题，给纵向课题的设置提供了思路。对于参与横向课题的师生来说，是机遇也是挑战。

能够与企业合作，被企业所认可的高校教师，是具备相应专业知识、受过学术训练的人才，他们所学的专业，相对于不同企业的研发和生产具有普适性，但是受到象牙塔环境的限制，许多人对于工艺问题懂得较少，具备领军能力和协调能力的项目负责人则基本具备带领项目组查缺补漏的能力。参与横向课题的学生，由于经验和能力的限制，多数是作为科研助手从事实验和跑腿的基础性工作。一般来说，课题组主要由研究生和具备研究潜力、充满浓厚兴趣的本科高年级学生组成。有些企业很看重这些学生，希望他们毕业后加入企业，这样就省去了培训的时间和成本。

与企业合作的高校，一般具有良好的科研条件。高校出于某些应用型课程开设的考虑，聘请企业人员来校兼职授课，高校的环境有利于研究人员放松身心，集中精力投入研发过程。不仅如此，某些高校还拥有国家级或省部级的重点实验室、国家工程技术研究中心、大学科技园等。另外，项目主管负责人如果具备相当的社会影响力，则会调动一些社会资源，帮助项目更快更好地完成。

另外，与高校进行横向项目合作的企业，通常是具备知识密集、技术密集的经济实体的高新技术企业。这样的企业能够持续进行研究开发与技术成果转化，容易与高校的师生形成伙伴关系。一些大型企业更设有博士后工作站，工作站为高技术人才与企业搭建了桥梁。进站的人员以企业的项目为背景，完成课题研究。同时，博士后人员也可以进入相关高校的博士后流动站，校方的博士后导师与相应企业的联系也会因此而更加紧密。

不可忽略的是，高校的科研管理部门在管理上起到了一定的作用，相当程度上扮演了保驾护航的角色。高校科研管理部门在科研过程的监督，教师科研工作量的计算，项目资质的认定，结项后与企业联合报奖，科研处都起到了关键性的作用。一般的小型企业没有精力和能力去申报各种奖项，各种高新技术企业在评审中都需要有与高校进行合作，横向课题的研究以及形成的一些成果，都是它们评级的最好佐证。

横向课题的开展，是与各级政府的支持分不开的。高校服务社会，用自身掌握的知识和人才解决所在地企业的疑难杂症，无疑会推动企业的发展，带动税收的增长，对地方经济的发展起到积极的作用。与企业开展横向课题合作，能够给高校带来科研经费，也是高校服务社会带来的报酬。对于高校师生，横向课题更是一个大展宏图、深化教与学的过程。

三、高校与企业的合作路径

校企合作的路径是需要关注的一个问题。高校与企业如何建立联系，两者又如何能够紧密合作并顺利完成项目？一些特殊的情况，是校办企业，或是企业办学，而恰好项目能够在这样的校企中产生。这是一种天然的条件，但即便是这样的条件，也需要把握变换的条件，并做到善始善终。

建立联系的方式多种多样，有政府牵头的各种洽谈会，有朋友的介绍，有各种的展会，包括项目展示的路演、学术会议，甚至包括校友会、商会的联系。企业产品的展会，不仅是销售的一种方式，也是对外建立联系的方式。有时候企业开发了一款产品，更需要合作开发另一款产品。参与展会的高校教师可以捕捉到合作机会。另外，各地举办的路演，成了具备科研成果的高校教师与高科技企业的研发人员展示自我、寻求合作的舞台。一些高层次的学术会议，不仅有相关专业的高校教师和研究生参会，也是相关企业寻求科技合作、寻找合作对象的场所。

良好的开始是合作的必要，双方尽量展示自己的条件优势，并很诚挚地表达合作的愿望。校企之间相互谈不拢的情况是非常多的，很多都是只有一面之缘，或者只是建立了松散的朋友式的联系。究其原因，多是经过深入的交谈，彼此发现无法完成对方的工作，抑或是没有真正的共同兴趣，以及相互的共同利益点。

经过相互的了解，彼此对对方拥有的资质、人员、设备、运行状况有一定印象后，才能逐渐进入校企合作的深化阶段，也就是校企融合，具体表现就是产教融合。

真正合作达成横向项目，需要多次交流甚至是谈判。校方的项目负责人与对接的企业相关高管，应具有良好的顺畅交流，同时，也必须从时间、人员、资金等各个方面获得两个单位的有效支持，否则项目也无以为继。

一般来说，企业与校方以技术合同的方式来达成横向科研项目，由于效益是企业的生命，所以项目的完成时间短则1~2个月，最长不超过1~2年。项目最开始的阶段，应该是企业从事项目热度最高的时段。高校的项目负责人最好克服面临的人员和技术上的困难，把项目启动起来做到一定的程度，以使企业加大投入，对项目的未来充满信心，企业内部的支持就会更多。另外，双方在洽谈的时候，最好根据项目经验合理设定项目进度，并定时共同召开相关的项目会议，跟踪并修正项目进度。

在项目启动的会议上，基本确定双方有哪些人员进入，并初步确定沟通方式，人员在项目中的工作安排，合理安排完成阶段性的工作，并形成报告，文档和运行数据合理保存。由于数据是企业的机密，而高校需要数据完成科技论文，因此相互的协商应该在合作初期商定。人员团队的组建应发挥成员的作用，并各层次配备合理，汇集项目中各方面人才，以防凑数造成冗员，导致职责不清。因为项目小组的各个成员在其单位都有其他工作需要完成，因此各自的主管部门合理安排工作的权重是很必要的。另外，如果项目的时间超过半年，当初进入项目的企业和高校的某些项目成员，甚至是项目负责人，离职的情况有可能发生，这样有必要协调人员的补充、角色的变换和相互的工作交流重新开展。有些学校的青年教师和研究生会跟踪项目，采样数据和调试，在企业中作为临时工作人员，也需要解决一些食宿问题。

参与项目的青年学生，无论是本科学生还是研究生，只要拥有项目工作经历都是用人单位所青睐的。如果团队中没有合适的学生从事项目的基础工作，也可以从其他高校借用一些学生来充实项目团队，一个良好的横向课题，不仅适合于本科生的毕业设计，也适合研究生完成硕士论文。这也涉及兄弟院校共同培养硕士研究生的问题。

高校与企业的横向科研项目，是一种科技活动，也是一种市场化的商业活动。项目洽谈时都要考虑项目经费的数额、分配使用和何时以什么方式拨款，这些基本上都在技术合同上约定下来。横向课题基本上是项目负责人与企业委托方建立在相互诚信的基础上的科研活动和商业活动，合同最好详细拟定，应考虑到各种情况。

产教融合下的横向科研项目，最后的成果不是简单地帮助企业解决关键性的技术问题。共同申报知识产权和发表科技论文，并联合申报各级的科技进步奖，这对合作的双方都是很有好处的。

四、横向项目目前存在的问题

（一）重视纵向课题，轻视横向课题的问题

国家、省级基金等的认可度比较高，横向课题的认可度相对较低。教师从事横向科研项目的动力不足，从外因的角度上看，目前由于经济环境的影响，高新技术企业的效益下降，企业的研发投入受到削减；各个学校的科研管理横向项目的政策对于人才引进、绩效奖励、教师的业绩考核和职称晋升方面，缺乏有效的支持。横向课题与纵向课题的工作业绩折算，只有从项目到账资金进行比较，而一般来说，对于一个横向项目，学校要求的资金要比纵向项目的资金高出一倍到数倍。这些因素导致高校从事科研的人员将大部分精力致力于纵向项目的申报和研究上，或多或少地轻视横向课题。还有一些观点认为横向项目是纯粹增加收入的经济行为，与科研没有太多关系，甚至还有人认为横向项目是单纯的招牌式的设项，纯属是一种任务行为，并没有什么实质内容。

（二）合同签订不规范的问题

横向科研项目核心内容是项目合同。目前，各个高校都没有明确的合适的横向项目管理制度来规范并引导合同的签订、实施及结项。许多情况是没有成功的先例来按例而循。技术合同的规范与否也影响到执行合同时的结果。不规范的问题在于：

首先是合同文本不规范。项目合同一般都是科技部发布的技术合同文本及部分地方政府发布的技术合同登记文本，还有使用规范文本被删减的简易文本，经过简单修改而

形成。还有使用政府采购的标书和双方拟定的简单协议。其次是合同条款不规范。条款中一般涉及《中华人民共和国合同法》《中华人民共和国专利法》和《中华人民共和国成果转化法》等法律知识,但从事科研工作的高校教师一般很难有法律意识和法律经验,加上需要签约的急迫心理,合同中容易在关键条款忽视己方权益,内容不详或条款不准,认为不可能发生或者是没有想到,结果到时落得为难的境地。再就是合同的实施不够严谨,由于法律意识的淡薄,双方或某一方认为合同的签订是简单走过场,并不认真执行合同约定。在项目运行出现合同没有考虑到的情况时,往往是口头约定改变合同,并没有重新签订修正版的合同。最后是技术合同的认定登记点由于不规范的合同,无法让企业享受减免税收待遇。

(三)经费的管理问题和横向项目资金的到账问题

各个高校的横向科研经费的管理不够完善,纵向课题经费都可以根据国家出台的相关文件进行,且有上级管理部门的监督指导,而横向项目缺乏适合的管理制度。各个高校根据自身情况制定相应的横向科研经费的政策和措施,在管理运行时有一定的顾虑,在经费管理上经常套用纵向经费的管理原则和方法。一些高校的经费支出程序过于烦琐,报销的不顺畅和无法报销使得教师对于开展横向科研工作望而却步。与此相反,有些高校的横向项目的政策制定有问题,便于个别项目负责人违法套取科研经费,将本该用到科研上的资金进了个人的腰包。

横向项目的资金到账分为一次性支付和分期支付。技术合同约定的分期支付,容易在执行过程中发生扯皮现象,出现支付迟缓和拒绝支付的问题。而政府背景的纵向科研项目都是严格按照签订任务书、中期验收和结题验收等步骤进行。而横向科研项目即便是一次性支付,也不一定在规定的时间点上支付,课题经费的数额也不一定按照约定好的执行。项目负责人与委托方的沟通方式和沟通技巧,某些情况下决定了经费的到账情况。有时候企业方面的主管出差、调岗或离职等情况,其他人员可能不承认前任签订的合同。可以看到,某些企业与相关高校有良好的合作关系,和地缘、人缘、历史等都有很大的关系。

(四)科研团队的组建问题

目前,多数项目负责人靠个人与企业谈成合作意向,并签署合同,完成企业委托的科研任务。团队中真正参与的其他教师不多,学生中很多缺乏项目经验,也有部分学生缺乏责任心。实际研发过程中面临的问题是比较复杂的,团队力量的单薄会有半途而废的风险,再说也不容易将问题圆满地解决,项目时间的紧迫会放大这种效应。另外,有些高校教师的科研教学工作压力巨大,无法兼顾横向项目的情况,并不是专职去做这一件事情。团队中成员构成的问题,一是成员人数不够,缺乏人手做细致的基础性工作;二是缺乏有经验的人压阵,项目开发走了一些弯路。

(五)结项的规范问题

对于横向科研项目,缺乏如同纵向课题那样明确的管理流程,基本依靠的就是签订的合同。某些项目负责人在帮助企业完成委托的任务后,就没有考虑结项这项工作,导致高校科研处无法准确掌握所管理的项目是否结项,妨碍了科技成果的推广。有些项目受到政府职能部门审批的影响,结项受到延迟,影响了尾款的到账。

五、横向科研项目出现问题的对策

(一)完善横向科研项目的考评制度

为了激发科研人员承担横向科研项目的积极性,在工作量考核、科技奖励和职称晋升方面,制定合适的条例,合理量化考核指标,以分数的形式表示出来。区别于纵向科研项目,强化横向科研项目的合同管理,借鉴企业之间的合同管理制度,明确项目运行中各个流程的管理,高效率地执行逐级审批手续,保证项目在科技管理部门的登记和等级标定。

(二)横向科研项目的合同文本规范化和内容的细化

在签订合同前,科技管理部门提供经过多次审核的标准化文本,并与企业协商,确定共同认可的合同文本。关于合同的内容,需要经过高校的法务部门审阅,及时发现合同的漏洞,以保证双方的权益,明确知识产权的归属。一般来说,企业方对共同署名发表科技论文的排名并不在意,甚至包括某些级别不高的获奖排名。但是他们对共同署名的科技专利等比较在意,主要因素就是担心由于产权引起的收益问题和是否影响生产。科技管理部门需要按照项目的时间节点,督促项目负责人完成相应工作,包括经费到账、成果登记等。

(三)提升横向科研项目经费的管理水平

项目科研管理费用的收取占比合理,制定完善的经费使用方法。做好预算管理,规定经费开支范围比例限定与非限定,对劳务费、咨询费等不做太多的比例限制。

完善横向科研项目的结账机制,明确学校科研部门、二级学院和项目负责人的责任,合理使用经费,按期完成合同。结余的经费管理,可以由学校继续设置后续基金,将余款拨付给项目负责人,防止滥用经费,购买不必要的设备和其他不恰当的支付,以保证后续的科研工作有充足的启动资金和预研支出。

明确工作流程,减少项目组成员在事务性的繁杂工作中不必要的奔波,以使他们将更多的精力集中于科研和教学工作中。

(四)加强横向科研项目的结题备案工作

结题备案登记横向项目的相关信息,并完成详细的研究报告,有利于科研管理部门的管理工作告一段落,另外也有利于学校向外推广横向项目的成果,同时也为继续申报各种奖项留下了基础资料。

结题备案中项目应该包括项目编号、签订合同的时间和结项时间,同时留存当初签订的技术合同、项目完成发表的科技论文原件和复印件、申报的知识产权,最好还有校内外和企业专家的评语。

研究报告中会介绍问题的由来、解决的方案和进一步需要做的工作,有大量的数据和图表,其专业性和丰富性不低于硕士论文,归档以备以后研究工作的开展。

(五)完善团队建设,加强人才培养,密切校企交流

为了丰富科研团队,可以在校内和校外开展招聘工作,吸引有项目经验及志同道合的人员参加。为防止项目运行拖沓,及时解决面临的问题,要实行例会制度,一般建议每周召开一次。例会上负责人和成员介绍项目进展,交流出现的问题,并制定近期的工作目标和时间限制。

对于参与横向科研项目的学生,给予他们足够的关心。在校内给予他们实践学分和特殊的奖励,对于他们的升学和就业做好推荐工作,并引导他们将项目工作经历丰富到个人简历中去。

与企业合作的横向科技项目,若脱离企业的协助,就会偏离工作的方向,无法真正地解决实际问题。在现实中,并不是每个企业的技术人员都很有兴趣并很热心地与高校来的师生紧密交流,有的时候会保持一种若即若离的关系。究其原因,主要是企业的高层主管与项目负责人达成共识,但是项目合作意识并没有完好地渗透到企业基层。这就要求赴现场工作的项目组成员能够有足够的耐心和情商处理相互之间的关系,以有利于工作的开展。

在一个比较有规模的长时间的横向项目中,项目组需要做出一定的阶段性成果,付诸实施并取得满意的效果,这样才能被企业信服,才有下一步工作的开展。否则,有可能面临一些阻力,使项目陷入僵局。

六、结语

横向科研项目能够提升产教研的合作动力,密切校企合作关系,实现校企合作联合培养人才,达到应用型人才培养的目的。科研团队成员在项目实施过程中需要注意合理分配工作精力,避免忽视横向科研项目。横向科研项目的管理制度需要进一步完善,包括考核、立项和结项、报销等。校企合作中企业的项目需求课题组要及时解决,同时也要保证学校和课题组的相关权益。课题组的建设人员要搭配合理,需要有各种各样的人才,既有经验丰富的专家教授,又有充满活力的学生担当科研助手。

参考文献

[1] 王振华,黄志纯.产教融合背景下地方本科院校横向科研工作研究[J].江苏高教,2019(10):62-66.

[2] 穆凌峰.产教融合下地方高校横向项目精细化管理探究[J].市场周刊,2022,35(12):16-20.

[3] 于江平.高校横向科研项目存在的问题与管理探析[J].现代企业,2020(12):24-25.

[4] 姜慧.高校横向科研项目管理对策思考[J].产业与科技论坛,2020,19(24):231-232.

[5] 李东生.如何科学管理高校横向科研项目[J].中国高校科技,2018(Z1):20-22.

作者简介:高翔(1967—),男,吉林人,烟台南山学院智能科学与工程学院副教授,博士。

校企共同体模式下构建现代产业学院人才培养模式的探索与实践
——以烟台南山学院智尚纺织服装产业学院为例

安凌中 刘美娜 闫琳

摘要: 本文从研究校企共同体的特征、校企共同体现代产业学院建设的必要性及关键问题出发,结合烟台南山学院智尚纺织服装产业学院建设的实践探索,围绕现代产业学院育人模式以及"双师双能型"师资队伍的建设进行研究，并对智尚纺织服装产业学院人才培养模式以及师资队伍结构的优化进行了实践，旨在形成先进的经验，为智尚纺织服装产业学院建设的持续改进，也为同类现代产业学院运行模式及师资队伍建设提供参考。

关键词：校企共同体；现代产业学院；人才培养模式；师资队伍建设

基金：2021年度山东省教学研究项目"基于教研产共同体的纺织现代产业学院构建模式及人才培养体系研究"阶段性成果（M2021187）

一、绪论

（一）研究背景

以人工智能、大数据等为推动的新经济发展时期，传统产业受到科技革命的影响急需转型，高水平的创新技能型人才成为行业急需。纺织服装行业在传统的轻工业中属于融合了时尚文化的产业要素，涉及的广度及深度使得传统维度单一的技能型人才已经无法满足行业需要。目前，大量纺织服装企业面临升级、转型的艰巨任务，急需大批具有深厚文化积淀和创新思维、动手能力强的高水平应用型人才作为人力资源支撑。这就要求纺织服装专业教育紧跟行业需求，培养产业需求人才，以此助推地方行业发展。因此，建设现代产业学院，构建新型的纺织学科应用型人才培养模式是打破人才壁垒，推动纺织产业高质量发展的重大议题。

（二）研究现状

1.国外研究现状

通过调研得知部分发达国家在产教融合方面已取得卓越成效，如行业协会发挥关键作用的德国"双元制"育人方式，以及日本的"企业大学"育人方式，它建立了终身雇佣和年功序列的制度，再如以学校为主导的新加坡"教学工厂"育人方式，等等。通过分析得出如上育人方式的创建都是为了解决教研产融合的问题，并且取得了较好的效果，但是都是在符合各自国情基础上建立起来的。

2.国内研究现状

我国多年相继学习借鉴如上国家人才培养模式，但整体来看，效果不佳且多流于形式，未能取得实质性效果。2017年，高校开始联合企业设立产业学院，如格力明珠产业学院、阿里巴巴产业学院等都是产业学院育人模式的典型案例，但是纺织服装类现代产业学院案例较少；理论方面，已有研究侧重于对建立产业学院必要性、策略方面，对构建路径未进行深入系统化的研究，尚处于摸索发展阶段。

通过以上分析，国外对该领域研究较早，且处于平稳发展阶段。但国内盲目借鉴国外的校企育人模式并非上策，依据所在区域产业发展诉求，建设校企共同体的"现代产业学院"是当下全面提高人才培养质量的重要举措，是使培养的人才能够迅速适应企业需求的重要方式，因此本文探索及实践目前研究尚浅的纺织服装类现代产业学院的构建方式及应用型人才培养模式具有一定理论及实践价值。

（三）研究目的

（1）以"共赢"为目标，产教构建育人共同体，打破传统人才培养模式，精准对接区域产业高质量发展的人才需求，构建"一模式、二体系、三系统、四平台"校企共同体的现代产业学院人才培养模式，解决纺织产业新时代需求下高水平应用型人才培养模式不健全的问题。

（2）构建集人才培养、技术创新、科学研究、企业服务等功能于一体的人才培养共同体，构建"多主体、共管理"的纺织服装现代产业学院，使行业企业更好地参与到学科建设与人才培养中，更好地解决行业企业在人才培养过程中参与度不够的问题。

（3）以培养"双师双能型"教师为目标，借助集团的产业优势，积极与企业开展交流合作，深度发挥"教研产深度融合"这种发展模式及重要载体的作用，解决学院原本教师队伍结构不合理的问题，提升师资队伍的水平，建设一支能够培养应用型人才的教师队伍。

（四）研究意义

立足于国内纺织服装产业高质量发展的人才诉求，及所面临的专业人才培养与区域经济发展、行业产业集群需求契合度不高、企业与高校协同育人内驱力较弱，合作途径和方式有限等问题，在充分调研的基础上，以构建校企共同体为突破口，拓展校企合作路径，有效整合校内外资源，构建校企共同体的现代产业学院，推进人才培养和区域服务能力，为纺织服装产业转型升级发展输送"精准刚需"人才。本文围绕"一模式、二体系、三系统、四平台"的产业学院人才培养模式，为纺织类院校建立现代产业学院以及纺织服装类本科专业学生的培养做出示范探索。

二、校企共同体现代产业学院建设概述

（一）校企共同体的概念与特征

从杭州职业学院首次提出"校企合作"这一概念以来，全国高校均进行了大量的实践尝试。校企合作本质上是借助校企融合的模式，从企业与学校的共同利益点出发，实

现校企共同发展，即校企共同体。校企共同体有以下三个特点：

1.校企共同体主体的多元化

研究学者比较赞同的观点是在校企共同体中，除了学校与企业是主体，政府、研究机构、行业协会等社会力量在校企融合的过程中同样发挥着至关重要的作用，由此可以看出校企共同体属于群体概念，在校企共同体中多主体发挥的作用也各不相同，所以校企共同体呈现出多元化的特征。

2.校企共同体需求的差异化与结合点

校企共同体整体上属于共赢的利益实体，学校、企业、政府、行业协会等主体都有利益的需求，而且各不相同。政府与行业协会的利益需求在社会层面，相对复杂；而学校与企业对利益的需求很直接，学校需要培养人才，企业需要寻求经济利益。以上可以看出，校企共同体中对利益的需求差异化明显，但是又有利益的结合点，这个结合点就是人才，即高水平应用型人才的培养。

3.校企共同体的构建需要遵循一定的原则

校企共同体利益需求的差异化决定着多主体之间在进行合作的过程中，为了达到最终的目标均需付出相应的条件，所以要估量各主体间的价值与利益取向，遵循主体开放、相互依存、相互提升的原则，达到各主体之间相互需求与相互支持的状态，从而在校企融合中表现出来。

（二）校企共同体现代产业学院建设的必要性

1.高水平应用型人才培养的迫切需要

在校企共同体背景下建设现代产业学院，是实现校企深度融合的重要方式，更是推动实用型人才培养的主要途径。传统校企合作模式下，双方无法真正融合，无法实现育人方式的广泛探索，已经无法支撑新时代应用型育人需求，这就需要构建一种全新的模式，从学院体制上根本解决学校育人与企业获利的矛盾。

2.国家对新时代高等教育发展提出的新要求

国务院办公厅印发《关于深化产教融合的若干意见》，教育部办公厅、工业和信息化部办公厅发布《现代产业学院建设指南（试行）》等一系列的文件从政策角度对产教融合发展提出要求，这些政策为我国校企深度融合的发展指明了方向，同时也推动了产业学院建设实践的探索。由此，校企共同体模式下建设现代产业学院是社会发展对人才的需求，也是国家对新时代教育的发展提出的新要求。

（三）校企共同体现代产业学院建设的关键

构建校企共同体模式下的现代产业学院能够使学校的专业与产业的发展实现融合，

校企共同体现代产业学院建设的关键是以下两个方面：

1.校企共同体现代产业学院合作模式

如果需要企业、行业协会、政府等主体更广泛地参与现代产业学院的共建，就必须建设共管理、深融合的管理与建设机制，创新合作与沟通模式，通过有效沟通，畅通各主体间的共商、共建、共管的沟通渠道，使校企共同体各主体参与高校教育、教学、师资队伍建设、管理等各项工作。

2.校企共同体现代产业学院人才培养模式

现代产业学院构建的主要目的是育人，也是校企共同体多主体的利益需求结合点，因此构建多方协作的创新型人才培养模式是现代产业学院建设的根本目的。因此，在建设现代产业学院的过程中，应建设校企共同体架构下的人才培养模式，使企业、行业协会等主体发挥协同作用，实现校企共同体各主体间利益最大化。

三、智尚纺织服装产业学院人才培养模式的实践探索

（一）"1-2-3-4"人才培养模式的实践

通过以上理论研究，进行了现代产业学院建设与实践，并于2021年9月筹备成立了多主体、共管理、深融合的智尚纺织服装产业学院，构建了"一模式、二体系、三系统、四平台"的人才培养模式（"1-2-3-4"人才培养模式如图5-1所示）。

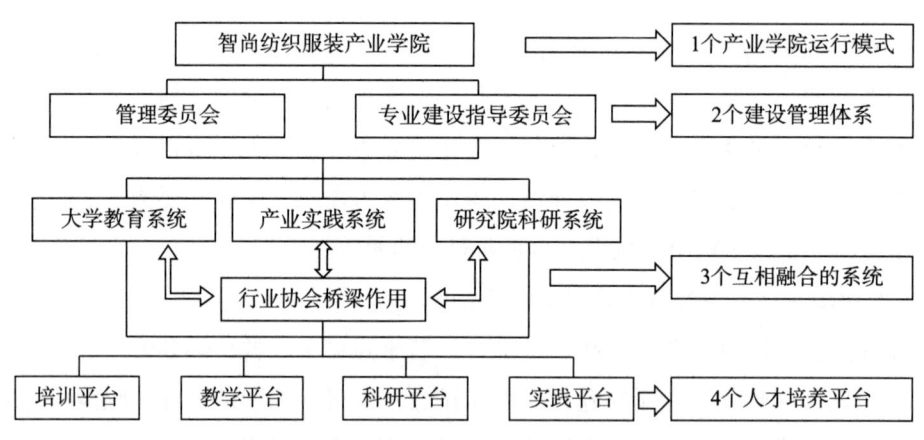

图5-1 "一模式、二体系、三系统、四平台"的人才培养模式

1.构建"一模式"的现代产业学院组织架构

2021年9月，烟台南山学院联合山东南山智尚科技股份有限公司、山东南山科学技术研究院、中国毛纺织行业协会成立智尚纺织服装产业学院，按照专业类别划分设立纺织系和服装系，主体围绕专业建设开展各项工作。基于高水平应用型人才培育定位，优化

教学体系，落实实践教学工作是人才培养的重要一环，依此设立纺织实验实训中心，主体负责实验实训室的建设管理和实践教学工作。综合办公室则协助管理委员会处理学院的日常事务。

2.成立"二体系"的双委会管理建设机制

产业学院成立管理委员会及专业建设指导委员会，实行"管委会领导、院长负责、专家治学、集体讨论"的"双委会"管理建设机制，管理委员会及专业建设指导委员会均由学校、企业、研究院和行业协会的领导、专家组成。管委会作为行政管理体系负责产业学院发展规划拟定、运行管理、师资及教学资源建设调配等工作，专业建设指导委员会作为专业建设体系负责指导专业建设、教学改革、师资队伍建设、实践教学、教研产融合等工作；"双委会"定期研讨的多层面沟通机制，充分保障高校与合作企业的深度参与，做到共建、共管、共治。

3.组建"三系统"的产业学院融合体系

目前已完成由大学教育、产业实践和研究院科研三系统于一体的智尚纺织服装产业学院组织框架模式。通过三系统共商、共建、共管，逐渐形成教研产共同体，行业协会作为"桥梁"与三系统有效融合，四方共同实现产教研行协同育人，产教研行集群联动，科技、人才、资源共享，构建现代产业学院模式的有机融合共同体。

4.搭建"四平台"共育高水平应用型人才

由大学、研究院、企业、行业协会4方联合共建1个现代产业学院，搭建培训、教学、科研和实践4个平台，多方协同开展分段式人才培养，实现高水平应用型人才培养目标（图5-2）。

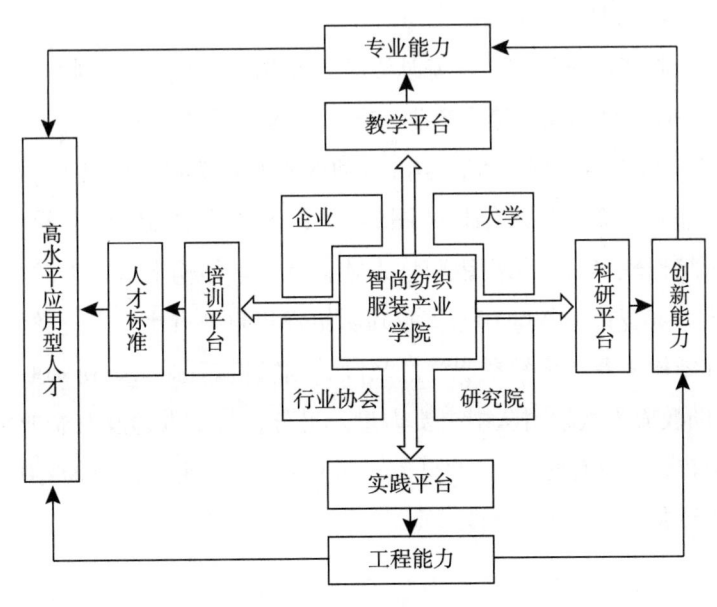

图5-2 多方协同构建"414"高水平应用型人才培养模式

（1）依托培训平台，引入行业资源，明确人才培养目标。依托毛纺继续教育培训基地，汇聚高端人才，开发培训课程，建立校企共同体定期议事制度，根据企业用人需求，合理设定培养目标，并形成人才培养方案定期修订机制。

（2）依托教学平台，实施三个共建，形成协同育人机制。依托现代产业学院和国际羊毛教育中心，多方共组团队、共编教材、共建课程，形成对接产业的国际化专业课程体系，培养学生的专业能力。

（3）依托科研平台，纳入项目案例，培养学生创新能力。依托工程研究中心，以学术社团或第二课堂等形式吸纳学生参与课题研究，收集编写教学案例，多渠道培养学生创新能力。

（4）依托实践平台，着重提升学生的工程能力。依托智尚纺织服装实验实训基地，按照"基础、专业、综合、创新"四个层次校企共同设计实践教学体系，制定实验教学大纲，训练学生扎实的专业技能的同时提升其工程实践能力。

（二）"双师双能型"师资队伍建设的实践

依托智尚纺织服装产业学院的产学研合作平台，为适应新形势下企业的用人需求，学院以专业方向为单位，将原本单一的"菱形"式不稳定的师资结构，建设成为包含研究方向、学历层次、年龄梯次、职称结构、带头人、骨干教师及"双师型"七个方面四个层次的"金字塔"式的教师队伍结构。同时，项目组成员为培养"双师双能型"教师积极与企业开展交流合作，深度发挥校企共同体模式的优势，提升师资队伍的水平，达到建设一支能够培养应用型人才教师队伍的目标。

1.师资队伍结构的调整

依托智尚纺织服装产业学院，学院从专业建设出发，优化了教师队伍，建设了一支具有目标性、互补性、合作性，符合产业需求、结构合理的师资队伍。

（1）在产教深度融合开展之前，学院教师教研方向模糊、不统一，没有形成研究合力，根基不稳，呈现"菱形"式结构（图5-3）；团队从学历结构上看，无博士研究生学历教师，学历结构较单一，无高级职称人才；从年龄结构上看，无50岁及以上教师，40~49岁教师1人，40岁以下教师10人，教师队伍青年教师占比较大，教学及教学研究经验不足；从职称结构来看，无教授职称的教师，副教授职称1人，讲师职称5人，助教职称5人，讲师、助教成为教学团队中主要力量。另外，骨干教师及有企业工作3个月以上经历的教师数量较少，只有2人。由此可见，团队在学历、年龄、职称结构等方面不符合应用型人才培养要求。

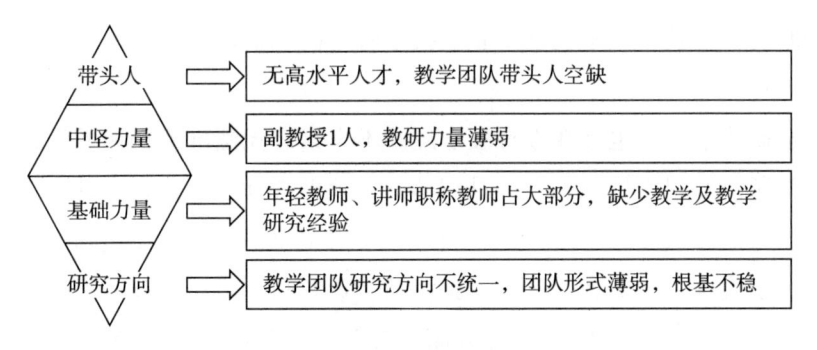

```
带头人    →  无高水平人才，教学团队带头人空缺
中坚力量  →  副教授1人，教研力量薄弱
基础力量  →  年轻教师、讲师职称教师占大部分，缺少教学及教学研究经验
研究方向  →  教学团队研究方向不统一，团队形式薄弱，根基不稳
```

图5-3 "菱形"式师资队伍结构

（2）产教融合深度开展以来，特别是智尚纺织服装产业学院成立以来，师资队伍结构得到了优化。学院明确了研究方向，将原本单一的师资结构，建设成为包含研究方向、学历层次、年龄梯次、职称结构、带头人、骨干教师及"双师型"七个方面四个层次的"金字塔"式的教师队伍结构（图5-4）。学院以产学研融合为基础，以优化师资队伍结构为目标，设立网络资源共享平台研究、两体系三模块课程体系研究为研究子方向，筑牢"金字塔"的根基。同时，按照全局性、差异性与兼容性的原则，借助社会招聘、企业聘任、柔性引进、自我评聘、挂职锻炼等手段，实现了教学团队的优化，符合培养新时代产业需求人才的师资队伍要求。

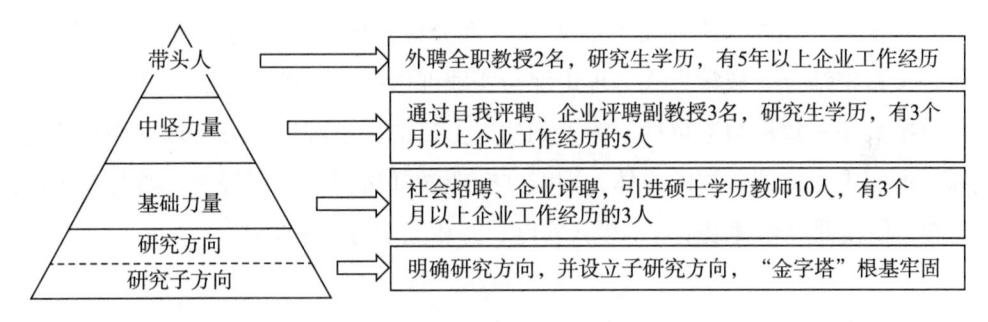

```
带头人         →  外聘全职教授2名，研究生学历，有5年以上企业工作经历
中坚力量       →  通过自我评聘、企业评聘副教授3名，研究生学历，有3个月以上企业工作经历的5人
基础力量       →  社会招聘、企业评聘，引进硕士学历教师10人，有3个月以上企业工作经历的3人
研究方向/研究子方向 → 明确研究方向，并设立子研究方向，"金字塔"根基牢固
```

图5-4 逐步完善的"金字塔"式师资队伍结构

2.引育"双师双能型"教师

借助校企共同体优势，引进与培养具备"专业知识+专业技术、教学能力+实践能力"的教师，从而促使自有教师从单纯的教学型向技能实践型转变。

（1）积极探索"企业教师授课"新模式，并开展行之有效的尝试。"企业教师授课"即有效引进企业高级技术人员到学校为学生完整讲授整门课程，学院为了更快速地提升学生实践技能，为了培养高水平应用型人才，积极与企业沟通，在学校领导大力支持下，开展了"企业高管进课堂"活动，让企业技术人员为学生专职授课。

具体的运行模式为外聘教师的形式，虽然企业高级技术人员为学校专业学生授课，但其人事关系、劳动合同、工资待遇均保持不变，在此基础上学校会额外按外聘专家的待遇发放课时费，这就极大地调动了企业技术骨干的积极性，同时还解决了外聘教师的稳定性问题。

当然，企业技术人员也存在教育教学经验不丰富、无法准确把握教学目标等问题，为解决此类问题，专门安排原有教师进行辅助，辅助教师在此过程中具有三重身份，分别是"教师""助教"和"学生"，"教师"身份主要是帮助企业教师把握教学目标、调动学生学习积极性；"助教"的身份是协助企业教师完成教学环节中的课后辅导、理论知识补充、试卷批改、成绩给予等方面的工作；"学生"角色就是做好"教师"及"助教"身份的同时，还需要深入课堂与真正的学生一起学习企业技术人员教授的专业知识及技能等，从而实现原有教师实践教学能力及企业工作经验的提升，达到培养"双师双能型"教师的目的。

（2）积极探索"按需配置，联合授课"的教师团队构建模式，借助外部引进及内部培养等手段，加强"双师双能型"教师的培养。"按需配置"中的"需"指的是企业对高水平应用型人才的需求，即按照市场的人才需求、教学计划、课程组织架构所需要的教学团队来配置师资队伍。原则上，原有教师或理论教学能力强的学院自有教师承担理论课，实训或实践环节课程安排实践能力强的被学校聘任的企业专家、技术骨干来完成。

"联合授课"是指按照培养目标要求，部分课程的理论课与实践课由不同教师担任，但是又紧密结合。教学方式为理论课与实践课的授课教师、地点等完全分开，但是教学内容要具备一致性与连贯性。为了到达以上目的，学院安排自有理论课教师全程参与授课，他们是理论课讲授的主体，同时在企业教师讲授实践课程前，要与其沟通具体授课内容，使授课内容紧跟企业的生产实际，并相互学习教学方法。

四、总结

教研产深度融合的本质在于构建一个庞大的利益共同体，需要完善合理的顶层设计、权威主导方的极力推行和多方协同共赢的运行模式，方能打破各自独立运营的僵局。结合学校的办学理念，利用大学、研究院与产业同根同源的先天优势，合理布局学科专业，联合多方成立了多主体、共管理、共创新、深融合的智尚纺织服装产业学院，构建了"一模式、二体系、三系统、四平台"的人才培养模式。同时借助南山控股自上而下整合各板块优势资源，优化了符合高水平应用型人才培养需求的师资队伍结构，在提高应用型人才培养质量上做出了大量的实践与探索，具有较好的创新性与示范性。

参考文献

[1] 刘莉莉，褚有众."三接二融"现代产业学院建设探索与实践——以河南工学院为例[J].河南教育（高等教育），2021（12）：43-44.

[2] 周红利，吴升刚.高职院校产业学院的演化综述[J].中国职业技术教育，2021（18）：65-69，74.

[3] 蓝军斌.浅论校企共同体现代产业学院建设的关键[J].经济师，2022（9）：158-159.

[4] 朱玉平，张学军，高翔，等.工程实践创新能力融合培养研究[J].实验科学与技术，2022，20（3）：44-48.

[5] 程向雷."产教融合"民办大学师资队伍建设的探索[J].大学教育，2020（9）：167-169，193.

作者简介：安凌中（1982— ）男，河北定州人，烟台南山学院纺织与服装学院副院长，讲师，硕士；刘美娜（1982— ）女，山东莱阳人，烟台南山学院纺织与服装学院院长，教授，硕士；闫琳（1987— ）女，山东青州人，烟台南山学院纺织与服装学院实验实训中心主任，讲师，硕士。

模块六

实验实训平台与产业生产设备一体化

基于实习生选择偏好的产教融合机制设计

谭秀丽　李奎　韩存

摘要：论文在假设实习生对产教融合模式偏好服从三角形分布（模拟非均匀分布）的基础上，构建了校企合作策略博弈模型，研究了实习生的产教融合模式偏好对校企合作决策的影响，以及学校与合作企业在选择产教融合模式中的激励相容机制，并进行了数值模拟。研究成果对学校与企业双方在校企合作中维护实习生合法权益、制定激励相容机制、选择产教融合创新模式均具有应用价值。

关键词：实习生合法权益；校企合作；产教融合；三角形分布；激励相容机制

基金：2022年山东省本科教学改革研究项目面上项目"基于'UNWTO.TedQual 认证'的旅游管理类本科专业课程体系改革研究"（M2022122）阶段性成果；中国民办教育协会2022年度规划课题"基于场景理论的'三元制'产教融合模式"（CANFZG22098）阶段性成果；烟台南山学院教学改革研究面上项目"UNWTO.TedQual 认证标准下旅游管理类专业课程体系改革的实践与探索"（NSJM202231）的阶段性成果

一、引言

我国职业教育体制机制改革已进入深水区，剖析校企合作产教融合机制低效的问题及根源，探索合作各方主体利益协调关系，保障实习生合法权益，是目前亟须解决的问题。伴随我国职业教育校企合作逐步深入，产教融合机制不断完善，校企合作各方（包括学校、企业、实习生等，以下简称校、企、生）在产教融合中的行为得到法律法规持续规范[1][2][3]。然而，在实践中，如何贯彻落实相关法规，在产教融合中实现三方契约治理

---

[1] 中华人民共和国教育部. 教育部等六部门关于印发《职业学校校企合作促进办法》的通知[EB/OL].（2018-02-12）.https://www.gov.cn/xinwen/2018-02/22/content_5267973.htm.

[2] 中华人民共和国教育部. 教育部关于加强和规范普通本科高校实习管理工作的意见[EB/OL].（2019-07-12）.http://www.moe.gov.cn/srcsite/A08/s7056/201907/t20190724_392130.html.

[3] 中华人民共和国教育部. 中华人民共和国职业教育法[R/OL].（2022-04-21）. http://www.moe.gov.cn/jyb_sjzl/sjzl_zcfg/zcfg_jyfl/202204/t20220421_620064.html.

或制度设计仍然是职业教育面临的复杂问题。目前,校企合作领域存在契约治理的信息不对称阻碍完全契约的签署,约束机制、激励机制和协调机制不健全等现象。鉴于此,本文从校、企、生三方主体出发,实习生的合法权益通过其对校企合作模式的偏好来体现,构建实习生对校企合作模式偏好服从非均匀分布(以三角形分布来近似模拟。在项目管理中,如果随机变量发生在由最小值和最大值定义的区间内,那么对这类随机变量进行建模时,通常用三角形分布代替正态分布或偏态分布进行研究)的校企合作策略博弈模型,设计出促进企业选择产教融合的激励相容机制,有效地实现产教融合高质量发展。

二、模型假设与构建

定义1:如果在产教融合中,学校、企业作为两个主体,共同组织实习生进行实习教学活动,而实习生在实习教学活动中完全处于从属地位,不参与实习教学方案制订和校企合作协议签订,我们把这种类型的实习教学称为"双元制"模式(Dual system mode),简称D模式; 如果在产教融合中,学校、企业共同组织实习生实习教学活动,实习生不作为产教融合的实施主体,不参与校企合作协议签订,但在实习教学活动中可在一定程度上参与实习教学方案制订,我们称之为"参与制"模式(Participation mode),简称P模式;如果在产教融合中,校、企和生均作为实施主体,共同组织实习生实习教学活动,实习生参与实习教学方案制订和校企合作协议签订,我们称之为"三元制"模式(Ternary system mode),简称T模式。

定义2:我们把D→P→T方向的模式转变称为产教融合模式的正向创新;而把T→P→D方向的模式转变称为产教融合模式的反向创新。

在校企合作中,影响实习生对实习教学活动的态度以及对教学实习企业的选择因素是多元的。一方面,实习生会支持选择较高层次的产教融合模式,并从中获得较多的权益和较严格的职业能力训练;另一方面,实习生又要考虑产教融合模式由低层次到高层次转变会带来更多约束。这就需要实习生对校企合作所采取的产教融合模式以及企业教学实习条件、待遇等进行综合考虑(相当于风险评估)。

一般来说,学校和企业在校企合作中,如果选择产教融合的D模式,校企双方组织实习教学的成本低,自身风险小,但实习生的满意率、参与率也低;随着校企合作不断深入,产教融合中实习生主观能动性不断得到发挥,产教融合模式也会逐渐由D模式向P模式转变,且随着产教融合模式的正向创新程度增加,实习生在产教融合中发挥的作用逐渐加大,实习生满意率和参与率也会逐渐增大。但由于产教融合模式正向创新程度增加,实习生主观能动性得到发挥的同时,相应的义务也会增多,实习生受到的约束也在逐渐增加，所以随着产教融合模式的正向创新程度的提高，实习生的满意率、参与率开始逐渐增大，一直达到一个最大值时，又会随着产教融合正向创新程度的提高呈现下降趋势。这一情形表明，实习生对产教融合模式正向创新的满意度、参与度（偏好）存在集中趋势。

假设1：某高校与两家企业$U_i(i=1, 2)$开展校企合作，学校根据人才培养需求、实习企业状况和实习生对产教融合创新模式偏好，与企业共同选择产教融合模式的层次（D模式、P模式、T模式）。

假设2：我们用区间$[-1, 1]$中的值来表示校企合作选择的产教融合模式创新程度。D模式对应着区间左端点-1，即D模式的位值为-1；T模式对应着区间右端点1，即T模式的位值为1；P模式对应着区间$(-1, 1)$中的点，即P模式的位值为点$a\in(-1, 1)$。产教融合模式创新程度位值越接近-1，就越具有D模式特征；相反，产教融合模式创新程度的位值越接近1，就越具有T模式特征。用$a_i(i=1, 2)$分别表示学校与两家企业$U_i(i=1, 2)$校企合作选择的产教融合创新模式的位值，不失一般性，假设$a_1 < a_2$。

假设3：实习生对校企合作选择产教融合创新模式的偏好为随机变量$\theta \in [-1, 1]$，$p(\theta)$为偏好θ的概率密度，$p(\theta)$服从三角形分布。

$$p(\theta) = \begin{cases} \dfrac{1}{1+\omega}(\theta+1), & \theta \in [-1, \omega] \\ -\dfrac{1}{1-\omega}(\theta-1), & \theta \in (\omega, 1], \quad \omega \in [0, 1] \\ 0, & \theta \in (-\infty, -1) \cup (1, +\infty) \end{cases}$$

其中，ω为实习生对产教融合模式创新的偏好θ的集中趋势。其分布函数为：

$$F(\theta) = \begin{cases} 0, & \theta \in (-\infty, -1) \\ \dfrac{1}{2(1+\omega)}(\theta+1)^2, & \theta \in [-1, \omega) \\ 1-\dfrac{1}{2(1-\omega)}(\theta-1)^2, & \theta \in (\omega, 1] \\ 1, & \theta \in (1, +\infty) \end{cases} \quad \omega \in [0, 1]$$

实习生选择教学实习企业，首先要对校企合作选择产教融合创新模式的位值$a_i(i=1, 2)$及其自身决策风险进行估价。其次要根据自身对产教融合创新模式的偏好来选择实习企业。因此，如果实习生选择的教学实习企业具有产教融合模式创新位值$a_i(i=1, 2)$，那么该实习生获得的总收益$W_i(i=1, 2)$应该由两部分构成：第一部分是教学实习补贴$p_i(i=1, 2)$；第二部分是由自身对产教融合创新模式的偏好和决策风险估价误差所带来的偏离成本$t(\theta-a_i)^2(i=1, 2)$。即实习生获得的总收益为：$W_i = p_i + t(\theta-a_i)^2(i=1, 2)$

其中，t 为偏离成本率，偏离成本是由实习生选择了与自己的偏好 θ 不同的具有位值 $a_i(i=1,2)$ 的实习企业产生的损失。偏离成本率 t 越高，表明偏离程度对实习生的影响越敏感。由于企业产教融合创新层次越高所付出的成本也越高，所以对实习生的实习补贴相应不会增加，即如果 $a_1<a_2$，那么有 $p_1 \geqslant p_2$。当产教融合层次位值 $a_i(i=1,2)$ 确定后，实习生对其进行估价时，可能存在一个偏好 θ^*，使其选择位值为 a_1 的产教融合模式所获得的总收益与选择位值为 a_2 的产教融合模式所获得的总收益相等，即 $W_1=W_2$。此时，可计算出 $\theta^*=\dfrac{a_1+a_2}{2}+\dfrac{1}{2t(a_2-a_1)}(p_2-p_1)$。为了便于分析，记 $\bar{a}=\dfrac{a_1+a_2}{2}$，$\Delta a=a_2-a_1$，于是有 $\theta^*=\bar{a}+\dfrac{1}{2t\Delta a}(p_2-p_1)$，此偏好 θ^* 即为实习生对产教融合模式位值的无差异偏好。

记 $x_i(a_1,a_2,p_1,p_2)(i=1,2)$ 为产教融合模式创新程度位值为 $a_i(i=1,2)$ 的合作企业对实习生的需求函数，于是有：

$$\begin{cases} x_1(a_1,a_2,p_1,p_2)=p\{\theta \leqslant \theta^*\}=F(\theta^*)=\int_{-1}^{\theta^*} p(\theta)\mathrm{d}\theta \\ x_2(a_1,a_2,p_1,p_2)=p\{\theta \geqslant \theta^*\}=1-F(\theta^*)=1-\int_{-1}^{\theta^*} p(\theta)\mathrm{d}\theta \end{cases} \quad (1)$$

三、模型求解与均衡分析

对于与学校开展校企合作，组织实习教学的两个新企业 $U_i(i=1,2)$ 而言，由于学校将组织实习生自愿选择实习企业参加实习教学，合作企业为了获得最大收益，将依据实习生对产教融合模式偏好展开两阶段博弈：第一阶段，$U_i(i=1,2)$ 就产教融合模式创新选择自己的位值 $a_i(i=1,2)$；第二阶段，$U_i(i=1,2)$ 根据各自确定的产教融合模式创新定位，围绕为实习生提供的实习补贴进行竞争。以下用逆序归纳法求解该模型的子博弈精炼纳什均衡。为了讨论方便，我们约定 $i^-(i=1,2)$ 为除 $i(i=1,2)$ 以外的其他参与者，即 $1^-=2,2^-=1$。首先给出如下命题：

命题1：在实习生对产教融合模式偏好 θ 服从三角形分布且集中趋势为 ω 的条件下，如果实习生对产教融合模式创新位置的无差异偏好 $\theta^* \in [-1,\omega)$。那么必有 $\theta^*=-1$，即实习生对产教融合模式的三角形分布偏好对合作企业具有选优功能，能够从合作企业中择出最优创新者。

证明：我们用反证法，假设 $\theta^* \neq -1$。依据式（1）可计算出此时校企合作企业 $U_i(i=1,2)$ 的需求函数为：

$$\begin{cases} x_1(a_1, a_2, p_1, p_2) = \int_{-1}^{\theta^*} \frac{1}{1+\omega}(\theta+1)d\theta = \frac{1}{2(1+\omega)}(\theta^*+1)^2 \\ x_2(a_1, a_2, p_1, p_2) = 1 - x_1(a_1, a_2, p_1, p_2) = 1 - \frac{1}{2(1+\omega)}(\theta^*+1)^2 \end{cases} \quad (2)$$

此时，校企合作企业$U_i(i=1, 2)$的收益函数分别为：

$$\pi_i(a_1, a_2, p_1, p_2) = (p_i - c)x_i(a_1, a_2, p_1, p_2), \quad i=1, 2 \quad (3)$$

其中，c为两个校企合作企业$U_i(i=1, 2)$的产教融合实习教学成本。

以下用逆序归纳法求解模型（2）的子博弈精炼纳什均衡：在第二阶段，$U_i(i=1, 2)$已经看到了双方选择产教融合模式创新位值$a_i(i=1, 2)$，同时各自确定实习生补贴$p_i(i=1, 2)$，以最大化自己的收益函数。对于$U_i(i=1, 2)$来说，固定p_{-i}，求解最大化问题：

$$\max_{p_i} \pi_i(p_1, p_2) = (p_i - c)x_i(p_1, p_2), \quad i=1, 2 \quad (4)$$

由$\frac{\partial \pi_i(p_1, p_2)}{\partial p_i} = 0(i=1, 2)$，求解$U_i$对$U_{-i}$的价格反应函数。首先由$\frac{\partial \pi_1(p_1, p_2)}{\partial p_1} = (1+\theta^*)$
$[t\Delta a(1+\theta^*) + p_1 - c] = 0$，推出$t\Delta a(1+\theta^*) + p_1 - c = 0$，即：

$$p_1 + p_2 = 2c - 2t\Delta a\bar{a} \quad (5)$$

同理，由$\frac{\partial \pi_2(p_1, p_2)}{\partial p_2} = (1+\theta^*)[t\Delta a(1+\theta^*) - 2t\Delta a(1+\omega) - p_2 + c] = 0$ 或 $t\Delta a(1+\theta^*) - 2t\Delta a(1+\omega) - p_2 + c = 0$，进而有：

$$p_1 + p_2 = 2c - 2t\Delta a(1+2\omega-\bar{a}) \quad (6)$$

由式（5）和式（6）得：$2\bar{a} = 1+\omega$，即$a_2 = 1+\omega - a_1$，此式不可能存在。因为如果$a_1 < \omega$，则有$a_2 > 1$，此与$a_i \in [-1, 1]$矛盾；如果$a_1 > \omega$，则有$\theta^* > \bar{a} > a_1 > \omega$，又与假设$-1 \leq \theta^* < \omega$矛盾。所以应有$\theta^* = -1$。证毕。

命题1表明：如果实习生对产教融合模式创新的无差异偏好$\theta^* < \omega$，那么此无差异偏好只可能在$\theta = -1$处取得。即只有当两个企业均不考虑产教融合模式创新时（$a_1 = a_2 = -1$），实习生对两个企业的产教融合模式偏好无差异。而事实上，由于假设$a_1 < a_2$，所以此时实习生对两个企业产教融合模式创新位值的偏好是有差异的，且由式（2）知：$x_1(a_1, a_2, p_1, p_2) = 0$, $x_2(a_1, a_2, p_1, p_2) = 1$，即选择产教融合模式正向创新比较积极的企业将得到实习生的全面支持，并获得所有收益，反之将得不到实习生的支持，从而不会从产教融合创新中获得任何收益。

以下我们考虑实习生对产教融合模式创新的无差异偏好$\theta^* \in [\omega, 1]$的情况，其等价条件为：$\omega + \frac{p_1 - p_2}{2t\Delta a} < \bar{a} < 1 + \frac{p_1 - p_2}{2t\Delta a}$。依据式（1），可计算出此时校企合作企业$U_i(i=1, 2)$

的需求函数为：

$$\begin{cases} x_1(a_1, a_2, p_1, p_2) = \int_{-1}^{\omega} \frac{1}{1+\omega}(\theta+1)d\theta + \int_{\omega}^{\theta^*}\left[-\frac{1}{1-\omega}(\theta-1)\right]d\theta = 1 - \frac{1}{2(1-\omega)}(\theta^*-1)^2 \\ x_2(a_1, a_2, p_1, p_2) = 1 - x_1(a_1, a_2, p_1, p_2) = \frac{1}{2(1-\omega)}(\theta^*-1)^2 \end{cases}$$

（7）

校企合作企业 $U_i(i=1, 2)$ 的收益函数分别为 $\pi_i(a_1, a_2, p_1, p_2) = (p_i - c)x_i(a_1, a_2, p_1, p_2)$，$i=1,2$。我们仍然用逆序归纳法求解此模型的子博弈精炼纳什均衡。

在第二阶段，$U_i(i=1, 2)$ 已经看到了双方选择产教融合模式创新程度的位值 $a_i(i=1, 2)$，同时提出各自的实习补贴 $p_i(i=1, 2)$，以最大化自己的收益函数。对于 $U_i(i=1, 2)$ 来说，固定 p_i，求解最大化问题：

$$\max_{p_i} \pi_i(p_1, p_2) = (p_i - c)x_i(p_1, p_2), \quad i=1, 2 \tag{8}$$

首先求解最大化问题 $\max_{p_2} \pi_2(p_1, p_2) = (p_2 - c)x_2(p_1, p_2)$，由 $\frac{\partial \pi_2}{\partial p_2} = 0$，求解 U_1 对 U_2 的价格反应函数。

因为 $\pi_2(p_1, p_2) = (p_2 - c)\frac{1}{2(1-\omega)}(\theta^*-1)^2$，所以 $\frac{\partial \pi_2(p_1, p_2)}{\partial p_2} = (\theta^*-1)(t\Delta a\theta^* - t\Delta a + p_2 - c) = 0$，所以必有 $\theta^*-1=0$ 或者 $t\Delta a\theta^* - t\Delta a + p_2 - c = 0$。因在 $\theta^*-1=0$ 时，$\bar{a}=1$ 且 $p_2 = p_1$，此与假设3矛盾，故 $\theta^*-1 \neq 0$，所以只可能 $t\Delta a\theta^* - t\Delta a + p_2 - c = 0$。由此可求出 U_1 对 U_2 的价格反应函数为：

$$p_1 = 3p_2 + 2t(\bar{a}-1)\Delta a - 2c \tag{9}$$

其次求解最大化问题 $\max_{p_1} \pi_1(p_1, p_2) = (p_1 - c)x_1(p_1, p_2)$，由 $\frac{\partial \pi_1}{\partial p_1} = 0$，求解 U_2 对 U_1 的价格反应函数。

因为 $\pi_1(p_1, p_2) = (p_1 - c)\left[1 - \frac{1}{2(1-\omega)}(\theta^*-1)^2\right]$，计算可得 $\frac{\partial \pi_1(p_1, p_2)}{\partial 1} = t\Delta a(\theta^*-1)^2 - (p_1-c)(\theta^*-1) - 2(1-\omega)t\Delta a$。由 $\frac{\partial \pi_1}{\partial p_1} = 0$，可得 U_2 对 U_1 的价格反应函数（隐函数）为：

$$(p_2 - c)^2 + (p_1 - c)(p_2 - c) - 2(1-\omega)(t\Delta a)^2 = 0 \tag{10}$$

由式（9）和式（10）可求出两条反应曲线的交点即为均衡价格，不妨设交点为 (p_1^B, p_2^B)，于是有：

$$\begin{cases} p_1^B = 3p_2^B + 2t(\bar{a}-1)\Delta a - 2c \\ (p_2^B - c)^2 + (p_1^B - c)(p_2^B - c) - 2(1-\omega)(t\Delta a)^2 = 0 \end{cases} \tag{11}$$

在第一阶段，两家企业 $U_i(i=1, 2)$ 可以预期到实习生的实习补贴 $p_i^B(i=1, 2)$ 和产教融合模式的创新收益 $\pi_i^B(a_1, a_2) = [p_i^B(a_1, a_2) - c]x_i^B(a_1, a_2)(i=1, 2)$，同时选择自己的产教融合模式创新位值 $a_i(i=1, 2)$，以最大化自己的降阶收益函数，从而给出由 (a_1, a_2) 出发的子博弈的纳什均衡。对两家企业 $U_i(i=1, 2)$ 而言，就是分别求解最大化问题 $\max_{a_i} \pi_i^B(a_1, a_2) = [p_i^B(a_1, a_2) - c]x_i^B(a_1, a_2)(i=1, 2)$，即：

$$\begin{cases} \pi_1^B(a_1, a_2) = [p_1^B(a_1, a_2) - c]\left[1 - \dfrac{1}{2(1-\omega)}(\theta^*-1)^2\right] \\ \pi_2^B(a_1, a_2) = [p_2^B(a_1, a_2) - c]\dfrac{1}{2(1-\omega)}(\theta^*-1)^2 \end{cases} \quad (12)$$

（Ⅰ）求解最大化问题 $\max_{a_2} \pi_2^B(a_1, a_2) = [p_2^B(a_1, a_2) - c]\dfrac{1}{2(1-\omega)}(\theta^*-1)^2$，得如下命题：

命题2：在实习生选择产教融合模式偏好服从三角形分布条件下，如果参与的两家企业在产教融合模式创新中满足 $0 < M < \alpha$，那么处于创新位值较高层次的企业 U_2 就会选择正向创新策略，其中 $M = p_1^B + 5p_2^B - 6c$，$\alpha = 3t\Delta a(1-a_2) + \dfrac{6(1-\omega)t^2\Delta a^2}{p_2^B - c}$。（证明略）

从命题2的证明过程，我们还可以得出如下命题：

命题3：在实习生选择产教融合模式偏好服从三角形分布条件下，只要参与的两家企业在产教融合模式创新中满足下述条件之一，那么处于创新位值较高层次的企业 U_2 就会选择反向创新策略。

（i）$M < 0$；（ii）$M > \alpha$。

根据命题2和命题3的结论，两家企业在产教融合模式创新博弈中，企业 U_2 的模式选择策略可归纳如下（表6-1）。

表6-1　两企业在产教融合模式创新博弈中企业 U_2 的模式选择策略

机制区间	激励方向	a_2 位移	策略选择
$M < 0$	$\partial \pi_2 / \partial a_2 < 0$	$a_2 \to a_1$	反向创新
$0 < M < \alpha$	$\partial \pi_2 / \partial a_2 > 0$	$a_2 \to 1$	正向创新
$M > \alpha$	$\partial \pi_2 / \partial a_2 < 0$	$a_2 \to a_1$	反向创新

（Ⅱ）求解最大化问题 $\max_{a_1} \pi_1^B(a_1, a_2) = [p_2^B(a_1, a_2) - c]\left[1 - \dfrac{1}{2(1-\omega)}(\theta^*-1)^2\right]$，得如下命题：

命题4：在实习生选择产教融合模式偏好服从三角形分布条件下，只要参与的两家企业在产教融合模式创新中满足下述条件之一，那么处于创新位值较低层次的企业 U_1 就选择正向创新策略。

（ⅰ）$K < p_2^B < \min(H, Q)$；（ⅱ）$p_2^B > \max(K, H, Q)$。

其中 $K = c + \dfrac{\partial p_2^B}{\partial a_1}\Delta a$，$H = c + \sqrt{2(1-\omega)t\Delta a}$，$Q = c + \dfrac{1}{4}t(1-\bar{a})\Delta a$。（证明略）

命题5：在实习生选择产教融合模式偏好服从三角形分布条件下，只要参与的两家企业在产教融合模式创新中满足下述条件之一，那么处于创新位值较低层次的企业U_1就选择反向创新策略。

（ⅰ）$H < p_2^B < \min(K, Q)$；（ⅱ）$Q < p_2^B < \min(K, H)$。

其中 $K = c + \dfrac{\partial p_2^B}{\partial a_1}\Delta a$，$H = c + \sqrt{2(1-\omega)t\Delta a}$，$Q = c + \dfrac{1}{4}t(1-\bar{a})\Delta a$。

该命题证明与命题4的证明类似，故从略。根据命题4和命题5的结论，两家企业在产教融合模式创新博弈中，企业U_1的模式选择策略可归纳如下（表6-2）。

表6-2　两企业在产教融合模式创新博弈中企业U_1的模式选择策略

	情形1	情形2	情形3	情形4
条件	$p_2^B > K$	$p_2^B > K$	$p_2^B < K$	$p_2^B < K$
条件	$p_2^B < H$	$p_2^B > H$	$p_2^B > H$	$p_2^B < H$
条件	$p_2^B < Q$	$p_2^B > Q$	$p_2^B < Q$	$p_2^B > Q$
机制	$K < p_2^B < \min(H, Q)$	$\max(K, H, Q) < p_2^B$	$H < p_2^B < \min(K, Q)$	$Q < p_2^B < \min(K, H)$
方向	$\partial \pi_1^B / \partial a_1 > 0$	$\partial \pi_1^B / \partial a_1 > 0$	$\partial \pi_1^B / \partial a_1 < 0$	$\partial \pi_1^B / \partial a_1 < 0$
策略	正向创新	正向创新	反向创新	反向创新

四、数值模拟

例1　我们根据命题2和命题3来考察参与的两家企业双方博弈对U_2的决策影响。假设$t = 9$，$c = 0$，$\omega = 0.95$，$a_1 = 0.3$，我们借助Matlab 7.1对$\pi_2^B(a_1 = 0.3, a_2)$及曲线$M(a_2)$和$\alpha(a_2)$进行数值模拟。为了便于分析，我们用$10\pi_2^B(a_1 = 0.3, a_2)$代替$\pi_2^B(a_1 = 0.3, a_2)$，如图6-1所示：因为$a_2 > a_1$，所以我们考察的区间为$[0.3, 1]$。在区间$[0.3, 0.81]$内，$0 < M < \alpha$且$\pi_2^B(a_1 = 0.3, a_2)$为$a_2$的增函数。也即在此区间内，只要双方博弈满足条件$0 < M < \alpha$，企业$U_2$就会选择正向创新策略，$a_2$逐渐增加，直到$a_2 = a_2' = 0.81$为止，说明$U_2$在双方博弈满足$0 < M < \alpha$时选择了P型企业；当$a_2 > 0.81$进入区间$[0.81, 1]$时，$M > \alpha$，$\pi_2^B(a_1 = 0.3, a_2)$随着$a_2$增加反而递减，说明在该区间内出现$M > \alpha$，在此条件下，$U_2$选择了反向创新策略，将其位值逐渐减小，最终调整为$a_2 = a_2' = 0.81$。

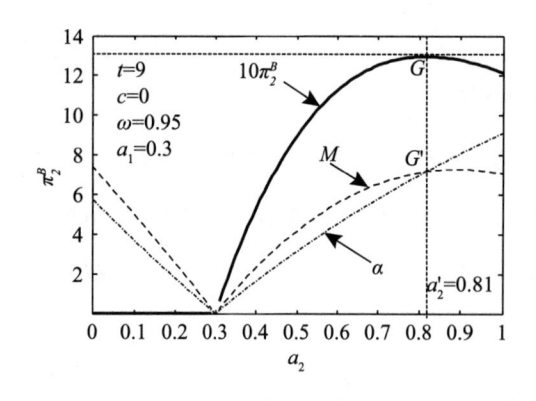

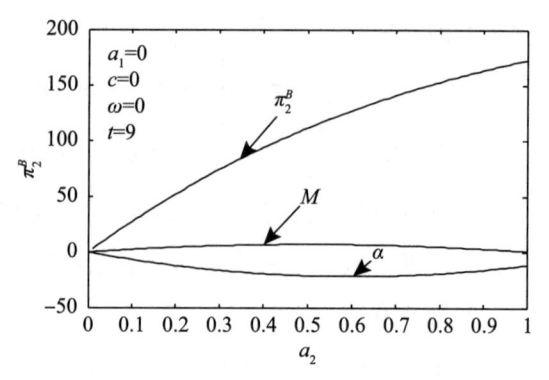

图6-1 企业U_2在双方博弈满足$0<M<\alpha$条件下的创新策略

图6-2 $a_1=0$状况下企业U_2在双方博弈满足$0<M<\alpha$时的创新策略

特别在本例中，如果$a_1=0$，则U_2的决策空间为$[0,1]$，也就是在整个区间$[0,1]$内，只要双方博弈满足$0<M<\alpha$，U_2就会选择正向创新策略，且最终确定为T模式策略如图6-2所示。

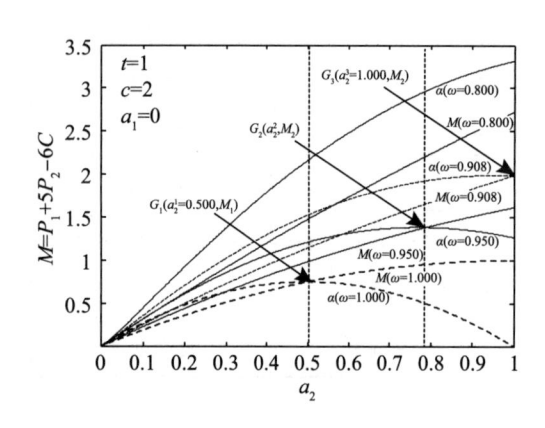

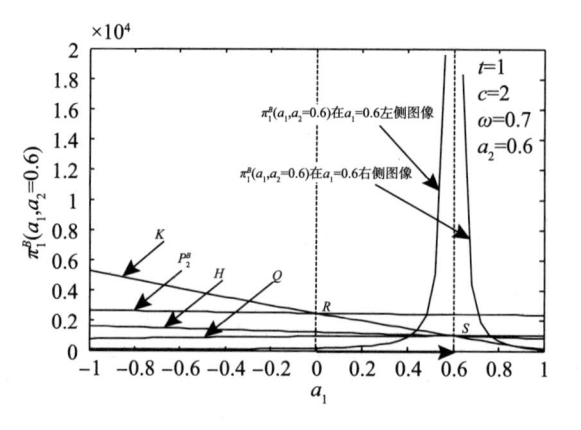

图6-3 ω的变化对产教融合机制（$0<M<\alpha$）空间的影响

图6-4 企业U_1在激励相容机制$P_2^B>\max(K,H,Q)$下选择正向创新策略

例2.我们根据命题2来考察$\omega(\omega\in[0,1])$对U_2决策空间的影响。假设$t=1$，$c=2$，$a_1=0$并分别代入M和α，再分别取$\omega=1$，$\omega=0.95$，$\omega=0.908$，$\omega=0.8$，用Matlab 7.1对参加校企合作企业双方博弈满足$0<M<\alpha$条件下的决策进行模拟，如图6-3所示。

（1）当$\omega=1$时，曲线$M(\omega=1)$和曲线$\alpha(\omega=1)$相交于点$G_1(a_2^1=0.5,M_1)$，表明在区间$[0,0.5]$内不等式$0<M<\alpha$成立。也就是在该区间内存在对企业U_2的激励相容机制，企业U_2在$0<M<\alpha$机制激励下将选择位值为$a_2=0.5$的产教融合模式创新，即选择P模式策略。

（2）当ω逐渐减小时，曲线M与曲线α的交点向右上方移动，说明对企业U_2的激励相容空间不断扩大。当$\omega=0.908$时，在$[0,1]$整个区间内不等式$0<M<\alpha$均成立，即对企

业U_2的激励相容空间为整个区间[0, 1]。企业U_2在激励相容机制下将选择位值为$a_2=1$的产教融合模式，即选择T模式策略。

（3）当ω继续减小，一直到$\omega=0$，曲线M与曲线α均无交点，但不等式$0<M<\alpha$在[0, 1]内始终成立，说明对企业U_2的激励相容空间一直为整个区间[0, 1]，企业U_2在该机制激励下当然选择T模式策略。

（4）在一定条件下，反映实习生偏好的集中趋势ω值对于激励企业U_2的创新决策具有重要调节作用。在本例中，当$\omega\in[0, 0.908]$时，$0<M<\alpha$可激励企业U_2选择T模式策略，而$\omega\in(0.908, 1]$时，$0<M<\alpha$将激励企业U_2选择P模式策略。

例3.我们根据命题4考察参与的两家企业双方博弈对U_1决策的影响。在命题3中，假设$t=1$，$c=2$，$a_2=0.6$，$\omega=0.7$，用Matlab 7.1对$\pi_2^B(a_1, a_2=0.6)$以及曲线P_2^B，H，K，Q进行数值模拟（为了便于通过一个图示进行分析，我们对P_2^B，H，K，Q在数值模拟中等比例放大了500倍）。如图6-4所示，因为$a_1<a_2$，所以a_1在区间$[-1, 0.6)$内运行，当a_1进入区间$[0, 0.6)$后有$p_2^B>\max(K, H, Q)$，满足命题3的条件（ⅱ），在此区间内，U_1在$P_2^B>\max(K, H, Q)$激励下逐渐增加位值a_1，不断靠近U_2位值0.6，越靠近0.6其收益越高，表明在区间$[-1, 0.6)$内存在激励相容机制$p_2^B>\max(H, K, Q)$，激励U_1实施正向创新并采取与U_2的趋同策略，选择P模式策略。

五、研究结论

上述研究表明，在实习生选择产教融合模式偏好服从三角形分布条件下，存在校企合作正向创新的激励相容机制。基于此，得出以下结论：

（1）企业产教融合激励相容机制由多种要素构成。命题2至命题5给出了激励$U_i(i=1, 2)$实施产教融合正向创新的激励相容机制。其中命题2和命题4分别给出了激励$U_i(i=1, 2)$实施产教融合的正向创新激励相容机制，而命题3和命题5分别给出了激励$U_i(i=1, 2)$实施产教融合的反向创新机制。从企业正向创新机制和企业反向创新机制构成来看，主要由参与的企业设置的实习生实习补贴$p_i(i=1, 2)$、企业付出的实习教学成本c、实习生选择产教融合模式的偏离成本率、企业产教融合模式的初始位值以及反映实习生偏好的集中趋势ω等要素决定。

（2）在校企合作中应设置反向创新底线。在企业产教融合激励相容机制设计中，应高度重视企业反向创新的控制界限，使产教融合激励相容机制至少能够激励企业选择P模式决策，且尽量将产教融合模式创新位值确定在[0, 1]区间内，以避免企业在校企合作中选择不进取的D模式决策。

（3）企业产教融合激励相容机制具有可调节性。从例2的数值模拟不难看出，在一定条件下，实习生选择产教融合模式的偏好趋势ω对于激励企业模式创新具有重要调节作用。适当选择ω值，可以扩大激励相容机制设计空间，激励企业选择正向创新决策，并促使企业从选择P模式决策过渡到选择T模式决策。

（4）学校应依法对产教融合激励机制参数进行有效控制。由于实习生选择产教融合模式偏好的集中趋势ω影响激励相容机制设计区间，且实习生和企业都有追求利益最大化的倾向，因此，关于实习生选择产教融合模式偏好的控制和企业选择产教融合模式位值的控制，必须在学校组织协调下，依据国家校企合作相关政策、法规，通过校、企、生三方签订实习教学协议进行约束，才能使激励相容机制获得预期成效。

研究成果可为政府部门指导校企合作、制定相关政策、依法推进产教融合提供理论依据。对学校在校企合作中维护实习生合法权益、制定激励相容机制，对企业选择产教融合创新决策均具有应用价值。

参考文献

［1］俞慧刚. 从合作博弈到利益均衡：高校学生社团与企业合作的动态演化过程[J]. 高教探索，2020（2）：77-82.

［2］孙健慧，张海波. 考虑知识共享与人才培养的校企合作创新博弈分析[J]. 系统工程理论与实践，2020，40（7）：1806-1820.

［3］俞慧刚. 政府介入下校企合作的利益博弈与利益分配格局演化[J]. 高等工程教育研究，2020（5）：153-158.

［4］陆玉梅，高鹏，马建富. 基于利益博弈的现代学徒制参与行为决策分析及支持体系构建[J]. 中国职业技术教育，2020（33）：24-29.

作者简介：谭秀丽（1973— ），女，山东威海人，烟台南山学院经济与管理学院副院长，教授，硕士；李奎（1982— ），男，山东兖州人，烟台南山学院人才办公室主任，讲师，硕士；韩存（1964— ），男，内蒙古赤峰人，烟台南山学院经济与管理学院院长，山东工商学院会计学院教授，博士。

产教融合背景下大学生实习实训教育满意度测量模型研究
——以民办本科高校为例

陈兆军　刘云　秦守岭

摘要：大学生实习实训教育满意度关系到产教融合实践育人效果。问卷调查发现大学生实习实训教育满意度模型由学生实践期望、具身实践质量感知、实践教学质量感知和实践教学满意度四个变量构成。大学生实践期望负向影响实践教学满意度，实践教学质量感知正向预测实践教学满意度，影响水平最为显著；大学生具身实践质量感知正向影响实践教学质量感知和实践教学满意度，并通过实践教学质量感知间接影响实践教学满意度。

关键词：民办本科院校；产教融合；实习实训；实践教学；满意度

基金：2023年度山东省重点研发计划（软科学）项目"山东省本科高校基础学科拔尖创新人才培养路径：基于社会情感学习的视角"（2023RKY05001）

一、引言

在我国高等教育普及化阶段，入学人数的增加和要求质量提升之间的矛盾将变得更加突出[1]。民办本科高校有其独特的路径迎接人才培养质量的挑战。相比公办本科高校，民办本科高校尤其具有产教融合、校企合作方面的天然优势[2]。实习实训工作作为深化产教融合的重要载体，是培养应用型人才的具体推手，但是民办本科高校作为应用型高校需要加大实习实训力度以保持其应用性特色[3]。有研究者指出实习实训是一种高影响力教育实践，有助于学生在实践中塑造那些未来职业成功所必备的非认知能力[4]，能够积极预测大学生职业决策自我效能感[5]，是培养学生就业能力的有效途径[6]。实习实训这种高影

---

[1] 李海龙．"双循环"格局挑战与高等教育的应对[J]．高校教育管理，2021，15（3）：8．

[2] 史秋衡，张纯坤．民办高校发展的内在逻辑：重构与转型路径[J]．高校教育管理，2020，14（4）：28．

[3] 史秋衡，任可欣．我国大学生就业能力内涵及其影响因素探析——基于应用型高校与研究型高校的对比[J]．华东师范大学学报（教育科学版），2023，41（8）：11．

[4] 乔治·库，金红昊．非认知能力：培养面向21世纪的核心胜任力[J]．北京大学教育评论，2019，17（3）：8．

[5] 陈兆军，郭建鹏，裴水妹．实习实训体验对大学生职业决策自我效能感的影响——基于民办本科院校的案例研究[J]．教育学术月刊，2022（2）：71．

[6] 史秋衡．《中华人民共和国高等教育法》20年发展报告——基于高校分类人才培养提质增效视角[J]．国家教育行政学院学报，2020（2）：24．

响力教育活动对保障大学生就业质量起着重要作用。研究大学生的实习实训教育满意度情况能够预测产教融合的育人效果，关系到本科教育质量的提高。

二、理论假设

传统"身心二元论"把教育当成是发生在人的"脖颈之上"❶。而实习实训这种实践教学活动是以"身心合一"和"身临其境"为特征，是一种"身心投入的主动体验式学习"❷，是大学生具身实践的过程。实习是把学生安排到实际工作岗位上进行职业锻炼，实训是通过模拟实际工作环境，使学生参与案例学习，在较短时间内获取职业经验。随着产教融合的深化和职业教育改革的推进，实习和实训已经融为一体，"实习实训"成为我国高等教育界普遍认可的说法。本研究认为实习实训是一种大学生"动手动脑"的具身实践活动。大学生的实习实训具身实践关系到实习实训的教育质量。大学生对实习实训教育的满意度则是衡量民办高校产教融合育人质量和办学质量高低的重要参照标准。研究者将顾客满意度指数模型应用到学生满意度研究中，以探究学生满意度对教育有效性评估的作用。张蓓等人所构建的大学教学满意度模型包含学生期望、课堂教学质量、实践教学质量、自主学习质量和教学质量满意度五个潜变量❸。基于此，本研究拟将大学生实习实训教育满意度模型分为4个变量：大学生实习实训实践期望（简称"学生实践期望"）、大学生实习实训实践教学质量感知（简称"实践教学质量感知"）、大学生实习实训具身实践质量感知（简称"具身实践质量感知"）和大学生实习实训实践教学满意度（简称"实践教学满意度"），研究假设模型如图6-5所示。

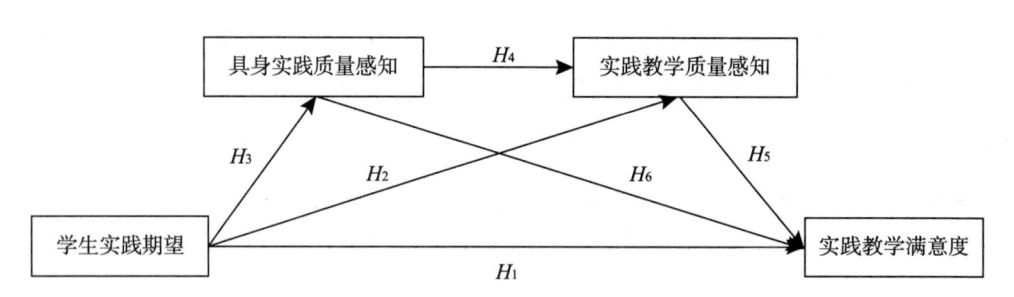

图6-5　大学生实习实训教育满意度假设模型

H_1：学生实践期望负向影响实践教学满意度。

---

❶ 叶浩生.身体与学习：具身认知及其对传统教育观的挑战[J].教育研究，2015，36（4）：104.

❷ 殷明，刘电芝.身心融合学习：具身认知及其教育意蕴[J].课程.教材.教法，2015，35（7）：57.

❸ 张蓓，林家宝.大学教学满意度影响因素实证分析——基于学生期望与学生感知质量的视角[J].复旦教育论坛，2014，12（4）：60.

H_2：学生实践期望负向影响实践教学质量感知。

H_3：学生实践期望正向影响具身实践质量感知。

H_4：具身实践质量感知正向影响实践教学质量感知。

H_5：实践教学质量感知正向影响实践教学满意度。

H_6：具身实践质量感知正向影响实践教学满意度。

三、研究方法

（一）调查工具与对象

本研究的调查问卷参考了陈兆军等人编制的实习实训体验和投入测量题项[1]以及改编张蓓和林家宝编制的大学教学满意度量表题项[2]，确定大学生实习实训教育满意度量表题项。

本研究以某两所民办本科院校为对象进行问卷调查，邀请参加过实习实训的大学生通过登录网络调查平台匿名填写在线调查问卷，回答全部问题之后才可提交问卷，完成问卷大约需要5分钟。经过问卷清洗，调查共回收有效问卷312份。样本中男生占42%，女生占58%；文科类所占比例为27.6%，理工科占47.4%，艺术类占25%；大二学生占8%，大三学生占49.7%，大四学生占42.3%。

（二）数据分析方法

本研究利用SPSS的选择个案随机把312份样本分为两部分，163份用于探索性因子分析，149份用于验证性因子分析。利用探索性因子分析（EFA）探索因子与量表题项之间的对应关系，利用克隆巴赫系数测量量表的内部一致性，利用验证性因子分析（CFA）进一步检验量表的组合信度（CR）和收敛效度以及区别效度。通过CFA进行模型拟合度评价和路径分析，验证假设。

四、研究结果

独立样本t检验的方法检验高分组和低分组在每个题项的差异，结果发现，27个题项差异均达到显著水平，均值之差值的95%置信区间不包括0，这说明27个问卷题项之间鉴

---

[1] 陈兆军，郭建鹏，裴水妹. 实习实训体验对大学生职业决策自我效能感的影响——基于民办本科院校的案例研究[J]. 教育学术月刊，2022（2）：74.

[2] 张蓓，林家宝. 大学教学满意度影响因素实证分析——基于学生期望与学生感知质量的视角[J]. 复旦教育论坛，2014，12（4）：63.

别力较高，没有可排除的不适当题项，因此所有题项保留。27个题项的问卷内在一致性Cronbach's α为0.965，高于0.9，说明量表高度可靠。

（一）探索性因子分析

一般来说，因子分析之前，要先进行KMO检验和Bartlett球形检验。当KMO值大于0.6，Bartlett球形检验p值达到显著水平，适合做因子分析；若KMO值大于0.9，则表示极其适合。本研究中的KMO统计量为0.94，Bartlett球形检验卡方值为4343.6，自由度df为351，$p<0.001$，达到显著水平，说明量表数据适合进行因子分析。

采用主成分分析法萃取公共因子。采用方差最大旋转法（Varimax）进行正交旋转因子负荷矩阵，依次删除"a6、a9、a10"3个题项，提取到4个主要因子，累计贡献率为76.161%，方差解释率较好。由此，24个题项构成了量表评价测度项，各题项的负荷值、因子特征值及解释率见表6-3。

表6-3 旋转成分矩阵

题项	具身实践质量感知	实践教学质量感知	实践教学满意度	学生实践期望
a1.我对实习实训实践教学期望很高				0.769
a2.我对实习实训指导老师的责任心和能力等期望很高				0.854
a3.我期望能学以致用，能为毕业后的工作打下基础				0.861
a4.我期望实习实训实践教学形式多样，内容充实				0.846
a5.我在实习实训中会应用到相关理论知识		0.562		
a7.有校内外行业专家给予指导和反馈		0.857		
a8.我有机会与企业管理者和员工交流，了解企业文化和人才需求		0.844		
a11.实习实训能让我学到可意会但无法言传的实践技能		0.542		
a12.实习实训活动多种多样		0.715		

模块六 实验实训平台与产业生产设备一体化

续表

题项	具身实践质量感知	实践教学质量感知	实践教学满意度	学生实践期望
a13.实习实训能让我学到未来职业所需的技能知识		0.589		
a14.实习实训场景和设施效果好		0.779		
a15.实习实训中我理解并尊重他人,积极团结协作	0.741			
a16.我深刻体会到了劳模精神和工匠精神	0.624			
a17.实践考试形式灵活,注重实践技能应用,评分客观公正	0.638			
a18.我对实习实训感兴趣,即使是重复性的实践操作也认真对待	0.726			
a19.我积极参与实习实训活动,积极思考,交流解决问题的办法	0.824			
a20.我积极观察和模仿学习,不断反思,内化为自己的实践技能	0.827			
a21.穿上统一的工作制服增强了我的实践主动性和投入程度	0.551			
a22.我积极把头脑、肢体、感官等投入于实习实训学习活动中	0.814			
a23.我自觉遵守各项纪律操作规程和规章制度	0.781			
a24.我对实习实训实践总体感到满意,觉得收获很大			0.726	
a25.我感觉实习实训实践的收益远远大于预期			0.755	
a26.我在实习实训实践中的紧张焦虑感适中			0.742	

续表

题项	具身实践质量感知	实践教学质量感知	实践教学满意度	学生实践期望
a27.我在实习实训实践中身心投入，获得良好的体验，获益很大			0.745	
特征值	13.201	2.330	1.714	1.034
各因子方差百分比%（累计76.161%）	55.003	9.710	7.141	4.307

综上，通过探索性因子分析看出，大学生实习实训教育满意度量表由学生实践期望（4个题项）、具身实践质量感知（9个题项）、实践教学质量感知（7个题项）和实践教学满意度（4个题项）四个因子构成，与最初的构想基本一致，说明问卷建构效度良好。

（二）信效度分析

依据表6-4，量表总体Cronbach's α为0.959，四个因子的Cronbach's α系数从高到低分别为：具身实践质量感知0.942，实践教学质量感知0.934，实践教学满意度0.903，学生实践期望0.871，均高于0.7，说明量表内部一致性信度高。

依据表6-4，测量题项对应的标准因子负荷值有20项都大于0.7，有3项大于0.6，有1项大于0.5，而且每个因子的题项的标准因子负荷值平均值都大于0.7。四个因子平均方差提取值（AVE）处于0.572~0.635，均大于0.5，并且四个因子的CR值处于0.839~0.939，均高于0.7。那么上述数据说明该量表具有良好的收敛效度和组合信度。

表6-4 量表信度和效度

因子	测量项	标准负荷 λ	指标信度 R^2	AVE	CR	α
1.学生实践期望	a1	0.649	0.421	0.572	0.839	0.871
	a2	0.616	0.380			
	a3	0.810	0.657			
	a4	0.911	0.830			
2.实践教学质量感知	a5	0.814	0.663	0.624	0.921	0.934
	a7	0.728	0.529			
	a8	0.719	0.517			
	a11	0.764	0.583			

续表

因子	测量项	标准负荷 λ	指标信度 R^2	AVE	CR	α
2.实践教学质量感知	a12	0.824	0.678			
	a13	0.853	0.728			
	a14	0.818	0.669			
3.具身实践质量感知	a15	0.727	0.529	0.631	0.939	0.942
	a16	0.733	0.537			
	a17	0.764	0.583			
	a18	0.796	0.634			
	a19	0.863	0.745			
	a20	0.873	0.763			
	a21	0.688	0.474			
	a22	0.842	0.709			
	a23	0.841	0.707			
4.实践教学满意度	a24	0.905	0.818	0.635	0.872	0.903
	a25	0.877	0.769			
	a26	0.589	0.347			
	a27	0.779	0.606			

依据表6-5，学生实践期望的因子AVE的平方根值为0.756（对角线上黑体数字），大于与另外三个因子的相关系数（分别是0.396，0.486和0.375），同理，其他三个因子的AVE根号值也均大于该因子与其他因子的相关系数，说明该量表具有良好的区分效度。

表6-5 相关矩阵和描述性统计

因子	1	2	3	4	均值	标准差
1.学生实践期望	（0.756）				3.926	0.770
2.实践教学质量感知	0.396**	（0.790）			3.751	0.823
3.具身实践质量感知	0.486**	0.742**	（0.794）		4.010	0.684
4.实践教学满意度	0.375**	0.760**	0.731**	（0.797）	3.806	0.768

注：**$p<0.01$。

（三）验证性因子分析与模型拟合

采用Amos 21.0进行构建假设模型和对假设模型进行检验，采用最大似然估计进行拟合，对修正后的量表进行模型拟合度评价。若NNFI（TLI）和CFI值大于0.9，并且RMSEA值小于0.08，可以得出假设模型与研究数据有良好的拟合程度，也说明量表有良好的效度[1]。量表验证性因子分析结果为：$x^2/df=1.906$，$p<0.001$，NNFI=0.918，CFI=0.930，RMSEA=0.078，说明拟合度较好，因此量表具有良好的结构效度。

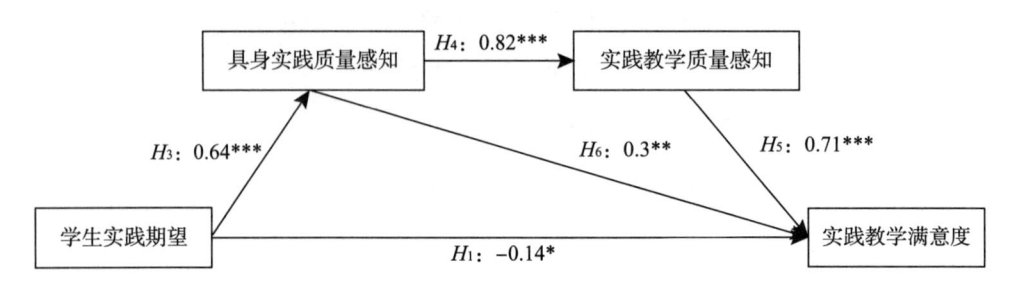

图6-6　大学生实习实训教育满意度拟合模型路径系数

根据图6-6，删除H_2路径之后模型获得拟合，结果显示，H_1假设成立，与假设方向一致，水平显著（$\beta=-0.14$，$p<0.05$），即大学生实践期望负向影响实践教学满意度具有显著水平。H_3假设成立（$\beta=0.64$，$p<0.001$），表明大学生实践期望正向影响具身实践质量感知，实践期望越高，学生具身实践投入度会越高，质量感知越好。H_4假设成立（$\beta=0.82$，$p<0.001$），表明大学生具身实践质量感知正向影响实践教学质量感知，学生具身实践质量越好，实践教学质量越好。H_5假设成立（$\beta=0.71$，$p<0.001$），表明大学生实践教学质量感知正向影响实践教学满意度，学生实践教学质量感知越好，实践教学满意度越高。H_6假设成立（$\beta=0.30$，$p<0.01$），表明大学生具身实践质量感知正向影响实践教学满意度，学生具身实践质量越高，实践教学满意度越高。大学生具身实践质量感知直接正向影响实践教学满意度，也通过实践教学质量感知间接正向影响实践教学满意度。

五、结论与建议

（一）结论

本研究发现大学生实践期望负向影响实践教学满意度，但是正向影响具身实践质量感知。根据顾客满意度理论，一般来说，期望越高，满意度会越低。所以学生实践期望

---

[1] 郭建鹏，计国君. 大学生学习体验与学习结果的关系：学生投入的中介作用[J]. 心理科学，2019，42（4）：870.

越高，实践教学满意度会越低。大学生在参与实践教学活动之前，大学生会认识到理论知识需要转化为实践技能，实践教学对其应用能力提升的重要作用，尤其是能为未来工作打下实践基础，由此产生心理准备，即要身心投入于实践教学活动中。所以，学生实践期望越高，具身实践质量感知越高。

大学生实践教学质量感知正向影响实践教学满意度，水平最为显著。当其他潜变量不变时，大学生实践教学质量感知每提升1个单位，实践教学满意度即增值0.71个单位。教学质量是大学教育的根本，教学质量的高低直接决定学生满意度的高低，所以，学生实践教学质量感知越高，实践教学满意度则越高。

大学生具身实践质量感知正向影响实践教学质量感知和实践教学满意度，并通过实践教学质量感知间接影响实践教学满意度。学生越身心投入于实践教学活动，对实践教学感知越深刻，越能提升实践能力，那么实践教学质量感知会越高。

（二）建议

依托产教融合开展实习实训教育是民办高校应用型人才培育的直接路径。为提升大学生实习实训教育满意度，要着重提升大学生实习实训具身实践质量感知和实践教学质量感知。

1.增强大学生具身实践能力，提高具身实践质量感知

首先要提高校内实训阶段的质量，提升大学生的适应性和自信心，促成积极的期望；其次提升校外实习阶段的质量，提升"身临其境"的实践感知，关注学生实习的满足感。大学生要利用所学理论知识和专业知识身心投入于实训实习等实践活动中去发现问题、分析问题和解决问题，提高动手动脑能力和自主学习能力。学校要引导学生把头脑、肢体、感官等投入于实训实习实践体验中，积极观察和模仿学习，交流解决问题的办法，不断反思内化，获取默会知识。

2.拓展实习实训实践教学影响力，强化大学生的实践教学质量感知

民办本科高校基于所依托的地方大型企业产业链，设置专业群，共建相应的实习实训基地群。高校在课程设置中加大实习实训的比例，为大学生实习实训提供广元的环境和资源支持。校企共同合理设计实习实训体系，使大学生必选对口专业的实习实训基地进行体验学习。

实习实训活动是发生在企业（行业）特殊环境下的高影响力活动，也是一种集体活动，不仅要求大学生使用准员工的角色运用内省能力进行自主学习完成个体目标，而且要求大学生运用合作能力进行团结协作完成集体目标。首先，大学生要自觉完成角色转换，即从在学期间的学生身份转换为企业（行业）员工身份。其次，要增强内省能力。大学生要通过洞察和反思，正确地认识和评价自身的态度、动机、情感、意志等，并在

此基础上形成自我管理和自我调节的能力，能动性完成个体任务。更重要的是要提升合作能力。大学生要在理解他人和维持健康人际关系基础上，通过责任分工、沟通商议、团结互助等方式合作完成实习实训目标任务。最后，大学生要形成凝聚力，通过互相交流实习实训个体学习与合作学习中的成功经验，增强实习实训的自信和自我效能感。

3.校企共建实习实训教育共同体，落实产教融合育人理念

后疫情时代下，大学生择业和就业问题严峻，地方企业人才短缺问题加剧，而"实习实训是企业发现、培养和储备人才的关键渠道"。企业依据市场需求和生产劳动实际，形成专门的大学生实习实训特色基地，将大学生职业选择与企业发展以及服务地方经济有机结合起来。企业主动开展实习实训项目，不仅有助于构建地方企业与国内高校合作交流长效机制，也为企业精准引进高校毕业生奠定基础，也充实高校大学生职业经历和就业信心。

企业方面通过落实一系列政策保障大学生实习实训教育质量感知。其一，落实人文关怀，为实习实训学生提供实习实训服务保障。其二，增强大学生的企业文化认同，通过引领学生参观企业创业历史展览馆，观看企业宣传片，实地参观企业产品、工艺、设备等提升大学生对企业文化的认知和企业工作环境的切身体验，树立"劳模精神"和"工匠精神"的榜样，激励大学生积极投身于实习实训活动中。其三，加强实习实训质量过程监控，发挥企业导师或者行业专家的指导和监督作用。

六、结语

民办本科高校与其所依托的企业以培养应用型人才为目标，共同设计实习实训教育体系，将学校的理论知识学习与企业的实践技能学习交替融合起来，切实提高大学生运用理论知识解决实际生产问题的实践能力以及职业素养，为大学生未来职业生涯的个性化发展和可持续发展树立信心。企业提供实习实训岗位需求，明确在实习实训之前大学生应具备的通用能力和专业知识结构，以及实习实训之后大学生应达成的目标。高校依据企业实习实训需求和要求，优化课程体系，完成实习实训先前理论知识教育以及职业道德教育。最后，校企共同形成大学生实习实训质量评价标准，共同鉴定大学生是否达成实习实训教育目标。

作者简介：陈兆军（1980— ），男，山东淄博人，烟台南山学院国学与外语学院教授，博士；刘云（1984— ），女，山东青岛人，烟台南山学院国学与外语学院副院长，讲师；秦守岭（1980— ），男，山东龙口人，山东南山智尚科技股份有限公司外贸部总监。

基于产教融合的纺织多功能实训基地建设探索

王晓　刘美娜　张媛媛

摘要：根据民办高校应用型人才培养中实践教学的重要性，以及纺织专业的学科特点，分析我校产教融合共建实训基地的意义，结合产业优势提出了纺织多功能实训基地的建设思路与实现举措，校企实现资源共享、互利共赢，为其同类院校实训基地建设提供思路。

关键词：产教融合；纺织；实训基地

基金：2022年度山东省本科教学改革研究重点项目"基于校企行联动的黄河流域纺织工程专业虚拟教研室建设探索与实践"（Z2022156）；2023年度山东省教育科学研究项目"教研产融合背景下应用型人才培养模式研究与实践"（23SC220）；"纺织之光"中国纺织工业联合会高等教育教学改革研究项目"'三全育人'视域下纺织工程专业创新人才培养研究"（2021BKJGLX744）

一、背景情况

民办高校培养高水平应用型人才培养的关键在于实践教学，为学生成才创造优良的实践教学环境。但目前多数民办高校受自身条件的限制，其实训基地建设薄弱、实践教学环境落后。

烟台南山学院是由南山控股投资兴办，教育部批准设立的一所全日制普通本科院校。山东南山智尚科技股份有限公司是南山控股旗下的上市公司。南山集团自上而下推行校企一体、产教融合发展策略，南山学院依此确立了"党建引领、立德树人、校企一体、协同育人"的办学理念，校企一体共筑产学研平台。

纺织工程专业属于工科类专业，其产业链较长、工艺复杂、设备庞大、仪器精密，易造成理论与实践教学的相互脱节，对于应用型人才的培养不利。为了改善实践教学条件，培养学生的工程实践能力，我专业充分发挥背靠企业的优势，依托南山智尚产业资源，融合产业体系，搭建起校企合作的产业应用型人才培养平台，纺织工程专业明确了实训基地的建设思路，校企一体、产教融合，共建实训基地。

实训基地既是培养学生技能的教学场所，又是资源共享的产学研平台——校企共同组建团队、共同编写教材、共同培养学生、共同开发产品。2008年，双方联合开展应用型人才培养，共建智尚纺织服装实训基地。2017年，与中国毛纺织行业协会合作，依托实训基地联合开展行业人才技术培训。2021年，与中国设计师协会合作，依托实训基地联合推出中国职业装设计大赛，搭建形成集教育、培训、赛事等于一体的实践教学平台。

经过多年不断的运行完善，实训基地探索形成了多方协同、产教融合的新型多功能实训基地建设运行模式。2021年，《专业跟着产业走——烟台南山学院纺织工程专业实训基地》入选教育部学校规划发展中心产教融合实训基地优秀案例。2017—2018年，"毛纺行业继续教育工程"专业人才培训工作受到业内的一致认可和好评，《中国纺织报》以"打造行业教育平台，培育毛纺智造工匠"为题进行了专题报道。2021年，第一届中国职业装设计大赛在北京完成首秀，受到新华社、大众网等多方媒体关注。

依托实训基地，多方协同开展人才培养，开发羊毛教育与职业装教育特色模块课程体系，出版教材近10部，获部委级教材三等奖2项，"纺织之光"教学成果奖10项，成功获批功能性纤维与纺织品山东省工程研究中心和纺织工程山东省一流本科专业建设点。

二、建设思路与主要举措

（一）构建教研产共同体，创新实训基地管理运行模式

1.纳入产业学院管理，构建产教研融通的实训基地管理模式

烟台南山学院、山东南山智尚科技股份有限公司和中国毛纺织行业协会三方共建产业学院，设立管理委员会、专业建设指导委员会和学术委员会，构建管委会、院长、系（中心）分工负责、协调运行的三级管理组织架构，形成三方共商、共管、共建的产业学院管理模式。

实训基地作为产业学院的组成部分纳入产业学院管理，实行院长领导下的主任负责制，形成自上而下的产教研融通的管理模式。

2.建立多层面沟通机制，形成共建共管共享的实训基地运行模式

实训基地设立主任和执行主任岗，分别由学校和企业相关管理技术人员担任，双方对接商讨确定教学、培训、赛事、生产等任务工作安排。基地的每一个实验室都配置管理人员2名，分别由学校教师和企业技术人员担任，共同设计指导实训、培训等相关项目的开展。

3.全面开展制度建设，形成现代产业学院保障机制

实训基地制定推行了一系列规章制度，包括科研管理制度、日常运行管理制度、设备资产管理制度、人事管理制度、财务管理制度等；同时制定教研产融合的相关激励制度，形成了自上而下的有效激励机制，形成较为完善的现代产业学院管理制度体系，确保各项工作的正常、有序、高效开展。

（二）依托实训基地，培养学生的工程实践能力和创新能力

1.着重提升学生的工程实践能力

依托实训基地，校企共同设计实践教学体系，制订实验教学大纲，并共建实验实训基地开展教学活动。

实践教学体系打破传统的"基础课—专业课—工程实习"三段分割的教学模式，构建了"专业能力进阶"的实践教学体系，如图6-7所示。从基础实践、专业认识、综合实践和创新实践四个阶次多维度、交错融合、螺旋式提升学生的综合工程实践能力，通过项目内容侧重点的差异实现因材施教和个性化能力培养。人才培养方案中按照基础实践、专业实践、综合实践、创新实践四个环节分别设置相关实验实训、课程设计、教学实习、毕业实习、毕业设计（论文）等10余门课程，共30学分。教学实习是在大四上学期安排四个周的岗位技能综合训练，到纺织企业进行轮岗实习，学生不仅能够对所学专业知识进行巩固，而且能够扩大知识领域，培养学生分析问题、解决问题以及独立工作的能力，为毕业后工作打下扎实基础。为使学生能尽快融入社会，大四下学期安排一学期的毕业实习，不仅使学生充分认识专业的工作环境和工作内容，为就业做好充分的思想准备，完成从一名学生到职工的角色转变；同时帮助学生更加明确自己的就业目标，正确地对自己进行定位，在实际的岗位工作中，不断提高自己的工作技能和处事能力。

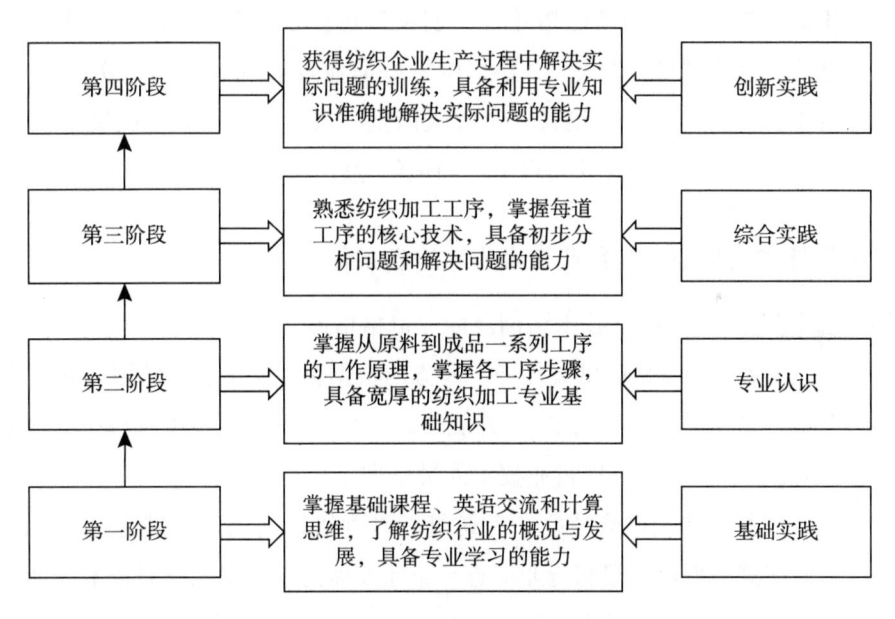

图6-7 "专业能力进阶"的实践教学体系

实践课程教学大纲由学校老师、企业导师结合企业生产实际与学生培养技能标准共同制订，教学活动根据课程需要结合企业生产研发案例在实训基地开展。其中专业认识实习、综合实践与创新实践等环节由学校老师、企业导师共同指导完成，评价指标包括企业导师评价与学校教师评价两部分。

2.着重培养学生的创新能力

依托实训基地搭建产学研平台，并结合学生自身特点，多渠道培养学生的创新能力。对于具有科研目标或科研兴趣浓厚的学生，吸纳进入科研团队；结合科研工作、竞赛项目等以第二课堂的形式组织开展专业创新活动。成立创新创业学院，构建创新创业教育体系。目前，学院已经形成了良好的创新氛围，学生参与度高达90%。

结合产业需求，大学、研究院和企业整合科研团队，并构建起研发、应用、推广一体化的科研服务体系。从大二开始，逐步遴选纺织工程专业优秀本科生进入科研团队，指导教师对进入团队的学生制订详尽的培养方案，学生从文献调研、实验数据采集等辅助性工作，逐步具备方案设计、数据分析及撰写等技能，并结合企业课题最终完成毕业论文。这个培养过程使学生具备了基本的科研创新思维和能力。

针对科研活动中的创新设计需求不定期组织开展第二课堂活动，结合教学项目需求积极组织开展学生兴趣小组等活动。目前，纺织品创新设计制作、面料再造、纺织品手工扎染等活动已经连续组织5届，中澳结对创新设计活动连续组织4届。其中，纺织品创新设计制作大赛被认定为每年一届的校级竞赛项目。

同时，学校成立创新创业学院，紧紧围绕"培养大学生创新思维，提升大学生创业能力"这一中心任务，构建了创新创业教育体系，人才培养方案中开设"创新思维""大学生职业发展规划与就业指导""创业基础实务"等多门课程。从学生大一入学安排大学生职业发展规划课程，引导学生做好职业发展规划；通过实行"三个一"创业土壤培育工程（每个专业系培育一个省级以上项目，每个专业社团培育一个特色项目，每名辅导员培育一个校级优秀项目），加强创业教育。

（三）依托实训基地开展行业技术人才培训工作

1.依托实训基地，定期开展技术培训及职业资格培训

将培训工作纳入实训基地的常规任务。一方面根据企业需求制订计划，开发课程开展培训；另一方面，结合职业资格考试定期开展培训并联合行业协会组织相关鉴定工作。

2.搭建培训平台，不定期开展行业技术人员培训

与中国毛纺织行业协会联合成立"毛纺继续教育培训基地"，搭建起企业的技术以及管理人员沟通交流的平台，根据行业动态和企业发展需求不定期开展技术培训。

（四）依托实训基地举办专业竞赛活动

1.结合教学和企业需求开展相关技能竞赛

依托产教融合体系，将学校人才培养与企业技工技能鉴定相结合，陆续推出面料设计大赛、挡车操作技能比赛、打版工艺大赛等系列赛事，形成教师、技术人员、学生全员皆可参与的竞技氛围，促进相互交流学习，提高人才培养水平。

2.重点打造标志性行业赛事

结合实训基地的资源优势，与中国设计师协会合作，联合推出中国正装设计大赛，旨在挖掘和培养中国正装设计人才，提高未来新生代设计师的创意创作技能水平，从而

推动产业发展。实训基地为大赛提供参赛面料、场所及相关工艺制作等,构成"原创面料"和"原创设计"的"双创"融合的特色亮点。

三、取得的成效

(一)人才培养质量显著提高

根据近5届毕业生的跟踪调研反馈,学生就业率均在90%以上,调研毕业生在纺织行业各岗位分布相对均衡,主要为生产技术与管理31.8%,检验检测13.6%,产品设计研发18.2%,外贸销售10.9%,其他25.5%。86%的学生进入专业对口企事业单位任职,其中,30%的学生成为单位骨干技术人员或中层管理人员。

学生参与竞赛成果丰硕,获省部级以上竞赛奖励100余项,学生成立研纺社团,进企业实习,参与其课题研究,发表20余篇北大核心论文。

对华纺股份有限公司、山东南山智尚科技股份有限公司、威海迪尚华绮毛纺织有限公司等20余家企业近三届毕业生的跟踪调查结果显示,企业普遍反馈毕业生工程实践能力和创新能力强,专业素养高,踏实能干,能够快速适应工作环境;尤其对毛纺特色教学评价较好,培养了学生思考、分析、团队合作、解决复杂工程问题的能力。东华大学、江南大学、苏州大学、青岛大学、迪肯大学等国内外十多所高校专家对我校纺织工程专业人才培养给予了充分肯定,特色鲜明,优势突出。

(二)教师能力素质大幅提升

形成了校企双方师资互聘互用机制,教师职业技能及教科研能力显著提升。近两年,培养副高以上人员10余人,形成了一支专业技能强、研究素质高的双师型师资队伍。

(三)培训、赛事建设成效获行业好评

2017—2018年,毛纺行业技术人才培训基地开展"毛纺行业继续教育工程"专业人才培训班,对全国44家企业150余名技术人员进行培训,受到企业一致好评。《中国纺织报》以"打造行业教育平台,培育毛纺智造工匠"为题进行了专题报道。

南山智尚杯·中国正装设计大赛共收到近千幅投稿作品,广泛受到业内关注。大赛决赛在北京中国国际时装周举行,受到大众网、新华社等多家媒体报道。

(四)产教融合成果丰硕

依托实训基地,多方协同开展产教融合,获批省级教改立项4项,公开出版"十三五"

普通高等教育本科部委级规划教材10部，2部获得部委级优秀教材三等奖；获省部级教学成果奖10项。平台获批功能性纤维与纺织品山东省工程研究中心和功能性纺织品协同创新中心，获省部级科学技术进步奖3项，发表科研论文100余篇，发明专利20余项。

四、结论

（一）本案例的优势特色

本案例中，烟台南山学院利用大学和产业同根同源的先天优势，合理布局学科专业，设计构建现代产业学院，并通过南山控股自上而下地整合、优化机制实现资源共享，推动教研产融合发展。在此基础上，学院发挥主观能动性，基于应用型高校的建设理念，着力加强实训基地建设。同时，不断融入其他有利资源，与行业协会合作，扩大实训基地的使用推广，呈现出本案例的特色及优势。

1.产教融合实现实训基地运行高效有序

高校、企业、研究院和行业协会联合建设产业学院开展人才培养改革，不断加强平台建设、队伍建设、课程建设、专业建设和学科建设，形成了多方协同的产教融合机制。在这一机制推动下，智尚纺织服装实训基地形成了多方协同共建、共管、共享的实训基地管理运行模式。最大限度内实现资源合理配置、高效使用，人才培养成效显著提高。

2.多功能化发展扩充实训基地服务面

实训基地建设的出发点在于人才培养，校企共建实训基地的重点任务则在于技术培训和学生培养，这导致实训基地的应用范围和受益面受到很大限制。此案例中，在校企合作的基础上引入研究院和行业协会组建四元主体共建实训基地，从不同角度出发，将实训基地的业务范围逐渐扩展到行业技术培训和行业赛事，服务面和受益面更广，为实训基地的发展不断注入新的活力。实现实训基地的多功能化发展的同时，为行业不断培养、挖掘更多优秀人才，做到了更好地服务社会。

这种模式的探索为实训基地建设发展提出了新理念和新思路，但是烟台南山学院受体制限制，存在师资、生源质量等短板问题，无法将体系建设中的各个细节做到精致。

（二）下一步工作

目前，智尚纺织服装实训基地已经初步构建了多方协同的利益共同体和较为完善合理的顶层设计，并在人才培养、技术培训、行业赛事等方面进行了探索且取得了一定的成绩。但还有许多工作尚待完善。

1.加强软硬件建设，开展质量资质认证工作

实训基地目前的实验仪器设备总值超千万元，应充分利用这一良好的检测服务条

件，加强内部建设，开展相关质量资质认证工作。在此基础上，增设有偿服务项目，可为实训基地的建设提供更加充足的资金保障。

2.重点做好培训和赛事项目的建设工作

针对行业技术人员的技术培训和挖掘优秀人才的行业赛事都已经起步，但服务面和影响力尚且不足，应该重点筹划推出持续性的标志性项目，并做好宣传服务工作，逐步扩大实训基地的影响力和受益面。

3.不断扩展实训基地的业务范围

点面结合，在确定重点建设项目的同时，不断扩展实训基地的业务范围，采取多形式、多渠道的灵活发展模式，为实训基地的发展不断注入新的活力。

参考文献

[1] 邹小南，罗丹，鲍宇峰.基于产教融合的环境工程技术专业生产性实训基地建设研究[J].现代农机，2022（5）：77-79.

[2] 高滑，王田田.应用型本科高校校内实训基地建设[J].西部素质教育.2022，8（18）：146-148.

[3] 隋秀梅，王姗姗，李国庆.高水平专业化智能制造产教融合实训基地建设研究[J].工业技术与职业教育，2022，20（2）：61-64.

[4] 易亚军，杨博，罗俊，等.应用型本科院校产教融合实验实训基地建设的探索与实践——以广州工商学院为例[J].轻工科技，2022，38（4）：189-191.

作者简介：王晓（1985— ），女，山东青岛人，烟台南山学院纺织与服装学院纺织系主任，教授，硕士；刘美娜（1982— ），女，山东烟台人，烟台南山学院纺织与服装学院院长，教授，硕士；张媛媛（1985— ），女，山东潍坊人，烟台南山学院纺织与服装学院服装系主任，副教授，硕士。

基于产教融合的纺织工程专业实践教学体系建设

张淑梅　王晓　郭小云

摘要：在产教融合背景下，以培养高素质创新应用型人才为目标，充分利用企业优良的全产业链资源，通过校企共同制订人才培养方案，优化完善课程体系，搭建实践教学平台和校企人员双向交流培养平台，共建实践教学质量保障体系和实践教学评价机制，将企业融入创新应用型人才培养各个环节，强化实践教学环节，全面提高创新应用型人才培养的质量。

关键词：产教融合；实践教学；人才培养

基金："纺织之光"2023年度中国纺织工业联合会职业教育教学改革研究项目"新工科背景下校企融合协同创新课程模式的研究——以纺织品设计课程为例"（2023ZJJGLX129）；2022年度山东省本科教学改革研究重点项目"基于校企行联动的黄河流域纺织工程专业虚拟教研室建设探索与实践"（Z2022156）；"纺织之光"2021年度中国纺织工业联合会高等教育教学改革研究项目"校企协同视角下大学生科技创新能力培养研究——以纺织工程专业为例"（2021BKJGLX749）；烟台南山学院2023年度教育教学改革研究项目"基于创新能力培养的多元混合设计实践教学改革探究——以纺织品设计课程为例"

一、引言

中国纺织工业"十四五"规划明确定位：纺织工业是国民经济与社会发展的支柱产业。当前，随着纺织新材料、纺织品绿色制造技术、高端智能装备制造关键技术等领域的创新发展，我国纺织行业正处在高质量发展阶段，因此，纺织工业迫切需要一大批具备创新能力的应用型人才的强力支撑。创新应用型人才培养的关键在于提升学生的工程实践能力和创新能力，实践教学是巩固理论知识的有效途径，也是培养学生创新设计能力和实践动手能力的重要环节。本文以应用型本科院校烟台南山学院纺织工程专业为例，秉承"校企一体、协同育人、能力为重"的办学理念，充分发挥集团办学优势，以产教深度融合为背景，以高素质创新应用型人才培养为目标，校企协同构建与完善科学有效的实践教学体系。

二、普通本科高校实践教学的现状分析

（一）实践教学体系建设不完备，教学重理论、轻实践

首先，部分普通本科高校仍受传统的教育教学理念影响，教学过程普遍以课堂理论教学为主，认为实践教学只是作为理论教学的辅助，实践教学内容设计大多以验证性实验为主，实践教学过程也以教师为主体，将实验的原理、方法和结果直接展示，使得实践教学形式化，不注重对学生实践动手能力和创新设计能力的培养。其次，实验室、实验设备和实习基地等建设经费投入不足，造成实验实训教学设施配置不全，设备陈旧落后，甚至部分设备损坏，维修不及时而不能满足正常实践教学的需要。最后，教师对课程评价以理论知识考核为主，不注重对学生的工程实践能力的评价，导致学生缺乏主动

参与实践教学活动的积极性。

（二）实践教学培养目标不明确

部分普通本科高校没有针对产业需求准确定位人才培养方向，高校单方面制订人才培养方案，造成专业设置与地方产业发展脱节，课程设置与企业岗位需求脱节，实验实训教学内容与企业生产过程不衔接，造成学生的专业知识结构和企业需求的专业技术技能严重脱节，企业对学生的工程实践能力不认可，最终导致学生就业难。

（三）教师缺乏实践经验，双师型教师配备不足

具有丰富的工程实践经验的高素质"双师型"教师团队是有效提升创新应用型人才培养质量的关键，而目前我国普通本科高校的师资队伍结构单一，多数年轻教师都是大学毕业后就直接进高校当老师，虽然具有相对扎实的理论知识，但缺乏进企业的工程实践经验，"双师型"教师尤其缺乏，造成"双师型"教师比例失衡，不能满足实践教学要求，最终影响实践教学效果。

（四）校企合作存在单向性、暂时性，缺乏协同育人的长效机制

一方面，由于普通本科高校教师普遍缺乏企业实践经历，教师为企业提供技术服务的能力和产品设计研发能力薄弱。另一方面，学生掌握的知识与合作企业的岗位需求不匹配，达不到实习顶岗的要求，导致企业参与校企合作流于形式，即使合作也仅停滞在学生实习层面，缺乏从人才培养方案制订、专业课程开发建设、实验实训基地建设到实践教学管理评价体系等方面更深层次的合作，导致高校培养的人才有效供给和区域经济产业发展实际需求脱节。

三、产教融合构建实践教学体系的策略

国务院办公厅在《国务院办公厅关于深化产教融合的若干意见》中指出，要深化产教融合，加大行业企业参与办学的深度与广度，促进教育链、人才链与产业链、创新链有机衔接，发挥企业和学校的双主体作用，紧密围绕产业需求，强化实践教学，完善创新应用型人才培养体系[1]。产教融合是培养高素质创新应用型人才的必由之路，把产教融合贯穿于创新应用型人才培养的全过程，能够更好地培养适合社会经济和产业发展的高

---

[1] 国务院办公厅. 国务院办公厅关于深化产教融合的若干意见[EB/OL].（2017-12-19）[2023-9-6]. https://www.gov.cn/zhengce/content/2017-12/19/content_5248564.htm.

素质创新应用型人才。实践教学体系建设基本思路见图6-8。

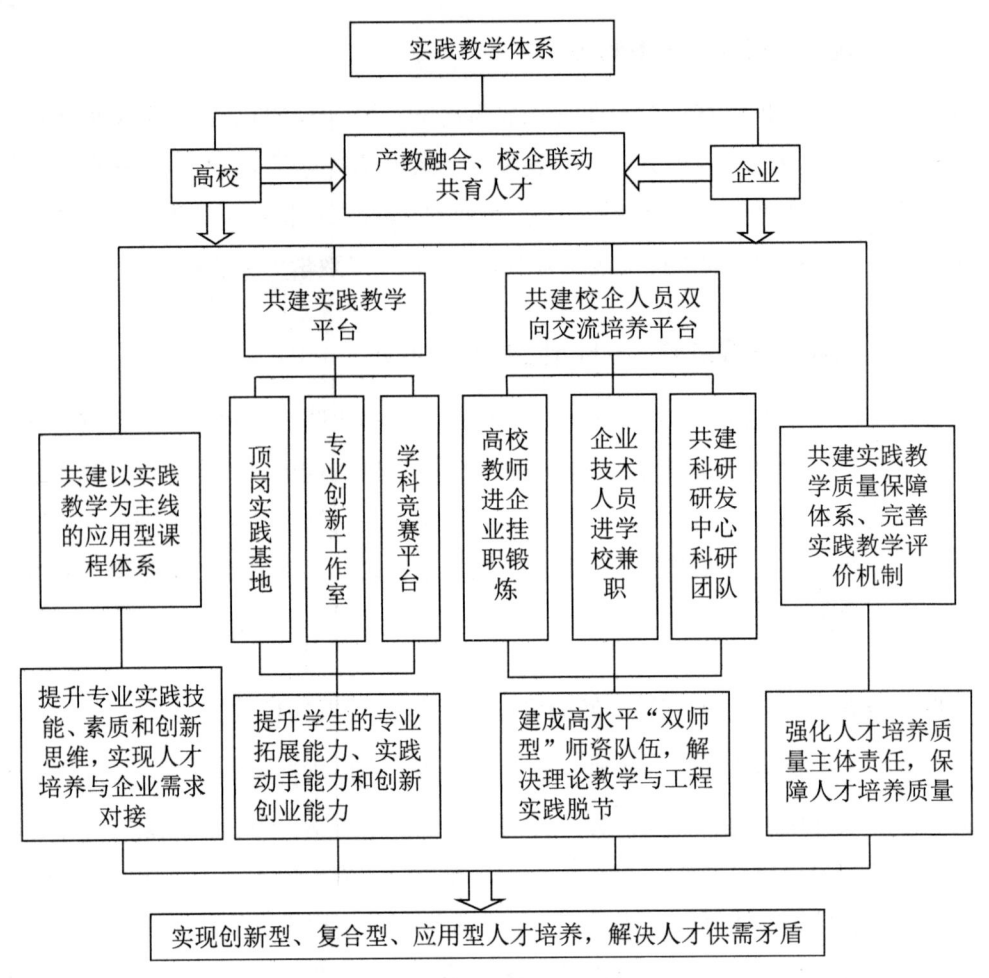

图6-8 实践教学体系建设思路

（一）产教融合，校企联动，共建以应用能力培养为主线的课程体系

以地方经济和产业发展对人才的需求为目标，以就业为导向，围绕培养创新应用型人才的办学定位，依托集团化办学的地理优势和先进的产业链资源优势，以产教融合为切入点，校企联动，共同制订人才培养方案，全面推进创新应用型人才培养的专业设置与产业发展、课程内容与岗位标准及教学过程与生产过程的对接，确保人才培养与企业岗位需求的无缝衔接。

1.建立人才培养目标和模块化课程体系动态调整机制

一方面，根据纺织业发展形势，加大专业开放办学的力度，敏锐把握社会人才需求及产业发展变化的最新动态，适时调整人才培养目标、人才培养模式及对应的模块化课程体系内容，保证人才培养与行业发展需求的对接，真正实现纺织工程专业人才培养模式的创新。另一方面，构建精细培养的模块化嵌入式课程体系。依托南山集团纺织服饰全产业链资源优势，开展纺织工程专业岗位群调研，通过分解产业链不同岗位承担的工作任务、细化完成任务的工作流程、归纳实际工作任务，整合基于工作过程的课程设置，构建了从毛条制造、毛条染色、纺纱、织造到后整理的完整的毛精纺加工链的产品设计制造、质量检验评价及控制的全过程精细人才培养模块化课程体系。

2.深化实践教学改革，创新实践教学方法

首先，创新教学方法。通过督导评课、教师间互相听评课，开展教学方法创新，要求教师在理论与实践授课中改革传授知识的传统教学方法，推广引导探索法、任务驱动法、企业现场教学法等。其次，增加了实践课程学时，动态调整了实践教学内容，将专业课程的教学带入生产基地，探索实施了多元化的实践教学模式。如"毛条制造""纺纱学""机织学""染整工艺学"与"纺织品检验"等专业课程的"课内实验"环节，均采取了与企业一线生产相结合的方式开展，授课任务由学校专任教师和企业技术人员共同承担；课程设计类课程、岗位综合训练、毕业实习、毕业论文等"集中实践"环节教学均采取了"课堂进车间"的一线生产实地授课方式；创新训练课程环节与学科专业竞赛有机结合，开展专业创新兴趣训练系列活动，构建了"赛学一体"的实践教学模式。

3.基于生产岗位，优化课程标准，开发课程教材

在实践教学中将一线生产岗位的新工艺、新技术标准向专业课程融合渗透，实现了"岗位技术标准"融入"教学大纲"，优化了课程标准。以企业最新科研成果和一线生产案例为素材，将理论知识教学和生产实践过程进行融合，校企共同编写基于企业实际生产过程对接的配套教材，实现了人才培养与企业岗位的零距离接轨。

（二）校企开展联合授课，共建教学实践平台

依托我校集团办学的先天优势，校企共同搭建实践"校企顶岗实践基地—专业创新工作室—学科专业竞赛"三位一体的教育教学实践平台。

1.校企共建"校企互赢"的校内外实践教学基地

依托集团完整的产业链资源，以资源共享为切入点，建立实体性实践教学基地和实习实训基地，构建了以项目课程、生产性实训和顶岗实习有机结合的教学体系。通过"课堂进车间"的形式，以企业实际工作项目为导向，根据企业生产工作过程，通过工作任务展开实践教学，并突出学生的主体地位，让学生参与生产实践过程，使师生在"做中教、做中学、做中练、练中导"，实现了课堂教学与车间生产的有机结合，提高了学生的岗位实践技能，实现了专业课程教学内容与企业岗位工作的无缝对接。

2.建立专业创新工作室

学校和企业研发中心共建专业创新工作室，其目的是为师生搭建一个集教科研课题

研究、产品设计研发、学科专业竞赛于一体的互动共赢平台。专业创新工作室实行双导师领导制，导师由企业研发中心资深设计师和承担科研教研任务的老师共同组成。工作方式是以导师为主导，以学生为主体，采用项目驱动的教学方式对学生进行管理指导。在工作内容上，首先，在导师的指导下学生借助导师的教科研项目平台，参与项目研究；其次，以企业一线生产任务为载体，学生直接参与企业的新产品开发和技术创新；最后，依托专业学科竞赛项目，学生提出各种创新设计任务，在导师的指导下完成竞赛作品。通过该平台，学生直接参与了企业的新产品开发研制、技术攻关及横向课题研究，将专业创新性设计与企业产品融合，将教育力以最快的速度转化为生产力。同时锻炼了学生的独立思考问题的能力和敬业精神，提升了科技创新能力和实践动手能力，满足学校对学生的个性化人才培养要求。

3.搭建专业学科竞赛平台

整合学校和企业的优质资源，以创新性实践课程为基础，以学科竞赛为导向，以大学生科技创新项目为载体，构建"赛学一体"的实践教学模式，为学生搭建"校级—省级—国家级"三级学科竞赛和科技创新项目实践平台。校级竞赛突出学科和专业特色，扩大覆盖面和参与度，强调长效性；校外竞赛以省、国家级科技竞赛项目为依托，在校内竞赛的基础上，选拔组建多元化的科技创新团队，强调竞赛的针对性和成果转化；利用"互联网+"建立科技创新网络系统，营造适合科技创新人才成长的校园文化环境和学术氛围，激励更多的学生参与到科技创新竞赛中。

（三）校企协同搭建"双师型"教师双向培养交流平台

高素质的双师型师资队伍是有效提升创新应用型人才培养质量的关键。结合现有师资情况，依托校企合作、校校合作等形式搭建教师成长平台，通过培养、引进、特聘等措施，组建了一支理论、实践、科研并举的专兼结合的"双师型"教师队伍。

1.校企共建教师"双师素质"培养平台

学校每年有计划地选派教师到企业挂职锻炼6~12个月，让专业教师以技术人员身份参与到企业的生产过程管理、项目研发和科技创新中。通过挂职锻炼，提升了教师的职业素养、工程实践能力及科学研究能力，进而推动了教师把与专业相关的行业企业前沿发展、最新研究成果、新职业标准、新工艺技术的实践经验融入课堂教学，提高了教师理论与实践教育教学效果。

2.校企共建专兼结合"双师结构"教学团队

发挥学校与集团同根同源的人才资源优势，探索灵活多样的人员聘任方式。一是聘请企业技术人员进校做兼职教师；二是聘请企业高管和行业专业人士兼职院系部领导或担任客座教授；三是引进既有较高理论水平，又具备高技能的人才到校任教等。通过校企人力资源的合理流通与共享，优化"双师型"师资队伍结构，提高专业实践课程教学质量。

3.校企联合组建科研团队，共建科技研发平台

以教师、学校和企业三方资源优势为结合点，以科研课题和教研项目为纽带，校企联合组建了纺、织、染等多方向的科研团队，共建了工程技术创新研发中心，通过开展基于产业链的技术创新与攻关以及新工艺技术的应用研究，提高了研究成果的实用性和转化率，同时提升了教师的科技创新研发能力。

（四）完善校企合作管理制度，构建实践教学质量监督保障体系

完善的制度建设是保证实践教学质量的关键。首先，校企联合设立了产教融合办公室，并通过健全校企合作监督与管理各项制度，强化了日常组织与管理工作，明确了校企双主体责权利，构建了校企合作协同育人的长效机制。其次，完善了实验教学管理规定、实习教学管理规定和本科生毕业论文（设计）管理工作实施细则等实践教学管理规定，强化了对实验实训教学中心、实践教学基地的建设和实践教学活动的全过程监督管理，使实践教学运行更加规范化，切实保证了实践教学质量。最后，加强对实践教学经费的评价与评估，结合不同学科专业的教学发展需求，学校按需调配相关经费，并定时投入各专业的实验、实习实训等实践教学活动。

（五）建立和完善实践教学评价机制

加强实践教学各环节的组织管理，并对教学过程和教学效果制定科学合理的评价标准。首先，建立教师、学生、用人单位和社会多元化的评价主体。其次，设置多元化的评价指标，在实训实习实践性课程的考核中，采用过程性与终结性相结合的考核方式，并以学生成果产出过程为重点，注重人才培养过程和潜能的发挥，突出过程化、经常化。最后，评价方式多样化，采用教师和企业导师共同评价、学生互评、学生自评，以及学生对教师和企业导师评价相结合的方式。在考试评价中减少传统标准化内容，增加创新开放性考核内容，激发学生的创新意识和开放性思维。同时，对教师的实践性教学环节采取课堂现场教学评价和课后总结性评价结合的方式，以督促教师对实践教学水平的持续改进。

四、结论

在国家大力推行产教融合的背景下，校企协同培养创新应用型人才是高等职业教育的必然要求。实践教学是提高创新应用型人才培养质量的重要环节，我校在长期办学实

践中，以突出培养学生的创新能力、工程应用能力为重点，加强课程体系建设，突出实践教学环节的优势特色，着力构建并不断完善了以专业课程"课内实验"、课程设计类"集中实践环节"和"创新训练课程"等多元化实践教学模式，全面提升了学生的工程实践能力、创新创业能力和专业综合能力，满足了地方经济发展对创新应用型人才的需求。

参考文献

［1］张淑梅，王文志，张国生.校企合作下纺织工程专业创新应用型人才培养实践［J］.才智，2019（14）：150-151.

［2］张淑梅，左洪芬，王文志，等.校企协同视角下大学生科技创新能力提升探究［J］.服装设计师，2022（1）：139-142.

［3］张淑梅，王文志，曹贻儒，等.高校教师与企业技术人员双向流动问题与对策研究［J］.当代农机，2020（11）：67-68.

［4］刘宪杰，田春艳，高胜哲，等.地方院校应用型人才培养实践教学体系构建——以大连海洋大学为例［J］.沈阳农业大学学报（社会科学版），2019，21（1）：81-85.

［5］曾臻.应用型本科高校实践教学体系研究——以四川轻化工大学为例［D］.昆明：云南师范大学，2020.

作者简介：张淑梅（1966—　），女，山东烟台人，烟台南山学院纺织与服装学院副教授，硕士；王晓（1985—　），女，山东青岛人，烟台南山学院纺织与服装学院教授，硕士；郭小云（1981—　），女，山东烟台人，山东南山智尚科技股份有限公司高级工程师，硕士。

产教融合、校企一体材料类专业实践教学创新发展的探索与实践

王凤良　朱鹏程　赵俊凤

摘要： 本文以材料类专业为例，探讨了实践教学改革和实习教学管理创新的思路和措施。在实践教学改革方面，构建了以"一园、两室、三中心"为基本框架的创新型实践教学体系，采取打造自主创新数字化实验平台、构建科创全覆盖生态、增设科研课堂等措施；实习教学管理创新方面，通过做好顶层设计规划、打造多样化实习模式和构建实习荣誉体系，在产教融合、校企一体材料类专业实践教学创新发展上，取得了一定的改革成果。

关键词：实践教学改革；产教融合；校企一体；社会课堂；科研课堂

基金：烟台南山学院教学改革研究项目"面向工程教育专业认证的材料成型及控制工程一流本科专业建设"（NSJM202306）；山东省教学研究项目"基于产教融合的材料专业人才培养模式改革与实践"（22JX233）；山东省本科教学改革研究项目"新工科背景下材料专业校企一体'教产研'深度融合的人才培养路径探索"（M2021275）；烟台南山学院教学改革研究重点项"新工科背景下基于实践和创新能力培养的金属材料工程人才培养模式改革"（NSJZ202202）

一、研究背景

本科教育是学生塑造人格、培养品德、储备知识、提高能力和拓展国际视野的重要阶段，对于个人在职业生涯中的发展具有重要的促进作用。同时，本科教育是高等教育培养高级专门人才的重要阶段，是提升国民素质的重要途径，是国家创新发展的重要支撑，对于我国由教育大国转向教育强国有着重要的意义。

应用型本科高校主要培养的是将专业知识和专业技能应用于所从事专业的应用型人才，其重要工作内容就是开展实践育人。实践教学是培养应用型人才的一个重要环节，是应用型本科高校迈入提质增效、创新发展新阶段的必然选择，是深化产教融合、推进校企合作的重要抓手。

教育部等部门早在2012年就出台了《关于进一步加强高校实践育人工作的若干意见》，将实践育人工作纳入学校教学计划，要求系统设计实践育人教育教学体系。

2018年，教育部又出台了《普通高等学校本科专业类教学质量国家标准》，强调强化实践教学，实践学分人文社科类专业≥15%，理工农医类专业≥25%。

《教育部高等教育司2023年工作要点》指出：全面深化"四新"建设，必须首先要发展人才自主培养新范式，创新产教融合、校企一体的实践教学机制，开展协同育人项目，完善全国大学生实习信息平台。

要提升应用型本科高校的教学水平，实现民办高校高质量发展，必须加强实践教学的创新发展。如何构建具有鲜明特色、符合教育教学规律的实践教学创新体系，如何利用产教融合、校企一体推动实践教学创新，是应用型本科高校目前直面的现实问题，也是亟待解决的发展难题。

材料科学与工程学院围绕材料科学的发展，实施应用型大学建设路径、模式及实践教育教学改革，形成了学科专业布局与行业产业需求一体化、师资队伍建设与技术骨干培养一体化、专业教学过程与产业生产过程一体化、专业教学内容与岗位职业标准一体化、应用科学研究与产业技术研发一体化、实验实训平台与产业生产设备一体化等六个校企一体化特色；并结合学校的《产教研深度融合"十个一"规划方案》，进行了材料类专业实践教学创新发展的探索与实践。

二、实践教学改革

学校始终坚持党建引领，坚持新时代中国特色社会主义办学方向，潜心立德树人；坚持校企一体、协同育人的办学理念，突出实践教学中心地位，以提高应用型人才培养质量。

（一）实践教学体系建设思路

基于校企一体、协同育人的办学理念，以学生的创新性培养为总体目标，在实践教学过程中将素质教育、专业教育和双创教育紧密联系在一起，确定实践教学的教学目标、教学模式和教学方法，依托实践教学课程、实验教学平台、实践教学基地、毕业设计（论文）等实践性载体，构建以"一园、两室、三中心"为基本框架的创新型实践教学体系，如图6-9所示。

"一园"是指南山航空材料产业园，就是基于南山产业优势，校企一体协同共建校外实践教学基地；"两室"是指山东省高等学校重点实验室——轻合金加工成形实验室、高性能铝合金材料加工成形及检测工程实验室等两个实验室，以此作为实践教学的科研平台；"三中心"是指国家铝合金压力加工工程技术研究中心、民用航空材料检测中心、高端航空铝合金材料协同创新中心（山东省高等学校协同创新中心）三个中心，作为服务实践教学的支撑平台。

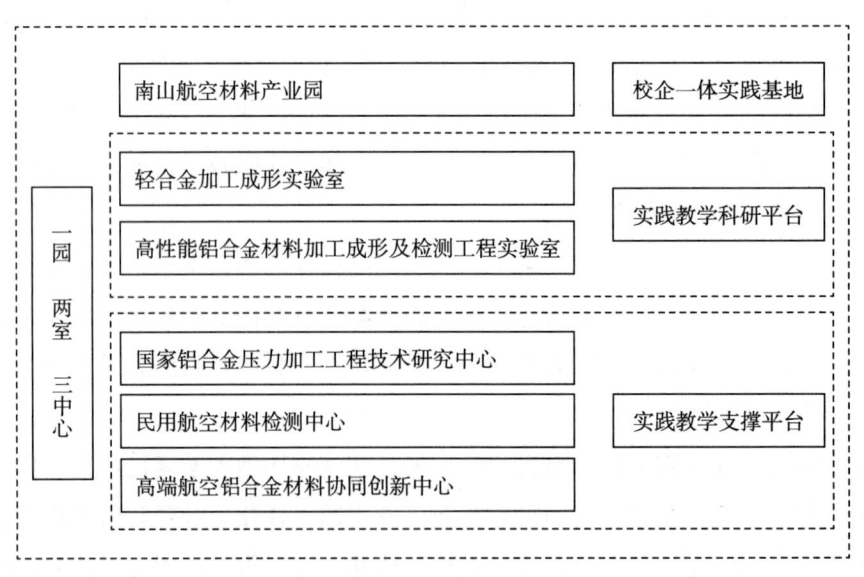

图6-9 "一园、两室、三中心"为基本框架的创新型实践教学体系

（二）深化实践课堂改革，夯实实践育人新载体

实践教学课程是实践教学的核心，是专业课程体系的重要组成部分。按照教育部材料类教学指导委员会相关文件和工程教育认证标准，材料科学与工程学院实践教学课程体系紧密围绕学生毕业要求，聚焦学生德、智、体、美、劳全面发展，以强基础、宽口径、重实践、求创新为原则，深化实践课堂改革。在新修订的人才培养方案中，专业实践教学课程学分占总学分达到29%，校企合作班达到30%，凸显了实践教学在人才培养中的重要性。

学院共有材料成型及控制工程、金属材料工程和复合材料与工程三个本科专业，每个专业平均开设计实践类课程53门，其中通识别类课程13门，学科专业课程28门，素质拓展类课程5门，双创类课程7门。

充分利用实践教学科研平台中的"高性能铝合金材料加工成形及检测工程实验室"和实践教学支撑平台中的"民用航空材料检测中心"，开设"现代材料测试分析技术"专业必修课，作为材料特色课程，面向全体学生，实现学科交叉融合，学生自主创新设计测试方法；开设"大学生科技竞赛"实践技能限选课，使学生在一定专业知识和技术技能基础上，以科技创新竞赛为平台，增强其自主学习及动手实践能力，培养其科技创新意识；提高学生的科学素养、培养创新思维、增强团队协作能力、锻炼解决问题的能力和提升心理素质。开设"科技文献检索"学科技能限选课，通过教授正确的文献检索方法，帮助学生更高效地获取所需的文献资源，了解材料领域的发展趋势，使学生掌握查找和获取科技文献的技能，提高科研效率，同时也有助于克服语言障碍和促进专业学习。

（三）统筹教学资源，打造自主创新数字化实验教学平台

实验教学作为理论联系实际的桥梁，是提高学生实践能力的一个重要手段。按照"分重点、分先后"的工作思路，重点建设熔炼铸造实验室、金相显微互动实验室、制样室、热处理实验室、先进功能材料与器件实验室、金相试样制备实验室、金相实验室七个专业基础实验室。

同时，结合南山铝业等优势产业，依托国家级铝合金压力加工工程技术研究中心，打造集"自主、开放、探究、合作"于一体的自主创新实验教学平台。按照新工科建设要求，对现有实验进行创新优化和升级，增加原创性、创新性和研究性实验项目；人才培养方案中新开设的实验实践课程，要明确实验目的，选择合适的实验方法，优化实验步骤，建成组合式可升级的教学实验平台；提升现有实验室开放共享力度，学生可以自由选择实验项目、自主设计实验流程并自行完成整个实验。

依托"两室、三中心"中的实验室和研究中心，借助"智慧校园"等在线平台建立

数字化实验教学平台，建立实时交互、虚拟平台，丰富实验教学的形式，满足不同学生对实验教学的需求，构建"实体—虚拟"相结合、"线上—线下"相结合的数字化实验教学平台。

（四）将科研势能转化为人才培养动能，构建科创全覆盖生态

材料科学与工程学院依托南山控股优势产业，紧密围绕有色金属、复合新材料等区域产业发展需求，与南山控股共建共享"国家铝合金压力加工工程技术研究中心""院士工作站""博士后工作站"等科技创新平台。学院获批省级以上教科研项目50多项；公开发表教学、科研论文100多篇，获得发明专利100多项，具有强大科研势能。

依据科研优势和人才培养优势，创建了"转化、融通"机制，实现科教"四个融通"。

（1）科研人才与教学团队相融通。把科研人员有组织地融入教学团队，科研人才参与教学，提供新的学术观点和研究方法，增加教学深度和广度；教学团队也可以参与科研项目，提供教学经验，帮助科研人才更好地指导学生。教学团队和科研人才共同指导学生进行科研项目和课程设计，相互配合，提供全面的指导和支持，帮助学生更好地理解学术知识和实践技能，同时也有助于科研和教学的有机融合。

（2）科研平台与教学资源相融通。科研平台提供丰富的数据和信息资源用于教学，让学生在实践中学习知识和技能，提供的实验设备可以有效支持教学实验和课程设计。科研平台和教学资源的合作研究可以促进知识创新和技术进步。

（3）科研项目与科创项目相融通。通过抽取、精简和应用将科研项目转化为大学生科技创新项目的核心技术或产品，在促进科研项目的成果转化和应用的同时，也提高了科创项目的实用性和社会价值。科研项目和科创项目共同培养人才，提供实践机会和技能培训。可以组织学术交流和技能培训活动，促进人才流动和交流。

（4）科研成果与实践教材相融通。科研成果与实践教材的融通可以为学生提供更加实用和生动的教材内容，提高教学质量和学生的学习积极性。具体做法是：将科研案例引入实践教材中，让学生了解科研工作的具体流程和方法，同时也可以让学生接触到最新的科研成果和科技进展；结合教师在科研方面取得的成果，设计具有实际应用价值的实践项目，让学生在科研过程中获得前沿知识和实践技能，提高学习效果；结合科研成果，编写具有指导性和实用性的实践指南，为学生提供具体的操作步骤和技巧，帮助学生更好地进行实践操作。将科研成果与实践教材相融通可以为学生提供更加实用和生动的教材内容，提高教学质量和学生的学习积极性，同时也为学生的创新和实践能力的发展提供更好的支持。

对接科研体系，师生共创与学生原则相结合，以培养创新能力为核心的育人导向，衔接教学体系，构建科创全覆盖生态。依托"两室、三中心"，营造一个开放、包容、

创新的教育环境，鼓励师生共同参与科技创新，发挥创造力，探索新的研究领域和问题。科研人员把大型的科研项目分散成多个科研微课题，将形成的优质成果参与科技竞赛，将一些潜力成果孵化为创新创业项目，从而连通科技竞赛体系和创新创业教育体系，更好地提高学生的创新能力和实践水平。

（五）增设科研课堂，在科技创新中锤炼学生能力

科研课堂可以为学生提供更加真实、具有挑战性的学习体验，帮助他们更好地理解和应用科学知识，培养创新思维和实践能力。学院将科研课堂纳入人才培养方案，使学生参与到实际的科研项目，与教师组成研究团队，共同探索科学问题；同时设立实验室开放日，全部向全体学生开放。通过科研课堂的实践，锤炼学生以下能力：

（1）科技创新能力。通过参与教师当前的科研课题，学生可以学习到最新的科学知识和技术手段，提高了科技能力和实践操作能力。

（2）团队合作和沟通能力。在科研团队中，学生可以与其他成员交流合作，共同解决问题，培养团队合作和沟通能力。

（3）问题解决能力。在科研实践中，学生需要不断面对新的问题和挑战，通过分析和解决问题的能力，寻找解决方案。

（4）学术研究和表达能力。学生可以通过参与学术会议、发表论文等方式，提高自己的学术研究和表达能力。

科研课堂为学生提供真实的、具有挑战性的学习体验，使他们进一步理解和应用科学知识，培养创新思维和实践能力。

（六）建设高质量社会课堂，打通生产实习与毕业设计

社会课堂是一种以实习实践为基础的教学形式，它可以为学生提供更加真实、具有挑战性的学习体验，帮助他们更好地了解企业、增强实践能力，同时对于提高学生的综合素质和未来的职业发展都具有重要意义。

生产实习和毕业设计是两个重要的实践教学环节，但它们之间存在一些壁垒，如时间安排不协调、内容脱离、指导教师之间缺乏沟通和评价标准不同等，导致学生难以有效地将两个环节结合起来。

依托南山航空材料产业园建立校企一体实践基地，可以建设高质量的社会课堂，将学生置身于实际社会中，开展调查、研究与实践，有效打通生产实习与毕业设计之间的壁垒。具体做法为：

（1）深化与南山航空材料产业园的产教融合。将社会课堂从传统的走马观花升级为了解行业、了解社会和强化工匠精神的新内涵，从传统的生产实习升级为调查分析、项

目分析和综合评价一体的研究性实习,从传统的实践环节升级为一门有严格教学大纲、教学计划和评价标准的综合性课程,从传统的带队教师管理升级为学校主导、学院和企业双导师全过程管理。

(2)建立产业导师团队。与产业园合作,引入具有丰富实践经验和专业知识的专家组成产业导师团队,为学生提供更加实用和贴近实际的知识和技能,提供产业前沿的技术指导和行业分析,帮助学生更好地了解产业发展和市场需求。

(3)开展产业调研。产业调研可以很好地打通生产实习与毕业设计两个环节。在生产实习期间,学生可以在导师或者企业的指导下,进行产业调研。通过实地考察、访谈、问卷调查等方式,了解企业的生产、经营情况,分析产业现状和未来发展趋势。这样不仅有助于学生更好地理解企业运营和产业环境,而且可以为后续的毕业设计提供有力的数据支持。

(4)举办产业论坛。与产业园合作,举办产业论坛,邀请行业专家和学者发表演讲和交流,为学生提供更加广泛和深入的学习机会。产业论坛可以为学生提供更加全面和深入地了解产业发展和市场需求的机会,拓宽学生的视野和认知。

(七)深化产教融合,构建协同育人实践体系

深化产教融合是促进教育链和产业链共同发展,人才链和创新链协同融合的重要措施。学院与教育机构、科研机构和南山铝业建立产教融合联盟,促进产业和教育的资源共享。通过组织交流活动、开展合作项目等方式,推动产业和教育之间的深度合作和共同发展。联盟平台可以提供更多的实践基地、实训项目、实习机会等,为学生提供多样化的实践机会和职业发展路径。

依托产教融合联盟,构建协同育人实践体系,让企业深度参与实践育人体系。从科研协同、师资协同和资源协同三个方面使企业和学校进行深度合作,实现专业联合布局,打造包括实践体系、课程方案、教材编写、质量评价等多元素的实习共同体,从而保障实践教学创新发展。

三、实习教学管理创新

实践教学分为教学实习和毕业实习,教学实习是专业课程教学的一种实践性教学形式,旨在促使学生实践提升自己技能水平,并帮助学生将所学知识应用到实际教学环境中;毕业实习是学生完成全部课程之后到实习现场,综合运用全部专业知识及有关基础知识解决专业技术问题,获取独立工作能力,在思想上、业务上得到全面锻炼,并进一步掌握专业技术的实践教学形式。

（一）实习教学管理建设思路

实习教学管理需要从多个方面入手，制订合理的教学安排、教学模式、组织管理等，不断地探索和实践，以确保实习教学的质量和效果不断提升。具体建设思路如图6-10所示。

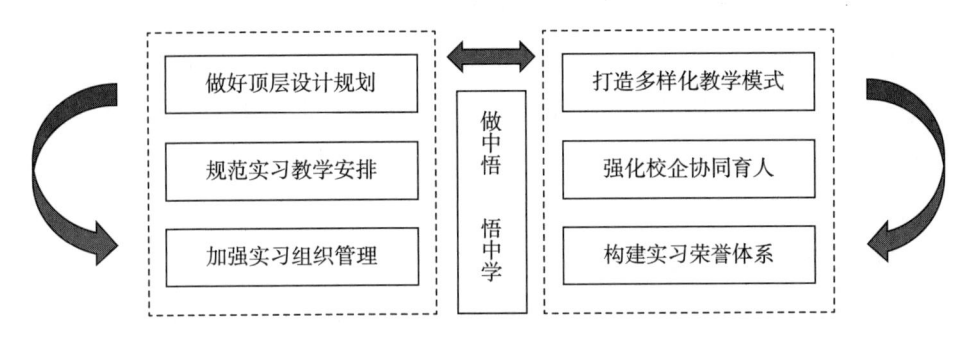

图6-10　实习教学管理建设思路

（二）改革措施

1.做好顶层设计规划，修订实习管理办法

依据《教育部关于加强和规范普通本科高校实习管理工作的意见》（教高函〔2019〕12号），充分认识实习的意义和要求。制订材料科学与工程学院实习工作管理办法，明确实习教学大纲、组织形式、领队教师、实习协议、安全教育和成绩考核等。

2.规范实习教学安排，科学制订实习计划

在人才培养方案实践教育课程平台中设置实习教学环节，包括材料类专业认识实习和材料类专业的相关专业实践。开设实习教学课程，制订实习课程教学大纲，明确课程代码、学分、学时和考核及成绩评定等。制订学生实习计划，提交《材料科学与工程学院实习方案》和《材料科学与工程学院本科生实习计划表》。

3.加强实习组织管理，实施院系两级督查

实习工作实行学院、系部两级管理机制。二级学院是实习管理的责任主体，负责组织开展实习教学的改革与研究，建好实习管理规章制度，明确系和教研室的工作职责，做好实习过程中的检查与教学督导。各系部教学单位根据各自专业特点，加强产教深化融合，高效推进大学生实习实训基地建设，满足材料类专业教学实习的需求。

4.打造多样化实习模式，提升"做中悟，悟中学"的实习效果

实习教学要结合校内、校外的教学资源，打造多样化实习模式。材料学院立足地方经济和国家战略需求，实行理论与实践融合、科研与教学融合、产业与教学融合三个融合，提升"做中悟，悟中学"的实习效果。根据学生专业特点，个性化定制实习内容，实行小班化实习；以服务国家战略需求为牵引，进行科研制实习；引导大学生以问题和课题为核心开展项目式创新实习。

5.构建实习荣誉体系，发挥示范引领作用

荣誉体系是为了激励和表彰学生和教师在实习过程中的优秀表现和贡献，提高学生和教师的积极性和创造力，同时也可以促进学院内部的沟通和交流，增强学院文化的认同感和凝聚力。为了表彰在实习期间表现优秀的实习生，设立优秀实习生奖；为了激励导师更好地指导实习生，可以设立最佳导师奖项；为了激励实习生和导师共同完成优秀的实习项目，可以设立优秀实习项目奖项；为了激励各系积极推广实习文化，可以设立优秀组织奖。

四、实践教学改革成效

（一）获批省级产业学院，校企一体成绩显著

依托"一园、两室、三中心"等优势技术平台和优势产业，南山铝业产业学院于2021年成功入选首批省级现代产业学院。在此基础上成立"板带事业部三元制班""航空锻件成型工艺三元制班"等校企特色班，将生产一线的产品研发、技术革新和工艺改造作为产教研合作的中心任务，与南山铝业协同共建实训实习环境。

（二）获批山东省产教融合示范单位（基地），产教融合效果显著

学院与浙江志新科教用品有限公司、济南达纳光电科技有限公司等三十余个省内外企业联合共建产教融合实习实训基地，并于2022年获批山东省产教融合示范单位（基地）。依托基地，学院累计立项教学研究项目36个，其中省级及以上23个；累计联合建设形成性评价课程16门。

（三）打造全链路学科创新模式，双创成果显著

将优秀科研课堂项目向学科竞赛转化，以赛促学，培养学生科技创新能力。2019年以来，学院获批省级以上教科研项目50余项（含国家自然科学基金1项，省基金8项）；山东省高等学校教学成果奖2项；获山东省高等学校科技成果奖3项；公开发表教学、科研论文100多篇，授权国家发明专利100多项；获山东省级科技进步奖一等奖1项。"提高6000系铝合金自然时效稳定性的热处理方法及铝合金板材"专利获得第四届山东省专利奖一等奖。学生在"互联网+""大创"计划项目和山东省大学生金相技能大赛等学科竞赛中，获得各种奖项共100余项。

参考文献

[1] 中华人民共和国教育部.关于全面提高高等教育质量的若干意见[EB/OL].（2019-07-12）.https://www.moe.gov.cn/srcsite/A08/s7056/201907/t20190724__392130.html.

[2] 孙冰，谢玮，王红茹，等.新时代 新征程 新辉煌——二十大代表与社会各界人士热议二十大报告[J].中国经济周刊，2022（20）：26-36.

[3] 周维，许海霞，王小宇.基于校企深度合作模式的软件工程专业实践教学体系探索与实践[J].计算机教育，2022（3）：175-180.

[4] 马晓英，郑桂斌.基于就业导向的校企协同创新"双导师制"育人模式构建研究——以人力资源管理专业为例[J].兰州职业技术学院学报，2021，37（6）：62-63.

[5] 吴春雷，王雷全，崔学荣.软件工程专业实践教学体系的探索与实践[J].高等理科教育，2021（2）：110-115.

作者简介：王凤良（1973— ），男，山东济宁人，烟台南山学院材料科学与工程学院副教授，硕士；朱鹏程（1974— ），男，山东龙口人，烟台南山学院材料科学与工程学院教授，学士；赵俊凤（1985— ），男，山东济南人，烟台南山学院材料科学与工程学院副教授，博士。

新文科视域下产教协同数智实践教学体系构建研究
——以烟台南山学院旅游管理专业为例

曹会娟　王树武　石欢欢

摘要：新文科视域下科技创新与商业模式变革对人才培养要求提出新挑战，实践教学改革势在必行。基于对新文科内涵发展要求、旅游产业升级、数智化信息技术、产教协同需求等驱动因素深入分析，旅游管理专业围绕人才培养目标，构建了"校企融合，数智赋能，三阶递进，多元协同"的产教协同数智实践教学体系，实现专业与企业、教学与企业、师资与企业的智能对接、资源融通、实时感知和生态共建，全力提升校企融合度，培养复合型、应用型、创新型旅游专业人才。

关键词：实践教学体系；数智化；产教协同；新文科；旅游管理

基金：2023年度烟台南山学院教育教学改革研究面上项目"数智赋能《旅游地理学》课程思政教学改革与实践研究"（NSJM202323）；2023年度烟台南山学院教育教学改革研究面上项目"'1+X'证书制度下应用型大'岗课赛证'融通的经管类专业人才

培养模式研究"（NSJM202321）；2023年度烟台市哲学社会科学规划课题"数字经济驱动烟台装备制造业产业链稳定性和竞争力提升路径研究"（YTSK-2023-147）

一、引言

根据《加快推进教育现代化实施方案（2018—2022年）》部署，在互联网、云计算、大数据和人工智能等信息技术革命的影响下，旅游新产业、新业态、新模式不断形成，而作为培养旅游从业人员主力军的地方高校在本轮科技革命和产业转型升级浪潮中，实践教学存在明显的滞后性，人才培养与行业发展新需求严重脱节，实践教学改革势在必行。

二、产教协同数智实践教学体系构建驱动因素分析

（一）新文科内涵式发展要求

信息技术革命推动全球经济进入网络化、数字化、智能化时代，加速商业模式的变革与创新，为全面提升新文科人才培养质量，服务社会经济高质发展，相关专家和有关部门对新文科进行全面论证与研讨。基于新时代商业的发展规律和特征，新文科注重跨学科交叉，掌握信息技术与人工智能，坚持人文素养和科学精神并重，强化多元思维与创新实践能力，着力培养学生的新商业能力和实践能力。而传统式实践教学存在的诸多弊端已无法满足新文科人才培养需求，产教协同数智实践教学平台的构建与应用，源于产业实践，学科交叉综合应用，教学项目按需模块化设计，有效提升产、学、研、创、转、用"六位一体"协同育人效果。

（二）旅游产业跨链融合升级

新消费时代，以数字赋能推进旅游产业链延伸发展，多元交叉融合，衍生新产品，呈现新业态，"旅游+"成为旅游产业增强叠加效应、提升核心竞争力的基础和保障。同时，以数字化、网络化和智能化为特征的智慧旅游，展现出强大的韧性和发展活力，引入新的技术丰富旅游体验，重视智慧化管理对服务治理的提升，运用大数据强化安全监测管控，成为旅游业摆脱停滞、实现增长和加快供给侧结构性改革的关键。而与此对应，新型旅游专业人才队伍建设相对缓慢，教学内容陈旧，教学形式传统，产教融合实践教学体系以实际问题为导向，对接旅游产业跨链融合、数智升级需求，与对口行业深度融合，还原真实场景，在实践中提升学生综合能力和素质。

（三）数智化信息技术驱动

数智化信息技术支撑地方高校人才培养新模式落地实施，烟台南山学院依托省级优势特色专业学科建设，不断深化商科与理工专业融合，广泛对接行业资源，加快多主体育人要素集聚。学院共建新文科教育生态体系，切实推动旅游管理专业产教融合数智实践教学平台构建与应用，推动"旅游+"产业资源与教育资源共享，助力全过程、共参与、多维度、深融合、求创新实践教学目标的实现。

（四）产教高质高效协同需求

新文科背景下的人才培养，强调多学科的交叉融合，突出社会实践的重要性，推动应用型专业群建设，打造一流"金课"建设，提升人才的创新素养，满足企业创新对人才的需要。而产教融合式实践教学在提升人才培养质量、推动技术革新、促进商业繁荣方面显示出重要的基础性作用。而传统实践教学中，学科专业界限分明，产教融合深度较浅，信息交流不畅，教学内容与数智化岗位能力要求不符，"双师型"教师不足，教学形式单一，导致学生学习兴趣不浓、实践能力较弱、创新创业能力不足，无法对接新商业时代从业要求。因此，实践教学体系强化学科、产教深度数智化融合，共享产教资源要素，全力提升产教融合广度与深度，提升人才培养的实践性与实效性。

三、"校企融合，数智赋能，三阶递进，多元协同"的实践教学体系构建

烟台南山学院旅游管理专业始创于2005年，基于"十四五"期间旅游产业发展新要求，围绕"打造一流应用型专业"及"培养一流应用型人才"发展定位，依托校企一体化建设优势，结合现阶段实践教学体系存在问题，以大数据、云计算、人工智能等信息技术支撑为基础，以智慧旅游实验室应用为抓手，打破传统实践教学模式，构建"校企融合，数智赋能，三阶递进，多元协同"的实践教学体系（表6-6），推进全过程多方位产教资源共享互动数智化实践教学，实现专业与企业、教学与企业、师资与企业的智能对接、资源融通、实时感知和生态共建，全力提升校企融合度，培养复合型、应用型、创新型旅游专业人才。

数智化实践教学体系的改革成效的获得，一方面校企共同制定应用型人才培养机制，合作制订并实施创新型人才培养方案，建构有效链接校企的人才培养创新模式，重塑基于学生实践能力培养的实践教学体系；另一方面建构全过程的实践环节监控评价体系，有效发挥数智技术在实践教学质量工程建设中的支撑作用，切实维护学校、企业和

学生三方不同的利益诉求,从而全力维持创新型实践教学体系的正常运营。

表6-6 "校企融合,数智赋能,三阶递进,多元协同"的旅游管理专业实践教学体系

校企融合	数智赋能,三阶递进			多元协同
高校 企业	提升	综合实践模块	创新创业活动	学生 企业 教师
			毕业论文	
			竞赛大赛	
			思政教育实践课程	
	延伸	专业实践模块	专业实习	
			毕业实习	
			社团活动	
			社区服务活动	
			跨学科自选实践课	
	基础	基础实践模块	认知实习	
			课内实践	
			集中实践	
			信息技术实践课程	

注:中间列"智慧旅游实验室"贯穿三个模块。

(一)重构基于实践能力产出的培养体系

重构旅游管理专业现有的实践教学体系,重视学生实践能力和多元能力的培养,尤其是学生的跨界融合、技术能力和创新能力。实践教学体系设计围绕以校企高度融合、学科专业跨界融合、知识技术能力交叉融合为特征的人才培养目标,在实践课程设置上充分考虑旅游产业数智化跨界融合发展需求,在实践场地选择上,全面协同校内外的各类实践教学资源,包括基础和专业智慧实训室、校内外实习实践基地等,主要从实践类型、实践形式、实践场所和实践能力产出四部分重构实践教学体系(表6-7),以此实现

旅游管理专业学生实践能力的三阶递进。

表6-7　实践教学类型及实施

实践类型	实践形式	实践场所	实践能力产出
普通实习实践	认知实习 公益劳动	校企合作基地 社会公益活动举办地	专业认知能力 感性认识能力
教学实验实践	通识课实践 专业课实验 独立的实训课 信息技术实践 跨学科自选实践	校企合作基地 校内智慧实验室	分析能力 实践能力 创新思维能力
创新竞赛实践	学科竞赛活动 创新创业训练项目 大学生科技节竞赛 "互联网+"竞赛 商科精英挑战赛	创新创业基地 开放实验室	创新能力 团队沟通能力 团队合作能力
社团活动实践	学生社团	大学生活动中心	自我管理能力 交流沟通能力 组织协调能力 领导力 综合素质能力
合作企业实践	教学实习 毕业实习 毕业论文	校企合作基地 校外实践教学基地	专业实践能力 企业适应力 交流沟通能力 行业标准能力 企业文化能力
研究项目实践	参与教师科研项目	校企合作基地 校内科研平台	科研能力 专业实践能力 团队合作能力 专业创新能力
社会服务实践	社会服务活动 思政教育课程实践	服务企事业单位 龙口特色旅游村	专业实践能力 专业创新能力 社会适应能力 社会责任感 综合素质能力

1.普通实习实践（基础）

普通实习实践包括认知实习和公益劳动两个部分。认知实习是开展专业课程学习的前提和基础，在这个环节，校外实践教学基地为学生提供旅游企业现场参观学习、校内讲座等活动安排，提高学生对于专业和企业的认知水平。公益劳动是培养学生实践能力的重要手段之一，通过这一活动增强学生对社会的认知水平和责任感，从而为以后更好工作提前打下坚实基础。

2.教学实验实践（基础）

教学实验实践包括通识课实践、专业课实验、独立的实训课、信息技术实践、跨学科自选实践五个部分。通识课实践、专业课实验、独立的实训课主要采用校内教师和企业导师共同授课的方式，企业导师以"岗位需求"为主线贯穿课堂、实践教学，并将丰富的企业项目教学案例或作业安排到校内课程正常教学中，以提供更多的实际操作机会给学生进行锻炼，在增强校内教学效果的同时也提高学生的专业技能和对实际项目运作的效率与成果输出。并且在相应课程的设置上实现了"课、岗、赛、证"的无缝衔接（表6-8），为省赛和国赛选拔、培育了众多种子选手。

表6-8 "课、岗、赛、证"四位一体课程体系

专业方向	实训课	企业岗位	大赛	证书
旅游企业经营与管理	旅行社综合业务实训	导游、计调	"南山杯"导游技能大赛	导游证
			"南山杯"大学生红色旅游创意策划大赛	
会展经济与管理	会展项目策划实训	会展策划	全国商科精英挑战赛会展创新创业实践竞赛	会展策划师
旅游营销与电子商务	电子商务综合实训	旅游电子商务专员	山东省大学生跨境电商创新实践大赛	电子商务员

信息技术实践部分开设大数据分析与实践应用、管理信息系统实训、短视频创意与制作实训、数字营销实训、智慧旅游实训、网页制作与设计实训、互联网产品设计实训等自选实践课程，通过跨学院跨专业师资协调，课程自选，在校内智慧旅游实训室完成相应课程学习，强化学生对新时代信息技术的掌控能力与实际应用能力。

跨学科自选实践部分主要开设"旅游+工业""旅游+教育""旅游+文创""旅游+金融""旅游+农业"等跨学科自选实践课程，以此丰富和拓展学生知识与实践能力应用范围，提升学生职业发展的广泛性、核心竞争力和社会适应能力。

校内高水平智慧旅游实训室，满足了教学实验实践环节翻转课堂、项目驱动、作品展示、跨平台选课等多种授课方式、授课技术和场地的需求。

3.合作企业实践（延伸）

合作企业实践主要包括教学实习、毕业实习、毕业论文三个环节。在这一环节，企业导师和学校教师对学生进行指导和管理，学生深入校企合作基地进行实习实训，通过顶岗实习、轮岗实践、项目研究、技术开发等形式，实现从学生到企业员工的角色转变。在学生企业实践的过程中，学生能够近距离洞察企业的堵点、痛点和难点，进一步积累技能提升、项目策划、运营管理等领域的相关经验，不断提升自身解决问题的能力，提高开展工作所需的知识技能。寻找毕业论文选题，并在企业导师和校内导师的共同指导下，开展选题调查及科研工作。目前，旅游管理专业毕业生论文选题98%以上来自生产实践。

4.创新竞赛实践（提升）

创新竞赛实践环节主要包括学科竞赛活动、创新创业训练项目、大学生科技节竞赛、互联网+竞赛、商科精英挑战赛等。在这一实践环节，企业导师可以和校内导师进行合作，发挥优势，互补互促，共同指导学生参与横纵向项目研究及各类学科竞赛，着力拓展学生的思维认知水平，提升学生的科研能力，激发学生的专业探究热情，全方面提升综合职业素养，培育学生的创新能力。通过与"岗位需求"对接的课程设置、校内大赛选拔、各类别省级、国家级竞赛的历练，旅游管理专业学生的专业实战能力得到极大提升，同时在各项比赛中也斩获众多奖项。

5.社团活动实践（提升）

社团活动实践主要包括学生社团或各种俱乐部。作为高校课堂教育的重要补充，大学生社团发挥着实践和教育功能。丰富多样的社团活动可以提高学生的自治能力、组织能力和管理能力，提升学生的综合素养，完成了学生实践能力的跨越式晋级。目前，旅游管理专业成立有"爱旅游"社团、中国传统手工艺社团、社交礼仪社团，这些社团在组织各级各类校内竞赛，完成省赛、国赛种子选手培育和接力方面起到积极的促进作用。中国传统手工艺社团在非物质文化遗产保护和传承方面发挥积极作用。

6.研究项目实践（提升）

研究项目实践是指引导鼓励学生通过校企合作基地、校内科研基地参与教师科研项目和课题，提高学生的科研能力和科学素养。目前，烟台南山学院经济与管理学院拥有"智慧+大数据"管理与应用跨学科创新平台、文旅产业融合创新研究基地、烟台市社会科学普及基地、南山学院徐福文化传承研究基地等多个高水平科研平台，学生以助教的身份参与校内外教师或企业导师课题，提升将实际问题向科研问题转化的能力。

7.社会服务实践（提升）

社会服务实践主要包括服务于企事业单位的社会服务活动和深入当地特色旅游村的思政课程实践。近年来，旅游管理专业涌现了众多热衷于参与社会服务实践活动的学生。如旅游管理专业赵雪健同学曾参与2022年"青鸟计划·汇智利津"大学生寒假返家乡社会实践活动并被评为"优秀实习大学生"，吕思航同学也积极参与2022年12月龙口市公安局防疫工作志愿服务，受到上级的一致认可。其他荣誉方面也是成果颇丰，如杨帆、禹明江等多位同学曾在2022年获得"优秀防疫志愿者"称号；赵雪健同学于2021年被授予"2021年度山东省优秀学生"称号等。

同时，旅游管理专业在学院思想政治理论课教学部门和学工部门开设的各类思想政治理论课实践活动基础上，结合专业特色，在龙口古村落西河阳村建立教学实习基地和爱国主义教育基地，通过深入利用优秀传统文化、红色文化、乡村文化等资源协同育人，实现思政元素和实践教学的同向同行，全面深化教学效果。

（二）建立"多元协同"的教学效果评价体系

在实践教学评价体系中，评价主体既要有企业导师，又要有校内导师和学生的参与，推行多主体、全过程的实践教学效果评价体系（表6-9），以确保评价的专业性和公正性。"多元协同"教学效果评价体系的构建，综合考虑过程性评价和终结性评价，既重视对学生的结果性评价，又关注学生的实习实训过程，比如学生的学习态度、学习能力、学习行为和学习效果等。

实践考核环节见表 6-10，对学生实践过程的评价，涉及实践环节全过程，归纳为项目质量、团队协作和专题讨论三个考核环节。终结性评价主要是实践结束时项目答辩和论文质量的评价。把过程性评价与终结性评价结合起来，多个评价主体共同评价，才能形成一个关于学生实践环节的相对完整、全面的评价。

表6-9 "多元协同"的实践环节教学效果评价体系

实践评价主体	实践评价方式	实践能力考核		实践考核成绩
企业导师 学生互评 校内教师	项目质量	使用现代工具	职业规范	加权实践 考核成绩
	团队协作	个人和团队	沟通	
	专题讨论	职业规范	沟通	
	项目答辩	职业规范	项目管理	
	文档质量	职业规范	使用现代工具	

表6-10 实践考核环节

考核环节	评价主体	考核依据	考查内容	评价类型
项目质量	企业导师	学生实习项目完成情况和质量	学生角色转换快慢及对不同岗位职能的胜任能力	过程性评价
团队协作	学生互评	学生在实习实践及实习项目团队中的工作与沟通情况	学生参与团队管理工作协调能力	过程性评价
专题讨论	企业导师	学生实习过程中每次主题讨论的发言情况	学生对于旅游新业态和企业问题的洞察能力	过程性评价
项目答辩	企业导师	学生在大赛中的上台答辩情况	学生熟悉旅游产业政策、法律法规以及沟通能力	终结性评价
文档质量	校内教师	是否高质量完成实习报告各项内容的撰写	学生能够分析实习中遇到的难题并能给出合理的应对方案	终结性评价

四、产教协同数智实践教学体系保障措施

(一)建立校企深度融合人才技术创新机制

为了毕业生能够在旅游新业态和相关领域从事服务、分析、开发、运营与管理等工作,满足社会对于专业高素质复合型应用型人才的需求,旅游管理专业加大与企业融合力度,以"共建、共管、共享、共治"为理念,设立一定的准入门槛,促进校内外育人要素与创新资源的智慧化共享,推动以目标激励、质量监控、信息沟通、效果评价管理为主的协同育人良性生态体系形成,全力提升产教融合广度与深度。

(二)多元联动,强化政策技术支持

学院依托政策制定、项目申报、财政投入、技术支持等激励机制,与政府、行业、企业、科研院所深度合作,多元联动,主动对接旅游产业数智化转型需求,构建优势互补、项目共建、成果共享、利益共赢的人才培养共同体。产教融合数智实践教学体系充分利用信息技术新成果,实现教育链、人才链、产业链、创新链有效对接,推进企业管理运营流程与学校教学育人过程交叉融合,推进教学改革深度发展。

（三）与企业深度融合，共建高质量实践基地

对于校外基地，一方面选择行业资质较高、硬件设施完善，软件设施更新换代及时，管理理念先进，同时能为实习生提供较好的住宿场所和实习实践岗位的企业进行深度合作，建立实习企业动态淘汰机制，督促校企双方不断完善自我，满足学生实践需求；另一方面，校企联合制定课程教学大纲，共同开发实习实训项目，共同构建实习实训实验校外基地，全面反映课堂教学的产教融合特色，建构实习质量全程监控制度，全方位完善实践教学评价机制，有效对接地方产业发展的迫切需要。对于校内基地，要充分利用校外基地建设实验室的先天优势，结合企业发展面临的迫切需求进一步优化教学内容，逐步提升实验室的软硬件水平，提升人才培育的效果。

（四）校企协同，完善师资队伍建设

新文科实践教学的实施，涉及多学科、多专业实践项目的设计、讲授、考核，以及与旅游行业发展、岗位技能新需求对接，师资队伍建设意义重大。产教融合数智实践教学体系充分利用育人资源，通过内培外引构建团队，着力打造高素质师资队伍。在课程教学中，专业基础课和专业必修课全部要推行过程性和形成性评价考核改革，安排校内教师担任这些课程的授课任务，主要讲授基础知识并兼顾培养学生的实践能力，从而不断巩固理论基础，达成学以致用的目的；专业选修课由校内教师和企业导师共同承担，这样安排主要是为了实现理论与实际的融合；认知实习、专业实习及毕业实习等环节，主要由校外导师进行担任，主要是因为他们拥有丰富的企业实践经验，对毕业生的实习及毕业论文写作能够更好地指导，在一定程度上能够提升学生的实践能力；在创新创业环节，主要安排企业导师进行指导，因为企业导师能够进行问题导向的各种训练，引领学生深挖企业痛点，激发创意思维，在企业深度调研的基础上将创意转化为项目，在成果形成过程中培养学生的创新能力，提高学生的科研兴趣。

总之，为全面对接国家和地区经济发展战略，满足旅游产业跨链融合、数智升级发展要求，烟台南山学院旅游管理专业构建"校企融合，数智赋能，三阶递进，多元协同"的实践教学体系，重点强化实践教学中对新技术、新技能的掌握，对跨文化、跨产业融合应用能力的培养，注重创新思维、社会责任、国际视野、道德情商的塑造与提升，推动旅游管理专业实践教学改革和新文科人才培养目标的实现，实现地方经济高质量发展。

参考文献

[1] 王颖. 数字经济时代新商科人才培养的产学研融合模式创新[J]. 教育观察，2022，11（10）：97-100.

[2] 肖海燕. 应用型本科院校卓越新商科人才培养体系的构建及成效——基于"岗课赛证+思政融通"模式的探讨[J]. 河池学院学报，2021，41（3）：71-75.

[3] 刘洁，郑丽. 数字经济时代应用型大学产教融合的新商科人才培养模式研究[J]. 北京联合大学学报，2022，36（2）：7-12.

作者简介：曹会娟（1986— ），女，河北晋州人，烟台南山学院经济与管理学院旅游管理系副主任，讲师，硕士；王树武（1984— ），男，内蒙古集宁人，烟台南山学院经济与管理学院工商管理系人力资源教研室主任，讲师，硕士；石欢欢（1996— ），女，河南郑州人，烟台南山学院经济与管理学院旅游管理系旅游企业管理教研室主任，讲师，硕士。

产教融合模式在实践型教学中的应用研究

马吉聪

摘要：在高等教育中，实践型教学是以解决实际问题为教学目的的，创造实践情境，在"做中学"，提高学生的创造与创新能力，满足产业实际发展的需要。产教融合是高等教育实践型教学的最高形态，是理论联系实际的完美体现。为了适应新工科发展的要求，促进教育与产业的衔接与融合，为产业改革培养高素质人才，需要在实践教学过程中利用产教融合模式进行训练，加强校企合作、校政合作，推进政产学研多主体协同育人模式的改革与实践。

关键词：实践型教学；问题解决；产教融合

一、引言

实践是检验真理的唯一标准，然而实践教学在高等教育实际执行中经常被忽视，导致高等学校培养出的人才理论基础扎实，但实际操作能力差，毕业后进入工作岗位，与岗位要求的实际能力不匹配，这就对高等教育提出新要求，重视高等教育中的实践导向，做到"知、学、行"统一发展。我国在新工科建设中强调多主体协同育人模式，推进多方协同育人模式改革与实践，产教融合育人是其中一种主要形式。在新工科视域下，产教融合模式不仅能提升学生的实践能力，还承担科研转化和创新的任务。本文在探索新工科视域下产教融合模式构建与应用研究的基础上，总结产教融合模式在实践型教学应用中遇到的困难，提出解决的构想。

二、实践型教学的目的与改革方向

（一）实践型教学以解决问题为教学目的

"问题解决"教学模式由桑代克提出，后经杜威将其理论化、系统化。该教学模式以解决问题为教学目的，将解决问题作为教学的中心思想，将课程置于具有实际意义的问题环境中，通过教师指导、学生沟通、讨论与合作来实现问题解决。该模式重视教师的主导地位和学生的主体地位，重视学生的自学和协作能力，重视专业技能和素养的养成，强调学生的主观能动性。与传统的教师教育模式相比，问题解决教学模式更注重教师与学生、学生和学生之间的互动。在解决实际问题的过程中巩固知识，锻炼技能，以便学以致用，发展学生的认知思维，从而实现创新升华。

在高等教育中，以"问题解决"为导向的实践型教学模式要想保质保量地实现应该注意以下几点：首先，衡量教学模式品质取决于教师的认知水平；其次，通过实际教学应用的总结与评价，找到教学中的不足之处并予以改善；最后，重视实践型的问题解决，使教师理解其内涵，重视教育教学实践的改革，为更好地实施教育教学提出新的见解。

在高等教育的实践中，最明显的问题是我们没有一个先进的人才教育理念或意识，我们制订人才培养目标的时候，应该有综合、专业、全面的考量，人才培养的目标应侧重于对技术的掌握和运用，传输的理论实践观念已不能适应人才培养领域的新要求，应克服专业技能的局限性和狭隘性，如果学生教育一开始就局限在一个相对逼仄的空间里，学生将来走向社会的就业选择也会具有局限性，不利于学生事业的发展，而先进的、应用型的人才教育是一个跨领域的领头羊。

教育哲学中有一种理论认为思想的高度决定人与生命的关系，而教育哲学的高度决定一个国家高等教育的水平。加强实践教育，首先要突出根源，树立先进的教育理念以培养全面人才，实践技能教育与理论教育并驾齐驱，重视专业实际需求，为学生提供实用的专业技能。教育管理者应该以更加积极和开放的心态参与和管理实践课程的开发，打开校门融入社会。在学校的实践教学中，教师的专业资质和技术水平是决定学生技术素质高低的主要因素，"双师型"教师是实践型教学指导者的不二之选。

学校在制订实践培训计划时，往往过度依赖内部因素，而忽视了外部资源的利用。实践型教育应该敞开大门，引进公司和产业参与发展，并合理规划课程类型，确保教学和培训时间，并提供各种实践课程。在制订计划、审查提案并根据修正方案进行科学纠正时，应听取多学科专家的意见和要求，学习先进经验，融合产业经验，优化项目。

（二）实践型教学的改革方向

在高等教育教学中，实践型训练课程经常被忽视，且实践训练的质量也不高。一方面，过时的实训内容不能满足产业对人才的需求，学校环境缺少真正了解产业需求的专业环境，缺少产业更新的及时性，缺乏与时俱进的动力，有些课程跟不上时代发展的要求，教学内容也不符合产业升级的匹配度。现阶段最大的问题是多数教师缺少产业实际经验，在教授学生时多是纸上谈兵。此外，现在的实践教学通常是对已有认知的复习及验证，缺少创造性和改革创新，评价过程中没有进行创造性实验和设计性实验。传统观念认为实践课程就是要学生亲自动手，但是随着计算机仿真建模技术以及人工智能的飞速发展，虚拟情境的运用极大地丰富了实践教学的可能性。实践型教学的改革应当在产教融合模式下实现，并坚持以下原则：

1.坚持学生的主体性原则

学生是实践教学的主体，教师扮演引路人的角色，针对既定的教学目标，通过实践教学模式，通过"做中学"来建立学生利用现实与虚拟的教学资源学习实践的主观能动性。

2.坚持系统性原则

在进行教学流程的设计时，通过引导问题、解决问题使学生在实践操作的过程中提高理论解决实际问题的能力水平，达到创新性的目标。

3.坚持循序渐进原则

在设计实践教学任务时，遵循认知规律，难度的选择应该有梯度，从易到难，辅助学生开展自主学习，使不同层次学生的不同学习需求都能得到满足，实践能力强的学生在完成任务后，可以尝试创造性的目标，较弱的学生可以组队，利用团队优势合作完成任务。

4.坚持实际性原则

实践型教学情境的选择与创建需要坚持尽可能逼真地模拟真实情境，符合高等教育认知规律，与学生具体专业相关联。再通过现实与虚拟创设与实际相符合的真实情境，提升解决问题能力，学以致用。

5.坚持产教融合原则

针对现实社会的就业形势以及市场需求，针对社会实际对人才的要求，针对产业发展改革的趋势，对实践教学的各环节及时调整，培养学生的职业素养、职业精神，致力于培养时代需要的人才。高等教育存在与现实脱节的情况，使得社会上流传读大学的学生不如技校的学生，这就需要在实践教学上要联系产业需求，让学生参与一线生产，参与科研项目的讨论，高屋建瓴，把专业知识的培养渗透于生产实际的各个环节，在两者的结合中不断提高。

三、产教融合模式在实践型教学中的应用

（一）创业教育

创业教育是产教融合模式下实践型教学的最高形式，该理念由美国学者首先提出，后来在实践教育改革中得到实施和进一步发展。今天，在创业教育的影响下，全球经济发展和人才增长也从量变演化为质变。在这种教育理念的影响下，中国近年来的教育改革逐渐注重发展创业教育，并将其与中国意识形态和社会主义市场经济的产业特征相结合。

通常认为，创业教育不仅促进了创业精神和学生自身技能的发展，还促进了素质教育发展。多年来，专家学者认为，创业教育可以提高企业文化的品质与层次，也可以促进社会的和谐发展。这方面我国发展起步较晚，在学习国外经验时，不能一成不变地移植到我们自己的教育模式中，应该立足教育实际，结合国家发展需要，创建具有中国特色的创业教育。

创业教育的特点是对教育实践的反思和模式的创造。创业教育的实践通常是最复杂但最重要的方面，而将理论和技能融入创业教育正是基于这一基础。只有通过实践的检验，学生才能真正学以致用，在实践中发现自己创业能力的弱点，并有针对性地加以提高。创业教育在实际运作中必须遵循一个独特的系统和内部关系，在实施过程中应注意：

（1）确立解决问题能力的重点培养模式，信息爆炸的经济情势下，社会急需的是具备综合能力，能解决实际问题的人才，解决实际问题的能力、创造力、创新能力是现代企业招聘人才时越来越重视的方面。

（2）强化理论联系实际，确立教学中的实践地位，在"做中学"，培养学生的动手能力，强化理论知识与实际操作的结合，摒弃填鸭式教育，增加实训，注重学生的实践能力的强化，使他们能更好地理解职业要求与职业素养，更好地适应新时代的产业需求以及对新时代人才的要求。

（3）树立学生本位的观念，在实践教育中坚持以学生作为活动的中心，学生是学习的主体，尊重学生提出的建设性意见，鼓励学生在创业学习中的发散思维、创造性思维，鼓励学生之间探讨、协作。

（4）加强教师队伍自身素质的建设，创业教育对于高等学校教师的要求不再囿于书本固有的知识点，新兴的教育模式对高校教师提出更高的要求，跨学科、跨媒介、跨技术的"双师型"教师是高等教育改革急需的人才。教师自身素质提高才能够在教学目标

的制订、教学技术的使用、教学活动中给予学生适时的引导，适应时代的要求。

（二）产教融合模式在实践型教学应用的困境

现阶段，产教融合模式在实践型教学的应用中面临以下几点困境：

1.教育理念陈旧，思维固化

21世纪是以大数据、云计算、人工智能等高新技术构建起来的新时代，数字技术的更新换代进入一个高速迭代的时代，新兴的产业对于专业人才也有着新的标准，对创新能力的要求尤为关注。目前，很多传统高校的教育理念陈旧、思维固化、跟不上时代发展，在教学方式上仍采用陈旧的照着书本读的落后方式，制订培养目标时重技术不重创新、重知识不重能力，无法达到预期的教学效果。

2.课程设定结构单一，缺少跨学科交叉性

产业和教育的供需关系缺少双向联系，目前，大多数学校和公司行业之间的沟通仍处于单向机制，缺少交流沟通。产业难以直接参与学校人才培养计划、课程标准和实践教学实施流程的制定，产教融合困难，导致了课程培养目标和实践教学成果与产业需求之间存在差距。尽管课程的实践教学过程增加了学生进入公司实习的环节，但在实施这一环节时仍存在诸多问题，如公司对实习生的重视程度不够，学校管理机制和企业管理机制存在差异，学生对公司的关注度不够，归根结底，这意味着该课程尤其是实践教学无法实现产教融合的目标。

新一轮产业转型融合了大数据、物联网、人工智能等多种新产业、新学科，其中的重要特点是强大的跨学科性和整合性。例如，新开设的某建筑工程专业必须采用计算机虚拟建模等创新技术来改进传统工程专业。高等学校在制订课程计划时应注意课程的跨学科性，消除冗余内容，增加能服务于学生未来职业发展的内容，提高课程的完整性和交叉性。然而，目前许多院校的课程体系交叉融合程度很低，不同学科之间几乎没有横向联系，公司和学校之间的整合是不够的，强调理论而忽视实践。

3.缺乏有效的评价体系

目前，高等学校在产教融合模式的实践上缺乏行业性的、专业性的评价标准，从而导致教育质量难以衡量，产教融合的成果也难以具体描述。现阶段产教融合模式的评价大多为总结性的，缺乏对过程实施的评价；多为主观性的，缺乏客观性的评价。此外，评价的对象局限于学生，缺少对育人主体的高校和企业的评价。产教融合模式应由学生、高校、企业共同实现，考核评价也应该多元性，做到三方交互评价。

高校和企业在具体合作的实施过程中，存在利益分配不均的问题，这就需要达成共识，实现利益均衡分配，可能需要政策上的协调解决，但是目前我国还缺乏有效的制度保障体系。首先是学校层面，学校管理制度着力于教学，对校企合作缺少保障制度。其次是政府层面，国家的相关制度不完善，缺少法律层面的阐述，缺少具体实施细则。最后是社会组织方面，国外的组织机构可以对产教融合模式进行监管，但是我国的组织机构只有交流职能，没有评估的权力。

（三）解决产教融合模式在实践型教学应用困境的构想

通过对产教融合模式在实践型教学应用困境的分析，提出以下几点解决困境的构想与方案：

1.深化改革

继续深化教育改革，在新工科构建要求的指导下，进一步加强产教融合模式在实践型教学中的应用探索。加强学校、产业和教育的合作，在课程设置方式和实践教学方法上进行改革和创新。信息化带来了现代化教学的飞速发展，学生的学习渠道得到扩展，对于基础课程，可以采用"线上+线下"的教学方法来提高学生的学习体验。在业务指导过程中，可以将真实的项目或公司案例纳入指导中，并指导学生进行项目实践。学生们通过接触项目或案例，利用自己的理论知识解决实际问题，不仅提高了他们的实践技能，还提高了他们的沟通能力。通过项目或案例教学，学生也可以更多地关注现实世界，获得更好的学习体验。基于现有职业课程结构，基于产教融合背景，通过深入研究现实行业的真实需求，通过创新和完善校企合作机制，在课程建设的各个阶段重新定义相应技能的标准，建立课程学习系统。通过将学生作为一个关键参与者，通过强调实用技能的开发，创新和改革实践教学模式和方法，重新设计课程教学流程，特别是改进实践教学流程。

2.构建校内外实践教学体系

在新工科视域下，高等教育要求必须重视实践教学，结合校内外资源，构建实践教学体系，提高学生的实践和创新能力。高等学校的实践教学应是理论知识与生产实践的结合，将理论研究成果转化为具有创新性的产业成果。在构建校内外实践教学体系中，应注重三个层面的建设，即为基础层、设计层、综合层。其中基础层为基础课程实验，如学生参观工程现场，认识实习基地等。综合层为校内课程设计、实验、竞赛、生产实习等，通过校内外相结合，寻找灵感，推动科技成果的转化。设计层为创新设计，学生通过工程项目为设计提供素材，实现创新创造的发展。

基于校企联合创新平台，深化政府、高校和行业的现场研究，积极拓展研究的深度和广度，拓展研究领域的范围，并结合产教融合的时代背景，发展综合职业素养，满足企业需求，开发适合专业发展的课程。深入研究企业的专业职位，了解岗位要求，分析培训目标和应用课程并结合产教融合的特点，建设适合专业岗位的课程方案。从技术生产与培训相结合入手，按照课程要求与专业技能和知识相匹配，将行业专家和高级技人员融入课程培训目标，打造课程内容。探索产教紧密联系的精细合作机制，引入创新的人才培养模式，通过产教融合构建实用的课程学习体系，建立时空网络协作平台，更好地满足公司研发、教师研究和教学实践的需求。

3.加强师资队伍建设，加强产教融合的深入

教师作为学生学习的引导者，产教融合模式下的实践型教学需要具备职业素养、专业能力的优秀教师队伍，带领学生完成实践教学活动。在教师发展的各个阶段，高等学校应为其提供配套的培训机会，组织教师参加交流学习活动，帮助教师进入产业一线学习进修，帮助教师实现自我能力与时俱进。只有作为引导者地位的教师主动、积极地参与到产教融合的过程中，才有助于制定产教融合的制度、章程、学时分配、教学内容等，教师通过参与可以更好地把握人才培养的方向，让学校培养出来的学生能直接满足企业需求。教师应该积极参与合作企业的研讨会、总结会，通过参与把企业的管理制度、经营理念、竞争意识融入教学内容中，便于产教融合的教学机制与企业对接，学生能以最短的时间融入企业，为企业创造价值。教师作为产教融合模式中最活跃的要素，其工作状态和态度对教学成果以及产业成果的产出具有重要影响，这也是我国近年来大力推进"双师型"教师建设的重要原因。

四、结语

将产教融合模式真正融入实践型教学，这需要教育工作者在实际操作中不断探索，总结经验与教学，这包括成功的经验和失败的教训。高等学校必须改进教学管理制度，促进产业在实际教学活动中的参与度，从而发挥更大的作用，确保企业在产教融合育人过程中真正地发挥作用。引导企业参与到课程制订、学时分配、教学方案、教学评价等环节中来，让产教融合能够真正地融入实践教学的过程，达到高质量人才培养的目的。

参考文献

[1] 孙淑萍，李安琪，谢先进，等.科研导师制背景下提升本科生科研创新能力的实践型教学模式探索[J].通化师范学院学报，2023，44（8）：115-122.

[2] 李向龙，王德永，王慧华，等.以校企联合培养为导向的实践型教学方法研究[J].科教导刊，2021（10）：46-48.

[3] 肖莉娜，朱街禄.新工科视域下应用型本科院校产教融合育人模式构建与研究[J/OL].中国教育技术装备，1-3[2023-09-18].http://www.kns.cnki.net/kcms/detail/11.4754.T.20230207.1542.002.html.

［4］印鹏. 产教融合视域下大学生创新创业能力培养路径研究［J］. 产业与科技论坛，2022，21（4）：114-115.

［5］李忠全. 应用型本科院校基于产教融合模式下的校企共建实验实训室模式研究［J］. 产业创新研究，2021（20）：154-156.

作者简介：马吉聪（1987— ），男，山东烟台人，烟台南山学院科技与数据学院助教，硕士。

产教融合背景下项目式金工实习教学模式研究与实践

周天胜　汪洪波　赵松林

摘要：论文首先阐述了金工实习课程的性质特点，剖析了项目教学的起源及内涵；然后分析了金工实习的现状，并对存在的问题进行了认真思考；最后探讨金工实习"3+1"教学模式改革与实践，认为建立金工实习课程项目库是解决问题的有效途径之一。实践证明，结合区域经济和产业升级对人才的要求，适时嵌入生产性项目和拓展创新实践，有助于地方高校机械类专业学生工程素质和实践能力的提升。

关键词：产教融合；金工实习；项目教学；能力提升

基金：2022年烟台南山学院教学改革研究项目"基于能力培养的应用型高校金工实习的教学手段与方法改革研究"（NSJM202237）

一、引言

随着我国经济已由高速增长阶段转向高质量发展阶段，现代实体制造业得到了快速发展，机械行业企业对机械类专业学生的创新能力和实践能力提出了更高要求，急需大量具有厚实的工程素养和扎实的实践动手能力的应用技能型创新人才，然而目前应用型高校的教育所学知识内容更新缓慢，滞后于现代产业技术发展，培养出来的专业人才与经济结构匹配度较低。2017年，国务院办公厅颁布《关于深化产教融合的若干意见》，进一步强调教育和产业融合对国家发展的战略意义。面对经济新常态，地方高等学校正在从普通教育向应用教育转型发展，主动对接社会经济发展和区域产业升级，满足企业日益增长的人才需求，是地方高校必须面对的新课题。校企合作产教融合作为应用型人才培养的有效途径，受到国内众多高校尤其是地方高校的重视，基于地方经济结构布局，校企共建众多产业学院、实习实训基地或实验室等，推行订单培养、项目教学法，着力提高学生的工程素质和综合实践能力。

以实践为先导，以综合能力培养为目标的教学理念，项目式教学已越来越受到国内许多高校特别是职业技术院校的关注。在中国知网检索，自2010年以来，每年以"项目教学"为关键词的论文数量都超过1000篇，其中2012—2015年度每年都达到1700余篇，2013年达到高峰1811篇，近5年呈下降趋势。综合分析文献资料可知，许多学者或教师是根据各自的教学研究及改革，针对自己承担的课程，从不同的维度提出了一系列可供借鉴的思路、路径及模式，但仍然停留在对项目教学概念和理念上的认可，没有真正意义上的实际行动支持。造成这种现象的原因主要是校企双方追求的利益不同，企业工程技术人员参与课程建设的动力不足，在推进项目教学改革上校内教师仍然是主力军；校企共建课程的精准性不强，实训基地或实验室的功能不强，许多接近真实工作场景等硬件条件，只能做到简单虚拟任务模仿；涵盖的专业技术与学生专业知识能力结构的培养达成度低；教学组织实施机制运行不畅，不能保证教学设计的顺利实施，在一定程度上挫伤了高校教师教学研究与改革的热情；项目教育强调的是以实践为主线，这就意味着对于教师来说，他们需要具备更高的能力和素质，比如要掌握行业的动态发展趋势，如何制订合适的项目任务，如何引领学生参与到项目的活动中去，并且还要评估项目的执行效果，等等，这些无形的因素让教师感到更大的压力。

项目教学作为一种教育理念，适宜以职业能力为目标、以职业情境为前提的所有学习行动过程，故普通高校尤其是以复合应用型人才培养为目标的地方高校也应积极参与。烟台南山学院坚持应用型的办学定位，始终秉承"党建引领、立德树人、校企一体、协同育人"的办学理念，不断拓展教研产融合的深度与广度，探索并实践校企"六个一体化"融合特色，深化应用型人才培养模式改革，为区域经济发展培养高素质应用型人才。

二、金工实习与项目教学

金工实习又称金属工艺学实习，是一门以教师为主导，学生为主体，以学生的实际操作为教学方式，以培养学生工程素质和提升实践能力为目标的专业技术课。通过金工实习，可以帮助学生了解毛坯和零件的加工工艺过程、机械零件的主要加工方法和要领，并指导学生的实际操作，掌握基本的操作技能，为学习专业课程和今后工作奠定必要的实践基础。

以机械设计及其自动化专业为例，国内高校大多工科专业人才培养方案包含专业教育课程平台和实践教育课程平台两大课程模块。专业教育平台即理论课程模块，主要包含工程材料、机械制造技术基础、金属切削机床、数控原理与编程等理论课程；实践教育平台即实践课程模块，主要有零件测绘与装配技术、机械切削加工、数控加工技术以及特种加工等独立设置的实践课程。总体来看有三种不同的教学模式，一是先理论后实践，即学完一门或几门理论课后再安排集中实习；二是先实践后理论，即在讲授理论课之前，集中安排实习；三是边理论边实践，即在讲授理论课的同时，适时安排相应的实习内容，以课内实验的形式按单元模块进行。金工实习课程内容涉及的学科知识面广，涵盖的专业课程多，基于项目教学理念，以构建工程素质和提升实践能力的单元模块为内容，依照"需求—计划—决策—实施—检查—评价"的行动模式实施课程教学，无疑将促进金工实习课程教学质量的提升。

项目教学起初源自欧美的工作实习课程。20世纪末至本世纪初，伴随科技的发展及社会的变革，项目教学这一基于产业变革、信息革命的新型教法逐渐被推广开来。这种方法主张通过创造或运用各类场景环境，让学生在做中学，学中思，引导学生使用已掌握的知识与技能并结合自身经历，实现对实际问题的理解和解决过程中的自我探索式的学习活动。项目教学强调学生的主体地位及其自主性的重要作用，教师作为学生的导师也同样重视自身角色的重要性，教师更注重如何培养学生在面对具体的实际问题时能独立思考的能力。

项目教学模式不同以往那种主要依赖书本上的概念推演式的研究型学制安排，传统教学重点放在了学生学科知识体系的建构上，并且常常忽略掉那些具体的实操环节所带来的启发效果。另外，在项目设计上，不必要追求所谓的项目"高、大、上"，根据学生的学习基础、个人爱好及专业发展方向，项目可大可小、可难可易，关键在于以项目为载体驱动学生认识工程问题，促进学生工程素质的养成和实践创新能力的提升。

三、我校金工实习教学现状

烟台南山学院为南山集团投资兴办的民办本科高校，现有55个本科专业，覆盖7个学科门类，学生人数3万余人。学校发挥集团办学优势，加强校企合作，引厂入校，整合校企设备资源，通过十余年的不断努力，学校与南山集团机加工中心合作建立了"教学—生产—研发"一体化的产教融合机械加工实训平台，即机械制造技术实训基地，其系统架构如图6-11所示。目前学校所有专业学科都是校企共建专业，根据培养计划的要求，大部分的技术类专业的工程素质思维及实际操作技能的提高主要依靠于金工实习课程，由智能科学与工程学院负责执行，为了满足实用技术的职业技能人才的毕业需求，学校联合企业一起制订了教学大纲、课程规范等相关教学资料，并不断完善产教融合运行机制。

以机械设计制造及其自动化专业为例，金工实习一般安排在大二的第一学期执行，实习周数为4周，每批次安排2个自然班，实习工种主要有铸造、锻压、焊接、钳工、车工、铣工及线切割加工等内容。按照工种特点，划分为铸锻、焊接、钳工、车铣、线切割等5个实习模块，各模块实习时间均为4天，工种依次轮换。其中，车铣模块依托产教融合基地，学生可以在零部件生产制造单元的真实生产环境接受培养。其他模块在教学

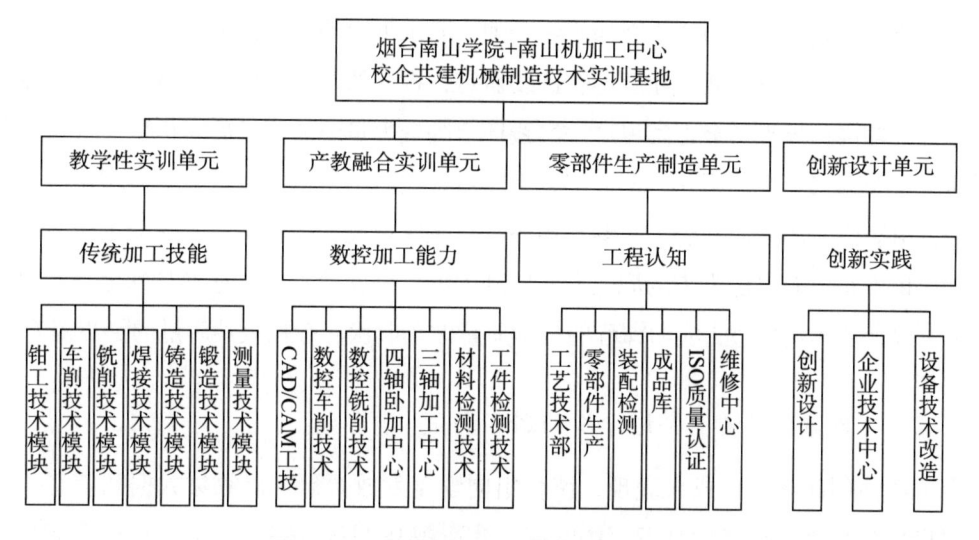

模块六　实验实训平台与产业生产设备一体化

图6-11　产教融合实训基地系统架构

性实训单元接受传统加工技术训练。金工实习使学生能够掌握机床的基本操作，能够进行简单零件的加工工艺及零件毛坯的制造方法；同时能够培养学生的工程思维和职业素质，培育实践精神，树立团队协作、安全防范及环境保护等工程意识。

为提高学生的综合创新能力，每个实习模块中都安排一天的创新实践环节。如铸锻模块，学生可以从选择教师设计的多个命题中自主选题，也可以根据自己的兴趣自行设计选题，并根据零件图样要求进行铸造工艺方案设计，完成模样和芯盒的设计制作，然后制作砂型，并进行浇注成形，最后完成铸件落砂、清理及检测。教师根据实际训练项目的品质给予评分，包括铸件质量（占比50%）、项目报告（占比20%）、考勤记录和工作纪律（占比10%），按优秀、良好、中等、合格及不合格五个级别进行考核评价。

四、存在的主要问题

虽然在校企合作产教融合平台条件支撑下，现有的金工实习教学模式可以为学生提供全面的综合性专业技能实践操练，但经过课程组老师与学生的问卷调查、走访座谈和实地调研后发现，实际的学习成果仍然面临以下挑战。

（一）教学质量起伏波动

从2005年起，烟台南山学院在南山集团和相关管理部门的支持下，经过全体教职工的不懈奋斗，实现了各个领域的显著进步。特别是在成功完成本科评估之后，学校在研究领域获得了众多荣誉，并稳居民办大学的前列。然而，为了满足全面发展、特色发展的要求，部分基础学科和专业建设的教学改革步伐有所放慢，实验室建设经费投入不足，设备技术陈旧落后。其次，教师队伍结构不够合理，高水平教师数量偏少，青年教师教学能力不足，合作企业对教育发展关注度不够持续稳定，投入的时间与精力不足。因种种原因，教师流失率较高，导致了金工实习这一实践环节师资力量薄弱。最后，机械类本科专业的学生通常会在大二年级的第一学期参加金工实习，此时学生主修科目和基本理论课程才刚刚展开，由于学生的基础知识水平参差不齐，自主学习能力高低不一，对金工实习课程的重要性认识不足，对自己未来的职业方向感到困惑，因此很难专注地参与到金工实习的学习中去。以上原因造成金工实习课程的教学质量波动起伏，影响教学质量的稳步提升。

（二）工程素质培养有待进一步加强

为了评估创新环节的成果表现，课程组向学生发放调研表以收集数据和信息。观察的主要指标包括理论课堂的学习氛围情况、实际操作的认真态度状况、互动交流与教学效果及教学资源保障条件四个方面。针对一些刚刚结束四周金工实习的学生们的反馈资料显示，学生对理论课堂授课的兴趣度约为49.25%，对实践模块的兴趣度约为59.64%，而师生间的沟通回应率约为45.76%，对教学效果的满意度平均为61.22%。因此，仍需进一步强化构建工程实践的工作任务。

（三）创新实践环节不够系统科学

通过对近年来学生的创新实践成果进行详细研究，可以将其归纳为三大部分：工程机械类约占20%，趣味装置类约占70%，竞赛项目类约占10%。其中，工程机械类有曲柄滑块机构、分度旋转机构等；而趣味装置方面则包含了吉他模型、皇冠模型、五角星模型、飞机模型等；竞赛项目类则是基于山东省大学生机电产品创新设计大赛及全国大学生机械创新设计大赛主题进行设计的，例如生产生活类工具、无碳小车、社区停车场装置等。虽然这些创新实践作品能够一定程度提升学生的综合运用知识的能力，但是趣味装置类作品的比重过大，工程机械类占比较小，并且不能够重复使用，这种创新实践的结果并没有完全满足实际需求。此外，即使有些参赛作品能够让学生把已经成熟的技术和工艺运用到现实中去，并得到充足的训练，但是从整体来看，创新实践的过程仍然存在明显的不足之处，实训过程不够系统科学，不够规范，这与金工实习的目标相差甚远。

五、教学改革与实践

（一）调整教学结构，推行"3+1"教学模式改革

调整机械类本科专业金工实习教学安排，"3+1"模式中"3"指基本技能训练为

3周，主要进行铸造、锻造、焊接、车工、铣工、钳工、焊接及特种加工等内容的训练，使学生会选择合适的机械加工方法，能够操作机床加工一些结构简单的机械零件，为后续创新实践打下基础。"1"是综合创新实践环节，安排在3周的技能训练结束之后。这一阶段以项目为载体，以培养学生的工程素质和实践创新能力为目标，进行综合运用知识和技能的训练。

为了协助学生构建有效的工程观念，课程组尝试增设了自主项目的部分，并在实际操作的前期，通过QQ群向全班同学发布实践项目的任务。具体的策略是根据项目教育学的"信息—规划—决定—执行—审查—评估"行为模型来制订计划，使学生充分理解项目的过程，并激励学生去努力完成他们的自主项目。对学生自主设计的项目大小和复杂程度上并没有严格的要求，但是其内容的组织形式必须标准且完备，并且要编写一份详尽的项目报告。

课程组老师需要仔细评估报告的内容，评价标准涵盖了观察的问题是否深入、基本原理是否明确、写作是否有条理等方面，旨在引导学生认识到自己的不足之处。

为了检验教改的效果，课程组经过调查和研讨后决定选择机械设计2201、2202两班级共计102名同学进行自主设计项目的比较试验，同时对自主项目组与常规操作组做问卷调查及结果比对分析，发现自主项目组的相关指标均显著超过常规操作组，自主项目组对理论课堂授课的兴趣度为61.3%，对实践模块的兴趣约为77.42%，而师生间的沟通回应率约为65.7%，对教学效果的满意度平均为78.6%。这表明适当引入自主项目能促进学生形成工程思维，提高金工实习教学质量。

（二）深化产教融合，推进金工实习项目库建设

为了防止创新实践阶段作品过于随意化、重复性和系统的规范性不足等问题，课程组通过大量调查和深度探讨，认为建设金工实习课程的项目库是一个有效的解决方案。入库类别确定为3类：机构创新设计类（A）、基本技能类（B）和趣味类（C），以满足不同学生的个性发展需求。坚持以学生为主体、与学生专业发展方向相衔接，与生产实际相结合使项目作品产品化以满足学生的职业需求。为此，课程组加强线上课程资源建设，学生可以随时通过网络了解产业技术发展动态，了解企业生产技术改造现状，了解省级国家级机械产品设计大赛主题方向，为学生的自主项目设计提供丰富的项目信息。考虑到实训学生的专业知识基础和认知能力水平，对入库项目的复杂程度不做具体要求，鼓励学生以2~3人为小组创建项目设计团队，尽可能充分利用校内产教融合基地的教学资源进行项目设计，并针对项目需求搭建实训工种组合，以确保项目的可行性。如表6-11，项目库中的各个项目分类和实践环节中工种的搭配情况各异，本研究选取了车床尾座砂型铸造作为具体案例。

表6-11 不同类别"项目库"的"实践环节"

类别	项目	主要工种	辅助工种
A	钻模夹具	切削加工、焊接	钳工、装配、测量
B	车床尾座装配体	铸造、3D打印、切削加工	钳工、热处理、测量
C	线切割组件	线切割	钳工、测量、装配

（三）项目教学实践案例

在铸造实习中，学生根据车床尾座装配图，进行各组成零件的图样分析，画出铸件毛坯零件图，并进行铸造工艺设计，绘制铸造工艺图。通过不同材质、不同型号的铸件设计，让学生完成熔炼温度、材料选择、砂型选择与优化、砂芯选择与优化、铸型设计、浇铸系统设计、冒口设计及成本核算等一系列相关生产设计与实践，从中学习和掌握金属加工工艺、铸型设计、关键设备的使用与操作。通过这种教学方法，将一个个相对独立的项目交由学生自己处理，信息的收集、方案的设计、项目实施及最终评价都以学生为主体，学生通过该项目的进行，了解并把握整个过程及每一个环节中的基本要求。学习过程成为人人参与的创造实践活动，注重的不是最终的结果，而是完成项目的过程。学生在项目实践过程中，理解和把握课程要求的知识和工程思维，体验创新的艰苦和乐趣，体会团队协作的精神，培养分析问题和解决问题的思想与方法。

为了达到这个目标，教学团队不仅有面对面的理论授课，也利用智慧树平台开展了在线学习与自我学习；主要实践操作技能包括铸造、3D打印及特种加工，而辅助工种则涵盖了钳工、热处理、检测以及装配等方面。学生通过在真实的生产环境，按照实际生产工艺路线进行各零件制造，增强并提高了他们的工程水平。经过实证，把金工实习中的创新实践部分加入车床尾座铸件砂型铸造的项目中，有助于提高学生的工程素质和实践技能。

六、结语

本文以项目教学理论为基础，针对现行机械类专业的金工实习教学体系中存在的问题展开了深度探讨，致力于推动学生的全面发展与实际操作能力的提升，尽管已经取得一定的成果，但是仍有诸多需要改进之处。其主要问题有两方面：首先是授课团队成员的教育观念相对滞后，且他们的专业技术素养尚需进一步增强；其次是学校及各级部门需要更加重视金工实习的教学方式变革。唯有如此，高校人才培养才能满足地区经济和社会发展的需求，提供更多符合要求的实用型人才。

参考文献

[1] 刘志斌,李四平.项目教学及其推广应用的思考[J].高校后勤研究,2021(3):71-74.

[2] 魏炜,覃家飞,李程程.项目教学法在我国教学中应用研究现状[J].大众科技,2018,20(3):95-96,62.

[3] 陈巍,陈国军,郁汉琪.建构主义理论的项目式教学体系构建[J].实验室研究与探索,2018,37(2):183-188,206.

[4] 唐皓,潘阳,高国强.基于项目教学的《金工实习》教学模式研究与实践——以湖南科技大学机械类专业为例[J].湖南文理学院学报(自然科学版),2022,34(4):46-50.

[5] 李晶,王丽阁,王恩泽,等.项目式教学在课程《铸造工艺学》中的应用[J].广州化工,2017,45(8):176-177.

作者简介:周天胜(1970—),男,山东龙口人,烟台南山学院智能科学与工程学院副教授,硕士;汪洪波(1986—),男,山东邹城人,烟台南山学院智能科学与工程学院讲师,硕士在读;赵松林(1971—),男,山东龙口人,烟台南山学院智能科学与工程学院实验师,学士。

产教融合共建金属切削加工实训基地的实践与研究

隋信举　陈松　史文杰

摘要:产教融合机制是推进高等教育系统性变革之基石,产教融合共建实验实训基地是应用型人才培养的重要途径。校企共建实训基地主要做好三个方面:明确国家产业系统对高等教育系统的要求,从而确定产教融合实训基地的功能定位;多方位构建产教融合合作机制;校企资源共享,互惠双赢。本文通过对南山机加工中心机械加工实训基地的教学改革研究,探讨了产教融合共建金属切削加工实训基地的教学模式、课程设置和教师培训等方面的改革,并对改革效果进行了评估。

关键词:产教融合;合作机制;实训基地;教学改革

一、引言

随着当前国家经济的不断发展,特别是经济结构转型升级,经济发展方式转变,新材料、新技术、新工艺的不断应用，对于员工整体素质提出了很高的要求，需要大量能够在生产一线工作的高素质应用型技术技能人才。党的二十大报告指出，统筹职业教育、高等教育、继续教育协同创新，推进产教融合、科教融汇。烟台南山学院作为地方民办本科院校，始终坚持培养应用型技术人才的目标定位，依托南山集团企业资源，积极探索校企合作，加强产学对接，深化实践教学改革，坚持走产教融合共同发展的办学模式，着力培养学生的应用能力，提升学生的工程实践水平，以便让学校培养出来的学生更早地适应实际岗位的需求，从而更好地为地方经济发展贡献力量。自2011年11月开始，本着双向开放、资源共享和互惠双赢的原则，烟台南山学院机械工程实验中心与南山控股龙口市南山建筑安装有限公司下属单位机加工中心开展校企合作，以金工、数控实训课程建设为切入点，以培养学生工程素质，提升实践能力为目标，共建了金属切削加工实训基地，经过多年的校企合作，很好地深化了产教融合。

二、金属切削加工实训基地的功能定位

南山控股龙口市南山建筑安装有限公司机加工中心，现有职工40多人，设备操作员工大多具有各工种三级以上的职业资格证书，员工操作经验丰富，技能水平高；各类金属切削机床众多，共100余台套，厂房面积4000多平方米，承担公司所有企业设备备件加工、设备维修及企业生产技术改造等工作。

随着烟台南山学院不断发展，工科专业的数量不断增加，截至目前，学校设置的工科专业主要有机械设计制造及其自动化、车辆工程、工业设计、产品设计、金属材料、材料成型与控制工程、纺织工程、电气工程、自动化等本科专业，以及机械制造、机电、材料技术等专科专业。这些专业培养计划中都开设了金工实训、数控编程与加工实训及工程训练等不同实训课程，每学年有1500~2000名学生实训，实训人数多，仅仅依靠校内机械工程实验中心无法满足实训教学要求。通过引企入校，整合优化校企双方的设备资源和人员，校企合作，产教融合共建金属切削加工实训基地。实训基地设备种类齐全、数量充足，实践教学条件明显改善，教学质量得到保障。其功能定位为以下三个方面：一是组织学生参加省级、国家级大学生机械创新设计竞赛，是提高学生实践能力的有效途径。学生依托产教融合实训基地，完成参赛作品的调研、构思、设计、加工制作及装配调试等环节，最终完成产品模型或实际样机。二是依托产教融合实训基地，组织学生参加数控加工等职业资格鉴定考试培训，为学生获取相关职业资格证书提供便利；同时为家庭困难学生提供勤工俭学岗位，为毕业生提供顶岗实习、就业岗位等。三是依托产教融合实训基地，为缺乏实践经验的青年教师提供实践锻炼机会；为企业员工提供理论培训，提升员工的整体素质。

三、产教融合，多方位构建合作机制

（一）产教融合驱动机制的构建

依托烟台南山学院机械工程实验中心，学校与南山机加工中心合作共建产教融合金属切削加工实训基地，构建了校企合作驱动机制——联合导师机制、多元交流机制及考核协调机制，保证了校企合作的长效性，实现校企多维度深度融合共同发展。产教融合型企业属于教育型企业，强调将产业和教育两者有效地耦合，生产和教学有效衔接。企业与学校各自肩负不同的使命，企业为了效益，学校为了教育，产教融合型企业将两大阵营合为一体，企业介入高校职业教育程度加大，在参与职业教育技能实训时能以社会对技能人才的需求为导向，纠正育人偏差，解决长期以来理论与实际偏离的问题。

1.联合导师机制

想要培养高质量的应用型技术人才，必须建立一支素质高、能力强、经验丰富的师资队伍。专业教师除了具有一定的专业理论知识，还必须熟练掌握机床设备的基本操作技能，熟悉常规设备维护技术，熟悉现代制造工程技术的应用方法和基本流程。从企业中引入高水平与高素质优秀人才负责指导实训教学，有利于提高实践教学水平。具体来说，联合导师机制可以包括以下几个方面的内容：

（1）学校、企业和导师的合作。学校与企业建立合作关系，共同制订实习计划和安排实习岗位。同时，学校还可以邀请企业的专业人士作为导师，参与学生的实习指导。

（2）实习计划的制订。学校和企业共同制订实习计划，明确实习的目标、任务和要求。实习计划应该能够满足学生的学习需求，同时也要符合企业的实际需求。

（3）导师的指导和评价。企业导师负责指导学生的实习活动，包括技术指导、实践操作等方面。导师还可以根据学生的表现进行评价和反馈，帮助学生改进和提升。

（4）学校的监督和评估。学校负责对实习过程进行监督和评估，确保实习活动的质量和效果。学校可以定期与企业和导师进行沟通，了解学生的实习情况，并提供必要的支持和帮助。

联合导师制的优势在于能够将学校和企业的资源有效整合起来，提供更加贴近实际需求的实习环境和指导。通过与企业导师的交流和指导，学生可以更好地了解实际工作中的要求和挑战，提高自己的实践能力和专业素养。同时，这种制度也有助于学校和企业之间的合作与交流，促进产学合作的深入发展。

2.多元交流机制

专业老师，尤其是专业实践经验匮乏的青年教师，应积极进入企业实践锻炼，老师要做好以下任务：做好行业或专业社会调查，掌握本专业发展方向与动态，丰富教学内容，在实际教学中及时弥补新技术与工艺，体现生产现场情况；针对教学课题，请教实践经验丰富的企业工程技术人员，以此提高自身新技术应用与科研能力，学习先进生产技术与现代化管理理念，熟练掌握各项专业技能，丰富自身实践经验，确保教学质量得到提升；促进高校与企业间的沟通交流，为产学研合作搭建桥梁。

3.考核协调机制

建立学校、企业及社会（含实训学生）等多方参与的考核评价体系。这个体系旨在评价学生在实践中的实际能力和专业素养，为学生提供有针对性的反馈和指导，以及为企业提供可靠的人才选拔依据。

（1）实践成果评价。评估学生在实践过程中的实际成果，包括项目报告、产品设计、解决方案等。可以通过评审、展示、答辩等方式进行评价。

（2）专业技能评价。评估学生在实践中的专业技能运用情况，包括实际操作能力、技术应用能力等。可以通过实际操作考核、技能竞赛等方式进行评价。

（3）企业导师与学校导师评价。企业导师和学校导师分别对学生在实践中的表现进行评价，包括工作态度、职业素养、解决问题的能力等。可以通过导师评价报告、实习日志等方式进行评价。

（4）自我评价与反思。学生对自己在实践中的表现进行自我评价和反思，包括自我认识、自我成长、自我改进等。可以通过实习报告、自我评价表等方式进行评价。

综合考虑上述评价要素，可以制定一套综合评价体系，对学生在产教融合实践中的表现进行全面评估。评价结果可以作为学生成绩的一部分，同时也可以为学生提供有针对性的反馈和指导，促进其进一步提升实践能力和专业素养。

（二）产教融合与职业岗位标准共同驱动工程训练体系的构建

基础训练层：主要包括传统制造技术、先进制造技术、CAD/CAM、设备管理与维护4个模块，切实提高学生的工程素质和实际动手能力。

综合训练层：主要包括机械产品设计、工艺综合设计、模具设计与制造、机床故障诊断与维修4个模块，开展系统性的工程训练，进一步提高学生的实践能力。

拓展提高层：包括技能竞赛、职业技能培训、岗位实习3个模块。通过参加技能竞赛，强化学生动手能力；通过参加单项训练实践选修课，使学生获得一技之长；通过其他学习活动，培养职业能力，提高职业素养。

创新实践层：包括项目创新实践、省级创新/技能竞赛2个模块。结合毕业设计、省级以上创新/技能大赛，为学生提供设计、制造所必备的工作条件和环境，在模拟工业产品设计、开发、制造全过程的训练中培养和锻炼学生的创新能力。

（三）构建适合基地运行的管理机制

基地管理主要由南山控股龙口市南山建筑安装有限公司机加工中心和烟台南山学院机械系机械工程实验中心共同管理。设有专职主任1名，全面管理基地，副主任2名，一位主要负责教学管理，一位负责生产管理；2名技术员和8位技术骨干主要担任实训指导老师，参与实训教学管理。该实训基地承担着机械类相关专业的数控机床与普通车床的实训工作。为适应现代社会对人才需求和学生实践需要，实训基地实行双班、全天制运行，并开设了选修课、单项技能模块等学习形式，满足了不同层次学生的学习需求。烟台南山学院机械系安排专人开展实训教学提供校企之间的协调服务，并监督实训教学、产研结合等实施情况。

四、资源共享，互惠双赢

（一）基地布局

本着资源共享，设备利用率最大化，互惠双赢的原则，学院和集团共同协商，进行基地的运营。实训基地设备众多，布局合理，文化建设氛围浓郁，符合校企融合的理念。基地共分南北两个教学生产与生产区域。数控实训车间主要有数控加工中心、数控铣床、数控车床、普通车床四个实训区。其中数控加工中心区有卧式四轴加工中心2台、立式三轴加工中心10台。数控铣床实训区共有数控铣床16台，其中德国SIMENS 802S系统8台，日本FANUC系统8台。数控车实训区共有数控车床22台，其中德国SIMENS 802D系统4台，日本FANUC系统12台和华中系统6台。普通车床实训区共有普通车床34台，其中C6140有16台，C6132有18台。

（二）设备更新

实训基地的设备要求逐年更新，经双方协商，共同提出设备更新和建设计划。集团根据基地设备需求，每年拿出一定的资金进行设备的更新换代和投入，共建生产和教学需要的实验室、实训室，为生产和教学服务。此外，现正着力于从以下途径加大设备更新的力度。

1.行业合作伙伴赞助

与相关行业的合作伙伴建立合作关系，寻求设备更新的赞助。行业合作伙伴可能对设备更新感兴趣，因为他们可以通过赞助设备来培养和招聘具备相关技能的学生。这种合作方式可以为实习基地提供最新的设备，并与行业保持紧密的联系。

2.科研项目合作

与科研项目合作，利用科研项目的经费来更新设备。学校可以与科研机构或企业合作，申请科研项目，并将一部分经费用于设备更新。这种合作方式可以提升实习基地的科研能力，同时满足设备更新的需求。

3.学校内部资源整合

利用学校内部资源整合的方式来更新设备。学校可以通过整合各个学院、研究中心和实验室的资源，共同投资设备更新。这种合作方式可以减少成本，并促进学校内部的合作与交流。

（三）共同探索，进一步完善育人体系

完善育人体系是在产教融合中不断摸索修正的过程。一要实现学生培养方案与企业岗位需求相衔接，高校学生培养方案制定委员会应按照一定比例吸纳企业的专业技术人员。二要实现教学内容与生产实践相对接，高校要邀请企业人员对学生的工程实训课程实施方案进行制定，使学生能够在生产一线活学活用。三要实现教学内容与职业要求相对接，要在技能实训期间将职业素养、职业道德、职业规范等课程与专业课程相结合，在实训期间就将学生培养成合格的技能人才。四要形成高校与企业双元化学生质量评价体系，高校作为学生实训评价主体，应结合实训过程性评价、实训结果评价，建立学生从职业品德到技能水平，从知识理论到实践能力进行的全方位评价体系。

机械系工程训练教研室、CAD/CAM教研室专业教师与南山机加工中心技术人员共同组建工程训练课程组。课程组依据各专业人才的培养目标，确定各专业金工实习、数控实训、工程训练等实践教学大纲，共同制定实习课程考核评价标准，以适应不同专业学生的专业技能要求。以学习效果为导向的考核模式应在实训教学过程中加大对学生的考核力度，由指导教师、课程组、学生本人及实训小组共同参与学习效果的考核，如学生自己先对照零件生产加工标准考评表，使用量具逐项测量评出作件得分，同一小组学生相互测评，再由指导老师考核评分，这样有利于促进学生积极参与学习，查找自己的不足，进行针对性的改进提高，形成学习目标、学习过程、学习效果评价及改进提高的自我发展的良性循环。课程组通过抽查了解学生的学习效果，查找存在的不足，以便进一步改进教学过程。

（四）共同合作，优势互补，进行人才培养

高校教师大多从高校到高校，很少有过一线生产经历，所以理论知识丰富，但是缺少实践经验。企业技术人员具有丰富的实践经验，但是缺少一定的理论知识。因此，高校要联合企业人员进行"双师型"教师的培养。高校可以引进企业专业技术人才作为实践顾

问，开展科研、教学、参与学生实践等工作。企业可以聘任专业知识能力强的高校教师进入企业培训员工，利用丰富的理论知识解决企业生产中实际遇到的难题，达到双方共赢。为此我们进行了以下合作：一是机械系借助自身教师专业理论基础厚实的优势对实训基地一线生产工人进行专业理论知识培训，提高企业生产工人的理论水平；二是专业教师到实训基地挂职锻炼，积极参与企业生产活动，提高专业教师的工程素质和实践能力；三是双方人员通力合作，进行技术工艺改革和设备改造，共同进行科研教研攻关。

（五）顶岗实习，锻炼和提高学生的职业能力与技能

基地每年都给部分学生提供实习岗位，提高了学生未来的岗位适应能力，缩短人才成长周期，增强人才培养的针对性和适应性。优秀的学生可以留在基地就业，可为企业解决人才短缺问题。顶岗实习可以显著提高学生的就业竞争力。

1.实践经验

顶岗实习提供了学生在真实工作环境中的实践机会，让他们能够将所学知识应用到实际工作中。通过实践经验，学生可以更好地理解和掌握专业技能，提高解决问题和应对挑战的能力。

2.职业素养

顶岗实习使学生接触到真实的职业环境，让他们了解职业道德、职业规范和职业素养的重要性。学生在实习期间可以学习与他人合作、沟通和解决问题的能力，提高自己的职业素养和人际交往能力。

3.行业认可

顶岗实习让学生有机会接触到行业内的专业人士，并与他们建立联系。在实习期间，学生可以展示自己的才能和潜力，获得行业专业人士的认可和推荐。这对于学生在毕业后找工作具有重要的帮助和影响。

4.实习成果

顶岗实习使学生有机会参与真实项目和工作任务，完成实际工作并取得成果。这些实习成果可以作为学生的工作经验和能力证明，提高他们在就业市场上的竞争力。

5.就业机会

顶岗实习为学生提供了与企业建立合作关系的机会。通过实习，学生可以展示自己的能力和潜力，增加被企业录用的机会。实习期间，学生还可以了解企业的运作和需求，为将来的就业选择提供指导和帮助。

顶岗实习可以提高学生的就业竞争力，通过实践经验、职业素养、行业认可、实习成果和就业机会等方面的提升，使学生更具吸引力和竞争力，增加就业的机会和成功的可能性。因此，产教融合实习基地的顶岗实习对学生的职业发展具有重要意义。

五、效果评估

（一）教学模式改革的实践与效果评估

（1）学生就业情况明显改善。通过与企业的合作，学生在实践教学中获得了丰富的实际经验和技能，提高了他们的就业竞争力。学生在毕业后很快找到了稳定的工作，并得到了企业的认可。

（2）学生的实际能力得到了有效提升。通过实践教学活动，学生得到了真实的工作环境和任务，提高了他们的实际操作能力和问题解决能力。他们能够熟练运用所学知识，进行实际的金工操作和加工。

（3）企业对我校的实践教学模式改革表示了高度的认可。企业认为我校的学生具备了良好的实践能力和适应能力，能够快速适应工作环境并胜任工作任务。他们愿意继续与我校合作，提供更多的实践机会和就业岗位。

（4）教学模式改革的成效也得到了肯定。通过与企业的深度合作，教学质量得到了提升，学生的学习积极性和学习效果也明显提高。实训基地得到了更多的项目合作和技术支持，为学生提供了更好的学习环境和机会。

（二）教师培训与团队建设的实践与效果评估

（1）教师的教学水平明显提高。通过教师培训，教师们学习到了先进的教学方法和技巧，能够更好地引导学生学习，提高教学效果。他们也通过学习行业最新知识，更新了自己的专业素养，能够更好地应对行业发展的变化。

（2）团队的协作能力得到了有效提升。通过团队合作训练，教师们学会了相互协作、相互支持，形成了良好的团队氛围。他们能够更好地共同工作、相互学习，提高了教学效果和团队的整体能力。

（3）教师培训与团队建设对学生的教学效果产生了积极影响。教师的教学水平的提升和团队的协作能力的增强，使得学生能够接受更好的教学服务和指导。他们的学习效果明显提高，实践能力和就业竞争力得到了有效提升。

六、结论与展望

（一）主要研究结论

烟台南山学院工学院机械系机械工程实验中心与南山控股机加工中心合作共建产教融合金属切削加工实训基地，极大地提高了设备的利用率，有效地提高了双方人员的职业技能与教学能力，提高了学生的职业技能与适合未来岗位的能力，为将来就业打下坚实的基础。

（二）研究不足与展望

（1）对产教融合教学模式的具体实施还需要进一步研究。产教融合模式虽然已经取得了一定的成效，但是在实践中还存在一些问题和挑战。如何更好地整合企业资源，如何平衡理论教学和实践教学的比重等，还需要进一步深入研究，探索出更加有效的教学模式和方法。

（2）对学生实践能力评估的研究还不够充分。学生的实践能力是产教融合教学的核心目标之一，但是目前的评估方法还比较简单和粗糙。需要进一步研究和探索出更加科学、客观的评估方法，以更好地了解学生的实际能力和成长情况。

（3）对产教融合教学模式的长期效果还需要进行跟踪研究。虽然目前已经看到了一些积极的变化和成果，但是还需要进一步观察和研究这种教学模式对学生长期发展的影响。我们希望能够通过长期的跟踪研究，更好地评估产教融合教学模式的持续效果和优势。

展望未来，我们将继续加强对产教融合金工实训基地的研究工作，进一步深化产教融合教学模式的研究，探索出更加科学、有效的教学模式和方法。加强对学生实践能力评估的研究，提高评估的准确性和客观性。同时，我们也将进行长期的跟踪研究，了解产教融合教学模式的长期效果。通过不断地研究和探索，一定能进一步提升产教融合金工实训基地的教学质量和效果。

参考文献

［1］周天胜，汪洪波.基于OBE理念的金工实训教学改革探讨［J］.现代职业教育，2019（7）：204-205.

［2］顾灏.民办高职院校学生党建工作问题分析和对策研究［J］.品牌研究，2018（6）：35-36.

［3］张斌，兰富才，蔺文刚.面向实践教学改革的高职院校实训基地建设模式和策略研究［J］.科技与创新，2020（22）：82-84，86.

［4］颉丽娜.浅析高职院校实训基地建设［J］.卫生职业教育，2017，35（7）：89-90.

作者简介：隋信举（1968—   ），男，山东龙口人，烟台南山学院智能科学与工程学院副教授，工学学士；陈松（1982—   ），男，山东龙口人，烟台南山学院智能科学与工程学院高级技师；史文杰（1977—   ），男，山东龙口人，烟台南山学院智能科学与工程学院副教授，工学学士。

校企协同下虚拟仿真实验教学育人研究

孙文杰　张彦飞　乔玉新

摘要： 高校虚拟仿真实验教学的大力开展，亟须引进企业专门开发的虚拟仿真教学软件平台。本文探讨了基于校企协同进行虚拟仿真实验教学的现实意义，分析了高校校企协同育人平台建设的基本情况及校企协同育人的典型特点，阐述了虚拟仿真实验教学过程中校企协同育人关键机制及育人模式，实践证明，校企协同能够很好地促进大学实验实训教学水平的提高。

关键词： 校企协同；虚拟仿真；实验教学；协同育人

一、引言

虚拟仿真实验教学是国家进入"十二五"规划建设以后，引导各高校大力开展的一项重大教育教学改革，是教育信息化的新时代体现。作为一种新型实践教学模式，虚拟仿真实验教学依托VR先进技术，融合各种多媒体，深化人机交互，打造云端数据库，通过构建高度仿真的专业性虚拟实验环境及对象，让学生浸沉在虚拟的三维立体环境中操作学习，注重视觉、听觉效果和人机互动，安全性好，可重复性强。这种新型的教学方法和手段弥补了传统实践教学模式的不足，以此为契机，密切了实践环节教与学的效果，推进加深了校企之间的关联融合。

校企协同育人是校企双方共同开展虚拟仿真实验教学平台建设的统一目标。高校虚拟仿真实验教学中心的评建工作以2013年教育部高等教育司发布的《关于开展国家级虚拟仿真实验教学中心建设工作的通知》文件为标志，各高校以此为抓手联合信息技术等企业建设虚拟仿真教学平台，共同开发各适宜的专业虚拟仿真教学资源，解决了传统实验条件不具备、实践操作效果不理想或难以现场完成的学习项目问题，宗旨就是倡导高校和企业积极合作，协同构建育人平台。事实上，多数高校在各专业的虚拟仿真实验教学平台开发和管理上经验不足，缺乏专业数据资源，技术人才力量薄弱，独自完成专业性较强的虚拟仿真教学资源比较困难，因此，与信息技术企业、对口行业或专业的企业、科研院所等单位合作是高校提升虚拟仿真教学平台建设速度、保证平台建设质量的现实举措。

二、校企协同育人平台建设

校企协同是教育界最近几年比较流行的一种互利共赢型校企合作育人模式，与传统意义上的校企合作相比更加注重双方融合的互补性和交流深度，反映的是学校和企业在资源共享的情况下开展的人才创新培养活动。本文所述的高校协同合作单位不仅是企业，还包括其他性质的参与单位。

目前，国家高度重视校企协同育人问题，已经在全国布局初步形成了国家级、省级、校级三级协同创新育人体系。在国家政府层面，已经由高校牵头，以校企、校校、校所等多种方式搭建起协同创新平台，共同进行科研攻关和高层次人才培养，2011—2014年，教育部和财政部联合发文下拨中央财政专项资金用于38个国家级"2011协同创新中心"建设，有力推动了高校、企业、行业、科研院所等跨界单位之间的协同创新，大家在契合点之上深度融合，形成了有利于协同教学、孵化育人的机构和氛围（图6-12）❶。在各省级政府层面，江苏省于2012—2016年分两批立项建设了59个、培养建设了12个省级高校协同创新中心，成立了167个校级协同创新中心❷；广东省教育厅于2013年在全省各高校开展了首批协同创新平台申报工作，2014年拟评审认定20个协同创新平台、拟培育建设26个协同创新平台，2016年公布了拟认定的40个2015年协同育人平台❸；山东省教育厅于2013年公布了首批23个山东省高等学校协同创新中心，评建周期为3年，自2015年起每年立项的300个教学改革研究项目的立项指南中把校企协同育人问题列为重要研究项目之一❹。2022年工信部组织开展了"千校万企"协同创新伙伴行动，刺激社会产业主动寻求高校进行协同发展，行业与专业旋进融合。近几年，国家更是允许并支持高校从高考环节直接通过校企融合的特色专业扩大应用型人才的培养，2022年，山东科技大学的数据科学与大数据技术专业协同青软创新科技集团股份有限公司共同招收4年制本科生200名。

因此，高校如果不研究校企协同育人问题，将背离时代教育发展方向，不利于凝

---

❶ 中华人民共和国教育部，中华人民共和国财政部.关于公布2014年度"2011协同创新中心"认定结果的通知[EB/OL].（2014-10-11）. http://www.moe.gov.cn/jyb_xwfb/xw_zt/moe_357/jyzt_2015nztzl/ztzl_kjs2011/kjs2011_gsgg/201512/t20151202_222339.html.

❷ 江苏省教育厅，江苏省财政厅.关于加快江苏高校协同创新中心建设的通知[EB/OL].（2015-07-06）. http://jyt.jiangsu.gov.cn/art/2015/7/13/art_58395_7508110.html.

❸ 广东省教育厅.关于公布首批广东省协同育人平台名单的通知[EB/OL].（2014-08-12）. https://www.gdupt.edu.cn/__local/8/23/08/9336298E9041F2C077705A73C55_9EA46837_B6E9E.pdf?e=.pdf.

❹ 山东省财政厅.关于实施山东省高等学校协同创新计划的意见[EB/OL].（2013-03-13）. http://edu.shandong.gov.cn/art/2013/3/18/art_107055_7734831.html.

练、体现自身校企合作办学特色。

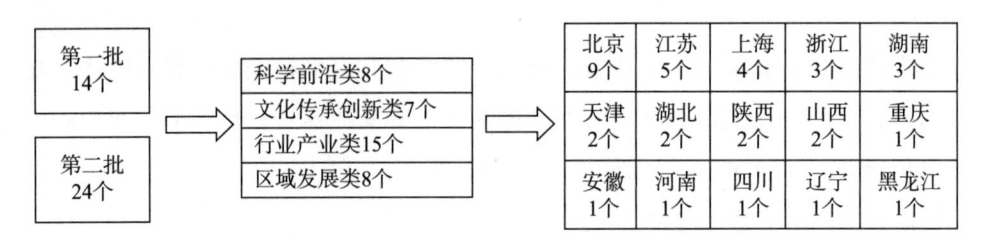

```
┌─────────┐      ┌──────────────────┐      ┌──────┬──────┬──────┬──────┬──────┐
│ 第一批   │      │ 科学前沿类8个     │      │ 北京 │ 江苏 │ 上海 │ 浙江 │ 湖南 │
│ 14个    │─┐    │ 文化传承创新类7个 │      │ 9个  │ 5个  │ 4个  │ 3个  │ 3个  │
└─────────┘ ├─▶ │ 行业产业类15个    │─▶   ├──────┼──────┼──────┼──────┼──────┤
┌─────────┐ │    │ 区域发展类8个     │      │ 天津 │ 湖北 │ 陕西 │ 山西 │ 重庆 │
│ 第二批   │─┘    └──────────────────┘      │ 2个  │ 2个  │ 2个  │ 2个  │ 1个  │
│ 24个    │                                 ├──────┼──────┼──────┼──────┼──────┤
└─────────┘                                 │ 安徽 │ 河南 │ 四川 │ 辽宁 │ 黑龙江│
                                            │ 1个  │ 1个  │ 1个  │ 1个  │ 1个  │
                                            └──────┴──────┴──────┴──────┴──────┘
```

图6-12　国家级协同创新及育人中心

同样，在虚拟仿真实验教学中心方面，国家也引导各高校协同相关企业共同建设国家级、省级、校级三级育人平台。国家层面，教育部高等教育司自2008年以来，通过高等学校国家级实验教学示范中心联席会为企业和高校搭建交流合作平台，推动高校正确认识并进行数字化仿真教学。仅2013年，教育部就公布了500个国家级实验教学中心[1]，以此推进变生出300个国家级虚拟仿真实验教学中心[2]；教育部在2018年公布了首批国家虚拟仿真实验教学项目105个[3]，2022年分两批立项建设了439+218个虚拟仿真教研室[4]。事实上，这些中心和教研室的顺利建设，得益于虚拟仿真技术类企业、专业教学基地、科研院所、相关生产企业等大力支持，这些协同建设单位有的提供虚拟仿真教学开发方案，提供已经开发好的教学平台资源，有的向虚拟仿真实验教学单位提供虚拟仿真建模所需科学数据。合作企业一般都会作为高校实践教学基地向学生开放，高校可集中或穿插安排学生完成实验实训、实习等教学任务，优秀学生还可毕业留任。这些校企之间的合作育人情况一般在高校的虚拟仿真实验教学中心网站"中心概况""中心简介"栏目或者"合作企业"里面会有概述或详细的介绍，包括协同创新特色等，现从3年（2013—2015年）评选出的国家级虚拟仿真实验教学中心里面随机选择6个，各高校的校企协同育人特点对比如下（表6-12）。

---

[1] 中华人民共和国教育部. 关于批准北京大学化学基础实验教学中心等500个实验教学中心为"国家级实验教学示范中心"的通知[EB/OL]. （2013-06-25）. http://www.moe.gov.cn/s78/A08/tongzhi/201606/t20160612_255955.html.

[2] 中华人民共和国教育部. 关于开展国家级虚拟仿真实验教学中心建设工作的通知[EB/OL]. （2013-08-13）. http://www.moe.gov.cn/s78/A08/tongzhi/201308/t20130821_156121.html.

[3] 中华人民共和国教育部. 关于公布首批国家虚拟仿真实验教学项目认定结果的通知[EB/OL]. （2018-05-31）. http://www.moe.gov.cn/srcsite/A08/s7945/s7946/201806/t20180615_340000.html.

[4] 中华人民共和国教育部. 关于公布首批虚拟教研室建设试点名单的通知[EB/OL]. （2022-02-15）. http://www.moe.gov.cn/srcsite/A08/s7056/202203/t20220322_609822.html?eqid=f03df4540000dfd00000000664302511.

表6-12 典型国家级虚拟仿真实验教学中心

年份	学校	教学中心	合作企业	协同育人特点
2013	北京大学	地球科学虚拟仿真实验教学中心	北京龙软；Esri中国；中泰方信；北京超维创想	资源共享；联合攻关；联合开发；优先成果转让；构建人才培养基地；人才交流互动；全面合作
2013	武汉大学	电力生产过程虚拟仿真实验教学中心	广东粤电集团；中广核；国家电网	进行订单人才联合培养、共同开发职工技能培训项目；高校聘请企业技术顾问；企业提供仿真资源素材
2014	江苏师范大学	轨道交通信息与控制虚拟仿真实验教学中心	上海铁路局；湖南高铁时代；北京腾实信；天津维科；徐州供电公司	企业提供技术资料；企业作为实习基地；共同开发实验项目；接纳企业员工培训；校企融合，企业助力学校教学科研平台技术升级
2014	苏州大学	纺织与服装虚拟仿真实验教学中心	杭州经纬、江苏恒力、恒源祥、红豆集团等多个上市公司	企业提供软件；共同开发产品用于企业生产；企业生产及实践教学充分融合
2015	西安建筑科技大学	土木工程虚拟仿真实验教学中心	深圳市国泰安；北京金土木；中铁第一勘察设计院	企业参与建设虚拟仿真平台并实施、维护；企业为中心提供仿真软件，和高校共同研发虚拟实验模块
2015	山东协和学院	医护虚拟仿真实验教学中心	山东易创电子有限公司；济南第四人民医院等	校企协同开发管理仿真平台；建立虚拟现实实验室；开放平台，共享共用

数据来源：1.中华人民共和国教育部.关于开展国家级虚拟仿真实验教学中心建设工作的通知[EB/OL].（2013-08-13）. http://www.moe.gov.cn/s78/A08/tongzhi/201308/t20130821_156121.html.

2.中华人民共和国教育部.关于批准清华大学数字化制造系统虚拟仿真实验教学中心等100个国家级虚拟仿真实验教学中心的通知[EB/OL].（2015-01-08）. http://wap.moe.gov.cn/srcsite/A08/s7945/s7946/201501/t20150109_189310.html.

3.中华人民共和国教育部.关于批准北京大学考古虚拟仿真实验教学中心等100个国家级虚拟仿真实验教学中心的通知[EB/OL].（2016-01-26）. http://www.moe.gov.cn/srcsite/A08/s7945/s7946/201602/t20160219_229805.html.

三、校企协同育人机制

在我国的VR、AR技术领域，2016年被业界称为"虚拟现实元年"，许多类型的企业纷纷进军虚拟教育产业，已经帮助部分高校开发了虚拟教育资源和虚拟仿真教学平台，建设了一批虚拟实验室，解决了某些高校传统实验教学的不足和企业职工培训中难以解决的问题。2016年4月，工信部发表了虚拟现实白皮书，高校和企业在虚拟现实领域协同育人前景广阔，部分高校如果不及时借力企业发展虚拟仿真教学平台，将会在教育数字化、信息化改革浪潮中落伍，实践证明，只有在校企协同下高校虚拟仿真实验教学中心的建设才能取得丰硕成果。2023年7月，工信部等共五部门面向社会各界，联合征集虚拟现实先锋应用案例，期望在企业、教育等领域，从课堂、教研室、企业研发中心、实验室、实训基地等不同场景出现一批批较为成熟的虚拟现实技术应用。

（一）校企协同育人组织机构

在政府层面，为更快地推进学校和企业合作，进行建设经验交流，培育协同创新育人中心，各级政府可组织召开虚拟仿真教学技术合作交流会，积极推动当地高校适应时代发展。校企在协同推进虚拟仿真建设项目时必须设置一个科学有效的管理组织机构，机构成员包括各方代表，共同商议虚拟仿真开发事项，合理决策，使得各方责任分工明确，知识产权归属清晰，合同认真遵守，达到资源共享、合作互惠长效的目的。

具体实施比如由学校和企业双方专家共同组建虚拟仿真实训平台建设委员会，根据企业、校内部门人员和教师共同组成实训基地团队，统一制定发展规划。

（二）校企协同制定育人标准

为更好地开展高质量的仿真实验教学，推动学校专业内涵建设，学校必须制定相应文件激励引领各部门与企业协同创新教育，通过落实制度措施，完善协同育人的长效机制。高校部门开展虚拟仿真实验教学建设并认定为校级虚拟仿真实验教学中心以上的，给予教学成果登记，联合企业开发的成果认定时额外加分，促使高校主动寻找合作企业；教师与企业联合开发的实验项目、编写的教材、共同申报的科研项目都应当在认定教师个人工作成果时额外加分。制定的协同育人文件应当使校企双方合作共赢、互惠互利，可操作性强，有利于教师和企业人员的技术交流，通过薪资保障企业人员富有积极性地参与教学育人环节，使高校人员乐意到企业寻找合作项目，协同搭建育人平台。

（三）校企协同育人示范效应

当前各高校的虚拟仿真实验中心的建设情况参差不齐，甚至有的本科高校都还没有建立起自己的虚拟仿真实验教学中心，仍然停留在传统的实验教学管理模式，因此诸如此类的高校要想尽快赶上高质量的实验教学水平，最好的方式就是尽快借鉴取经已经建好的国家级虚拟仿真实验教学中心，积极主动地与专业性较强的对口企业合作，充分利用这些高层次示范中心的建设辐射效应，快速高效地实现一定水平的仿真实验教学。国家主题鲜明地分批建设国家级虚拟仿真实验教学中心的目的正是如此，以此示范带动其余高校和企业及时关注这些成果，相互学习，在技术和合作上不断突破，提高效益。

（四）校企协同共赢机制

有需求的地方就会催生相应的服务，在虚拟仿真实验教学方面亦是如此，高校有需求，企业有技术，合作是双方共赢的明智之举。具体实践中，一个企业往往和多所高校合作。企业把在一所高校取得的成功经验移植到另一所高校，节省了人力、物力、财力，减少了重复开发，同时也提高了高校中心的建设速度。高校之间相互推荐合作企业，使得企业和多所高校之间，或高校协同多所企业组建中心，共同进行项目研发或科研攻关，相互无障碍科研成果转化，互通技术标准。校企合作共赢的操作层面包括教师到企业学习，企业人员到高校进修、执教，企业实践教学基地灵活接纳学生实验实训，或者毕业实习，共同开发虚拟教学云平台用以完成学生的学习任务和企业员工培训等。

四、校企协同育人模式

在虚拟实验教学开展时，高校和企业深度融合，双方都是育人场所，以不同优势向学生和企业员工提供教育服务。企业技术人员参与高校虚拟仿真平台设计、专业人才培养方案制定、实验教学内容补充开发等；高校教师到企业学习、参与企业项目开发、带领学生到企业实践。虚拟技术的不断发展促进了仿真在教育领域的不断渗透，校企协同互动育人模式将更加丰富。

（一）高校教师到企业学习技术

当前现实情况是教师在专业性虚拟仿真项目开发中能力不足，而且有的仿真项目要用到企业具体数据，比如电力领域、医学领域等。教师可以挂职方式集中到企业系统学习虚拟资源、仿真技术的开发流程，参与企业具体项目运作开发，熟悉企业技术发展方向、人才需求，有利于将来更好地自主开发教学资源，推进仿真教学的改革建设。从长远来看，教师应当有能力带领学生完成一些高校内部或企业的项目开发，和企业人员联合申报科研项目，帮助企业攻关科研任务，努力把自己培养成为一个"双师型"人才。

（二）企业技术人员参与高校教学

作为协同育人单位成员，企业技术人员可以参与到学校人才培养的每一个环节。企业人员参与制订专业教学计划，开发虚拟仿真实验项目，制订课程教学大纲、课程标准，将最新知识和最新技术应用于理论课堂和实践环节，改善目前普通教材知识陈旧、课堂传授知识枯燥难懂等问题，培训教师应用虚拟仿真技术进行教学改革，进行毕业论文指导、教材编写、教研项目申报等。为更好地吸引企业技术人员参与教学，学校应拿出真金白银，制定有关优惠政策，聘为兼职教师，或与企业技术人员对调培养，这样企业技术人员作为教师参与在校授课，为学生讲解虚拟技术、专业仿真最新资讯，使学生接受到理论、实验、虚拟实验、项目开发等不同层次的专业技术学习。高校可对校企合作产生的教研、科研成果给予奖励或上调一级认定成果得分，比如有的高校把高校教师内部人员合作成果认定系数为1，把校企合作培养产生的成果认定系数为1.5。

同时，学校还可以把学生送到企业基地，由企业技术人员在企业生产现场结合虚拟仿真技术进行全面教学指导，以项目开发吸引学生参与，通过手把手、师父带徒弟等形式为企业储备新生力量，使学生毕业时即有项目开发经验，达到企业招聘要求并留在企业工作。

（三）校企协同共建虚拟现实实训基地

学校以专业课程建设为主，与合作企业深度合作，构建校级虚拟仿真综合实训平台，能够解决校内教学效果差、过多依赖教师、平台运维效率低下、重复建设等问题。双方可以把成果推广到其他高校，做到有投入、有产出，保持良性循环发展。

五、探索新的合作育人模式

在虚拟仿真技术对教育教学模式变革影响越来越大的情况下，校企协同不断推进，育人模式逐渐多样。企业开发有标准的虚拟仿真教学平台，凭借其网络性、开放性、共享性，可以面向各高校提供教学远程服务，各高校未必一定在自家校内建设虚拟教学中心，正如中国知网、万方、维普等公司向高校提供访问服务一样，企业可以依托云服务平台同时向各个高校开放虚拟仿真教学资源开展公共服务，设置不同账户区分各高校，按照学校的需求提供不同层次等级的访问权限，避免高校之间重复建设。学校还可以承包企业项目，由相应承担课程的教师带领学生一起完成，不但节省建设费用，同时也培养学生实践操作能力，优化学习体验，积累项目开发经验，还可以助力企业技术攻关，提高企业项目开发进度，弥补企业在粗放发展阶段业务扩张期人员不足的问题。

六、结语

虚拟仿真的实施对未来教育教学将产生不可替代的革命性影响，虚拟仿真教学顺应了教育信息化、多样化的时代发展需求，拓展了教师教学领域和学生认知渠道，弥补甚至颠覆了部分传统实验项目教学效果，是高校新时期重点建设布局之一，校企之间强强联合、协同育人是快速提升高校专业建设水平的必由之路，更是推动虚拟仿真实验教学在高校顺利推进的现实选择。

参考文献

[1] 祖强，魏永军. 国家级虚拟仿真实验教学中心建设现状探析[J]. 实验技术与管理，2015，32（11）：156-158.
[2] 赵妩. 创新型人才培养的校企协同创新机制探索[J]. 实验室研究与探索，2015，34（1）：173-175.

作者简介：孙文杰（1976— ），男，山东鄄城人，烟台南山学院智能科学与工程学院副教授，硕士；张彦飞（1966— ），男，黑龙江哈尔滨人，烟台南山学院智能科学与工程学院副教授，博士；乔玉新（1983— ），女，山东济南人，烟台南山学院智能科学与工程学院副教授，硕士。

基于校企一体化的应用型实践课程群建设与实践
——以烟台南山学院艺术设计专业群为例

张晓伟　黄延传

摘要： 进入新世纪以来，我国大力发展高等职业教育和应用型本科教育，产教融合和校企协同育人步伐不断加快，国家在政策层面紧紧围绕"产教融合"和校企一体化建设出台了一系列改革方案。在此背景下，烟台南山学院艺术设计专业群深入开展实施校企一体化建设，不断加大应用型实践课程群建设力度。在南山控股企业文化理念的指引下，烟台南山学院艺术设计专业群逐步加强与南山控股各产业板块的密切协作，实现了"校企同根同源、校企互融共生"的协同育人格局。

关键词： 产教融合；校企一体化；实践课程群；协同育人

一、校企一体化建设的理论背景、政策基础和现实意义

（一）校企一体化建设的理论背景及政策基础

近年来，我国不断深化职业教育和高等应用型教育体制改革，基于校企一体化的应用型实践课程群建设与实践的进程不断推进，国家在政策层面紧紧围绕"产教融合"和校企一体化建设出台了一系列改革方案。

2013年，教育部进一步深化教育领域综合改革，通过政策落地，明确了完善职业教育产教融合制度是我国深化办学体制改革的一项基本制度。2014年，国务院出台了加快

发展现代职业教育的有关决定，把深化产教融合写进了国家政策文件中。近年来，中共中央、国务院办公厅、教育部等部门相继出台了一系列深化产教融合的政策文件，并将产教融合从职业教育逐渐延伸到普通教育领域。

（二）推行产教融合制度和校企一体化建设的现实意义

国家有关产教融合改革方案和相关政策的密集发布，充分体现了从国家层面大力推动产教融合和校企协同育人的决心和力度，同时也将产教深度融合从职业教育逐步延伸到普通高等教育领域。

校企一体化建设的根本任务就是要推进校企合作的深度与广度，在人才培养方案制订、教学资源共享、实践课程开发、专业技能培训、实践教学基地建设、顶岗实习与人才聘用等方面形成一个完整的闭环系统，校企紧紧围绕这个闭环开展教育教学活动，共同实现人才培养目标。

二、烟台南山学院艺术设计专业群校企一体化建设的资源优势和实践基础

（一）南山控股基本情况介绍

南山控股始创于改革开放初期，历经40余年栉风沐雨、艰苦创业，现在已成为居于中国企业500强前列的大型企业集团。近年来，南山积极响应国家产业转型升级的政策号召，积极推进新旧动能转换，不断加大自主技术创新力度，始终保持稳健发展态势，各个产业的核心竞争力不断提升，为实现高质量发展奠定了坚实基础。目前，南山控股已形成了以高端制造业、教育、科技、金融、旅游、健康养生等为主导的多产业并举的发展格局。

近年来，南山控股积极响应国家产业转型升级的政策号召，积极推进新旧动能转换，不断加大自主技术创新力度，始终保持稳健发展态势，各个产业的核心竞争力不断提升，为实现高质量发展奠定了坚实基础。

（二）烟台南山学院校企一体、协同育人机制发展现状

烟台南山学院作为南山控股旗下教育板块的核心组成部分，经过35年发展，不断提升办学层次，完善教育结构，目前已发展成为以工学为主体，以经济与管理、人文与艺术为两翼，工学、理学、管理学、经济学、艺术学、文学、医学七大学科门类协同发展的高水平应用型本科高校。烟台南山学院艺术设计专业群涵盖了视觉传达设计、纺织服装设计、广告艺术设计、艺术设计、环境设计、动漫设计、产品设计等专业，依托南山控股产业资

源优势，上述专业全部为校企共建应用型专业，联合山东南山智尚科技股份有限公司、南山旅游集团有限公司、南山文化传媒有限公司等企业，大力推进校企协同育人机制，不断深化产教融合和校企一体化育人理念，共同培养艺术设计专业人才。在南山控股企业文化理念的指引下，烟台南山学院艺术设计专业群不断加强与南山控股各产业板块的密切协作，真正实现了"校企同根同源、校企互融共生"的协同育人格局。

三、烟台南山学院艺术设计专业群应用型实践课程群建设历程

（一）从无到有，不断实现零的突破

自2005年起，原烟台南山学院艺术学院（当时主要涵盖了我校艺术设计专业群大部分专业）就开启了职业艺术设计教育人才培养模式改革与创新，以及基于南山集团产业优势的民营机制艺术设计教育研究之旅。2005年7月，艺术学院专业教师撰写的论文《职业艺术教育中普及与提高、改革与发展的研究》获得全国第一届大学生艺术展演活动论文评选三等奖。2016年，艺术学院主持的山东省软科学项目"民营机制艺术设计教育研究"获批立项，该项目研究成果《民营机制艺术设计教育研究》于2008年9月获山东软科学优秀成果二等奖。

（二）依托集团办学优势，不断拓展校企一体化育人路径

在前期取得的成果基础上，烟台南山学院艺术设计专业群充分依托南山集团资源优势，在艺术设计教育教学实践当中，锐意进取，勇于突破，不断寻求"产教融合"背景下艺术设计专业教育教学创新与实践的有效路径，逐步确立了构建"面向职场"的艺术设计专业教育理念。把学科建设、专业建设、课程建设、师资建设（理论与实际工程背景的关系）、实验室建设、实训基地建设（校内与校外相互促进）等多项具体措施逐步纳入整体人才培养模式体系的改革与研究。经过多年的创新与实践，烟台南山学院艺术设计专业群的"工学结合"教改思想和"产、学、研"一体化人才培育思路日渐清晰，艺术设计专业群教学环境得到明显改善，教师的教研能力和业务能力大大提高，人才培养机制趋于实用化与合理化，为社会培养了一大批创新型与应用型相结合的优秀人才。

（三）在校企一体化背景下加快应用型实践课程群建设

1.更新课程观念，突破传统束缚，因地制宜，因材施教

艺术设计专业群的课程主要以视听语言为主要表达方式，以艺术理论、设计方法和技术为基础，通过创造性的表现手法，为公众提供审美愉悦，满足工作和生活中所需要

的实际功用价值，为艺术产品的设计、研发以及制作服务，并能实现社会文化的逐步传承。在课程群中，除了通识教育公共课和研究艺术设计与美术设计的基本理论课程，绝大多数课程都注重专业实践技能的训练与提高，尤其要求学生运用现代设计创意手法，提高利用新技术、新材料的能力，切实提升专业学生生产一线的现场操作能力。

为加快艺术设计专业群应用型实践课程群建设进度，烟台南山学院艺术设计群通过"产教融合""校企联动""角色互变"等有效手段，在教学过程中，采取全面的生产一线和工作室教学模式。任课教师根据自己的专业特点及工程背景特点，成立相关的产业学院、专业实验室和工作室，由企业一线员工和校内任课教师为主导，吸纳专业学生为工作室成员，把课堂中无法解决的实际问题带到生产一线和工作室的具体工作流程中来解决，既强化了教师的双师背景、提高了学生的应用能力，又能够把在实际工作中取得的经验带到课堂上来，让更多学生群体受益，切实做到了与市场需求实现无缝对接。

2.校企一体化的应用型课程群建设需要实现的目标

在多年的实践与探索当中，烟台南山学院艺术设计专业群在实践课程建设方面需要实现以下目标：

（1）逐步实现艺术设计专业群学科建设、专业建设及课程建设三者呈现"链条式拉动发展"的目标。

（2）逐步解决实习（实训）基地建设、实验室建设与课程体系建设之间的融合性问题。

（3）借助南山控股旗下企业生产经营平台，逐步使专业教师理论素质培养与工程背景相互协调实现"双师型"教师开展一线教学的目标。

（4）尊重艺术教育规律，逐步实现艺术设计专业群各专业融通衔接，校企融合、专业联动教学的培养目标。

3.实现目标的具体方法

（1）重视学科引领作用，带动艺术设计专业群和课程体系改革与创新。在具体实施过程中，强化学科引领作用，重构艺术设计专业群教育理念，创新艺术设计人才培养模式，重视专业课程尤其是应用型实践课建设，逐步建立系统化的学术评价标准制度。重视高水平师资队伍建设，培养更多"知识范围广、应用能力强、就业和创业能力高"的艺术设计专业人才。在课程体系建设方面，加大合作企业的参与力度，让企业管理人员和一线员工参与实践课程建设，本着"社会需求为导向，行业需求为核心"的原则进行实践课程体系建设，充分发挥企业人员实践技能和校内教师教学能力，保证艺术设计专业群专业人才培养的教育教学质量。

（2）通过校企共建、产教融合途径构建"面向职场"的艺术设计专业教育理念。在具体实践过程中，充分依托南山控股产业资源优势，依据艺术设计专业群各专业之间的特点与特色，与山东南山智尚科技股份有限公司、南山旅游集团有限公司、南山文化传媒有限公司等企业进行深度校企融合，在课程设置中紧紧围绕专业实际需求，将企业工程工艺和管理环节搬进课堂、融入课程教学。通过"车间就是课堂、师傅就是老师、学生就是学徒"的人才培养途径，逐步解决了实习（实训）基地建设、实验室建设与专业实践课程体系建设之间的融合性问题。

（3）强化教师工程背景，全力打造一支高水平"双师型"师资队伍。在项目实践过程中，针对部分教师没有工程背景的实际情况，借助学校有利政策，每年选派专业教师到南山智尚科技股份有限公司、南山旅游集团有限公司、南山文化传媒有限公司等企业进行挂职锻炼，了解行业前沿动态，把握产业人才需求动向，提高专业实践技能，最终把新理念、新动态、新知识和新技能传授给学生，实现人才培养与社会需求形成无缝对接。

与此同时，通过与上述企业的校企一体化办学策略，由南山控股统一部署安排，通过校企联合落实"人才强校"战略，制定师资队伍建设规划，加强教师的"引育"工作，持续推动"教师下车间，骨干进课堂"工程，将"双师型"队伍建设与技术骨干培养实现一体化融合，校企之间持续深入开展学术和技术交流，为学校教师与企业骨干搭建学习交流平台。校企协同，全力打造一支高水平"双师型"师资队伍。

（4）通过校企合作平台，逐步实现艺术设计群各专业融通衔接、联动教学的培养目标。借助南山控股强大的校企融合平台，校企联合优化实践教学课程体系设置，将企业产品线、生产线和销售线以课程模块的形式纳入人才培养方案，形成突出实践能力培养的应用型实践课程群，切实还原企业生产与管理过程。通过"产教融合"模式，打通艺术设计专业群各专业间专业壁垒，突破专业人才培养瓶颈，基本实现"岗位需求引导人才培养、生产实践驱动课堂教学、产品研发带动学生创新、市场经营促进专业联动"的教育教学理念。

四、烟台南山学院艺术设计专业群校企一体化应用型课程群建设的特色与优势

（一）全力打造"校企同根，校企互融"的校企融合平台

烟台南山学院作为南山控股教育板块的重要一员，学校艺术设计专业群充分依托南山集团资源优势，与山东南山智尚科技股份有限公司进行深度校企合作，产教融合。在南山控股企业文化理念的指引下，真正做到了"校企同根同源、校企互融共生"，共同打造了特色鲜明的艺术设计专业群产教融合教育教学的"南山模式"。

（二）依托南山控股企业全产业链优势，创建独具特色的校企协同育人机制

以南山智尚科技股份公司为例，近年来，该公司着力打造"双链协同"发展体系，是全球为数不多的毛纺织服装产业链一体化公司，拥有从羊毛到成衣完整的毛纺织服饰产业链。南山智尚产业链运营包含澳洲优质羊毛采购、精梳毛条加工、纺纱、织造、染色、后整理、成衣制版、裁剪、缝制、整烫、仓储、物流等各个环节。在与南山智尚科技股份有限公司进行校企深度融合的基础上，烟台南山学院艺术设计专业群创新了各专业之间"专业互通，一专多能"的教育教学模式，创建了校企紧密协同的实践育人共同体。在实践课程体系建设中，紧紧围绕该公司企业形象设计、纺织品设计，服装服饰设计、产品包装设计、市场营销和广告宣传等生产与营销环节，将生产实践与教学实践紧密结合，视觉传达设计专业、服装与服饰设计专业、广告艺术设计专业、动漫设计制作专业发挥各自优势，服务企业文化传播、企业形象塑造、生产环节以及销售环节各个流程。实现艺术设计专业群各个专业与南山智尚各职能部门、各车间岗位深度合作，全力打造艺术设计专业群各专业互通衔接、联动教学的改革与创新模式。

（三）发挥大型企业集团办学优势，真正实现实验实训平台与产业生产设备一体化

1.依托校企合作平台，教师教科研途径明显拓宽，教科研成绩显著

烟台南山学院艺术设计专业群与山东南山智尚科技股份有限公司、南山旅游集团有限公司、南山文化传媒有限公司等南山控股旗下企业建立了紧密的合作关系。为实现艺术设计专业人才培养与社会人才需求有效衔接，首先从提升教师专业技能、大力培养"双师型"教师着手，每学期都会安排专业教师到上述企业进行挂职锻炼，让教师充分把握市场前沿动态，完全掌握生产车间工艺流程和市场流通环节。教师在企业生产一线理论联系实际，善于发现、勇于创新，为自身和项目团队教科研活动的开展提供了更多理论和实践依据。近年来，依托大型集团办学优势和强大的校企合作平台，艺术设计专业建设群取得了丰硕的建设成果，其中获批山东省优势特色专业1个，省级一流本科专业建设点1个，获批建设省级工程研究中心1个，获批省级一流本科课程2门，获批省级精品课程1门，主持或参与省部级科研课题5项，获得国家发明专利10余项，出版相关学术著作5部，在专业期刊发表教科研论文50余篇，教科研成果获得各级各类奖励30余项。

2.构建了校企协同育人共同体，人才培养质量明显提升

近年来，烟台南山学院艺术设计专业群大力推进校企协同育人机制，全面开展校企合作、产教融合，通过跨行业、跨专业合作途径，已经成为烟台南山学院艺术设计专业群突破专业束缚、搭建创意平台的有力切入点。

在具体实施过程中，校企双方共同制订专业人才培养方案，尤其在应用型实践课程体系方面与企业人员进行了大量的理论与实践论证，进一步深化了艺术设计专业内涵建设与发展。通过"生产一线师傅进课堂，专业教师和学生进车间走上生产一线"的教学手段，实现"车间就是教室，教室就是车间"的有机融合，企业员工、任课教师和专业学生经常性地进行角色互换，大大提高了教育教学质量。

另外，在教学过程中全面施行"项目驱动教学"法，开发更多校企融合度较高的应用型实践课程。在具体实施过程中，注重以企业生产项目为引导载体，强调艺术设计专业学生参与项目的实施，充分激发学生对知识的自我建构能力。通过校企融合项目实施流程，打通专业互通瓶颈，将各自不同的实践课程体系融入同一项目的不同环节，充分发挥艺术设计专业群各专业优势，与校企合作企业各职能部门、各车间岗位深度合作，打造"全真职场化"教学环境，实现了各专业之间互通衔接、联动教学的改革与创新模式。

在校企协同育人机制和产教融合背景下，烟台南山学院艺术设计人才培养质量稳步提升，毕业生就业率和就业质量实现"双突破"。自项目实施以来，艺术设计专业群各专业实践课程校企融合率已达到75%以上，学生为企业提供各类项目方案100余套，多数已经运用到了生产实践当中，为企业生产效益的提升提供了更多智力支持，取得了丰硕的实践成果，同时也进一步提高了学生的实践操作技能。近5年来，烟台南山学院艺术设计专业群依托校企共建、校企共享实践平台，将比赛项目融入实践课教学当中，取得了良好效果，艺术设计专业群各专业学生先后在全国各类专业赛事中获各级各类奖励200余项，教育教学成果显著。

五、结语

今天，随着产业发展新格局的形成，市场机制也发生了根本性改变，再加上应用型高等教育自身发展规律需要，共同促成了校企一体化办学的新趋势。烟台南山学院艺术设计专业群充分依托南山控股集团办学优势，与南山控股旗下知名企业进行广泛而深入的校企合作，在南山控股企业文化理念的指引下，真正做到了"校企同根同源、校企互融共生"，共同打造了特色鲜明的艺术设计专业群产教融合教育教学的"南山模式"。

在多年的探索与实践当中，烟台南山学院艺术设计专业群逐步突破了校企深度融合的困局，提高了艺术设计类应用型、技能型人才培养质量，充分利用南山控股旗下企业全产业链优势，打通了教育与产业、学校与企业、专业与岗位、学生与员工、教师与师傅的融通衔接渠道，实现了教育与产业发展的资源共享与相互促进，创新了艺术设计专业群各专业之间"专业互通，一专多能"的教育教学机制，创建了校企紧密协同的实践育人共同体。在产教融合领域探索出一条"校与企同根同源、教研产互融共生"的新路子。

参考文献

[1] 焦晓杰.基于职业能力培养的高校艺术设计专业基础课程教学创新[J].今古文创,2020(16):91-92.

[2] 赵倩.我国应用型本科教育发展特点及存在问题分析[J].齐齐哈尔师范高等专科学校学报,2016(2):33-35.

[3] 李宗蕾,杨蕾.基于艺术设计专业人才培养的校外实践基地建设[J].三角洲,2023(16):165-167.

[4] 李小慧.职业院校艺术设计专业的产学结合模式研究[J].林业科技情报,2023,55(3):208-211.

作者简介:张晓伟(1981—),女,吉林长春人,烟台南山学院艺术与设计学院副教授,学士;黄延传(1980—),男,陕西延安人,烟台南山学院艺术与设计学院副教授,学士。

基于BIM的工程管理专业实践教学研究

程梅　褚宏新

摘要:为了培养具有实践能力、就业能力和创新能力的BIM应用技能型人才,工程管理专业有必要融入BIM相关课程。论文首先分析了行业发展的需求及BIM的相关理论概述。并在分析专业课程融入BIM课程的困难的基础上,主要提出以下对策:将实际工程案例运用到课程设计中,不同课程采用同一工程的图纸,充分利用毕业设计、丰富课程学习方式,提出线上线下学习、鼓励学生考取BIM证书、组建BIM社团等方式,提高课程教学效果,培养符合行业需求的BIM人才。

关键词:BIM课程设计;毕业设计;BIM资源数据库

一、引言

在建筑业信息化发展方面,发达国家一直领先,并不断深入发展。近年来,我国建筑工程行业也在不断转型升级,不断向着工业化、数字化、信息化的方向发展。"十三五"期间,《2016—2020年建筑业信息化发展纲要》提出,"十三五"时期,全面提高建筑业信息化水平,着力增强BIM、大数据、智能化、移动通信、云计算、物联网等信息技术集成应用能力❶。要求建筑企业深入研究BIM、物联网等技术的创新应用，勘察设计类企业加快BIM普及应用，实现技术升级；施工企业要普及项目管理信息系统，开展施工阶段的BIM基础应用。现在要大力推广BIM技术，一些重大工程的建设单位在招标文件中明确要求应用BIM技术。《关于推进建筑信息模型应用的指导意见》（住建部2015年发布）要求，到2020年末，以下新立项项目勘察设计、施工、运营维护中，集成应用BIM的项目比例达到90%：以国有资金投资为主的大中型建筑；申报绿色建筑的公共建筑和绿色生态示范小区❷。

信息技术的应用推动着建筑业技术的进步，从最早的计算机辅助诊断（CAD）技术的应用，到现在的BIM技术的应用，目的是促进智能建造技术发展，力争在2035年我国智能建造水平迈入世界强国行列。

伴随着BIM技术的快速发展与应用，行业对熟练掌握BIM技术的专业人才需求也越来越大。建筑行业对新时期工程管理人才培养提出了新的要求，工程管理专业学生不仅要掌握基本的课堂理论知识，还要有较强的实践能力，在实践中学习应用新技术，要成为能与产业升级变革相适应的高素质应用型人才。学生还要具备跨学科知识综合运用和人工智能、物联网、大数据等信息技术应用方面的能力。

大多高校在工程管理专业人才培养过程中存在重学术轻应用，重理论课分数，轻实践课表现的现象，使得学生的实践及创新能力不足，人才培养与行业需求矛盾大，相互脱节。作为应用型本科高校，如何借助BIM提升专业课程的教学效果，运用BIM提高学生的实践技能水平，借助BIM推动专业人才培养与行业人才需求同步，是工程管理专业面临的重要问题。

二、BIM相关理论概述

BIM（Building Information Modeling）建筑信息模型，是以建筑工程项目各项相关信息数据作为模型的基础，进行建筑模型的建立，通过数字信息仿真模拟建筑物所具有的真实信息。建筑信息的数据在BIM模型中的存储，主要以各种数字技术为依托，从而以这个数字信息模型作为各个建筑项目的基础，去进行相关工作。在建筑的全生命周期内，BIM可以实现集成管理，因此BIM模型既包括建筑物的信息模型，又包括建筑工程管理行为的模型。

应用该技术，人们可以通过立体化、仿真化的模型图像对设计方案、施工成品、施工环境进行呈现与观察，并在可视化基础上开展分析、决策、管控等一系列工作，工程管理质量也由此大幅提升；并且该技术具有模拟化特点，相关人员可对工程信息、模型

---

❶ 2016—2020年建筑业信息化发展纲要[J].工程质量，2017，35（3）：89.

❷ 关于推进建筑信息模型应用的指导意见[J].建筑监督检测与造价，2015，8（5）：4.

图像进行趋势预测、事故模拟、沉浸漫游等处理。这样一来，能够充分增强工程管理的前瞻性，进而确保施工风险、管理缺陷的有效规避。有调查数据显示，建筑工程中BIM技术的使用，不仅提高60%建筑质量，还可以节约58%资金投入。

BIM在工作中实际应用流程：

（1）建模审图。用软件建立好模型，核对图纸，能用来发现图纸设计不完善或者有误的地方。

（2）场地布置。绘制基础施工阶段、主体施工阶段、装饰装修三个阶段的场地布置图，不同施工阶段现场材料堆放、施工机械及安全文明施工等是不同的，通过软件规划布置并进行分析优化，并将布置结构通过三维形式表现，从而达到减少占地、少二次搬运等目的。

（3）深化、模拟、算量。在主体施工阶段，可通过三维可视化施工工艺模拟，让工人清楚知道施工工序。还可以通过模型进度，检查实际进度是否如期进行。还可以根据模型核对工程量，检查现场用量和模型用量的差距。

（4）碰撞检测。在机电安装阶段，管线碰撞的应用场景最多。这是因为专业不同的设计者，没有在一起设计综合分析，各自用各自的图纸，从而导致管道发生碰撞。要么拆墙打洞，要么管道避让，不仅造成资源浪费还影响了工期。而通过模型碰撞检测，可以把管道与工程结构、管道与管道之间的空间位置矛盾一键检测出来。

（5）渲染漫游。建筑物的整个模型建立好后，可通过渲染漫游看里面的工程部位细节，更形象地体验工程完工的效果。在招投标方案比选、报奖中应用广泛。

三、BIM融入工程管理专业课程体系面临的困难

以应用型本科高校为例，工程管理专业课程涉及范围广，学科交叉性强。学生以文科生居多，教师具有管理学背景居多，这样的师生背景为BIM融入专业课程带来了一定的挑战。

（一）教师相关能力不足

多数教师学习BIM时间短，需要自学成才，并要花费较多时间去练习，有的学校软件版本低，教师没机会学习最新版本，要求教师要克服困难，可通过参加竞赛的方式，获得新版软件的限时使用权。对BIM的熟练掌握要在识图的基础上有熟练的软件操作能力，单看一本教材不足以支撑，部分行业企业的BIM水平领先高校，教师应该积极主动参加行业或企业的相关培训，为保障教学效果积极主动学习新知识，提高自身实践教学水平。

（二）学生基础相对薄弱，积极性不高

工程管理专业文科生占比较高，部分学生学习软件类课程存在一定困难。教学过程中一定要循序渐进地给学生设置学习任务，让他们够得着、学得会，这样能够激发学生学习兴趣，增强自信心，保持学习动力。

（三）实验室软硬件配备不足

BIM融入专业课程需要学校的大力支持，正版软件的购买、相关配置电脑的配备、筹建BIM实训室，不是一朝一夕就能完成的，加上软件更新速度快，还需要学校不断加大投入。

（四）BIM不仅是建模

《高等学校工程管理本科指导性专业规范》在工程管理专业人才专业能力方面要求毕业生不仅具备工程项目管理的基本能力，还要具备发现问题、分析问题、解决工程管理实际问题的综合专业能力。当前，大多高校仅仅单独开设一门BIM课程，并没有将其他专业课与BIM课程有效结合，学生很难形成全面系统的专业知识结构，片面认为BIM就是一门课程。并且学生缺少参与实际项目的机会，对知识的理解仅仅局限于建模层面，难以将BIM技术真正应用于实际工程。这样培养的人才难以满足社会需求，达不到人才培养的目的。

（五）BIM相关软件众多

如何在有限的学时内，有主次地把一些应用广泛的软件融入课程中。特别是一些与BIM相关的理论课程，如土建计量计价、安装工程计量与计价、工程项目管理、招投标等，用BIM技术去实践理论知识，密切联系理论和实践，提升课堂教学效果。"BIM入课"的实现路径还需进一步探索。

由此可见，将BIM融入应用型本科高校工程管理专业，并实现较高的教学质量，还需要一定的时间。

四、基于BIM的工程管理专业课程体系教学改革

目前我国大部分土建类高校进行了教学改革，将BIM技术融入专业教学中，主要有以下四种形式：开设BIM相关课程，讲解BIM技术原理及相关软件应用；通过毕业设计进行综合训练；举办相关竞赛，如广联达已连续多年开展BIM应用比赛和毕业设计大赛；校企协同育人，建立BIM产业学院。全面建立"双师型"教师队伍，师生共同参与BIM实际工程项目，教师在讲台上是优秀的讲师，在项目上是专业的工程师。

"BIM入课"可在教学手段上融入或新开相关课程。工程制图、建筑构造、建筑材料、建筑施工技术等课程可在教学手段上融入BIM相关知识。比如BIM技术中的三维设计、建模和VR虚拟仿真技术，有助于缺乏工程经验、空间想象力不足学生对建筑制图、建筑构造、材料等专业基础课程的理解。BIM技术有着可视化、协调性、模拟性、优化性等特点，可以很好地解决以上课程中存在的问题。

除了在教学手段上融入BIM相关知识，还可以通过新开课的方式将BIM技术与工程管理专业课程有机地整合起来。工程管理专业在制订培养方案及各专业课程大纲时，要以BIM技术为主线，根据不同的专业课程性质选择适合的植入方式。

BIM新开课程中的一些理论课程和软件是密切相关的。如建筑工程计量与计价——土建算量GTJ2021、工程招投标——云计价GCCP6.0，安装工程计量与计价——安装计量软件GQI2021，装饰工程计量与计价——装饰计量软件2021，机电建模——MagicCAD2021，工程项目管理——斑马进度计划软件，施工现场布置软件GCB、BIM5D等。先开理论课，让学生掌握基础知识，懂得基本原理，后开软件操作实验课，熟悉软件操作，加强对理论知识的灵活运用，扎实专业基础技能知识。在软件课种类较多，课时有限的情况下，可采用课堂讲解基础操作，深化内容学生通过线上资源课程自学。

（一）实际案例工程融入BIM课程设计

整合相关专业基础课程和专业课程，并且将BIM技术融入课程设计中（图6-13）。该课程设计包括四个部分：一是BIM建模与深化设计模块；二是基于BIM的施工方案优化模块；三是BIM计量与计价模块，通过广联达BIM计量计价软件编制招标文件和投标文件，并完成过程变更场景的设计，成本动态管控，结算文件编制；四是基于BIM的项目管理，包括BIM项目管理电子沙盘的应用、BIM5D综合管理及云管理平台。该课程设计体系整合了工程管理专业所有核心课程内容，具有明确的目标导向，有利于提高学生的实践应用能力。

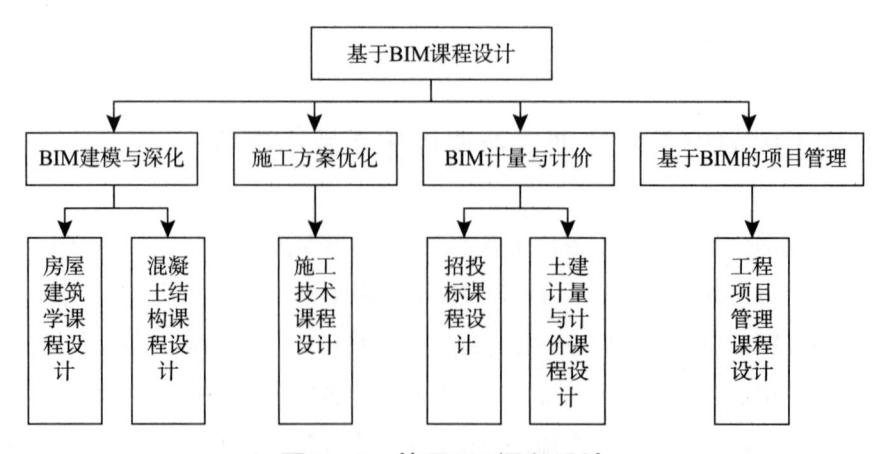

图6-13　基于BIM课程设计

BIM建模与深化阶段可用Revit、Bentley、PKPM等软件，施工方案优化阶段用Navisworks、MagicCAD做施工模拟碰撞检测，BIM计量与计价可用广联达或鲁班的计量计价软件，如GTJ2021、GCCP6.0等，项目管理阶段可用施工现场布置软件GCB、BIM5D等。

（二）不同课程共用一套真实案例图纸，加强知识的整体性

以培养应用型BIM人才为目标的工程管理人才培养方案，应在学生专业学习的全过程保持知识的连贯，并紧密联系实际。可采用不同阶段的不同课程中，使用同一套真实项目图纸的方式，让理论知识在BIM技术模拟情景中加以实践，通过实践深化BIM技术应用，不断提高学生BIM应用能力。在工程制图、计算机绘图、施工技术、土建和安装的计量计价、工程项目管理、招投标与合同管理等课程中使用同一个工程案例的教学方式，保证专业教学的连贯性，提高不同课程在同一工程项目中的整体性，避免知识脱节。比如在工程制图课程最后，学生应按照制图规则手工绘制一套完整图纸；在后续的计算机绘图课程中，教师要指导学生用CAD软件在电脑上绘制出来；学了BIM原理及应用课程后，学生要在教师的指导下，用Revit软件完成图纸的建模；在施工技术课程中，学生应按要求利用BIMFILM、3ds Max等软件完成施工工艺模拟与优化，在土建计量与安装计量中，应将三维模型导入计量计价软件中，完成基于BIM的计量与计价等任务；在项目管理课程中，学生应结合工程实际情况，完成三维场地布置任务，并能利用BIM5D等软件，模拟施工进度及成本资源等消耗量；在工程招投标与合同管理课程中，学生要利用BIM软件完成该工程的招投标文件编制任务。

学生通过不断学习多个软件，学会了从不同课程视角研究同一工程实例，从而熟练地掌握抽象知识和更多的实践技能，更加全面地认识工程管理相关专业知识。提高学生整体思维，有利于其更好地走上工作岗位。

（三）充分利用毕业设计

毕业设计要根据实际项目进行题目选择，图纸注意不要太老旧，一般采用近五年的图纸最好，因为较新的图纸都是根据国家最新的规范设计的，能体现行业政策导向。比如近几年图纸都会出现叠合楼板、预制混凝土墙板等装配式构件。如何在软件中处理这些新的构件，都是教师和学生要不断关注的。

利用BIM技术去做毕业设计，有利于激发学生的积极主动性，增加了学习内容的灵活性和多样性，主要目的是培养学生用相关软件技术进行工程项目管理的能力，使其掌握BIM技术在工程项目管理中的具体应用要点。学生在毕业设计任务书下达后，自行组队，明确各成员的任务职责，队长要发挥带头作用，加强队员的沟通协调，督促进度，有问题及时与老师

沟通。毕业设计的任务主要是建立建筑物模型、管线碰撞检查、网络计划编制、工程量计量与计价、招投标文件编制、模拟施工进度、三维场地布置等，锻炼学生综合实战能力。

毕业设计所选工程项目范围要广泛。框架或框架剪力墙结构的高层民用住宅类建筑或公寓类建筑居多，厂房、办公楼、医院、体育馆等项目也应纳入其中。相关的景观规划、机电设计、建筑节能设计也可以考虑，丰富专业覆盖面，提高毕业设计的广度和深度。

1.加强实践教学的过程控制

基于BIM技术的毕业设计，有助于提高学生建筑与结构设计水平，施工策划、组织及进度、质量、合同造价等项目管理的智能化水平。避免了毕业论文题目年年相似无创新、写作枯燥，提高了毕业设计的丰富性。首先，为提高毕业设计质量，团队的分工要明确，每人可能要用到2个或更多软件，指导老师一定要加强过程监督，确保每个阶段的作品都能按时完成，前期作品完不成会对后面同学的进度有影响，每完成一个阶段，各小组都要汇报成果，通过交流讨论加强对BIM基本技能的掌握。其次，学生结合传统工程管理基础理论知识，学习基于BIM技术的成本、进度、安全等方面的管理。最后，经过系统的学习、总结与探讨，学生初步掌握建筑与机电建模、碰撞检查、施工方案，渲染模拟、项目管理等一系列BIM设计任务，以小组为单位，提交学习报告及资料，合作的过程中更好地体现团队的协作性与创新性。毕业设计深度要适中，既要掌握基本的建模算量，还要熟悉结构优化、画面渲染、建筑节能等深度优化的内容。

随着互联网技术及计算机技术的发展，建筑工程行业从规划、设计招投标到施工运营均可用BIM技术完成模拟，并不断向智能化、精细化方向发展，掌握多种BIM软件是工程管理专业学生提高自身技能满足工作要求的关键。在毕业设计中，工程案例的不同实施阶段，所用的BIM工具是不同的，为完成一个完整的项目可采用多种工具软件协同模式，提高毕业设计的质量。

2.充分利用校企合作平台

毕业设计是实践培养环节的重要构成，也是学生综合运用所学知识解决实际问题的环节。在毕业设计过程中，学生多数时间是在校内进行理论学习，接触实际工程问题的机会较少。企业作为工程应用市场的直接参与者，熟悉行业领域需求，擅长解决工程问题。采用校企合作模式能够实现资源共享、优势互补，促使学生将理论知识与实践相结合，以弥补培养过程中学生实践锻炼方面的不足。一方面，这能够加强对学生实践能力的锻炼。由于校企合作平台具有长期性，针对具体的工程实践问题，可以邀请企业导师在学生实习过程中给予重点指导，提供针对性解决方案，提高毕业设计的质量，使企业导师真正参与到学生毕业实习环节中。另一方面，这能让学生接触到先进的企业文化，了解企业运行模式，以丰富自己的阅历。同时，这还能够让学生接触到最新的市场产品，如 BIM 相关软件及技术，增强自己的实践动手能力与创新能力，从而提高社会竞争力。

新工科背景下，建筑工程管理专业课程的人才培养更加注重人才的实践能力，将BIM技术融入其专业课程体系后，不仅能使课程设置得以优化，学校培养具有专业素养的实践型科技人才的目标也能得以实现。

五、丰富BIM课程的学习方式

（一）建立BIM资源数据库

无论是新开课程，还是在已有课程中融入BIM技术，都需要强大的课程资源做支撑。通过"智慧树"等平台建立一个共享BIM教学资源数据库，向相关课程教师及有需要的学生开放。数据库包括"广联达BIM土建计量平台""广联达云计价平台""广联达BIM安装计量Revit软件""BIM 5D""广联达斑马进度计划软件""施工现场布置软件GCB"等的相关图纸、配套PPT、软件操作视频等资源，方便不同层次的学生学习，也可以供教师教学使用，数据库可根据需要不断充实完善。

（二）同时开展线上线下教学

考虑大部分学生的BIM软件应用能力较薄弱，因此，在BIM核心类课程教学过程中采用了线上线下混合教学的方式。目前，BIM核心课程在我校开设的课时一般为32课时，受学时所限，线下教学的主要目的是使零基础的学生初步掌握BIM软件的应用，了解其建模流程和主要命令的操作方法，教学难度中等。对于学习能力较强的学生，线下课程内容往往不能满足其学习需求，因此，将BIM资源数据库向有需要的学生开放，并提供线上和线下答疑，为学生自学提供途径。

（三）建立BIM学习社团

为了使学生尽早了解BIM技术，方便学生交流、学习，由工程管理专业教师牵头，成立了BIM学习社团。社团主要活动内容为定期开展BIM系列讲座。邀请企业、行业的高水平BIM人才和校内的专业教师定期开展讲座，讲座内容围绕BIM技术发展现状以及行业目前对BIM人才需求等方面，通过系列讲座让学生提前了解BIM技术，接触行业前沿。

社团内部经验交流。通过参加比赛总有部分优秀的学生勤学苦练，历练成BIM技术的高手，他们熟练掌握多种BIM工具，勇于探索创新，团结团队内成员，把他们的学习经验分享给社团内的其他同学，通过"传、帮、带"引导学生顺利进入学习状态。组织学生参加各类BIM技能应用大赛。社团定期发布各种BIM相关竞赛信息，如全国BIM技能应用大赛、全国高等院校建筑软件技能认证大赛等，鼓励并指导学生组队参加，以赛促学。

学科竞赛对创新型人才的培养有重要意义。BIM竞赛可以拓展学生的专业知识视野、训练学生的学科交叉思维、提升学生工程与实践能力，因此，越来越多的高校关注并认可学科竞赛的作用。具体而言，学科竞赛对人才培养具有以下作用：

（1）促进专业教育与产业需求相适应。在经济新常态及高质量发展的背景下，建筑企业越来越关注学生专业知识交叉融合能力，而专业性学科竞赛搭建了企业需求与人才培养之间的桥梁。高校可以依据学科竞赛主题了解企业及社会需求，企业可以通过学科竞赛引导人才培养模式改革。

（2）开阔学生视野，提高竞争意识。学科竞赛把校内竞争扩展到省内，甚至国内；由校内教师的单一评价上升到多个学校教师的综合评价，给了学生很大的成长空间。为取得荣誉，证明自己实力，学生会竭尽全力，由被动式学习转为主动式学习，为取得荣誉而努力奋斗。并且有的学科竞赛不是一场考试，而是完成一个综合性的任务。学生在完成的过程中，提高了自身解决实际问题的能力，锻炼了自身独立思考、动手实践及创新思维的能力。

学科竞赛前期会有相关的赛前培训视频，并有专门的答疑老师，即使学生基础薄弱，通过赛前培训和自己多加练习，其操作水平会大有提高，赛前培训是校内课堂的有益补充，学生和教师通过参加比赛，能促进不同高校间师生的交流沟通，最终推动基于BIM的工程管理专业人才培养模式改革。可以把典型的比赛成果进行分析处理，形成教学案例并在课堂教学中运用，从而使教学内容不断更新，与时俱进。

（四）鼓励学生考取BIM等级证书

为提高学生自身的就业竞争力，鼓励学生通过自学考取中国图学学会颁发的或教育部"1+X证书"制度中的BIM证书。让学生在考取证书的这个目标实现过程中，不断锻炼打磨自己的软件操作水平，并具备完成中小型工程建模的能力。让学生在毕业时成为既有毕业证，又有BIM职业技能等级证书的双证人才。

参考文献

[1] 张美亚，马成龙. 基于BIM的工程管理专业实践课程教学改革研究[J]. 教育教学论坛，2022（13）：74-77.

[2] 党斌. 基于BIM的工程管理专业实践教学改革研究——以商洛学院城乡规划与建筑工程学院教学改革为例[J]. 房地产世界，2022（22）：88-91.

[3] 郭圣煜，张子琛，宫培松，等. 工程管理专业BIM教学课程体系改革——以中国地质大学（武汉）为例[J]. 高等建筑教育，2020，29（6）：139-143.

［4］马荣，王荣香，王玉艳.基于BIM技术的工程管理专业实践课程体系改革研究——以应用型本科高校为例[J].南方农机，2019，50（19）：162.

［5］佟佳鑫.BIM技术运用下的工程管理专业实践教学改革探讨[J].砖瓦，2022，（8）：168-170.

作者简介：程梅（1982— ），女，山东宁阳人，烟台南山学院经济与管理学院讲师，硕士；褚宏新（1992— ），男，山东巨野人，山东九强集团有限公司中级工程师，学士。